U0578601

本报告的出版得到
国家重点文物保护专项补助经费资助

临淄齐墓

（第一集）

山东省文物考古研究所　编著

文物出版社

北京·2007

封面设计：周小玮

责任印制：陆　联

责任编辑：秦　彧

图书在版编目(CIP)数据

临淄齐墓(第一集)/山东省文物考古研究所编著．

北京:文物出版社,2007.03

ISBN 978－7－5010－2001－0

Ⅰ．临…　Ⅱ．山…　Ⅲ．战国墓－发掘报告－淄博

市－齐国(前 11 世纪～前 221)　Ⅳ．K878.85

中国版本图书馆 CIP 数据核字(2006)第 113553 号

临淄齐墓(第一集)

山东省文物考古研究所　编著

*

文 物 出 版 社 出 版 发 行

(北京市东直门内北小街 2 号楼)

http://www.wenwu.com

E-mail:web@wenwu.com

北京达利天成印刷公司印刷

新 华 书 店 经 销

787×1092　1/16　印张：42.5　插页：2

2007 年 3 月第 1 版　2007 年 3 月第 1 次印刷

ISBN 978－7－5010－2001－0　定价：398.00 元

LINZI QI TOMBS

(Volume I)

by

The Shandong Provincial Institute of Cultural Relics and Archaeology

Cultural Relics Press

Beijing • 2007

序

黄景略

《临淄齐墓（第一集）》是临淄考古的第一部发掘报告，主要发表了 20 世纪 80 年代以后为配合基本建设而发掘的 19 座大型战国齐墓的资料，而这仅仅是已发掘的上千座临淄齐墓中的很小一部分。

报告分为两编，上编收入了临淄墓葬和田齐王陵两篇勘查报告；下编是四个墓地 19 座大型墓和 1 座殉马坑的发掘报告，以墓为单位分别介绍勘查发掘的经过，墓葬的形制与葬俗，随葬品的种类、数量、特征、组合等方面的情况，在此基础上提出了墓葬的分期和年代，并对墓葬反映的一些问题，做了初步有益的探讨。这些翔实的资料为研究战国时期齐国墓葬制度和文化特征等提供了重要的信息。

自公元前 9 世纪中叶齐献公迁都临淄到公元前 221 年秦灭齐，临淄作为齐国的国都长达 630 年之久。临淄是东周时期最大的都城之一，也是当时最繁华富庶的城市之一，面积 20 余平方公里，人口多达三四十万。秦汉时期，临淄是郡国首府治所。在近千年的历史长河中，临淄作为东方大都市一直处于非常重要的地位。齐故城遗址中所蕴含的文化遗存是极其丰富的，过去出土的很多铜器、瓦当、封泥都很有特点，并出版过专著。唐宋时期小城仍作为临淄县治所。临淄齐故城遗址的面积很大，繁荣时间上千年，城内地下埋藏有西周至唐宋时期丰富的文化遗存，其中以东周至两汉的遗存最为丰富。城址周边有大量的墓葬，其中带有高大封土的大墓上百座，是研究我国古代都城发展的重要遗址之一。

早在 1930 年，中央研究院历史语言研究所"本想在临淄建筑一个山东田野工作的中心"，为此，李济和吴金鼎两位先生曾到临淄进行考察，虽然他们"很知道临淄这种地方，必蕴藏着无限的宝贵的史料，考古发现的可能很大"，但又觉得"问题太复杂了，绝非短时期可以料理得清楚的"。限于当时的财力、人力以及章丘城子崖遗址的发现等方面的原因，不得不放弃原先的想法（见《城子崖》发掘报告中李济先生的序）。

新中国建立后，临淄的考古工作始于 20 世纪 50 年代。1956 年文物局庄敏同志曾对齐故城遗址做过调查，了解遗址的保护情况。1958 年山东省文物干部训练班在齐故城进行田野考古实习，通过调查、钻探和试掘，初步了解齐故城内文化层堆积和分布情况。1961年临淄齐故城被国务院公布为全国重点文物保护单位。

1964年4月，文物局派我和中国科学院考古研究所林寿晋同志到临淄调查拟建铁路通过齐故城之事，陪同我们调查的有杨子范同志。通过三天的实地踏查，我们在给文物局的报告中建议：铁路不宜通过齐故城遗址，线路可改在故城以西；应抓紧对齐故城进行勘探，尽快摸清地下遗存情况，划定重点保护区域。为此，山东省文化局于5月组织临淄文物工作队，杨子范同志任队长，开始对临淄齐故城进行全面勘查。经过一年多努力，初步查明了齐故城的形制、范围和城墙的保存情况，以及城内地层堆积、交通干道、排水系统、手工业作坊、宫殿建筑等遗存的分布情况，在大城内东北发现了贵族墓及殉马坑。此后，山东的同志与北京大学、山东大学考古专业学生和参加临淄的亦工亦农考古训练班的学员先后对小城内桓公台周围的夯土建筑基址和大城东北部高地等处遗址进行发掘。70年代又发掘了排水道口和大小城连接处。80年代以后，临淄的工作重点是配合齐故城以南临淄新区及齐鲁石化工程的建设，勘查和发掘了大批墓葬，齐故城的考古工作几乎无暇顾及。

到目前为止，我们所做的考古工作还很少。1964～1965年勘查所了解的地层堆积和各种遗存的分布也只是一个大概。遗址发掘也不多，有的还比较粗糙。对齐故城的各种遗迹和堆积，还缺乏地层方面的直接证据，因而无法准确判定其年代、规模和结构，很多问题还不清楚。例如城的始建年代，历次修筑的情况，大小城交错何时形成，大城内的夯土建筑基址的性质，手工业作坊的规模、年代等。齐国是东周时期的大国，经济、文化都很发达，齐故城是研究由城堡形态进入城市及其发展的重要遗址之一，因此保护好齐故城遗址是个很迫切、很有意义的事情。随着时间的发展，遗址保护与生产建设的矛盾将会越来越突出。为此，应尽快制定齐故城保护和考古工作的长远规划，对齐故城遗址进一步深入的勘探，确定一些重点的保护区域，并逐步安排一些考古发掘项目，把临淄齐故城遗址的研究作为一个专项，由专人长期坚持下去。

多年来，山东的同志为齐故城的保护尽职尽责，做了大量细致认真的工作，勘探和发掘取得了丰富的资料。对这批资料应安排专人尽快加以整理，编写出报告。时光一晃，四十多年过去了，如不趁这些曾亲身参与工作的老同志尚健时加以整理，以后要花费成倍的努力也不一定能很好地理顺那些珍贵的资料。已发掘的上千座齐墓不仅形制、随葬品有其独特的特征，而且葬俗等方面也有一些自己的特点，更应该一鼓作气整理编写。最后，希望山东省文物考古研究所的领导进一步加以重视，也希望山东的广大考古工作者再接再厉，出版更多优秀的考古报告。

2007年2月

目　录

下　编

附录

插 图 目 录

彩 版 目 录

图 版 目 录

前　言

　　淄博市临淄区位于山东省中部，地理坐标为北纬 $36°39'\sim37°$、东经 $118°8'\sim118°30'$。临淄区总面积 667.58 平方公里，东与青州市接壤，西与张店区、桓台县毗连，南接淄川区，北临博兴、广饶县。临淄地处鲁中山区的北部边缘，地势南高北低，北部洼地海拔仅 20 米，东北是一望无际的鲁北平原，西南是连绵起伏的低山丘陵，南部最高山峰海拔 420 米。自古以来，临淄一直是陆路东西交通的要冲，是沟通中原地区和胶东半岛的咽喉要道，地理位置十分重要（图一）。

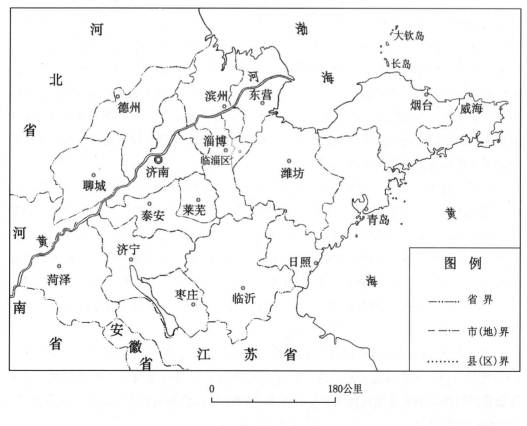

图一　临淄区地理位置图

周武王灭商以后，封姜太公吕尚于"齐营丘"，建立了齐国。六世胡公迁都薄姑，七世献公徙薄姑都，治临淄，时间约在公元前 9 世纪中叶。面积 15.5 平方公里的齐国都城临淄就坐落在临淄中北部淄河与系水之间。公元前 386 年，田氏代齐，仍治临淄。到公元前 221 年秦灭齐为止，临淄作为姜齐与田齐的国都时间长达 630 多年之久。秦朝为临淄郡治，两汉时又为齐郡治所和齐王国的首府，所以临淄故城四周分布着大量的墓葬。由于故城北面是一片海拔只有 20 米的低洼平地，地下水位较高，为避"水泉之湿"，墓葬多分布在地势较高的城南平地和南部山地的北坡上，其他三面虽有分布，但数量相对较少，从星罗棋布于城南的累累古冢，便可一望而知。

临淄齐国故城和田齐王陵都是全国重点文物保护单位。临淄的文物考古工作主要围绕以下两方面进行：一是以文物保护为中心的"四有"工作。其中有 1964～1965 年临淄齐国故城的勘探；1991 年冬～1992 年春田齐王陵的勘查；1998 年临淄墓葬的勘查。二是配合基本建设工程的考古发掘工作。临淄是我国石油化学工业基地之一，齐鲁石油化学工业总公司所属各企业多分布在南部山地或其北缘的山前平原，新建企业也多择址于此。1974 年，临淄区政府为减少城市建设与齐国故城遗址保护的矛盾，决定将区政府机关逐渐从与齐故城毗连的齐都镇南迁到 6 公里外的辛店镇。然而工业的发展和新城的建设，却使城南墓葬的保护面临危机。本着"重点保护、重点发掘"，"既对基本建设有利，又对文物保护有利"以及"保护为主，抢救第一"的方针，从 1984～1996 年，山东省文物考古研究所临淄工作站进行了长达 13 年的配合基本建设工程的发掘工作，不分春夏秋冬，不论酷暑严寒，发掘了大批墓葬，妥善解决了文物保护和基本建设的矛盾，为临淄新城建设和工业的发展让出了大片建设用地，使昔日仅有几个小农村的辛店变成了高楼林立的现代城市。

除了配合济（南）——青（岛）高速公路建设发掘的齐陵镇后李官庄一处遗址外，由于建设区内几乎都是墓葬，所以配合发掘工作主要围绕墓葬进行。在配合发掘过程中，仅在辛店、永流两镇就发掘了数千座墓葬，其中除了孙家庄墓地 322 座墓葬属于两周时期外，其他墓葬多属两汉时期。这些墓葬均为小型墓，出土遗物不多。此外，我们还在永流、辛店、大武、齐陵等镇发掘了 29 座大、中型墓。这些墓葬有：

1984～1986 年配合齐鲁石化 30 万吨乙烯厂的建设，在大武镇东夏庄南发掘了 4 座战国墓和 2 座东汉墓。

1988 年配合齐鲁石化研究院的扩建，在辛店镇桑家坡村北发掘了 2 座战国墓。1990 年配合济——青高速公路的建设，在齐都镇赵王村西南发掘了 1 座战国墓，在齐陵镇淄河村西南的取土场发掘了 4 座战国墓。1993 年配合临淄水泥厂取土，又发掘了 3 座战国时期的墓葬。

1991 年配合齐鲁石化公司勇士生活区建设，在永流镇张家庄东发掘了 3 座战国墓。

1992～1993 年配合齐鲁石化辛店生活区加温站建设和齐鲁石化中心医院扩建过程中，在辛店镇单家庄东北发掘战国墓 2 座。

1995 年配合永流镇刘家庄的房地产开发，在其村北发掘了 2 座战国墓。

1996 年配合临淄区政府行政办公中心大楼的建设，在永流镇相家庄北发掘了战国墓 6 座。

在上述 27 座战国墓中，有 8 座无封土墓，有 19 座地面有封土的墓。在有封土的墓葬中，因为有 12 座墓葬是异穴并葬墓，所以这 19 座墓地面只有 12 座封土。这些墓葬都有一条斜坡形墓道，墓道和墓室面积较大。其中不足百平方米的中型墓只有 2 座，面积超过 500 平方米的有 6 座，最大的一座达 1059 平方米。其中 14 座墓有殉人，埋于椁室四面生土二层台上的陪葬坑中。殉人有单人葬、双人合葬、三人合葬。殉人总数为 137 人。殉人最少的为 1 人，最多的达 40 人。

墓葬均被盗，无一幸免。一些墓虽然在二层台上陈放了大批陶器，但由于烧制火候偏低，质地松软，受回填土挤压、夯打及盗扰，已破碎不堪，能复原者不多。有些器物如陶俑因在寒冬季节发掘出土，曾整体起取，拟在室内清理，但解冻后却成了粉末。椁室出土小件，多夹杂于砌石、卵石及盗扰土中，加之椁室较大，器物又小，未绘详图。上述墓葬均无同时代小墓杂处其中。

《临淄齐墓（第一集）》分上、下两编，上编收入了临淄墓葬和田齐王陵两篇勘查报告，下编是东夏庄、单家庄、相家庄、淄河店四个墓地 19 座大、中型墓葬和 1 座殉马坑的发掘报告，部分铜器、铁器科学鉴定报告列于报告正文之后的附录中。其他墓葬的资料将另行发表。

为保持资料的完整性，本报告以墓为单位分别介绍。墓葬编号分墓地编排。单人陪葬坑的坑号同时代表殉人的编号，双人或多人陪葬坑殉人在陪葬坑编号后用代号"X"加编号，如 P3X6 指三号陪葬坑六号殉人。陪葬坑平面图的方向线只代表陪葬坑的朝向。各墓地出土同类器物统一分型分式。器物编号原则上按田野发掘的编号，编号一般按二层台、椁室、陪葬坑分别编排，椁室代号加"G"，陪葬坑代号加"P"。器物原则上是一件一号，有的成套器物如串珠也编为一个号，其中每个器物则用分号注明。器物件数的统计，原则上以已复原器物计数。

报告中使用了山东省测绘科教资料中心收藏的、由山东省测绘局于 1975 年拍摄的部分墓葬封土航片。

墓葬的勘查和发掘工作由罗勋章、魏成敏主持，自始至终参加发掘的有罗勋章、魏成敏、王会田。参加一段工作的有张学海、钟华南、佟佩华、吴文祺、邱玉鼎、郑同修、张振国、李志勇、李胜利、韩树鸣、靳桂云、王站琴、刘延常、胡长春、郝导华、齐文海等。技工崔水源、齐炳学、崔来临、李振彪、石念吉、房成来、苏凡秋、张宪英、张资臻、张学堂等参加了发掘。

　　本报告出版前，曾发表过《田齐王陵初探》[①] 和《山东淄博市临淄区淄河店二号战国墓》[②] 简报，以上两文凡与本报告不符之处，均以本报告为准。

① 罗勋章：《田齐王陵初探》，《中国考古学会第九次年会论文集》，文物出版社，1997 年。
② 山东省文物考古研究所：《山东淄博市临淄区淄河店二号战国墓》，《考古》2000 年第 10 期。

上　编

第一章　临淄墓葬勘查

第一节　基本情况和工作方法

临淄齐墓可分为无封土墓和有封土墓两种类型。

无封土墓大多是成群的，一般称之为墓地。这种墓地在齐故城内外已有不少发现，如城内的河崖头墓地、刘家寨墓地，城北的东古城墓地，城东的于家庄墓地，城南的南马墓地、龙贯墓地、商王墓地、辛店墓地、孙家庄墓地等等。每个墓地的墓少则数十，多则成百上千乃至上万座。近年来，在临淄区驻地辛店、永流镇一带配合基本建设工程的勘探中，仅在309国道两旁发现的无封土墓就不下万座。墓葬密集的地方，百米见方内竟多达345座。这些墓葬应是《周礼·春官·墓大夫》中所说万民所葬的"邦墓"。这类墓绝大部分是长方形土坑竖穴墓，面积一般只有数平方米。木质葬具，多一椁一棺，或有棺无椁。随葬品以陶器为主，数量很少，甚至一无所有。在无封土的墓葬中，也有一部分带墓道的大、中型土坑积石木椁墓。要详细了解无封土的墓葬必须进行全面勘探，需要大量的人力和物力，目前暂时无法做到。

这里主要介绍有封土的墓——山东省重点文物保护单位"临淄墓群"的勘查情况。

当地群众多称有封土的墓为"冢"或"冢子"，如三士冢、平冢子；有称"墓"的，如管仲墓；也有称"丘"的，如敬仲墓又叫白兔丘；有称"坟"的，如四王冢又称四王坟。近现代有小坟堆的墓则一律称之为"坟"。

齐故城周围古冢累累，密若繁星，但是临淄境内究竟有多少有封土的墓葬无文字记载，现状如何也不明了。1964年和1965年的八、九月份，山东省文化局临淄文物工作队在齐故城开展"四有"工作时，曾利用夏季炎热多雨，不便进青纱帐勘探的空隙，开始有计划地对临淄境内有封土的墓葬进行勘查。勘查目的在于了解临淄境内墓葬的数量、分布及墓葬封土的形制与大小等。这项工作因"文化大革命"而中断，结果只勘查了齐故城以南、309国道以北、原辛（店）——孤（岛）公路两侧的69座墓。这些墓在"农业学大寨"平整土地时又有不少被夷平。1998年为开展省级重点文物保护单位——"临淄墓群"的"四有"工作，对有封土的墓葬进行了一次全面勘查。

　　这次勘查使用了山东省测绘局 1961 年航拍、1970 年调绘的比例尺为五万分之一的临淄地形图。在查阅地形图时，发现图例中的"坟"实际是近现代有小坟堆的小墓地。这些墓地的坟堆在"文化大革命"中已全部被夷为平地。而图例中的"土堆"除个别属于高台建筑基址或其他遗迹外，几乎都是古墓葬的封土，并标注有封土的相对高度。据统计，标注在临淄地形图上的"土堆"地点除去桓公台、梧台、遄台、鄷台、雪宫台五处高台建筑基址外还有 236 处。但是在勘查时也发现一些现存的有封土墓葬并未标注在地形图上。为此，我们曾请教山东省地图出版社的张玉良同志，他说，地形图中只标注具有较强方位参考价值的墓葬，也就是说 1970 年调绘地形图时，临淄境内的墓葬数量当多于标注在地形图上的 236 座。

　　根据地形图提供的线索，分片对临淄境内的墓葬进行了拉网式的勘查，将墓葬统一编号，逐片勘查，并填写记录表格。记录内容主要有：墓葬编号，名称，地理空间位置（包括地点、方位、距离），附近的地形、地物，墓葬封土的形制、大小、高低，夯层的厚薄，夯窝的形状、大小、墓道朝向以及封土的保存情况等等。同时还尽可能记录能观察到的墓葬封土的结构和建筑方法。由于受时间和人力的限制，未能探明墓室的大小和形制。地形图上未标注的墓葬则予补绘。为了便于了解墓葬的布局，对 1964 年和 1965 年勘查时存有封土的墓葬后来已被夷平或在配合建设工程中已发掘的墓葬也给予了编号，并用不同的图例标注在地形图上，供研究参考。

第二节　　勘查概况

　　墓葬封土由于长期受大自然风雨的侵蚀，特别是平整土地、积肥取土、烧窑、拓展耕地等人为破坏等，绝大部分已非原貌。大封土变小，小封土被夷平，绝非个别现象。这种情况在靠近村庄的平原地带尤其突出。如 LM152（1972 年发掘的郎家庄一号东周殉人墓），从地下夯土范围推测原封土底部为东西 67、南北 48 米，但是 1965 年勘查时只剩下东西 22、南北 15、高 7 米，到 1972 年发掘此墓时，封土已经荡然无存。

　　如果说 1970 年临淄境内至少还有 236 座有封土的墓葬，但是到了 1998 年勘查时只剩下 144 座，另外有 18 座在配合基本建设时被发掘，有 20 座在第一次勘查中记录了墓葬封土的大小、高低及墓道方向等方面的资料，以上共计 182 座（附表一）。其余 54 座墓在平整土地或烧窑取土等其他生产建设过程中被夷为平地。这些墓葬因封土已经消失，未经勘查，故未予登录。

　　现存有封土的墓葬主要分布在齐故城南的齐都、永流镇的平川地带和齐陵、金岭镇的北山坡上。齐故城的东、西、北三面虽然也有分布，就数量而言，远不如城南的四镇，而齐故城内没有一座有封土的墓葬（图二）。

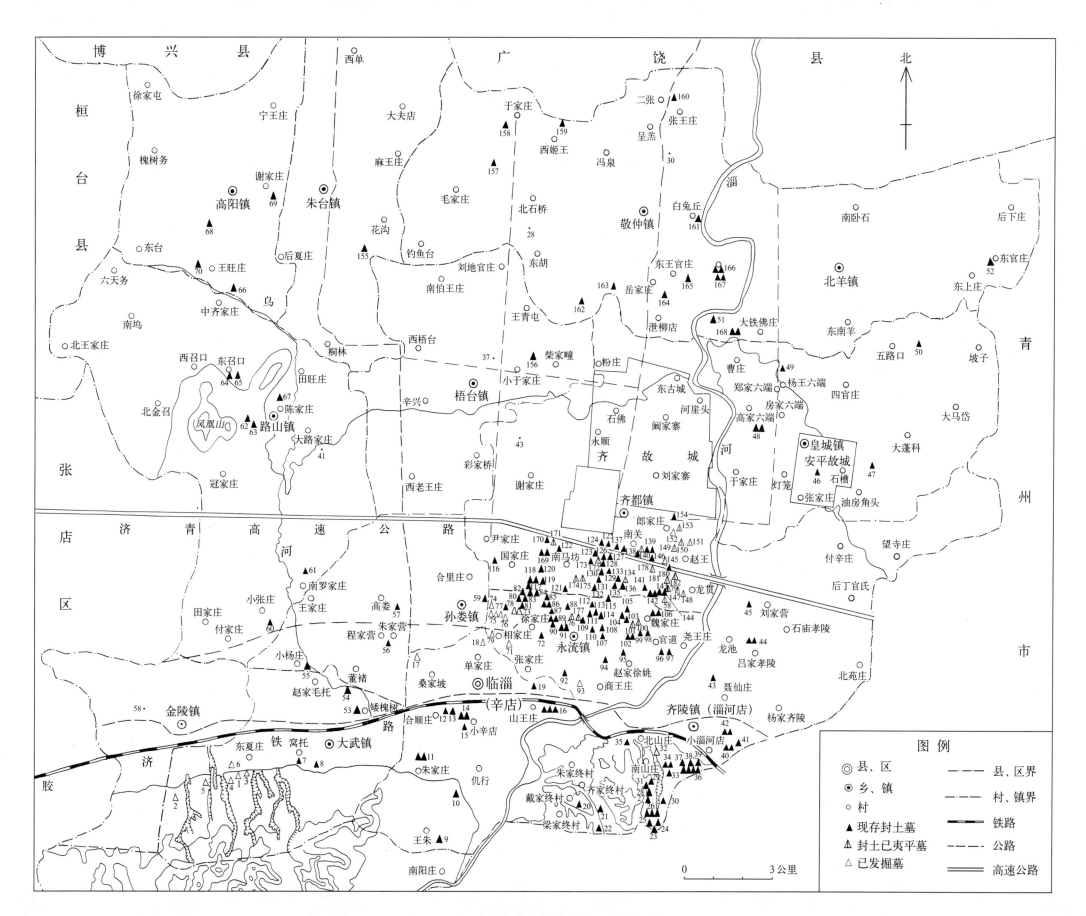

图二　临淄墓葬分布图

一、封土形制

封土是墓葬的地面标志，也是墓葬形制的重要组成部分。它的形制、大小、高低如同墓室的形制、大小，棺椁的厚薄、数量，以及随葬品的多寡一样，是与墓主人的社会地位高低有着密切的关系。特别是在绝大多数墓葬不可能进行发掘的情况下，墓葬封土对埋葬制度的研究具有重要意义。因此在勘查时除了测量墓葬封土的大小、高低之外，还十分注意对墓葬封土形制的观察。但是由于一些墓葬封土因取土和拓展耕地等原因，周边或多或少受到不同程度的破坏。同时站在地面观察，视角相对狭小，容易出现偏差，往往会把本来是方底圆顶形的封土误判为圆锥形；或者把原本是圆锥形的封土因拓展耕地受到蚕食看成了方底圆顶形了。为了减少误判，对那些形制特征不明显的封土的判定，参考了山东省测绘局 1975 年拍摄的航片。这不仅因为航拍居高俯视，视野宽广，能比较准确地反映封土的形制特征，也因为航片拍摄时间较勘查时间早二十多年，因而封土遭受破坏的程度相对较小，与原貌比较接近。

从外观看，临淄墓葬封土大致可分为方基圆坟形、凸字形、方底圆顶形、圆锥形、覆斗形和象山形六种类型。182 座墓葬封土，除 8 座形制不明外，其余 174 座基本能判明其形制。

（一）方基圆坟形

4 座。这种类型的封土下部为类似方形或近方形基座的陵台。四面台壁作台阶状内收，平顶，台顶中央有截尖圆锥体似的坟堆。形制与四王冢陵台上的四个坟堆相同。郦道元在《水经·淄水注》中称之为"方基圆坟"。LM37，位于齐陵镇淄河店西南约 800 米，是四王冢北的一座陪葬墓。陵台东部略受破坏，现存陵台底南北长 109、东西宽 92 米；有三级台阶；台顶南北长 69、东西宽 58 米，台高 8.5 米。台顶坟堆作截尖圆锥形，底径 30 米，平圆顶，径 10、高 7.5 米，通高 16 米（图版一，1、2）。

（二）凸字形

8 座。封土形制与方基圆坟形类似，截尖方锥形的陵台上有一个圆锥形坟堆，不同的是封土下部的陵台台壁作斜坡状内收。LM43，传为"康王墓"，位于齐陵镇聂仙庄西北 400 米。陵台遭严重破坏，四面已成陡壁。现存陵台南北长 31、东西宽 28.5 米，平顶，高 8.8 米；台顶圆锥形坟堆，底径 18、顶径 3.5、高 3.9 米，通高 12.7 米（图版二，1、2）。LM19，传为"姜太公衣冠冢"，位于辛店镇东王庄东 500 米处。该墓陵台遭破坏，现存陵台南北长 60、东西宽 50、高 10 米，台顶圆锥形坟堆，底径 15 米，平圆顶，径 6.5、高 2 米，通高 12 米（图版三，1、2）。

（三）方底圆顶形

27 座。这种类型的封土具有覆斗形封土和圆锥形封土的某些特征。封土底部呈方形或略呈长方形，平顶作圆形而不作方形或长方形，底、顶之间呈圆锥形，但又有不很明显的四条自底部四角向上伸展的脊棱。LM117，位于齐都镇国家庄东南 550 米。封土底部近方形，南北长 40、东西宽 45 米，平圆顶，径 3、高 8 米（图版四，1、2）。LM84，位于永流镇徐家庄东北 800 米。封土底南北长 45、东西宽 37 米，平圆顶，径 4.2、高 11 米（图版五，1、2）。

（四）圆锥形

102 座。封土的底部与顶部均呈圆形或长椭圆形，腰微外鼓做馒头状，或作斜坡呈截尖圆锥形。LM90，位于永流镇徐家庄东北 200 米。现存封土底南北长 23、东西宽 26 米，平圆顶，径 2.5、高 4.5 米（图版六，1、2）。

（五）覆斗形

6 座。封土底部与顶部均呈方形或长方形，四面作斜坡状内收，底、顶部相对的四角之间有明显的脊棱，形似覆斗。LM47，位于皇城镇石槽村东 400 米。封土底南北长 45、东西宽 55 米，平顶作长方形，南北长 25、东西宽 20、高 7 米（图版七，1、2）。

（六）象山形

27 座。封土下部为长方形陵台，四面台壁作斜坡状内收，平顶，台顶上有两个或两个以上圆锥形坟堆，状若山峰。多数象山形墓葬封土陵台上坟堆的大小、高低不一，个别较小的坟堆经风雨侵蚀已不甚明显。这种类型的墓葬封土下有与陵台坟堆数量相同、上下相对、而且墓道方向一致的墓室。LM91，传为"马良冢"，在永流镇永流庄西北 100 米处，此墓封土属于比较典型的象山形墓葬封土之一。因取土烧窑，陵台遭到严重破坏，台顶坟堆也已荡然无存。现存陵台南北长 24、东西宽 74、高 5 米。南侧有两条东西并列的墓道。从 1975 年的航片看，该墓封土保存较好，长方形陵台南北长 30、东西宽 78、台顶有两个圆锥形坟堆，相距 20 米。东坟堆底径 30 米，西坟堆底径 28 米（图版八，1）。LM89，位于永流镇徐家庄东北 400 米。陵台南北长 23、东西宽 50、高 3 米，台顶有两个圆锥形坟堆，东坟堆底径 14、高 2、通高 5 米，西坟堆底径 13、高 1.5、通高 4.5 米（图版八，2）。LM16，位于辛店镇山王庄东南 350 米，是一座三墓并列的象山形墓葬。封土遭破坏，现存陵台南北长 28、东西宽 70 米，台顶南北长 15、东西宽 60、高 5 米。台顶有三个圆锥形坟堆东西并列，中坟堆与东坟堆和西坟堆相距分别为 10 米和 31 米。西坟堆底径 7、高 0.5、通高 5.5 米；中坟堆底径 7、高 1、通高 6 米；东坟堆底径 5、高 0.5、通高 5.5 米。封土南有东西并列的三条墓道与陵台顶的坟堆相对（图版九，1、2）。LM102，位于永流镇赵家徐姚村北 600 米。陵台西、南两面受到破坏，现存陵台底南北长 40、东西宽 80 米。台顶南北长 30、东西宽 60、高 6 米；台顶有相距 15 米的两个圆锥形坟堆。西坟堆底径 26、高 3.5、通高 9.5 米；东坟堆底径 15、高 2.5、通高 8.5 米。封土南有两条墓道（图版一〇，1、2）。象山形墓葬封土的陵台并非都是长方形的，有的是一端宽一端窄。位于较窄一端陵台上的坟堆往往较小。LM44，传为"孝公墓"，位于齐陵镇吕家孝陵村北 250 米。陵台南北长 48 米，西部较窄，为 30 米，东西宽 86 米，东部较宽，台高 6.5 米。东坟堆较大，底径 9、高 1.5、通高 8 米，西坟堆不明显。象山形墓葬封土陵台上的坟堆也不全是圆锥形，如田齐国君的墓葬——四王冢和二王冢，陵台上的坟堆为方基圆坟形。

二、封土结构和建筑方法

墓葬封土结构和建筑方法是显示当时建筑技术和水平的一个标志，是研究建筑史的重要资料。因此，弄清墓葬封土的建筑方法或建筑过程，有助于了解当时建筑技术和生产力发展水平。由于大部分墓葬封土周边都或多或少地受到破坏，为我们观察和了解封土的结构和建筑方法提供了方便条件。

临淄墓葬的封土绝大部分都是用黄褐色花土夯筑而成。所用夯具有棍夯和金属夯两种。前者夯窝圆形弧底，较深，夯窝大小不均，直径约 4 厘米左右，夯层较薄，厚度一般在 15～20 厘米左右。夯面不很平整。后者夯窝圆形平底，较浅，夯窝大小均匀，直径约 6 厘米左右，夯面平整，夯层较厚，厚度一般在 20～40 厘米。如 LM7（西汉齐王墓），夯层最厚的竟达 80 厘米。有一小部分墓葬的封土似未经夯打，土质疏松，夯层不明显。这部分墓葬的封土规模一般都较小。

正如临淄墓葬的封土形制丰富多彩一样，其封土的结构和建筑方法也是多种多样。从这次勘查观察到的现象并结合考古发掘资料看，临淄墓葬封土的结构和建筑方法大致有如下三种：

（一）平铺式

封土从平地起筑，逐层夯实，最后再加修整，一般不用版筑，这是构筑圆锥形墓葬封土最常用、也是最简单的建筑方法。用这种方法构筑的墓葬封土，只有层层叠压的夯层，四周没有护坡。

（二）柱心式

墓葬封土由封土中心的"封土柱"和四周的护坡构成。封土柱呈方形或略呈长方形，筑于墓口的上方而略大于墓口。封土柱的建筑方法采用夹棍夹绳系板夯筑的建筑技术。其方法是依绳界定封土柱的位置及大小轮廓，用两条绳索分别将筑板两端系住，绳子拉紧后压在夯层中，绳子上系缠一个或几个小木橛，每隔一段打入已经夯实的下层夯土中，以紧固筑板，然后在板内填土夯打。每筑完一板，则将绳斩断，再取下筑板，置于已夯筑过的下层夯土之上，依前法层层上筑。这种修筑方法与《礼记·檀弓上》"今一日而三斩板而已封"孔颖达疏一致。因此，封土柱壁筑板痕迹两端的上下两缘就留下一排绳索朽烂后形成的绳孔。发掘时还可以发现斩板时留下的工具痕。护坡当在夯土柱筑到一定高度时起筑，并随封土柱升高逐层上筑，最后再加修整。部分圆锥形、方基圆坟形、凸字形墓葬封土和象山形墓葬陵台上的坟堆采用了这种结构和建筑方法。位于齐陵镇聂仙庄西北的 LM43，墓葬封土就是属于柱心式结构，由于东护坡被破坏，使封土柱东壁暴露在外，构筑封土柱时遗留的绳孔和板痕十分清晰（图版一一，1）。

（三）起冢式

这种类型的墓葬封土常见于象山形墓葬类型，其墓室的一部分挖在地面以下，一部分在地面上夯筑而成。所以，它既是墓室的一部分，同时又是墓葬的封土或封土的陵台。它的构筑方法与筑城法大同小异：先在地下墓室的外侧用夹棍夹绳系板方法在地面夯筑墓道上方带缺口的方形或长方形的框状墙体，墙外筑有护坡，内侧壁便成了地上墓室的墓壁。从 LM73（即永流镇刘家庄二号墓）的北断壁可以看到向东倾斜裂缝，两侧的夯层相错，土色、土质也不一致，显然是两次夯筑而成。东侧便是构成地上墓室的东墙，而西侧则是地上墓室的填土，在以后的发掘中得到了证实（图版一一，2）。LM166 的南断壁，发现了相同的现象（图版一一，3）。LM11 南断壁所反映的是另一种情况，裂缝基本与地面呈垂直状态，东侧板痕和系板绳孔清晰，西侧则无这种现象。从其所处位置看，东侧应是构成地上墓室的东南墙体，西侧当为地上墓道的填土（图版一一，4），其厚度即地上墓道的长度。墓室内填土后，在墓口上方采用夯筑柱心式封土的方法，修筑圆锥形坟堆，将墓口"封住"。从某种意义上说，这种位于墓口的圆锥形坟堆才是名副其实的封土。象山形墓葬封土中最早构筑的墓葬封土多采用这种结构。象山形墓葬封土下多墓并列，它应是"异穴并葬墓"的一种特殊封土形制。由于墓主不会同时死亡，因此封土也不可能同时修筑。第二座墓葬封土是紧贴前一座封土的东侧或西侧修筑。从已发掘的象山形墓可知，修筑第二座墓葬封土时，都是把前一座墓葬相邻墙体外壁的护坡铲除，利用它作为第二座墓葬地上墓室的内壁。然后，再修筑其他三面的墙体和护坡，墓室填土后，形成与前墓陵台连接的长方形陵台，最后在墓口上方修筑柱心式坟堆，也就出现了一座封土陵台上有两个如山峰凸起坟堆的现象。

第三节　"晏婴冢"和"三士冢"的勘查

一、"晏婴冢"

齐故城内有两个夯土台，一是小城内的"桓公台"，这是一处战国时期的高台建筑基址；另一处便是大城内家喻户晓的"晏婴冢"了。

晏婴冢位于齐故城小城北墙外 260 米处的大城西南部。《水经注》和《齐乘》均有记载。明、清两代甚至有人在冢前立了"齐相晏平仲墓"石碑。正因为它是齐故城内唯一的一座带封土的"墓"，既令人瞩目，也令人费解。为了解开这个谜团，我们于1965年和1966年夏两次对晏婴冢进行了勘查。

晏婴冢呈圆锥形，底部南北长60、东西宽65米，平顶，径15、高9米。从外观看，晏婴冢虽然与一般圆锥形墓葬封土无异，但是土质、土色却大相径庭。晏婴冢从上到下全是清一色的灰褐土，没有发现夯窝，似未经夯打，土质疏松杂乱，层次不明，显然是从遗址取土堆积而成。由于包含物中有汉代的陶片和瓦片，所以它的修建不会早于汉代。晏婴是春秋晚期人，就算它是一座墓，也与晏婴不相干。

勘探的结果表明，所谓的"晏婴冢"根本就不是一座墓葬。两次勘探共打了15个探孔（东西布孔），最大孔距不超过15米。从以往发掘的经验表明，如此大的封土，墓室的规模绝不会小于20米见方。所有的探孔均在打穿封土后不到1米便都到了生土面，说明封土下并无埋葬墓主尸骨的墓室。晏婴冢并非是起冢式墓，墓室自然不会包含在封土之中。既然没有墓室，当然不会是墓葬。因此可以得出这样的结论：齐故城内不存在带封土的墓葬。

晏婴冢也不可能是建筑台基。这不但是由于其建筑质量低劣，也由于它周围没有与之相适应的建筑遗址。那么，人们修筑这个类似墓葬封土的土台究竟是为了什么？我们同意它是后人为了纪念晏婴而修筑的一座纪念性墓葬的说法[1]。晏婴生前以节俭著称，《左传·昭公三年》载，晏婴"之宅近市，湫隘嚣尘，不可以居"，景公欲易之，而婴勿更。后人出于对晏婴的敬仰，把他以俭矫世的德行演化了，有如郦道元"吾生则近市，死岂易志"的遗言。因此，晏婴死后葬于故宅就是情理中的事了。这致使人们讹以承讹，谬以袭谬，直至于今。既然晏婴冢在齐故城纯属子虚，那么为了纪念他，人们就附会晏婴"之宅近市，湫益嚣尘"，在小城北门外修筑了这个土台，供人们景仰，也不无可能。至于它是否就是近市的晏婴故宅上修筑的已无从考证，但这里却是齐故城最低洼潮湿的地方。1964年，在齐故城做"四有"工作时，在这里用手就能够着井中水面。

二、三士冢

"二桃杀三士"是尽人皆知的故事。《晏子春秋·内篇谏下》中《景公养勇士三人无君臣之义》篇记的就是"二桃杀三士"的事。

三士冢（LM139），位于齐都镇南关村东南50米处，北距齐故城大城南墙约1300米，与大城南西门相对，据传是公孙接、田开疆、古冶子三位勇士之墓。墓葬封土属于象山形。据村民反映，在东西长方形的陵台上原有三个东西并列的坟堆，后因取土，陵台西部及其上的一个坟堆已于1960年前后被挖掉，现在只剩下中部和东部两个坟堆

（图版一二，1）。勘查时于陵台西南角发现了地上夯筑的墓道东壁（图版一二，2）。因此三士冢应该是座一基三坟的象山形起冢式墓葬。不论从墓葬所在位置，还是墓葬封土的形制，三士冢都与诸葛亮的《梁父吟》[①] 和郦道元的《水经注》所描述的相一致[②]。

解放前夕，国民党军队曾于三士冢上挖战壕，深约1米多，至今遗迹犹存。

三士冢现存陵台底部南北长80、东西宽110米（原长约140米），台顶西高东低，东西85、南北30、高12.5米。中部坟堆呈长圆形，底部东西23、南北16米，平顶，东西16、南北12、高3、通高15.5米。东部坟堆呈圆锥形，底径8米，平顶，径3、高1.5、通高14米。

1965年夏和1998年秋，对三士冢进行过两次勘探。第一次探了17孔，由于目的不明确，布孔不合理，收效甚微。第二次探了51孔，目的在于查明三士冢封土下是否有三个墓室。最初在陵台顶坟堆南侧战壕中沿东西一线布19个探孔，孔距5米。本以为这些探孔位置适中，从这里可以找到墓道。结果所有探孔都在打穿封土后不到0.3米便都到了生土面，没有发现地下墓道的丝毫痕迹。于是又布了两排探孔。一排在战壕北20米的陵台顶上，东西布孔，除了中部坟堆的一个探孔的孔距达20米以外，共余孔距均在6～10米之间。一排在保护墙内的封土西侧（临淄区曾于1980年在三士冢四周筑墙保护）南北布孔，孔距3米（图三）。墙外因取土已被挖成了2米深的大坑。填平后仍比墙内低约0.5米。两次勘探只有四组11个探孔的深度超过了生土面，并发现了与墓葬有关的遗迹和遗物，其他探孔则在打穿封土后便到了生土面。这四组探孔是：

第一组是位于中部坟堆西南角的1号和17号探孔。1号孔在生土面下3.3米发现了约10厘米厚的黑色板灰；17号孔在1号孔东3米，在生土面下1.3米开始发现板灰、骨头和贝壳。

第二组是位于东部坟堆顶部的48号孔及其西面16米的46号孔。其中46号孔在生土面下1.3米发现了大量贝壳；48号孔则在打穿封土后，遇到石子，未探到底。

第三组是现存封土西侧的38、39、59、60、61号孔。在39号孔周围的地面上，散布着许多贝壳；59号孔东侧的封土中嵌着三块0.5米左右、东西叠放的自然石块。38号孔在生土面下2.7米发现河卵石和贝壳以及尚未完全腐烂的朽木。卡边后，发现是一个南北长8米，东西宽度不详（只卡到西边，东边因是陡坡，无法站立勘探）的长方坑。

---

① 《梁父吟》："步出齐城门，遥望荡阴里。里中有三坟，累累正相似。问是谁家冢，田疆古冶子。力能排南山，文能绝地理。一朝被谗言，二桃杀三士。谁能为此谋，相国齐晏子"。《诸葛亮集》，中华书局，1960年。《水经·淄水注》载："淄水又东北迳荡阴里西，水东有冢，一基三坟，东西八十步，是列士公孙接、田开疆、古冶子之坟也。晏子恶其勇而无礼，投桃以毙之，死，葬阳里，即此也"。

② 《水经·淄水注》："小城"北门外东北二百步，有齐相晏婴冢宅。《左传》："晏子之宅近市，景公欲易之，而婴勿受，为诚曰：'吾生则近市，死岂易志'"。乃葬故宅。后人名之曰清节里。《齐乘》："晏子墓，临淄古城北三里"。又《齐乘》："晏平仲故宅，在临淄小城北门，即《左传》'近市'宅也，墓亦在焉"。

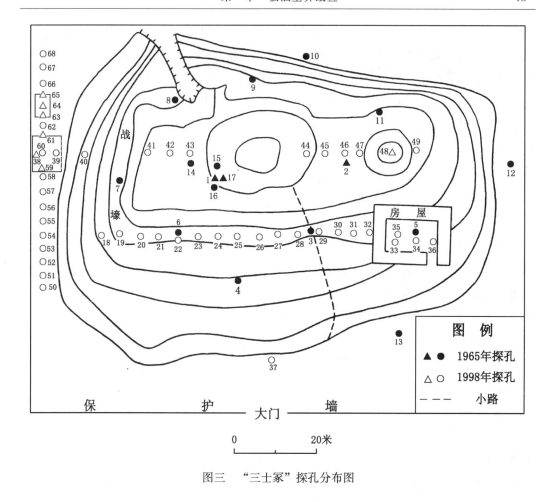

图三 "三士冢"探孔分布图

第四组为 64、65 号孔，位于第三组探孔正北 9 米。64 号孔于生土面下 1.5 米见黑色板灰，2.2 米发现鹅卵石和滑石管饰。65 号孔在生土面下 0.5 米有泥质灰陶片和泥质红陶片。卡边后，知道是一个南北长 4.5 米、东西宽 3.2 米的长方坑。

据勘查情况分析，有以下几点值得注意：

第一，三士冢虽然是一座象山形起冢式墓葬，但其结构与一般象山形起冢式墓葬有所不同。一般象山形起冢式墓葬的墓室都有地上和地下部分，而三士冢勘探却未发现地下墓室和地下墓道，说明三士冢只有地上夯筑的墓室却无地下墓室。正因为如此，三士冢埋葬墓主的椁室和陪葬坑是直接开口在地表，原地表面便成了临淄墓葬普遍存在的"生土二层台"。那么，上述四组超过地表的探孔所发现的遗迹不是椁室就是陪葬坑。章丘女郎山战国墓似乎也是这种情况①。

_____

① 济青公路文物考古队绣惠分队：《章丘绣惠女郎山一号战国大墓发掘报告》，《济青高级公路章丘工段考古发掘报告集》，齐鲁书社，1993 年。

　　第二，位于第三组探孔的长方坑，从其南北长度，推测其宽度应在 7 米左右，而且正冲墓道，又与陵台上的两个坟堆基本处于东西一条直线上。依据中部坟堆与此坑和东部坟堆距离大致相等，坑的面积大，西壁有尚未完全腐烂的朽木等情况分析，此坑应是三士冢西首一座墓葬的椁室。其北面 3 米的长方坑当属此墓的陪葬坑。第一、二组探孔从其位置及周围探孔的情况看，分别属于中部和东首墓葬的陪葬坑的可能性较大，椁室就在附近。毫无疑问三士冢下有三座异穴并葬墓。

　　第三，《晏子春秋·内篇谏下》所载"二桃杀三士"是否属实还是个问题，就算真有其事，说它就是诸葛亮《梁父吟》中所言的公孙接、田开疆、古冶子的墓，仍有不少疑点。首先，《晏子春秋》只记载三士死后，齐景公"殓之以服，葬之以士礼"，既未说葬尸何处，也未说是否葬在一起。周代实行"生相近，死相迫""各从其亲"的族葬制度，绝无将三个没有血缘关系的人葬在一起之理。其次，据孟宪武先生对殷墟墓地"异穴并葬"墓的研究，认为"异穴并葬"的性质属于夫妻并葬。周代晋、卫等国，亦不乏夫妻异穴并葬现象。临淄的异穴并葬墓墓主间关系，亦当是夫妻，三士冢当不例外。第三，虽然墓葬封土在春秋战国之际业已出现，但是从已发掘的临淄春秋时期的大、中型墓葬，其中包括河崖头的姜齐公墓在内，均未见有封土。所以，临淄墓葬在春秋时期出现封土的可能性很小。退一步讲，即使这时已出现封土，那么，15 米高的三士冢，与周代礼制所规定的封土仅四尺（不足 1 米）不符。从目前已发掘的如此规模的墓葬封土来看，墓主都是卿大夫一级的高层贵族。因此，三士冢不可能是公孙接、田开疆、古冶子三人的墓。

第四节　小结

　　通过对有封土墓葬的勘探调查得出以下几点认识：

　　一、对临淄地区现保存有封土墓葬的数量、分布及封土形制、大小、高低以及封土的结构和建筑方法等方面的情况有了基本的了解。封土作为墓葬的一个重要组成部分，对于墓葬制度的研究具有一定意义。临淄墓葬的勘查，为这种研究提供了重要资料。

　　二、齐故城内没有带封土的墓葬。凡有封土的墓葬，都在齐故城外。大城西南部传说中的"晏婴冢"并不是一座墓葬。

　　三、勘查中，在封土上未发现与建筑有关的遗迹或遗物，包括田齐王陵在内，无一例外。这种现象说明，临淄齐墓没有墓上建筑。

　　四、墓葬封土的出现，普遍认为在春秋战国之际，盛行于战国以后。临淄既是两周时期齐国的都城，又是秦汉时期齐郡的治所和汉齐王国首府的所在地，延用时间长达千余年之久。毫无疑问这些墓葬既有属齐的，也有属汉的。在已经发掘的近 20 座有封土的墓葬中，属齐的约占四分之三。未发掘的墓葬中也当以齐墓居多。已经发掘有封土的齐墓都属于战国时期，春秋时期的墓葬包括齐故城大城东北隅河崖头姜齐公墓在内，都没有封土。因此临淄墓葬封土的出现可能在战国早期，最早不会超过春秋晚期。

一般而言，除少数汉代诸侯王墓葬以外，齐墓封土规模都较大，夯打较好，质地较硬。夯层较薄而明显，多用棍夯，夯窝清晰。反之则属于汉墓的可能性较大。如：LM7 是西汉齐王墓，属于覆斗形，封土底南北长 142、东西宽 134.4、高约 24 米。夯层最厚的达 80 厘米。那些未经夯打的墓葬封土，则晚于汉代。封土形制属于象山形、方基圆坟形、凸字形等类型，结构属于起冢式、柱心式的墓葬，都应是战国齐墓。

五、有封土的墓葬几乎都是带墓道的大、中型墓。墓室平面多呈甲字形，墓道开在墓室南部。据《周礼·春官》记载冢人的职责之一就是"以爵等为丘封之度，与其树数"。郑玄注："别尊卑也"。贾公彦疏曰："别尊卑，尊者丘高而树多，卑者封下而树少"。《吕氏春秋·孟冬季》也记载："营丘垄之大小，高卑厚薄之度，贵贱之等级"。《礼记·王制》则说："庶人不封不树"。因此墓葬封土的大小、高低与墓主的身份等级有着密切的联系。所以凡有封土的墓墓主毫无疑问是当时的上层贵族。封土越大越高，墓主的身份地位也就越高。如田齐国君墓二王冢、四王冢的封土，西汉齐王墓的封土，其规模之大，是任何一座墓葬的封土所无法企及的。

六、墓葬封土作为一种象征性的地面建筑，其形制的不同，应与封土的大小、高低一样，是区分墓主不同身份等级的重要标志之一。临淄六种类型的墓葬封土，除象山形属于异穴并葬特殊类型的封土外，其余五种类型的墓葬之中，规格最高、规模最大的莫过于方基圆坟形，它是田齐国君或其配偶的墓葬。因此，方基圆坟形封土是齐国最高统治者墓葬封土的标志。凸字形封土的规模仅次于方基圆坟形，墓主身份亦当是仅次于国君而高于其他封土类型墓葬的墓主。方底圆顶形和圆锥形墓葬封土的墓主身份地位孰高孰低，则难下结论。从西汉齐王墓封土形制属于覆斗形分析，这种类型的封土可能出现较晚，除个别墓葬，封土规模普遍较大。

七、象山形墓葬封土是"异穴并葬"墓的一种。并葬墓墓主之间的关系理当是夫妻关系。由于夫妻亡故有先后，因此在埋葬上采用了同墓异穴并葬的形式。封土结构多采用起冢式。象山形墓葬封土陵台上的坟堆，往往有大小、高低之别，或者只有一个，另一个则不甚明显。在封建社会里，男性生前在家庭中占主导地位，而女性居从属地位。那么，大坟堆下的墓主应当属于男性，反之则为女性。大坟堆的位置或左或右并无一定规律，这种现象说明战国时期齐国男左女右的葬俗尚未成为定制。

第二章　田齐王陵勘查

第一节　基本情况和工作方法

田齐王陵位于临淄齐故城南的临淄齐陵镇和青州东高镇、邵庄镇的毗邻地区，南依山岭，北临淄水，与齐故城南北相望。它是战国时期田齐国君的陵墓，通常是指"四王冢"和"二王冢"，1988年被国务院公布为全国重点文物保护单位。

为了开展田齐王陵的"四有"工作，加强对王陵的保护和管理，探索战国时期田齐国君的陵寝制度，经国家文物局批准，1991年冬和1992年春对田齐王陵以及田齐王陵以东青州市境内的墓葬封土形制与田齐王陵相似、大小规模也与田齐王陵不相上下的其他三处墓葬进行了勘查，这三处墓葬是：青州市东高镇南辛庄墓、邵庄镇的点将台墓和普通乡的"田和冢"（图四）。

为了便于记录和加强对勘探发现的墓葬等遗迹所在方位的控制，采用了方格网普探方法。首先用比例为万分之一的临淄地形图，选择四王冢西北一座视野开阔、编号为LM34封土顶部的中心作总基点，将所需勘探的区域采用同样的比例在实测地形图上划分若干边长为200米的正方向方格。根据实际情况，方格网范围西起临淄牛山东麓、东止于青州南辛庄东、南自康山山脊、北至王（村）——潍（坊）公路。在这东西长4200、南北宽3600米的区域内，共划分了378个方格。上述五处墓葬，除田和冢一处由于距离较远在布网范围之外，其余四处均在布网范围内。然后用森林罗盘仪将实测地形图上的方格网相应落实在地面上。实测地形图上的每一个边长2厘米的方格在实地便是一个边长为200米的正方形探区。为了减少误差，根据地形、地物，对照实测地形图加以检验和校正。每个探区的四角都设置了小标桩，并在西南角的标桩上书明本探区的编号。探区编号自西向东，由南向北编排。全部共有378个探区（图五）。

普探按5米等距进行布孔，逐区勘探。勘探过程中如发现墓葬或其他遗迹现象，即进行卡边定形。然后以探区为单位，将探出的墓葬或其他遗迹现象，用1：500的比例现场绘制在米格纸上。记录图纸的内容还包括墓葬编号、大小尺寸的文字说明和本探区主要的地形、地物。最后将各探区所发现的墓葬和其他遗迹按比例绘制在万分之一的方

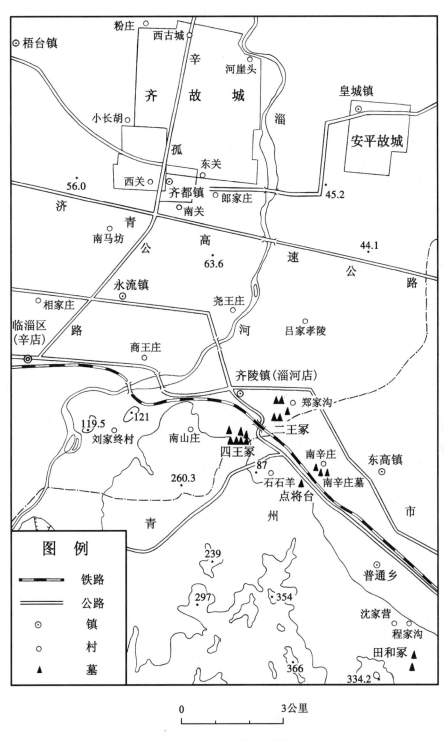

图四 田齐王陵分布示意图

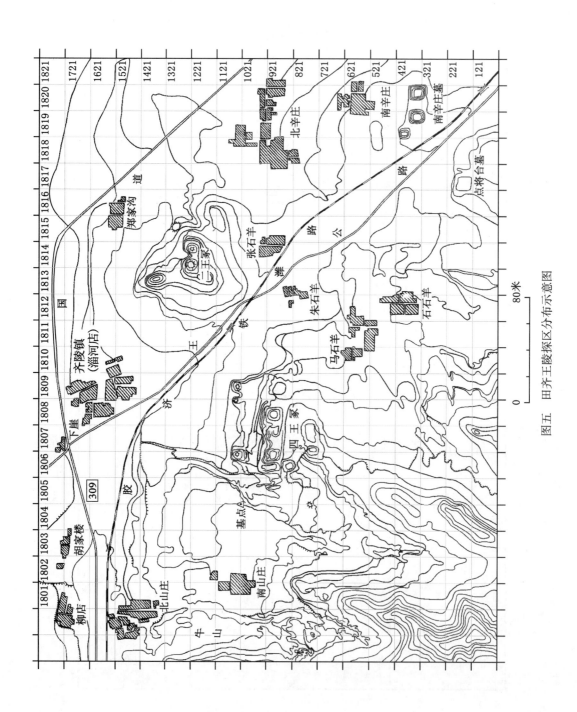

图五　田齐王陵探区分布示意图

格网位置上相应的实测地形图内，即成一份墓葬、遗迹分布图。然后统一编号、编制墓葬一览表。事实证明，由于工作一开始就对探区作了比较严格的控制和校正，所以实测地形图上标明的墓葬或其他遗迹的位置和实地位置并无大的出入。根据图纸，参照地形地物，不难找出它们的大体位置。2004 年，胶济铁路进行电气化改造，根据图纸很快就找到了建设范围内四座墓葬的准确位置。

探区内共有 26 座地面保存有封土的墓葬，其中属于临淄境内的有 19 座，这些墓葬为《临淄墓葬勘查一览表》（附表一）中的 LM23～LM34，LM36～LM42；属于青州市境内的有 7 座，编号为 QM1～QM7。

第二节　勘查概况

378 个探区中，乱石山坡、冲沟、洼地、道路、村庄等不能勘探的地段将近占五分之三，实际勘探的只有 140 个左右。面积约 560 万平方米。

勘探范围内除了有封土的 26 座墓葬外，经勘探发现的无封土墓葬有 97 座，人工壕沟 1 条、车马坑 1 座、马坑 1 座、器物坑 2 个。在无封土的墓葬中，有 300 余座是小型墓葬，面积只有数平方米。1306、1406 两个探区，在配合济青公路取土场发掘的 23 座墓葬情况表明，这些小墓都是晚期墓葬，与齐墓无涉，暂不赘述。

墓葬均为土坑竖穴墓。墓室内填黄褐色或红褐色花土，经分层夯打，质地坚硬。这些墓葬大部分分布在临淄四王冢周围，二王冢较少，青州南辛庄墓、点将台墓和田和冢周围均无发现。四王冢和牛山之间山谷中的 27 座墓，由于与四王冢之间隔着一条冲沟，以及四王冢周围人工壕沟的发现，这些墓葬与四王冢的关系如何尚无法判断，故将其划为淄河店墓地。同样的原因，四王冢园陵壕沟外的墓葬，也暂归入淄河店墓地，以供研究参考。现将各探区勘查情况分述于下。

一、四王冢及其陪葬墓

四王冢又名"四豪冢"，俗称"四女坟"。郦道元在《水经·淄水注》中称其为"田氏四王冢"，《齐记补遗》和顾炎武的《四王冢记》认为这四王是田齐的威、宣、湣、襄四王。《临淄墓葬勘查一览表》中编号为 LM36。墓葬坐落在临淄齐陵镇淄河店南 1000 米、由康山向北伸出的一座无名小山的北麓，北距齐故城 7.5 公里。四王冢南依崇山，北临淄水，西隔山谷与牛山相对，东北隔胶济铁路与鼎足山间的二王冢相望。四王冢所处地势高亢，冢北是一片南高北低的山前坡地和一望无际的鲁北大平原。四王冢西侧是一条数十米宽、深十余米的自然冲沟，自南而北直通淄河。由于山洪的冲刷，冲沟不断扩大，沟东沿现已至四王冢下，危及四王冢的安全。

　　除了四王冢和三座陪葬墓有封土外，经勘探还发现了一条人工壕沟和壕沟以里的27座无封土的陪葬墓。

（一）四王冢

　　四王冢属于一基四坟的象山形异穴并葬墓。在规模宏大的长方形陵台上筑有4个状若山丘的台阶状方形基座的圆锥形坟堆（自西向东现编号为LM36：1～4），也就是《水经注》所说的"方基圆坟"。四个坟堆宛转相连，巍峨雄伟，十分壮观。冢北有三座方基圆坟的陪葬坑（彩版一，1；图版一三，1、图版一四）。封土下有四座墓葬与陵台上的方基圆坟相对。

　　四王冢依山建造，陵台南部与小山衔接，叠压在北山坡上。由于长期雨水冲刷和人为因素，陵台四面已遭不同程度的破坏，北面更是沟壑连绵，面目全非。西端被一条通往南山的道路切断，路西约有50米左右的陵台已被夷平，东端陵台亦非原貌，保存较好的只有南部陵台，台面平整，棱角清晰。陵台底东西长约789、南北宽约188米；台顶东西长约650、南北宽约150米。由于陵台依山修筑，因此陵台南、北两面的高度相差悬殊，陵台北部的相对高度达15米，而南部的相对高度只有4.8米。

　　LM36：1　方基台阶三层。基底南北122、东西109米。基顶南北70、东西65、高8.5米。基顶圆锥形坟堆底径49.8米。平顶，径19、高7.9米。通高北部31.4、南部21.2米。墓道朝南（图版一三，2）。

　　LM36：2　西距LM36：1约42米。方基三级台阶。基底南北120、东西110米。顶部南北100、东西90、高7.1米。圆坟底径59米。平顶，径12、高11.1米。通高北部33.2、南部23米。是四王冢四座墓葬中封土最高的一座墓。未探明墓道。

　　LM36：3　西距LM36：2约20米。方基三层。基底南北128、东西131米。基顶南北85、东西80、高3.4米。圆坟底径56米。平顶，径16、高12.3米。通高北部30.7、南部20.5米。南向墓道。

　　LM36：4　西距LM36：3约62米。两墓间有一条南北向的道路几乎将陵台切断。方基三层。基底南北112、东西117米。基顶南北85、东西80、高6.1米。圆坟底径43米。平顶，径15、高4.8米。通高北部25.9、南部15.7米。墓道向南。

（二）陵园壕沟

　　壕沟系人工挖掘或夯筑而成，状似短圭形，底在南而角朝北，将四王冢及其陪葬墓环抱其中。南沟是四王冢陵台与冢南山冈之间夯筑的东西向凹状沟槽。沟槽东、西两端已被破坏，残长450、宽30～50、深4.8米。西沟南端是被破坏抑或是利用自然冲沟，已无从知晓。余均系人工挖掘而成。因长年淤积以及平整土地，地面已杳无痕迹。壕沟残长1700米，复原壕沟通长约3200米。壕沟宽窄不一，东沟较宽约50米左右，北沟较窄，一般在30米左右。沟壁作斜坡状，底略呈弧形。沟内淤土呈黄褐色或褐色，并夹杂螺蛳等水生物残骸。由于陵园地势南高北低，为了使除南沟以外的沟底大致保持在同一平面上，沟的南部较深，北部较浅。东沟南部深达 6 米尚不见底，而北沟的深度则不足 4 米。即使如此，沟底仍呈南高北低倾斜状。

修筑规模如此庞大的陵墓，需要数百万方土。冢南山上石多土少，土层很薄，冢西又隔着一条既宽且深的冲沟，唯有冢东、北两面土层深厚。这道壕沟显然是筑墓时取土所致。然而取土不集中于一处或几处，而是舍近求远，并挖成一定形状的深沟，无疑是一种有意识的行为。四王冢处于地势高亢、没有水源的山坡上，就地理形势而言，挖这条壕沟，既不是为了蓄水，也不是为了排水。它应是像陕西秦公陵的"隍壕"、河北中山王陵的"墙垣"一样，是区分陵园内外而挖掘的界沟，是四王冢茔域的标志。其目的显然是为了阻止行人进入，即《周礼·春官·冢人》所谓的"跸墓域，守墓禁"。在某种意义上说，四王冢的壕沟具有一定的防护功能。

（三）陪葬墓

壕沟既然是四王冢茔域的标志，那么壕沟范围内约 40 万平方米的土地，应是执掌公墓的"冢人"在规划墓地时为四王冢墓主的陪葬者所预留的茔地。因此，壕沟范围内的墓葬无疑都是四王冢墓主的陪葬墓。

陪葬墓都分布在四王冢北的坡地上，共计 30 座（附表二）。其中有封土的陪葬墓三座，即《临淄墓葬勘查一览表》中的 LM37～39（自西向东编号为 LM36P1～P3）。无封土的陪葬墓 27 座（编号为 LM36P4～P30）。

有封土的陪葬墓贴近四王冢，三墓东西并列，几乎与四王冢平行。墓葬封土形制都属于方基圆坟类型。而且都是甲字形墓，墓道均朝南。

LM36P1　即 LM37。位于 LM36：1 北侧 100 米。陵台方基三层，东部略遭破坏。陵台底南北 109、东西 92 米。台顶南北 69、东西 58、高 8.5 米。圆坟底径 30 米。平顶，径 10、高 7.5 米。通高 16 米（图版一，1、2）。

LM36P2　即 LM38。西距 LM36P1 约 330 米。陵台方基三层，西、北两面遭破坏，现存陵台底南北 60、东西 49 米。台顶南北 35、东西 25、高 6.5 米。台顶坟堆呈椭圆形，南北 12、东西 8、高 1.5 米。通高 8 米。

LM36P3　即 LM39。与 LM36P2 相距 40 米。陵台西、北两面遭破坏，陵台方基三层。陵台底南北 81、东西 86 米。台顶南北 66、东西 60、高 6.6 米。圆坟底径 22 米。平顶，径 12、高 7.4 米。通高 14 米。

27 座无封土的陪葬墓。墓室平面有甲字形和曲尺形两种类型。

甲字形墓葬 20 座。墓室呈方形或南北长方形。墓道除 LM36P7 一座朝北外，余均朝南。其中最大的陪葬墓为 LM36P11，墓室正方形，边长 20 米。墓道上口长 22、里口宽 12、外口宽 6 米。最小的陪葬墓是 LM36P6，长方形墓室，南北长 8、东西宽 7.5

米。墓道上口长 6.5、里口宽 5、外口宽 3 米。

　　曲尺形陪葬墓 7 座。墓室多作长方形。墓道开在墓室一侧边，或左或右并无定规，均为南向墓道。最大的曲尺形墓葬为 LM36P16，墓室东西长 24.5、南北宽 20 米。墓道位于墓室左侧边，上口长 38、里口宽 14、外口宽 12 米。最小的墓为 LM36P8，墓室南北长 5.5、东西宽 4.5 米。南墓道在墓室左侧边，上口长 15、里口宽 3、外口宽 2 米。

　　四王冢的 30 座陪葬墓，除了 4 座埋葬比较散乱外，其余 26 座墓葬分四排埋葬。第一排 5 座，其中 3 座有封土；第二排 8 座；第三排 9 座；第四排 4 座。这些墓葬排列整齐，井然有序，相互间无叠压打破现象。

　　在南北冲沟以东、四王冢陵园壕沟周围还散布着 19 座墓葬。其中 5 座在壕沟北临淄境内；14 座在壕沟东、南两面的青州境内。这些墓葬中，有 5 座有封土，即 QM1～QM3，其中 QM1 和 QM3 系象山形异穴并葬墓。封土下有两个东西并列的墓室。这些墓葬与四王冢关系不明，暂归入淄河店墓地（图六）。

二、二王冢及其陪葬墓

　　二王冢在《临淄墓葬勘查一览表》中编号为 LM40。二王冢又名"齐王冢"，俗称"二女坟"。《括地志》说它是"齐桓公"墓。《史记·齐太公世家》集解引《皇览》也说是"齐桓公"墓。该墓位于临淄齐陵镇郑家沟村南 350 米的鼎足山间。鼎足山因紫荆、菟头、牛首三山呈鼎足之势而得名。鼎足三山，北为紫荆，其南为菟头，东南为牛首。因近山农民开山采石，牛首山已被夷平，菟头山也所余不多。发源于鼎足山下的女水，也因地下水位下降，泉水枯竭，河道因之消失。

　　二王冢东北面和北面有两座带封土的墓葬，即《临淄墓葬勘查一览表》中的 LM41、LM42，封土形制均方基圆坟。理当是其陪葬墓，编号为 LM40P1、LM40P2。勘探时，在二王冢陵台南侧发现一座车马坑，编号为 LM40CMK1；一座无封土墓葬，编号为 LM40P3，在二王冢西北也有 6 座无封土墓葬（图七）。这 6 座墓葬与二王冢关系如何，尚无法确定，暂定为二王冢陪葬墓，编号为 LM40P4～P9（附表三）。

（一）二王冢

　　二王冢系一基二坟的象山形异穴并葬墓。在东面长方形的陵台上东西并列两个方基圆坟，自西往东现编号为 LM40：1、LM40：2。封土下面两墓东西并列，墓道朝南，陵台西端与菟头山东坡相衔接，叠压在菟头山东坡上（彩版一，2；图版一五，1、2）。台壁作三级台阶状内收。陵台底东西 296、南北 172 米。台顶东西 230、南北 110、高 16 米。

　　LM40：1　方基三层，基底东西 88、南北 75 米。基顶东西 30、南北 40、高 10.5 米。圆坟底径 21 米。平顶，径 10、高 5 米。通高 31.5 米。

　　LM40：2　西距 LM40：1 约 50 米。方基一层，基底南北 59、东西 53 米。基顶东

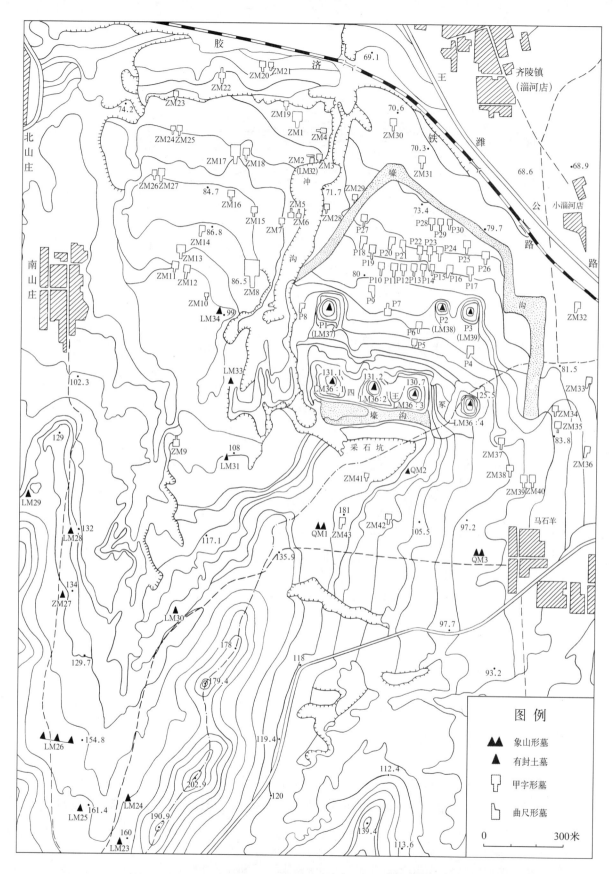

图六　四王冢及其陪葬墓和淄河店墓地墓葬分布图

图七　二王冢及其陪葬墓

西 50、南北 45、高 5.5 米。圆坟底径 31 米。平顶，径 8、高 5 米。通高 26.5 米。

（二）车马坑

LM40CMK1　坑呈东西长方形，长 40、宽 5 米。内填黄褐色花土，坑底填土呈灰绿色，并发现马骨。

（三）陪葬墓

LM40P1　即 LM41，传为"晏娥冢"。位于二王冢东北 70 米。墓葬封土遭严重破坏，所剩不多。从残余部分仍可看出其形制属于方基圆坟形。方基二层。现存封土东西残长 50、南北 30、高 10 米。

LM40P2　即 LM42，传为"无亏墓"[①]。在紫荆山北麓、郑家沟村西，与 LM40：1 南北相对，相距 400 米。系一基两坟的象山形异穴并葬墓。东西长方形陵台作三级台阶

---

① 据《左传》、《史记·齐太公世家》载：无亏，字武孟，桓公子，如夫人长卫姬所生。桓公卒，无亏立。宋襄公伐齐时，为齐人所杀。无谥。春秋早期，齐墓无封土。该墓当非无亏墓。

状内收。台顶并列两个方基圆坟形坟堆（自西向东编号为 LM40P2：1、LM40P2：2），陵台底东西 150、南北 100 米，台顶东西 110、南北 66、高 3 米。

LM40P2：1　方基一层。基底南北 40、东西 30 米。基顶南北 35、东西 25、高 3 米。圆坟底径 14 米，平顶，径 10、高 2.5 米。通高 8.5 米。

LM40P2：2　西距 LM40P2：1 约 33 米。方基两层，基底南北 48、东西 40、高 6.5 米。圆坟底径 10 米，平顶，径 7、高 1.5 米。通高 11 米。

LM40P3　曲尺形，长方形墓室，南北 15、东西 12 米，墓道朝北，开在墓室左侧边，上口长 10、里口宽 5、外口宽 3 米。

三、南辛庄墓及其陪葬墓

南辛庄墓位于青州市东高镇南辛庄南 250 米，西南距四王冢 1600 米。三座墓葬平地起筑，封土形制相同，均属方基圆坟类型（图八；图版一六，1）。其中两墓东西并列，大小相若（图版一六，2），相距 75 米（自西向东编号为 QM4、QM5）。一墓略小，位于 QM4 西北 60 米，当是上述两座墓葬的陪葬墓（编号为 QM6）。三墓墓道均朝南。

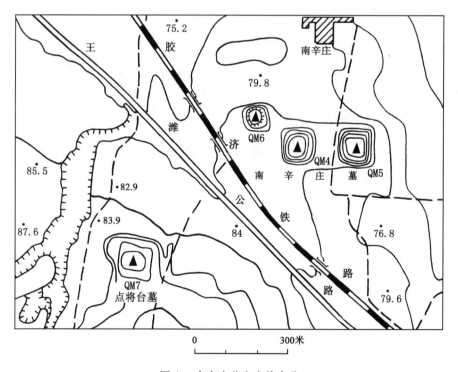

图八　南辛庄墓和点将台墓

（一）南辛庄墓

QM4　西、北面遭破坏。方基二层，陵台底南北 110、东西 90 米。台顶南北 80、东西 60、高 7.8 米。圆坟底径 21 米，平顶，径 10、高 8.7 米。通高 16.5 米。封土为柱心式结构。封土柱西壁已经暴露，板痕及系板绳孔清晰可见。

QM5　陵台东、北面遭破坏。方基三层，台底南北 125、东西 110 米。台顶南北 75、东西 70、高 12.8 米。陵台上坟堆呈椭圆形，底南北 35、东西 25 米，平顶，南北 15、东西 8、高 9 米。通高 21.8 米（图版一六，3）。

（二）陪葬墓

QM4P1　即 QM6。封土四周遭严重破坏。方基二层，现存陵台底南北 75、东西 70 米。台顶南北 55、东西 45、高 5 米。圆坟堆几乎被削平，底径 10 米，平顶，径 2、高 3 米。通高 8 米。

四、点将台墓

墓葬坐落在青州市邵庄镇石羊村东南 800 米的明祖山北麓，西北距四王冢 1850 米，东北隔胶济铁路与南辛庄墓相望，相距仅 500 米（图八），该墓因山建造，属于方基圆坟形异穴并葬墓（编号为 QM7）。

陵台方基四层（南面因是山坡，只有一层），台底东西 180、南北 150 米，台顶东西 80、南北 70、高 12 米。台顶坟堆已被破坏，从 1938 年航片看，其时坟堆保存较好，呈长椭圆形，东西 65、南北约 30 米，勘探发现封土下有两条东西并列的南墓道，未探明墓室大小。墓葬西、北两面地势低洼，可能与筑墓取土有关（图版一七，1、2）。

五、田和冢及其陪葬墓

青州市普通乡沈家营南 500 米的尧山北麓，有两座带封土的墓葬，这就是田和冢（编号 QM8）和它的陪葬墓（编号 QM9）。两座墓葬依山建造，一南一北，形制相同，大小悬殊（图九）。

（一）田和冢

QM8　田和冢封土属方基圆坟类型。陵台有三级台阶，底边东西 200、南北 175 米，台顶东西 115、东西 60、高 15 米，台顶坟堆呈长椭圆形，底东西 70、南北 30 米。平顶，东西 55、南北 8、高 6.8 米。通高 21.8 米（图版一八，1、2）。

（二）陪葬墓

QM8P1　即 QM9。位于田和冢南 300 米，封土遭破坏。陵台方基二层，底东西 35、南北 25 米。台顶东西 20、南北 13、高 3.8 米。长圆形坟堆底东西 12.5、南北 10 米。平顶，东西 8、南北 5、高 1 米。通高 4.8 米。

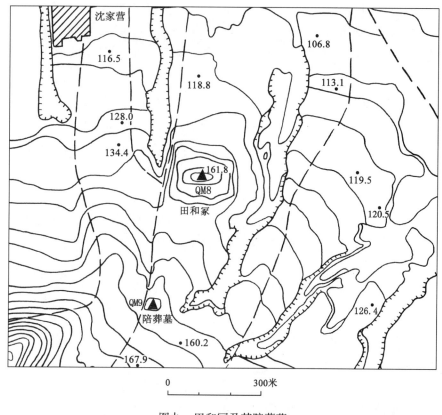

图九　田和冢及其陪葬墓

六、淄河店墓地

淄河店墓地南起康山山脊，北至胶济铁路，东西介于四王冢和牛山之间，四王冢壕沟以外还分布有 15 座有封土和 42 座无封土的墓葬，其中包括 1990 年为配合济（南）——青（岛）高速公路取土场发掘的 7 座墓葬（LZM1～LZM7）和 1 座殉马坑（图六）。LZM2，地面有残存封土，在《临淄墓葬勘查一览表》中编号为 LM32。

有封土的墓葬多分布在南山坡上，封土作圆锥形（详见《临淄墓葬勘查一览表》LM26～LM38）。无封土的墓葬多在山谷北部，其平面有三种类型：中字形、甲字形和曲尺形（附表四）。

中字形墓 1 座，即 LZM22，长方形墓室，南北长 13.5、东西宽 10.5 米，有南北两条墓道。南墓道上口长 15、里口宽 6、外口宽 3 米。北墓道上口长 16、里口宽 7、外口宽 2.5 米。

甲字形墓 36 座，墓道朝北者 3 座，向西者 1 座，余均向南。最大的甲字形墓为 M8，墓室呈长方形，南北长 37.5、东西宽 36 米。南墓道上口长 46、里口宽 16、外口宽 11 米。最小的为 M23，墓室呈长方形，南北长 9.5、东西宽 8 米。南墓道上口长 10、里口宽 4、外口宽 2.5 米。

曲尺形墓 5 座，M7 墓室呈正方形，边长 7 米，南墓道开在墓室左侧，上口长 13.5、里口宽 6、外口宽 4 米。

从墓葬分布示意图可以看出，上述墓葬中有 8 组 16 座墓系异穴并葬墓，每组两墓，一大一小，东西并列埋葬，相去不远，两墓形制相同，墓道方向一致。小墓的位置或在大墓之左，或在大墓之右，并无一定规律。这 8 组墓葬分别为 M2 和 M3 组，小墓在右；M5 和 M6 组，小墓在左；M11 和 M12 组，小墓在右；M17 和 M18 组，小墓在右；M20 和 M21 组，小墓居右；M24 和 M25 组，小墓居左；M26 和 M27 组，小墓居左；M39 和 M40 组，小墓在右。并列两墓的墓主之间的关系应当是夫妻关系。在男性占统治地位的社会里，较大的一座墓葬的主人无疑是男性。

第三节　小结

一、《周礼·春官》记载，冢人的职责之一就是"以爵等为丘封之度与其树数"。郑玄注："别尊卑也"。贾公彦疏："尊者丘高而树多，卑者封下而树少"。《吕氏春秋·孟冬纪》和《礼记·月令》都提到，孟冬之月，"审棺椁之薄厚，茔丘垄之大小、高卑、厚薄之度，贵贱之等级"。由此可证，墓葬封土的大小、高低，是与墓主人身份地位的高低贵贱紧密相关的。汉以前各种爵等封土的尺度，已无从知晓，郑玄只好举汉律为例。不过，据《礼记·礼器》记载，礼"有以大为贵者"中，就有"丘封之大"。墓葬封土是社会等级的标志。在等级社会里，墓主身份地位越高、越尊贵，其封土也就越大越高是确定无疑的。第一章中曾提到，临淄墓葬有封土的最早不会超过春秋晚期，位于齐故城东北隅的姜齐公墓，都是没有封土的。在临淄、青州两地众多的墓葬封土中，四王冢、二王冢封土规模之大，无出其右者，其墓主非田齐国君莫属。所以四王冢不会是什么"四豪冢"，二王冢也不会是什么姜齐桓公或景公墓了。

四王冢和二王冢的封土形制都是象山形封土类型，这与它们都是异穴并葬墓有关。除去因并葬形成的陵台，其封土形制还是方基圆坟形类型。从赵、燕、中山、秦、魏等诸侯国君主的陵墓都是作方形，可以看出方形是当时等级最高、只有国君才能享用的一种封土形制。而且，这种形制的封土一直为汉、唐，乃至宋代帝王所继承。方基圆坟这种作为齐国君主封土的特有形制，是不可僭越的。这也是方基圆坟类型的墓葬封土只出现在田齐公墓的兆域之内的原因。青州东高镇的南辛庄、邵庄镇的点将台、普通乡的田和冢三处墓葬，封土规模与四王冢和二王冢不相上下，形制又都相同，据此，可以肯定地说，上述三处墓葬的墓主人也应当是田齐国君及其陪葬者。提升这三处墓葬的保护级别，有利于加强对它们的保护。那么，西起临淄的四王冢，东至青州的田和冢，其间长达 7.5 公里的鲁中山地北部边缘的地片上，就是战国田齐公墓的兆域。

二、田齐国君的墓葬都采用了异穴并葬的埋葬形式。虽然勘探田和冢时，因封土高大，土质干硬，未能探明墓室的数量，然而从田和冢方基上有着同点将台墓一样的椭圆形坟堆分析，封土下必有两个墓室。从河北平山县中山王墓出土的"兆域图"看，兆域内有五间堂。其中王堂居中，王后、夫人列于两侧。如果按图实施，也是五墓并列的异穴并葬墓。河南辉县固围村的魏王墓，则是三墓并列，中间的一座较大，两旁的略小。在男尊女卑的封建社会里，较大的一座墓葬的主人当然是魏王，而两旁较小的墓，则是魏王后或其夫人。如同中山王墓和魏王墓一样，临淄和青州的五处异穴并葬墓中，每处只有一座是齐侯或齐王，余皆为齐侯夫人或齐王后、夫人。并列埋葬的墓主之间的关系只能是夫妻，而不是父子。因此，四王冢下四座墓葬的主人不可能像《齐地补遗》和顾炎武《四王冢记》所说的那样是田齐威、宣、湣、襄四王。四王冢名不符实。同样，二王冢也名实不符。

三、自公元前386年田和被立为诸侯，至公元前221年齐王建降秦，前后173年间，田齐共历八君，即太公和、田侯剡、桓公午、威王因齐、宣王辟疆、湣王地、襄王法章和齐王建。田齐公墓内的五个国君的墓葬埋葬的只是太公、桓公、威王、宣王和襄王。田侯剡、湣王和齐王建并没有入葬田齐公墓。田侯剡为桓公午篡权所杀[1]，他当然不会按国君之礼葬田剡，也不可能将其埋入田齐公墓内。湣王是在乐毅伐齐时，被楚将淖齿杀于莒[2]，其埋骨之所当在莒县而不在临淄。田单复国已是五年后之事。这时，湣王尸骨已朽，不可能返葬临淄。按周礼，"凡死于兵者，不入兆域"，即使襄王将湣王尸骨迁回临淄，也不可能葬入公墓兆域。齐王建降秦，被迁于共（河南辉县），饿死在松柏之间[3]，这时，他已是国破家亡，死后当葬于辉县而不是临淄。据上所述，葬于临淄和青州的五处墓地的齐国君主只能是太公、桓公、威王、宣王和襄王。至于谁葬何处，只能有待考古发掘后方可知晓。

四、四王冢是唯一有茔域标志和众多陪葬墓的陵园。据《周礼·春官》载："冢人掌公墓之地，辨其兆域而为之图……凡诸侯居左右以前，卿大夫士居后，各以其族。……凡死于兵者，不入兆域"。郑玄曰："公，君也。图谓画其地形及丘垄所处而藏之也。"贾公彦疏云："未有死者之时，先画其地之形势，预图出其丘垄之处。"孙诒让《周礼正义》曰："经云辨其兆域而为之图者谓总图。公墓之地辨其界限形势。有葬者则

---

① 田侯剡，《史记》无载。《史记·田敬仲完世家》索隐引《竹书纪年》曰："齐康公五年，田侯午生。二十二年，田侯剡立。后十年，齐田午弑其君及孺子喜而为公。"《春秋后传》亦云："田午弑田侯及其孺子喜而兼齐，是为桓侯"。是太公之后，桓公之前，尚有田剡为齐国之君。

② 《史记·田敬仲完世家》，中华书局，1959年。

③ 《史记·田敬仲完世家》，中华书局，1959年。

识其兆域所在，以备裕葬，且使岁久易以识别，其卜葬者亦按图以定其处，平时则藏之冢人之府也。"四王冢北陵园壕沟内 30 座裕葬墓排列有序，没有打破现象，显然事先做好了规划，排定了墓位，死后按所定的墓位下葬的。这种埋葬方式，应当是郑玄所说的"子孙各就其所出王，以尊卑处其前后"的公墓埋葬制度的反映。对于研究当时齐国君主的丧葬制度提供了重要资料。

五、四王冢既为田齐国君的陵园，按礼是不容许其他人入葬的，然而四王冢陵园壕沟外却散布着 5 座有封土的墓和 14 座无封土墓，似乎透露着他们和四王冢墓主有着不同寻常的关系。或许他们是"死于兵者"和"磬于甸人"的犯有死罪王族。就像鲁季孙之葬昭公欲沟绝其兆域一样①。虽然他们被罚投之茔外，却不远离鲁公族葬之地。

六、《礼记·檀弓下》云："葬于北方北首，三代之达礼也，之幽之故也。"郑玄注："北方，国北也。"孙诒让的《周礼·春官》，在"冢人掌公墓之地，辨其兆域而为之图"下，也说："宜相地形为之，大都在东、北两方。"就是说公墓之地一般设在都城以北或以东两个方向。姜齐公墓虽然在齐城内，却也在城的东北隅河崖头村。田齐公墓选择在齐城之南，显然有悖于公墓区设在都城东、北两方的通行做法。究其原因，可能与齐城北地势低洼、水位较高有关。《吕氏春秋·节丧》曰："葬不可不藏也，浅藏则狐狸抇之，深则及水泉。故凡葬必于高陵之上，以辟狐狸之患，水泉之湿。"齐城北地势不适宜深埋，而城南鲁中山地北缘地势高耸，山林茂密，且北临淄水，视野开阔，无此缺陷。虽然如此，墓葬的墓道皆朝南，埋葬虽然北首，却是背水面山，有违枕山面水的常规。

七、四王冢西侧冲沟至牛山的墓葬当是《周礼·春官·墓大夫》所说的"邦墓"。已发掘的 LZM2 有车、马、殉人陪葬，是一座战国早期墓葬。出土的陶礼器中，有七鼎六簋，并出土了"国楚造车戈"铜戈。"同宗者，生相近，死相迫"②。这片墓地应是国氏一族的族墓地。

通过对田齐王陵的勘查，明确了田齐公墓的范围、封土形制、国君墓葬及其裕葬墓等方面的情况，为田齐王陵的保护和田齐国君陵寝制度的研究提供了重要资料。

---

① 孙诒让《周礼正义》卷四一，在冢人"凡死于兵者，不入兆域"下，云："其王族有罪，磬于甸人者，亦当不入兆域。"

② 《周礼·地官·大司徒》"族坟墓"郑玄注。

下　编

第三章　墓地概述

第一节　墓地分布

本报告发表的19座墓分别属于东夏庄、单家庄、相家庄、淄河店四处墓地，均位于临淄齐故城遗址以南（图一○）。

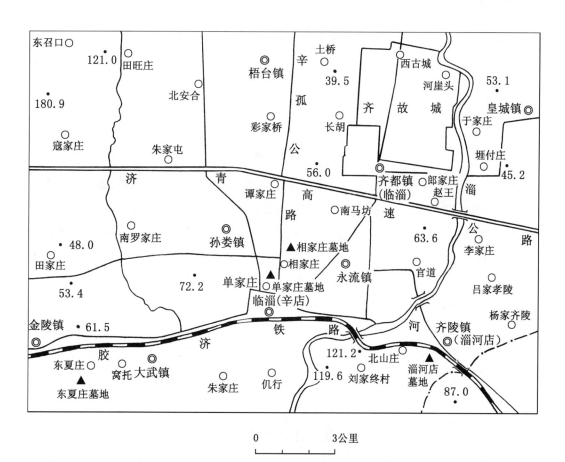

0　　　　3公里

图一○　东夏庄、单家庄、相家庄、淄河店墓地位置示意图

一、东夏庄墓地

位于临淄区大武镇东夏庄西南的棉花山北麓，北距胶济铁路 1.5 公里，东北距临淄齐国故城遗址约 13 公里。在这片山坡上，有数条被山洪冲刷而形成的南北向冲沟，其间散布着 6 座高大的墓葬封土。1980 年齐鲁石油化学工业总公司在此建设三十万吨乙烯厂，为配合该建设工程，省、区文物主管部门先后两次对上述墓葬进行了发掘。6 座墓葬封土中有 1 座封土下有两个墓室，属于"异穴并葬"，共发掘 7 座墓葬，编号为 LDM1～LDM7，其中战国墓 4 座，编号 LDM3～LDM6。

二、单家庄墓地

位于单家庄东北部，在临淄城区辛八路以南、辛五街北段的西侧和辛六街北段的东侧各 1 座有封土的墓葬。辛五街西侧的 1 座位于辛店街道办事处单家庄东北 250 米的齐鲁石油化学工业总公司第九小学体育场内。辛六街东侧 1 座位于永流镇相家庄东南 250 米的齐鲁石化中心医院北墙外。两墓东西相距约 700 米，东北距齐故城遗址约 6 公里。在《临淄墓葬勘查一览表》（附表一）中的编号为 LM18 和 LM71。为配合齐鲁石化辛店生活区加温站的建设和齐鲁石化中心医院的扩建工程，分别于 1992 年 3 月和 1992 年 8 月对上述两座墓葬进行了发掘。LM18 改编号为 LSM1，LM71 改编号为 LSM2。

三、相家庄墓地

位于临淄区永流镇相家庄北 400 米，地处临淄（辛店）城区的北部边缘。墓地东临辛六街，西濒辛（店）——孤（岛）公路，南北界于 309 国道与齐兴路之间。东北距临淄齐国故城遗址约 3.5 公里。墓地所处，地势平坦，地面耸立 4 座高大的墓葬封土，分外令人瞩目。这 4 座墓葬在《临淄墓葬勘查一览表》（附表一）中的编号为 LM74、LM75、LM76、LM77。前 3 座墓作东南—西北向排列，同处于一条直线上。其中，LM75 位居中央，规模最大，LM74 略偏西北，LM76 偏于东南，LM77 位于东北。LM75 与 LM74、LM76、LM77 三墓的最短距离分别为 100 米、58 米、80 米。LM76 和 LM77 两墓南北相对，相距 73 米。1995 年冬，临淄区政府在此修建行政办公中心大楼，为配合该建设工程，山东省文物考古研究所对 LM77 以外的其他 3 座墓葬封土进行了发掘，其中 LM75 属于异穴并葬墓，封土下有 4 个墓室，共发掘墓葬 6 座。

四、淄河店墓地

淄河店墓地位于临淄区齐陵镇淄河店村西南，西距临淄区政府驻地 4.5 公里，北距临淄齐国故城遗址约 7.5 公里。墓地东隔一条冲沟与田齐王陵区相邻，西侧为牛山，南侧有康山、火石山环抱，北部约以胶济铁路为界。经勘探，该墓地共发现 25 座大、中型墓、23 座小墓和 1 座殉马坑。1990 年、1993 年，山东省文物考古研究所在淄河店墓地先后发掘了 7 座大、中型墓、23 座小墓和 1 座殉马坑。其中 7 座大、中型墓属于战国时期，23 座小墓时代较晚。7 座战国墓的编号，仍采用原发掘时的顺序编号。因两次发掘中间进行了一次勘察，这 7 座战国墓未能统一顺序编号。第一次发掘的 4 座墓编号为 LZM1～LZM4，殉马坑为 LZM2 墓主所属，编号为 LZM2XMK；第二次发掘的 3 座墓编号为 LZM67、LZM80、LZM81。

第二节 随葬器物概述

19 座墓虽然均遭盗掘，但综合起来随葬器物仍较为丰富，出土器物共计近 6000 件，按质料可分为陶器、铜器、铁器、金器、玉器、石器、水晶器、玛瑙器、料器、骨器、牙器、蚌器以及漆木器等。虽然这 19 座墓均属战国时期墓，但是年代有明显的早晚差别，器形多少有一些变化，为了便于对墓葬年代和同类器物进行分析对比，本节首先对具有分期意义的器类主要是陶礼器和铜礼器进行型式的划分；对于铜兵器、铜车马器、铜生活用具以及玉石器、水晶器、玛瑙器、骨器、蚌器等，则仅对出土数量多、样式复杂的器物进行了型的区分。在介绍出土器物之前先对器物进行种类和型式的划分，目的在于方便读者对出土器物特征的把握以及对墓葬年代和同类器物进行对比研究。

一、陶器

共 541 件。以仿铜礼器为主，其次有仿铜乐器、生活用器、明器和陶俑。器类主要有鼎、盖鼎、簋、簠、豆、盖豆、方豆、莲花盘豆、笾、敦、舟、壶、提梁壶、盘、方盘、匜、鬲、甗、罐、罍、牺尊、铲、叉、卮、钵、勺、杯、鉴、禁、珠、环、柱形器、璜、瓦形器等。

鼎 33 件。根据形体大小分二型。

A 型 26 件。器体较大，直口，宽平沿。分二式。

A 型 I 式 14 件。附耳。

A 型 II 式 12 件。穿耳。

B 型 7 件。器体较小，直口。

盖鼎 38 件。根据耳部和器体不同分三型。

A 型 20 件。附耳。分三式。

A 型 I 式 9 件。子母口微敛，浅腹，底近平，蹄足。盖微弧，盖顶饰三环活纽。

A 型 II 式 9 件。子母口较内敛，腹较深，蹄足。盖较鼓，盖顶饰三矩形扁纽。

A型Ⅲ式　2件。深腹，圜底，耳较短，足近柱状。盖高鼓，盖顶饰三矩形扁纽。

B型　13件。穿耳。

C型　5件。无耳，圜底近平，蹄足。分二式。

C型Ⅰ式　3件。腹较浅，盖微弧，矩形纽。

C型Ⅱ式　2件。腹较深，盖较鼓。

簠　22件。方圈座，莲花形捉手。根据器体不同分二型。

A型　9件。连体。直口，深腹，平底，弧盖，莲花形捉手，方座。分二式。

A型Ⅰ式　3件。龙形附耳。

A型Ⅱ式　6件。龙形穿耳。

B型　13件。分体。分二式。

B型Ⅰ式　7件。直口，宽沿，浅腹，圈足，腹底部有孔，龙形穿耳。弧形盖，莲花形捉手。方座中部有圆口。

B型Ⅱ式　6件。直口或微敛，腹较深，平底，龙形穿耳。方座上部有凸起圆口。

簋　6件。大口，长方形斗状，曲尺形足，器盖同形。根据器形和腹壁不同分二型。

A型　1件。敞口，弧腹。

B型　5件。直口，折腹。

豆　82件。根据器体高矮不同分二型。

A型　21件。矮柄豆。

B型　61件。高柄豆。

盖豆　59件。根据腹、柄、盖的不同分三型。

A型　25件。高柄，环形穿耳，弧形盖，三环活纽。三环纽盖。分二式。

A型Ⅰ式　8件。直口微敛，钵形腹。

A型Ⅱ式　17件。子母口，弧腹。

B型　32件。子母口，微敛，喇叭形捉手。分二式。

B型Ⅰ式　10件。扁腹，喇叭形圈足。盖面微弧。

B型Ⅱ式　22件。上腹及盖面多见粗凹弦纹。

C型　2件。直口，折腹，浅盘，柄中部有一周凸棱。盖面微弧，莲花形捉手。

方豆　14件。根据豆盘形状的不同分二型。

A型　10件。盘体作方形。

B型　4件。盘体作长椭圆形。

莲花盘豆　2件。豆盘呈莲花状，盘底近平，柄中部有一周凸棱。

筐　16件。其中筐座1件。器形似豆，直口，平沿，盘中部有圆孔与柄孔相通，根据器体结构不同分二型。

A 型　12 件。盘柄连体。

B 型　3 件。盘柄分体。

敦　27 件。根据器形与纽、足的不同分四型。

A 型　2 件。钵形，子母口，深腹，双环耳。盖面微鼓，三环纽。

B 型　2 件。三环纽足，子母口，浅腹，双环穿耳。弧形盖，三环活纽。

C 型　20 件。鼎形敦，直口，平沿，浅腹，圜底。高蹄足或柱状足。

D 型　3 件。腹较深，柱状足，附耳。盖面较鼓，器身装饰圆乳丁。

舟　14 件。椭圆形，子母口，平底，根据腹、盖、纽的不同分二型。

A 型　6 件。平底或略内凹，腹两侧有环状穿耳，盖面微弧，三环形活纽。

B 型　8 件。折腹，盖面微鼓，上有三或四个乳丁形纽。

壶　52 件。根据腹部不同分四型。

A 型　14 件。敞口，高领，垂腹，无底。

B 型　9 件。敞口，短颈，弧腹微鼓，无底。

C 型　22 件。直口微敞，鼓腹，颈肩及上腹部多有纹饰，大多有盖。分三式。

C 型 I 式　2 件。球形腹，最大径在腹中部。

C 型 II 式　14 件。鼓腹微下收，最大径在腹中部偏上。

C 型 III 式　6 件。鼓腹，腹下部内收，最大径在肩部。

D 型　7 件。器体较矮，直口微侈，短颈，扁腹外鼓，大多有盖。

提梁壶　1 件。侈口，长颈，鼓腹，圜底，圈足，颈部双环耳，链状提梁。

盘　23 件。根据底部不同分三型。

A 型　8 件。圈足盘。分三式。

A 型 I 式　4 件。直口，弧腹微折，大平底，高圈足较大。

A 型 II 式　1 件。侈口，折腹，圜底，矮圈足。

A 型 III 式　3 件。敞口，折腹，圜底，圈足矮小。

B 型　13 件。平底盘。分二式。

B 型 I 式　7 件。直口微敞，折腹，小平底。

B 型 II 式　6 件。敞口，宽平沿，方唇，折腹，大平底或底微内凹。

C 型　2 件。三足盘。直口微敞，平沿，折腹，圜底，三蹄足。

方盘　3 件。平面呈长方形。分二型。

A 型　1 件。平沿，折腹，平底。

B 型　2 件。直口，大平底。

匜　6 件。根据器体不同分三型。

A 型　3 件。平底。分二式。

A 型 I 式　2 件。近似圆形，浅腹，流较短，大平底。

A 型 II 式　1 件。近似瓢形，深腹，流较长，平底。

B 型　2 件。三蹄足。分二式。

B 型 I 式　1 件。呈圆形，浅腹，大平底，环形鋬。

B 型 II 式　1 件。近似圆形，深腹，圜底，口下一对穿耳。

C 型　1 件。长方形，浅腹，平底，三蹄足。

鬲　7 件。根据器体不同分三型。

A 型　5 件。矮体。裆近平，颈以下饰绳纹。分三式。

A 型 I 式　2 件。直口微侈，短颈，弧腹微鼓，裆近平。三矮足靠外侧，颈以下饰绳纹。

A 型 II 式　2 件。侈口，鼓腹，裆近平，三矮足偏内侧。颈以下饰绳纹。

A 型 III 式　1 件。敛口，鼓腹，裆近平，三实足跟内聚。颈以下饰绳纹。

B 型　1 件。高体鬲。直口，短颈，深腹近直，平裆，三实足跟。腹下部饰绳纹。

C 型　1 件。带盖，子母口，深腹，乳丁状足，附耳，有盖。

甗　3 件。均为分体，上部为甑形盆，下部为罐形鼎，直口，短颈，鼓腹，圜底，三蹄足。

平底罐　10 件。分二型。

A 型　6 件。鼓腹罐。分二式。

A 型 I 式　2 件。侈口，长颈，鼓腹，腹下内收。

A 型 II 式　4 件。直口微侈。

B 型　4 件。直口微侈，直颈，扁腹，折肩或圆肩，弧形盖。

圜底罐　5 件。根据器形不同分二型。

A 型　1 件。长颈，直口，鼓腹，颈下饰绳纹。

B 型　4 件。短颈，侈口，短颈，鼓腹，肩以下饰绳纹。

三足罐　1 件。直口微敛，折肩，圜底，三蹄足，覆盘状盖。

罍　10 件。根据底部不同分二型。

A 型　4 件。无底。直口微侈，平沿，短颈，鼓腹，假圈足，双耳或无耳。

B 型　6 件。有底。分二式。

B 型 I 式　4 件。侈口，束颈，折肩，圜底，圈足略外撇。

B 型 II 式　2 件。直口，短颈，鼓腹，底近平，圈足较直。

牺尊　4 件。仿兽形。

卮　1 件。直筒形，直口，斜沿，底微弧，三足。

钵　3件。根据底部不同分二型。

A型　1件。平底钵。直口，方唇，浅腹，下腹内收，平底。

B型　2件。圜底钵。直口，尖唇，深腹，圜底。

禁　5件。长方形，根据口沿的不同分二型。

A型　1件。敞口，宽沿禁。

B型　4件。直口。

勺　5件。椭圆形，管状柄。

杯　2件。根据器体不同分二型。

A型　1件。鸟柄杯。

B型　1件。直筒形杯。

漏器　1件。似鼎无足，底有圆孔。

铲　2件。分二型。

A型　1件。平底。

B型　1件。漏孔底。

叉　1件。双齿，管状直柄。

珠　6件。分球形、菱形两种。

璜　4件。弧度较大，两端呈锐角，上缘一系孔。

瑗　2件。截角呈扁椭形。

柱形器　6件。圆柱状。

瓦形器　2件。板瓦形，面饰细绳纹。

乐器　21件。均为仿铜乐器，有镈钟、甬钟和纽钟。

镈钟　7件。

甬钟　7件。

纽钟　7件。

明器　数量较少，器形很小，均为模仿礼器而制作的实心明器。器类有鼎、壶、钫、盘、匜、罐、盆、甗、簋形器。

鼎　3件。

簋形器　6件。

壶　4件。

钫　2件。

盘　3件。

匜　1件。

罐　3件。

盆　1件。

甗　2件。

陶俑　17件。分人物俑、动物俑两种。

人物俑　7件。

动物俑　10件。

二、铜器

871件。出土的器类比较齐全，根据用途分为礼器、乐器、兵器、车马器、服饰器和工具杂器。

铜礼器　52件。有盖鼎、豆、盖豆、方豆、莲花盘豆、敦、舟、提梁壶、盘、匜、罍、鬲、鸭尊、盒、罐、匕、箕等。

铜盖鼎　3件。子母口，附耳，三蹄足。据器体与盖的不同分二型。

A型　2件。弧腹较浅，圜底。平盖，上有三矩形纽，半环形捉手。

B型　1件。深腹微鼓，平底。弧形盖，盖面有三半环形纽。

铜豆　3件。直口，平沿，细高柄。

铜盖豆　4件。盘、盖扣合呈球形，环状耳、纽。

铜方豆　1件。椭圆形盘，折壁，平底。

铜莲花盘豆　2件。盘呈莲花形。

铜敦　3件。器腹、盖扣合呈球形，环状足、纽。

铜舟　6件。椭圆形，口下一对环纽。

铜提梁壶　3件。分二型。

A型　2件。弧形盖。

B型　1件。盖口相合呈鹰首状。

铜盘　5件。敞口，平沿。根据底部不同分三型。

A型　2件。折腹，圈足。

B型　2件。折腹，平底。

C型　1件。圜底。

铜匜　5件。根据器形不同分二型。

A型　4件。椭圆形，槽形流，带鋬。

B型　1件。扁圆形，V字形短流。

铜罍　3件。直口，平沿，圆肩，平底，圈足。

铜鬲　2件。子母口，平裆，三小实足，长方形附耳或套环耳。弧形盖，三环纽。

铜鸭尊　1件。

铜盒　1件。直腹，平底，盖微鼓。

铜罐　4件。根据器形不同分二型。

A型　2件。束颈，侈口，折肩，圜底。

B型　2件。直口，折肩，平底。

铜匕　5件。匕扁平椭圆形。

铜箕　1件。簸箕形，敞口，套环錾。

铜乐器　34件。有镈钟、甬钟、纽钟。

铜镈钟　8件。分二型。

A型　4件。兽纽，形体较大，大小相次。

B型　4件。环纽，形体较小，大小相次。

铜甬钟　16件。根据甬部与钟体连接方式的不同，分为二组，每组8件，大小相次。

铜纽钟　10件。一组，大小依次递减。

铜兵器　89件。有戈、矛、剑、戟、钩钜、殳、镞、镦、镈。

铜戈　9件。

铜矛　5件。

铜剑　4件。分三型。

A型　1件。有格。

B型　1件。无格。

C型　2件。凸脊。

铜钩钜　4件。与戈和矛组合。

铜殳　11件。分为二型。

A型　7件。尖锋式。

B型　4件。圆锥锋式。

铜镞　43件。根据形状不同分为双翼、三棱、锥形、柱形多种。

铜镦　12件。圆筒形。矛、戟镦。

铜镈　1件。扁圆形。

铜车马器　286件。分车器、马器。

铜车器　205件。有车軎、衡末饰、軏首饰、车轵、銮铃、带扣、节约、踵饰、盖弓帽、车篷管架、插座等。

铜车軎　20件。分二型。

A型　16件。短筒形，宽折沿。

B型　4件。长直筒形。

铜衡末饰　4件。圆筒形。

铜轭首饰　2件。十字帽形。

铜车軑　4件。圆环套纽形。

铜銮铃　11件。扁圆形，长方座。

铜带扣　38件。分为二型。

A型　12件。半环形。

B型　26件。簸箕形。

铜节约　59件。分二型。

A型　39件。L形。

B型　20件。T形。

铜踵饰　8件。套管形，饰环纽。

铜盖弓帽　26件。分二型。

A型　22件。曲钩形。

B型　4件。直钩形。

铜车篷管架　1件。多管形。

铜插座　32件。分三型。

A型　25件。L形。

B型　2件。曲耳形。

C型　2件。直筒形。

D型　3件。

铜马器　81件。有衔、镳、铃、节约、泡、镅。

铜衔　12件。

铜镳　4件。

铜铃　5件。

铜泡　12件。

铜镅　48件。圆筒形。

铜服饰器　111件。有铜镜、带钩、铜梳。

铜镜　9件。圆形。

铜带钩　101件。样式繁多，分七型。

A型　59件。匙形体，腹部较厚。

B型　34件。形体与A型相近，但腹部有两条折棱。

C型　2件。鸟首钩，双翼形。

D型　3件。长条形。

E 型　1 件。扁平体。

F 型　1 件。琵琶形。

G 型　1 件。圆腹形。

铜梳　1 件。

工具杂器　299 件。有铺首、环、纽、削、匕、多齿钉、钉环、锥、凿、泡、三足器、器帽、管、兽首器、贝形饰、肖形印、漏器等。

铜铺首　51 件。

铜环　85 件。

铜吊扣　2 件。

铜削　7 件。

铜多足钉　37 件。有三足钉、四足钉、五足钉三种。

铜钉环　9 件。

铜锥　3 件。

铜凿　1 件。

铜三足器　1 件。

铜器帽　2 件。

铜管　2 件。

铜贝形饰　97 件。

铜肖形印　1 件。

铜漏器　1 件。

三、金器

仅出土 1 件金盒。

金盒　1 件。直口，平底，盖微鼓。

四、铁器

21 件。器类有带钩、削、环、镰刀形器、锥、衔、铁插等。

铁带钩　8 件。分二型。

A 型　3 件。扁平形。

B 型　5 件。圆条形。

铁削　8 件。

铁环　1 件。

铁镰刀形器　1 件。

铁锥　1件。

铁衔　1件。

铁插　1件。

五、玉器

78件。出土的数量不多，有玉璧、玉环、玉瑗、玉璜、玉佩、琮形束发器、玉牒、玉牌饰、玉口含、玉坠、玉管。

玉璧　2件。

玉环　11件。分三型。

A型　9件。扁圆环。

B型　1件。鉏牙环。

C型　1件。双夔耳环。

玉瑗　3件。

玉璜　27件。分三型。

A型　1件。龙形。

B型　21件。半圆形。

C型　5件。鉏牙形。

玉佩　28件。分六种，龙形、双龙形、鸟形、觿形、方形、长方形。

玉琮形束发器　1件。

玉牒　1件。

玉牌饰　1件。长方形。

玉口含　1件。

玉坠　2件。

玉管　1件。

六、石器

1249件。绝大部分为滑石制作。器类有石璧、石环、石瑗、石圭、石璜、石玦、石佩、石簪、石琮形束发器、石管、石柱形器、石柱形器帽、石刀、石磬、穿孔石子等。按照用途分别属于礼器、乐器、佩饰、工具、杂器。

石璧　1件。分两种，素面、有纹饰。

石环　215件。分两种，素面，有纹饰。

石瑗　273件。分二型。

A型　271件。外薄内厚。

B型 2件。外厚内薄。

石圭 2件。

石璜 87件。分四型。

A型 65件。尖首璜，分单穿、双穿。

B型 16件。半圆形。

C型 2件。鉏牙形。

D型 4件。桥形。

石佩 186件。均为滑石制作，分六种，椭圆形、长方形、方形、八角圆环形、琬圭形、璋形。

石琮形束发器 11件。分两种，方柱体形、抹角方柱体形。

石簪 11件。分四种，圆柱形、圆角方柱形、扁方形、多棱体形。

石坠 5件。扁圆形，中间有穿孔。

石玦 26件。分两种，柱形、圆形片。

石柱形器 12件。圆柱形。

石管 329件。分二种，圆柱形、鼓形。

柱形器帽 4件。圆柱形，一端有銎。

石刀 1件。长方形，双面刃。

石子 57件。石子有钻孔和无孔两种。

石贝饰 2件。

砺石 1件。

石肖形印 1件。

石方形饰 1件。

石磬 24件。分三组，每组8件，大小依次递减。

七、料器

料器 11件，有管和珠。

料管 1件。

束腰形料珠 1件。

橘瓣形料珠 1件。

球形料珠 8件。

八、水晶

1435件。有水晶瑗、水晶管、水晶珠、水晶三穿饰、水晶冲牙、水晶料。

水晶瑗　106 件。分四型。

A 型　62 件。外厚内薄。

B 型　44 件。中间厚。

水晶管　179 件。分四种，有圆柱形、菱形、方形、长方形、鼓形。

水晶珠　1073 件。分五种，有扣形、球形、菱形、鼓形、多面体形。

水晶冲牙　3 件。

水晶三穿饰　6 件。扁平圆形，有 Y 形横向三穿。

水晶料　68 件。

九、玛瑙器

514 件。有玛瑙瑗、玛瑙环、玛瑙璜、玛瑙管、玛瑙珠、玛瑙冲牙。

玛瑙瑗　220 件。分四型。

A 型　59 件。立边，外厚内薄。

B 型　128 件。外薄内厚。

C 型　17 件。内外薄中间厚。

D 型　16 件。扁平状。

玛瑙环　2 件。

玛瑙璜　9 件。扁平桥形。

玛瑙管　125 件。分四种，有鼓形、凸棱形、圆柱形、菱形。

玛瑙珠　133 件。分三种，有球形、菱形、鼓形。

玛瑙冲牙　25 件。

一〇、骨器

617 件。有骨弦柱、骨剑、骨镞、骨籥、骨镳、骨盖弓帽、骨梳、骨簪、骨耳勺、骨带钩、骨管、骨珠、骨柱形器、骨贝、骨匕、骨锥形器、骨板、骨器帽、骨合页、骨锉、蝉形骨器架等。另有菱形骨片饰约 1000 件。

骨弦柱　8 件。

骨剑　5 件。

骨籥　1 件。

骨镞　134 件。分四种，有双翼形、三棱形、菱形、圆柱形。

骨镳　4 件。

骨衡末饰　22 件。

骨轭首饰　19 件。

骨盖弓帽　6 件。

骨梳　12 件。分两型。

A 型　11 件。平背束腰。

B 型　1 件。马首背。

骨簪　28 件。分三型。

A 型　11 件。簪首为圆帽形。

B 型　15 件。圆条形。

C 型　2 件。扁条形。

骨带钩　16 件。

骨耳勺　4 件。

骨珠　81 件。分两种，球形、菱形。

骨管　154 件。

骨柱形器　39 件。分圆柱形、八角柱形两种。

骨锥形器　1 件。

骨板　2 件。

骨器帽　2 件。

骨合页　1 件。

蝉形骨器架　9 件。

骨雕　1 件。

骨贝　43 件。

骨锉　23 件。

骨吊扣　1 件。

骨匕　1 件。

菱形骨片饰　约 1000 件。

一一、牙器

仅有牙觿 2 件。

牙觿　2 件。

一二、蚌器

357 件。有蚌璧、圆形蚌饰、蚌镰、贝饰、贝项圈、蚌壳、蛤蜊壳、珍珠。

蚌璧　1 件。

圆形蚌饰　164 件。

蚌镰　1 件。

贝饰　65 件。

贝项圈　25 件（一组）。

蚌壳　1 件。

蛤蜊壳　89 件。

珍珠　11 颗。

一三、漆木器

漆木器出土时因腐朽无法保存下来，仅可以大体看出器形，有簋、豆、壶、罍、剑。

第四章 东夏庄墓地

第一节 墓地布局

东夏庄墓地位于临淄区大武镇东夏庄西南的棉花山北麓，北距胶济铁路1.5公里，东北距临淄齐国故城遗址约13公里。在这片山坡上，有数条被山洪冲刷而形成的南北向冲沟，其间散布着六座有封土的墓葬。

1980年，齐鲁石油化学工业总公司在此建设三十万吨乙烯厂，为配合该建设工程，省、区文物主管部门先后两次对上述墓葬进行了发掘。六座墓葬封土中，有一座墓葬封土下有"异穴并葬"的两个墓室。发掘的七座墓葬，编号为LDM1～LDM7。其中除了LDM1、LDM2和LDM7三座墓属于东汉时期的砖室墓外，其余四墓均系战国墓。这里发表的是战国墓葬资料。

LDM4、LDM5同在一座封土下，它和LDM3、LDM6呈等腰三角形分布。LDM3居东，它与位于西南的LDM4和偏于西北的LDM6距离为700余米，LDM4与LDM6之间相距约500米（图一一）。

第二节 墓葬分述

墓葬发掘分两次进行。

第一次发掘是在1980年，由临淄区文物管理所负责，发掘了LDM2一座墓葬。此后，由于建设单位方面的原因，发掘工作一度中断。

第二次发掘是1985～1986年，发掘工作由山东省文物考古研究所负责进行，发掘了其余六座墓葬。这时，厂区场地的整平工作已趋完成，偌大的工地只剩下了孤岛似的六座墓葬，因此，封土的周边不可避免地遭受不同程度的破坏。据施工单位反映，除了这几座有封土的大墓外，在厂区场地整平过程中，并未发现其他墓葬。下面分别介绍四座战国墓。

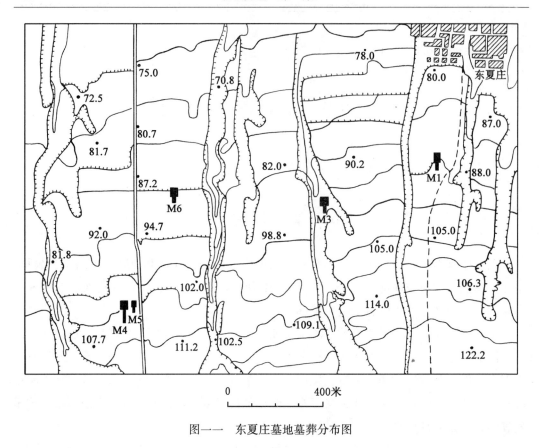

图一一　东夏庄墓地墓葬分布图

一、东夏庄四号墓（LDM4）

（一）墓葬形制

1. 封土

该墓因发掘较早保存较好。封土呈椭圆形缓坡状，东、北两面坡度较缓，西、南两面略陡。封土底部东西长 50、南北宽 38 米，顶部略平，呈圆形，径 7.25、高 7.6 米。

封土发掘采用十字四分法。发掘前，曾经对封土的周边进行过勘探，在封土南部偏西处发现了一条墓道，误以为墓室偏西。当发掘完封土探寻墓口时，才发现封土下有两个东西并列的墓室，两墓相距 6.8 米。两座墓一大一小，相差悬殊。西墓较大，编号为 LDM4，东墓较小，编号为 LDM5（图一二）。

封土系用红褐色与黄褐色花土自地面逐层往上夯筑而成。夯筑质量较好，质地紧密，土质坚硬。夯层厚薄不均，厚度多在 12～26 厘米。夯窝呈圆形，平底，径 3～6、深 0.5～1 厘米不等。

2. 墓室

LDM4 为甲字形土坑积石木椁墓，方向 190.5°（图一三）。墓室呈长方形，口大于底。墓口南北长 25.5、东西宽 24.8 米，墓底南北长 19.75、东西宽 19.25 米，墓底距墓口深 7.25 米。墓壁自墓口向下 5.1 米处向里收缩成一层台阶，台面宽 1.2～1.4 米不等，距二层台高 2.15 米。

墓道开在墓室南壁中部，呈斜坡状。墓道壁无台阶，壁面坡度较大。墓道南端伸出封土外。墓道上口长 48.5、外口宽 9、里口宽 8.6 米，墓道底与墓底相连，宽 5.6 米。墓道坡度 10°，坡长 52 米。

椁室长方形，位于墓室中部而略偏南。椁室南北长 6.85、东西宽 5.05 米，椁底距墓底深 3.2 米。椁室底部铺垫一层厚约 0.35 米的青石块，四壁也以石块垒砌，砌石厚度约 1.4 米左右，高与墓底齐平。石块间缝隙以河卵石充填。由于木

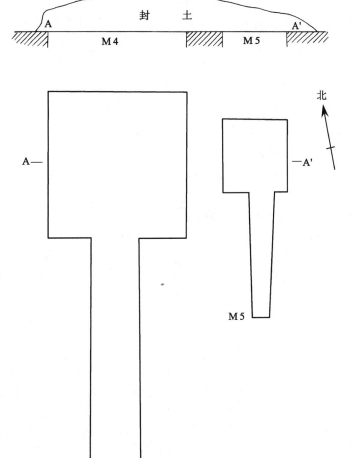

图一二　LDM4、M5 关系平、剖面图

椁朽烂，砌石失去支撑，石块多坍塌落入椁底。椁室四面是宽大的生土二层台。二层台的台面宽窄不一，其中东二层台宽 7.5、南二层台宽 4.3、西二层台宽 6、北二层台宽 8.4 米。椁室东南部和东北部的二层台上，均留有尚未挖去的山石。

椁室周围的二层台上挖有 19 个陪葬坑。东二层台上挖有一个兵器坑。坑呈长方形，南北长 5.3、东西宽 0.75、深 1.2 米。

墓壁经修整加工，壁面平整，不见工具痕迹。墓壁涂刷一层厚 1～2 厘米的灰色细澄浆泥，其外又刷一层白色灰浆。墓壁的下部有一圈苇席，高约 0.5 米。席外附麻布制作的帷帐。帷帐上有用红、黑两色绘制的兽面纹二方连续图案。帷帐与苇席用竹钉或木钉固定在墓壁上，钉顶贯以圆形蚌饰，有如钉帽。钉距约 50 厘米。墓室回填夯打时，帷

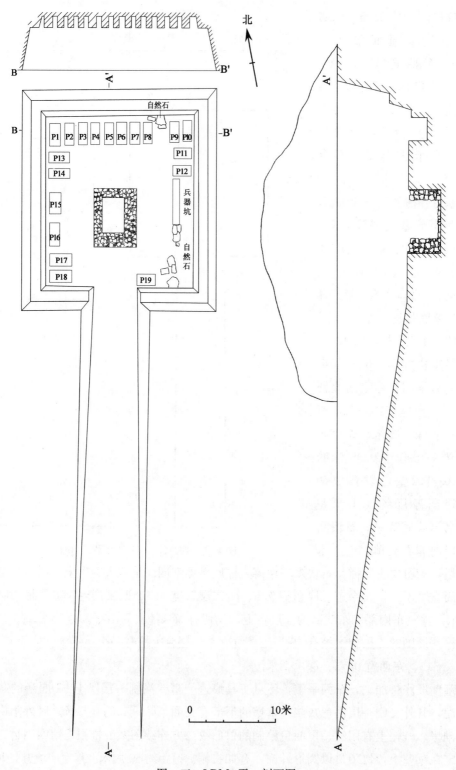

图一三　LDM4 平、剖面图

帐多被填土拽落在二层台上，所绘图案已模糊不清。

墓室填土经分层夯打。土质、土色、夯层厚薄、夯窝形状和大小，均与封土相同。该墓曾多次被盗，发掘时墓室内发现四个长方形盗洞。

（二）葬具与葬式

木质葬具，一棺一椁，已腐朽成白灰。根据板灰测得椁平面呈长方形，长 3.9、宽 2.5、高 2.85 米。盖板由 10 块长 2.5、宽 0.2～0.5 米不等的木板组成，南北排列，横置于东、西两边的椁墙之上。椁室经盗扰，棺的形制、大小不详。

墓主骨架已朽，未发现墓主骨骸，所以葬式不明。

（三）随葬器物的放置

LDM4 的随葬器物分别放置在椁室、二层台上以及二层台的兵器坑中（图一四）。

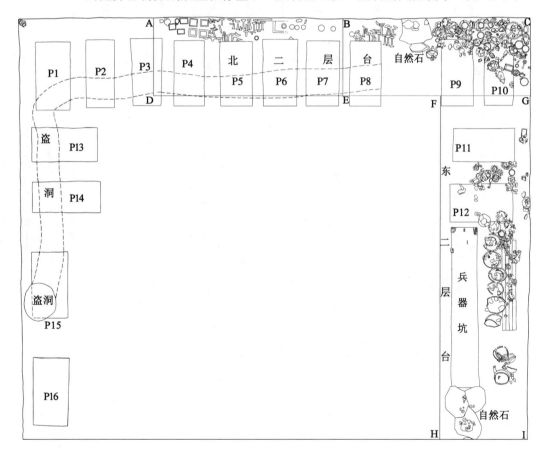

图一四 A　LDM4 随葬器物分布图（一）

图一四 B　LDM4 随葬器物分布图（二）

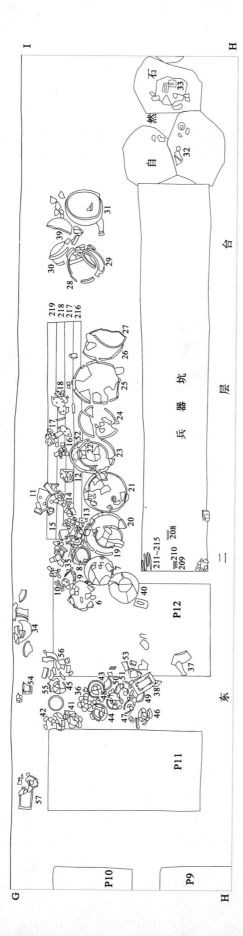

图一四 C LDM4 随葬器物分布图（三）

1、62、67.罐 2、21、63、76、81、87、92、96、108、110.敦 3、42、55、83.壶 4、43~51、56、64、77、129.豆 5.盏 6~12.铜钟 13~18、35.甬钟 19~34、37、60、71、90、103、118、119、126、196.鼎 36、38、40、41.莲花盘豆 39、61、75、80、95、101、102、104.盖鼎 52、98、130.器盖 53、99、116、120~122.方豆 53、65、70、85、113.篮 57、59、107、127、131、132.簠 58.牺尊 66、69、72、73、78、84、91、97、100、117.盖豆 68、86、115.舟 74.卮79、88、114.盘 82.瓿 93、94、106、123~125.鼎 109.匜 111、112.钵 128.提梁壶 133、138、140、143、146、151、152、164、183、184、194.漆木盖豆 134~137、139、141、142、144、145、147~150、166~182、185~193、195.漆木豆 153、155、156.漆木耳杯 154.漆木匜 157~163、197、198.漆木方盘 165、201~207.漆木敦 199.杯 200.木俑 208~215.铜殳头 216~219.漆木乐器架（未标明质地者为陶器，下同不注）

墓室西北角二层台上置木俑和陶盂各1件。俑高47厘米，已朽，只留下朽灰痕迹。

北二层台中部及陪葬坑北面陈放了一批漆木器。部分漆木器因陪葬坑上方棺椁的坍塌坠入坑中。漆器为木胎，外髹黑漆，朱绘纹饰。从保存的漆木器残片看，纹饰多三角雷纹和卷云纹，线条流畅，色泽鲜艳。由于木胎腐朽，留下的只有印痕，髹漆也成碎片。从印痕看，有豆、盖豆、盒、敦、舟、方盘、壶和耳杯等器形（图一五），其形制及大小与同类型陶器极为近似。有一些漆木器，在墓室回填夯打时被捣毁，无法辨认其器形。

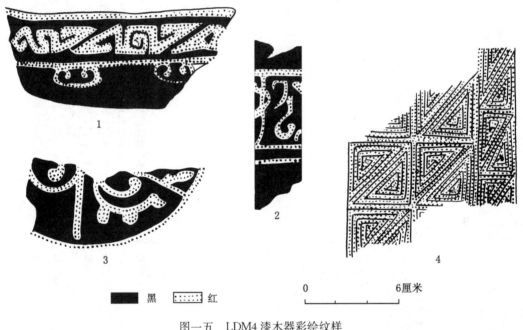

图一五　LDM4 漆木器彩绘纹样

1、3. 豆盘　2. 豆柄　4. 盘

东二层台和北二层台的东部则放置了大批的陶器，小件陶器往往置于大件陶器内。随葬的陶器有礼器和乐器。其中礼器计有鼎29件（包括盖鼎）、甗1件、簋8件、簠6件、豆14件、方豆6件、莲花盘豆2件、盖豆11件、筥2件、敦9件、舟3件、罐4件、钵和罍各7件、壶5件、牺尊1件、盘3件和匜1件等。乐器置于兵器坑东侧，有编钟、编镈各7件。乐器下放置四块两长两短的方木板，板上有红、白、蓝三色彩绘纹饰。这些方木当是供悬挂乐器的虡。从朽木灰测得，长板3米，短板2.18米，边宽均为0.13米。东二层台的兵器坑中，清理出劫后残余的铜殳头和铜镦。

西二层上摆放了两组彩绘陶俑。一组为马俑，计6匹。其中4匹，马身绘方格纹，应是马"披锦绣"的写照。另一组是乐舞俑，共18件，施红、白、黑彩。乐舞俑为手制，动作刻画逼真细腻，给人以栩栩如生之感（图一六）。乐舞俑间置一陶鼓，陶俑用

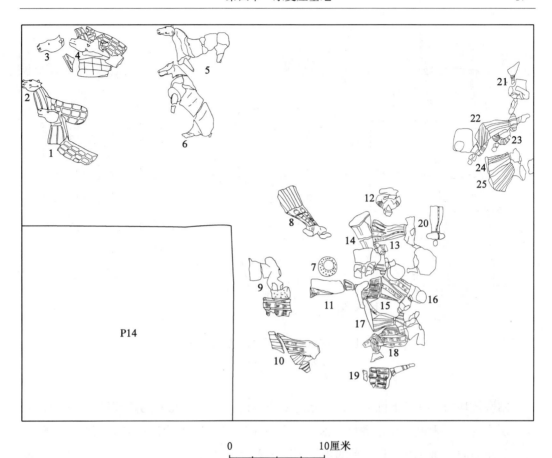

P14

0　　　　　　　10厘米

图一六　LDM4 随葬陶俑分布图
1～6. 马俑　7. 鼓　8～25. 乐舞俑

特殊青灰色陶土制作，烧制火候极低，质地松软，经回填夯打，多已破碎。清理之时正
值严冬季节，连土整体起取，但室内处理时化冻后却成了粉末。

　　椁室中的随葬器物几乎被盗一空，只在扰乱土中清理出了铜带钩 1 件、铜节约 4
件、铜插座 3 件、铜铺首 4 件和一些滑石管之类的小件。在椁盖上，有一块长约 2 米、
宽 1 米左右的竹席痕迹。席纹做人字形，席下有竹制方格网框架，有的地方还可以看到
将苇席固定在竹网架上细绳捆扎的痕迹（图一七），疑为车篷顶盖。

（四）陪葬坑和殉人

1. 陪葬坑概述

　　19 个陪葬坑分别挖在椁室四面的生土二层台上。各二层台上的陪葬坑数量多寡不
一，其中北二层台上的陪葬坑多达 10 个，自西向东编号 LDM4P1～P10；东二层台 2
个，编号自北而南为 LDM4P11、LDM4P12；西二层台 6 个，自北往南编号为
LDM4P13～P18；南二层台 1 个，编号为 LDM4P19。

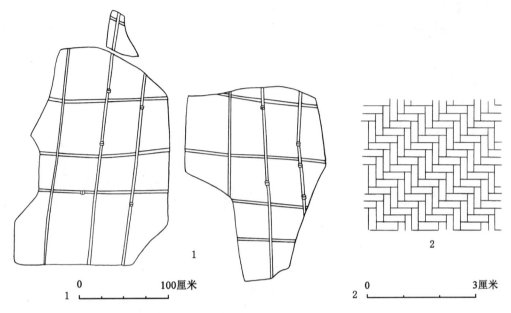

图一七　LDM4 椁顶竹框架及竹席编织纹

1. 竹框架　2. 竹席编织纹

　　陪葬坑均为长方形土坑竖穴，南北向或东西向。其中南北向的陪葬坑有 12 个，即北二层台的 P1～P10 十个陪葬坑，西二层台的 P15 和 P16 两个陪葬坑。其余 7 个陪葬坑均为东西向。陪葬坑面积最小的不小于 2 平方米，最大的不超过 4 平方米。由于木椁腐朽，椁顶填土随之塌落，坑内土质疏松。

　　陪葬坑内的殉人，均有木质葬具，都是一椁一棺。棺、椁虽朽，但是从板灰的痕迹分析，椁两端的椁板伸出左右两边的侧板之外，平面呈"Ⅱ"形。棺的头端较宽，足端略窄，平面略呈梯形。

　　每个陪葬坑内均埋葬有 1 个殉人，19 个陪葬坑共埋葬 19 个殉人。殉人的葬式都是仰身直肢，双手多置于腹部。殉人除了 P7、P12、P15、P16 四个陪葬坑因盗扰严重，殉人骨骼零乱，或尸骨无存，无法判断其头向外，只有 P8 的殉人头向背离椁室墓主，其他殉人均头朝椁室。也就是说，北二层台的殉人头朝南，东二层台的殉人头向西，西二层台的殉人则头朝东。西二层台两个南北向陪葬坑 P15、P16，按临淄墓葬中殉人的埋葬规律，坑中的殉人与墓主一样，头当向北。对 10 具保存较好的殉人骨骼进行鉴定，凡是能确认性别的均为女性，而且都很年轻，年龄最小的只有 13～15 岁。

　　殉人或多或少都有随葬品。这些随葬器物绝大部分是殉人随身佩带的装饰品，如铜带钩、铜镜、水晶和玛瑙制作的瑗、珠串饰、骨簪、骨梳、蛤蜊壳和石子等等。少数殉人也有少量的陶器随葬。前者多随殉人置于棺内，后者则置于棺、椁之间（附表五）。

2. 陪葬坑举例

19 个陪葬坑有 16 个被盗，只有 P5、P10、P19 三个陪葬坑幸免。

LDM4P5 位于北二层台中部，南北向。坑口长 2.5、宽 1.25、深 1.3 米。一棺一椁已朽。据板灰测得，椁长 2.2、宽 0.97、板厚 0.05 米。棺长 2.1、头端宽 0.7、足端宽 0.6、板厚 0.03 米。

殉人骨架保存完好。仰身直肢，双手置于腹部，头朝南。

随葬品置于棺内。殉人头部有蛤蜊壳 6 对，内盛石子 6 粒，头左侧放铜带钩 1 件、水晶瑗 2 件、水晶珠 6 件、水晶三穿饰 1 件、玛瑙瑗 1 件。胯部右侧有骨簪 1 件，腿间置铜带钩 1 件（图一八）。

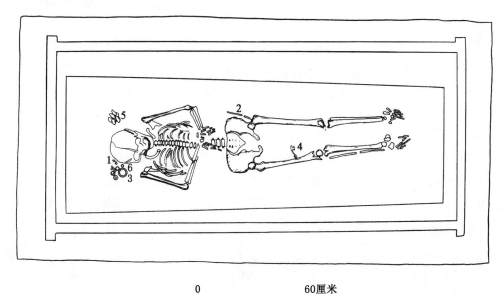

0　　　　　　　　60厘米

图一八　LDM4P5 平面图

1、4. 铜带钩　2. 骨簪　3. 水晶玛瑙串饰（10）　5. 蛤蜊壳（6）　6. 骨饰

LDM4P10 位于北二层台东部，南北向。坑口长 2.4、宽 1.1、深 1.15 米。椁长 2.15、宽 0.9 米。棺长 1.97、头端宽 0.7、足端宽 0.62 米。

殉人骨架完好。仰身直肢，双手置于腹部，头朝南。

随葬品多置于殉人左侧。头部有水晶瑗 1 件，腿部有铜带钩 1 件、水晶瑗 1 件、水晶三穿饰 1 件、蛤蜊壳 2 对、骨柱形器和滑石柱形器各 2 件、玛瑙瑗 2 件。颈至足散置 15 件滑石环（图一九）。

LDM4P19 位于南二层台，东西向。坑口长 2.45、宽 1.3、深 1.25 米。椁长 2.13、宽 1.05 米。棺长 1.75、头端宽 0.78、足端宽 0.6 米。

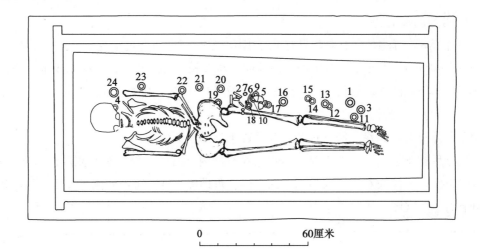

图一九　LDM4P10 平面图

1、9. 玛瑙瑗　2. 滑石柱形器（3）　3、11～24. 滑石瑗（15）

4、10. 水晶瑗　5. 蛤蜊壳（4）　6. 铜带钩　7. 水晶三穿饰　8. 骨柱形器（2）

　　殉人骨架保存一般。仰身直肢，双手置于腹部，头朝西。

　　随葬器物集中置于棺内殉人的头部和足部。其中放置头部的有陶盖豆 2 件、水晶瑗 2 件、玛瑙瑗 1 件，足部有铜带钩 2 件、滑石瑗 1 件、骨簪 1 件、骨柱形器 2 件、蛤蜊壳 4 对，内盛石子 4 件。另外在棺椁之间还散置滑石瑗 28 件、玛瑙瑗 2 件（图二〇）。

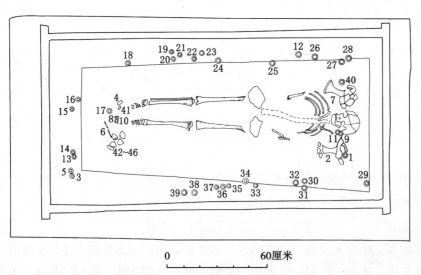

图二〇　LDM4P19 平面图

1、12～14. 玛瑙瑗　2、7. 陶盖豆　3、5、15～40. 滑石瑗

4、41. 骨柱形器　42～46. 蛤蜊壳（4）　6. 骨簪　8、10. 铜带钩　9、11. 水晶瑗

（五）随葬器物

LDM4 虽然被盗，但是仍然出土了不少随葬品。按质料分有陶器、铜器、石器、水晶、玛瑙器和骨器、蚌器等。

1. 陶器

130 件，其中复原 77 件。由于烧成火候低，质量较差，加上墓室回填夯打，以及盗扰等原因，陶器大部分破碎，完整者极少，能复原的也不多。陶质有泥质灰陶和泥质红陶两种。器形规整，器身多轮制，耳、纽是为手制或模制。器类有鼎、盖鼎、甗、簋、簠、豆、方豆、莲花盘豆、盖豆、莲花盖豆、筥、敦、舟、罐、匜、钵、罍、壶、盘、匜、牺尊等。

鼎　25 件，复原 6 件。

A 型Ⅱ式　2 件。器体硕大，直口，大平沿，方唇，腹微鼓，圜底近平，三蹄足，长方形穿耳，腹部饰一周凸棱纹。标本 LDM4：20，口径 52.8、高 40.4、通高 46.4 厘米（图二一，1；图版一九，1）。

B 型　4 件。直口微敛，方唇，圜底，三蹄足，长方形穿耳。标本 LDM4：71，口径 25.2、高 22.2、通高 26.8 厘米（图二一，2；图版一九，2）。

盖鼎　8 件，复原 7 件。

B 型　4 件。子口内敛，深腹，圜底，三蹄足，口下一对长方形穿耳，耳外侈。弧形盖，上有活动三环纽。标本 LDM4：104，口径 29、高 30.8、通高 38 厘米（图二一，3；图版一九，3）。标本 LDM4：28，底有一个直径 4 厘米的圆孔。

C 型Ⅰ式　3 件。形制相同，大小有别。子口内敛，浅腹，圜底近平，三蹄足。弧形盖，盖沿三矩尺形纽，盖顶中央一扁方纽。标本 LDM4：39，口径 26、高 21.8、通高 32 厘米（图二一，4；图版一九，4）。

簋　复原 4 件。

A 型Ⅰ式　3 件。连体，器呈钵形，直口微敛，圜底近平，口下一对称圆孔，纳兽形銎榫，兽作回首状，张口怒目，竖耳，卷尾，方座。弧形盖，上有莲花形捉手。标本 LDM4：113，口径 17.9、座边长 20、高 18.1、通高 26.6 厘米（图二二，1；图版一九，5）。

B 型Ⅱ式　1 件。标本 LDM4：54，分体，器身残失。方座，顶中央有管状凸起。弧形盖，上有莲花形捉手，已残。座边长 25.6、高 11.6、盖径 22.8 厘米（图二二，2）。

簠　B 型 5 件。器和盖形制、大小相同。器呈长方形，直口，折腹，平底，四矩形足，兽首环耳。标本 LDM4：59，口长 25.6、宽 19.6、腹深 5 厘米，足长 21.6、宽 14.4、器高 8.8、通高 17.6 厘米（图二二，3；图版一九，6）。

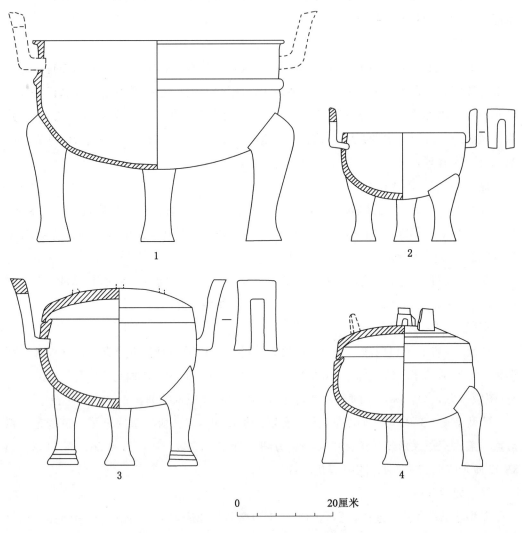

0   20厘米

图二一　LDM4 出土陶鼎、盖鼎

1. A 型Ⅱ式鼎（LDM4：20）　2. B 型鼎（LDM4：71）

3. B 型盖鼎（LDM4：104）　4. C 型Ⅰ式盖鼎（LDM4：39）

豆　14件，复原或完整的10件。

A 型　4件。矮柄，敞口，浅盘，圜底近平，喇叭状圈足，柄、足饰三组凹弦纹。标本 LDM4：118，口径20.8、足径18、高30.8厘米（图二三，1）。标本 LDM4：56，盘和柄分作后套接而成，盘中央有圆孔，矮柄中空，顶端有凸榫纳入盘孔。侈口，平沿，浅盘，喇叭形足。口径20.2、足径16.8、高19.2厘米（图二三，2）。

B 型　6件。高柄，敞口，尖唇，盘较浅，圜底微凹，腹、底间有明显折棱，喇叭

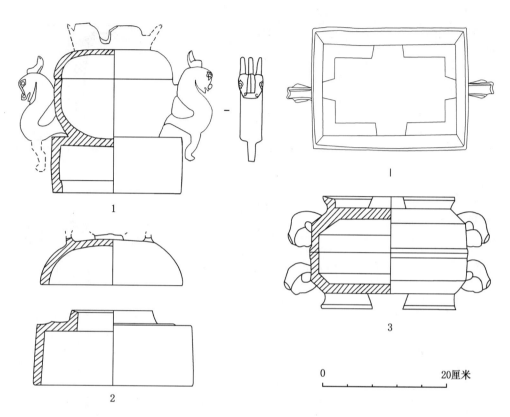

图二二　LDM4 出土陶簋、簠

1. A 型 I 式簋（LDM4：113）　　2. B 型 II 式簋（LDM4：54）　　3. B 型簠（LDM4：59）

状圈足。标本 LDM4：44，口径 21.2、足径 20.8、高 40.6 厘米（图二三，3；图版二
〇，1）。

盖豆　13 件，复原或完整的 9 件。

A 型 II 式　7 件。子口，弧腹，圜底，高柄中空，喇叭状足。失盖。标本 LDM4：
72，口径 17.2、足径 17.4、高 36 厘米（图二三，4；图版二〇，2）。

C 型　2 件。莲花形盖，直口或微侈，方唇，深盘，圜底，腹、底间无明显折转，
高粗柄，中有细孔，柄中部饰一粗凸棱纹，喇叭形圈足。盖顶有六瓣莲花形捉手。标本
LDM4：69，口径 23.4、足径 18.8、高 36.6、通高 48 厘米（图二三，5；图版二
〇，3）。

方豆　7 件。

A 型　6 件。烧制火候较高，质地较好。豆盘略呈长方形，直口，方唇，折腹，浅
盘，平底，细高柄中空。标本 LDM4：99，盘长 21、宽 18.4、足径 17.2、高 36.8 厘米
（图二四，1；图版二一，1）。

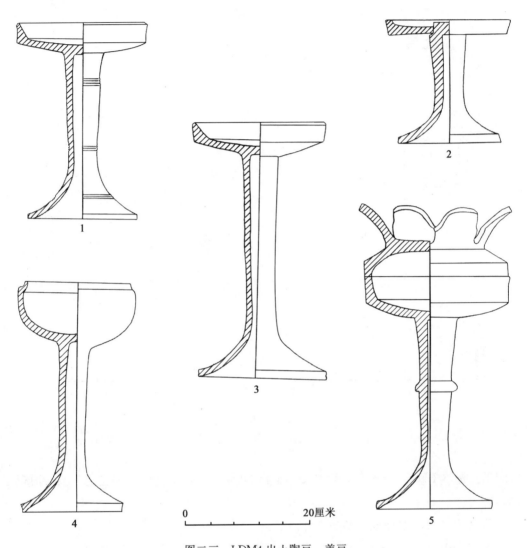

图二三　LDM4 出土陶豆、盖豆

1. A 型豆（LDM4：118）　2. A 型豆（LDM4：56）　3. B 型豆

（LDM4：44）　4. A 型 II 式盖豆（LDM4：72）　5. C 型盖豆（LDM4：69）

　　B 型　1 件。标本 LDM4：120，柄、足残。浅盘近椭圆形，直口微侈，方唇，平底微凹，腹、底间呈弧形折转，实心柄。盘长 17、宽 13.5、残高 13.5 厘米（图二四，2）。

　　莲花盘豆　2 件。盘口作六瓣莲花状，敞口，浅盘，平底微凹，腹、底间呈弧形折转。矮粗柄，中有细孔，柄中部饰一周粗凸棱纹，喇叭状足。标本 LDM4：41，口径 25.2、足径 20、高 34.8 厘米（图二四，3；图版二一，2）。

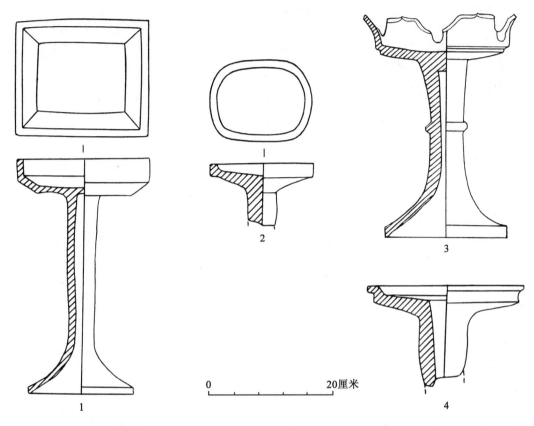

图二四　LDM4 出土陶方豆、莲花盘豆、笾

1. A 型方豆（LDM4：99）　2. B 型方豆（LDM4：120）　3. 莲花盘豆（LDM4：41）　4. A 型笾（LDM4：5）

笾　A 型 1 件。标本 LDM4：5，柄、足残。敞口，平沿外折，方唇，浅盘，底微弧，中央有圆孔与柄孔相通，腹、底间有明显折棱，空心柄上部较粗。口径 25.5、残高 22.8 厘米（图二四，4）。

敦　8 件，复原或完整的 5 件。

B 型　1 件。标本 LDM4：87，盖残失。器呈半球状，子口，弧腹，圜底，三环形足，耳失。口径 15.6、高 10.8 厘米（图二五，1；图版二一，3）。

C 型　4 件。鼎式敦，器、盖形制大小相同。直口，平沿外折，圆唇，圜底，三蹄足。盖顶三蹄形纽。标本 LDM4：92，口径 16.8、高 11.8、通高 23.6 厘米（图二五，2；图版二一，4）。

舟　B 型 3 件，复原 1 件。标本 LDM4：115，椭圆形，子口微敛，圆唇，折腹，平底，长边一侧有一对活动环耳已失。弧状盖略平，顶有三乳丁状小纽。器、盖均饰泡钉纹。口长 20.4、宽 17.6、底长 15、宽 10、高 9.6、通高 13.6 厘米（图二五，3；图

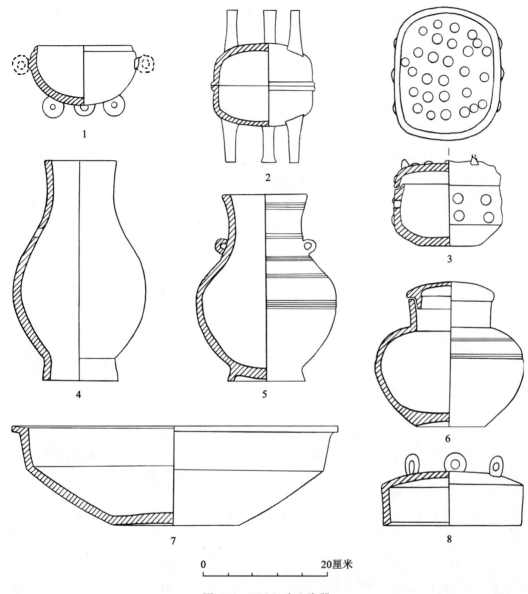

图二五　LDM4 出土陶器

1. B 型敦（LDM4：87）　2. C 型敦（LDM4：92）　3. B 型舟（LDM4：115）　4. B 型壶（LDM4：83）
5. 提梁壶（LDM4：128）　6. B 型平底罐（LDM4：1）　7. B 型 II 式盘（LDM4：114）　8. 器盖（LDM4：52）

版二〇，4）。

壶　B 型 4 件。侈口，方唇，长颈，长弧腹，最大径在腹中部，无底，高圈足，颈部一对活动环耳已失。标本 LDM4：83，口径 11.6、腹径 21.2、足径 12.4、高 34 厘米（图二五，4；图版二二，1）。

提梁壶　1件。侈口，方唇，短颈，鼓腹，最大径在腹上部，圜底，矮圈足，颈部一对环耳，套链状提梁已残。标本 LDM4：128，口径 13.6、腹径 22、足径 12.4、高 28.8 厘米（图二五，5；图版二二，2）。

盘　B 型Ⅱ式 3 件，复原或完整的 2 件。形制相同，大小不一。直口，平沿外折，方唇，折腹，平底或微内凹。标本 LDM4：114，口径 52.4、底径 20.4、高 15.4 厘米（图二五，7；图版二二，3）。标本 LDM4：88，口径 45.6、底径 17.2、高 12.4 厘米。

甗　1件。甑、鼎分体。鼎作三足罐形，直口，方唇，短颈，球腹，三蹄足。甑呈盆形，敞口，折沿，圆唇，底略内折，上置一活动箅子，有七排辐射形透气孔，口侧一对长方耳已残失。标本 LDM4：82，鼎口径 18.7、腹径 41.6、高 47 厘米，甑口径 33.2、底径 15.4、高 15.6、通高 61.4 厘米（图二六，1；图版二二，4）。

平底罐　3件，复原或完整的 B 型 2 件。直口，方唇，短颈，鼓腹，圜底近平，外底内凹。弧状盖，下有子口。肩、腹各饰一组凹弦纹。标本 LDM4：1，口径 13.3、底径 10.8、高 19.4、通高 21.8 厘米（图二五，6；图版二三，1）。

器盖　4件，复原 1 件。标本 LDM4：52，筒形，盖顶呈弧形，上有三环纽。口径 22.2、高 10.8 厘米（图二五，8）。

罍　7件，复原或完整的 B 型Ⅰ式 2 件。形体硕大，侈口，平沿外折，方唇，束颈，折肩，腹微鼓，圜底，圈足外撇。标本 LDM4：93，肩部有一对半环耳。口径 21.2、足径 18.8、高 38.8 厘米（图二六，2；图版二三，2）。标本 LDM4：94，无耳。口径 18、足径 18.4、高 36 厘米（图二六，3；图版二三，3）。

钵　2件。

A 型　1件。标本 LDM4：112，敛口，方唇，弧腹，平底。口径 18.4、底径 10.8、高 10.4 厘米（图二六，4）。

B 型　1件。标本 LDM4：111，直口，尖唇，弧腹，圜底。口径 22、高 15.6 厘米（图二六，5；图版二三，4）。

牺尊　1件。标本 LDM4：58，兽形，四足站立，引颈昂首，张口，怒目，两耳后撇，短尾下垂，背有长方形注水口，长方形盖，顶有一环纽。首尾长 47.2、高 27.6 厘米（图二七；彩版二，1）。

镈钟　7件，复原 3 件。形制相同，大小有别。复式纽，体呈椭圆形合瓦式，两侧中腰略鼓，平口微敛，泡形枚，枚上饰卷云纹。标本 LDM4：9，残纽长 7.2、舞修 20、舞广 22.8、铣长 26.4、铣间 26.8、钲间 24 厘米（图二六，6）。

纽钟　7件，复原 1 件。标本 LDM4：13，长方形扁纽已残，钟体作合瓦形，舞窄口宽，两侧中腰微弧，弧口内敛，素面无枚。舞修 12.2、舞广 14.8、铣长 28、铣间 25.2、钲间 24 厘米（图二六，7）。

图二六　LDM4 出土陶器

1. 甗（LDM4：82）　2. B 型 I 式罍（LDM4：93）　3. B 型 I 式罍（LDM4：94）　4. A 型钵
（LDM4：112）　5. B 型钵（LDM4：111）　6. 镈钟（LDM 4：9）　7. 纽钟（LDM4：13）

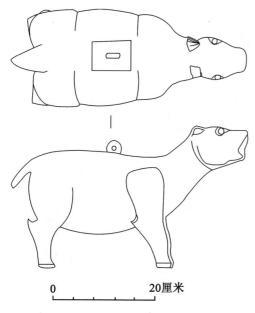

图二七　LDM4 出土陶牺尊（LDM4：58）

2. 铜器

62件。因被盗未见铜礼器，只在兵器坑和椁室扰土中出土一些兵器、车马器、服饰器和杂器。

兵器　14件。有殳头、镞、杆顶帽和镦。

铜殳头　8件。出自兵器坑。出土时箭内朽木犹存。根据锋的不同分二型。

A型　4件。殳锋细长，锋端锐利，横截面作圆形，下端筒作圆形，有相对两个钉孔。标本 LDM4：228，长 15.8、筒长 3.4、径 1.8 厘米（图二八，1；图版二四，1）。

B型　4件。圆筒形，锋粗短，圆锥形，不锋利，筒为圆形，筒部有一对钉孔。标本 LDM4：227-1，长 7.9、筒长 6.7、径 1.8 厘米。一种锋作三角锥形。标本 LDM4：227-2，长 7.9、筒长 6.7、径 1.8 厘米（图二八，2；图版二四，2）。

铜杆顶帽　1件。标本 LDM4：218，出自兵器坑中，筒为圆形，顶作半球形，顶中央有一半环纽，筒底饰一周凸棱形箍，出土时筒内朽木犹存。长9、筒径2.7、顶径3.9厘米（图二八，3；图版二四，3）。

圆筒形铜镦　2件。短圆筒形，平底，中腰有二道箍棱，有钉孔相对。标本 LDM4：217-4，长 4.4、径 2 厘米（图二八，4；图版二四，4）。

双翼形铜镞　3件。体大厚重。折棱脊，横截面呈菱形，双刃弧线缓收成前锋，双翼与脊平行，后锋与关齐平，铤残。标本 LDM4：215，通长 4.8、铤长 1.9、镞身宽 1.8 厘米（图二八，5）。

车马器　16件。器形计有车害、节约、插座、车篷管架、盖弓帽等。其中，节约实为车舆上用于穿连固定木制车构件。

铜车害　A型1件。标本 LDM4：221，内圆而外作八角筒形，有一对穿辖孔，一侧有鸟首形带扣，近外端有两道凸棱形箍，出土时，害内尚存车轴朽木。辖作扁条形，辖首作V字形，首尾各有一穿。害长6.2、内端径6.4、外端径4.2厘米，辖长6.9、宽1、厚0.5厘米（图版二五，1）。

铜节约　7件。有A型和B型。

A型　5件。器作L形管状，横截面作半椭圆形，鼓面有钉孔。标本 LDM4：217-

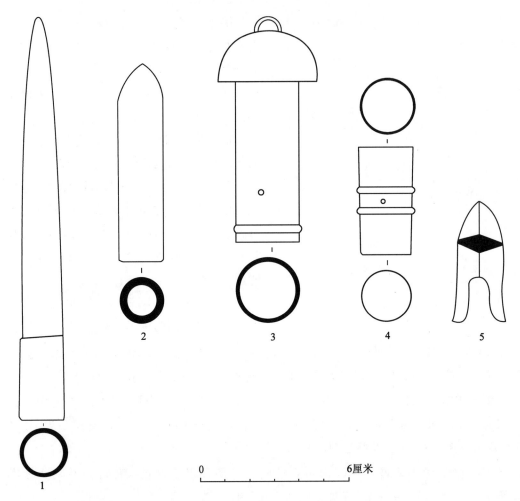

图二八　LDM4 出土铜殳头、镦、镞、杆顶帽

1. A 型殳头（LDM4：228）　2. B 型殳头（LDM4：227-2）　3. 杆顶帽

（LDM4：218）　4. 圆筒形镦（LDM4：217-4）　5. 双翼形镞（LDM4：215）

3，长边 5、短边 4.5、底宽 1.4、高 1.4 厘米（图二九，1；图版二五，2）。

B 型　2 件。器呈 T 字形管状，横截面作半椭圆形，鼓面有钉孔二或三个。标本 LDM4：217-1，横长 7.3、竖长 4.3、底宽 1.6、高 1.4 厘米（图二九，2）。一种 T 字形横向的一端有凸出的半圆形实心插榫，可与 A 型节约的卯眼套合。出土时，竖向一端尚存朽木。标本 LDM4：217-2，横长 8.1、竖长 4.3、底宽 1.6、高 1.4、榫长 1.2、宽 1.2、高 1.3 厘米（图二九，3；图版二五，3）。

铜插座　4 件。有 C 型和 D 型。

C 型　2 件。标本 LDM4：217-5，器作半椭圆筒形，下端封闭，内侧略呈弧形，

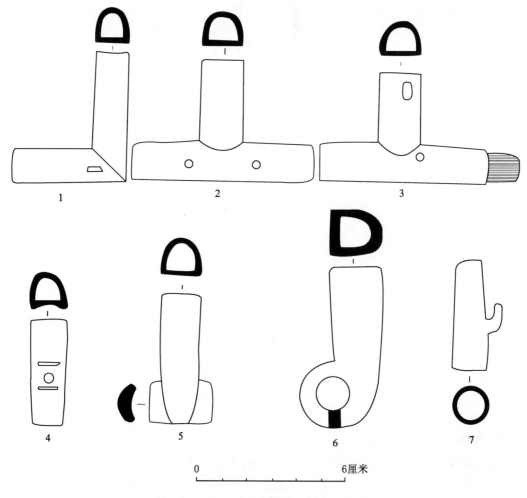

图二九　LDM4 出土铜节约、插座、盖弓帽

1. A 型节约（LDM4：217－3）　2. B 型节约（LDM4：217－1）　3. B 型节约（LDM4：217－2）　4. C 型插座

（LDM4：217－5）　5. C 型插座（LDM4：222）　6. D 型插座（LDM4P15：1）　7. A 型盖弓帽（LDM4P15：2）

中部有一对穿钉孔。长 4.1、底宽 1.4、高 1.4 厘米（图二九，4）。标本 LDM4：222，器下端作瓦形，上部有一对穿钉孔，长 5.2、底宽 1.5、高 1.5 厘米（图二九，5；图版二五，4）。

　　D 型　2 件。器作半椭圆筒形，底端作环形。标本 LDM4P15：1，长 6.4、底宽 1.9、高 2.1 厘米（图二九，6；图版二五，5）。

　　铜车篷管架　1 件。LDM4：219，管状四枝形，由粗管一端向外朝下斜生三枝管，粗管及两侧支管下方各有一钉孔。出土时，管内尚遗朽木。该器应为四坡形车顶盖上木构件两端的脊端节点构件。通长 11.5、支管长 6.4、粗管径 2.9、支管径 1.9 厘米（图

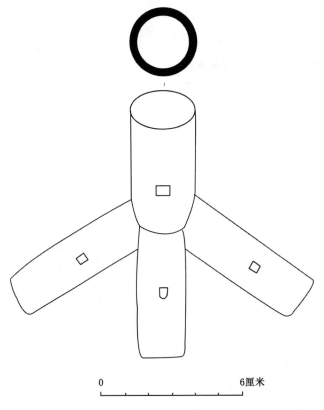

0　　　　　　　　　　　6厘米

图三〇　LDM4 出土铜车篷管架（LDM4∶219）

三〇；图版二五，6）。

铜盖弓帽　A 型 3 件。圆筒形，内端粗外端细，外端封闭，一侧有钩外向，中部一对钉孔。出土时銎内犹有朽木。标本 LDM4P15∶2，长 4.5、内端径 1.2、外端径 1.6厘米（图二九，7；图版二五，7）。

服饰器　18 件。有铜镜和带钩两种。

铜镜　1 件。标本 LDM4P16∶4，残，残存三分之一，质薄，斜缘。厚 0.2 厘米。

铜带钩　17 件。有 A、B、E 三型。

A 型　10 件。匙形，腹部较厚无折棱。标本 LDM4P19∶8，腹部饰卷云纹。长 7.9、腹宽 1.5 厘米（图三一，1；图版二六，1）。标本 LDM4P7∶1，腹饰卷云纹。长 6.1、腹宽 1.35 厘米（图三一，2；图版二六，2）。标本 LDM4P9∶6，腹饰卷云纹。长 5.4、腹宽 1.3 厘米（图三一，3）。标本 LDM4P5∶1，钩身短厚，呈匙形，素面。长 6、腹宽 1.2 厘米（图三一，4；图版二六，3）。

B 型　6 件。形体与 A 型近似，腹部有两条折棱，素面。标本 LDM4P17∶3，长 9.4、腹宽 1.5 厘米（图三一，5；图版二六，4）。

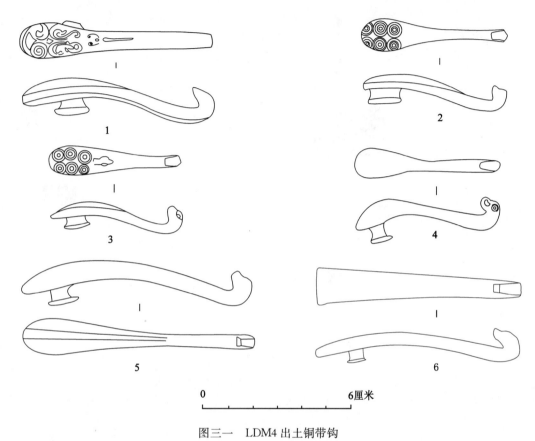

图三一　LDM4 出土铜带钩

1. A 型（LDM4P19：8）　　2. A 型（LDM4P7：1）　　3. A 型（LDM4P9：6）

4. A 型（LDM4P5：1）　　5. B 型（LDM4P17：3）　　6. E 型（LDM4P6：2）

　　E 型　1 件。标本 LDM4P6：2。钩身扁平，尾齐平，素面。长 8.4、腹宽 1.5 厘米（图三一，6；图版二六，5）。

　　杂器　13 件。有三足器座、铺首、钉环、环等。

　　铜三足器座　1 件。标本 LDM4P15：4，管状，下有凹里鼓面三尖足。管长 1.7、径 1.7、通高 6.4 厘米（图三二，1；图版二四，5）。

　　铜铺首　4 件。兽首衔环，背面有里细外粗的方形插榫。标本 LDM4：229，宽 5.8、环外径 6、榫长 1.5、通高 10.7 厘米（图三二，2；图版二四，6）。

　　铜钉环　1 件。标本 LDM4：211，圆环形，一侧有长方形钉。环径 2.7、钉长 0.6、宽 1.4、厚 1 厘米（图三二，3；图版二五，8）。

　　铜环　8 件。圆环形，横截面作三角形。标本 LDM4P2：5，外径 1.5、内径 1.2 厘米。

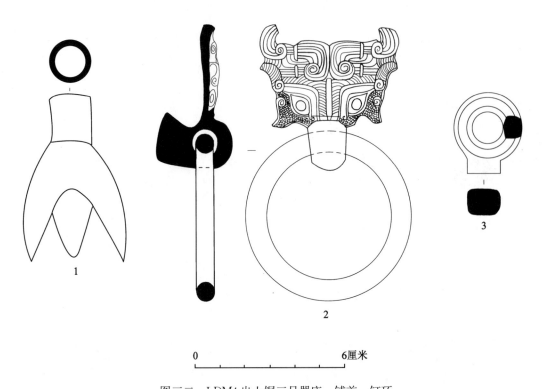

0 ├───────────┤ 6厘米

图三二　LDM4 出土铜三足器座、铺首、钉环

1. 三足器座（LDM4P15：4）　2. 铺首（LDM4：229）　3. 钉环（LDM4：211）

3. 石器

340 件。质地有滑石、大理石、天然砾石。器形有瑗、柱形器、鼓形管、石子。

滑石瑗　A 型 269 件。滑石质，浅棕色，未经抛光，制作粗糙。扁环形，中间厚、内外缘边较薄，横截面多呈八棱形。标本 LDM4P8：1，外径 4.25、内径 2.5、厚 0.6 厘米（图三三，1）。

滑石鼓形管　22 件。P17 出土。大理石质，白色，圆管形，中腰微鼓。标本 LDM4P17：1-1，长 3、径 1.4～1.75 厘米（图三三，2；图版二六，6 左二）。

滑石柱形器　4 件。滑石质，长短不一，圆柱形，顶端略细。标本 LDM4P6：3-2，长 2.4、顶径 1.25、底径 1.4 厘米（图三三，3）。标本 LDM4P6：3-1，长 4.2、顶径 1.1、底径 1.3 厘米（图三三，4）。

石子　45 颗。多天然河卵石，青灰色，大小不一，部分有钻孔。随葬时多置于蛤蜊壳内。标本 LDM4P5：9-1，椭圆形，有一穿孔。长径 2.1、短径 1.7、孔径 0.8 厘米（图三三，5；图版二六，7 上中）。

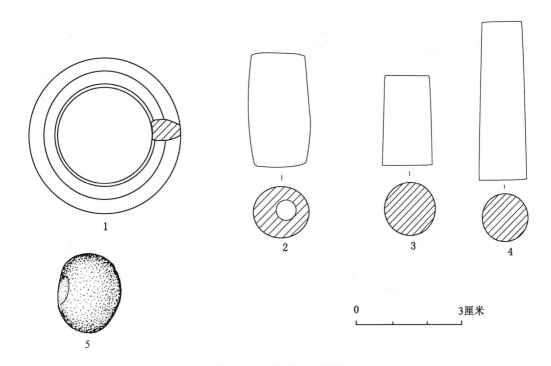

图三三　LDM4 出土石器

1. A 型滑石瑗（LDM4P8：1）　　2. 滑石鼓形管（LDM4P17：1－1）　　3. 滑石柱形器
（LDM4P6：3－2）　　4. 滑石柱形器（LDM4P6：3－1）　　5. 石子（LDM4P5：9－1）

4. 水晶、玛瑙器

水晶器 42 件，玛瑙器 36 件。多装饰器，原为串饰，因盗扰已散乱。器形主要有瑗、三穿饰、珠等。

水晶瑗　A 型 24 件。无色，透明。圆环形，立边，内缘中间凸起成棱一周，外缘直立。标本 LDM4P2：2，外径 2.5、内径 1.4、高 1.1 厘米（图三四，1；图版二六，8）。标本 LDM4P17：5，外径 2.5、内径 1.5、高 1.1 厘米（图三四，2）。

水晶三穿饰　2 件。扁平圆形，有相连通的 Y 字形横向三穿。标本 LDM4P5：7，径 1.75、高 0.7 厘米（图三四，3）。

球形水晶珠　15 件。扁球形，顶中一穿孔。标本 LDM4P16：3，径 1.2、高 1 厘米（图三四，4）。

扣形水晶珠　1 件。体圆，扁平，顶中一穿孔，侧视呈八棱形。标本 LDM4P5：5，径 0.9、高 0.6 厘米（图三四，5）。

玛瑙瑗　B 型 36 件。乳白色，半透明，外表光洁，有玻璃光泽。瑗的圆边较宽，中间较厚，由内向外渐薄，内缘中间凸起成棱一周，横截面略呈六角形。标本

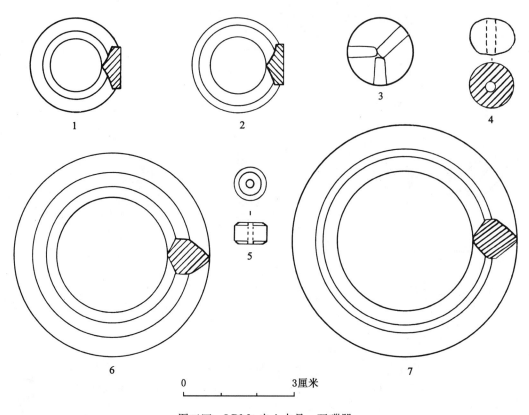

图三四　LDM4 出土水晶、玛瑙器

1. A 型水晶瑗（LDM4P2：2）　　2. A 型水晶瑗（LDM4P17：5）　　3. 水晶三穿饰（LDM4P5：7）　　4. 球形水晶珠
（LDM4P16：3）　　5. 扣形水晶珠（LDM4P5：5）　　6. B 型玛瑙瑗（LDM4P17：8）　　7. B 型玛瑙瑗（LDM4P4：2）

LDM4P17：8，外径 5.4、内径 3.0、高 0.9 厘米（图三四，6）。标本 LDM4P4：2，外径 6.1、内径 3.7、高 1.1 厘米（图三四，7）。

5. 骨器、蚌器

骨器 50 件，器形有簪、梳、耳勺、骨管、珠、匕、柱形器、圆锥形骨饰等。蚌器 59 件，由河蚌、海贝制作，器形有圆形蚌饰、蚌璧、贝、蛤蜊壳等。

骨簪　7 件。有 B、C 两型。

B 型　6 件。簪首端呈圆形。标本 LDM4P2：8-1，尾端扁平呈三角形。长 13.9 厘米（图三五，1；图版二七，1）。标本 LDM4P16：7，尾端呈锐角。长 12.9 厘米（图三五，2）。标本 LDM4P17：4-1，簪身圆长，横截面呈圆形，首、尾齐平。长 13 厘米（图版二七，2）。

C 型　1 件。标本 LDM4P3：4-1，簪首残。扁平长条形，横截面呈长方形，尾部两侧斜收成锐角。残长 14 厘米（图三五，3；图版二七，3）。

骨梳　A 型 2 件。平背，长柄作束腰状，短齿，边齿略外侈，19 齿。标本
LDM4P2：4，长 7.6、背宽 4.2、齿长 3 厘米（图三五，4；图版二七，4）。

骨耳勺　2 件。扁平长条形。标本 LDM4P2：8 - 2，勺略呈椭圆形，微翘，长
13.8、勺径 0.6 厘米（图三五，5；图版二七，5）。标本 LDM4P3：4 - 2，尾呈圆弧
形，微翘。长 12.8 厘米（图三五，6）。

骨匕　1 件。标本 LDM4P17：5，首残。扁平长条形，尾翘起略呈弧形，磨光。残
长 8.7、宽 1.5、厚 0.1 厘米（图版二七，6）。

圆锥形骨饰　1 件。标本 LDM4P5：6，器作圆锥形，正中一横穿，锥两面有五个
小孔，内嵌绿松石。径 1.2、高 0.5 厘米（图三五，7）。

骨管　2 件。圆管形。标本 LDM4P9：5，长 1.6、径 0.6 厘米。

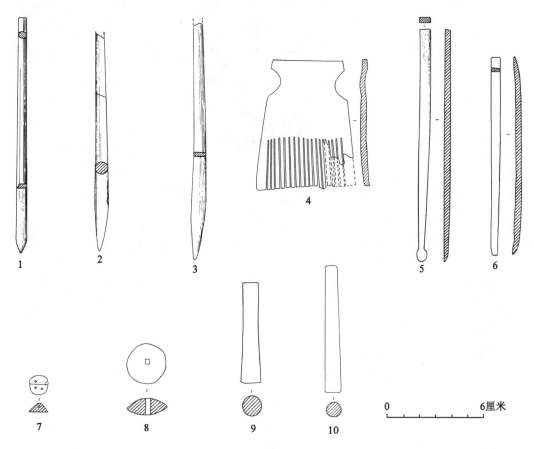

图三五　LDM4 出土骨器

1. B 型簪（LDM4P2：8 - 1）　2. B 型簪（LDM4P16：7）　3. C 型簪（LDM4P3：4 - 1）　4. A 型梳
（LDM4P2：4）　5. 耳勺（LDM4P2：8 - 2）　6. 耳勺（LDM4P3：4 - 2）　7. 圆锥形骨饰（LDM4P5：6）
8. 菱形骨珠（LDM4P17：7 - 1）　9. 柱形器（LDM4P9：7）　10. 柱形器（LDM4P16：9）

球形骨珠　2件。顶中一穿孔。标本LDM4P17：7-2，径0.7、高0.5厘米。

菱形骨珠　25件。扁圆形，中间厚，外缘渐薄，顶中一方穿，侧视呈六棱形。标本LDM4P17：7-1，径2.4、高1厘米（图三五，8；图版二七，7右）。

骨柱形器　8件。圆柱形，一端略细。标本LDM4P9：7，长7.5、顶径0.7，底径0.9厘米（图三五，10）。标本LDM4P16：9，中腰略细。长6.0、顶径1、底径1.25厘米（图三五，9；图版二七，8下）。

蚌璧　1件。出自填土中。标本LDM4：282，蚌壳磨制，扁平圆环形。外径3.7、内径1.1、厚0.2厘米（图三六，1）。

图三六　LDM4出土蚌器

1. 蚌璧（LDM4：282）　2. 圆形蚌饰（LDM4：284）　3. 贝饰（LDM4：283）

圆形蚌饰　15件。用于装饰固定墓壁帷帐的竹（木）钉。圆形，正中有圆孔。朝外的珍珠层面饰朱绘云纹。标本LDM4：284，直径6.5、孔径0.2厘米（图三六，2；图版二七，9左）。

蛤蜊壳　42对。标本LDM4P5：6，出土时内盛石子。

贝饰　1件。标本LDM4：283，齿贝，背有穿孔。长2.6厘米（图三六，3）。

二、东夏庄五号墓（LDM5）

（一）墓葬形制

1. 封土

五号墓和四号墓共同拥有一个封土，是同一封土下的两座墓。两墓一大一小，一东一西，并列埋葬。其中五号墓规模较小，居于东面，西距四号墓6.8米，墓室与墓道均被封土所压。

2. 墓室

LDM5 为甲字形土坑积石木椁室，方向 185°（图三七）。墓室长方形，口大于底。墓口南北长 12.7、东西宽 11.6 米。墓底南北长 11.1、东西宽 10.3 米，墓底距墓口深 5.4 米。

墓道呈斜坡状，开在墓室南壁的东部。墓道上口长 21.5、外口宽 2.9、里口宽 4.5 米。墓道底与墓底相连接，宽 3.5 米。墓道坡度 14°，坡长 22.8 米。

椁室长方形，略偏于墓室的东南部。南北长 4.7、东西宽 3.35、深 2.65 米。椁室的底部铺有一层厚约 0.35 米未经加工的自然石块。四面也以石块垒砌，砌石厚 0.7～1 米不等，高与墓底齐平。石块间缝隙以河卵石充填。

椁室的四面是宽窄不一的生土二层台。其中东台宽 3.25、南台宽 2.7、西台宽 3.9、北台宽 3.7 米。在西二层台上有一个南北向的熟土与西、南、北三面墓壁相连。台底宽 2.1、面宽 2.1、高 2.1 米。熟土台经分层夯打，土质较墓室填土坚硬。在墓室西部筑此土台，可能与墓道明显偏于墓室东侧有关。墓道以东墓室宽度为 2.3 米，而墓道以西墓室的宽度为 4.7 米，几乎是东部宽度的一倍，有失均衡。在墓室的西部加筑土台，用以弥补墓道偏东的缺陷，可能是筑墓者的初衷。

墓壁经加工修整，外表光洁，并涂有一层约 0.8 厘米厚的灰色细澄泥。澄泥的表面又刷有一层白色灰浆。在接近二层台的东、南、北三面的墓壁和西部熟土台壁面上有一周麻布制作的彩绘帷帐，用顶部贯有蚌饰的竹、木钉将其固定在墓壁上。蚌饰用河蚌壳制成，呈圆形，径 7～9 厘米，中心有一径 0.3 厘米左右的穿孔。富有珍珠光泽的内壁朝外，饰朱绘云纹。墓中出土蚌饰共 42 件。发掘时大部分仍附着在距二层台面 0.4 米左右的墓壁上。帷帐则因墓室回填夯打时被拽落在二层台上，其高度及彩绘纹饰不详。

在椁室东北部和东南部的二层台上各挖有一个陪葬坑。

墓室内填黄褐色花土，经分层夯打，土质较硬。夯层的厚度，夯窝的形状及大小、深浅与封土同。墓道夯层与墓室夯层相连，土色、质地相同。

墓葬累遭盗扰，发掘时墓内共发现四个盗洞。其中一号盗洞在墓道的北首，沿墓道东壁而下，至二层台后向西北进入椁室。二号盗洞在墓室西南角，打破熟土台南部后向东北进入椁室。三、四号盗洞在墓室的东南角和东北角，分别进入二号和一号陪葬坑。在椁室和一号陪葬坑的盗洞内各出土一把铁镢，当是盗墓者遗弃的工具。

（二）葬具与葬式

木质葬具已经腐朽。从遗留的板灰痕迹可以看出有一椁一棺。木椁呈长方形，长 3、宽 2.5、高 1.4 米。棺长 2.4、宽 1.2、高约 0.8 米。

椁室被盗扰，盗洞内填满淤土。发掘时未发现墓主骨骸，葬式不明。

（三）随葬器物的放置

随葬器物主要有陶器、铜器和漆木器（图三八）。

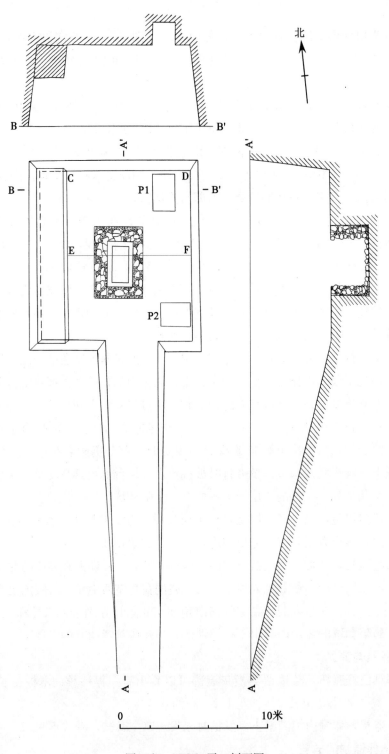

图三七　LDM5 平、剖面图

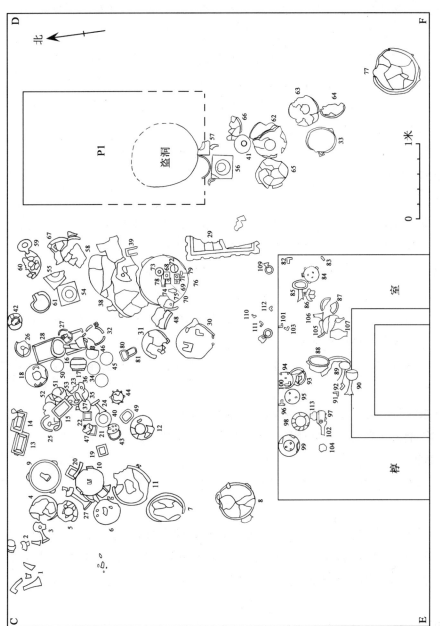

图三八　LDM5 随葬器物分布图

1~3、23、24.豆　4、6~9、30~33、38.鼎　5、18、58、61.壶　10.盖鼎　11、76、77.盨　12、62、63.罍　13~17.簋　19~22.方豆　25~27.簠　28、29.方盘　34~37、39、43~46、50~53.敦　40、41.罐　42.鬲　47~49、81.舟　54~57.匜　59.匜　60.盘　64~67.鼎盖　68~71.簋形器　72.盘　73.罐　74、75、78.纺　79.舟　80.匜　82、83、91、92、96、100、101、103、110~112.铜节约　84、86.鼎　85、89.铜盖鼎　87、88.铜豆　90、93.铜盖豆　94、95.铜盖　97、105.铜舟　98、99.铜罍　102、106.残铜豆　104、113.铜罐　107、114.铜提梁壶　108、109.铜匜饰（68~79 为陶明器）

陶器大部分集中陈放在北二层台上，少量置于东二层台的北部。器形计有鬲 1 件、鼎 6 件、盖鼎 5 件、簋 4 件、簠 5 件、豆 6 件、方豆 4 件、笾 2 件、敦 7 件、舟 4 件、壶 4 件、盘 2 件、方盘 2 件、匜 1 件、鉴 3 件、罍 2 件、罐 2 件、卮 1 件等，另外有明器簋形器 4 件、舟 1 件、扁壶 3 件、盘 1 件、罐 1 件等。明器多置于大件器物内。

铜器则多置于椁室北面的砌石上部，部分落入石缝中。有鼎 2 件、豆 2 件、盖豆 2 件、敦 2 件、舟 2 件、盘 2 件、提梁壶 2 件、罍 2 件、罐 2 件、踵饰 2 件和节约 11 件等。

漆木器置于椁室东北部的二层台上。漆器为木胎，髹黑漆，已朽，只遗漆片，也已残破，能辨别器形的有方盘、盒、豆等。

椁室被盗一空，只出土了玛瑙冲牙 1 件、骨管 2 件、铜带钩 1 件。

（四）陪葬坑和殉人

1. 陪葬坑概述

墓内有两个陪葬坑，一在墓室东北角的二层台上，编号为 LDM5P1；一在墓室东南角的二层台上，编号为 LDM5P2。陪葬坑为长方形竖穴土坑。

2. 陪葬坑举例

LDM5P1　南北向。坑口长 2.5、宽 1.6、深 1.35 米，被盗扰。

木质葬具，一椁一棺。椁长 2.2、宽 1.2 米，高度不详。棺长 2.12、宽 0.84 米。

棺内有一殉人，仅存下肢，头朝南。

棺椁间散置滑石环 18 件。棺内置海贝 8 件、水晶瑗 2 件、骨管 2 件、蚌镰 1 件、陶俑 2 件。

LDM5P2　东西向。坑口长 2.04、宽 1.54、深 1.46 米。

坑壁规整。因遭盗扰严重，未见葬具朽灰、殉人骨骼及遗物。

（五）随葬器物

LDM5 随葬器物主要有陶器、铜器，并有少量的玉器、石器等。

1. 陶器

36 件。陶器有鼎、盖鼎、簋、簠、豆、方豆、笾、敦、舟、壶、盘、匜、方盘、鬲、罍、罐、鉴等 80 多件以及簋形器、扁壶、盘、罐等明器和俑。由于陶质松软，以及回填时夯打、盗扰等原因，出土时大多已破碎，只复原有鼎、方豆、笾、敦、舟、罍等。

鼎　A 型 II 式 6 件，复原 1 件。标本 LDM5 : 8，直口，折沿，方唇，圜底，口下一对圆孔，以纳活动穿耳（已失），三蹄形足。口径 19.2、高 12.8 厘米（图三九，1）。

方豆　A 型 4 件，复原 2 件。直口，方唇，折腹，平底，腹、底间有明显折转，细高柄，足残。标本 LDM5 : 22，盘长 20、宽 20、残高 32.8 厘米（图三九，2）。

笾　A 型 3 件，复原 2 件。盘、柄连体。折沿，方唇，圜底，底、腹间呈弧形折

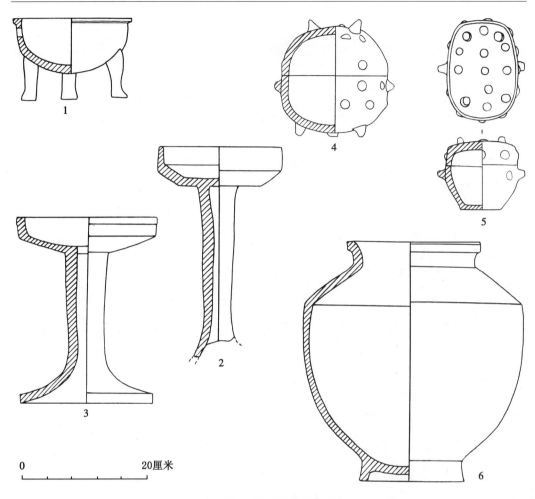

图三九　LDM5 出土陶器

1. A 型 II 式鼎（LDM5：8）　2. A 型方豆（LDM5：22）　3. A 型簋（LDM5：26）

4. D 型敦（LDM5：44）　5. B 型舟（LDM5：47）　6. B 型 I 式罍（LDM5：12）

转，盘底中央有一圆孔，矮粗柄中空与盘底圆孔相通。标本 LDM5：26，盘径 22.8、孔径 4、足径 21.6、高 29 厘米（图三九，3；图版二八，1）。

敦　7 件，复原 3 件。

C 型　1 件。鼎式敦。标本 LDM5：34，器、盖形制、大小相同，直口，折沿，圆唇，圜底近平，三蹄形足，足、纽均残。口径 16.8、残高 8 厘米。

D 型　2 件。器呈半球形，直口，方唇，圜底，口侧一对乳丁状耳，三乳丁状足，半球状盖。上有三乳丁状纽，器、盖均饰泡钉纹。标本 LDM5：44，口径 17.2、高 9.6、通高 18.4 厘米（图三九，4；图版二八，2）。

舟　B 型 4 件，复原 1 件。标本 LDM5：47，器呈圆角长方形。直口，方唇，腹壁内收成平底，长边口侧一对乳丁状耳。盖微弧，顶饰四个乳丁状纽。器、盖饰泡钉纹。口长径15.6、短径12、底长径12、短径宽4.6、高6.8、通高11.4厘米（图三九，5；图版二八，3）。

罍　B型Ⅰ式2件，复原1件。标本LDM5：12，侈口，方唇，短颈，折肩，长弧腹，腹最大径在肩部，圜底，矮圈足。口径22、足径17.2、高37.4厘米（图三九，6；图版二八，4）。

明器　8件。体小，实心。有簋形器、扁壶、盘、罐等（图版二八，5）。

簋形器　4件。方形，底内凹呈方圈状，顶中有半球状凸起。标本LDM5：76，座长7.2、宽7.2、高4.4、通高5.6厘米（图四〇，1）。

盘　1件。标本LDM5：72，直口，折腹，底内凹。口径10.8、底径3.2、高2.8厘米（图四〇，2）。

罐　1件。标本LDM5：75，直口，溜肩，平底。口径2、底径3.2、高4.8厘米（图四〇，3）。

扁壶　2件。扁壶形体，足外撇。标本LDM5：74，高15.2、厚2厘米（图四〇，4）。

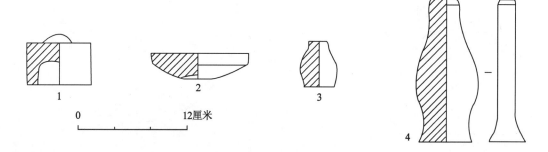

图四〇　LDM5 出土陶明器

1. 簋形器（LDM5：76）　2. 盘（LDM5：72）　3. 罐（LDM5：75）　4. 扁壶（LDM5：74）

陶俑

人物俑　2件。男俑，体态肥胖，作跪姿。发髻残缺，用黑彩勾画眉、眼，隆鼻有两孔，着右衽衣，上臂残，两手似握于腹前。另一件残。标本LDM5P1：3，残高6.1厘米（图四一；图版二八，6）。

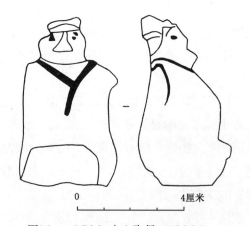

图四一　LDM5 出土陶俑（LDM5P1：3）

2. 铜器

31 件。LDM5 是东夏庄墓地唯一出土铜礼器的墓葬，器形有盖鼎、豆、盖豆、提梁壶、舟、罍、罐以及踵饰、节约和带钩等。按用途可分为礼器、服饰器、车器三类共31 件。

铜盖鼎 2 件。有两型。

A 型 1 件。标本 LDM5：86，子口微敛，鼓腹，深腹，圜底近平，口下一对长方形附耳，三蹄形足较粗矮。平盖，盖沿有三个矩形扁纽，中央有一长方形环纽。腹部饰一周凸棱纹。腹、足有烟炱痕迹。口径 23.3、高 24.5、通高 30.4 厘米（图四二，1；彩版二，2）。

B 型 1 件。标本 LDM5：84，子口内敛，深腹，平底，长方形附耳，三蹄形足略显瘦高。弧形盖，盖缘有三个葫芦状环形纽，纽顶端有使用磨损痕迹。腹部饰一周凸棱纹。腹、足有烟炱痕迹。口径 19、高 25.2、通高 32 厘米（图四二，2；彩版二，3）。盖内有铭文 10 字。裘锡圭先生释为"宋左大师罨左庖之饙贞"（图四三）。罨当为器主之名。左大师当即《左传》言宋国事时经常提到的左师。左师、右师乃宋国的执政大臣。裘先生认为"庖"字从"广"从"肉"，"缶"声，"缶"、"包"上古音极近，故此字为"庖"之异构无疑。此鼎乃宋左师名罨者之庖厨用器。又以为"庖"所从之"广"反写，据此"名"也有可能当释"右"，则罨乃右师。LDM4 与 LDM5 为夫妻异穴并葬墓，M5 规模较 M4 小，墓主当为女性。鼎可能是罨给其女的媵器。

铜豆 3 件，复原 2 件。形制、大小相同。盘、柄分铸。直口，平折沿，方唇，浅盘，平底，腹、底间有折棱，细高柄，喇叭状足。出土时，柄、足内范芯犹存。盘下有双乳突状接榫，与盘底用铅焊接而成。标本 LDM5：89，盘径 24.9、足径 17.5、高 39厘米（图四四，1；图版二九，1）。

铜盖豆 2 件。形制、大小相同。盘、柄分铸。器呈半球形，有子口以承盖，腹部一对环耳，细高柄，上粗下细，柄饰两组凹弦纹，喇叭状足，柄、足间封闭不相通。半球状盖，上有三环形纽，盘、柄用铆钉连接固定。标本 LDM5：93，盘径 15、足径16.4、高 41、通高 47.8 厘米（图四四，2；彩版三，1）。

铜敦 1 件。标本 LDM5：94，器呈半球形，子口内敛，口侧一对半环耳，腹下三半环形足。半球形盖，顶有三半环纽。盖沿一对半环纽。腹饰变形雷纹，盖饰三角纹和变形雷纹。口径 14.4、高 10、通高 16.8 厘米（图四四，3；彩版三，2）。

铜舟 1 件。标本 LDM5：105，器呈长椭圆形，敛口，弧腹，平底，长边有一对称环耳，盖微鼓，盖上有三环纽，口长 16.8、宽 14、底长 13.6、宽 12、高 8.4、通高11.6 厘米（图四四，4；图版二九，2）。

铜提梁壶 A 型 2 件。标本 LDM5：107，小口，短颈，垂肩，长弧腹，最大径在

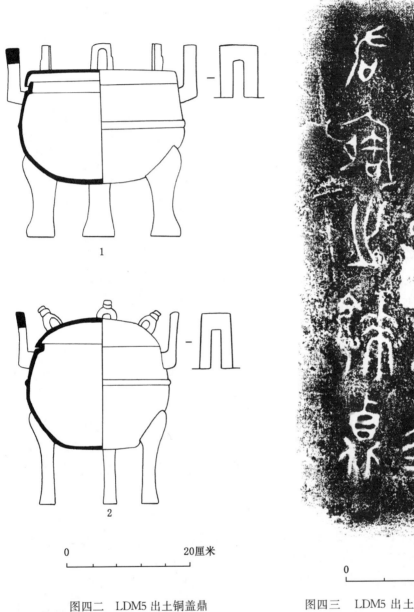

图四二　LDM5 出土铜盖鼎

1. A 型盖鼎（LDM5∶86）　　2. B 型盖鼎（LDM5∶84）

图四三　LDM5 出土铜盖鼎铭文拓本

（LDM5∶84）

腹中部，平圜底，矮圈足，颈部有两个对称的柱形耳；盖微鼓，下有子口与器口相套合，盖缘有两个对称的套环纽，环、盖连体，不能转动。器耳套一节可以装卸的衔状链，穿过盖上双环与提梁相套合。口径 10.2、腹径 20.5、足径 13、高 30.3、通高 41.7厘米（图四五，1；彩版三，3）。标本 LDM5∶114，颈较细长，颈部一对铺首衔环耳，盖缘一对套环纽，环可活动。铺首衔环耳各有四个绳结状套链相连，穿过盖上双环与提

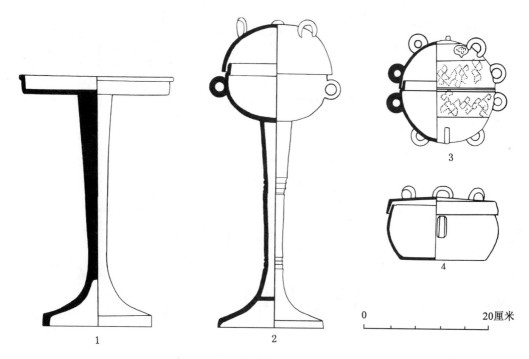

图四四　LDM5 出土铜豆、盖豆、敦、舟

1. 豆（LDM5：89）　　2. 盖豆（LDM5：93）　　3. 敦（LDM5：94）　　4. 舟（LDM5：105）

梁相连接。提梁饰鳞纹，套链饰菱形纹。有使用磨损痕迹。口径 9.6、腹径 20.6、足径 12.5、高 33.2、通高 47.4 厘米（图四五，2；图版二九，3）。

铜盘　A 型 2 件。形制、大小相同。大口，平沿外折，方唇，折腹，平底，圈足。标本 LDM5：88，口径 55.2、足径 22、高 14 厘米（图四五，3；图版二九，4）。

铜罍　2 件。形制、大小相同。直颈，多口，方唇，圆肩，鼓腹，平底，圈足。弧形盖，下有子口，盖顶有三环纽。圈足内犹存范土。标本 LDM5：98，口径 16.6、足径 15.1、高 26.3、通高 31 厘米（图四五，4；彩版三，4）。

铜罐　B 型 2 件。大小相同。短直颈，圆肩，鼓腹，平底。标本 LDM5：113，肩部有一对称半环耳。口径 6、底径 6.4、高 9.7 厘米（图四五，5；图版二九，5）。标本 LDM5：104，肩部无半环耳（图四五，6；图版二九，6）。

铜踵饰　2 件。踵饰呈套管形，横截面近马蹄形，上部平齐，下部浑圆，顶端封闭，有半环纽，纽套一环。纳辕踵敞口。管中部有一弧形凹槽以容纳后軫。标本 LDM5：108，通长 12.8、套管长 10.4、宽 3.6、容軫处凹槽长 4.4、深 1.8、环径 9 厘米（图四六，1）。

铜节约　11 件。有两型。

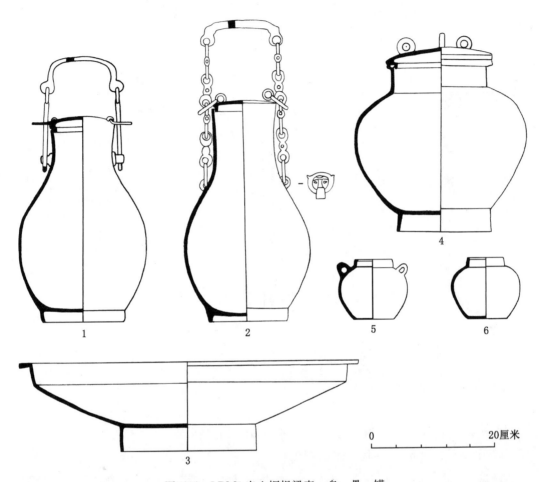

图四五　LDM5 出土铜提梁壶、盘、罍、罐

1. A 型提梁壶（LDM5：107）　2. A 型提梁壶（LDM5：114）　3. A 型盘

（LDM5：88）　4. 罍（LDM5：98）　5. B 型罐（LDM5：113）　6. B 型罐（LDM5：104）

　　A 型　5 件。器呈 L 形半圆管状，鼓面有钉孔。标本 LDM5：101，长 5.1、底宽 1.4、高 1.4 厘米（图四六，2；图版三〇，1）。

　　B 型　6 件。有两种，一种呈 T 形半圆管状。标本 LDM5：82，横长 8.6、竖长 3.4、底宽 1.8、高 1.8 厘米（图四六，3；图版三〇，2）。另一种，在 T 形横管一端有向外凸出的榫，可插入前一种横向套管中。标本 LDM5：110，横长 7.5、竖长 3.9、底宽 1.8、高 1.8 厘米（图四六，4）。

　　铜带钩　A 型 1 件。标本 LDM5G：3，琵琶形，平背，鼓腹，纽近尾部，饰重环纹，长 10.5、腹宽 2、厚 0.7 厘米（图版三〇，3）。

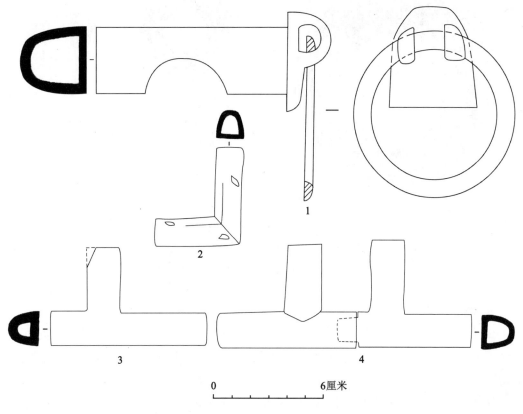

图四六　LDM5 出土铜车器

1. 踵饰（LDM5：108）　　2. A 型节约（LDM5：101）　　3、4. B 型节约（LDM5：82、LDM5：110）

3. 石器

20 件。滑石质，有青灰色和黄褐色。器形有环、圆柱形石管。

滑石环　18 件。形制相同，大小有别。扁平圆环形。标本 LDM5P1：30，内缘阴刻四道同心圆纹，两面阴刻云纹。外径 9.1、内径 4.5、厚 0.6 厘米（图四七，1；图版三〇，4）。标本 LDM5P1：4，两面阴刻云纹。外径 4.1、内径 1.9、厚 0.5 厘米（图四七，2）。

圆柱形石管　2 件。圆柱形，上下一长穿，标本 LDM5：5，径 0.9、高 1.7 厘米。

4. 水晶、玛瑙器

3 件。有水晶瑗和玛瑙冲牙两种。

水晶瑗　A 型 2 件。无色透明。圆环形，立边，内缘中间凸起成棱一周，外缘直立。标本 LDM5P1：19，外径 2.4、内径 1.3、厚 1.1 厘米（图四七，3）。

玛瑙冲牙　1 件。标本 LDM5G：4，乳白色。蚕形，横截面呈抹角方形，上缘中部有一横穿。长 8.6 厘米（图四七，4）。

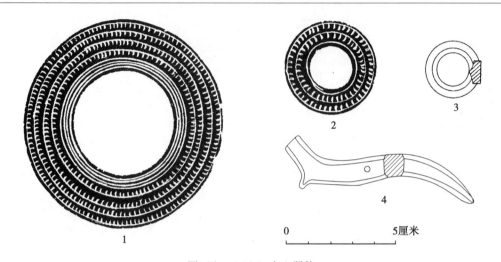

图四七　LDM5 出土器物

1. 滑石环纹样拓本（LDM5P1：30）　2. 滑石环纹样拓本（LDM5P1：4）

3. A 型水晶瑗（LDM5P1：19）　4. 玛瑙冲牙（LDM5G：4）

5. 骨器、蚌器

53 件。其中有骨器 2 件，只有骨管一种；蚌器 51 件，有圆形蚌饰、蚌镰、贝饰。

骨管　2 件。椁室出土。长骨制，饰雷纹。标本 LDM5G：1、2，径 3、高 4 厘米
（图版三〇，5）。

圆形蚌饰　42 件。圆形，中心有一圆孔。用于装饰固定帷帐竹、木钉，饰朱绘云
纹。标本 LDM5：130，径 6、孔径 0.2 厘米（图四八，1）。

蚌镰　1 件。标本 LDM5P1：35，河蚌制成，刃部呈锯齿状，首端有一圆孔。长
16 厘米（图四八，2；图版三〇，6）。

贝饰　8 件。一号陪葬坑出土。标本 LDM5P1：21，齿贝，背有一孔。长 2.7 厘米
（图四八，3；图版三〇，7）。

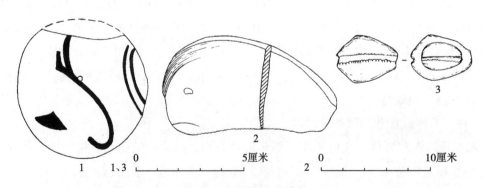

图四八　LDM5 出土蚌器

1. 圆形蚌饰（LDM5：130）　2. 蚌镰（LDM5P1：35）　3. 贝饰（LDM5P1：21）

三、东夏庄六号墓（LDM6）

东夏庄六号墓位于东夏庄西南约 1200 米处，南距东夏庄四、五号墓 450 米。发掘工作自 1984 年 10 月开始，至 1986 年 2 月结束，历时一年零五个月。

（一）墓葬形制

1. 封土

封土呈截尖圆锥形。发掘前由于施工破坏，封土的东、南、北三面已形同陡壁。现存封土底部东西 15.5、南北 16.5 米。顶略平，呈圆形，径 11、高 5.8 米。

封土自地面起筑，用浅灰、黄褐色和红褐色花土分层往上夯筑而成。夯层明显，夯窝清晰，质地较硬。夯层厚 12～36 厘米不等。夯窝圆形圜底，径 4～6、深 0.5～1 厘米。

2. 墓室

LDM6 为甲字形土坑积石木椁墓，方向 189°（图四九）。墓室长方形，口大于底。

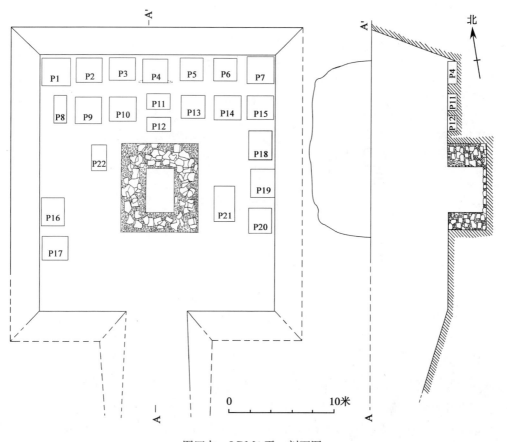

图四九　LDM6 平、剖面图

东、南两面及北面东段的墓口以及墓道在施工中被破坏。复原墓口南北长约 29.5、东西宽约 28.2 米。墓底南北长 23.9、东西宽 22.8 米，墓底距墓口深 7.5 米。

墓道位于墓室南壁的中部，呈斜坡状。前、上方被挖掉，现存墓道残长 8.7 米。墓道底与墓底相连，宽 5.7 米。坡度 16°。

椁室长方形，位于墓室中部而略偏南。南北长 8.2、东西宽 7.4、深 4 米。椁室的底部铺一层厚约 0.5 米的自然石块，四周也以石块垒砌成墙，砌石厚约 1.8～2.3 米不等。砌石上部遭破坏，高度不详。石块间缝隙以卵石充填。发掘时，砌石多坍塌并落入椁底。

椁室的四周有宽大的生土二层台，宽窄不一。其中，东二层台宽 7.6、西二层台宽 7.8、南二层台宽 7.4、北二层台宽 8.1 米。由于墓底已至岩石层，二层台面高低不平。可能是为了保持二层台面的平整，筑墓时，又在低洼处夯筑了一层厚约 0.2～0.4 米不等的浅灰土。在二层台上普遍铺设了一层苇席（图五〇，1）。二层台上有 22 个陪葬坑。

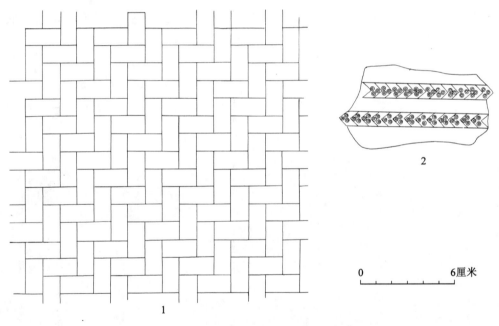

图五〇　LDM6 苇席编织纹和燕尾状骨饰
1. 苇席编织纹　2. 燕尾状骨饰

墓壁经加工修整，壁面平直光洁。墓壁上抹了一层灰色细澄泥，厚约 1～3 厘米。澄泥表面又涂刷了一层白粉。在二层台上出土了一些涂有红色彩绘的圆形蚌饰，估计墓壁上当悬挂有彩绘帷帐。

墓室填浅灰色、黄褐色和红褐色花土，经分层夯打，质地较硬。夯层的厚度、夯窝的形状和大小、深浅与封土同。

（二）葬具与葬式

木质葬具，已朽成白色板灰。从板灰分析，葬具为一椁一棺。木椁南北长 4.1、东西宽 2.8、残高 1.4 米。由于椁室被盗，棺的形制、大小不详。在椁底板下埋有一只不知名小兽的骨架，已朽成黄色粉末状。

墓主骨架已朽，又遭盗扰，葬式不明。

（三）随葬器物的放置

随葬器物主要有陶器、漆木器和车。大部分放在东二层台和北二层台上（图五一）。

东二层台陈放了一批陶礼器。由于陶器烧成火候较低，质地疏松，回填墓室时又加夯打，以及建设工期急迫，施工部门野蛮操作，致使二层台上的随葬物品多被压成碎片而无法起取。陶器有朱绘和素面两种。能辨认的彩绘陶器有盖鼎、豆、耳杯等器形。素面陶器有鼎、簋、簠、豆、笾、敦、舟、壶、匜等。

陶器之北放置了一宗木胎漆器，胎已朽，仅遗器物的印痕和残碎的漆片。器形有豆、耳杯、盾和一些兵器柄等。漆器均有彩绘纹饰，或黑底朱彩，或红底黑彩，或绿底朱彩（图五二）。北二层台的中部平放着一只车轮。轮为木质，已朽。未见铜车軎。据板灰推测，轮径约 1.3 米，牙高 10 厘米，毂容辐处直径约 16 厘米，毂距轮牙 38 厘米，安装 34 根辐条。在车轮附近有面积较大的板灰痕迹、木棒和漆木板的痕迹，并出土有 2 件铜节约。这些遗迹和遗物当与舆有关。北二层台还放置了陶编镈和编钟。镈多被压碎，钟则因陪葬坑椁室塌陷随之落入陪葬坑中，大部分得以保存。此外，北二层台还发现一骨制兵器的朽痕，器形有如戈、矛。并出土了一组残存的燕尾状骨饰，骨饰共两排 24 枚，骨面阴刻三个同心圆纹。骨饰周围有极薄的一层板灰痕迹。推测此物可能是某种木器上的饰件（图五〇，2）。

凡陈放在二层台的器物，均覆盖了一层苇席。

椁室遭严重盗扰，盗洞中积满了淤泥，在盗洞中出土了少量的铜器，有节约 3 件、插座 1 件和 1 件铁削等。

（四）陪葬坑和殉人

1. 陪葬坑概述

墓室二层台上 22 个陪葬坑，分别挖在椁室东、西、北三面的生土二层台上。其中北二层台的陪葬坑数量多达 15 个。这些陪葬坑分为南北两排。其中北排 7 个，自西向东编号为 LDM6P1～P7；南排 8 个，编号自西而东为 LDM6P8～P15。西二层台 3 个，由北向南编号为 LDM6P22、LDM6P16、LDM6P17。东二层台有 4 个陪葬坑，分作东、西两排，其中东排 3 个，西排 1 个，自北向南，由东往西编号为 LDM6P18～P21。

由于陪葬坑所埋殉人有两个殉人和一个殉人之分，所以陪坑的大小、形状有所不同。双人陪葬坑面积较大，近方形。单人陪葬坑的面积较小，呈长方形。22 个陪葬坑

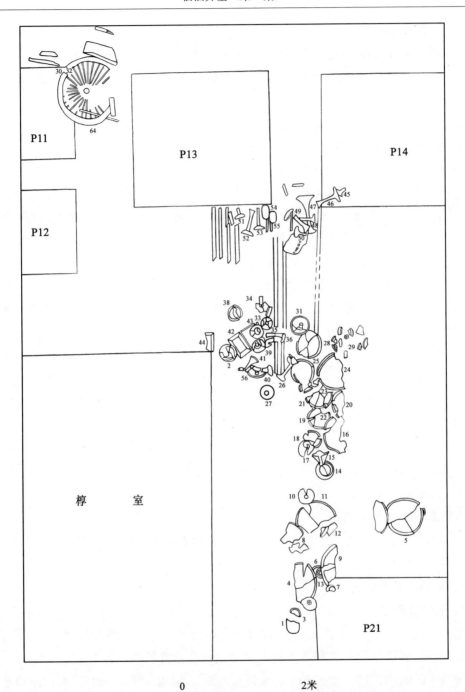

图五一　LDM6 随葬器物分布图

1. 舟　2、3、5、7、8、10、12、14、23、27、31、34～41. 豆　4、9、19、21、22. 盘
6. 敦　11. 筥　13. 罐　15. 簋　16. 匜　17. 壶　18、20、24、25、28、29. 鼎　26. 盖豆
30、32、33. 铜节约　42～44. 簋　45～53. 漆木豆　54、55. 漆木耳杯　56. 杯

图五二 LDM6 漆木器彩绘纹样

中，有双人陪葬坑 18 个，单人陪葬坑 4 个。4 个单人陪葬坑有 3 个分布在北二层的南排，它们是 LDM6P8、LDM6P11 和 LDM6P12。西二层台 1 个，即东排的 LDM6P22。陪葬坑除了 LDM6P8 离椁室较远外，其余 3 个都靠近椁室。

单人陪葬坑均为竖穴土坑。多数陪葬坑的坑口大于坑底，口、底同大的陪葬坑只占少数。坑壁未加修整，在坑壁上往往可以看到挖掘时遗留的工具痕迹。据测，工具痕宽约 4、长 8～12 厘米。最大的双人陪葬坑为 LDM6P1，坑口的长、宽均 2.9 米；最小的是 LDM6P6，坑口长 2.2、宽 2.15 米。单人陪葬坑最大的是 LDM6P22，坑口长 2.5、宽 1.4 米；最小的是 LDM6P8，坑口长 2.6、宽 1.1 米。所有陪葬坑的深度都在 1～1.2 米之间。

陪葬坑填土虽经夯打，但由于陪葬坑内椁室占据了大部分空间，当椁室腐烂，填土下塌，所以坑内填土显得松软。

陪葬坑的殉人都有棺椁等木质葬具。不同的是，单人陪葬坑的殉人是一椁一棺；双人陪葬坑的葬具是一椁两棺，即两人共用一椁，人自一棺。同陪葬坑的形制一样，双人陪葬坑的木椁近方形，长、宽相差无几。单人陪葬坑的木椁则为长方形。葬具虽然已经腐朽，但是从遗留的朽木灰仍可以看出椁底板和椁盖板都是横列。双人陪葬坑以 LDM6P12 的木椁最大，长 2.62、宽 2.26 米；LDM6P5 的木椁最小，长 2.05、宽 2 米。单人陪葬坑最大的木椁是 LDM6P22，长 2.5、宽约 1.4 米；最小的是 LDM6P8 的木椁，长 2.2、宽 0.95 米。椁的高度一般在 0.7～0.9 米之间。棺长 1.7～2.06、宽 0.6～1 米左右。由于棺已腐朽，具体结构不明。

墓内 22 个陪葬坑内，共埋葬有 40 个殉人，编号为 LDM6P1X1～P22X40。除了 LDM6P22 因盗扰特别严重尸骨无存外，其余陪葬坑的殉人都或多或少有骨架存留。殉人的葬式均是仰身直肢，双脚并拢并且伸直，双手置于腹部。40 个殉人中，除了 LDM6P11、LDM6P12 两个东西向陪葬坑的两个殉人头朝东，椁室东、西两侧的 LDM6P21 和 LDM6P22 两个陪葬坑的方向和椁室一致的 3 个殉人的头向朝北之外，其余陪葬坑的殉人均头向椁室墓主，面向则无一定规律（图五三）。经鉴定能确定性别的均为女性，多数为年轻人，年龄最小的只有 14 岁。

殉人的随葬品主要是随身佩带骨簪、骨梳、铜带钩以及水晶玛瑙等装饰品，个别殉人有一或二件铜器或少量陶器。这些随葬器物一般置于棺内（附表六）。但是，也有个别例外，如 LDM6P12，椁顶上就陈放有陶鼎、豆、盖豆、壶和敦。LDM6P13 椁顶上则放置了一些水晶瑗、滑石环、滑石管。

2. 陪葬坑举例

22 个陪葬坑有 12 个保存完好。这些陪葬坑分别为 LDM6P1～P3、LDM6P7～P10、LDM6P16～P20，余均被盗。

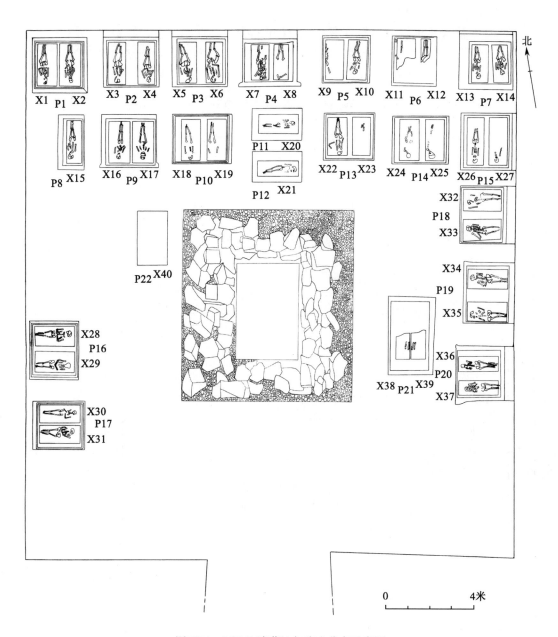

图五三　LDM6 陪葬坑与殉人分布示意图

（1）LDM6P1　双人陪葬坑。位于北二层台，南北向。坑西、北两壁顺墓壁坡度下挖，呈斜坡状，其他两面坑壁垂直。口大于底，呈正方形，坑口长、宽 2.57 米，坑底东西长 2.35、南北宽 2.3、深 1 米。

木椁东西长 2.5、南北宽 2.43、残高 0.7 米。椁内两棺，东西并列。棺内各有一殉人，仰身直肢，头皆向南。

　　P1X1　棺长 2.06、宽 1 米。殉人的胸、腹部置紫水晶料 7 件。

　　P1X2　棺长 2.06、宽 1 米。殉人头部置铜带钩、玛瑙瑗、骨簪各 1 件，头部左侧放 1 件陶瓦形器，双臂各置玉璜 1 件（图五四）。

　　（2）LDM6P2　双人陪葬坑。位于北二层台，南北向。坑北壁顺墓室北壁坡度下

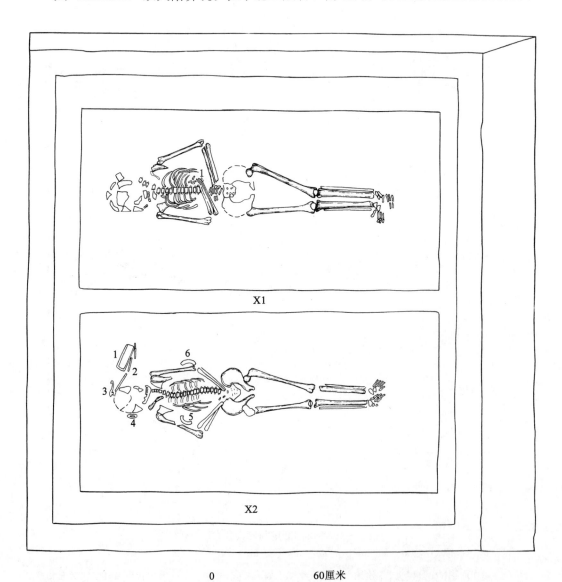

0　　　　　　　　60厘米

图五四　LDM6P1 平面图

P1X1　1. 紫水晶料（7）　P1X2　1. 陶瓦形器　2. 骨簪　3. 铜带钩　4. 玛瑙瑗　5、6. 玉璜

挖，呈斜坡状，其余三面坑壁垂直。坑呈正方形，坑口边长 2.6 米，坑底东西长 2.6、南北宽 2.6、深 1.1 米。

椁长 2.35、宽 2.18、残高 0.5 米。两棺东西并列。坑内两殉人，头均朝南。

P2X3　棺长 2.03、宽 0.8 米。殉人头顶置铜带钩 4 件、滑石环 2 件、骨簪和骨梳各 1 件，右胸置骨簪 1 组，腹右侧置水晶玛瑙串饰一组，腹部放 1 件陶豆、2 件玛瑙瑗，左侧置玉璜 2 件、滑石管 5 件，膝部放陶豆 1 件，足部附近有 4 件泥俑、2 件滑石环和 1 件陶罐。

P2X4　棺长 2.03、宽 0.8 米。殉人头部置骨簪和玉环各 1 件，左、右臂各有 1 件玉璜，腹侧有铜带钩 2 件，腿左侧放骨梳 2 件、骨簪 1 件，胸部置紫水晶料 3 件（图五五）。

（3）LDM6P3　双人陪葬坑。位于北二层台，南北向。坑北壁上部顺墓室北壁坡度下挖，呈斜坡状，下部呈垂直状，其余三面坑壁垂直。口大于底，坑口南北长 2.1、东西宽 2.55 米，坑底东西长 2.55、南北宽 2.1、深 1.1 米。

椁长 2.25、宽 1.95、残高 0.7 米。椁内两棺，东西并列。两殉人头皆朝南。

P3X5　棺长 1.7、宽 0.77 米。殉人头顶部有一组 9 件骨簪和 1 件玛瑙瑗，左腹置 2 件玉璜。

P3X6　棺长 1.7、宽 0.77 米。殉人头部左侧有铜带钩 2 件、玛瑙瑗 3 件、骨簪和骨梳各 1 件，肩、颈部置骨柱形器、骨管、玛瑙瑗、水晶瑗各 1 件、水晶珠 3 粒，左腿有水晶珠 2 粒（图五六）。

（4）LDM6P7　双人陪葬坑。位于北二层台，南北向。坑东、北两壁顺墓室东、北壁的坡度下挖，呈斜坡状，西、南坑壁垂直。口大于底，坑口东西长 2.8、南北宽 2.68 米。坑底东西长 2.65、南北宽 2.58、深 1 米。

椁东西长 2.1、宽 2.05、残高 0.9 米。两具棺东西并列。殉人头皆向南。

P7X13　棺长 1.83、宽 0.84 米。殉人左肩有一组 5 件由水晶管和水晶珠穿成的串饰。

P7X14　棺长 1.83、宽约 0.7 米。殉人左肩置骨簪一组，左臂弯置一组 9 件由水晶瑗、珠、管穿成的串饰（图五七）。

（5）LDM6P8　单人陪葬坑。位于北二层台，南北向。坑口南北长 2.57、东西宽 1.2 米。口底同大，坑底距坑口深 1 米。

椁长 2.15、宽 0.95 米。高度不详。此坑为单人陪葬坑，坑内有殉人一人，头向南。

P8X15　棺长 2.02、宽 0.77 米。殉人头顶有骨簪、玛瑙瑗各 1 件，头左侧置 1 件铜带钩，胸部放一组 5 件的玛瑙珠，左、右臂弯各有 1 件玉璜，腹部一组骨簪（图五八）。

（6）LDM6P9　双人陪葬坑。位于北二层台，南北向。坑的东南角和西南角分别向

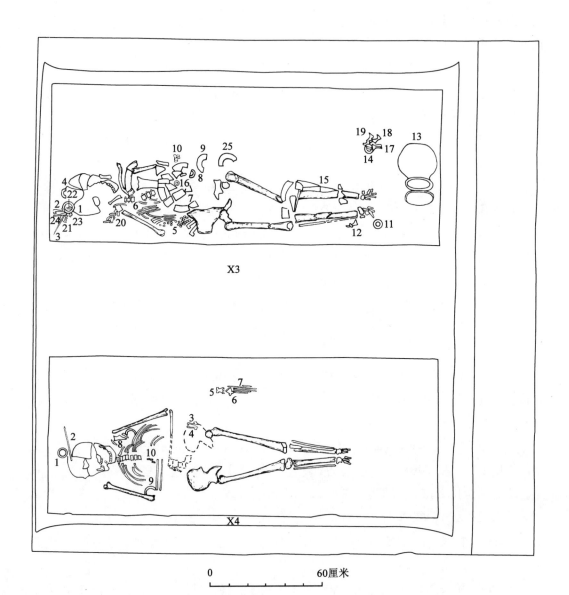

图五五　LDM6P2 平面图

P2X3　1、4、11、14、20. 滑石环　2、22～24. 铜带钩　3、6. 骨簪　5. 水晶玛瑙串饰（96）

7、15. 陶豆　8、16. 玛瑙瑗　9、25. 玉璜　10. 滑石管（5）　12、17～19. 陶俑　13. 陶罐

21. 骨梳　P2X4　1. 玉环　2、7. 骨簪　3、4. 铜带钩　5、6. 骨梳　8、9. 玉璜　10. 水晶料（3）

坑的东、西侧伸出 0.1 米左右的沟槽。此坑坑口东西长 2.59、南北宽 2.4 米，口与底同大，深 1.1 米。

椁东西长 2.36、南北宽 2.15、残高 0.5 米。从椁板朽灰可以看出，椁底系由十二块宽 0.13～0.24 米的木板东西横列而成。陪葬坑内两棺东西并列。殉人头皆朝南。

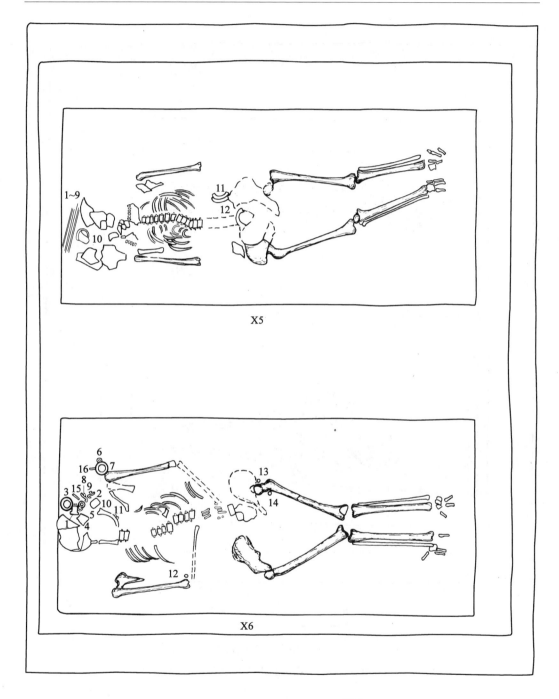

X5

X6

0　　　　　　　　　　　　　　60厘米

图五六　LDM6P3 平面图

P3X5　1～9. 骨簪　10. 玛瑙瑗　11、12. 玉璜　　P3X6　1. 骨梳　2. 骨管
3～5、7. 玛瑙瑗　6. 水晶瑗　8、9. 铜带钩　10～14. 水晶珠（5）　15. 骨簪　16. 骨柱形器

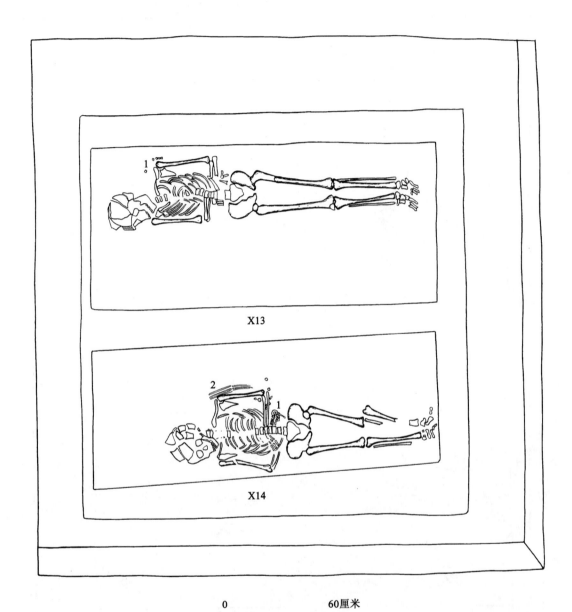

X13

X14

0　　　　　　　　　　60厘米

图五七　LDM6P7 平面图

P7X13　1. 水晶串饰（5）　　　P7X14　1. 水晶串饰（9）　　2. 骨簪（5）

　　P9X16　棺长 1.9、宽 1 米。殉人的头顶置玛瑙瑗 1 件，骨簪一组 7 件，两腿间有一组 24 件由玛瑙瑗、水晶珠、管以及玉璜穿成的串饰。

　　P9X17　棺长 1.9、宽 1 米。殉人的头顶有玛瑙瑗 1 件，胸、腹右侧放置一组 72 件由玛瑙瑗、水晶珠和玉璜等穿成的串饰，左侧也有由玛瑙瑗、水晶珠穿成的一组 46 件

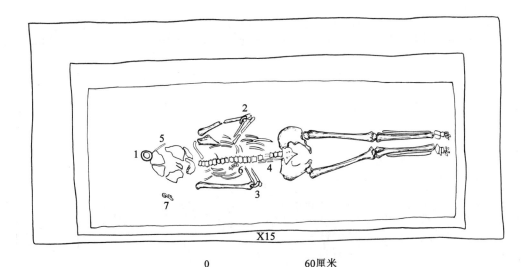

图五八 LDM6P8 平面图

P8X15 1. 玛瑙瑗 2、3. 玉璜 4、5. 骨簪 6. 玛瑙珠 7. 铜带钩

的串饰，大腿的左侧有铜带钩 2 件、骨梳 1 件（图五九）。

（7）LDM6P10 双人陪葬坑。位于北二层台，南北向。坑口东西长 2.7、南北宽 2.25 米。口底同大，深 1 米。

椁东西长 2.5、南北宽 2.14、残高 0.85 米。椁底由十块宽 0.16～0.3 米的木板东西横列而成。八块宽 0.21～0.35 米的木板横列在东、西椁墙之上以为椁盖。椁内两棺东西并列。殉人头朝南。

P10X18 棺长 1.85、宽 0.9 米。殉人头顶有玛瑙瑗 1 件。

P10X19 棺长 1.85、宽 0.9 米。殉人头顶置玛瑙瑗 1 件（图六〇）。

（8）LDM6P16 双人陪葬坑。位于西二层台，东西向。坑口南北长 2.69、东西宽 2.3 米。口底同大，残深 0.4 米。

椁南北长 2.55、东西宽 2.15、残高 0.3 米。两棺南北并列。殉人头皆向东。

P16X28 棺长 1.89、宽 0.95 米。殉人头顶置玛瑙瑗 1 件，胸部左侧有水晶珠 3 粒、玉璜 2 件，腹左侧有铜带钩 2 件。

P16X29 棺长 1.89、宽 0.95 米。殉人头顶有玛瑙瑗 1 件，头部左侧置铜带钩 2 件，腹部有紫水晶料 24 粒和一组 39 件由水晶珠以及龙形玉佩穿成的串饰（图六一）。

（9）LDM6P17 双人陪葬坑。位于西二层台，东西向。坑西壁顺墓室西壁坡度下挖，呈斜坡状，其余三面坑壁垂直，口大于底，坑口东西长 2.45、南北宽 2.24 米，坑底东西长 2.2、东西宽 2.12、残深 0.4 米。

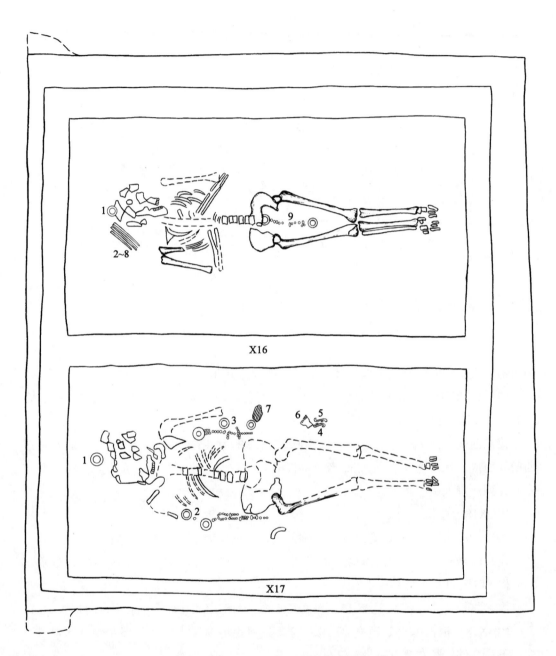

图五九　LDM6P9 平面图

P9X16　1. 玛瑙瑗　2～8. 骨簪　9. 水晶玛瑙串饰（24）　P9X17　1. 玛瑙瑗

2. 水晶玛瑙串饰（72）　3. 水晶玛瑙串饰（46）　4、5. 铜带钩　6. 骨梳　7. 骨簪

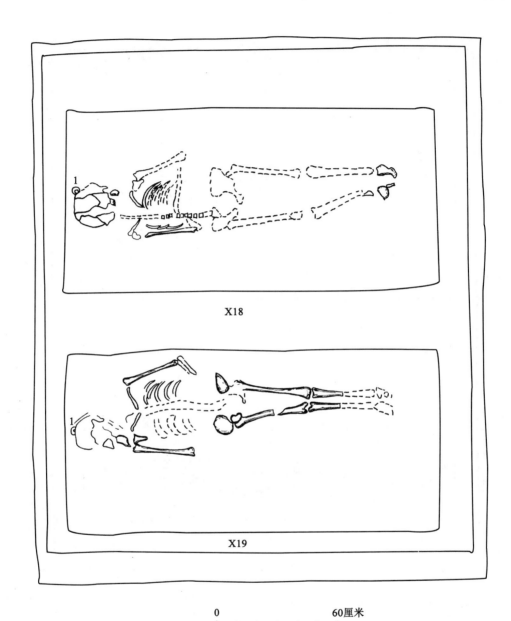

X18

X19

0　　　　　　　　　　　　60厘米

图六〇　LDM6P10 平面图

P10X18　1. 玛瑙瑗　　　P10X19　1. 玛瑙瑗

　　椁长 2.19、宽 2.1、残高 0.4 米。椁内两棺南北并列排放，两个殉人头皆朝东。

　　P17X30　棺长 1.9、宽 0.85 米。殉人的头顶置一组骨簪、1 件玛瑙瑗和 34 粒紫水晶料、8 粒小石子、1 件残蚌片，头右侧有 2 件铜带钩，腹部置一组 36 件由玛瑙瑗、水晶珠、玛瑙珠和玉璜穿成的串饰，下腹放置 1 件陶瓦形器。

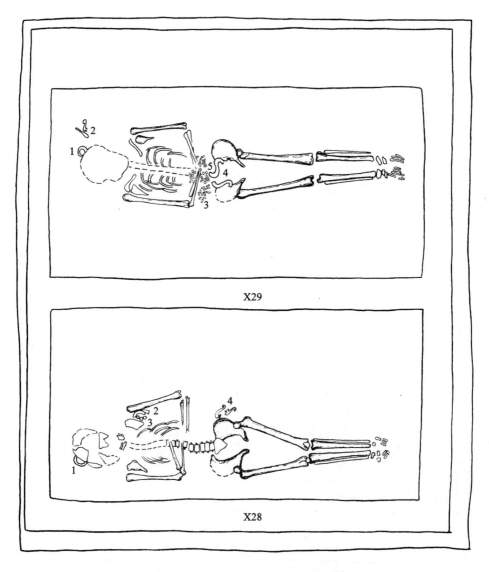

0 ——————— 60厘米

图六一　LDM6P16 平面图

P16X28　1. 玛瑙瑗　2. 玉璜（2）　3. 水晶珠（3）　4. 铜带钩（2）

P16X29　1. 玛瑙瑗　2. 铜带钩（2）　3. 紫水晶料（24）　4. 龙形玉佩（2）　5. 水晶玛瑙串饰（39）

　　P17X31　棺长 1.9、宽 0.85 米。殉人的头顶有玛瑙瑗 1 件，骨簪一组，肩部有 1 件铜带钩，右胸 1 件残玉璜（图六二）。

　　（10）LDM6P18　双人陪葬坑。位于东二层台，东西向。坑东壁系沿墓室东壁坡度下挖，呈斜坡状，其余三面坑壁垂直。口大底小，坑口南北长 2.65、东西宽 2.6 米，

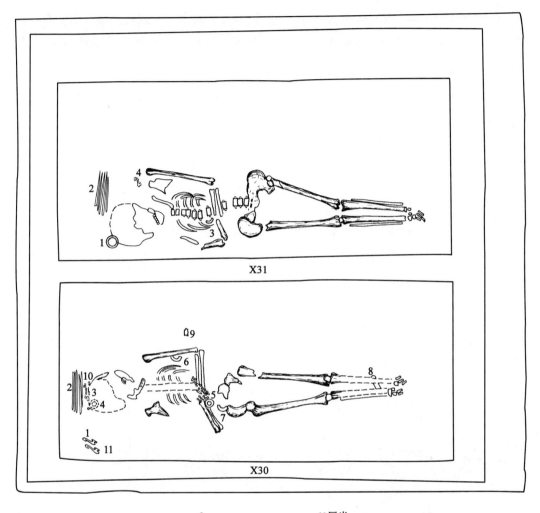

图六二 LDM6P17 平面图

P17X30 1、11. 铜带钩 2. 骨簪 3. 紫水晶料（34） 4. 玛瑙瑗 5. 水晶玛瑙串饰（36） 6、7. 玉璜
　　8. 陶瓦形器 9. 残蚌片 10. 石子（8） P17X31 1. 玛瑙瑗 2. 骨簪 3. 玉璜 4. 铜带钩

坑底南北长 2.65、东西宽 2.22、深 1 米。

椁南北长 2.55、东西宽 1.97 米，高度不详。椁内两棺南北并列。两殉人头朝西。

P18X32 棺长 1.8、宽 1 米。殉人头顶有玛瑙瑗 1 件，胸部置玉环 1 件、玛瑙瑗 3 件，胸右侧有一组骨簪 6 件，腹部有玉璜 2 件、水晶瑗 1 件、水晶珠 3 粒，腹左右侧各置铜带钩 2 件，左侧置骨梳 1 件。

P18X33 棺长 1.84、宽 0.97 米。殉人头顶有玛瑙瑗、骨梳各 1 件、骨簪 4 件，胸、腹部有水晶瑗、铜带钩和骨簪各 1 件（图六三）。

（11）LDM6P19　双人陪葬坑。位于东二层台，东西向。坑东壁上部顺墓室东壁坡度下挖，呈斜坡状，其余三面坑壁垂直。口大底小，坑口南北长 2.78、东西宽 2.4 米，坑底南北长 2.78、东西宽 2.25、深 1 米。

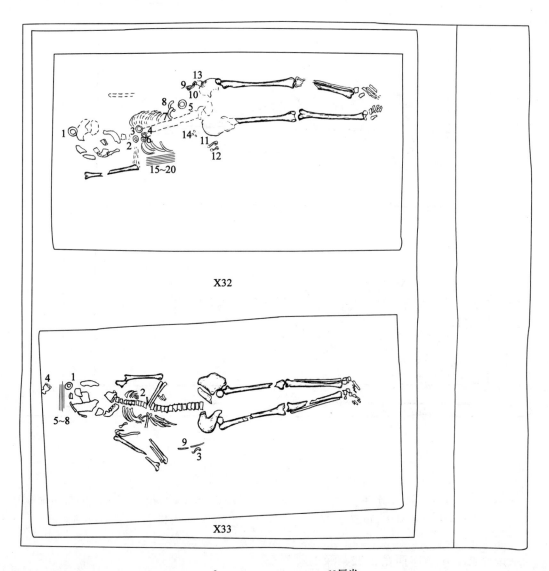

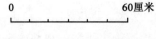

图六三　LDM6P18 平面图

P18X32　1~4. 玛瑙瑗　5. 水晶瑗　6. 玉环　7、8. 玉璜　9~12. 铜带钩　13. 骨梳

14. 水晶珠（3）　15~20. 骨簪　P18X33　1. 玛瑙瑗　2. 水晶瑗　3. 铜带钩　4. 骨梳　5~9. 骨簪

椁南北长 2.6、东西宽 2.1 米。高度不详。椁底由十一块宽 0.16～0.21 米的木板东西横列而成。椁内两棺，南北并列排放。两个殉人头均朝西。

P19X34　棺长 1.93、宽 0.9 米。殉人头顶有玛瑙瑗 1 件，腹部置铜环 2 件、水晶珠 1 粒、骨簪 7 件，腹部右侧放水晶、玛瑙珠各 2 粒，右腿有 3 件铜带钩（图六四）。

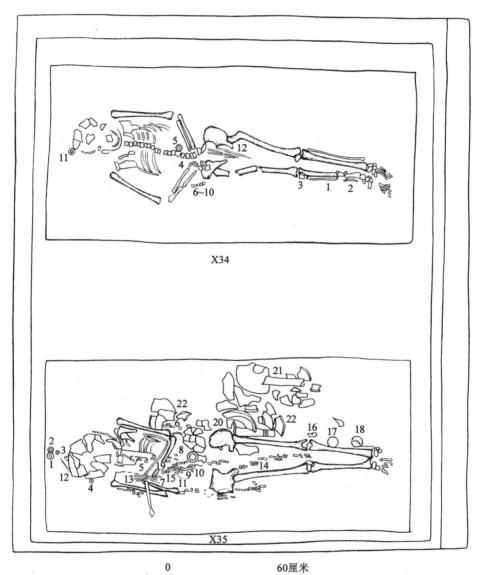

图六四　LDM6P19 平面图

P19X34　1～3. 铜带钩　4、5. 铜环　6～8. 水晶珠　9、10. 玛瑙珠　11. 玛瑙瑗　12. 骨簪（7）

P19X35　1、2. 水晶瑗　3～5. 水晶珠　6. 水晶玛瑙串饰（15）　7、15. 铜带钩　8～11、19. 水晶玛瑙串饰（62）　12、13. 骨簪　14. 滑石管串饰（60）　16～18. 骨饰　20、21. 陶豆　22. 陶罐

P19X35　棺长 1.93、宽 0.9 米。殉人头部有水晶瑗 2 件、骨簪 1 件、水晶珠 2 粒，胸右侧置铜带钩 1 件、骨簪 3 件，腹部铜带钩 1 件以及由玛瑙瑗、水晶珠和龙形玉佩穿成的一组 62 件的串饰，腹左侧也置一组 15 件由玛瑙瑗、水晶瑗、水晶珠穿成的串饰，自颈至膝有一组 60 件滑石管串饰。棺内殉人左侧还放置陶豆 2 件、陶罐 1 件，腿左侧置 3 件骨饰。

（12）LDM6P20　双人陪葬坑（图六五）。位于东二层台，东西向。坑东壁的上部沿墓室东壁坡度下挖，呈斜坡状，其余三面坑壁垂直。坑四角东壁和西壁分别向南、北

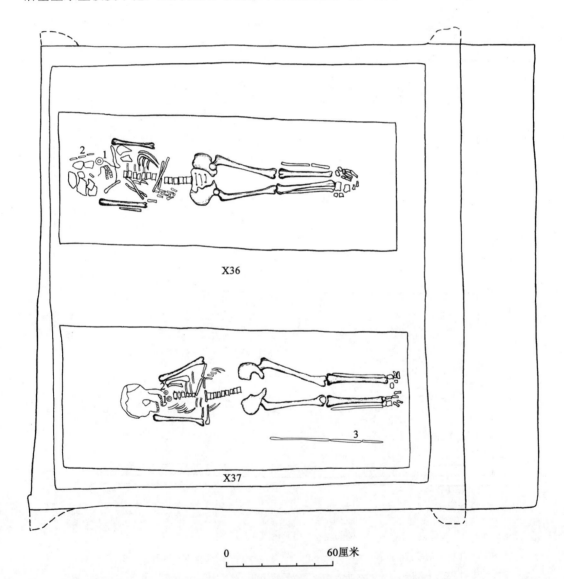

0　　　　　　　　60厘米

图六五　LDM6P20 平面图

P20X36　1. 玛瑙瑗　2. 骨簪（3）　P20X37　1、2. 玛瑙瑗　3. 骨簪

方向伸出长 10、宽约 5 厘米的沟槽。口大底小，坑口东西长 2.7、南北宽 2.5 米。坑底南北长 2.5、东西宽 2.3、深 1.1 米。

椁长 2.25、宽 2.25、残高 0.5 米。椁盖由六块宽 30～40 厘米左右的木板东西横列于南、北椁墙之上。椁内两棺，南北并列，殉人头均朝西。

P20X36　棺长 1.85、宽 0.7 米。殉人头部置骨簪 3 件和玛瑙瑗 1 件。

P20X37　棺长 1.88、宽 0.75 米。殉人颈部有玛瑙瑗 2 件，腿右侧置骨簪 1 件。

（五）随葬器物

LDM6 出土的随葬器物，按质地分有陶器、铜器、玉器、石器、骨器和漆木器等。按用途则可分为礼器、乐器、装饰品和杂器等。

1. 陶器

随葬陶器虽多，由于种种原因，能复原的甚少。质地有泥质灰陶和泥质红陶。按用途可分为仿铜礼器和仿铜乐器。可复原的有簋、豆、盖豆、笾、敦、舟、壶、盘、匜、罐等。乐器 7 件，有编镈和编钟两种，镈被压碎，无一完整器，编钟因置于陪葬坑上，由于陪葬坑椁室塌陷落入陪葬坑内而保存较好。另外还出土瓦形器、珠、人物俑等。

簋　B 型 I 式 1 件。标本 LDM6：15，器、座分体。束颈，敛口，斜圆，方唇，弧腹，平底，底中央有一圆孔。方圈足，中央有一圆孔与器底圆孔相对。失盖。口径 21.6、孔径 5.6、足边长 29、高 21.2 厘米（图六六，1）。

豆　25 件，复原或完整的 7 件。

A 型　3 件。标本 LDM6：2，柄、足残。敞口，尖唇，浅盘，圜底，腹底间呈弧形折转。口径 16.8、残高 6 厘米（图六六，2）。标本 LDM6：5，泥质红陶，盘、柄分体。直口，方唇，盘特别浅，平底，腹底间呈弧形折转。盘底中央有圆孔，实心矮粗柄，顶端有凸榫纳入盘底圆孔中，喇叭状足。盘径、足径 17.2、高 19.4 厘米（图六六，3；图版三一，1）。

B 型　4 件。敞口，尖唇，浅盘，平底微凹，腹底间有明显折棱，粗柄中空，喇叭状足。柄饰两组、足饰一组凹弦纹。标本 LDM6P19X35：20，盘径 21.6、足径 18.4、高 30.6 厘米（图六六，5；图版三一，2）。

盖豆　A 型 I 式 2 件，复原 1 件。标本 LDM6P12X21：4，泥质红陶。盘、柄分体，器呈钵状。直口微敛，方唇，圜底盘，底中央有一圆孔，腹部有一对称活动环耳。实心细高柄，柄顶端有凸榫纳入盘底圆孔中。盖未复原。盘径 15.2、足径 13.2、高 28 厘米（图六六，4；图版三一，3）。

笾座　1 件。标本 LDM6：11，盘残，柄、足硕大，矮粗柄，中空，喇叭状足，柄上部有一周凸棱纹。足径 41.2、柄足残高 35.2 厘米。

敦　2 件。有 A、C 两型。

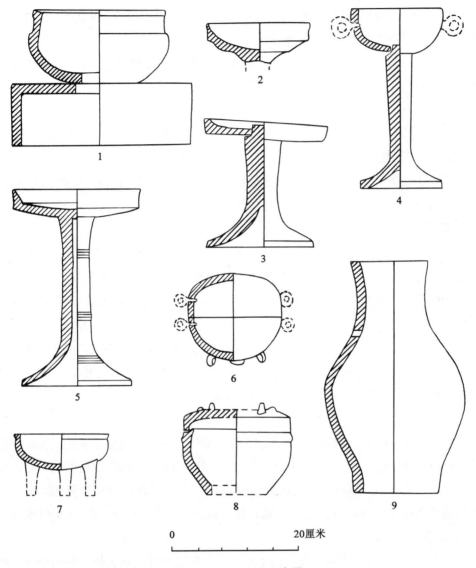

图六六　LDM6 出土陶器

1. B 型 I 式簋（LDM6∶15）　2. A 型豆（LDM6∶2）　3. A 型豆（LDM6∶5）

4. A 型 I 式盖豆（LDM6P12X21∶4）　5. B 型豆（LDM6P19X35∶20）　6. A 型敦

（LDM6P12X21∶6）　7. C 型敦（LDM6∶6）　8. B 型舟（LDM6∶1）　9. B 型壶（LDM6P12X21∶3）

　　A 型　1 件。标本 LDM6P12X21∶6，泥质红陶。器呈钵状，直口，方唇，圈底，活动三环足，腹侧一对称活动环耳，覆钵状盖。口径 12.8、高 6.8、通高 14.8 厘米（图六六，6；图版三一，4）。

　　C 型　1 件。标本 LDM6∶6，鼎式敦。器、盖形制、大小相同。平沿外折，圆唇，浅腹，圈底近平，三柱状足。失盖。口径 15.6、高 9.6 厘米（图六六，7）。

舟　B型1件。标本LDM6：1，器呈圆角长方形，子口内敛，弧腹，内收平底。平顶盖，上有三乳丁状纽。器、盖均饰泡钉纹。口长20、宽16、底长13、宽10、高10、通高14.4厘米（图六六，8）。

壶　B型2件。泥质红陶。敞口，方唇，长颈，溜肩，鼓腹，腹最大径在腹中部，无底，圈足，肩部有一对活动环耳（已失）。标本LDM6P12X21：3，口径13.5、足径13.6、高36.4厘米（图六六，9；图版三二，1）。

盘　B型Ⅰ式5件，复原2件。形制相同，大小有别。泥质红陶。直口，方唇，折腹，小平底。标本LDM6：4，口径35.2、底径8.8、高10.4厘米（图六七，1；图版三二，2）。

匜　2件。有两型。

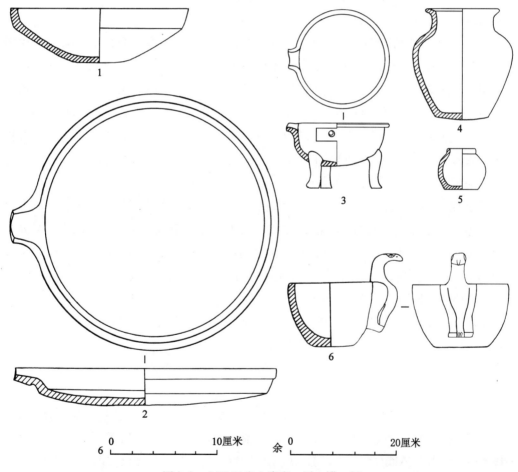

图六七　LDM6出土陶盘、匜、罐、杯

1. B型Ⅰ式盘（LDM6：4）　　2. A型Ⅰ式匜（LDM6：16）　　3. B型Ⅱ式匜（LDM6：6）

4. A型Ⅰ式平底罐（LDM6P2X3：13）　　5. A型Ⅱ式平底罐（LDM6：13）　　6. A型杯（LDM6：56）

A 型 I 式　1 件。标本 LDM6：16，圆盘形，敞口，斜折沿，方唇，折腹，圜底略平，短流。口径 51.6、高 7.2 厘米（图六七，2；图版三二，3）。

B 型 II 式　1 件。标本 LDM6：6，鼎形，直口，折沿，圆唇，圜底近平，口侧有一半圆形短流，口下一对圆孔，纳活动耳（已失），三蹄形足。口径 20、流长 2.4、宽 3.6、高 12.4 厘米（图六七，3；图版三二，4）。

平底罐　3 件。

A 型 I 式　2 件。标本 LDM6P2X3：13，束颈，侈口，圆唇，圆肩，腹斜收成平底。口径 15、底径 11、高 21.2 厘米（图七五，4；图版三一，5）。

A 型 II 式　1 件。标本 LDM6：13，侈口，圆唇，鼓腹，平底。口径 6、底径 6.6、高 8 厘米（图六七，5；图版三一，6）。

杯　A 型 1 件。标本 LDM6：56，直口微敛，弧腹内收，平底。一侧有鸟柄，口径 8.6～9.4、底径 3.8～5、高 6.4、通高 9.0 厘米（图六七，6）。

编钟　7 件。形制相同，大小相次。甬与腔体分体。钟体作合瓦形，弧口，柱形枚，舞顶中央有一圆孔以纳甬，甬自旋以上作多角形（有八角、六角），干作兽首形，甬下端有凸榫纳入舞顶圆孔中，榫部有一横穿用以贯销，使甬与腔体合而为一（图六八）。最大的一件为标本 LDM6：43，甬长 23.6、舞修 24、舞广 20、鼓间距 23.5、铣长 40.4、铣间距 32、钲长 18.4、通高 64 厘米。最小的一件是标本 LDM6：48。甬长 17.6、舞修 12、舞广 10、鼓间距 11、铣长 18.4、铣间距 15.6、钲长 15.6、通高 43.6 厘米（附表七）。

瓦形器　2 件。泥质灰陶，陶土似经淘洗，质地细密。器作瓦形，周边有竹或木刀切割痕迹。凸起的一面饰横向细绳纹，内凹的一面有黄色锈斑。关于它的用途，学界有不同看法，有的认为是搓洗用具[1]；有的认为是用作医疗的熨[2]。标本 LDM6P1X2：1，长 15.9、宽 6.4、高 2.9 厘米（图六九，1；图七〇，1；图版三二，5、6）。标本 LDM6P17X30：8，长 13.2、宽 6.0、高 2.5 厘米（图六九，2；图七〇，2）。

菱形珠　2 件。扁圆形，中腰凸起成棱，侧视呈六角形，顶中一穿孔。标本 LDM6P6X12：10－1，径 2.9、高 1.2 厘米（图七〇，3）。

球形珠　3 件。略呈球形，顶中一穿孔。标本 LDM6P6X12：10－2，径 2.5、高 2.7 厘米（图七〇，4）。

人物俑　4 件。形制基本相同。面部施红彩，鼻前突，用黑色勾画眉、眼、嘴；梳扁圆饼状偏高髻。身穿黄底黑色条纹或方格纹曳地长裙，身前倾，左臂置于胸前，右臂残，姿势不明。标本 LDM6P2X3：17，高 8 厘米（图版三三，1、2）。标本 LDM6P2X3：12，

---

① 安志敏：《古代的糙面陶具》，《考古学报》1957 年第 4 期。
② 徐龙国：《从临淄商王战国墓出土的陶熨具谈我国古代的熨帖术》，《临淄商王墓地》，齐鲁书社，1997 年。

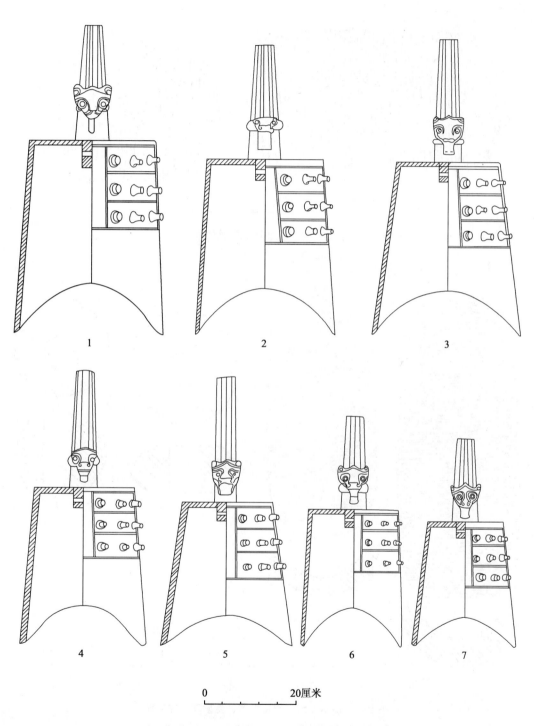

图六八 LDM6 出土陶编钟

1~7. 编钟（LDM6：43、46、42、44、45、47、48）

高 8 厘米（图七一；图版三三，3）。

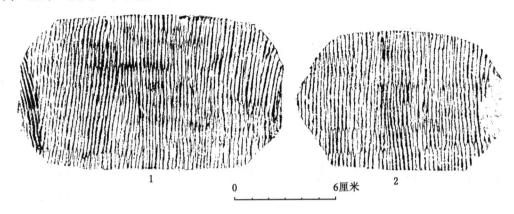

图六九　LDM6 出土陶瓦形器纹样拓本

1. LDM6P1X2：1　2. LDM6P17X30：8

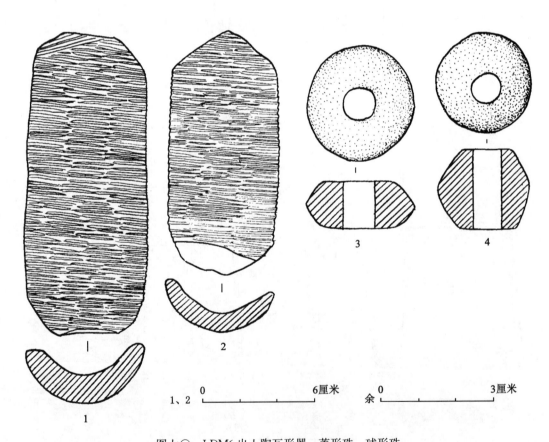

图七〇　LDM6 出土陶瓦形器、菱形珠、球形珠

1. 瓦形器（LDM6P1X2：1）　　2. 瓦形器（LDM6P17X30：8）

3. 菱形珠（LDM6P6X12：10-1）　　4. 球形珠（LDM6P6X12：10-2）

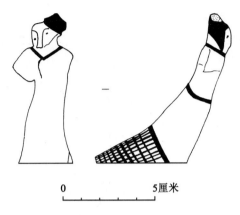

0　　　　　　　　5厘米

图七一　　LDM6 出土陶俑（LDM6P2X3：12）

2. 铜器

45 件。有铜礼器、车马器、服饰器和杂器等。铜礼器有舟和匜各 1 件；车马器 4 件，有节约和插座；服饰器有带钩 37 件；杂器有铜环 2 件。

铜舟　1 件。标本 LDM6P13X22：1，器作长椭圆形，口微敛，方唇，弧腹，平底，长边口下有一对环耳。口长 11.6、宽 9、高 6.2 厘米（图七二，1；图版三三，4）。

铜匜　A 型 1 件。标本 LDM6P13X22：2，器作瓢形，平底，槽形流微仰，与流相对有一环形錾。通长 26、宽 21.6、高 8.8 厘米（图七二，2）。

铜节约　3 件。

A 型　2 件。L 形管，横截面呈半椭圆形。标本 LDM6G：6，边长 5.1、底宽 1.7、高 1.9 厘米（图七三，1；图版三四，1）。

B 型　1 件。标本 LDM6G：11，出土时，器内犹存朽木。T 形半圆形管状，横长 6.3、竖长 5.9、底宽 1.7、高 1.8 厘米（图七三，2；图版三四，2）。

铜插座　D 型 1 件。标本 LDM6G：8，管状，横截面呈马蹄形，底作环首形。长 5.5、底宽 1.7、高 1.5 厘米（图七三，3；图版三四，3）。

铜带钩　37 件。

A 型　27 件。匙形，平背，鼓腹，纽近尾部。有的背有凹槽，铆钉状纽在凹槽中。标本 LDM6P4X7：16，钩体较长，长 8.5、腹宽 1.5 厘米（图七四，1；图版三四，6）。标本 LDM6P12X21：54，长 7、腹宽 1.3 厘米（图七四，3；图版三四，4）。标本 LDM6P15X26：4，钩体较短，长 5、腹宽 0.9 厘米（图七四，4）。标本 LDM6P1X2：3，长 5.4、腹宽 1.25 厘米（图七四，8；图版三四，5）。标本 LDM6P18X32：12，长 6.8、腹宽 1.15 厘米（图七四，2）。标本 LDM6P2X3：2，钩体作兽形，长 4.4、腹宽 1 厘米（图七四，9；图版三四，7）。

B 型　10 件。器同 A 型，腹部有两条脊棱。标本 LDM6P17X31：4，长 4.6、腹宽 1 厘米（图七四，5）。标本 LDM6P17X30：1，长 5、腹宽 0.9 厘米（图七四，6）。标

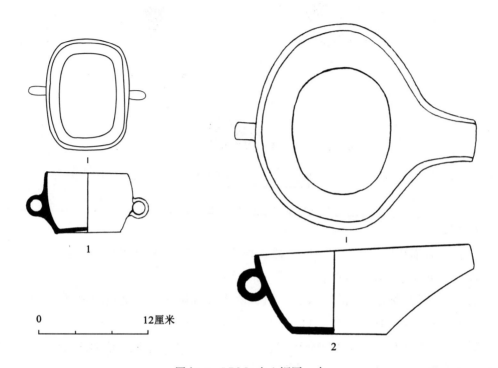

0　　　　　　　12厘米

图七二　LDM6 出土铜匜、舟

1. 舟（LDM6P13X22：1）　　2. A 型匜（LDM6P13X22：2）

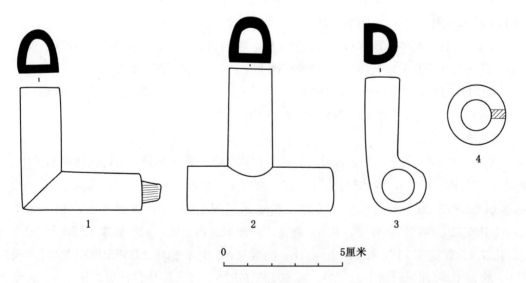

0　　　　　　　5厘米

图七三　LDM6 出土铜节约、插座、环

1. A 型节约（LDM6G：6）　2. B 型节约（LDM6G：11）　3. D 型插座（LDM6G：8）　4. 环（LDM6P19X34：4）

本 LDM6P18X32：9，长 4.5、腹宽 1 厘米（图七四，7）。

　　铜环　2 件。扁平圆环形，横截面作长方形。标本 LDM6P19X34：4，外径 2.6、内径 1.4、厚 0.4 厘米（图七三，4）。

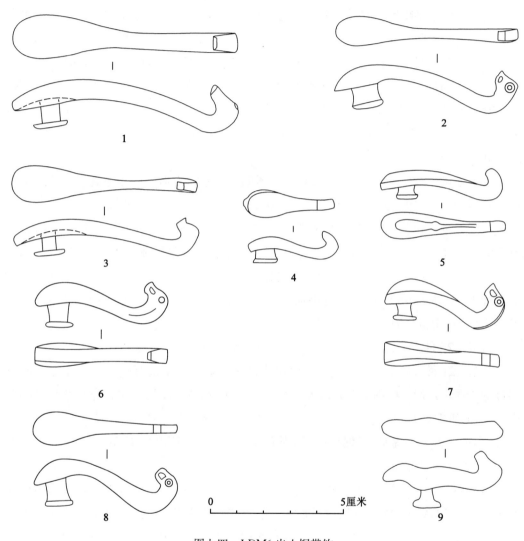

图七四　LDM6 出土铜带钩

1. A 型（LDM6P4X7：16）　　2. A 型（LDM6P18X32：12）　　3. A 型（LDM6P12X21：54）

4. A 型（LDM6P15X26：4）　　5. B 型（LDM6P17X31：4）　　6. B 型（LDM6P17X30：1）

7. B 型（LDM6P18X 32：9）　　8. A 型（LDM6P1X2：3）　　9. A 型（LDM6P2X3：2）

3. 铁器

　　铁削　1 件。标本 LDM6G：6。锈蚀严重，首、锋均残。凸背，凹刃，背、刃弧度较小，削身横截面呈三角形。残长 19.5、宽 1.4 厘米（图版三四，8）。

4. 玉器、石器

416 件，其中玉器 42 件，石器 374 件。均为装饰品，有玉、滑石、天然砾石等质料。

玉琮形束发器　1 件。标本 LDM6P4X7：1，青玉质，豆青色。出自死者头顶，应为束发器。器扁平略呈长方形，中有圆孔，有锯割痕迹。长 4.2、宽 3.9、厚 0.9 厘米（图七五，1；图版三五，1）。

玉环　A 型 5 件。青玉质，豆青色，有蜡质光泽。扁平圆环形，横截面呈长方形。标本 LDM6P4X7：11-1，两面阳刻谷纹。外径 3、内径 1.2、厚 0.3 厘米（图七六，1；彩版四，1）。标本 LDM6P12X21：3，素面。外径 4.7、内径 2.2、厚 0.4 厘米（图七五，2）。标本 LDM6P18X32：6，素面。外径 3.6、内径 1.8、厚 0.3 厘米（图七六，2；彩版四，2）。

方形玉佩　7 件。青玉质，豆青色，半透明。扁平长方形，四角各有一穿孔。标本 LDM6P4X7：4-10，长 4.4、宽 3.1、厚 0.2 厘米（图七五，3；图版三五，2）。

龙形玉佩　4 件。青玉质，器扁平，呈"S"形。一端刻作龙首形，作探首状，方形上吻，竖耳，突额，尾端齐平上翘。上缘有一系孔，多系于成组串饰的末端，素面。标本 LDM6P16X29：4-2，长 12.1、边宽 1.6、厚 0.3 厘米（图七五，4；彩版四，3）。标本 LDM6P19X35：9，上缘中部及头端各有一圆孔，素面。长 10.6、宽 1.7、厚 0.5 厘米（图七五，5）。

玉璜　25 件。分二型。

B 型　21 件。青玉质，器扁平，略呈半圆环形，上缘中部有一系孔。多系于成组串饰的末端，素面。标本 LDM6P2X4：9，底长 10.2、宽 2、厚 0.4、高 5 厘米（图七五，6；彩版四，4）。

C 型　4 件。器扁平，呈弧形。四周有纽牙。标本 LDM6P14X24：3，底长 11.2、宽 2.7、高 4.4 厘米（图七五，7）。

滑石环　67 件。滑石质，浅棕色。扁平圆环形，横截面作长方形。有素面和刻纹两种。标本 LDM6P12X21：2，两面阳刻卷云纹。外径 8.6、内径 4.6、厚 0.5 厘米（图七六，3）。标本 LDM6P21X38：1，两面阳刻谷纹。外径 11.3、内径 4.9、厚 0.5 厘米（图七六，6；图版三五，3）。标本 LDM6P13X22：3，两面阴刻锥刺纹。外径 7.9、内径 4.7、厚 0.4 厘米（图七六，4）。标本 LDM6P2X3：7，两面阴刻锥刺纹。外径 6.4、内径 3.7、厚 0.4 厘米（图七六，5）。标本 LDM6P12X21：7，素面。外径 3.7、内径 1.9、厚 0.3 厘米（图七七，1）。

墨石瑗　A 型 1 件。标本 LDM6P11X20：1，墨石质，墨绿色。中间厚，内、外缘渐薄成棱，横截面呈六角形。外径 4.1、内径 2.4、厚 0.65 厘米（图七七，2；图版三五，4）。

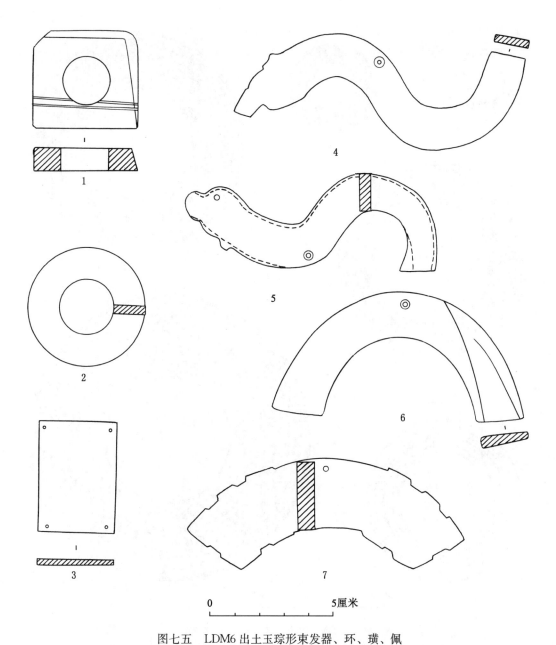

图七五　LDM6 出土玉琮形束发器、环、璜、佩

1. 玉琮形束发器（LDM6P4X7：1）　2. A 型玉环（LDM6P12X21：3）　3. 方形玉佩
（LDM6P4X7：4－10）　4. 龙形玉佩（LDM6P16X29：4－2）　5. 龙形玉佩
（LDM6P19X35：9）　6. B 型玉璜（LDM6P2X4：9）　7. C 型玉璜（LDM6P14X24：3）

滑石柱形玦　2 件。滑石质，圆柱形，一侧有竖向沟槽。标本 LDM6P4X7：2，径
1、高 2.2 厘米（图七七，5；图版三五，5）。

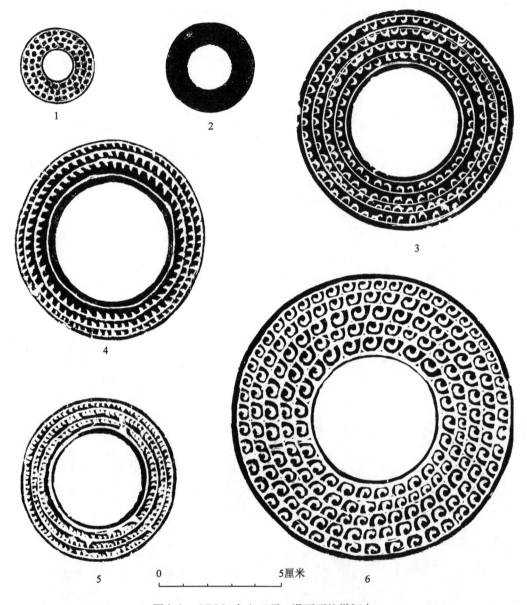

图七六　LDM6 出土玉环、滑石环纹样拓本

1. A 型玉环（LDM6P4X7：11-1）　　2. A 型玉环（LDM6P18X32：6）　　3. 滑石环（LDM6P12X21：2）
4. 滑石环（LDM6P13X22：3）　　5. 滑石环（LDM6P2X3：7）　　6. 滑石环（LDM6P21X38：1）

滑石璜　7 件。滑石质，分二型。

A 型　5 件。青灰色。有锯割痕迹，器扁平呈弧形，弧度较小，两端呈锐角，上缘中部有一系孔。标本 LDM6P13X22：16，长 12.7、宽 2、厚 0.4、高 2.5 厘米（图七

七，3；图版三五，6）。

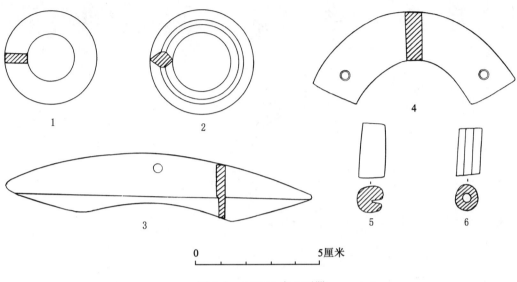

图七七　LDM6 出土石器

1. 滑石环（LDM6P12X21：7）　　2. A 型墨石瑗（LDM6P11X20：1）　　3. A 型滑石璜（LDM6P13X22：16）
4. B 型滑石璜（LDM6P4X7：13）　　5. 滑石柱形块（LDM6P4X7：2）　　6. 圆柱形滑石管（LDM6P19X35：14）

B 型　2 件。器扁平，略呈半圆环形，两端各一系孔。素面。标本 LDM6P4X7：13，底长 8.2、宽 1.9、厚 0.6、高 3.5 厘米（图七七，4；图版三五，7）。

圆柱形滑石管　289 件。滑石质，圆管形。制作不甚规整，有的中腰略粗。标本 LDM6P19X35：14，径 1、高 1.9 厘米（图七七，6）。

石子　8 件。河卵石，有橘黄色和白色两种颜色。标本 LDM6P17X30：3。

5. 水晶、玛瑙器

641 件。均为装饰品。水晶制品有水晶和紫晶两种。前者无色，透明；后者紫色，半透明。玛瑙器皆乳白色，半透明。水晶、玛瑙器表光洁，制作十分工整。器形有环、珠、管等。

水晶瑗　11 件。有 A、B 型。

A 型　8 件。圆环形，立边，内缘中间凸起成棱一周，外缘直立。标本 LDM6P18X32：5，外径 2.7、内径 1.5、高 1.4 厘米（图七八，1）。

B 型　3 件。标本 LDM6P7X14：1-1，圆环形瑗的边缘较宽，内缘较厚，由内向外渐薄，横截面略呈七或六角形。外径 2.9、内径 1.3、高 0.55 厘米（图七八，2）。

球形水晶珠　336 件。大小不一。略呈球形，顶中一穿。标本 LDM6P17X30：5，径 1、高 0.9 厘米（图七八，3）。

扣形水晶珠　75 件。扁圆形，上下抹边中腰竖直，侧视呈八角形，顶中一穿孔。

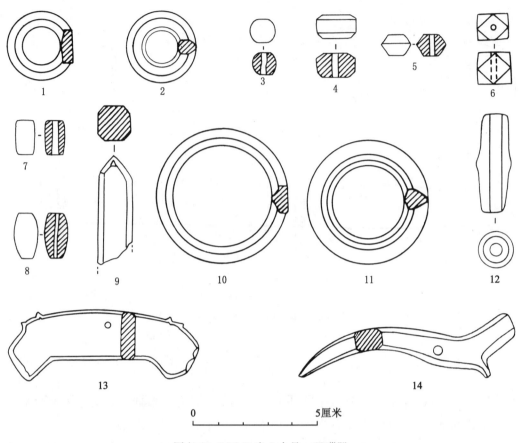

图七八　LDM6 出土水晶、玛瑙器

1. A 型水晶瑗（LDM6 P18X32：5）　　2. B 型水晶瑗（LDM6 P7X14：1－1）

3. 球形水晶珠（LDM6 P17X30：5）　　4. 扣形水晶珠（LDM6 P16X28：3）　　5. 菱形水晶珠（LDM6 P13X23：4－2）

6. 多面体水晶珠（LDM6 P7X14：1）　　7. 圆柱形水晶管（LDM6 P7X14：1）　　8. 鼓形水晶管（LDM6 P13X20：4－2）

9. 水晶料（LDM6 P17X1：1）　　10. A 型玛瑙瑗（LDM6 P9X17：1）　　11. B 型玛瑙瑗（LDM6 P16X28：1）

12. 凸棱形玛瑙管（LDM6 P21X39：2）　　13. 玛瑙璜（LDM6 P2X3：5）　　14. 玛瑙冲牙（LDM6 P13X23：4－1）

标本 LDM6P16X28：3，径 1.6、高 0.9 厘米（图七八，4）。

菱形水晶珠　41 件。扁圆形中腰凸起一周折棱，横截面作六角形。顶中一穿。标本 LDM6P13X23：4－2，径 1.2、高 0.8 厘米（图七八，5）。

多面体水晶珠　2 件。器呈切角正方体。共有十四个面，顶中一穿孔。标本 LDM6P7X14：1，长 1.4、宽 1.4、高 1.3 厘米（图七八，6）。

圆柱形水晶管　7 件。圆柱形，上、下一长穿。标本 LDM6P7X14：1，径 0.8、高 1.4 厘米（图七八，7）。

菱形水晶管　3 件。两端较细，中腰凸起一周折棱。

鼓形水晶管　2 件。两端细，中腰粗，状似腰鼓。标本 LDM6P13X20：4－2，径

0.9、高 1.8 厘米（图七八，8）。

水晶玦　68 件。有水晶、紫晶两种。晶体呈六角方柱状，一端作六角锥形。有玻璃光泽。标本 LDM6P17X1：1，长 4.2 厘米（图七八，9；图版三六，1）。

玛瑙瑗　59 件。分 A、B 二型。

A 型　33 件。形制与 A 型水晶瑗相同，一般都比水晶瑗大。标本 LDM6P9X17：1，外径 5.3、内径 4、高 1.1 厘米（图七八，10；图版三六，2）。

B 型　26 件。中间厚，内外缘渐薄，横截面呈六角形。标本 LDM6P16X28：1，外径 4.9、内径 2.9、高 0.8 厘米（图七八，11；图版三六，3）。

玛瑙璜　2 件。器扁平，外弧，内方，上缘有两个子刺，中部有一系孔。标本 LDM6P2X3：5，底长 7.7、宽 2、高 1.9 厘米（图七八，13）。

凸棱形玛瑙管　9 件。圆管状，中腰有一周凸棱。标本 LDM6P21X39：2，径 1.4、高 3.9 厘米（图七八，12；图版三六，4 右）。

球形玛瑙珠　15 件。器作球形，顶中一穿。

菱形玛瑙珠　8 件。器同菱形水晶珠。

玛瑙冲牙　3 件。形如蚕，横截面呈八角形，上缘中部有一穿孔。标本 LDM6P13X23：4－1，长 8.8 厘米（图七八，14）。

出土的玉器、石器和水晶、玛瑙器中，绝大部分都有穿孔，可供串系佩带。在未被盗掘破坏的陪葬坑中，出土时往往都是成组的串饰。这些串饰集中放在棺内死者的头部、胸部、腹部或身躯的两侧，或戴在死者的颈部。在 10 个陪葬坑中共出土了 13 组未被扰乱的成组串饰。这些串饰大部分保持了原来的串法，可以根据出土情况进行复原。

这些串饰有条形和环形之分。串法有单行、双行并联和单行与双行并联相结合三种。

标本 LDM6P9X16：9　一组 24 件。出自死者胸、腹左侧与手臂之间。串饰由 1 件玛瑙瑗、18 粒球形紫晶珠、1 粒扣形水晶珠、1 粒球形玛瑙珠、1 件圆形紫晶管和 2 件 A 型玉璜组成。这组串饰的串法是以玛瑙瑗为挈领，将 20 粒各种串珠穿成单行，紫晶管居中相隔，尾端系 2 件玉璜（图七九）。

标本 LDM6P19X35：6　一组 15 件。置于死者腹部的左侧。这组串饰由 1 件玛瑙瑗、1 件球形水晶珠、1 件水晶瑗、1 件菱形水晶珠、3 件扣形水晶珠、7 件球形紫晶珠和 1 件球形玛瑙珠组成。串饰的穿法是以玛瑙瑗为挈领，将 13 件各种串珠串成单行，下系 1 件水晶瑗。

标本 LDM6P5X10：3　一组 25 件。置于死者头部的前上方。此坑被盗，串饰未被扰乱。串饰是由水晶瑗 1 件、球形水晶珠 23 件、玛瑙冲牙 1 件组成。穿法以玛瑙瑗为挈领，将各种串珠串成单行，尾端系 1 件玛瑙冲牙。

标本 LDM6P7X14：1 一组 9 件。置于死者左臂弯。由 1 件水晶瑗、3 件球形水晶珠、1 件扣形水晶珠、1 件扣形紫晶珠、2 件多面体水晶珠和 1 件圆形紫晶管组成。串法是以水晶瑗为挈领，各种串珠穿成单行，中间以紫晶管相隔，尾端穿 1 件多面体水晶珠。

标本 LDM6P17X30：5－7 一组 30 件。出自死者的腹部。串饰由 1 件玛瑙瑗、8 件球形紫晶珠、7 件扣形水晶珠、1 件菱形水晶珠、4 件球形玛瑙珠、7 件菱形玛瑙珠和 2 件玉璜组成。这组串饰的串法是以玛瑙瑗为挈领，将 27 件各种串珠穿成两行，每行串珠的尾端各系玉璜 1 件。

标本 LDM5P19X35：8－11 一组 62 件。置于死者的腹部。它由 1 件玛瑙瑗、2 件扣形水晶珠、1 件菱形水晶珠、48 件球形水晶珠、7 件球形紫晶珠、1 件球形玛瑙珠和 2 件龙形玉佩组成。穿法以玛瑙瑗为挈领，各种串珠穿成两行，尾端各系 1 件龙形玉佩。

标本 LDM6P13X22：4－8 一组 19 件。置于死者胸部右侧和手臂之间。此坑虽经盗扰，但串饰保存完好。这组串饰由 1 件玛瑙瑗、13 件球形水晶珠、3 件圆形水晶管和 2 件蚕形玛瑙饰组成。穿法是以玛瑙瑗为挈领，下穿 1 件水晶管，13 件球形水晶珠穿成两行，中间以水晶管相隔，每行串饰的尾端各系 1 件蚕形玛瑙饰。

标本 LDM6P14X24：3 一组 58 件。串饰置于死者胸、腹的右侧。陪葬坑被盗，串饰保存完好。它由 1 件 A 型玛瑙瑗、3 件菱形水晶管、17 件球形玛瑙珠、4 件菱形玛瑙珠、31 件球形紫晶珠和 2 件玉璜组成。这组串饰的穿法是：以玛瑙瑗为挈领，下穿 1 件菱形水晶管，然后将各种串珠分成两行并联，中间以菱形水晶管相隔，将串饰分为上下两段，紫晶珠、红色玛瑙珠相间。每行串饰的尾端各系 1 件玉璜（图八○；彩版五，1）。

标本 LDM6P9X17：2 一组 72 件。置于死者胸、腹右侧。串饰由 2 件玛瑙瑗、11 件扣形水晶珠、42 件球形紫晶珠、13 件球形水晶珠、1 件球形玛瑙珠、1 件菱形玛瑙珠和 2 件玉璜组成。串饰分上、中、下三段。上段以玛瑙瑗为挈领，由 2 件玛瑙瑗、3 件扣形水晶珠穿成单行；中段由水晶珠、玛瑙珠、紫晶珠分两行并联，并由 1 件扣形水晶珠约束；下段由水晶珠、紫晶珠、球形玛瑙珠穿两行，尾端各系 1 件玉璜（图八一；图版三七，1）。

标本 LDM6P9X17：3 一组 46 件。置于死者胸、腹的左侧。串饰由 3 件玛瑙瑗、17 件扣形水晶珠、2 件球形水晶珠、16 件球形紫晶珠、7 件扣形紫晶珠和 1 件菱形紫晶珠组成。串饰分为四段，一段以玛瑙瑗为挈领，下穿 1 件扣形水晶珠；二段由 8 件球形水晶珠和紫晶珠分两行并联；三段由 2 件扣形水晶珠和 2 件球形水晶珠穿成单行；四段由 7 件扣形紫晶珠、1 件菱形紫晶珠、14 件扣形水晶珠和 8 件球形紫晶珠成双行并联，各行以 1 件玛瑙瑗作尾饰（图八二；图版三七，2）。

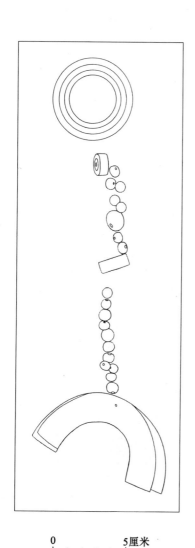

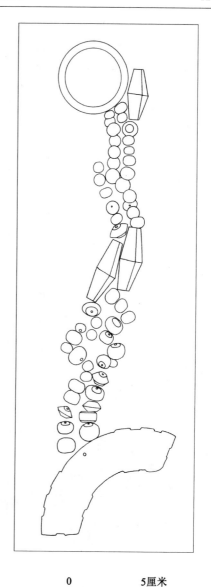

图七九　LDM6P9X16∶9
水晶玛瑙串饰出土情况

图八〇　LDM6P14X24∶3
水晶玛瑙串饰出土情况

标本 LDM6P2X3∶5　一组 96 件。置于死者腹部右侧，串饰由 1 件玛瑙瑗、1 件墨石瑗、1 件紫晶三穿饰、3 件鼓形紫晶管、1 件鼓形玛瑙管、8 件扣形水晶珠、30 件球形水晶珠、40 件球形紫晶珠、5 件扣形紫晶珠、4 件菱形紫晶珠、2 件玛瑙璜组成。穿法：以玛瑙为挈领，下系 1 件粉墨石环、紫晶三穿饰，以下分两串并联，各串以扣形水晶珠相隔为四段，每段又由水晶珠将紫晶珠隔成上下两小段，最后以鼓形水晶管或玛瑙

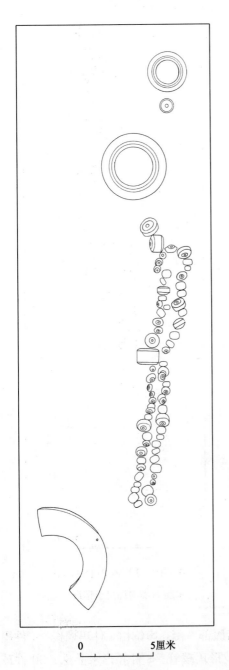

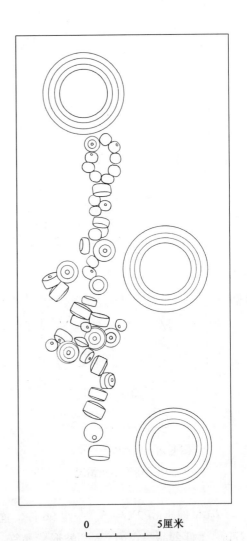

0　　　　　　5厘米

0　　　　　　5厘米

图八一　LDM6P9X17∶2
水晶玛瑙串饰出土情况

图八二　LDM6P9X17∶3
水晶玛瑙串饰出土情况

管为尾，下各系 1 件玛瑙璜。紫白相间，节奏感极强（彩版五，2）。

标本 LDM6P19X35：14　一组 69 件。戴于死者的颈部，下垂至膝。串饰由 69 件滑石管组成。串饰呈环形，由滑石管串成单行或两行并联，两者相间。

标本 LDM6P4X7：3－14　一组 15 件。置于死者胸部。由 4 件长方形玉片、7 件方形玉片、2 件玉环和 2 件玉璜组成。具体串法不详。

6. 骨器、蚌器

44 件。其中骨器 39 件。有盖弓帽、簪、骨梳、带钩、耳勺、管、珠、柱形器。蚌器 5 件，有圆形蚌饰、贝饰等。

骨盖弓帽　3 件。圆筒形，外端封闭，一侧有钩外向。标本 LDM6P4X7：17，外端径 1.2、内端径 1.5、长 3.1 厘米（图八三，1）。

骨簪　11 件。有 A 型和 B 型。

A 型　6 件。簪首呈圆锥状，身作长圆条形。标本 LDM6P6X12：16，残长 35.1 厘米（图八三，2；图版三六，5）。

B 型　5 件。长圆条形，首、尾齐平，尾端稍细。标本 LDM6P7X14：2，首端径 0.5、尾端径 0.2、长 26.5 厘米（图八三，3；图版三六，6）。

骨梳　8 件。分 A、B 二型。

A 型　7 件。平背，长柄作束腰状，齿残。

B 型　1 件。标本 LDM6P3X6：1，柄作相背两马首状，齿残。残长 4.7 厘米（图八三，4）。

骨带钩　1 件。标本 LDM6P21X38：2，钩残，琵琶形，平背，鼓腹，颈、腹部有两条折棱。残长 3.4、腹宽 1.1、厚 0.9 厘米（图八三，5）。

骨耳勺　1 件。标本 LDM6P18X32：15，扁平长条形，勺呈圆形，长 11.4 厘米（图八三，6）。

骨管　1 件。标本 LDM6P3X6：2，用长骨截成。外径 3、内径 1.7、长 3.6 厘米（图八三，7）。

球形骨珠　10 件。球形，顶中一圆穿。标本 LDM6P13X22：24，径 0.7、高 0.5 厘米。

骨柱形器　4 件。圆柱形，中腰略细，标本 LDM6P21X38：3，径 1.1、长 7.6 厘米（图八三，8）。

圆形蚌饰　3 件。扁平圆形，正中一圆孔。一面饰朱彩云纹。标本 LDM6：116，径 5.9、孔径 0.3、厚 0.35 厘米（图八三，9）。

贝饰　2 件。齿贝，背有磨制穿孔。标本 LDM6P14X25：4，长 2.3 厘米（图八三，10）。

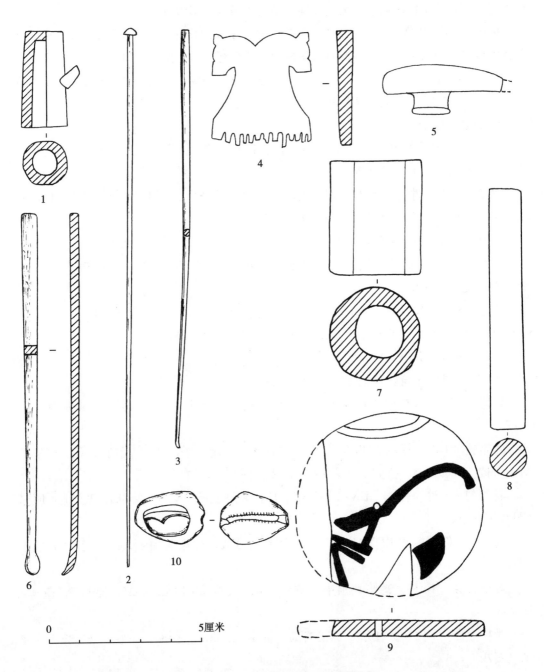

图八三　LDM6 出土骨器、蚌器

1. 骨盖弓帽（LDM6P4X7：17）　2. A 型骨簪（LDM6P6X12：16）　3. B 型骨簪
（LDM6P7X14：2）　4. B 型骨梳（LDM6P3X6：1）　5. 骨带钩（LDM6P21X38：2）
6. 骨耳勺（LDM6P18X32：15）　7. 骨管（LDM6P3X6：2）　8. 骨柱形器
（LDM6P21X38：3）　9. 圆形蚌饰（LDM6：116）　10. 贝饰（LDM6P14X25：4）

四、东夏庄三号墓（LDM3）

（一）墓葬形制

1. 封土

东夏庄三号墓地面有圆锥形封土。南部封土因早年修建火药库受到一些破坏。封土底部直径 27.5 米，圆顶略平，直径 14、高 5.2 米。

封土系用黄褐色与红褐色花土自墓口以上分层夯筑而成。夯层厚 15～20 厘米不等，质地较硬。夯窝为圆形弧底。从夯窝多作梅花形分布看，推测夯打时将六根夯棍捆扎一起使用。束夯的夯棍中间一根较粗，直径约 6 厘米，周围五根较细，直径约 4 厘米左右。夯窝的深度一般在 0.2～0.4 厘米。

2. 墓室

三号墓为甲字形土坑积石木椁墓。方向 187°（图八四）。

墓道斜坡状，位于墓室南壁的中部。墓道上口长 27、外口宽 4.5、里口宽 5.75 米。墓道底与二层台相连，宽 4.65 米。坡底 15°，坡长 29.2 米。

墓室长方形，口大底小呈斗状。墓口南北长 16、东西宽 14.5 米。墓底南北长 14、东西宽 12.5 米。墓底距墓口深 7.7 米。

椁室位于墓室的中部。南北长 5.25、东西宽 4.25、深 2.5 米。椁室底部铺有一层厚约 0.35 米的青石块，四周以石块垒砌。砌石厚 1.1～1.35 米不等，高与二层台平齐。砌石间缝隙用河卵石充填。由于木椁腐朽坍塌，砌石多落入椁底。二层台椁室四周有宽大的生土二层台。各台宽窄不一，其中东台宽 4.05、南台宽 3.7、西台宽 4.2、北台宽 5 米。

墓室和墓道壁面经修整，并涂刷一层厚约 1 厘米左右的灰色细澄浆泥。在二层台上曾发现腐蚀严重的圆形蚌饰，但未发现帷帐的遗迹。

墓葬被盗扰。墓内发现四个长方形盗洞。其中，位于墓室东部和北部的两个盗洞均进入了椁室。

（二）葬具与葬式

木质葬具，已朽。从朽灰分析为一棺一椁。长方形木椁长 3.55、宽 2.75 米，高度不明，棺长 2.9、宽 1.9 米。

（三）随葬器物的放置

墓中的铜车軎 6 件、铜节约 7 件、铜带钩 4 件、铜镞 1 件，均出自椁室盗洞的扰乱土中。盗洞中还夹杂一些碎陶片，能辨认器形的有豆和漏器。可见，随葬器物都放置在椁室中。

（四）随葬器物

19 件。有陶器和铜器两种。

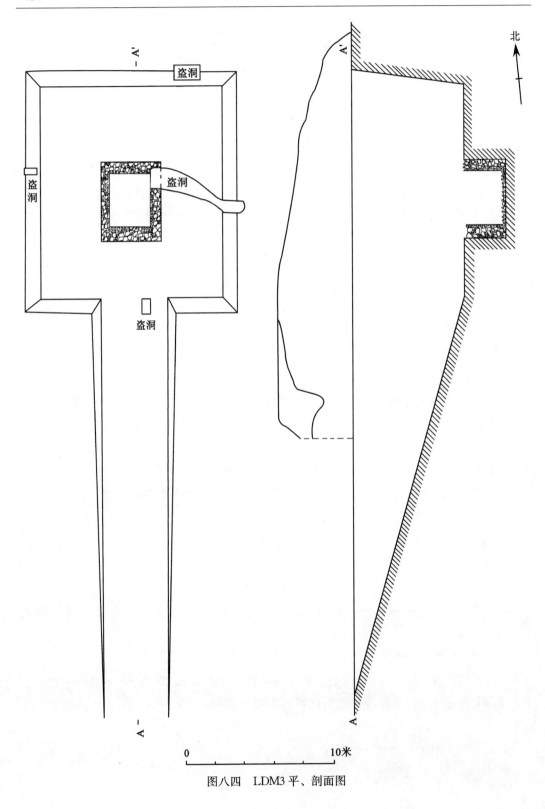

北

盗洞

盗洞

盗洞

盗洞

0　　　　　　　　　　10米

图八四　LDM3 平、剖面图

1. 陶器

漏器　1件。标本 LDM3∶1，似鼎，无足，子口内敛，圜底，口下一对圆孔纳穿耳（已失），近底处有三个圆洞。从洞缘翘起棱边分析，圆洞是在烧制前挖成的，孔沿有卷边凸起，应为漏器。口径 35.6、高 23.2 厘米（图八五，1）。

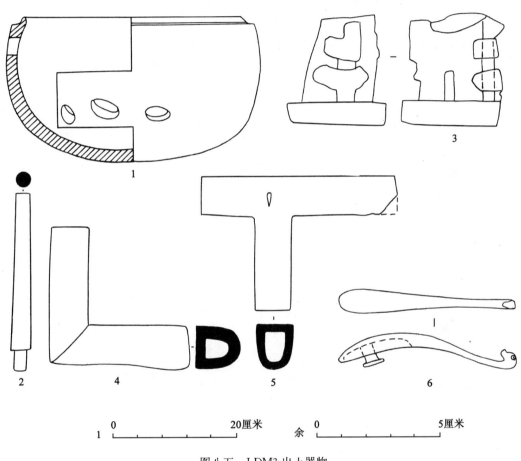

图八五　LDM3 出土器物

1. 陶漏器（LDM3∶1）　2. 圆柱形铜镞（LDM3∶2）　3. A 型铜车軎（LDM3∶9）
4. A 型铜节约（LDM3∶13）　5. B 型铜节约（LDM3∶3）　6. A 型铜带钩（LDM3∶5）

2. 铜器

18 件。有兵器、车马器、服饰器。

圆柱形铜镞　1件。标本 LDM3∶2，镞身呈圆柱形，前端略细，圆短铤。镞身长 6.2、径 0.6~0.8、通长 7.1 厘米（图八五，2）。

铜车马器　13 件。有车軎和节约两种。

铜车軎　A 型 6 件。东周墓中常以轴头代表车，墓中车軎因石块坍塌被砸严重变形。舋作圆筒形，有外折宽缘，一端不透空，近缘处有两个长方形辖穿，辖已失。一侧有梁，似安有带扣。标本 LDM3：9，舋长 9、径 6 厘米（图八五，3）。

铜节约　7 件。有 A、B 型。

A 型　4 件。器作 L 形，横截面呈半管状。标本 LDM3：13，长 5.7、宽 5.4、底宽 1.6、高 1.7 厘米（图八五，4）。

B 型　3 件。T 字形，平底，鼓面，中空。横截面呈马蹄形。标本 LDM3：3，横长 7.9、竖长 3.8、底宽 1.5、高 1.8 厘米（图八五，5）。

铜带钩　B 型 4 件。琵琶形，鸭首钩，凹背，鼓腹。标本 LDM3：5，长 7、腹宽 1、厚 0.6 厘米（图八五，6）。

第五章　单家庄墓地

第一节　墓地布局

在临淄城区辛八路以南、辛五街北段的西侧和辛六街北段的东侧各有一座带封土的墓葬。辛五街西侧一座位于辛店街道办事处单家庄东北 250 米的齐鲁石油化学工业总公司第九小学体育场内。辛六街东侧一座位于永流镇相家庄东南 250 米的齐鲁石化中心医院北墙外。两墓东西相距约 700 米，东北距临淄齐国故城遗址约 7 公里，在《临淄墓葬勘查一览表》中的编号为 LM18 和 LM71。为配合齐鲁石化辛店生活区加温站的建设和齐鲁石化中心医院的拓建工程，分别于 1992 年 3 月和 1992 年 8 月对上述两座墓葬进行了发掘。LM18 改编号为 LSM1，LM71 改编号为 LSM2（图八六）。

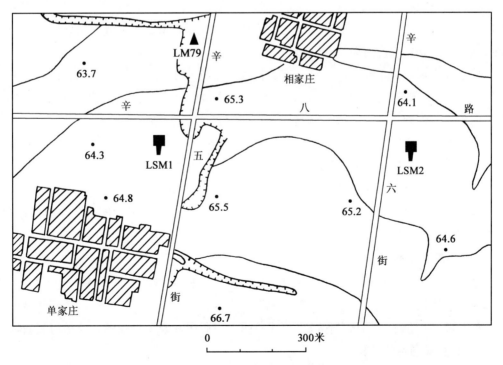

图八六　单家庄墓地墓葬分布图

第二节 墓葬分述

一、单家庄一号墓 (LSM1)

（一）墓葬形制

1. 封土

一号墓的封土原呈圆锥形。勘探表明，原封土直径约 30 米左右。后因学校修建体育场取土，变成了方形台阶状，封土四面形同陡壁，顶部也被削平。残存封土南北长 19、东西宽 13.5、高 7 米。

封土用黄褐色花土自地面逐层往上夯筑而成，质地坚硬。夯层厚 15～25 厘米不等。夯窝圆形平底，径 5.5、深 0.2～0.4 厘米。

2. 墓室

LSM1 为"甲"字形土坑积石木椁墓，方向 200°（图八七）。墓室平面呈长方形，口大底小。墓口南北长 19.8、东西宽 18.8 米。墓底南北长 15.45、东西宽 14.25 米，墓底距墓口深 9.33 米。墓壁自墓口以下向里收缩成阶梯状的两级台阶。台阶由下至上：第一级台阶高 2.8、阶面宽 0.55 米。第二级高 3.65、阶面宽 0.55～0.65 米。

墓道呈斜坡状，挖在墓室南壁的中部。墓道上口长 31.2、外口宽 5.1、里口宽 7 米，坡度 15°、坡长 34.3 米。墓道底与墓底相连，宽 4.8 米。墓道壁面呈斜坡状，与墓室壁面不同的是，它没有阶梯状的台阶。

椁室长方形，位于墓底的中部。南北长 5.35、东西宽 4.4、深 3.1 米。椁底铺一层厚约 0.14 米的卵石，四面以自然石块垒砌，砌石厚约 1.1 米左右，高与二层台齐平。砌石间缝隙以河卵石充填。因木椁腐朽，部分砌石已塌入椁底。

椁室四面是宽大的生土二层台。二层台宽度不一，其中东台宽 5.1、南台宽 4.7、西台宽 4.8、北台宽 5.4 米。在生土二层台上挖有六个陪葬坑。

墓壁经加工修整，壁面涂刷一层白粉。

墓室与墓道内填黄褐色花土，经分层夯打，土质较硬。夯层的厚薄、夯窝的形状、大小及深浅与封土同。

（二）葬具与葬式

木质葬具，一椁一棺，均已朽烂成白色板灰。从板灰测得木椁长 3.4、宽 2.7、高约 1.4 米。棺长 2.5、宽 1.5 米，高度不详。

椁室被盗扰，未发现墓主骨骸，葬式不明。盗洞中发现一只瓷碗，应是窃贼遗物。

（三）随葬器物的放置

该墓二层台上未陈放随葬器物。随葬器物只置于椁室和陪葬坑中。由于椁室遭盗，

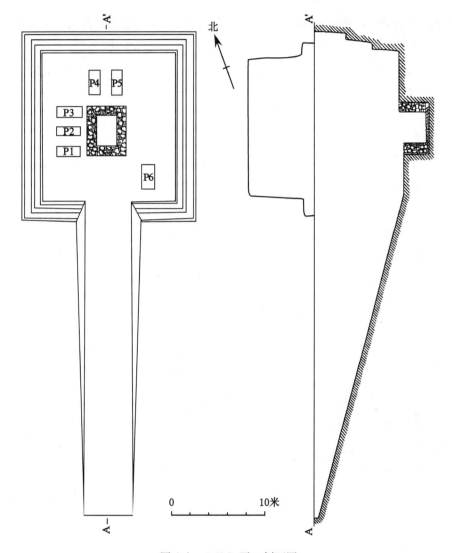

图八七　LSM1 平、剖面图

所出器物寥寥无几，而且与盗洞扰土夹杂一起，无法知其放置情况。

椁室出土器物主要有陶珠 1 件、铜带钩 1 件、铜镞 1 件、包金铜节约 1 件、铜带扣 1 件、铜饕餮头 5 件、铜泡 1 件、铜器帽 1 件、铜管 2 件、铜环 2 件、铜三足钉 9 件、用作狗项圈的铜锤 9 件以及残镰刀形铁器 1 件、滑石管 4 件和残骨镳 1 件。

（四）陪葬坑和殉人

1. 陪葬坑概述

墓中的六个陪葬坑分别挖在椁室南、西、北三面的生土二层台上。其中西二层台三个，自南向北编号为 LSM1P1～P3；北二层台两个，由西而东编号为 LSM1P4、P5；

南二层台一个，编号为 LSM1P6。

陪葬坑均为长方形竖穴土坑。位于西二层台的三个陪葬坑皆东西向，而位于北二层台和南二层台的陪葬坑则为南北向。为便于上下，陪葬坑都在相邻的两个坑壁上挖有数量不等的脚窝。除了 LSM1P1 和 LSM1P6 外，其余四个陪葬坑在靠近椁室的一端或一侧的坑壁上挖有一个壁龛。

陪葬坑都有木质葬具。除了 LSM1P6 只有棺而无椁外，其余五个陪葬坑均是一椁一棺，都已腐朽。

每个陪葬坑内都埋葬有一个殉人，葬式为仰身直肢，殉人头向均朝埋葬墓主人的椁室。六个陪葬坑，只有 P4 被盗，余均保存完好。

陪葬坑只有 P6 没有随葬器物，其余 5 个陪葬坑或多或少都有生活用具、工具或装饰品随葬。陶器多陈放在壁龛中，铜器、铁器和玉、石器则随殉人置于棺内（附表八）。

2. 陪葬坑举例

LSM1P1　位于西二层台。东西向，口底同大。坑口长 2.6、宽 1.14、深 3 米。东、南两壁各有四个三角形或近似半圆形大小不一、上下交错的脚窝。脚窝底部宽 0.18～0.26、高 0.11～0.2、深 0.08～0.12、上下间距 0.35～0.5 米不等。

木质葬具，一椁一棺，已朽烂。椁呈长方形，长 2.3、宽 1、残高 0.5 米。棺略呈梯形，长 1.75、头端宽 0.6、足端宽 0.54 米，高度不详。

殉人仰身直肢，两手垂直，置于身侧，头朝东。

随葬器物均置于棺内。殉人头左侧置蛤蜊壳 5 对，腹部有铜带钩 1 件，右腿部置铜器柄 1 件（图八八）。

LSM2P2　位于西二层台。东西向，口大于底。坑口长 2.7、宽 1.2 米，坑底长 2.6、宽 1.1 米，坑底距坑口深 3.1 米。坑的东、南两壁各有四个三角形脚窝。脚窝底宽 0.14～0.19、高 0.15～0.18、上下间距 0.3～0.5 米。坑北壁距坑底 0.7 米处挖有一个壁龛。龛顶作弧形，长 1.7、高 0.5、深 0.22 米。

葬具有一椁一棺。据板灰测得椁长 2.53、宽 1.09、残高 0.5 米。棺长 2.2、头端宽 0.9、足端宽 0.83 米，高度不详。

棺内殉人仰身直肢，左手置于腹部，右手垂直置于身侧，头朝东。

随葬物品分别置于壁龛和棺内。其中，壁龛内陈放陶豆、壶各 2 件。棺内殉人的头顶有玉环 1 件，口中含碎玉片 1 块，腹部有 1 件铁带钩。在殉人的足端放有一个长方形木盒，已朽。盒长 37、宽 30 厘米，高度不详。盒内盛铜镜 1 件、削 1 件、环 2 件，玛瑙瑗 1 件、蛤蜊壳 6 对、贝 1 件。左足旁置骨簪一宗，已朽残（图八九）。

LSM1P3　位于西二层台。东西向，口底同大。坑口长 2.8、宽 1.2、深 3.1 米。坑的东、南壁各挖有两个脚窝。脚窝呈三角形，底宽 0.11～0.14、高 0.13～0.15、深

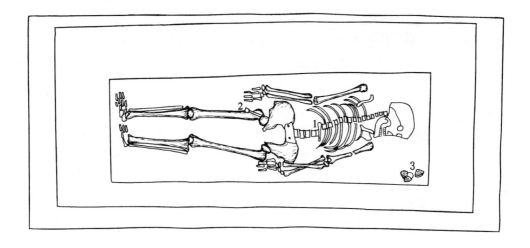

0　　　　　　　　60厘米

图八八　LSM1P1 平面图

1. 铜带钩　2. 铜器柄　3. 蛤蜊壳（5）

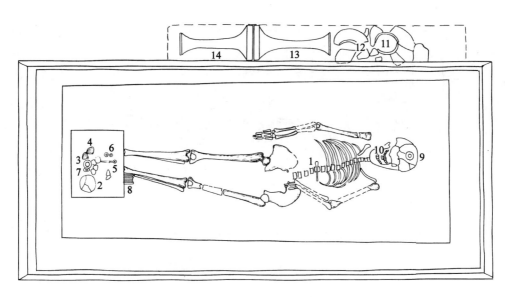

0　　　　　　　　60厘米

图八九　LSM1P2 平面图

1. 铁带钩　2. 铜镜　3. 玛瑙瑗　4. 蛤蜊壳（6）　　5. 铜削　6. 铜环（2）

7. 贝　8. 骨簪　9. 玉璧　10. 口含（碎玉片）　11、12. 壶　13、14. 豆

0.07 米，上下间距 0.47 米。坑东壁距坑底 0.8 米处有一长方形壁龛，两端各伸出南、北壁 0.05 米。龛长 1.2、高 0.55、深 0.2 米。

葬具有一椁一棺，均已腐朽。从板灰分析，椁长 2.38、宽 1.18、残高 0.5 米。椁底由 14 块宽 0.12~0.18 米的木板横列而成。棺呈长方形，长 2.05、宽 0.65 米，高度不详。

殉人仰身直肢，双手置于腹部，头向东。

P3 是出土随葬器物数量和种类最多的一个陪葬坑。计有陶、铜、铁、金、玉、石、料、水晶、玛瑙、骨、蚌器等 80 余件。这些随葬器物分别陈放在壁龛、棺椁之间和棺内。

其中壁龛内放置陶鼎 1 件、豆 4 件、盖豆 1 件、壶 2 件。棺椁之间置陶盖豆 1 件。棺内殉人的头部有玉环和玛瑙瑗各 1 件。胸、腹部有铜辔饰 1 件，铁带钩 5 件、环 1 件、钉 1 件，金盒 1 件，玉璜 2 件、环 3 件、佩 7 件，水晶瑗 2 件，玛瑙瑗 2 件，珍珠 8 件，料珠 11 件。足部则放置有铜盘、匜、盒各 1 件、镜 1 件、带钩 1 件、环首锥 1 件、削 4 件、扁锥 2 件、凿 1 件、匕 1 件，铁削 6 件、带钩 1 件，水晶瑗 2 件，骨簪 1 件，蛤蜊壳 5 件（图九〇）。

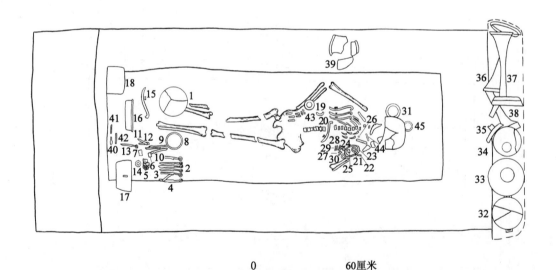

0 ⊢————————————⊣ 60厘米

图九〇　LSM1P3 平面图

1. 铜镜　2、10. 铁削（7）　3、9、13. 铜削（4）　4. 铜带钩　5. 蛤蜊壳（5）

6、7. 骨蝉形器架　8. 铜环　11. 铜环首锥　12. 铜扁锥（2）　14、30. 水晶瑗（4）

15、20. 铁带钩（6）　16. 铜盘　17. 铜匜　18. 铜盒　19. 玉璜（2）　21、24、43、45. 玉环

22、28. 玉佩（7）　23. 铁环　25. 金盒　26. 铜辔　27. 料珠（11）　29. 珍珠（8）

31. 玛瑙瑗（2）　32. 鼎　33、34. 壶　35~38. 豆　39. 盖豆　40、41. 铜匕（1）　42. 铜凿　44. 铁钉

LSM1P4　位于北二层台。南北向。口底同大。坑口长 2.55、宽 1.2、深 3.1 米。东壁有三个三角形脚窝。脚窝底宽 0.2～0.25、高 0.11～0.17、深 0.05～0.08 米。上下间距 0.5 米。坑的南壁距坑底 0.8 米处有一个长方形壁龛。龛长 1.25、高 0.41、深 0.2 米。

葬具一棺一椁。椁长 2.54、宽 1.18、残高 0.8 米。棺呈长方形，长 2.21、宽 0.8 米，高度不详。

棺内一殉人，仰身直肢，头朝南。

随葬器物置于壁龛和棺内。坑遭盗，仅足部被扰乱。壁龛中陈放有陶鼎 1 件、豆 3 件、壶 2 件。棺内殉人的头部有滑石环 1 件，右侧置骨簪 1 件。足部置铜镜 1 件、削 1 件、环 1 件，铁带钩 1 件，玛瑙瑗 1 件，残骨片 1 件，蛤蜊壳、蜗牛壳和钉螺壳等 13 件（图九一）。

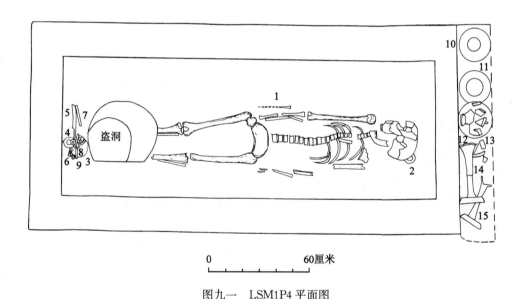

图九一　LSM1P4 平面图

1. 骨簪　2. 滑石环　3. 铜镜　4. 玛瑙瑗　5. 铜削　6. 钉螺、蜗牛壳、蛤蜊壳（13）
7. 骨片　8. 铜环　9. 铁带钩　10、11. 壶　12、14、15. 豆　13. 鼎

LSM1P5　位于北二层台。南北向，口大于底。坑口长 2.7、宽 1.2 米；坑底长 2.6、宽 1.09、距坑口深 3.1 米。东、南两壁各有三个三角形脚窝。脚窝底宽 0.17～0.21、高 0.17～0.22、深 0.1～0.13 米。坑南壁有一个长 0.7、高 0.4、深 0.25 米的长方形壁龛。龛底距坑底高 0.8 米。

一棺一椁，椁长 2.15、宽 0.8、残高 0.5 米。棺长 2.02、宽 0.68 米，高度不详。

棺内有一殉人，仰身直肢，头向南。

随葬器物分别陈放于壁龛及棺内。其中壁龛中陈放陶盖豆 1 件，壶 2 件。棺内殉人口中含碎玉片（口含）1粒，足部置铜镜1件，下肢的左侧置骨簪1件（图九二）。

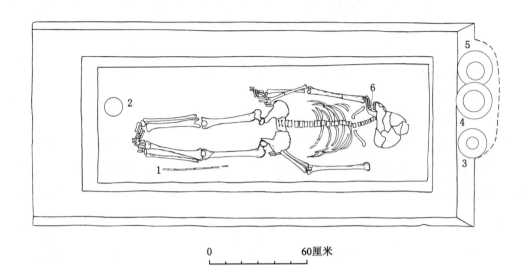

0　　　　　　　60厘米

图九二　LSM1P5 平面图

1. 骨簪　2. 铜镜　3. 盖豆　4、5. 壶　6. 口含（碎玉片）

（五）随葬器物

随葬器物比较丰富，有陶器、铜器、铁器、金器、玉器、石器、料器、玛瑙器、骨器、蚌器等195件。其中陶器22件，铜器73件，铁器18件，金器1件，玉、石、料器29件，水晶、玛瑙器8件，骨、蚌器、珍珠44件。

1. 陶器

22件。泥质灰黑陶。器形有鼎、豆、盖豆、壶，多为仿铜陶礼器。除了P3一件陶盖豆置于棺椁之间外，余均置于壁龛中，保存较好。

盖鼎　A型Ⅱ式2件。子口微内敛，弧腹，圜底，长方形附耳外撇，三蹄形足。弧鼓盖，顶有三个半圆形纽，腹饰一周凸棱纹。标本LSM1P3：32，口径19.2、高15.6、通高21.2厘米（图九三，1；图版三八，1）。标本LSM1P4：13，鼓盖，顶有三矩形纽。腹饰一周凸棱纹。口径16.8、高17.2、通高23.4厘米（图九三，2；图版三八，2）。

豆　B型9件。敞口，尖唇，浅盘，平底微凹，腹、底间有明显折转，空心粗高柄，喇叭形足。柄饰两组、足饰一组三道凹弦纹。标本LSM1P2：14，盘径20.8、足径16.8、高39.6厘米（图九三，4；图版三八，3）。标本LSM1P3：35，盘径22.8、足径17.2、高37厘米（图九三，7；图版三八，4）。

盖豆　B型Ⅰ式2件。器呈钵状，子口内敛，圜底，矮柄中空，喇叭状足。弧形

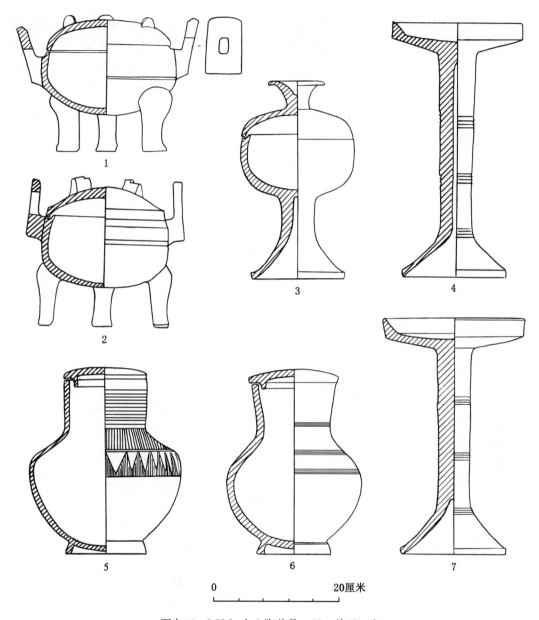

图九三　LSM1 出土陶盖鼎、豆、盖豆、壶

1. A 型 II 式盖鼎（LSM1P3：32）　　2. A 型 II 式盖鼎（LSM1P4：13）

3. B 型 I 式盖豆（LSM1P4：15）　　4. B 型豆（LSM1P2：14）　　5. C 型 II 式壶

（LSM1P2：11）　　6. C 型 II 式壶（LSM1P3：33）　　7. B 型豆（LSM1P3：35）

盖，顶中有一喇叭形捉手。标本 LSM1P4：15，盘径 16、足径 14.8、高 22.4、通高
30.8 厘米（图九三，3；图版三八，5）。

壶　C型Ⅱ式8件。直口或微侈，方唇，圆肩外鼓，腹下斜收，最大腹径在肩部，圜底近平，外撇矮圈足。弧状盖，顶略平，下有子口，颈饰压印弦纹，肩饰压印竖条纹，腹饰压印三角纹。标本LSM1P2：11，口径13.2、足径12.8、高28.8、通高29.1厘米（图九三，5）。标本LSM1P3：33，口径13.4、足径12、高26.8、通高29.2厘米（图九三，6；图版三八，6）。

球形陶珠　1件。标本LSM1G：13，球形，顶中一穿孔。径1.5、高1.2厘米。

2. 铜器

73件。按用途分铜礼器、兵器、车马器、服饰器、杂器。铜礼器3件，其中铜盘1件、匜1件、盒1件，均出自三号陪葬坑。车马器13件，有节约、饕餮头、环。服饰器7件，其中有铜镜4件、带钩3件。工具杂器49件、一组，有铜削、锥、扁锥、凿、匕、器帽、管饰、环、三足钉、五足钉、狗项圈。

铜盘　C型1件。标本LSM1P3：16，敞口，折沿，方唇，折腹，圜底。口径21.6、高5.2厘米（图九四，1；图版三九，1）。

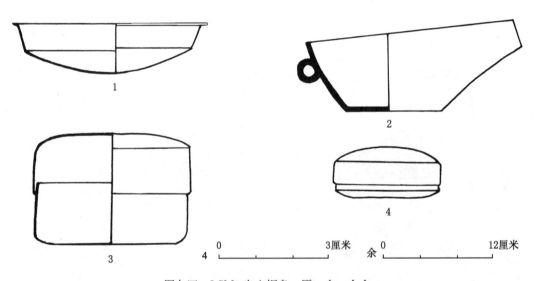

图九四　LSM1出土铜盘、匜、盒、金盒

1.C型铜盘（LSM1P3：16）　2.A型铜匜（LSM1P3：17）　3.铜盒（LSM1P3：18）　4.金盒（LSM1P3：25）

铜匜　A型1件。标本LSM1P3：17，器呈椭圆瓢形，槽形流上仰，平底，腹外壁与流相对有一环状錾。器长径19.2、短径16、底长径12、短径10、高9.6、通长23.2厘米（图九四，2；图版三九，2）。

铜盒　1件。标本LSM1P3：18，圆形，直腹，平底，筒形盖，顶微弧。口径16.4、底径14.4、高6.4、通高12厘米（图九四，3；图版三九，3）。

三棱形铜镞　1件。标本LSM1G：8，铤残。三棱形，脊外三刃前聚成前锋，后锋短小锐利。镞身长 2.1、残长 4.8 厘米（图九五，1；图版四〇，1）。

包金铜节约　1 件。标本 LSM1G：14，器呈"凸"字形，平背有方形孔，鼓面，其内四通，面饰饕餮纹。鼓起一面包金箔，为使其固定，箔片折入穿孔内。金箔厚薄均匀，压实后器表纹饰毕露。长 3.6、宽 3.4、高 1.4 厘米（图九五，2；图版四〇，2）。

铜轴头附件　1 件。标本 LSM1G：6，长方框形，长边一侧有鸟首状钩当为车轴头附件。长 4.5、宽 2.5、钩长 3.1 厘米（图九五，4；图版四〇，3）。

铜饕餮头　5 件。形制、大小相同。凹里鼓面作兽面状，有四个钉孔。面饰饕餮、鸟纹。标本 LSM1G：25，长 3.8、宽 3.1、高 0.4 厘米（图九五，5；图版四〇，4）。

铜泡　1 件。标本 LSM1G：10，圆形，凹里鼓面，凹里有四个穿鼻。径 5、高 1.4 厘米（图九五，9；图版四〇，5）。

铜镜　4 件。扁平圆形，桥形小纽均残，无纽座，斜边，无缘，素面。标本 LSM1P2：2，径 7.2、厚 0.2 厘米（图九六，1；图版三九，5）。

铜带钩　A 型 3 件。勺形。标本 LSM1P1：1，琵琶形，体窄长，鸟首状钩，凹背，铆钉状纽靠近尾部凹槽中。腹无脊棱，腹饰错金、嵌绿松石几何云纹。长 11.9、腹宽 1.8、厚 0.7 厘米（图九六，2；图版四一，1）。标本 LSM1P3：4，钩、颈、腹饰错金、嵌绿松石几何云纹。长 14.2、腹宽 1.5、厚 1.2 厘米（图九六，3；图版四一，2）。标本 LSM1G：2，形体粗短，鸭首状钩，平背，鼓腹。腹饰卷云纹。长 5.1、腹宽 1.7、厚 0.7 厘米（图九六，4；图版四一，3）。

铜削　6 件。形制相同。凸背，凹刃，刃、背弧度相似，刃至前端向上收敛成锋，锋尖不上翘，与背相齐，细长柄，横截面略呈三角形或梯形。柄首作椭圆环形，环、柄铸接，柄端接环处多有箍。标本 LSM1P3：3，锋残，器短小，玉环首作扁平环形，套金箍与柄接铸，环首两面阳刻卷云纹。残长 13.3、柄首长 6.1、刃宽 1、玉环首外径 2、内径 1.3、厚 0.3 厘米（图九七，1；图版四一，4）。标本 LSM1P3：9-1，通长 17.1、柄首长 6.5、刃宽 1.3、环首长径 2.4、短径 1.7 厘米（图九七，3）。标本 LSM1P3：13，锋尖残，残长 16.1、柄首长 8.2、刃宽 1.6、环首长径 3、短径 2.2 厘米（图九七，2）。标本 LSM1P4：5，锋尖残。残长 14.2、柄首长 5.9、刃宽 1.1、环首长径 2.1、短径 1.5 厘米（图九七，4；图版四一，5）。标本 LSM1P2：5，残长 10.4、柄首长 5.2、刃宽 1.2、环首长径 1.9、短径 1.4 厘米（图九七，5）。

铜扁锥　2 件。均残。长条形，外凸内凹，横截面略呈 V 字形，中部有一条凸起脊线，两侧微凹，前端缓聚成锋，锋端、前刃锐利。标本 LSM1P3：12，宽 1.7、锋刃长 3.2、残长 12.4 厘米（图九八，1；图版四二，1）。

铜环首锥　1 件。标本 LSM1P3：11，方条形，横截面呈方形，并渐成锋尖，柄首作椭圆环形。环首长径 2.3、短径 1.5、通长 12.9 厘米（图九八，2；图版四二，2）。

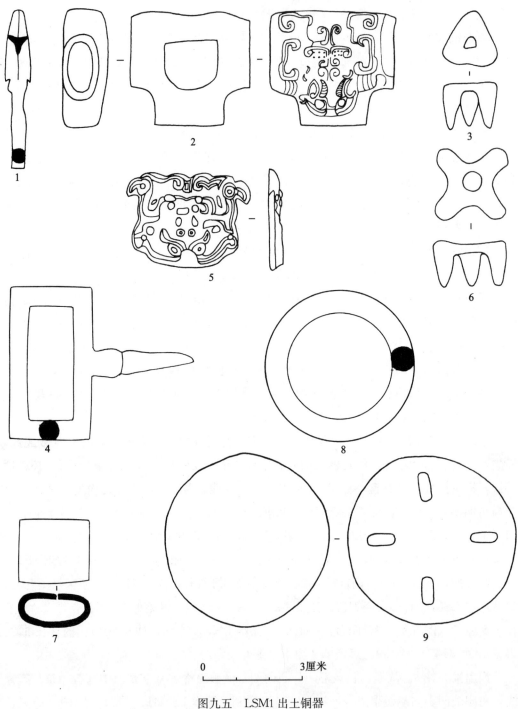

图九五　LSM1 出土铜器

1. 三棱形镞（LSM1G∶8）　2. 包金节约（LSM1G∶14）　3. 三足钉（LSM1G∶21-1）

4. 轴头附件（LSM1G∶6）　5. 饕餮头（LSM1G∶25）　6. 五足钉（LSM1G∶21-2）

7. 锤（LSM1G∶3）　8. 环（LSM1G∶3-1）　9. 泡（LSM1G∶10）

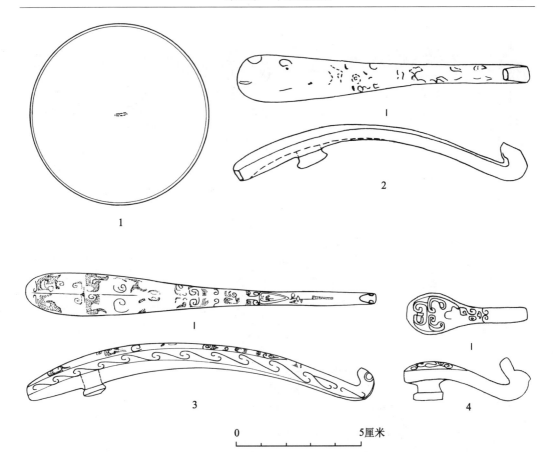

图九六　LSM1 出土铜镜、带钩

1. 铜镜（LSM1P2：2）　　2. A 型带钩（LSM1P1：1）　　3. A 型带钩（LSM1P3：4）　　4. A 型带钩（LSM1G：2）

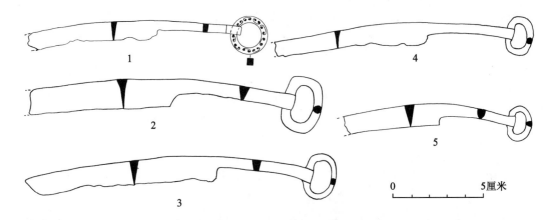

图九七　LSM1 出土铜削

1.（LSM1P3：3）　　2.（LSM1P3：13）　　3.（LSM1P3：9－1）　　4.（LSM1P4：5）　　5.（LSM1P2：5）

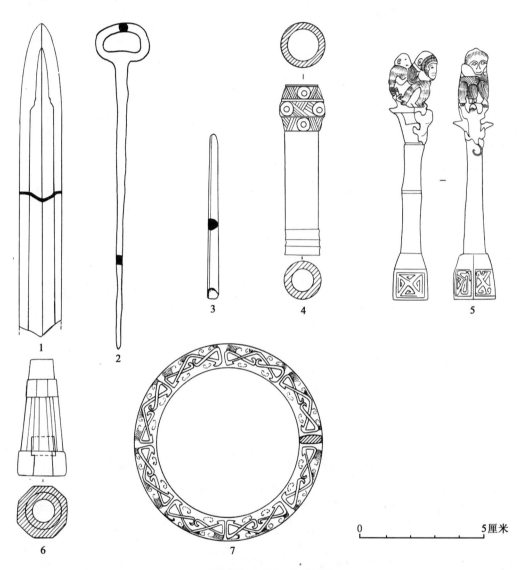

图九八　LSM1 出土铜器

1. 扁锥（LSM1P3：12）　2. 环首锥（LSM1P3：11）　3. 凿（LSM1P3：42）　4. 管
（LSM1G：11-1）　5. 器柄（LSM1P1：2）　6. 器帽（LSM1G：11-2）　7. 环（LSM1P3：8）

　　铜凿　1件。标本 LSM1P3：42，器作条形，横截面略呈椭圆形，平顶，双面刃。
长 6.5、刃宽 0.5 厘米（图九八，3；图版四二，3）。

　　铜匕　1件。标本 LSM1P3：41，勺呈扁平椭圆形，长柄上翘，上部扁平，下部作
方条形。勺长径 5.2、短径 3.6、通长 23.5 厘米（图版三九，4）。

　　铜器柄　1件。标本 LSM1P1：2，出土时器表附绢的残迹。器底作盝顶形方銎以

纳器，上接竹节状柄，上端又开作花瓣状，并承托一圆盘座，盘上伛偻蹲着母猴一只，身披毛，颜面裸出。母猴背负一只小猴，又拥一小猴于胸前。胸前小猴伸双臂揽着母猴脖子，头左歪，与母猴右脸相贴。座盘下一只小猴仰头脸，翘尾，目视母猴，双爪紧抓座沿，作攀援上升状。器柄设计新颖，形态逼真。器底四面饰三角卷云纹。底边长0.9、高1.8、高9.7厘米（图九八，5；图版四二，5、6）。

铜器帽　1件。标本LSM1G：11-2，器作截尖圆锥形，底作圆管形，顶大底小，顶内圆外作八角形，顶、底间连接八根小圆柱呈漏孔状，顶下方凸出一圆管与底相对。底径0.9、顶边长0.8、高4.6厘米（图九八，6；图版四一，6）。

铜环　5件。根据其横截面形状的不同分为两种。一种横截面呈圆形。标本LSM1G：3-1，外径4.5、内径3.15厘米。另一种扁平圆环形，两面微鼓，横截面呈扁椭圆形。饰错金、银几何卷云纹。标本LSM1P3：8，出土时有绢缠绕痕迹。外径7.8、内径5.9、厚0.4厘米（图九八，7；图版三九，6）。

铜管　2件。形制、大小相同。圆管状，一端略粗呈鼓形，饰同心圆纹和编织纹，一端饰瓦纹。标本LSM1G：11-1，长细端6.7、外径1.5、内径0.9厘米，粗端外径1.8、内径1.4厘米（图九八，4；图版四二，4）。

铜三足钉　33件。形制、大小相同。钉顶呈三角框形，每个角下有一圆锥形钉。标本LSM1G：21-1，钉顶边长1.6、钉长1.2、高1.4厘米（图九五，3；图版四〇，6）。

铜五足钉　1件。标本LSM1G：21-2，顶作十字交叉形，十字的四端及交叉点的下方各有一圆锥形钉。钉顶长2.3、宽2.3、钉长1、高1.4厘米（图九五，6；图版四〇，7）。

铜狗项圈　一组10件。其中有铜环1件、铜锔9件。椁室出土，已经散乱，也未见狗骨架。锔由四角各有一个穿孔的长方形薄铜片卷成方形扁环状，用线将铜片两端穿孔结在一起，使之不易开脱，并用革带串联成环形项圈。环则穿入项圈中，环系绳索以供牵引。标本LSM1G：3，环外径4.4、内径3厘米；锔长2.2、宽1.9、高1厘米（图九五，7、8；图版四〇，8）。

3. 铁器

18件。大部分锈蚀严重。有服饰器、工具杂器两种。服饰器有铁带钩8件。工具杂器有铁削、镰刀形铁器、铁环、铁锥等10件。

铁带钩　8件。有两型。

A型　3件。钩体作圆条形弓形弯曲，平背，圆鼓腹，横截面略呈半圆形，鸟首状钩，铆钉状纽位于钩体中部，饰错金银片、丝云纹。标本LSM1P2：1，钩残，腹宽1.2、厚1.2、残长14.6厘米（图九九，1；图版四三，1）。标本LSM1P3：20-3，腹宽1.3、厚1、长23.4厘米（图九九，2；图版四三，2）。标本LSM1P3：20-4，钩、纽残。腹宽 1.3、厚 1、残长 18.8 厘米（图九九，3）。

B 型　5 件。钩体呈扁平长条形，平背，腹微鼓，横截面略呈长方形，鸟首状钩，铆钉状纽。饰错金银片、丝云纹。标本 LSM1P3：20-1，纽残，腹宽 1、厚 0.8、长 19.6 厘米（图九九，4；图版四三，3）。标本 LSM1P3：20-2，钩略残，腹宽 1.3、厚 0.5、长 22.8 厘米（图九九，5；图版四三，4）。标本 LSM1P3：15，钩残，腹宽 1.6、厚 0.6、长 21.6 厘米（图九九，6；图版四三，5）。标本 LSM1P4：9，钩、尾、纽均残。腹宽 2.3、厚 1.2、残长 11.7 厘米（图九九，7；图版四三，6）。

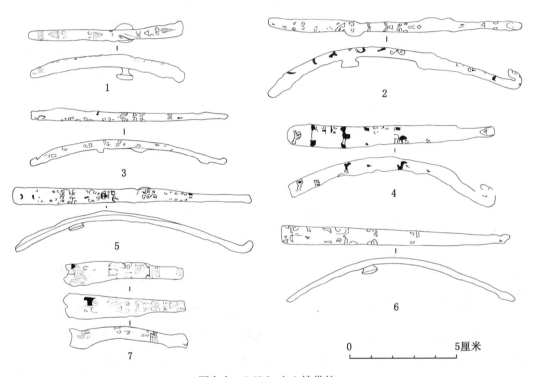

图九九　LSM1 出土铁带钩

1. A 型（LSM1P2：1）　　2. A 型（LSM1P3：20-3）　　3. A 型（LSM1P3：20-4）　　4. B 型（LSM1P3：20-1）　　5. B 型（LSM1P3：20-2）　　6. B 型（LSM1P3：15）　　7. B 型（LSM1P4：9）

铁削　7 件。多数铁削体长刃宽，凸脊，凹刃，弧度较小，锋尖与背相齐，条形柄套入箍与柄首接铸。柄首质地有铁、铜、金、玉等。标本 LSM1P3：10，体短刃窄，弧度较大。柄残。铁柄首呈椭圆环形，套入铁箍与柄接铸。出土时，皮鞘尚存，鞘两面贴金箔与金丝为饰，刃宽 1.2、残长 13.5 厘米（图一〇〇，1；图版四四，1）。标本 LSM1P3：2-2，锋残，金柄首作椭圆环形，套入金箍与柄相接。柄近刃处饰金银箔箍各一道。刃宽 1.5、首柄长 9.3、环首长径 3、短径 2、残长 19.8 厘米（图一〇〇，2；图版四四，2）。标本 LSM1P3：2-4，残。铜柄首椭圆环形，套入铜箍与柄接铸。首、柄及刃两侧错金丝。刃宽 1.4、首柄长 8.5、环首长径 3、短径 1.9、残长 11.8 厘米（图一〇〇，3；图版四四，3）。标本 LSM1P3：2-3，锋残，铁柄首作椭圆环形，套入铁箍与柄接铸。近刃处饰金箔一道、银箔二道。金相鉴定铁削"为铸铁脱成熟铁后又经渗碳制成"。刃宽 1.1、首柄长 10、环首长径 2.5、短径 2、残长 14.5 厘米。标本 LSM1P3：2-1，玉环首出土时器表附有绢痕迹。柄与削身完好。环首呈扁平圆环形，已残，套入金箍与柄接铸，柄饰金箔一道。刃宽 1.8、柄首长 11.4、残长 27.2 厘米，复原玉环首外径长 2.8 厘米（图一〇〇，4；图版四四，4）。

　　镰刀形铁器　1 件。标本 LSM1 G：16，残，凸背，凹刃，刃弧度大于背，横截面略呈三角形。金相鉴定为"脱碳铸铁制品"。刃宽 2.8、残长 9 厘米（图一〇〇，5）。

　　铁环　1 件。标本 LSM1P3：23，残。圆环形，横截面呈圆形。通体饰错金银丝云纹。金相鉴定铁环系"铸铁脱碳钢锻打后又经退火而成"。外径 9.8、内径 9.6 厘米

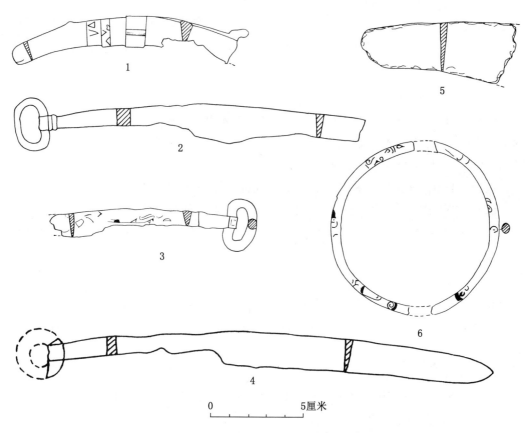

图一〇〇　LSM1 出土铁削、环、镰刀形器

1. 带鞘削（LSM1P3：10）　　2. 金环首削（LSM1P3：2-2）　　3. 铜环首削（LSM1P3：2-4）

4. 玉环首削（LSM1P3：2-1）　　5. 镰刀形器（LSM1G：16）　　6. 环（LSM1P3：23）

（图一○○，6；图版四四，5）。

铁锥 1件。标本 LSM1P3：44，残，细条形，锈蚀严重。径 0.3、残长 4 厘米。金相鉴定为"块炼铁制品"。

4. 金器

金盒 1件。标本 LSM1P3：25，圆形，折腹，平底，盖微鼓，恰好与器身相套合。口径 2.8、底径 1.8、高 0.8、通高 1.4 厘米（图九四，4；彩版六，1）。

5. 玉器、石器、料器

29件。质地有玉、石、料器三种。其中有玉器 16 件，石器 5 件，料器 8 件。玉、石器的制作都经过锯割、琢磨、钻孔、抛光等工序，制作精致。孔多两面对钻，单面钻较少。雕刻手法有平雕、透雕和阴刻三种。

玉器 16 件。其中有玉环 3 件、瑗 2 件、佩 7 件、璜 2 件。

玉环 3 件。有 A 型和 B 型。

A 型 2 件。青玉质，豆青色，半透明。器扁平圆环形，孔径大于边宽。内外周缘均有刻边一道，两面阳刻谷纹。标本 LSM1P3：43，外径 5、内径 2.2、高 0.5 厘米（图一○一，1；图版四五，1）。标本 LSM1P3：21-2，外径 2.8、内径 1.2、高 0.5 厘米（图一○一，2；彩版六，2）。

B 型 1 件。标本 LSM1P3：45，黄玉质，黄绿色，半透明。扁平圆环形，内、外缘有等距纽牙，其中外缘有钮牙 9、内缘有钮牙 7。两面阳刻谷纹。外径 4.1、内径 3、高 0.5 厘米（图一○一，3；彩版六，3）。

玉瑗 2 件。青玉质，豆青色，有玉质光泽。器呈纽丝状圆环形，横截面呈扁圆形。标本 LSM1P3：24，外径 7.8、内径 5.6、高 0.7 厘米（图一○一，4；彩版六，4）。标本 LSM1P2：9，外径 3.2、内径 1.8、厚 0.7 厘米（图一○一，5；图版四五，2）。

龙形玉佩 1 件。标本 LSM1P3：22-2，青玉质。器呈扁平弧形，圆头上吻，下吻内卷，杏眼，尖耳，胸前有两肢爪，后尾向前弯曲，尾尖反卷，上缘中部有一系孔。两面阴刻网纹、云纹和束丝纹。长 8、宽 2、厚 0.5、高 3 厘米（图一○一，6；彩版七，1）。

觿形玉佩 1 件。标本 LSM1P3：28-1，青玉质、豆青色，半透明。器呈扁平弧形，呈獠牙状，口部透雕，上吻上翘，下吻内卷，后尾尖垂，上缘中部有一系孔。长 6.5、厚 0.5 厘米（图一○一，7；彩版七，2）。

鸟形玉佩 1 件。标本 LSM1P3：22-3，青玉质，豆青色。器扁平，尖吻，圆眼，背有两翼做飞翔状，尾下卷，颈部有一撮卷毛，两面阴刻鳞纹、网纹。长 4.2、厚 0.4 厘米（图一○一，8；彩版七，3、4）。

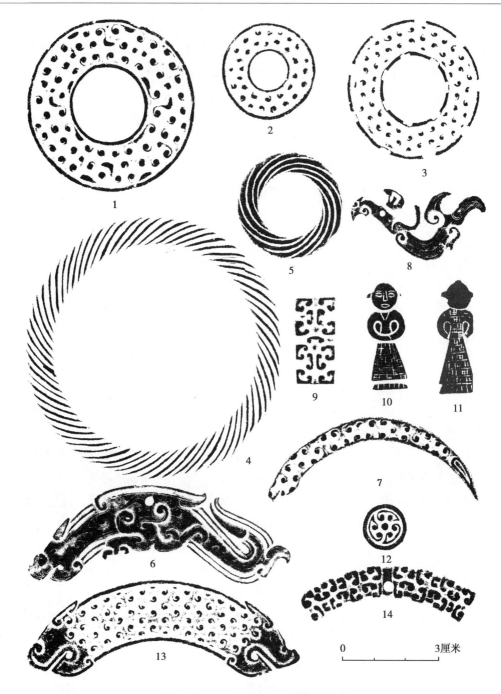

图一〇一　LSM1 出土玉器纹样拓本

1. A 型环（LSM1P3：43）　　2. A 型环（LSM1P3：21－2）　　3. B 型环（LSM1P3：45）
4. 瑗（LSM1P3：24）　　5. 瑗（LSM1P2：9）　　6. 龙形佩（LSM1P3：22－2）　　7. 觿形佩
（LSM1P3：28－1）　　8. 鸟形佩（LSM1P3：22－3）　　9. 长方形佩（LSM1P3：22－4）
10. 人形佩（LSM1P3：28－2 正面）　　11. 人形佩（LSM1P3：28－2 背面）　　12. 圆形佩
（LSM1P3：28－3）　　13. A 型璜（LSM1P3：19）　　14. C 型璜（LSM1P3：22－1）

长方形玉佩　1件。标本 LSM1P3：22－4，青玉质，豆青色，半透明。扁平长方形，两长边各刻有鉏牙，上下一长穿，两面阴刻卷云纹。长 2.6、宽 1.2、厚 0.6 厘米（图一〇一，9；彩版七，7）。

人形玉佩　1件。标本 LSM1P3：28－2，青玉质，淡青色，半透明。器扁平刻做人形，立姿，双手拢于腹前，面部阴刻眉、眼、鼻、嘴，两耳略下垂。上着 V 字领方格纹长衣，下穿曳地长裙。头顶一竖穿，耳下一横穿，两穿相通。厚 0.4、高 3.3 厘米（图一〇一，10、11；彩版七，5、6）。

圆形玉佩　2件。形制、大小、纹饰相同。青玉质。器略呈截尖圆锥形，顶中一穿孔，两面阴刻卷云纹。标本 LSM1P3：28－3，底径 1.5、顶径 1.3、厚 0.7 厘米（图一〇一，12；彩版七，8）。

玉璜　2件。有 A 型和 C 型。

A 型　1件。标本 LSM1P3：19，青玉质。扁平弧形，两端刻作龙首形，龙口部透雕，上吻上翘，下吻内卷，杏眼，细尖耳，上缘中部有一系孔。两面阳刻谷纹。长 8.3、边宽 1.8、厚 0.5、高 2.7 厘米（图一〇一，13；彩版六，5）。

C 型　1件。标本 LSM1P3：22－1，青玉质。扁平弧形，周边刻有鉏牙，上缘中部有一系孔。一面阳刻谷纹，一面素光。长 5.4、边宽 1、厚 0.4、高 1.6 厘米（图一〇一，14；彩版六，6）。

玉口含　2件。分别出自 LSM1P2 和 P5。皆以极小碎玉片为之。

滑石环　1件。标本 LSM1P4：2，滑石质，青灰色。扁平圆环形，横截面呈长方形。一面阴刻锥刺纹，一面素光。外径 7.9、内径 3.7、厚 0.5 厘米（图版四五，3）。

鼓形滑石管　4件。椁室出土。汉白玉质，形制、大小、纹饰相同。器呈腰鼓形，上下一长穿。阳刻凸棱纹和卷云纹（图版四五，4 左 1）。标本 LSM1G：1－1，长 3.5、径 1～1.5 厘米。

料管　1件。标本 LSM1P3：27－3，稍残，玻璃质。浅蓝色，半透明，圆柱形管形。长 1.3、径 0.7 厘米（图一〇二，1）。

束腰形料珠　1件。标本 LSM1P3：27－2，浅蓝色，长方形束腰状，顶中一穿。长 1、宽 0.7 厘米（图一〇二，2）。

橘瓣形料珠　1件。标本 LSM1P3：27－1，陶质。球形橘瓣状，共有 10 瓣，每瓣半截白色，半截蓝色。白色的一半饰一蓝色圆点纹，蓝色的一半饰一白色圆点纹，上下易势，蓝白相间，顶中一穿孔。径 1.7、高 1.3 厘米（图一〇二，3；图版四五，6）。

球形料珠　5件。玻璃质。球形，顶中一穿。标本 LSM1P3：27－6，绿色球体上饰白、赭、蓝三色相间的圆圈纹。径 1.1 厘米（图一〇二，6）。标本 LSM1P3：27－4、5，白色球体上饰蓝色圆圈级。径 1 厘米（图一〇二，4、5；图版四五，7 左 3、4）。

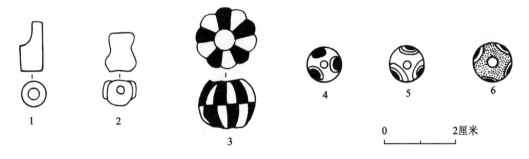

图一〇二　LSM1 出土料管、珠

1. 料管（LSM1P3：27－3）　2. 束腰形料珠（LSM1P3：27－2）

3. 橘瓣形料珠（LSM1P3：27－1）　4～6. 球形料珠（LSM1P3：27－4、5、6）

6. 水晶、玛瑙器

8 件。　质地有水晶、玛瑙两类，器形只有瑗一种。

水晶瑗　A 型 4 件。形制相同，大小有别。立边，内缘中间凸起成棱一周，外缘直立，外厚内薄，横截面呈五角形。标本 LSM1P3：30－1，外径 2.3、内径 1.25、高 0.7 厘米（图一〇三，1）。

玛瑙瑗　C 型 4 件。标本 LSM1P2：3，外径 4.1、内径 1.9、高 0.7 厘米（图一〇三，2；彩版八，1）。标本 LSM1P3：31－2，鸡血红混合乳白、土黄彩斑，内缘较平，外径 4.8、内径 2.3、高 0.7 厘米（图一〇三，3；彩版八，2）。标本 LSM1P3：31－1，鸡血红为主，带有白色、乳白色、赭色彩斑或丝纹。外表光洁，色泽鲜艳夺目。圆环形，内侧厚，向外渐薄。环两面及内外缘均凸起成棱，横截面呈四棱形。外径 7.9、内径 5.5、厚 0.6 厘米（图一〇三，4；彩版八，4）。标本 LSM1P4：4，乳白色，半透明，外表光洁。圆环形，由内向外渐薄，内缘略呈弧形。外径 6.4、内径 4.4、高 1.1 厘米（图一〇三，5；彩版八，3）。

7. 骨器、蚌器

36 件。其中骨器 6 件，蚌器 30 件，还有珍珠 8 件。

骨镳　1 件。标本 LSM1G：17，残。

骨簪　B 型 4 件。均残。长条形，横截面呈圆形。

球形骨珠　1 件。标本 LSM1G：7，残。球形，顶中有一穿孔。

蛤蜊壳　29 对。顶部多磨有穿孔。

贝饰　1 件。标本 LSM1P2：7，齿贝，背部磨有穿孔。

珍珠　8 件。均出自三号陪葬坑。有浑圆、扁圆、椭圆诸种，均有穿孔。由于长期掩埋土中，外层已被腐蚀，甚至变成粉末，内层仍具珍珠光泽（图版四五，5）。最大的一件为标本 LSM1P3：29－1，椭圆形，长径 1.7、短径 1.5 厘米。

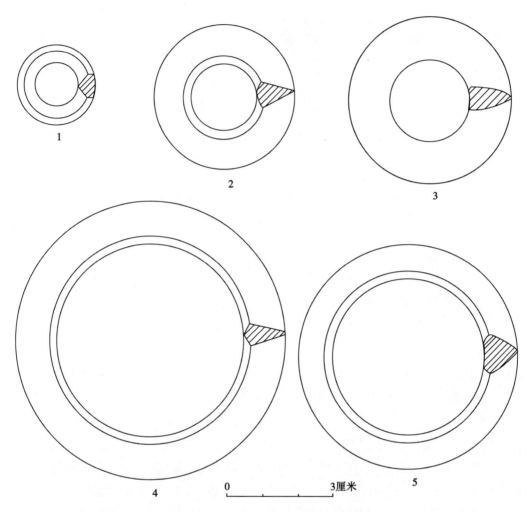

图一〇三　LSM1 出土水晶瑗、玛瑙瑗

1. A 型水晶瑗（LSM1P3：30 - 1）　　2. C 型玛瑙瑗（LSM1P2：3）　　3. C 型玛瑙瑗

（LSM1P3：31 - 2）4. C 型玛瑙瑗（LSM1P3：31 - 1）　　5. C 型玛瑙瑗（LSM1P4：4）

二、单家庄二号墓（LSM2）

（一）墓葬形制

1. 封土

　　从 1975 年拍摄的航片看，单家庄二号墓的封土形制属于方底圆顶形。封土的底部呈长方形，四角脊棱清晰可见，说明当时封土保存情况较好。根据万分之一的影像图测量，封土底部南北长 30.8、东西宽 26.7 米。1992 年发掘时，封土周边已遭受不同程度的破坏，特别是西、南两面，由于取土和埋设地下管线等原因，已由斜坡状变成了陡壁，封土范围也因此缩小。现存封土底南北长 25.2、东西宽 20.3 米。封土顶部平坦，呈椭圆形，东西长径 9.1、南北短径 5.6、高 10.8 米。

该墓封土为"柱心式"建筑类型。这种类型的封土由封土柱及其四面的护坡两部分组成。其中，封土柱是封土的主要组成部分，是封土的主体。它是用夹棍夹绳系板建筑技术，在墓口的上方用土夯筑的大于墓口的长方体土柱，用于封堵墓口。而筑于封土柱四壁外的护坡，则是保护封土柱免受风雨侵蚀的防护层。因为是第一次发掘这种类型的封土，所以发掘时采用了先发掘护坡，后发掘封土柱的方法，以便对"柱心式"建筑类型的封土结构和建筑方法进行观察。

封土的西、南两面因遭受人为破坏，封土柱壁及其护坡已是无存，保存较好的只剩下东壁的大部和北壁东部的近地部分。封土柱东壁位于墓口外侧 4.5 米，北壁在墓口北侧 0.05 米处。封土柱系采用夹棍夹绳系板建筑技术用土自地面往上逐层夯筑而成，壁面平直。从封土柱壁遗留的板痕，知夯筑封土柱时所用的筑板长短不一，长的约 2 米，短的只有 1 米，板高在 0.16～0.2 米之间。筑板两端的上下缘均有系板绳朽烂后留下的径约 2 厘米绳孔。经解剖，系板绳套住筑板后，末端分别系在一根小木桩上，拉紧后将木桩打入下层已经夯实的夯土层中。木桩用小圆木棍制作，下端削尖，上端齐平，长 12～15 厘米。系板绳有长有短，短的只有 1 米，而长的可达 2.5 米。

现存封土柱的北壁东西残存 5 板，长 9.2 米；上下残存 23 板，高 4 米（图一〇四）。东壁南北残存 12 板，长 20.16 米；上下残存 35 板，高 5.8 米（图一〇五；彩版九，1）。封土柱的东壁，从东北角往南 10.9 米处有一块自地面竖起的宽 0.16、残高

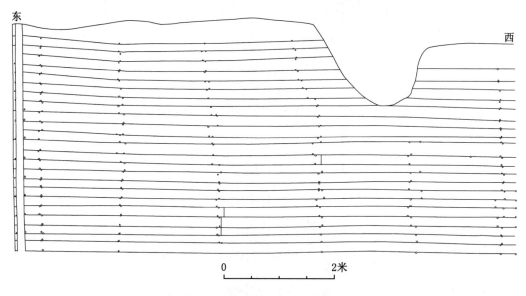

0 　　　　　 2米

图一〇四　LSM2 封土柱北壁版筑遗迹图

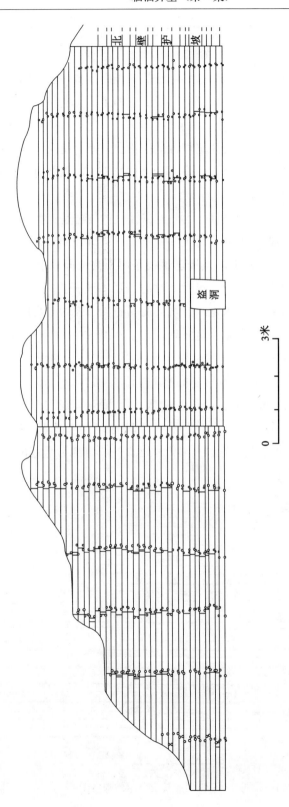

图一〇五 LSM2 封土柱东壁版筑遗迹图

5.7 米的木板印痕（彩版九，2）。同样，封土柱的北壁在距东北角 0.04 米的地方也有一块立板的痕迹。立板宽 0.16、残高 3.9 米。立板的左右两侧，每隔两块筑板（东壁有一处隔三块筑板）就有相对的两个系板绳孔（彩版九，4）。这种现象说明，它和筑板一样，在修筑封土柱时，每隔一定距离（即两板的高度）就套上系板绳，拴在木桩上，打入下层已夯筑的夯层中，其目的是保持立板的垂直状态。从封土柱东北角的立板分析，它可能是修筑封土柱时框定封土柱的位置、大小及形状的"标桩"。如果分析无误，那么，封土柱的其他三角也当有同样的一块立板。在相邻两块立板间拴上绳索并拉直，再"依此绳直之处起而筑之"。估计封土柱其他三面也有像东壁那样的立板。修筑规模较大较高的封土柱，在这个部位加一块立板，可以使封土柱壁面上下左右保持平直不变。立板的高度也当是封土柱的高度。

封土柱用黄褐色花土分层夯打，质地十分坚硬。夯层厚 10～20 厘米。夯窝圆形平底，径 5～7、深 0.2～2 厘米。每层夯土的夯面几乎都有数量不等的工具刨过的痕迹。工具痕宽 8、斜长 9、深 2～3 厘米左右。这是监工人员通过刨挖时的手感来检测夯土质量优劣的方法，这与现代用容重来检查其质量的好坏有异曲同工之妙。从这一点就不难看出古人对于修筑墓葬的重视程度（彩版九，3）。

自封土顶往下的第八层、第十层、第二十五层和第二十七层的夯土面上都涂刷了一层白粉，其意图不明。封土柱四壁筑有护坡保护。护坡底部较宽，往上渐窄。现存东壁护坡底宽 0.6 米，北壁护坡底宽 1.86 米。高度与现存封土柱壁的高度一致。护坡经分层夯打，夯层平行而不倾斜。夯层厚一般在 15～40 厘米之间（图版四三，2），质地较封土柱夯土略显疏松。在护坡的夯土面上，未见有为检查夯土质量使用工具刨挖的痕迹，也未发现涂刷白粉的情况。

2. 墓室

单家庄二号墓是一座甲字形土坑积石木椁墓，方向 195°（图一〇六）。长方形墓室，口大于底。墓口南北长 21.9、东西宽 20.4 米。墓底南北长 15.9、东西宽 14.45 米。墓底距墓口深 8.7 米。墓壁自墓口以下向内收缩成阶梯状四级台阶。第一级台阶位于墓口下 1.7 米处。同一级台阶墓壁四面的台面宽度略有不同，下部向内收缩程度稍有差异。以北墓壁台阶为例：第一级台阶面宽 0.5、高 1.7 米，下部内收 0.25 米；第二级台阶面宽 0.55、台高 1.65 米，下部内收 0.15 米；第三级台阶面宽 0.35、台高 1.75 米，下部内收 0.2 米；第四级台阶面宽 0.4、台高 1.5 米，下部内收 0.3 米。

墓道位于墓室南壁的中部，呈斜坡状。墓道上口长 32.5、外口宽 4.8、里口宽 9.6 米。墓道底与墓底相连，宽 5.5 米，墓道坡度 14°，坡长 36.5 米。墓道两壁有与墓壁数量相同的四级台阶，各级台阶与墓壁相应的台阶相连。由于墓道上口内宽外窄，墓道底的宽度南北相差不大，以及墓道底自北而南逐渐提升等原因，所以，墓道壁台阶的阶面

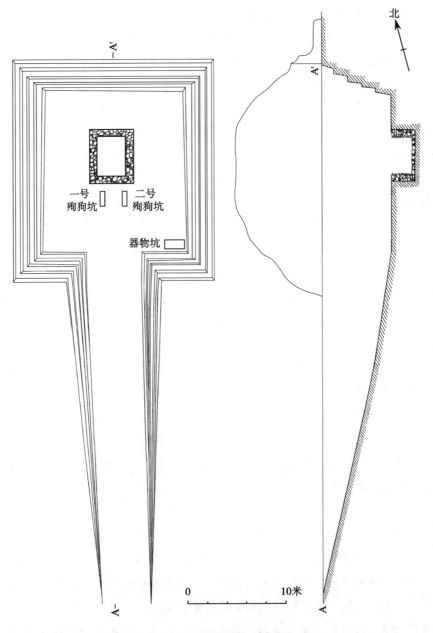

图一〇六　LSM2 平、剖面图

　　宽度自北而南逐渐变窄，高度也从北往南渐渐变矮，最后消失在墓道中。因为墓道两壁台阶的阶面南高北低略作倾斜，倾斜度的大小又不一致，导致东、西壁台阶长度不一。其中墓道东壁第一、二、三、四级台阶的长度分别为 16、22.85、23.7、27.15 米；与东壁相对应的西壁台阶的长度为 15.1、18.6、21.1 和 24.6 米。

　　椁室呈长方形，位于墓室中部而略偏北，南北长 5.5、东西宽 4.6、深 3 米。椁底铺一层厚约 0.4 米天然青石块，四面也以石块叠砌，砌石厚 0.9～1.05 米不等，高与二层台齐平。砌石间缝隙充填河卵石，因木椁朽烂，砌石失去支撑，上部砌石多塌落椁底。

椁室的四面是宽大的生土二层台，各台台面宽度不一。其中东台宽 5.1、南台宽 6.7、西台宽 4.6、北台宽 3.7 米。二层台上挖有一个器物坑和两个殉狗坑。

墓室壁面经加工修整，平整光洁。台壁和阶面均刷一层厚约 0.5 厘米的灰色澄浆细泥，表面涂刷白粉。在靠近二层台的墓壁四周钉有一层苇席。席上附高 0.7 米麻布制成的帷帐，其上有用红、白、黑三色绘制的兽面纹横二方连续图案（图一〇七）。帷帐与苇席用竹、木钉固定在墓壁上，钉顶贯圆形彩绘蚌饰（彩版一〇，1）。墓室回填夯打时，部分帷帐被拽落在二层台上。

墓室内填黄褐色花土，经分层夯打，质地坚硬。夯层厚 10～20 厘米。圆形平底夯窝，大小、深浅与封土柱夯窝同。每层夯土的夯土面同封土柱夯层一样，留有检查夯土质量而用工具刨挖过的痕迹，但未发现夯面涂白的现象。

墓葬被盗，发掘时最大的一个盗洞洞口犹存。盗洞顺墓室东壁直达二层台，然后分两个方向掘进。一沿东壁向北，至北壁后西拐，再往南进入椁室；一向南进入位于墓室东南角的器物坑。

（二）葬具与葬式

木质葬具，一椁一棺，已朽烂。据朽灰测得木椁长 3.7、宽 2.6、残高 2.1 米。棺长 2.5、宽 1.56 米，高度不详。

棺内有墓主骨架一具，大部分已朽成黄色粉末状。从清理情况分析，葬式为仰身直肢，头向北。

（三）器物坑与殉狗坑

器物坑　位于墓室东南角的生土二层台上。坑呈长方形，南北向。口底同大，东西长 2.1、南北宽 1、深 0.8 米。坑壁经修整，壁面平直。坑内除了被盗乱的器物残片，未发现一般用以埋葬殉人的陪葬坑都有的棺椁腐朽后的板灰痕迹。当是用于盛放随葬物品的器物坑。

殉狗坑　2 个，位于椁室南面的生土二层台上，南与墓道相对。殉狗坑为长方形，南北向，两坑东西并列，相距 1.75 米。西边一座编为一号殉狗坑，东边一座为二号殉狗坑。

一号殉狗坑　长 1.4、宽 0.5、深 0.4 米。坑内有殉狗一只，盛于木盒中。盒已朽只存一层薄板灰。板灰紧贴坑壁，说明木盒大小与坑近似。木盒高约 0.4 米。殉狗侧卧，头朝南，颈部戴一串用 1 个铜环和 12 个扁环状铜锤穿成的项圈（图一〇八、一〇九）。

二号殉狗坑　长 1.8、宽 0.4、深 0.5 米。坑内一只殉狗，用木盒装殓，置于坑的南部。木盒长 1.45、宽 0.4、高约 0.35 米。狗侧卧，屈肢，头朝南，颈部戴一串由一个铜环和 24 枚海贝串成的项圈（图一一〇、一一一）。

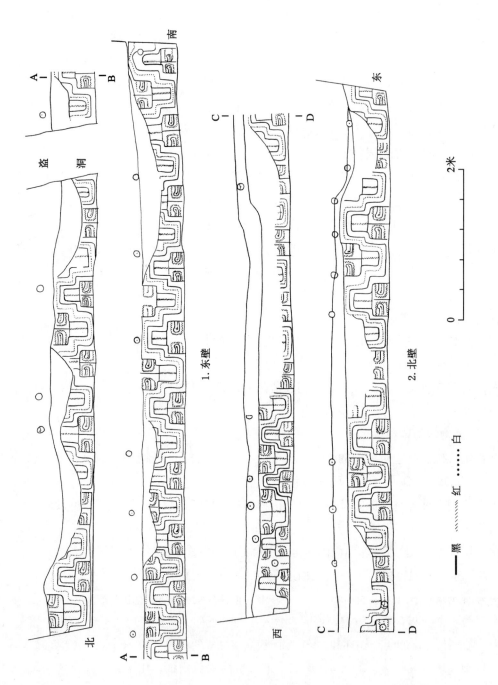

图一〇七　LSM2帷帐彩绘图案示意图

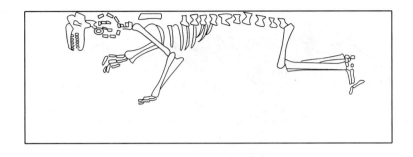

0　　　　　　　30厘米

图一〇八　LSM2 一号殉狗坑平面图

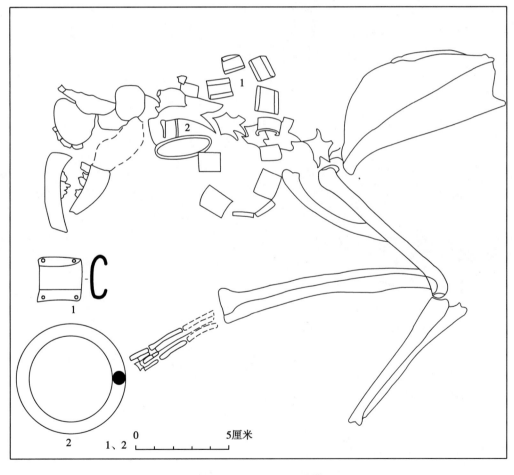

图一〇九　LSM2 一号殉狗铜项圈出土情况

1. 铜锤　2. 铜环

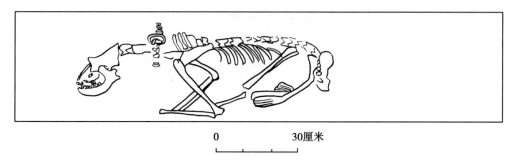

0　　　　　　　30厘米

图一一〇　LSM2 二号殉狗坑平面图

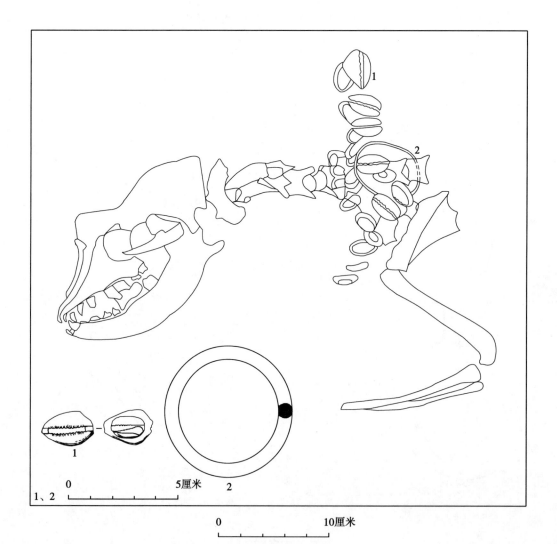

1、2　0　　　　　5厘米　2

0　　　　　　　10厘米

图一一一　LSM2 二号殉狗贝项圈出土情况

1. 贝　2. 铜环

(四) 随葬器物的放置

随葬器物分别置于墓室填土、器物坑和椁室中。在墓室西南角的填土中放置了 2 件陶壶。器物坑内主要陈放陶器，因遭盗扰，陶器多成碎片，器形有陶盖鼎、豆、盖豆、簠、舟、壶、盘、匜、罐、瓿、勺等。另有明器钫、匜、罐、簋形器。椁室内所剩器物不多，除出土少量的陶壶、罐的残片，还出土有铜镞 9 件、盖弓帽 1 件、带钩 3 件、三足钉 2 件、五足钉 1 件；铁带钩 1 件；玉韘 1 件；菱形水晶管 22 件、圆柱形水晶管 7 件、方柱形水晶管 1 件、鼓形水晶管 1 件、扣形水晶珠 1 件；圆柱形玛瑙管 20 件、玛瑙瑗 1 件；骨弦柱 4 件、八角柱形骨器柄 2 件、竹节形骨板 1 件、骨锉 5 件。

(五) 随葬器物

墓被盗扰，随葬器物所剩无几。出土有陶器、铜器、玉器、石器、骨、蚌器等，其中有陶器 27 件、铜器 16 件、铁器 1 件、玉器 2 件、水晶和玛瑙器 72 件、骨器 11 件、狗项圈 2 串。

1. 陶器

27 件。其中有仿铜陶礼器鼎、豆、盖豆、簠、舟、壶、盘、匜、瓿、罐、勺，陶明器钫、匜、罐、簋形器等。除陶瓿为夹砂红陶外，均为泥质灰陶。

盖鼎 C型Ⅱ式 2 件。子口内敛，圜底近平，三蹄形足，顶较平，无耳。弧形盖，盖顶有三个矩形纽。器、盖相合略呈扁圆形。腹饰一周凸棱纹。标本 LSM2∶3，口径 26.4、高 22.8、通高 28.8 厘米 (图一一二，1；图版四六，1)。

豆 5 件。

A型 3 件。敞口，折沿，方唇，浅盘，平底微凹，腹、底间有明显折转，实心矮粗柄，喇叭形足。足饰一组凹弦纹。标本 LSM2∶8，盘径 26、足径 21.6、高 27.6 厘米 (图一一二，2；图版四六，2)。

B型 2 件。标本 LSM2∶6，柄、足均残。敞口，尖唇，浅盘，平底微凹，腹底间有明显折转，实心柄，饰凹弦纹。盘径 22、残高 16.4 厘米 (图一一二，3)。

盖豆 B型Ⅱ式 4 件。复原 2 件。器呈钵状，子口，圜底近平，矮柄中空，喇叭形足。弧形盖，顶中有喇叭形捉手。器饰三组、柄饰两组凹弦纹。标本 LSM2∶11，口径 19.2、足径 15.2、高 29.2、通高 41.1 厘米 (图一一二，4；图版四六，3)。

舟 A型 1 件。标本 LSM2∶20，圆角长方形，子口内敛，折腹，平底，长边一侧有一环形耳。覆盘状盖，盖顶三扁纽已残。口长 20.2、宽 19.2、底长 15、宽 10、高 9.4、通高 17.6 厘米 (图一一二，5；图版四六，4)。

壶 4 件。

C型Ⅱ式 2 件。器物坑出土。侈口，方唇，鼓腹，最大径在腹中部，圜底，矮圈足外撇。弧形盖，下有子口，盖顶有三矩形纽。颈、肩、腹各饰一组凹弦纹。标本

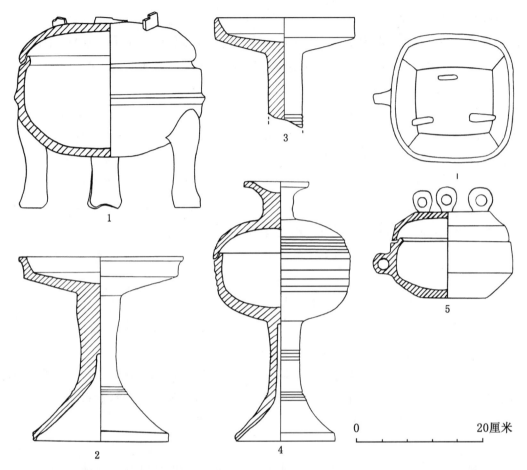

图一一二　LSM2 出土陶盖鼎、豆、盖豆、舟

1. C 型 II 式盖鼎（LSM2：3）　2. A 型豆（LSM2：8）　3. B 型豆

（LSM2：6）　4. B 型 II 式盖豆（LSM2：11）　5. A 型舟（LSM2：20）

LSM2：13，口径 12.8、足径 13.2、高 32.4、通高 35.6 厘米（图一一三，1；图版四六，5）。

C 型 III 式　2 件。出自墓室填土中。侈口，方唇，颈、肩间分界明显，圆肩耸起外鼓，最大径在肩部，腹急内收，圜底，矮圈足外撇，覆盘状盖，下有子口。颈饰两组凹弦纹，肩、腹各饰一道凸棱纹。标本 LSM2：2，口径 12.8、足径 10、高 25.2、通高 28.4 厘米（图一一三，2；图版四六，6）。

盘　A 型 III 式 2 件。形制相同，大小一致。敞口，折沿，方唇，折腹，内壁折成台状，小平底，矮圈足。标本 LSM2：18，口径 40.4、足径 7.2、高 8 厘米（图一一三，3；图版四七，1）。

匜　A 型 II 式 1 件。标本 LSM2：19，器作瓢形，短流微翘，平底，与流相对，腹

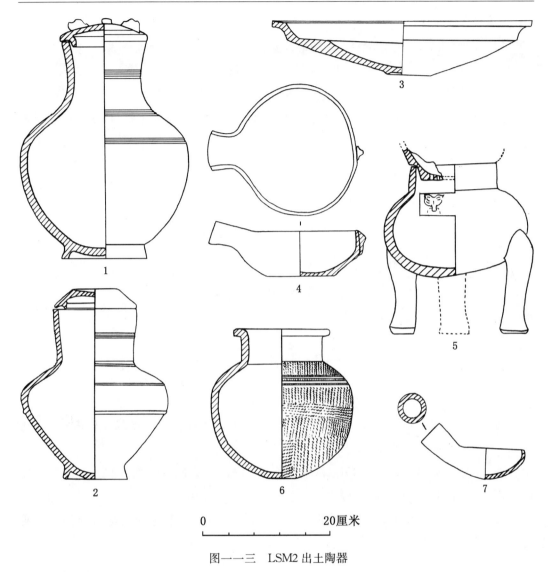

图一一三　LSM2 出土陶器

1. C 型Ⅱ式壶（LSM2∶13）　　2. C 型Ⅲ式壶（LSM2∶2）　　3. A 型Ⅲ式盘（LSM2∶18）　　4. A 型
Ⅱ式匜（LSM2∶19）　　5. 甗（LSM2∶5）　　6. A 型圜底罐（LSM2∶21）　　7. 勺（LSM2∶22）

外壁有一套环纽。口宽 19.6、流高 8.2、底长径 10.4、短径 9、通长 24 厘米（图一一
三，4；图版四七，2）。

甗　1件。标本 LSM2∶5，鼎、甑分体，甑残无法复原，只存甗下部的鼎。罐形直
口，方唇，扁圆腹，圜底；肩部一对铺首衔环耳，三蹄形足。甑底有圆形透气孔。口径
13.6、腹径 22.8、鼎高 25.2 厘米，甗、鼎残高 27.2 厘米（图一一三，5；图版四七，3）。

圜底罐　A型 1件。标本 LSM2∶21，直长颈，折沿，圆唇，球形腹，颈、腹间有
明显分界，圜底。自颈以下至底饰细绳纹。口径 13.2、腹径 21.8、底径 4、高 23 厘米

（图一一三，6；图版四七，4）。

勺　1件。标本 LSM2：22，椭圆形，敛口，方唇，圜底，管状短柄上翘。勺长径 10.4、短径8、通高8.4厘米（图一一三，7；图版四七，5）。

明器　5件。有钫、匜、罐、盒。器小，实心。手制。

簋形器　2件。扁方形，顶有半球形纽。标本 LSM2：24，边长4.4、高2.2、通高 3.6厘米（图一一四，1）。

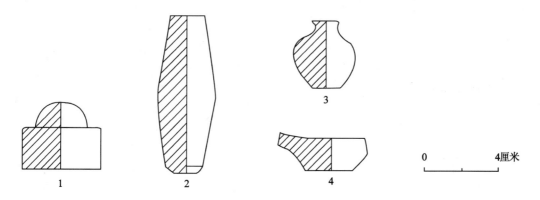

图一一四　LSM2 出土陶明器

1. 簋形器（LSM2：24）　2. 钫（LSM2：26）　3. 罐（LSM2：23）　4. 匜（LSM2：25）

钫　1件。标本 LSM2：26，长颈，方口，弧腹，下端内折成平底。口边长2、底边长1.2、高8.4厘米（图一一四，2）。

罐　1件。标本 LSM2：23，束颈，侈口，圆唇，鼓腹，平底。口径2.8、底径 1.6、高3.6厘米（图一一四，3）。

匜　1件。标本 LSM2：25，瓢形，敛口，折腹，平底，流上翘。宽4、高1.8、通长5厘米（图一一四，4）。

2. 铜器

16件一组，都是小件。有铜兵器、服饰器、车器、杂器。兵器仅镞9件、盖弓帽1件，服饰器3件，杂器3件一组。

双翼形铜镞　2件。双翼形，镞身厚重，折棱脊，横截面呈菱形，两翼前弧后束，圆铤，末端残。脊刃间饰虎纹。标本 LSM2G：16，镞身长4.5、宽1.4、残长6.3厘米（图一一五，1；图版四八，1）。

圆锥形铜镞　7件。镞身短小，呈圆形，镞头为圆钝的三角锥状，无锋刃，圆铤。标本 LSM2G：20，镞身长0.8、径0.6、通长6厘米。标本 LSM2G：6，镞头作圆锥形，镞身长0.8、径0.6、通长5.8厘米（图一一五，2；图版四八，2）。

铜盖弓帽　A型1件。标本 LSM2G：5，器呈筒形，内圆而外作八角形，里端较

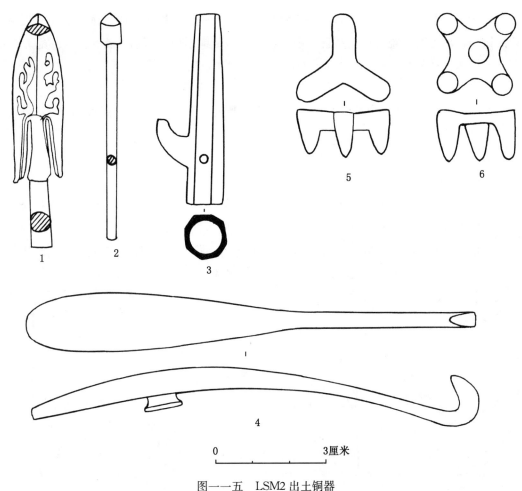

图一一五　LSM2 出土铜器

1. 双翼形镞（LSM2G：16）　　2. 圆锥形镞（LSM2G：6）　　3. A 型盖弓帽（LSM2G：5）

4. A 型带钩（LSM2G：4）　　5. 四足钉（LSM2G：33）　　6. 五足钉（LSM2G：32）

粗，外端封闭较细，一侧有钩外向，近内端有相对钉孔。外端边长 0.4、内端边长 0.5、长 5 厘米（图一一五，3；图版四八，3）。

　　铜带钩　A 型 3 件。平背，鼓腹，鸟首状钩。标本 LSM2G：4，长 12.2、腹宽 1.5、厚 0.6 厘米（图一一五，4）。

　　四足铜钉　2 件。钉顶呈"丫"字形，外端三角及交汇点的下方各有一枚圆锥形钉。标本 LSM2G：33，钉顶 2.4、钉长 0.8 厘米（图一一五，5；图版四八，4）。

　　五足铜钉　1 件。标本 LSM2G：32，钉顶呈"十"字形。四角及十字交叉点下各有一枚圆锥形钉。顶长 2.2、宽 2.2、钉长 1 厘米（图一一五，6）。

　　铜狗项圈　一组 13 件。标本 LSM2：17，一号殉狗坑出土。项圈由一件铜环和 12 件铜铔组成。铔系用四角各有一穿孔的长方形薄铜片卷成扁环状，用革带将铔串联成圆环形。锤穿孔朝里，用细铜丝通过穿孔将其固定在革带上，以防滑脱。锤表面包一层极薄的银箔，出土时多脱落。项圈套一铜环，系皮条或绳索以供牵引。锤长2.4、宽2.4、高0.8厘米，环外径5.9、内径4.5厘米（图一〇九，1、2）。

3. 铁器

铁削　1件。标本LSM2G：29，残，锈蚀严重。凸背，凹刃，柄首作椭圆环形。残长12厘米。

4. 玉器

2件。器形有玉环和玉镰各1件。

玉环　A型1件。标本LSM2G：36，青玉质，半透明，有玉质光泽。扁平圆环形。两面阳刻谷纹。外径4.2、内径1.5、厚0.5厘米（彩版一〇，2）。

玉镰　1件。标本LSM2G：3，浅棕色，半透明。器呈椭圆形，中有圆孔，前端作斜坡状，后端一侧有钩柄。长径5.0、短径3.2、孔径2.4厘米（图一一六，1；彩版一〇，3）。

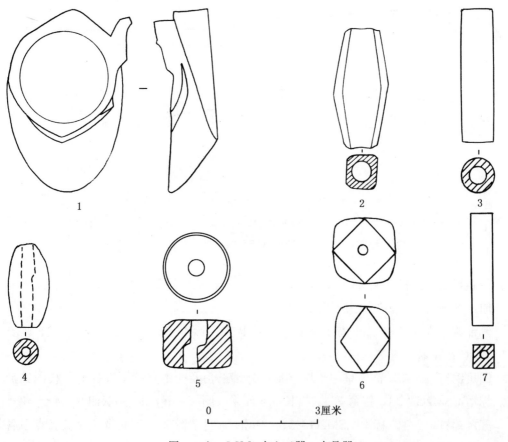

图一一六　LSM2出土玉器、水晶器

1. 玉镰（LSM2G：3）　2. 菱形水晶管（LSM2G：7）　3. 圆柱形水晶管（LSM2G：18）　4. 鼓形水晶管（LSM2G：13）　5. 扣形水晶珠（LSM2G：12）　6. 多面体水晶珠（LSM2G：15）　7. 长方柱形水晶管（LSM2G：1）

5. 水晶、玛瑙器

72件。质地有水晶和玛瑙。

菱形水晶管　20件。形似鼓形管，中间最粗的地方有一周折棱。标本LSM2G：7，长3.2厘米（图一一六，2）。

圆柱形水晶管　9件。圆柱形，上下一长穿。标本LSM2G：18，径0.9、高3.6厘米（图一一六，3）。

鼓形水晶管　3件。器作圆形，中间粗，两端细，形似腰鼓，标本LSM2G：13，长2.2、径1.2厘米（图一一六，4）。

扣形水晶珠　11件。器呈抹角圆柱形，侧视呈八角形，顶中一穿孔。标本LSM2G：12，径1.9、高1.3厘米（图一一六，5；图版四八，5）。

多面体水晶珠　1件。标本LSM2G：15，形似正方体截去八角，成十四面体，顶中一穿孔。长、宽1.7、高1.8厘米（图一一六，6）。

长方柱形水晶管　1件。标本LSM2G：1，器作长方形，横截面呈正方形，上下一长穿。长3、边长0.6厘米（图一一六，7）。

圆柱形玛瑙管　27件。均自椁室出土。器形与圆柱形水晶管同。

6. 骨器、蚌器

37件（组）。其中有骨器11件，蚌器有圆形蚌饰25件和狗贝项圈一组。

骨弦柱　5件。拱桥形，顶有V字形缺口以承弦。标本LSM2G：19，底长2.4、厚0.7、高1.6厘米（图一一七，1）。

竹节形骨板　1件。扁平长方形，面微鼓，刻作竹节状。标本LSM2G：24，长7.4、宽5~6厘米（图一一七，2；图版四八，6）。

八角柱形骨器柄　2件。形制、大小相同。器作八角柱形，底端细，顶端粗，底端有一圆銎。通体饰重三

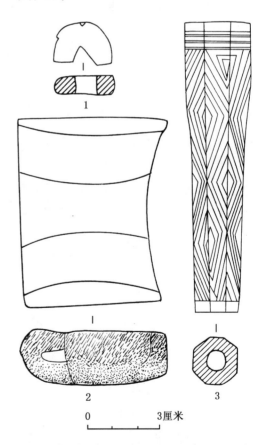

图一一七　LSM2出土骨器

1. 骨弦柱（LSM2G：19）　2. 竹节形骨板

（LSM2G：24）　3. 八角柱形骨器柄（LSM2G：28）

角纹和菱形纹。标本 LSM2G：28，长 11、底端边长 0.6、顶端边长 1.1、銎径 0.9 厘米（图一一七，3；图版四八，7 左）。

骨锉　3 件。多残。扁平长条形，截面呈长方形，一面刻有斜方格纹（刃口）。标本 LSM2G：21，长 18、宽 0.5、厚 0.3 厘米。

圆形蚌饰　25 件。用于装饰帷帐。圆形，中心有一圆孔，珍珠层面有朱绘云纹。标本 LSM2：17，径 6 厘米。

贝项圈　一组 25 件，标本 LSM2：18，戴于二号殉狗项颈。由 24 枚海贝和 1 件铜环组成。海贝背部磨有圆孔，用革带串联成圆环形并套有一铜环，以供牵引。贝长 2.4 厘米，铜环外径 5.9、内径 4.5 厘米（图一一一，1、2；图版四八，8）。

第六章　相家庄墓地

第一节　墓地布局

相家庄墓地位于临淄区永流镇相家庄北 400 米。地处现在临淄（辛店）城区的北部边缘。墓地东临辛六街，西濒辛（店）——孤（岛）公路，南北界于 309 国道与齐兴路之间。东北去临淄齐国故城遗址约 3.5 公里。墓地所处，地势平坦，地面耸立四座高大的墓葬封土，令人分外瞩目。

这四座墓葬在《临淄墓葬勘查一览表》中编号为 LM74、LM75、LM76、LM77。前三座墓作东南—西北向排列，同处于一条直线上。其中，LM75 位居中央，规模最大，LM74 略偏西北，LM76 偏于东南，LM77 位于东北。四座墓葬相去不远，LM75与 LM74、LM76、LM77 三墓的最短距离分别为 100、58、80 米。LM76 和 LM77 两墓南北相对，相距 73 米（图版四九，1、2）。

1995 年冬，临淄区政府决定在此修建行政办公中心大楼，主楼就坐落在 LM75 的位置上。为配合该建设工程，山东省文物考古研究所对除了 LM77 以外的其他三座墓葬进行了发掘。发掘工作从 1996 年元旦开始，至 7 月 20 日结束。

LM75 的封土是三座墓葬中规模最大的一座墓葬，其形制属于象山形封土类型。封土的东部较宽，中、西部明显偏窄，平面呈“L”形。陵台上东西并列三个凸起的圆锥形坟堆。当地群众据此称之为“三联冢”、“三冢子”。勘探表明，封土南侧确有东西并列的三条墓道。它们分别与陵台上的坟堆相对，说明封土下有与坟堆数量相同的三座异穴并葬墓葬。这三座墓葬自西向东改编号为 LXM1、LXM2 和 LXM3。“三联冢”封土的东部比中、西部宽出 20～40 米，因此怀疑在 LXM3 的北面可能还有一座墓葬，只是由于这座墓的封土顶部没有凸起的坟堆，其高度又与南面的 LXM3 封土陵台北缘的高度相若，未引起人们的注意而已。经过勘探，这一怀疑得到了证实，在封土的北缘发现了一个墓室，此墓编号为 LXM4。“三联冢”因此成了“四联冢”。另外两座墓葬，即 LM76、LM74 分别改编号为 LXM5、LXM6（图一一八）。

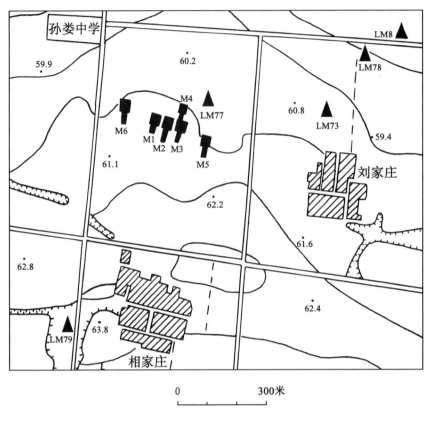

图一一八　相家庄墓地墓葬分布图

第二节　"四联冢"墓葬封土的发掘

"四联冢"的四座墓葬封土相连（彩版一一，1；图版四九，1、3、4）。由于筑路、修渠等，"四联冢"遭受严重破坏，南部封土被挖掉了二十余米，北面封土也被挖去不少，西部封土更因筑路被削去了许多，本是缓坡状的封土变成了陡直的断壁。人为的破坏，使封土面积大大缩小。"四联冢"现存封土东西长106、西部南北宽33、中部宽50、东部宽70米。陵台中部高，南、北两面低垂，呈鱼脊形，最高处距地表8米。台顶坟堆距地表高约11～12米左右（图一一九）。经测算，现存封土的土方量达二万五千多立方米。规模之大，在临淄只有"四王冢"、"二王冢"、"三士冢"和西汉齐王墓等少数几座墓葬的封土能出其右。

象山形异穴并葬墓中，往往有一座墓葬的墓室是"起冢式"的，即墓室的一部分挖在地下，一部分在地面夯筑而成，蕴含在封土之中。其建筑结构和建筑方法不同于其他

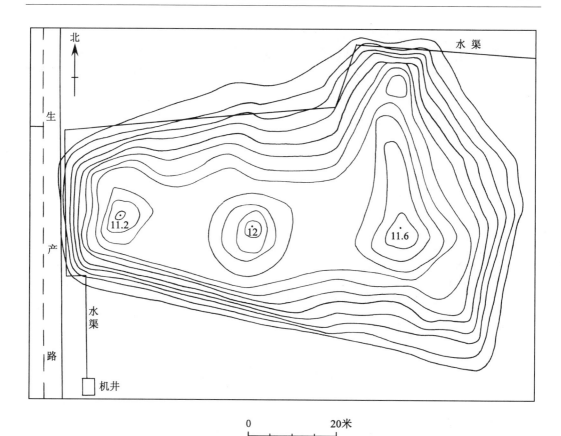

图一一九　相家庄"四联冢"等高线平面图

形制的墓葬。由于"四联冢"四座墓葬的墓主人不可能同时死亡，因此墓葬的修筑有先有后，相连的封土必然存在叠压或打破关系。

墓葬封土是墓葬形制的重要组成部分，能否取得封土各方面的完整资料，与是否采用"四联冢"特殊形制封土相应的发掘方法密切相关。在缺乏发掘象山形异穴并葬墓经验的情况下，需要对封土有更多的认识和了解。为此，在测绘"四联冢"封土等高线平面图的同时，从以下两方面对封土展开调查。

一方面，清理陵台断壁的风化土和台下的堆积土，并对断壁作了必要的修整，对破土面暴露的各种遗迹现象进行观察和研究，探索有关"四联冢"的封土结构、叠压关系以及建筑方法等方面的问题。通过上述工作，知陵台系由多个遗迹单位组成。各遗迹单位都经夯打，夯层清晰，质地坚硬。相邻遗迹的夯层互不连接，夯层的厚度、土质、土色也有差异，易于区分。现将"四联冢"陵台断壁各遗迹现象作简要的介绍分析。

南断壁　从 M1～M3 陵台南断壁示意图所显示的各种遗迹的叠压关系可以看出（图一二〇，4），位于西端的 M1 是最先修筑的一座墓葬。在 M1 地下墓道右上方的夯 2

和夯 1 之间有一条向东倾斜的分界线 AA′，夯 1 和夯 3、夯 4 之间则有一条向西倾斜的 BB′ 与 AA′ 对应。在两条分界线间的夯 1 下宽上窄呈梯形，类似墙体的横截面。经进一步工作，在其两侧发现了筑板痕迹和系板绳孔，在西断壁也发现了残存的北墙，说明 M1 是"起冢式"墓葬。夯 2 位于地下墓道东侧仅 1 米左右，它应是构成地上墓的南东墙。地下墓道西侧和南东墙对应的南西墙在筑路、修渠时被破坏殆尽。地下墓道上方、界于南东墙和南西墙之间的缺口自然成了通往地上墓室的地上墓道，墙体的厚度便是墓道的长度。AA′ 是墓道东壁。夯 2 是墓道填土。BB′ 则是 M1 地上墓室东墙的外壁，夯 3 无疑是东墙夯 1 的护坡。令人不解的是，东墙如此高大，它的护坡为何这么矮小，东墙的上部为什么不修护坡？

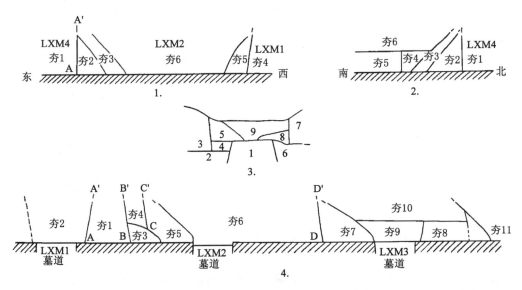

图一二〇　相家庄"四联冢"断壁示意图

1. 北断壁　2. 东断壁　3. T1 北剖面　4. 南断壁

　　叠压在夯 3 之上的夯 4 和夯 5 之间有一条几乎与 BB′ 平行的向西倾斜的分界线 CC′。从现场观察，夯 4 也是一道墙体。在其外壁也发现有版筑的痕迹。夯 5 系其护坡。如果夯 4 是倚 M1 地上墓室东墙修建的 M2 地上墓室的西墙，那么它的东壁 CC′ 就应是地上墓室的西壁，在它的东面该是墓室的夯填土，而不应该修筑斜坡形的护坡夯 5。另外，据夯 5 的坡度，坡底本当再往东伸延，但是它到了 M2 地下墓道西壁的上口却突然终止。何况在夯 4 的东面除了夯 6 和夯 7 之间有一条与夯 4 东壁 CC′ 平行的分界线 DD′ 以外，始终未发现与 CC′ 对应的向东倾斜地上墓室的东壁。夯 6 也是用夹棍夹绳系板夯筑而成。在断壁的南面还发现了夯 6 残存南壁，它自夯 6 的东南拐角一直向西，止于 M2 地下墓道的西壁上口，并深入墓道约 0.6 米，版筑痕迹清晰（彩版一一，2）。所有这些都说明 M2 不存在构成地上墓室东墙和南东墙，因而 M2 不是"起冢式"墓葬，夯 6 只是筑于 M2 地下墓室上方的封土陵台，夯 7 是陵台东壁护坡。夯 4 的护坡夯 5 在 M2 地下墓道西壁上口突然中断，可能是挖 M2 墓道时打破的结果。因此，夯 4 和夯 5 应属于 M1。M1 地上墓室的东墙是两道墙体叠加组成的重墙。夯 1 是其内墙，夯 4 是外墙，夯 5 则是外墙的护坡。这也是夯 1 护坡为何矮小的原因，但是，东墙为什么不一次筑成，又是为什么在修筑内墙护坡后再建外墙，同样令人费解。

在 M3 地下墓道右上方的夯 8 也是下宽上窄像是墙体的横截面，内外壁也发现了板痕和绳孔，应是 M3 地上墓室的南东墙。而 M3 地下墓道的左上方只有 M2 陵台的护坡夯 7，却不是与夯 8 对应的地上墓室的南西墙，同 M1 东墙外壁的护坡一样，M2 陵台东壁的护坡夯 7 也是到 M3 地下墓道的西壁上口突然终止。从夯 8 的情况分析，M3 应是"起家式"墓葬，只是 M3 地上墓室的高度比 M1 矮得多。如果这样，夯 9 则是 M3 地上墓道的填土。覆盖在夯 8、夯 9 和 M2 陵台护坡夯 7 的夯 10 则属 M3 地上墓室的陵台夯土。

北断壁 北断壁反映的是 M1、M2 和 M4 三墓的关系（彩版一一，3）。从北断壁的示意图（图一二〇，1）可以看到，夯 1 与夯 2、夯 3 之间的 AA′是和地面垂直的版筑壁面，从发掘单家庄二号墓的经验看，判断 M4 的封土同单家庄二号墓一样，属于"柱心式"封土类型。夯 1 是 M4 封土中心的封土柱。夯 2、夯 3 是分两次修筑的封土柱西壁的护坡。结合南断壁的情况，夯 4 是 M1 地上墓室东墙的外墙，夯 5 是 M1 东墙的护坡。同时叠压夯 3 和夯 5 的夯 7 是 M2 的陵台夯土。

东断壁 在东断壁所能看到的是 M3 和 M4 两墓的关系。从东断壁的示意图（图一二〇，2）看，夯 1 是 M4 的封土柱，夯 2、夯 3 是两次修筑的 M4 封土柱南壁的护坡。夯 4 是 M3 地上墓室的北墙。夯 5 是 M3 地上墓室的东墙。夯 6 是 M3 地上墓室上口的陵台夯筑土。

上述四墓有两组叠压关系，其中一组是 M1、M2 和 M3。另一组是 M2、M3 和 M4。从它们的叠压关系分析，四座墓的修筑有先有后。前一组最先修筑的是 M1，M2 次之，最后修筑的系 M3。后一组最先修筑的是 M4，M2 和 M3 两墓均晚于 M4。因为 M1 和 M4 无直接叠压关系，孰先孰后，无从判断。

如前所述，M1 地上墓室东墙外墙的护坡止于 M2 地下墓道的西壁上口，同样 M2 陵台东壁的护坡也止于 M3 地下墓道西壁的上口。这就很难理解 M2 和 M3 的地下墓室是如何挖掘的。除非这三座墓葬的墓主全部入葬后，再在地面上修筑地上墓室和陵台，或者 M2 和 M3 地下墓室平面不是"甲"字形，而是墓道开在墓室西侧的"刀把"形墓葬。然而，此前在临淄所发掘的有封土的大墓中，尚未发现这样形制的墓葬。当然也存在另外一种可能性，那就是在挖掘 M2、M3 墓室时，先将 M1 东墙外墙的护坡以及 M2 陵台东壁的护坡挖掉，再挖墓室，否则就很难对上述现象作出合理的解释。事实正是如此，这两座墓葬都是在打破西邻地上墓室或陵台的东壁护坡之后才挖掘地下墓室的。

另一方面，是在陵台顶的三个坟堆之间，以及 M3 坟堆东侧开了三条宽 0.5、深 2 米的探沟。其编号自西往东为 T1、T2、T3。三条探沟的北壁与三个坟堆顶部的中心同处于一条东西线上。在坟堆的中心位置各设置了一根标桩，作为"四联冢"封土东西剖面的控制点。开探沟的目的在于在陵台顶寻找与陵台南、北断面发现的各遗迹现象的对应关系，以及相邻坟堆之间的叠压情况。

与此同时，沿着已经发现的 M1 地上墓道东壁的上口寻找地上墓室的上口。在这过程中，无意中发现了 M1 坟堆下部残存的封土柱南壁。说明 M1 陵台上的坟堆属于"柱心式"建筑类型。封土柱位于墓口内侧，柱底低于墓口。封土柱用夹棍夹绳系板建筑技术夯筑而成，筑板痕迹和系板绳孔历历在目。由于雨水渗透等原因，壁面呈现灰白色。

探沟的发掘，由于探沟的位置比陵台南、北断壁高得多，没有发现太多的与陵台断壁遗迹相对应的关系，却发现了 M2、M3 陵台上坟堆下部的封土柱，以及这三个坟堆之间的关系。现将 T1、T2 的情况介绍如下。

T1　在 T1 的北剖面示意图（图一二〇，3）中，共有九个遗迹单位。其中，1 是构成 M1 地上墓室的东墙；2 是 M1 地上墓室的填土；3 是筑于 M1 地上墓室填土上的坟堆封土柱；4 既是墓室的填土，又是封土柱东壁的护坡；5 是 M1 坟堆封土柱东壁护坡；6 是 M2 陵台夯土；按理，在这里应该有 M1 东墙的护坡，然而却没有发现。7 是筑于 M2 陵台上柱心式建筑类型坟堆下部的封土柱；8、9 是 M2 坟堆封土柱西壁的护坡。上述各遗迹单位中，5、8、9 三个遗迹单位，虽经夯打，却无法分清夯层，也未发现夯窝，土质异常松软，与其他经过夯打的遗迹单位的土质相比有天壤之别。由于土质松软，容易造成水土流失，这大概就是"四联冢"陵台中部高、四面低垂以及封土上之所以能生长杨树等高大乔木的主要原因。

一般而言，M1 地上墓室东墙的墙顶，在修筑墓葬时当有土覆盖，使其免遭风雨侵蚀。然而，M1 坟堆封土柱东壁的护坡仅及东墙顶的四分之一。在东墙的上壁，也未发现南断壁已经发现的东墙外壁的护坡，有的只是与 M2 坟堆下相连的陵台夯筑土。因发掘深度不够，当时无法解释这种现象，直到在东墙南部发现护坡被削除的现象后，方知在挖 M2 的墓室时，曾沿着 M1 东墙的外壁将其护坡中段铲除。与此同时被铲除的还有墙顶的部分覆盖土。然后在修建 M2 坟堆封土柱西壁护坡时重新披覆，才会出现 M2 坟堆封土柱西壁护坡直接覆盖在 M1 地上墓室东墙墙顶的现象。

T2 的情况和 T1 类似。M3 陵台顶上的坟堆同 M1、M2 的坟堆一样，属于柱心式建筑类型。所以 M1～M3 墓口上方或陵台上均修筑有柱心式坟堆，在修筑 M3 时，曾先行将覆盖 M2 陵台台顶的坟堆封土柱东壁以东的护坡全部清除，陵台东壁中段的护坡也不见踪迹。所以 M2 坟堆与 M1 坟堆之间陵台台顶的覆盖土，是在修建 M3 坟堆封土柱西壁护坡时，一次性的堆筑。土质、土色完全相同。M2 陵台东壁护坡，也是在挖

M3 地下墓室时将相关部分铲除。叠压在 M2 陵台东壁的是 M3 陵台夯筑土。

　　通过上述工作，对"四联冢"的封土结构有了基本了解，使发掘工作能符合客观情况。首先发掘的是前排三个坟堆。发掘采用对角线四分法。先发掘东南象限，后西北象限，同时，又发掘了三个坟堆封土柱四壁的护坡（图版五〇）。去除坟堆后，在陵台顶寻找 M1 地上墓室的上口，以及 M1 东墙外壁和 M2 陵台东壁被铲除护坡的范围，然后各墓分别进行发掘。M4 的发掘，是在发掘完 M3 之后进行的。以上对"四联冢"断壁的分析、推测和发掘结果相吻合（图一二一）。

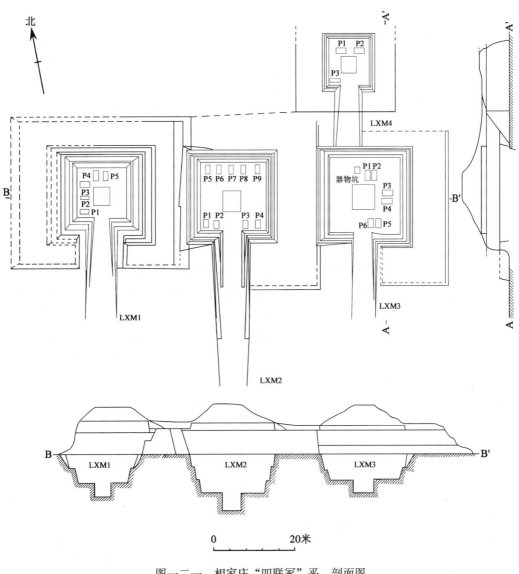

图一二一　相家庄"四联冢"平、剖面图

由于墓葬封土面积大，要解决一个问题，随之而来的便是大量的土方。在天寒地冻、滴水成冰的冬季施工，无形中增加了许多困难。特别是在缺乏发掘象山形墓葬的经验，不敢贸然从事。到完全搞清墓葬封土的结构、关系时，已到了3月底，发掘工期只剩下一个月。鉴于这种情况，临淄区政府决定将办公中心的楼座前移了30米，使发掘工作有了时间保证。

第三节 墓葬分述

一、相家庄一号墓（LXM1）

（一）墓葬形制

1. 封土

LXM1位于"四联冢"西首，是"四联冢"前排三座墓葬中最先修筑的一座墓葬。封土西面筑有一条南北向的生产路，南面有早年修建的猪圈等，使西、南两面的封土遭受严重的破坏，甚至连封土顶部的坟堆也不能幸免。《说文·土部》："坟，墓也。"段玉裁注："浑言之也。析言之则墓为平处，坟为高处"。《正字通·寸部》："封，又筑土为坟。"盖秦以前，坟与墓各有所指。作葬无封土隆起与地齐平者谓之墓，而筑于墓上高出地面的土堆则称之为坟。坟即封土。就此而言，一号墓自地面以上的陵台及台顶的坟堆皆属于封土的范畴。但是，由于一号墓是一座典型的"起冢式"墓葬，它既有挖在地下与地齐平的墓室，也有筑于地面的地上墓室。地上墓室含于封土之中，墓不只是平处，而且也是高处。所以一号墓真正意义上的封土应当是筑于地上墓室顶上的坟堆。

一号墓的坟堆呈截尖圆锥形，属于"柱心式"建筑类型。坟堆系由封土柱及其四壁的护坡组成。封土柱下部呈方形，上部作截尖圆锥状。它筑于地上墓口下1米的墓室夯填土上（图版五〇，1）。墓室西壁和封土柱西壁及其护坡均被破坏。封土柱壁的东、南、北三面与墓口的距离分别为3.1、1.7和1.5米。封土柱南、西、北三面的护坡因遭破坏所剩无几。东壁的护坡大部分在修筑二号墓时被铲除，残余护坡底宽约5米左右。封土柱壁前后稍有弯曲，南北长20.7、东西残长12、土柱壁高2.7米。封土柱上的圆锥顶呈圆形，径约9米左右，高3.3米，通高6米，距地表高11.2米。

封土柱采用夹棍夹绳系板建筑技术夯筑而成，柱壁板痕清晰，板两端上下缘有相对的系板绳孔。筑板长约2.5米左右，高0.12~0.18米不等。系板绳孔径1~2厘米。封土柱夯层较薄，厚15~20厘米。夯窝有圆形弧底和圆形平底两种，径4~6、深0.2~0.5厘米。

2. 墓室

LXM1墓为甲字形土坑积石木椁墓，方向190.5°（图一二二）。墓室有一部分挖在

地下，一部分在地面夯筑而成，上下相续，浑然一体。地上墓室系由地下墓口外侧约 1
米夯筑的，与地下墓室形制相同不封闭的方框形土墙围成。缺口在南墙中部，与地下墓
道上下相对，构成地上墓道。土墙外壁均筑有斜坡状护坡，墙顶则有筑于墓顶坟堆的封
土柱四壁的护坡覆盖保护。由此可以推测，在未修筑 M2 时，M1 的封土形制应当就是
方底圆顶形。这是由于封土的主体是方形使然。

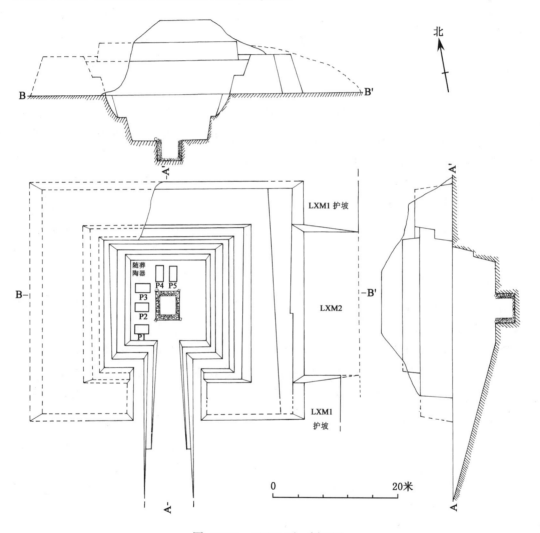

图一二二　LXM1 平、剖面图

构筑地上墓室的土墙采用了夹棍夹绳系板建筑技术。土墙内外壁面因此留有清晰的
筑板痕迹和系板绳孔，以及斩板时留下的铲痕。据板痕测得筑板长 2.5～3.5 米不等，
板高 0.12～0.18 米，系板绳孔径 1～2 厘米，斩板铲痕宽 4 厘米。

土墙从平地起筑，内外壁面内收，内壁收缩成一级台阶，横截面呈曲尺形。

东墙有内外两重，两墙东西相叠，分两次夯筑。内墙外壁的下部有低矮护坡，外墙夯筑在内墙护坡上。外墙东壁也筑有护坡。内墙南宽北窄，外墙南窄北宽。东墙南部受破坏，南北残长 37 米。两墙基宽 11.7、顶宽 6.3、高 6.2 米。其中内墙基宽 8.4、顶宽 3.65 米。外墙护坡自顶及地呈斜坡状，底宽 9.4 米。

在修筑二号墓时，曾将外墙中段的护坡铲除，壁面板痕、绳孔和铲痕仍然依稀可见，铲痕宽 7~8 厘米。被铲除护坡的长度上部为 24.1、下部为 21.8 米，与地下墓室西壁上口的长度相当。南、北两侧护坡尚存。二号墓陵台夯土直接叠压在一号墓东墙的外墙壁面或其存留的护坡之上。

北墙的西部和外壁上部被破坏，只剩下近地部分的少许护坡和 0.9 米高的外壁。墙基宽度 8.8 米，复原墙顶宽度约 5.8 米。西墙和南西墙只残存 0.2 米左右高的内壁。南东墙墙顶及外壁上部被毁。从保存不多外壁测得南墙基宽约 7.9 米，复原顶宽约 4.8 米。

地下墓室自墓口以下向里收成一级台阶。东、西两壁自台阶以上向外挖出了约 1 米，然后再用版筑技术夯筑墓壁和台阶，阶面与地面齐平。南、北两面的墓壁均挖掘而成，墓室壁面曾发现几组用五齿耙挖掘的齿痕。齿印长 20~30 厘米，齿宽 2、齿间距 3 厘米。

如果按东壁情况作对称复原，那么复原后地上墓室的墓口东西长约 26.7 米左右，南北宽 23.9 米。地下墓室的墓口东西长 18、南北宽 17.5 米。墓底东西长 12.3、南北宽 12.2 米。墓底距地下墓口（地表）深 6.8 米、距地上墓口深 13.4 米。

墓室壁面自地上墓口以下依次向里收缩成阶梯状三级台阶。其中，地上墓室和地下墓室各有一级台阶，中间一级台阶即原地表（彩版一二，1）。同一级台阶壁面外敞程度和阶面宽窄不一。由下往上，第一级台阶高 3.6、阶面宽 0.7~1.3 米，上部外敞 0.7~1 米；第二级台阶（原地表）高 3.2、阶面宽 0.7~1.4 米，上部外敞 0.7~1.3 米；第三级台阶高 3.3、阶面宽 1.1~1.6 米，上部外敞 0.5~0.8 米；第三级台阶至墓口高 3.3 米，上部外敞 0.4~1.2 米。

墓道位于墓室南壁的中部，呈斜坡状。同墓室一样，墓道也有地上和地下两部分。地上墓道是地下墓道上口东、西两侧的南墙之间的缺口。南墙的厚度即地上墓室的长度，缺口的宽度即墓道的宽度。墓道壁面没有构筑台阶。根据残存的有关资料，复原地上墓道上口长 4.8、宽 13.2、高 5.1 米。下口长 7.9、宽约 10.9 米。地下墓道上口长 21.4、外口宽 8、里口宽 8.1 米。墓道底与墓底相连，宽 3.45 米。墓道坡度 16°，坡长 25.1 米。墓道壁向里收缩成两级台阶，分别与墓室第一、第二级台阶相连。第一级台阶随着墓道底的提升，台面的高度由里向外逐渐变矮，并在距墓道外口 7.5 米处消失。第二级台阶即原地表，东、西台面宽窄不一，其中东台阶面宽 1.1、西台阶面宽 1.8 米。其长度与地上墓道下口长度相同，为 7.9 米。地上墓道壁面无台阶。

椁室呈长方形，位于墓室的中部而略偏南，南北长 4.5、东西宽 3.9、深 3.25 米。

椁室的底部铺有一层厚约 0.5 米的天然石块，四壁也以石块垒砌，砌石厚 0.4～0.7 米不等，高与二层台齐平。椁口四面的二层台上也放置了一圈石块。石块间缝隙以河卵石充填。由于葬具腐烂，积石失去支撑，多塌落椁底。

椁室四周是宽大的生土二层台。各台宽窄不一。其中北台最宽，达 4.9 米，西台最窄，宽仅 2.9 米。东台与南台的宽度分别为 4.35 米和 3.2 米。在椁室西北的二层台上留有一个南北长 3.8、东西宽 2.1、高 0.2 米的生土台，供陈放随葬陶器。生土二层台上挖有五个长方形陪葬坑。

墓壁经加工修整。地上墓室的壁面在夯筑完后，可能出现凹凸不平的现象，有的地方曾用夯杵夯打过。因此，这些地方的壁面留有清晰的夯窝痕迹。墓室与墓道的壁面和阶面都涂刷了一层厚约 2～3 厘米的灰色澄浆细泥，表面粉刷成白色。发掘时，大部分澄泥都随填土脱落。

二层台周围墓壁上有一层苇席，苇席上有高 0.5 米的帷帐，用直径约 1 厘米的竹钉或木钉将其固定。固定帷帐用的竹、木钉较细，钉顶贯有朱绘云纹的圆形蚌饰。帷帐以粗麻布为之，上有用红、蓝、黑三色彩绘的兽面纹横式二方连续图案（图一二三；彩版一三，1）。西壁帷帐保存较好，其余三面的帷帐在回填墓室时，多被拽落在二层台上。

墓内填黄褐色花土，经分层夯打，墓室与墓道填土夯层相连，夯层清晰。夯层厚薄不均，质地软硬不一。上部夯层较薄，厚 15～20 厘米，质地坚硬；中部夯层较厚，层厚 25～35 厘米，质地较软；下部夯层厚约 20 厘米左右，质地较中层夯土硬。夯窝呈圆形弧底，径 3～5、深 0.5～1 厘米。或许由于修建墓室时土壤含水量较大，土质松软，受墓室夯填土的作用力，墓壁有明显受夯层挤压形成的凹凸不平的带状痕迹。地上墓室的填土在墓道外口估计有版筑的壁面与墓道东西两侧南墙的外壁相齐，并和南墙一样，筑有护坡保护，使整个封土从外观上保持统一。

墓葬被盗，墓室内发现了四个长方形盗洞，其中两个在墓室的西部，两个在墓室的东北部。东北部的盗洞抵达二层台后，向西穿过陈放陶器的生土台，至西壁又向南北两面伸展，椁室及五个陪葬坑均被盗扰。椁室扰土出土 1 件铁镢，当是盗墓者遗弃的工具。

（二）葬具与葬式

木质葬具，两椁一棺。均已腐烂成黑白相杂的朽灰。椁呈长方形，据板灰测得：外椁长 3.15、宽 2.7、高 2.3 米。椁盖由 6 块宽约 40 厘米左右、厚 6 厘米的木板纵列而成。两侧椁墙则各用 8 块宽 30 厘米左右木板叠成。内椁长 2.8、宽 2.15 米，高度不详。棺的形制、大小不明。

墓主骨骸已朽，又经盗扰，葬式不明。

（三）随葬器物的放置

在椁室西北部二层台上的生土台陈放了一批陶器。遭多次盗扰破坏，所剩无几。器

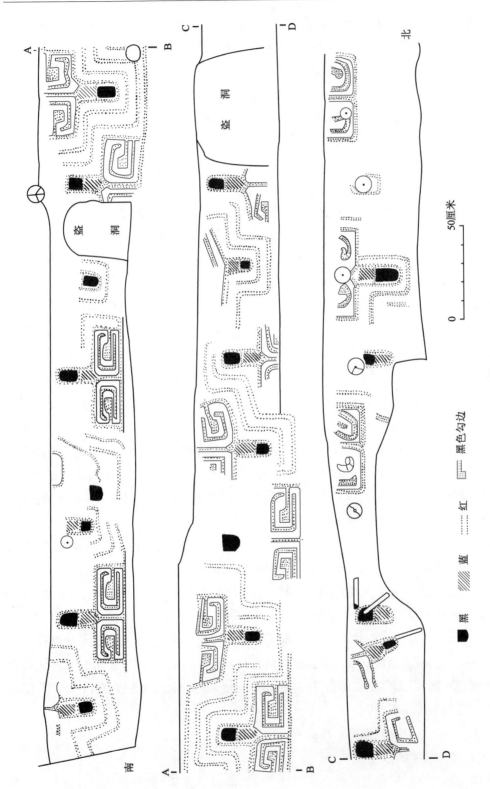

图一三　LXM1 西壁帷帐彩绘图案示意图

形计有陶鼎、簋、豆、笾、敦、盘、三足盘、长方盘、匜、鬲、罍等（图一二四）。

椁室内也只在扰乱土中出土了铜盖弓帽3件、插座2件、节约2件、铃3件、环1件、带扣4件以及滑石环2件、柱形器1件；水晶管4件；玛瑙璜1件；贝3件。

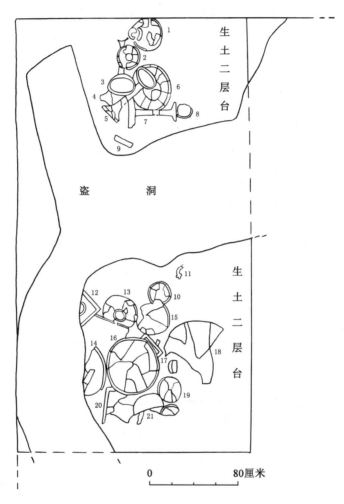

图一二四　LXM1随葬陶器分布图

1. 壶　2. 笾　3～5、7、9. 豆　6、15. 盘　8. 匜　10. 簋盖　11. 簋耳
12. 簋座　13、14、16、18. 鼎　17、20. 方盘　19. 鬲　21. 敦

（四）陪葬坑和殉人

1. 陪葬坑概述

5个陪葬坑分别挖在椁室西、北两面的生土二层台上。其中西二层台3个，北二层台2个。陪葬坑编号自南而北，由西向东为LXM1P1～P5。

陪葬坑为长方形竖穴土坑。西二层台的陪葬坑为东西向。北二层台的陪葬坑则为南北向。陪葬坑壁面未经加工。因葬具腐朽塌陷，坑内填土显得松软。

葬具为一椁一棺，均系木质。椁两端的椁板伸出侧板之外，呈"Ⅱ"形。

每个陪葬坑内埋葬有一个殉人。殉人骨骸多已毁没。凡是能确定其头向的，都是朝向椁室。

随葬品主要是殉人随身佩带的装饰品，如铜带钩、骨簪、水晶珠、滑石环等，都随殉人置于棺内。P2出土了一些陶豆柄、鼎足、盘口沿等，应是陪葬坑椁室塌陷下从二层台坠入的（附表九）。

2. 陪葬坑举例

LXM1P1　位于西二层台。东西向，口底同大。坑口长2.2、宽1.34、深1.4米。一椁一棺均已腐烂成白色板灰。从朽木灰分析，椁长2.09、宽0.88、残高0.8米。椁底由11块长约0.9、宽0.1～0.25、厚0.05米的木板横列而成。椁墙置于椁底板上，两端板伸出左右侧板约7厘米左右，平面呈"Ⅱ"形。10块长约0.9、宽0.12～0.24米的木板横列于左右椁墙之上是为椁盖。棺呈长方形，长1.85、宽0.7米，高度不详。棺内一殉人。部分骨骸被扰乱。葬式为仰身直肢，头向东。坑被盗扰。棺内殉人的头、颈部出土一组水晶串饰，胸部置一组滑石佩、骨梳1件和铜带钩1件，胸、腹及下肢置有滑石环、璜等（图一二五）。

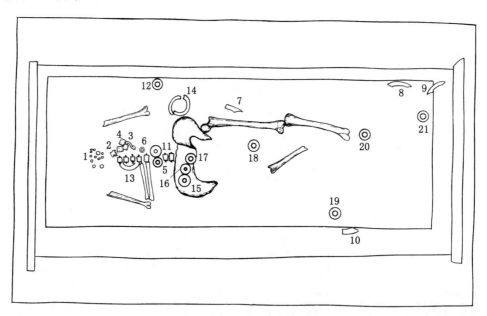

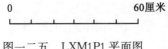

图一二五　LXM1P1平面图

1. 水晶串饰（15）　　2、11～21. 滑石环　　3. 铜带钩　　4. 方形滑石佩饰（3）　　5. 骨梳　　6. 水晶瑗　　7～10. 陶璜

（五）随葬器物

因盗扰，随葬器物出土不多。按质料分有陶器、铜器、玉、石器、骨、蚌器等。

1. 陶器

陶质有泥质灰陶和泥质红陶，泥质灰陶器往往有朱绘纹饰。由于墓室回填夯打以及盗扰，陶器多成碎片，能复原者极少。器形有陶鼎、簋、豆、簠、敦、盘、三足盘、长方盘、罍和瑹等。

鼎　A 型 II 式 1 件。标本 LXM1∶14，直口，折沿，方唇，三蹄形足，口下一对圆孔，纳长方形活动穿耳。口径 53.6、高 40、通高 53.2 厘米（图一二六；图版五一，1）。

簋盖　1 件。标本 LXM1∶10，鼓盖顶有四瓣莲花状捉手。径 20.4、高 10.8 厘米（图一二七，1）。

簋座　B 型 II 式 2 件。方圈足，顶中一圆筒状凸起以承器。标本 LXM1∶12，边长 25、高 12.4 厘米（图一二七，2）。

豆　4 件。

A 型　1 件。标本 LXM1∶7，敞口，圆唇，浅腹，圜底，腹外壁内凹，腹底间呈

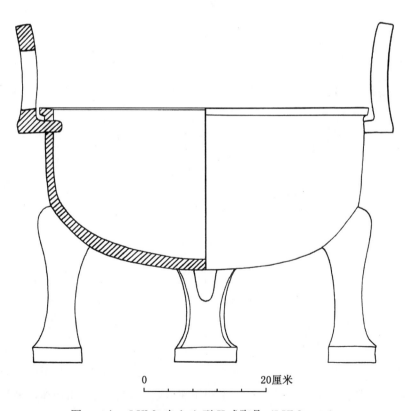

0　　　　　　　　　20厘米

图一二六　LXM1 出土 A 型 II 式陶鼎（LXM1∶14）

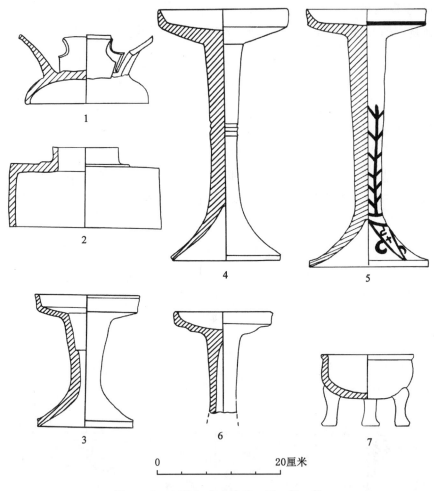

0　　　　　　　　　　20厘米

图一二七　LXM1 出土陶簋、豆、笾、敦

1. 簋盖（LXM1：10）　2. B型Ⅱ式簋座（LXM1：12）　3. A型笾（LXM1：2）　4. B型豆
（LXM1：3）　5. B型豆（LXM1：5）　6. A型豆（LXM1：7）　7. C型敦（失盖）（LXM1：21）

弧形折转，足残。口径 16、残高 16 厘米（图一二七，6）。

　　B型　3件。敞口，尖唇，浅腹，平底微凹，腹底间有明显折转，高柄实心，喇叭状足。标本 LXM1：3，柄饰一组凹弦纹。口径 21.2、足径 17.6、高 39.6 厘米（图一二七，4）。标本 LXM1：5，盘、柄、足饰朱绘波纹、三角纹、卷云纹。口径 19.2、足径 19.4、高 40.4 厘米（图一二七，5；图版五一，2）。

　　笾　A型2件。泥质红陶。盘、柄连体。敞口，方唇，浅盘，底微凹，中央有一圆孔，腹底间有明显折转；矮粗柄中空，上粗下细，上端与盘底圆孔相通，喇叭状足。标本 LXM1：2，盘径 17.2、深 3、盘底孔径 6.4、足径 16、高 20.8 厘米（图一二七，3；图版五一，3）。

敦　C型1件。标本LXM1：21，鼎式敦，失盖。直口，折沿，圆唇，弧腹，圜底，三蹄形足。口径15.2、高11.2厘米（图一二七，7）。

罍　B型Ⅱ式2件。泥质红陶。直口，折沿，方唇，短颈，球腹，平底，圈足。标本LXM1：13，口径15.1、腹径30.4、足径14、高32.5厘米（图一二八，1）。

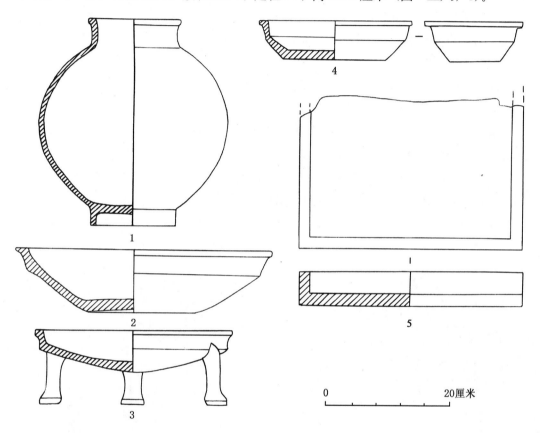

图一二八　LXM1出土陶罍、盘、方盘

1.B型Ⅱ式罍（LXM1：13）　2.B型Ⅱ式盘（LXM1：6）　3.C型盘

（LXM1：16）　4.A型方盘（LXM1：20）　5.B型方盘（LXM1：17）

盘　3件。

B型Ⅱ式　2件。形制相同，大小有别。大口，平折沿，方唇，折腹，平底。标本LXM1：6，盘径42、底径17.2、高9.6厘米（图一二八，2；图版五一，4）。

C型　1件。标本LXM1：16，敞口，折沿，方唇，折腹，圜底，三蹄形足。盘径32、高11.6厘米（图一二八，3；图版五一，5）。

方盘　2件。

A型　1件。标本LXM1：20，直口，折沿，方唇，折腹，平底。长24.8、宽16.2、高6厘米（图一二八，4）。

B 型　1 件。标本 LXM1：17，残。直口，方唇，浅腹，平底。残长 24、宽 36.4、高 5.2 厘米（图一二八，5）。

陶璜　4 件。扁平弧形，两端上角呈锐角状，上缘中部有一系孔（图版五二，1）。标本 LXM1 P1：7，长 12、边宽 2、高 2.5 厘米。

2. 铜器

17 件。有车马器和服饰器。车马器 16 件，有环、铃、节约、插座和盖弓帽等。服饰器只有带钩 1 件。

铜环　1 件。标本 LXM1G：9，截面呈圆形。外径 9.8、内径 8.6 厘米（图版五二，2）。

铜带扣　B 型 4 件。簸箕形，背有一横梁，面饰斜方纹。标本 LXM1G：24，长 1.8、宽 1、高 0.7 厘米（图版五二，3）。

铜铃　3 件。合瓦形，弧口，扁环纽，内有棒槌状舌。标本 LXM1G：6，铣长 3.5、口长 3.5、宽 2.3、通长 5.3 厘米（图一二九，1；图版五二，4）。

铜节约

A 型 2 件。标本 LXM1G：10-1，L 形管状，横截面呈马蹄形。边长 5、底宽 1、

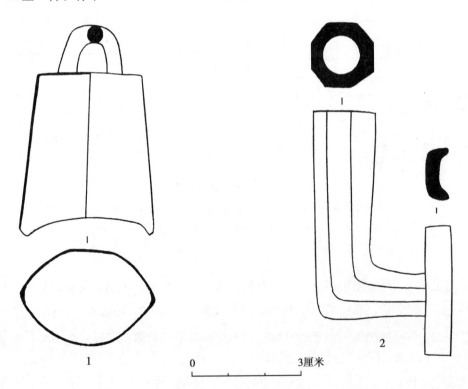

图一二九　LXM1 出土铜铃、插座

1. 铜铃（LXM1G：6）　2. A 型铜插座（LXM1G：25-1）

高 1 厘米（图版五二，5）。

B 型　1 件。标本 LXM1G：10－2，T 形管状，横截面呈马蹄形，横长 5、竖长 4.1、底宽 1、高 1 厘米（图版五二，6）

铜插座　A 型 2 件。器呈 L 形，顶端有内圆而外作八角形插孔，底部外端有瓦形槽。以适于贴附捆扎在车轮上，插座鼓起的一面留有绳索锈结的痕迹。标本 LXM1G：25－1，长 6.2、插孔内径 1、槽长 3.2、宽 1.2、深 0.3 厘米（图一二九，2）。

铜盖弓帽　B 型 3 件。圆筒形，顶部封闭，并向前伸出一尖锥，近内端有钉孔相对。标本 LXM1G：23，长 4.7、尖锥长 1.4、内端径 1.3、外端径 1.1 厘米（图版五二，7）。

铜带钩　A 型 1 件。标本 LXM1P1：3，琵琶形，马首状钩，凹背，鼓腹，纽近尾部。长 5.1、腹宽 0.9、厚 0.8 厘米（图版五二，8）。

3. 石器

42 件。滑石质，多装饰品。有琮形束发器、簪、环、佩饰、器帽、片状玦等。

滑石琮形束发器　1 件。标本 LXM1P3：1，扁方形，两面凸起呈八角形，中有一圆孔。边长 4.5、孔径 2.8、厚 1.7 厘米（图一三○，1；图版五三，1）。

滑石簪　1 件。标本 LXM1P3：5，抹角方柱形，尾端略细。长 6.9、宽 0.9～1.2 厘米（图一三○，2；图版五三，2）。

滑石环　33 件。有两种。一种 8 件，扁平圆环形，有阴刻或阳刻纹饰。标本 LXM1P5：1，阴刻矢状纹，外径 7.8、内径 4.3、厚 0.4 厘米（图一三一，1）。标本 LXM1P2：2，阴刻云纹，外径 8.4、内径 4.2、厚 0.5 厘米（图一三一，2；图版五三，3）。标本 LXM1G：11，阴刻勾云纹。外径 4.6、内径 1.8、厚 0.4 厘米（图一三一，5；图版五三，5）。标本 LXM1G：26，残，一面阳刻 S 纹、卷云纹、钩云纹（图一三一，3；图版五三，4）。另一种肉部较窄较高，略呈筒状。标本 LXM1P1：5，外径 1.7、内径 0.9、厚 0.6 厘米（图一三○，3）。

滑石瑗　B 型 2 件。中间厚，内、外缘较薄，横截面呈六角形。标本 LXM1P2：5，外径 4.4、内径 2.7、厚 0.8 厘米（图一三○，7）。

片状滑石玦　1 件。标本 LXM1P3：6，扁平圆形，中心有一小孔，缘边有一长方形缺口。径 2.6、厚 0.6 厘米（图一三○，4；图版五三，6）。

方形滑石佩　1 件。扁平略呈长方形，四角各有系孔。标本 LXM1P2：3－1，长 2.7、宽 1.7、厚 0.4 厘米（图一三○，6）。

长方形滑石佩　2 件。长方形片状，上下缘各有一系孔。标本 LXM1P2：3－2，长 4.5、宽 1.8、厚 0.5 厘米（图一三○，5）。

滑石柱形器帽　1 件。标本 LXM1G：5，略残。圆柱形，底部有圆銎，通体饰阳刻卷云纹。长 5.8、径 3.2、銎径 0.8 厘米（图一三一，4；图版五四，1）。

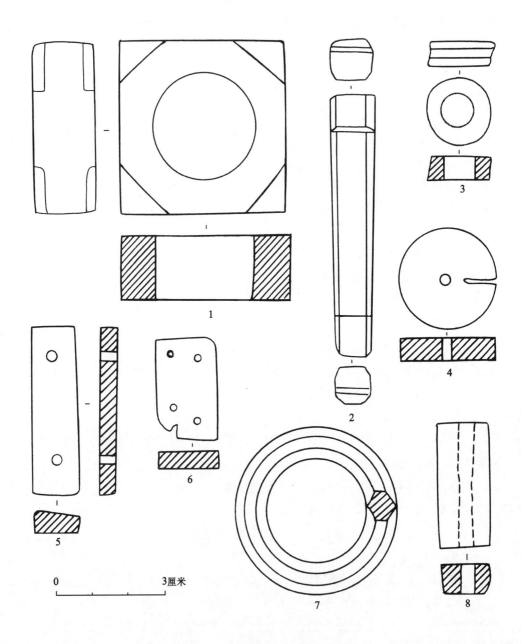

图一三〇　LXM1 出土石器、水晶器

1. 滑石琮形束发器（LXM1P3：1）　2. 滑石簪（LXM1P3：5）　3. 滑石环（LXM1P1：5）

4. 片状滑石玦（LXM1P3：6）　5. 长方形滑石佩（LXM1P2：3-2）　6. 方形滑石佩

（LXM1P2：3-1）　7. B 型滑石瑗（LXM1P2：5）　8. 长方柱形水晶管（LXM1G：1）

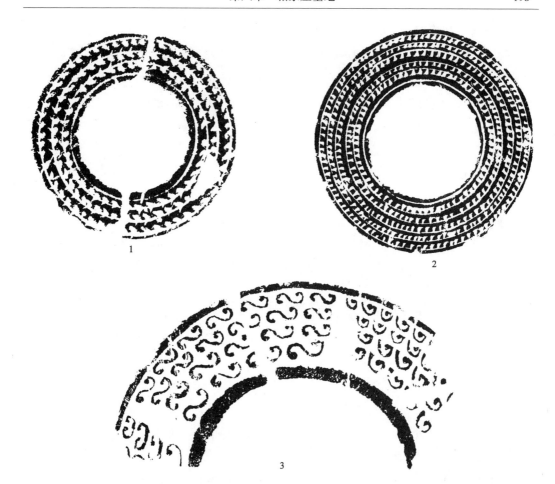

图一三一　LXM1 出土滑石环、柱形器帽纹样拓本

1. 环（LXM1P5：1）　2. 环（LXM1P2：2）　3. 环

（LXM1G：26）　4. 柱形器帽（LXM1G：5）　5. 环（LXM1G：11）

4. 水晶、玛瑙器

22 件。其中有水晶器 21 件，有环、珠、管。玛瑙器只有璜一种。

水晶瑗　A 型 3 件。无色透明。立边，内缘凸起成棱一周，外缘直立。标本 LXM1P2∶16，外径 2.9、内径 2.5、高 1.5 厘米（图版五四，2）。

长方柱形水晶管　7 件。器作长方体，上下一长穿。标本 LXM1G∶1，长 3.3、宽 1.3、厚 0.8 厘米（图一三〇，8；图版五四，3 左）。

球形水晶珠　10 件。径 0.4～0.6、高 0.3 厘米。

多面体水晶珠　1 件。标本 LXM1P1∶1-1，器作切角正方体，成 14 面体珠，顶中一穿。长 1、宽 1、高 1.2 厘米。

玛瑙璜　1 件。标本 LXM1G∶22，器扁平，上弧下作八字形，上缘中部有一系孔，长 7、边宽 1.7、厚 0.4、高 2.5 厘米（图版五四，4）。

5. 骨器、蚌器

44 件。其中骨器 3 件，蚌器 41 件。

骨梳　A 型 1 件。标本 LXM1P1∶5，扁平，长方形柄作平背束腰状，25 齿，部分齿已残。长 8.2、宽 4.1、齿长 3.1 厘米（图版五四，5）。

骨柱形器　2 件。圆柱形束腰状，两端粗细略异。标本 LXM1P3∶7，长 7.5、底径 1.2、顶径 0.7 厘米（图版五四，6）。

圆形蚌饰　38 件。河蚌制成，用于装饰墓壁帷帐钉顶。圆形，中央有一圆孔，饰朱绘云纹。标本 LXM1∶27，径 6 厘米。

蚶贝饰　3 件。标本 LXM1G∶27，蚶贝壳，顶端有一穿孔（图版五四，7 中）。

二、相家庄二号墓（LXM2）

（一）墓葬形制

1. 封土

LXM2 是"四联冢"前排三墓居中的一座墓葬。其封土西依 M1，东连 M3，东北与 M4 的封土相接。在"四联冢"四座墓葬中，M2 是唯一与其他三座墓葬存在打破、叠压关系的墓葬。根据其叠压、打破关系，M2 的修筑时间只比 M3 早，而晚于 M1 和 M4。

M2 的封土系由陵台及其台顶的圆锥形坟堆组成。由于 M2 墓室是沿着 M1 地上墓室东墙外壁的墙根往下挖掘的，所以在开挖前曾将与 M2 墓室相关部分的 M1 东墙护坡铲除，否则就无法施工。被铲除的护坡，其上部宽度为 24.1 米，下部宽度与 M2 墓室南北长度相若，为 21.8 米左右。护坡的铲除系贴着 M1 东墙外壁进行，壁面的板痕和系板绳孔依然可见。由此不难看出，人们为保护 M1 东墙，在铲除护坡时的小心程度。

M2 墓室之所以要沿 M1 东墙外壁下挖，其目的可能是为了缩短它与 M1 之间的距离，使两座墓葬的主人靠得更近些。

　　二号墓的陵台，其西部紧贴并叠压在 M1 地上墓室东墙外壁及其未被铲除的护坡上（彩版一二，3），采用夹棍夹绳系板建筑技术，分南北两段两次夯筑而成。北段陵台南北宽 20.4、南段陵台南北宽 21 米。从北段陵台南壁壁面既有板痕又有系板绳孔，以及壁面上部内收，而南段陵台的北壁壁面虽有板痕却无系板绳孔和壁面上部外倾等情况分析，陵台北段之筑当早于南段。南段陵台北壁的板痕是从北段陵台南壁反印上去的。陵台北段宽 20.4、南段宽 21、南北总长 41.4 米。陵台底东西宽 31.6 米，台顶东西面宽 33.2 米，台高 5.8 米。台顶南北长度，因陵台南、北壁上部遭破坏，已无法测算。M2 陵台除西面因与 M1 封土相连没有护坡外，其余三面均筑有护坡。南、北两面护坡基本被破坏。从东壁保存的护坡测得，护坡底宽度为 8.8 米。

　　圆锥形坟堆位于陵台顶西部而略偏北，恰好与陵台下的墓室上下相对。坟堆属"柱心式"建筑类型。坟堆中央是下方而上呈截尖形的封土柱（图版五〇，2）。柱壁前后微弧，南北长 21.2、东西宽 31.6、高 1.8 米；上部圆锥顶径 5.5、高 4.4 米，坟堆通高 6.2 米。封土柱四壁面均筑有护坡加以保护。在挖掘 M2 墓室或修筑 M2 坟堆时，曾经将覆盖 M1 地上墓室东墙顶的 M1 坟堆封土柱东壁护坡大部分铲除，所以 M2 坟堆封土柱西壁的护坡覆盖在 M1 东墙顶及 M1 坟堆封土柱东壁的护坡上。而 M2 坟堆封土柱东壁护坡则在挖掘 M3 墓室以及修筑坟堆时全部被铲。保护陵台台顶的 M2 坟堆封土柱东壁的护坡是 M3 坟堆封土柱西壁护坡。

　　封台柱及陵台壁均用版筑而成，壁面板痕和系板绳孔清晰。板长约 5 米左右，高 0.2~0.25 米，系板绳孔径 0.5~1 厘米。陵台及台顶坟堆用黄褐色和红褐色花土夯筑，除坟堆护坡质地疏松，夯层不清，未发现夯窝外，陵台及封土柱夯层清晰，质地坚硬。夯层厚 15~25 厘米，夯窝有圆形圜底和圆形平底两种。前者系棍夯，夯窝径 4~5、深 2~2.5 厘米。后者为金属夯，夯窝径 4.5~6、深 1~1.3 厘米。

2. 墓室

　　LXM2 墓室西距 M1 地下墓室 11.6、东距 M3 地下墓室 11.8 米。墓口与陵台东、南、北三壁面的距离分别为 11.8、11.8、8 米。

　　该墓为甲字形土坑积石木椁墓，方向 193.5°（图一三二）。墓室呈长方形，墓口大于墓底。墓口南北长 22、东西宽 20.8 米。墓底南北长 16.4、东西宽 15.4 米，墓底距墓口深 9.3 米。就地下墓室深度而言，在"四联冢"中 M2 的墓室是最深的一座。

　　墓壁自墓口以下向里收缩成阶梯状的两级台阶。从墓口向下 3.1 米处为第一级台阶，壁面内收 0.3 米，台面宽 0.5~0.7 米，台高 3.3 米，台阶壁面内收 0.5~0.6 米；第二级台阶台面宽 0.8 米，至墓底高 3.2 米，壁面内收 0.4~0.5 米；第三级台阶高 2.8 米。

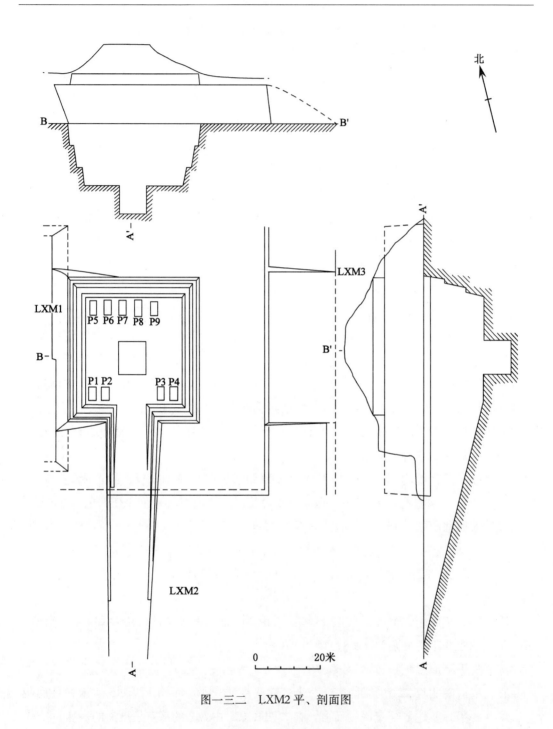

图一三二　LXM2 平、剖面图

墓道在墓室南壁的中部，呈斜坡状。墓道上口长 35.6、外口宽 6、里口宽 8.8 米。墓道与墓底相连，墓道底宽 4.6 米。墓道坡度为 14°，坡长 40 米。墓道两壁和墓室壁面一样有两级台阶，分别与墓室壁面相应的台阶相连。台阶里宽外窄，里高外矮。由于墓道的台阶与墓室壁面台阶基本处于同一平面上，所以随着墓道坡度的提升，台阶逐渐由高变矮，最后消失在墓道中。第一级台阶面宽 0.3～0.5、长 12.1 米，第二级台阶宽 0.3～0.4、长 12.1 米。

墓室和墓道壁面经加工修整，表面光洁，并刷有一层厚约 2 厘米的灰色澄浆细泥，其外又涂了一层白粉。墓室东壁的北部在挖掘时出现过塌方现象，曾用版筑技术进行过修补，壁面留有修补时留下的清晰板痕。

长方形椁室挖在墓底中部。南北长 5、东西宽 4.4、距墓底深 4.3 米。椁室的底部铺有一层厚约 0.4 米的天然石块，四壁也以石块垒砌。砌石高度高出墓底 0.3～0.6 米。椁口四面也放置了一些石块。石块间的缝隙用河卵石充填。上部石块多塌入椁底。

椁室四周为宽大的生土二层台，台面宽窄不一。其中东台宽 5.75、南台宽 4.6、西台宽 5.25、北台宽 6.6 米。生土二层台上挖有 9 个陪葬坑。

二层台四周和墓道北部壁面的下部钉有一层苇席。席外挂有用粗麻布制成的高 0.5 米的帷帐。帷帐上有红、黑两色绘成的兽面纹横式二方连续图案（图一三三；彩版一三，2）。帷帐上下缘贯有细绳，并用竹钉或木钉将其固定在墓室和墓道壁上。钉顶贯朱绘云纹的圆形蚌饰，蚌饰径 9.1、孔径 0.4 厘米。钉距约在 1.5～1.9 米之间。回填时，帷帐多被填土拽落在二层台上。

墓室和筑自墓道的陵台南壁以北的墓道均填黄褐色花土，经分层夯打，质地较硬。陵台南壁以南的墓道填土则略显疏松。夯层厚 25～30 厘米，夯窝呈圆形弧底，径 5～6、深 0.2～0.5 厘米。

墓被盗扰。最大的一个盗洞开口在陵台台顶坟堆的北侧，发掘前洞口仍然敞开。在距墓口约 2 米处松软的盗洞淤土中发现了两匹马骨架（图一三四）。盗洞下部有从椁室中掏出的河卵石，这两匹马似乎与祭祀无关。但是缘何会在盗洞内埋入两匹马，却令人感到不解。

（二）葬具与葬式

木质葬具，皆已朽成白色板灰。据板痕知葬具有两椁一棺。在椁室底北部的石块上，东西横列了 8 块宽、厚约 25 厘米的方木，两端与砌石相抵，南部椁底木已被盗乱。底板上南北纵列 7 块宽 25～30 厘米的椁底板。两端椁板伸出侧板约 7 厘米，呈"Ⅱ"形。盖板横列于侧板之上。盖板宽 18～20 厘米。椁长 3.71、宽 2.1、残高 1.05 米。

棺已朽，形制不明。棺周散落一些棺木附件铜铺首。据铺首的分布范围，推测棺长约 2.7、宽约 1.2 米左右，高度不详。棺髹漆，漆呈赭色，并有朱绘图案。因棺椁朽烂，又经盗扰，髹漆多成碎片，未详图案内容。

墓主骨骸已朽，葬式不明。

在椁南部的盗洞中发现了一具人骨架，头朝东南，俯身，双脚叉开，双臂置于胸或

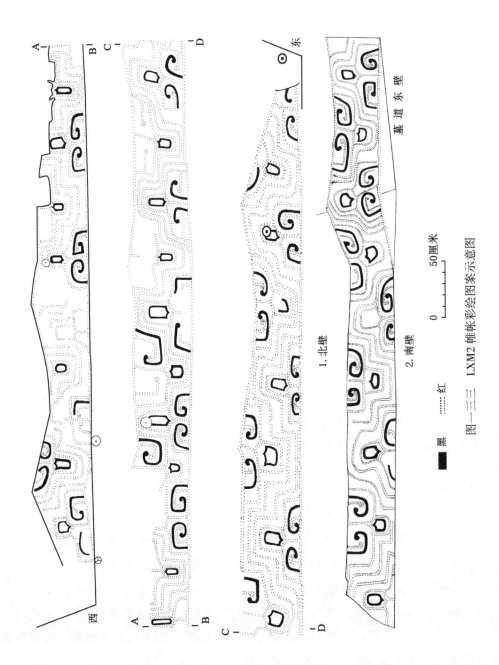

1. 北壁

2. 南壁

图一三三　LXM2 帷帐彩绘图案示意图

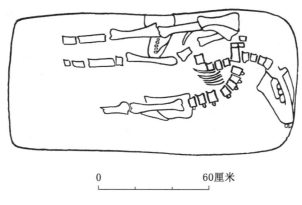

0　　　　　　　　　60厘米

图一三四　LXM2 盗洞中的马骨架

肩侧。似此葬法，在临淄还是首见，当非墓主骨骸，否则骨架在盗洞中势必零乱。这具骨骸有可能是盗墓贼遗骸。如果是墓主的骨骸，那么盗墓时间距墓主下葬相去不久。

（三）随葬器物的放置

二层台的四角各放置一个木俑，俑高 35 厘米，已朽。西北角的木俑已塌陷，东北角一个被盗洞破坏。其余两个木俑朽烂形成的空洞，曾用石膏灌注模型。从清理情况看，西南角木俑似为持盾俑（图版五五，1），东南角的木俑似是持矛俑（图版五五，2）。

椁室西北角二层台上石块间有一组陶器，被石块压成碎片。其中有鼎足、豆柄等，余皆难辨器形。

椁盖上散置了一些凸棱形玛瑙管、骨镞、骨剑、骨管、蛤蜊壳及残石磬。椁底棺东侧置一柄铜剑。棺的四周有棺木腐朽后散落在内椁板上的铜铺首。棺内有残余的玉佩、水晶、玛瑙器和骨镞等小件。由于椁室被盗，以及砌石的塌陷，大部分随葬器物掺杂在扰土中，椁室出土器物计有：铜剑 1 件、饕餮头 3 件、泡 1 件、络饰 5 件、铺首 13 件、钉环 1 件；铁衔 1 件；玉璧 1 件、玉佩 7 件；石刀 1 件、器帽 2 件、残磬 13 件；料珠 3 件；水晶瑗 4 件、管 31 件、珠 4 件；玛瑙瑗 4 件、管 73 件；骨弦柱 3 件、剑 5 件、簪 1 件、镞 134 件、盖弓帽 3 件、带钩 11 件、管 2 件、帽饰 2 件、八角柱形器 1 件、颌 1 件、吊扣 1 件、觿 1 件、珠 2 件、蝉形器架 4 件、构件 8 件；蛤蜊壳 7 件；珍珠 3 件。

（四）陪葬坑和殉人

1. 陪葬坑概述

墓内有 9 个陪葬坑，分别挖在椁室南、北两面的生土二层台上。其中南二层台 4 个，编号自西向东为 LXM2P1～P4；北二层台 5 个，由西往东编号是 LXM2P5～P9。在"四联冢"四座墓葬中，M2 是陪葬坑最多的一座墓。

陪葬坑均系长方形竖穴土坑，方向为南北向。有一椁一棺木质葬具。长方形椁，棺多作长方形束腰状。

坑内都埋有一殉人。殉人皆仰身直肢，头朝埋葬墓主的椁室。陪葬坑多被盗扰，仅
LXM2P7 和 LXM2P9 幸免。

随葬器物多是水晶、玛瑙、滑石或骨制装饰器，随殉人置于棺内（附表一〇）。

2. 陪葬坑举例

LXM2P7　位于北二层台。坑口南北长 2.3、东西宽 1.1～1.18、深 1.1 米。坑内
南北两面有熟土二层台。二层台宽 0.2～0.35、高 0.4 米。椁呈长方形，已朽。据朽木
灰测得椁长 2.05、宽 1、残高 0.9 米。棺作长方形束腰状，长 1.9、宽 0.6 米，高度不
详。棺内一殉人，头朝南，仰身直肢，双手置于腹部。殉人的头部置滑石琮形束发器、
滑石簪各 1 件，骨管 1 件，滑石坠 2 件；肩部置滑石柱形器 2 件，滑石柱形玦 1 件，骨
簪 1 件；自颈至足有 17 件由滑石制作的椭圆形、方形、长方形佩，以及环、璜等组成
的组佩饰（图一三五）。

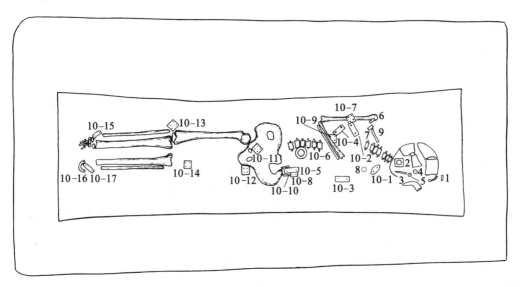

图一三五　LXM2P7 平面图

1. 骨管　2. 滑石琮形束法器　3. 滑石簪　4、5. 滑石坠
8. 滑石柱形玦　6、7. 滑石柱形器（2）　9. 骨簪　10. 滑石组佩饰（17）

LXM2P9　位于北二层台。坑口南北长 2.22、东西宽 1.17、深 1.2 米。坑南、北两端
有宽 0.1～0.14、高 0.42 米的熟土二层台。有一椁一棺木质葬具。椁长方形，长 2、宽 1、
残高 0.8 米。棺长 1.82、宽 0.55～0.58 米。棺内一殉人，头朝南，仰身直肢，双手置于
腹部。殉人头前置铜匜 1 件；头部有滑石琮形束发器、滑石簪各 1 件，滑石片状块 2 件；

头侧有铜匕 1 件；腹置铜带钩 1 件、玛瑙瑗 2 件；足部有骨柱形器 2 件；自颈至足有 14 件由滑石椭圆形、长方形、方形石佩饰及环、璜等穿成的组佩饰（图一三六）。

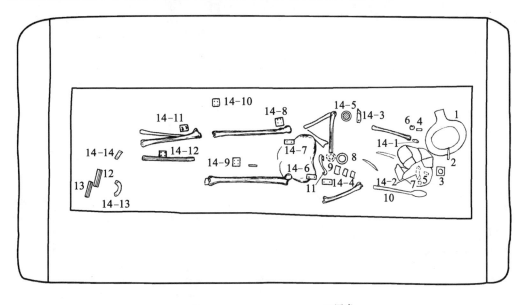

图一三六　LXM2P9 平面图

1. 铜匜　2. 滑石簪　3. 滑石琮形束发器　4、5. 滑石柱形器　6、7. 滑石片状块
8、9. 玛瑙瑗　10. 铜匕　11. 铜带钩　12、13. 八角柱形骨器　14. 滑石组佩饰（14）

（五）随葬器物

按质地分为铜器、玉石器、水晶、玛瑙器、骨器、蚌器等。

1. 铜器

31 件。按用途可分为铜礼器、兵器、服饰器、车马器和杂器。礼器有匜 1 件；兵器有剑 1 件；车马器 13 件，有铜衔、饕餮头、泡、络饰等；服饰器有带钩 1 件；杂器 15 件，有铜匕、铜铺首、铜环等。

铜匜　A 型 1 件。标本 LXM2P9：1，器呈瓢形，前有半圆槽形流，后有环状鋬，平底。长径 21.6、短径 16.4、流长 7.6、底足径 16、短径 11、高 9.6、通长 26 厘米（图一三七，1）。

铜剑　A 型 1 件。标本 LXM2G：51，扁短茎，横截面呈方形，茎顶有半球状凹槽。窄格，身既长且宽，横截面呈菱形。身长 51.2、宽 5.1、通长 60.3 厘米（图一三七，3；图版五五，3）。

铜环　1 件。标本 LXM2G：86，横截面呈圆形。外径 1.8、内径 1.3 厘米。

铜插座　A 型 1 件。器呈 L 形，顶端有内圆而外作八角形插孔，底外端有弧形凹

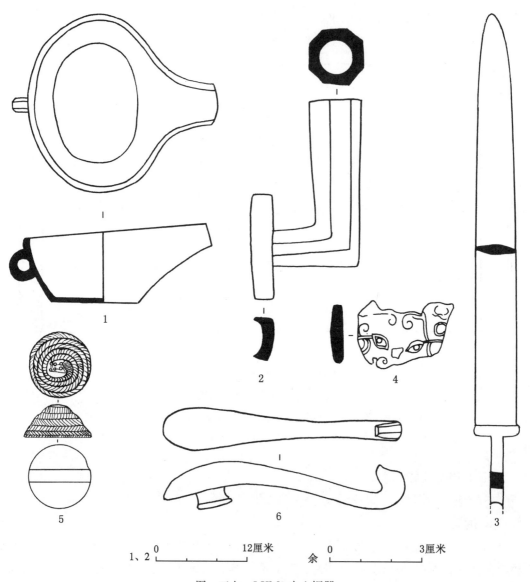

图一三七　LXM2 出土铜器

1. A 型匜（LXM2P9：1）　2. A 型插座（LXM2P8：38）　3. A 型剑（LXM2G：51）

4. 饕餮头（LXM2G：95－1）　5. 泡（LXM2G：5）　6. A 型带钩（LXM2P9：11）

槽。LXM2P8：38，长 6、插孔内径 1、槽长 3.2、宽 1.8、深 0.3 厘米（图一三七，2；图版五五，4）。

　　铜衔　2件。残，由两个"8"字形环套接而成。标本 LXM2G：78－1，残长 5.2 厘米。

　　铜饕餮头　3件。扁平长方形，面饰饕餮纹，背部正中有一方穿。标本 LXM2G：95－1，长 2.5、宽 1.8 厘米（图一三七，4）。

铜泡　1件。鼓面凹里呈泡形，背有一横梁；面饰蟠蛇纹。标本LXM2G：5，径1.64、高0.9厘米（图一三七，5；图版五五，6）。

铜络饰　5件。标本圆管状。标本LXM2G：85-1，长1.1、径1.1厘米。

铜带钩　A型1件。标本LXM2P9：11，琵琶形，马首形钩，平背，鼓腹，铆钮近尾部。长7.4、宽1.3、厚0.8厘米（图一三七，6）。

铜匕　1件。标本LXM2P9：3，扁平椭圆形，微凹，扁平条形柄已残。残长13、匕长径5.8、短径4.8厘米。

铜铺首　13件。镂孔兽面铺首，下方有一半环形纽，纽套接一半环，背面有一长方形钉。标本LXM2G：92-1，铺首长6.5、宽9.1、钉长3.2、宽1、厚0.8、环外径8、内径5.7、通高12.5厘米（图一三八，1；图版五五，6）。

铜钉环　1件。标本LXM2P2：6，钉顶作环形，并套一环，外缘有一扁方形钉，近尾外有长方穿。环外径5、内径3.5、钉长4.5、通长8.3厘米（图一三八，2）。

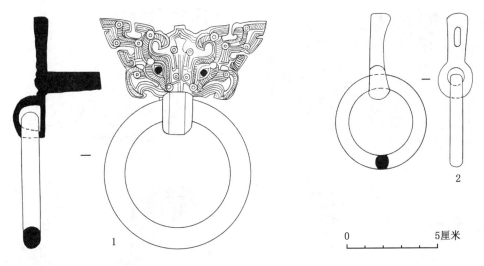

图一三八　LXM2出土铜铺首、钉环

1. LXM2G：92-1　2. 钉环（LXM2P2：6）

2. 铁器

铁马衔　1件。残。标本LXM2G：78-2，器形与铜马衔相同，由两个"8"字形环套接而成。残长6.2厘米。

3. 玉器、石器、料器

98件。其中有玉器9件，石器86件，料器3件。

玉璧　1件。青玉质。扁平圆环形，肉大于好，素面。标本LXM2G：72，肉1.5、好1.3、厚0.4厘米（图一三九，1；彩版一〇，4）。

玉环　C型1件。标本LXM2G：63，黄玉质，半透明，有玉质光泽。器呈扁平环

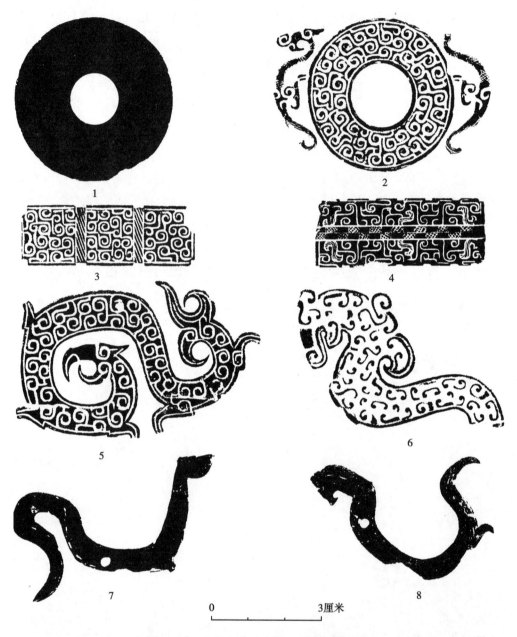

图一三九　LXM2 出土玉器、石器纹样拓本

1. 玉璧（LXM2G：72）　　2. C 型玉环（LXM2G：63）　　3. 长方形玉佩　（LXM2G：65）　　4. 长方形玉佩（LXM2G：66）
5. 龙形玉佩（LXM2G：60）　6. 龙形玉佩　（LXM2G：62）　　7. 夔形玉佩（LXM2G：64）　　8. 夔形玉佩（LXM2G：61）

形，外缘有一对称透雕夔龙耳。夔回首，拱背向外，长尾上卷，腹部一足。两面阴刻卷
云纹、斜方格纹。环外径 4.1、内径 1.7、厚 0.2 厘米（图一三九，2；彩版一四，1）。

　　长方形玉佩　2 件。青玉质。器扁平呈长方形，两侧有鉏牙，上下一长穿。标本
LXM2G：65，两面阴刻卷云纹、绚纹，长 4.8、宽 1.6、厚 0.3 厘米（图一三九，3；

彩版一四，2）。标本 LXM2G：66，两面阴刻卷云纹、斜方格纹。长 4.6、宽 1.8、厚 0.3 厘米（图一三九，4；彩版一四，3）。

龙形玉佩　3件。青玉质。器扁平，刻作龙形。标本 LXM2G：60，龙首向下反卷，细尖耳，杏眼，尖上吻内勾，下吻尖而上翘，尾上翘内卷，胸、腹共有四足，尾有三撮卷毛，上缘有一系孔。两面阴刻卷云纹。长 6.7、宽 3.9、厚 0.3 厘米（图一三九，5；彩版一四，5）。标本 LXM2G：62，回首，拱背，圆耳，杏眼，圆吻，胸、腹有两足，腹部一撮卷毛。颈部有一系孔，尾残。两面阳刻云纹。残长 6.5、厚 0.3 厘米（图一三九，6；彩版一四，4）。

夔形玉佩　2件。标本 LXM2G：64，青玉质。夔首上昂前伸，腰下折，拱垂尾，尾端微翘。胸有一足，腹部一系孔。素面。长 5.6、宽 0.6、厚 0.3 厘米（图一三九，7；彩版一四，6）。标本 LXM2G：61，首残。回首，腰下凹，尾上翘，一足，颈部一系孔。素面。残长 5、宽 0.6、厚 0.3 厘米（图一三九，8；图版五六，1）。

滑石琮形束发器　3件。滑石质，扁平，外方内圆。常与滑石簪一起置于死者头顶，当用于束发。标本 LXM2P8：1，边长 4.1、孔径 1.9、厚 0.9 厘米（图一四〇，1；图版五六，2左）。

滑石簪　3件。滑石质，扁圆桂状，首端粗，尾端细，尾端磨成尖锥状。标本 LXM2P8：2，长 6.5 厘米（图一四〇，2；图版五六，2右）。

滑石柱形玦　2件。滑石质，圆柱形，一侧有一竖向沟槽。常出于死者左右耳，当为瑱。标本 LXM2P8：9，横截面呈椭圆形，长 2.3、长径 1、短径 0.6、槽深 0.4 厘米（图一四〇，3；图版五六，3左）。标本 LXM2P7：8，沟槽外宽里窄，呈 V 形，长 1.9、径 1.3、槽深 0.4 厘米（图一四〇，4）。

滑石片状玦　2件。滑石质，扁平圆形，圆边有一长方形或 V 字形缺口，出自死者头部两侧。标本 LXM2P9：7，径 1.3、厚 0.5、缺口长 0.7 厘米（图一四〇，5；图版五六，4右）。

滑石坠　4件。滑石质，扁平圆形，中心有一系孔，常出自死者耳部，应为坠。标本 LXM2P7：4，径 2、孔径 0.5、厚 0.6 厘米（图一四〇，6；图版五六，5）。

滑石柱形器　2件。滑石质，圆柱形。标本 LXM2P7：6，长 3、径 1.1 厘米（图一四〇，9；图版五六，6左）。

墨石柱形器帽　2件。墨石质，形制、大小相同。黑色，圆柱形，底端有圆銎，顶及器身阳刻卷云纹、凸弦纹。标本 LXM2G：89-1，径 2.5、銎径 0.7、深 1.6、高 3.7 厘米（图一四一，1；彩版一〇，5）。标本 LXM2G：89-2，饰阳刻卷云纹（图一四〇，10；一四一，2）。

石刀　1件。标本 LXM2G：17，青石质，长方形，双面直刃，刃部有一半圆形缺

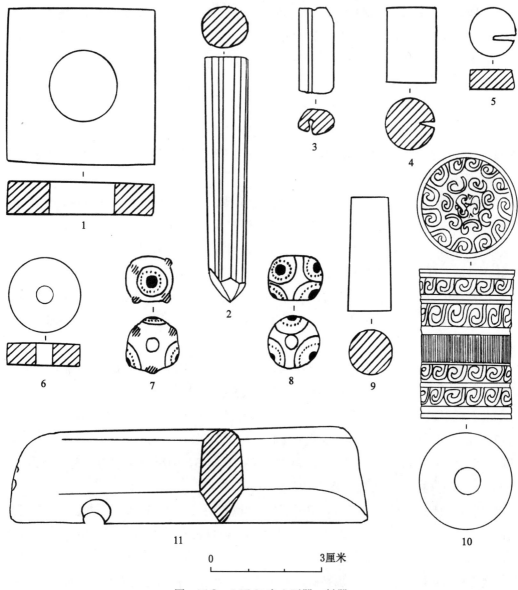

图一四〇　LXM2 出土石器、料器

1. 滑石琮形束发器（LXM2P8：1）　　2. 滑石簪（LXM2P8：2）　　3. 滑石柱形玦（LXM2P8：9）　　4. 滑石柱形玦
（LXM2P7：8）　　5. 滑石片状玦（LXM2P9：7）　　6. 滑石坠（LXM2P7：4）　　7. 料珠（LXM2G：65－1）　　8. 料珠
（LXM2G：65－2）　　9. 滑石柱形器（LXM2P7：6）　　10. 墨石柱形器帽（LXM2G：89－1）　　11. 石刀（LXM2G：17）

口。长 9.7、宽 2.5、厚 1.2 厘米（图一四〇，11；图版五六，7）。

　　滑石组佩饰　滑石质，凡有出土物的陪葬坑均有滑石佩饰出土，但保存较好的只有
LXM2P7 和 LXM2P9 两个陪葬坑。滑石组佩饰系由不同形状带有穿孔的扁平滑石片串
联而成。其中有：

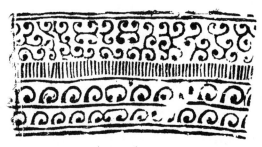
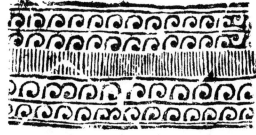

0　　　　　　3厘米

图一四一　LXM2出土墨石柱形器帽纹样拓本

1. 墨石柱形器帽（LXM2G：89-1）　2. 墨石柱形器帽（LXM2G：89-2）

椭圆形滑石佩　4件。两端各有一穿孔。标本LXM2P8：1，长5.3、宽3.2厘米（图一四二，1）。

滑石环　2件。扁平环形。标本LXM2P8：10，外径4.6、内径2厘米（图一四二，2）。

方形滑石佩　28件。略呈方形，四角各有一穿孔，标本LXM2P7：10-7，长4、宽3.8厘米（图一四二，3）。

璋形滑石佩　1件。平底，顶端作斜锐角形。两端各一穿孔。标本LXM2P8：3，长5.4、宽2.4厘米（图一四二，4）。

长方形滑石佩　21件。长方形，上下缘各有一穿孔。标本LXM2P8：2，长7.1、宽2.7厘米（图一四二，5）。

琬圭形滑石佩　4件。平底，顶作浑圆形。上、下各有一穿孔。标本LXM2P8：4，长7.7、宽2.4厘米（图一四二，6）。

滑石璜　8件。有B型和C型。

B型　7件。呈半圆弧形和弧形，两端各有一穿孔。标本LXM2P5：6-15，长6.4、宽1.5、高2.2厘米（图一四二，7）。标本LXM2P6：10，半圆形，长6.1、高3厘米（图一四二，8）。标本LXM2P8：5，长7.4、宽1.7、高3.1厘米（图一四二，9）。

C型　1件。与B型相似，缘边有钮牙。标本LXM2P7：10-15，长6.9、宽2、高2.4厘米（图一四二，10）。

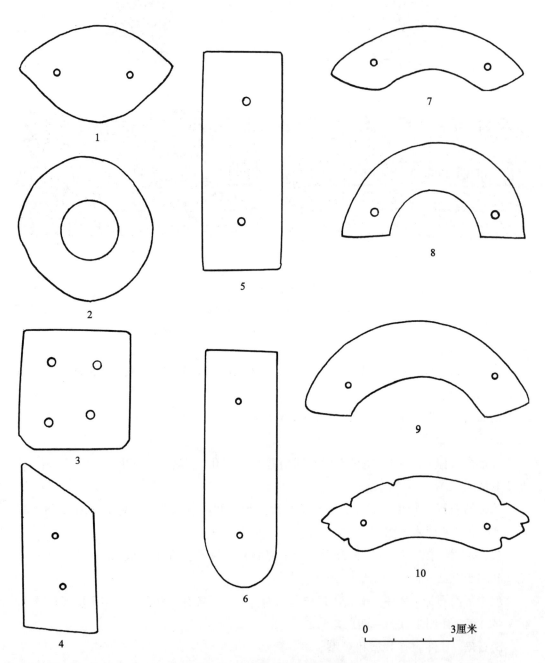

图一四二　LXM2 出土滑石佩饰

1. 椭圆形佩（LXM2P8：1）　2. 环（LXM2P8：10）　3. 方形佩（LXM2P7：10－7）　4. 璋形佩
（LXM2P8：3）　5. 长方形佩（LXM2P8：2）　6. 琬圭形佩（LXM2P8：4）　7. B 型璜
（LXM2P5：6－15）　8. B 型璜（LXM2P6：10）　9. B 型璜（LXM2P8：5）　10. C 型璜（LXM2P7：10－15）

　　组佩饰串联时以椭圆形为挈领，长方形和方形石佩并联，环与璜起约束作用，末端系一琬圭形石佩饰。

　　标本 LXM2P9：14　一组 14 件，由 1 件椭圆形佩、4 件长方形佩、5 件方形佩、1件琬圭形佩、1 件环、2 件璜串联组合而成（图一四三；图版五七，1）。

　　标本 LXM2P7：16　一组 17 件，由 1 件椭圆形佩、4 件长方形佩、8 件方形佩、1件琬圭形佩、1 件环、2 件璜通过串联组合而成（图一四四；图版五七，2）。

　　料珠　3 件。球形，顶中一穿孔（图版五八，1）。标本 LXM2G：65 - 1、2，浅绿色珠体上饰凸起白、赭、蓝三色相间的圆圈纹，有如蜻蜓眼，或在蓝色球体上饰凸起的橘黄色乳丁。径 1.4、高 1.2 厘米（图一四〇，7、8）。

4. 水晶、玛瑙器

　　123 件。其中有水晶器 41 件，玛瑙器 82 件。

　　水晶瑗　A 型 6 件。白色，透明，有玻璃光泽。圆环形，立边，内缘中间凸起成棱一周，外缘直立，横截面呈五角形。标本 LXM2G：70 - 1，外径 4.1、内径 2.4、高0.8 厘米（图一四五，1；图版五八，2）。

　　圆柱形水晶管　31 件。圆柱形，上下一长穿。标本 LXM2G：75 - 1，长 2.6、径0.9 厘米（图一四五，2）。

　　球形水晶珠　3 件。球形，顶中一穿孔。径 0.4、高 0.3 厘米。

　　扣形水晶珠　1 件。标本 LXM2G：74，圆形，侧视呈八角形，顶中一穿孔。径1.2、高 0.9 厘米（图一四五，3）。

　　玛瑙瑗　9 件。有 A、B 两型。

　　A 型　1 件。标本 LXM2P6：7，器形与 A 型水晶瑗雷同。外径 4、内径 2.7、高0.6 厘米（图一四五，4；图版五八，3）。

　　B 型　8 件。乳白色，半透明。圆环形，中间厚，内外缘渐薄，横截面多呈六角形。

　　标本 LXM2G：71 - 1，外径 4.8、内径 2.9、厚 0.9 厘米（图一四五，5；图版五八，4）。

　　凸棱形玛瑙管　73 件。乳白色，半透明。腰鼓形，中腰有一凸棱，上下一长穿。标本 LXM2G：1，长 4.9、径 1.2～1.7 厘米（图一四五，6；图版五八，5 右 2）。

5. 骨器、牙器、蚌器

　　192 件。其中骨器 179 件，牙器 2 件，蚌器 11 件。骨器除少数几件，几乎都出自椁室。骨器按用途可以分为乐器、兵器和其他装饰器、日常用器等。

　　骨弦柱　3 件。呈扁平桥形，顶部有承弦 V 形槽缺。标本 LXM2G：84，长 2.8、高 2.4、边宽 0.9 厘米。

　　骨剑　5 件。3 件残。黑色。短扁茎，剑身宽扁，无格、平脊，两刃缓聚成锋，横

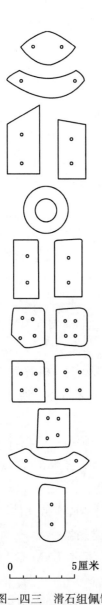

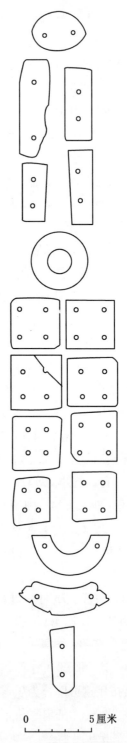

0　　　　5厘米

图一四三　滑石组佩饰
复原图（LXM2P9：14）

0　　　　5厘米

图一四四　滑石组佩饰
复原图（LXM2P7：16）

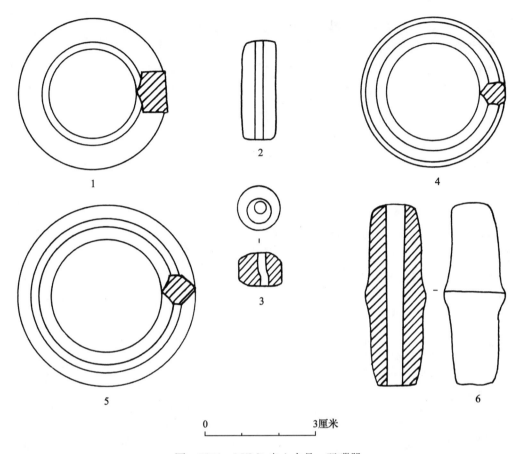

图一四五　LXM2 出土水晶、玛瑙器

1. A 型水晶瑗（LXM2G：70 - 1）　2. 圆柱形水晶管（LXM2G：75 - 1）　3. 扣形水晶珠（LXM2G：74）

4. A 型玛瑙瑗（LXM2P6：7）　5. B 型玛瑙瑗（LXM2G：71 - 1）　6. 凸棱形玛瑙管（LXM2G：1）

截面略呈六角形。标本 LXM2G：76 - 1，茎长 2.5、剑身宽 3、通长 24.5 厘米（图一四六，1；图版五九，1）。

　　双翼形骨镞　62 件。铤多残。双翼形，镞身两面有凸起的脊，横截面呈菱形，脊下透出本，后锋与脊一行而不外张，圆铤。标本 LXM2G：82 - 3，残长 6、镞身长 5.6、宽 1.8 厘米（图一四六，2；图版五九，2 右 1）。

　　菱形骨镞　30 件。无后锋，折棱脊，横截面呈菱形。标本 LXM2G：82 - 2，镞身长 4.2 厘米（图一四六，3；图版五九，3 右 1）。

　　柱形骨镞　10 件。圆铤残。镞身呈圆柱形，平头，无锋，无本。标本 LXM2G：82 - 4，残长 9、镞身长 7.3、径 0.6 厘米（图一四六，4；图版五九，4 左 2）。

　　三棱形骨镞　32 件。完好者 12 件。三棱形镞身窄长，横截面呈三角形，无外伸之翼，三刃前聚成锋。圆铤已残。标本LXM2G：82-1，镞身长8.5厘米（图一四六，5；图版五九，5右1）。

骨簪 1件。标本LXM2G：56，器呈瓢形，平底有椭圆銎。粗端有一穿孔与銎相通。长5.4、宽2.1、高1.9、銎长径1.7、短径1.3厘米（图一四六，6；图版五九，6）。

骨盖弓帽 3件。完好者2件。圆筒形，里粗外细，外端封闭，一侧有直钩外向，标本LXM2G：80-1，长3.5、内端径1.1、外端径0.9厘米（图一四七，1；图版六〇，1右）。

骨簪 C型1件。标本LXM2P7：9，方条形，尾端呈锐角形。长7.6厘米（图一四七，2；图版六〇，2）。

骨带钩 11件。形制相同，钩均残。琵琶形，平背，鼓腹，腹部有两条脊棱，近尾部有铆钉状纽，髹黑漆，涂红彩。标本LXM2G：79-1，残长7.7、腹宽1.2、厚0.8厘米（图一四七，3；图版六〇，3）。

骨耳勺 1件。标本LXM2P8：37，首残。方条形，勺翘起作椭圆形。残长7.6、勺长径0.5、短径0.5厘米（图一四七，4；图版六〇，4）。

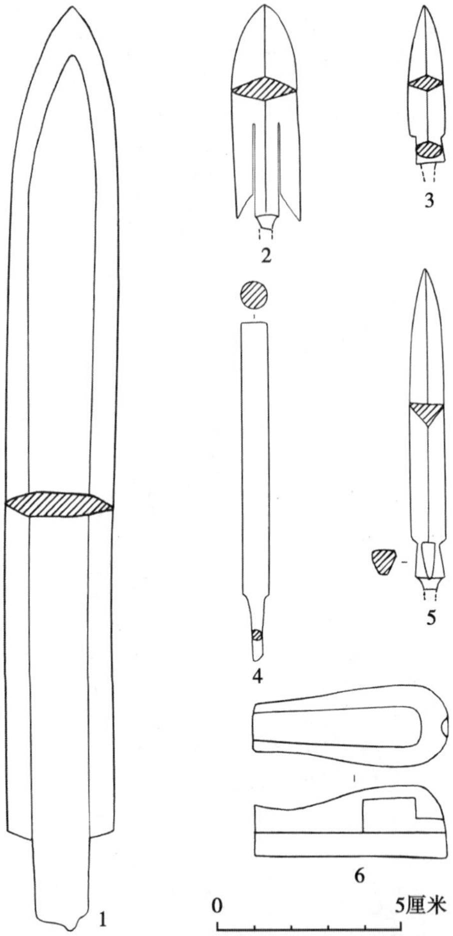

骨管 2件。标本LXM2G：88，由长骨截成。长4、径2.8厘米（图一四七，5；图版六一，1）。标本LXM2G：96，侧视呈梯形。长2.1、粗端径1.6、细端径1.2厘米（图一四七，6；图版六一，2）。

球形骨珠 2件。球形，顶中一穿孔。标本LXM2G：5，径1.9、高1厘米（图一四八，1）。

骨帽饰 2件。圆筒形，底粗顶细，顶端封闭。标本LXM2G：93，长3.2、粗端径1.3、细端径0.9厘米（图一四八，2；图版六一，3左）。

八角柱形骨器 5件。内圆外作八角柱形，一端粗，一端渐细，两端封闭。标本

图一四六 LXM2出土骨剑、镞、簪

1. 剑（LXM2G：76-1） 2. 双翼形镞（LXM2G：82-3） 3. 菱形镞（LXM2G：82-2） 4. 柱形镞（LXM2G：82-4） 5. 三棱形镞（LXM2G：82-1） 6. 簪（LXM2G：56）

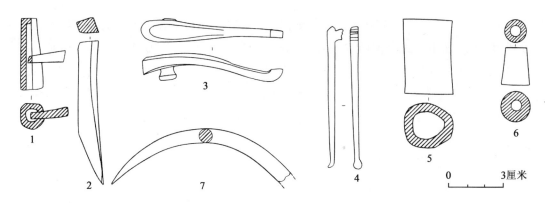

图一四七　LXM2 出土骨器、牙器

1. 盖弓帽（LXM2G：80-1）　2. C 型簪（LXM2P7：9）　3. 带钩（LXM2G：79-1）

4. 耳勺（LXM2P8：37）　5. 管（LXM2G：88）　6. 管（LXM2G：96）　7. 牙觿（LXM2G：4-1）

LXM2P8：35，长 5.5、粗端径 1.4、细端径 1.1 厘米（图一四八，3；图版六〇，5 右）。标本 LXM2G：87，长 9.2、粗端径 1.3、细端径 0.9 厘米（图一四八，5）。

　　骨柱形器　2 件。圆柱形，中腰略细。标本 LXM2P8：12，长 8.3、径 0.9 厘米（图一四八，4；图版六〇，6）。

　　骨吊扣　1 件。标本 LXM2G：83，圆环一侧凸出一横向管。环外径 1.4、内径

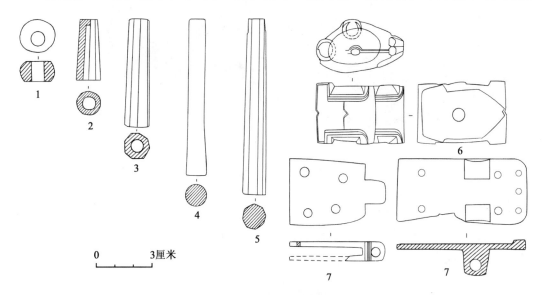

图一四八　LXM2 出土骨器

1. 球形珠（LXM2G：5）　2. 帽饰（LXM2G：93）　3. 八角柱形器（LXM2P8：35）　4. 柱形器

（LXM2P8：12）　5. 八角柱形器（LXM2G：87）　6. 蝉形器架（LXM2G：27）　7. 合页（LXM2G：77-1）

0.9、内径 0.4 厘米（图版六一，4）。

骨合页 2 件一组。略残，形制与现代合页近似。合页由长短不同的两个长方形骨片和销组成。长骨片的一侧面近边缘处有两个凸起的圆形管，有 7 个钉孔。短骨片一侧边的中部凸起一个圆形管，其长度略小于长骨片两管间距，骨片分两层，有 4 个钉孔，中间缝隙可嵌入器物。组装时，将短骨片的圆管套在长骨片两圆管之间，并用销贯穿骨片的圆管，将两骨片连在一起，使之能沿销转动。标本 LXM2G：77-1，长骨片长 7.2、宽 4.5、厚 0.3 厘米，圆管内径 0.6 厘米，短骨片长 5.5、宽 3.4、厚 1、层间距 0.4 厘米（图一四八，7；图版六一，5）。

蝉形骨器架 4 件。用长骨制成。呈扁椭圆形，中空，上下端封闭，有三矮柱啼，内侧有一圆孔。标本 LXM2G：27，长 5、宽 2.8、高 3.2、孔径 0.7 厘米（图一四八，6；图版六一，6 上）。

牙觿 2 件。残。獠牙形，首端系孔已残。标本 LXM2G：4-1，残长 9.7、最大径 0.9 厘米（图一四七，7；图版六〇，7）。

圆形蚌饰 1 件。标本 LXM2：6，圆形，中心有一圆孔，饰朱绘云纹。径 9.1、孔径 0.4 厘米（图一四九）。

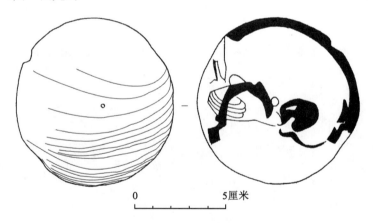

图一四九　LXM2 出土圆形蚌饰（LXM2：6）

蛤蜊壳饰 7 件。均出自椁室。蛤蜊壳顶部有穿孔。

珍珠 3 粒。银白色，仍有珍珠光泽。球形，顶中一穿孔。标本 LXM2G：94，径 0.9 厘米（图版六一，7 中）。

三、相家庄三号墓 (LXM3)

（一）墓葬形制

1. 封土

LXM3 位于"四连冢"的东南部。其封土西与 LXM2 的封土相连，北与 LXM4 的封土相接。封土由陵台及陵台顶上的坟堆组成。发掘前南部封土遭到较严重破坏。

　　LXM3 是一座"起冢式"墓，但地上墓室不高，只有 2.5 米，比 M2 陵台低 3.3 米。为了覆盖地上墓室并使其陵台的高度与 LXM2 陵台的高度保持一致，所以在地上墓室回填后又在其上加土增筑。增筑土的厚度达 3 米，这就使 M3 陵台与 M2 陵台的高度基本持平。M3 的陵台下部是地上墓室，上部是加高陵台的增筑土，结构上既有别于地上墓室即陵台的 M1，也不同于没有地上墓室的 M2 的陵台。M3 的陵台西部叠压在 M2 陵台东壁或其护坡上。北部压在 M4 南部封土上，叠压部分宽达 7.8 米。陵台底部南北残长 4.8、东西宽 32.4 米，台顶南北长度不明，东西 28、高 5.5 米。

　　坟堆位于陵台台顶的西部，呈截尖圆锥形。其结构属于"柱心式"封土类型。坟堆中心的封土柱自陵台顶起筑，并与墓口上下相对。封土柱下部作方柱状，柱壁前后微弧，南北长 21.5、东西宽 21、高 1.1 米；上部呈截尖圆锥形，椭圆顶略平，径 5～6.6、高 4.9 米，通高 6 米（图版五○，3）。封土柱的下部采用夹棍夹绳系板建筑技术用红褐或黄褐色花土夯筑而成，土柱四壁板痕清晰。筑板长 1.5～2.2、高 0.1～0.15 米不等；筑板两端上下的系板绳孔径 0.5～1 厘米。封土柱质地坚硬，夯层厚 15～22 厘米。所用夯具有棍夯和金属夯两种，前者夯窝圆形弧底，径 4.5～5、深 2 厘米；后者夯窝呈圆形平底，径 5～6、深 1～1.5 厘米。封土柱四壁筑有护坡，既保护了土柱壁，又覆盖了陵台顶。护坡虽经夯打，但却无法区分夯层，也未发现夯窝，土质极其松软，质量远不及陵台与封土柱夯土。这种情况，极易造成水土流失。正因如此，四连冢陵台的周边比中间低得多。

　　M2 既先于 M3 修建，M2 坟堆封土柱东壁当有护坡保护并覆盖陵台台顶，使之不裸露于外。同样，M3 坟堆的封土柱筑成之后，亦当有护坡保护柱壁，那么 M3 封土柱壁的护坡势必叠压在 M2 封土柱东壁的护坡或陵台台顶的覆盖土上。然而，在 M3 与 M2 两个封土柱之间所挖的二号探沟中却未发现这种叠压现象。如果说 M3 与 M2 封土柱之间的堆积是原 M2 封土柱东壁的护坡与陵台的覆盖土，由于 M3 的地下墓室同 M2 的墓室一样，是铲除了 M2 陵台东壁护坡并接着壁根下挖的，M3 封土柱西壁与 M2 陵台东壁上沿之间尚有 14 米的距离，这段距离范围内的土质和土色理当与 M2 陵台顶上的覆盖土有差异，但从探沟的北壁却看不出这种差异（图版四八，3）。因此 M3 与 M2 坟堆封土柱之间护坡及 M2 陵台顶的覆盖土有可能是修筑 M3 封土柱时的堆积。此前曾把 M2 封土柱东壁的护坡及陵台的覆盖土清除，待 M3 封土柱筑成之后重新用土覆盖的。

2. 墓室

　　LXM3 是一座"起冢式"墓葬，墓室有地上和地下两部分。由于 M3 的地下墓室是接着 M2 陵台东壁根下挖的，所以在挖掘地下墓室之前曾将墓口上部的 M2 陵台东壁的护坡铲去，铲除的护坡长度与 M3 地下墓口的长度相若。M3 地上墓室的西壁即为被铲除了护坡的 M2 陵台的东壁，而北壁的西部和墓道西侧南壁则利用 M2 陵台东壁未被铲除的护坡加工修整而成（彩版一二，2）。因此，修建 M3 地上墓室时只修筑了构筑墓室的东墙、北墙的东段和墓道东侧的南墙。北墙的修筑以 M2 陵台东壁护坡和 M4 南部封土为依托，西部叠压在 M2 陵台东壁的护坡上，北部叠压在 M4 南部封土上，叠压宽度约 4 米。因此，北墙与兼有内外壁面的东墙和墓道东侧的南墙不同，它只有内壁面而无外壁面。墓室东墙基宽 8.9 米，内外壁面内收，横断面呈梯形，墙顶宽 7.8、高 2.5 米。墓道东侧南墙因南部遭到彻底破坏，墙基及墙顶宽度不详，估计应与东墙相当。东墙外侧护坡底部宽 7.3 米。墙体都是版筑而成，壁面板痕及系板绳孔清晰可辨。筑板长 0.9～2.2、高 0.15 米；系板绳孔径 0.5～1 厘米。墙体土质坚硬。夯层厚 15 厘米。圆形弧底夯窝，径 4～6、深 0.5～1 厘米。

LXM3 为甲字形土坑木椁积石墓，方向 192°（图一五〇）。墓室略呈长方形，口大于底，作斗状。地上墓口南北长 24.5、东西宽 23.8 米。墓底南北长 18、东西宽 17.1 米，墓底距地表 6.2、距墓口 8.7 米。墓壁自地上墓室墓口以下依次向里收缩成阶梯状的两级台阶。从墓口向下 2.5 米处为第一级台阶，壁面内收 0.2～0.5 米，此台面即原地表，以此为分界。往上即为地上墓室，往下为地下墓室。第一级台阶的台面宽窄不一，东台宽 0.8、南台宽 0.45、西台宽 0.5、北台宽 0.45 米，高 3.3 米。墓室东壁以及墓道东侧的南壁的第一级台阶系版筑而成。筑墓时自第二级台面向外挖比墓室大的土坑，然后根据墓形规划用夹棍夹绳系板方法夯筑这两面的夯土壁。据勘探得知，原生土壁与这两面的夯土壁相距约 10 米左右，略大于地上墓室东墙和墓道东侧南墙墙基的厚度。第二级台面宽度，东台 0.65、南台 0.7、西台 0.8、北台 0.45 米，高 2.8 米。台壁下部内收 0.9～1 米。

LXM3 墓室打破 LXM4 的南部墓道和 LXM2 陵台东护坡（图一五一）。

墓道位于墓室南壁的中部，呈斜坡状。地上墓道即构筑地上墓室南墙东段的西壁与其两部墓室南侧遗留的 LXM2 陵台东壁护坡之间的缺口。地上墓道的长度与墓室南墙东段的厚度相当，宽约 9 米。地下墓道上口长 18.2、外口宽 6.15、里口宽 6.6 米。墓道底与墓室的生土二层台相连，宽 4.2 米，坡度 17°，坡长 21.6 米。墓道底部有车轮碾压遗留的痕迹。车辙宽 6、深 2 厘米。墓道东壁有两级台阶分别与墓室壁面的台阶相连。第一级台阶即原地表，台面里窄外宽。第二级台阶的台面里宽外窄，直至墓道外口 3.65 米处消失，台阶长度为 15 米。与墓道东壁不同，墓道的西壁面没有台阶。

在地上墓室东壁墓口的南、北两端的东墙顶上各挖有一个类似墓道的长方形缺口。缺口南北长 1.8、东西宽 1.6 米，底东高西低，呈斜坡状。西部坡底距墓口的垂直高度为 1.6 米，坡长 1.7 米。缺口内填土经夯打，夯层与墓室填土夯层相连。这种缺口可能

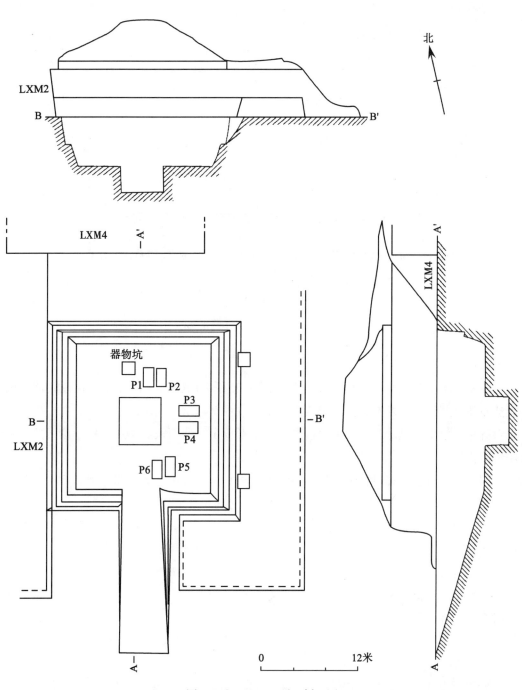

北

图一五〇 LXM3 平、剖面图

0 12米

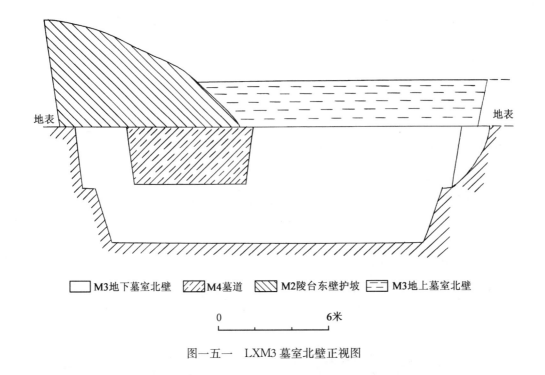

0　　　　　　　　　6米

图一五一　LXM3 墓室北壁正视图

和下葬棺椁有关。

椁室位于墓室中部，呈长方形，南北长 5.9、东西宽 5.3、深 3.1 米。椁底铺一层天然石块，厚约 0.5 米左右，椁壁四周也以石块垒砌，砌石厚约 1.1～1.5 米，高与二层台齐平。椁口外侧的二层台上也参差不齐地摆放了一些石块。椁底与椁壁砌石的缝隙用卵石充填。

椁室四周有宽大的生土二层台，各台宽窄不一。其中东台 6.3、南台 5.4、西台 5.4、北台 6.5 米。东、南、北三面的二层台上挖有 6 个陪葬坑和一个器物坑。

墓壁以及墓道壁涂有一层灰色细澄泥，厚约 1～2 厘米，其外刷一层白粉。发掘时，澄泥大部分随填土脱落。二层台四周的墓壁上挂有彩绘帷帐。帷帐用麻布制作，高 65 厘米。上有红、蓝、黑三色绘制的兽面纹横式二方连续图案（图一五二；彩版一五，1）。帷帐用木钉固定在墓壁上，钉顶贯朱绘云纹的圆形蚌饰。东、北壁的帷帐在墓室回填时多坠落在二层台上。

墓室填黄褐色花土，经夯打，质地坚硬。夯层厚 15～20 厘米。夯窝圆形弧底，径 4～5、深 0.2～1 厘米。

发掘时发现三个盗洞，其中除一个盗洞自上而下进入墓室北部外，另外两个盗洞，一个从北壁进入墓室器物坑，一个从南部进入。从盗洞内夹杂河卵石情况分析，这个盗洞均进入了椁室。六个陪葬坑有三个被盗。

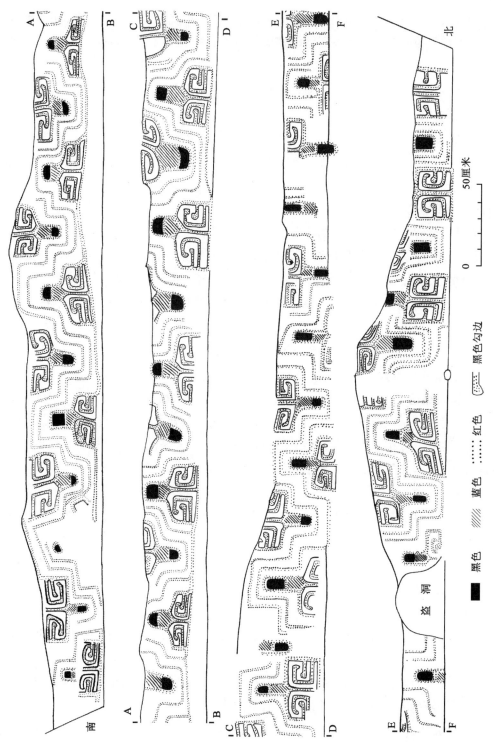

图一五二 LXM3 西壁帷帐彩绘图案示意图

（二）葬具与葬式

木质葬具，二椁一棺。椁室早期被盗，并遭劫贼纵火烧毁，椁、棺变成黑灰，填土变成红色，椁室内残存的一些玛瑙器也被烧变质。从板灰痕迹看，外椁长 3、宽 3、高 1.5 米。内椁长 2.6、宽 1.5 米，高度不详。棺的大小、形制不明。

由于椁室被盗，又遭焚烧，清理时未发现墓主骨骸，葬式不明。

（三）器物坑

位于北二层台，南距椁室 3.7 米。坑呈正方形，边长 1.5、深 1.8 米。坑壁经修整，壁面平直。坑内未见板灰痕迹。坑底和坑壁有一些器物压印痕，此坑当用于陈放随葬器物。

（四）随葬器物的放置

主要放置随葬器物的器物坑和椁室均被盗掘。器物坑内只出土 1 件铜匕和一些陶器残片，坑底及四壁有放置随葬器物的压印痕与黏附的铜锈，知此坑乃陈放陶器、铜器之所。椁室的扰乱土中出土了玉龙形佩 1 件、管 1 件、环 1 件、瑗 1 件，玛瑙瑗 8 件，滑石贝 2 件、钻孔石子 4 件，齿贝 2 件，铜铺首 8 件、车軎 6 件、踵饰 6 件、吊扣 2 件、衔 3 件、衡末饰 2 件、节约 7 件、铃 2 件、贝饰 80 件、盖弓帽 14 件，骨镳 2 件、骨锥 3 件、贝饰 5 件以及明器陶罐、甗、钫各 1 件。许多随葬器物，因被火焚变质或变形。

（五）陪葬坑和殉人

1. 陪葬坑概述

六个陪葬坑分别挖在椁室北、东、南三面的生土二层台上，每面两个。北二层台和东二层台的四个陪葬坑自西向东，由北而南，编号为 LXM3 P1～P4，南二层台两个陪葬坑自东向西编号为 LXM3P5、P6。

所有陪葬坑都是长方形竖穴土坑。陪葬坑的方向除东二层台的两个是东西向外，南、北二层台的四个陪葬坑均为南北向。坑两端或两侧有生土二层台。除 P6 以外，坑壁都有一或两个壁龛。坑内填土与墓室填土相同，为黄褐色花土，坑内填土松软。

每个陪葬坑都有一个殉人。有木质葬具，一椁一棺，均已经朽烂。从板灰痕迹看，长方形木椁呈"Ⅱ"形，头、足两端的椁板伸出左右两边的侧板。棺多作长方形束腰状。

殉人的葬式为仰身直肢葬，双手交叠置于下腹部。能看出头向的殉人均头朝埋葬墓主的椁室。

随葬品主要有陶器等生活用品和滑石、水晶、玛瑙制作的装饰品。前者多陈放在壁龛中，后者则随殉人置于棺内（附表一一）。

2. 陪葬坑举例

六个陪葬坑有三个被盗。未遭盗掘的陪葬坑为 P1、P3、P5。

LXM3P1　位于北二层台。南北向。坑长 2.4、宽 1.15～1.2、深 1.35 米。东西两侧有生土二层台，台面宽 0.12、高 0.45 米。南壁距坑底 0.67 米处有一个长方形壁龛，长 0.8、宽 0.25、高 0.38 米。

木质葬具，一椁一棺，已朽。坑底横铺 12 块宽约 10～22 厘米的厚板以为椁底，四壁用木板叠垒成椁壁，头、足两端椁板伸出两侧板，呈"Ⅱ"形。椁长 2.16、宽 0.95、残高 0.45 米。棺作长方形束腰状，长 1.96、中腰宽 0.65、头端宽 0.8 米，高度不详。

棺内有一殉人，骨骼保存尚好，葬式为仰身直肢，双手置于腹部，头向南。

随葬器物置于壁龛和棺内。壁龛陈放陶盖豆 2 件、壶 1 件。棺内主要随葬殉人随身佩带的装饰品：头部有滑石琮形束发器 1 件、簪 1 件，玛瑙瑗 2 件，水晶球形珠 2 件。两耳旁有滑石柱块形和滑石片状块各 1 件。口内含滑石环碎片 3 粒。自颈至足戴一串滑石组佩饰。腹部置铜环 3 件。左、右手手指各戴 2 件一大一小的玛瑙瑗。右臂内侧置铜带钩 1 件和一串水晶玛瑙串饰。头左及右下臂置柱形骨器 3 件、骨环 1 件（图一五三）。

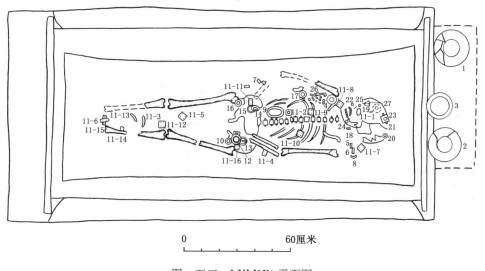

图一五三　LXM3P1 平面图

1、2. 盖豆　3. 壶　4. 水晶玛瑙串饰（58）　5～7. 骨柱形器　8. 骨环　9、10、16. 铜环
11. 滑石组佩饰（16）　12～15. 玛瑙瑗　17. 陶环　18、19. 滑石柱形块　20、27. 水晶瑗（2）
21. 滑石簪　22. 口含（滑石片）　23. 滑石琮形束发器　24、25. 滑石片状块　26. 铜带钩

LXM3P3　位于东二层台。东西向。坑长 2.5、宽 1.29、深 1.6 米。南、北两侧有生土二层台，台面宽 0.2、高 0.5 米。北壁以及西南角各有一个壁龛。北壁龛呈长方形，长 0.4、宽 0.13、高 0.2 米，龛距坑底 1.1 米。西南角的壁龛呈曲尺形，宽 0.25、深 0.2、高 0.25 米，龛距坑底 1.2 米。

葬具为一椁一棺，已朽。椁呈"Ⅱ"形，长 2.1、宽 1、残高 0.5 米。棺作长方形束腰状，长 1.9、宽 0.7 米，高度不明。

棺内一殉人，骷骸保存较好。葬式为仰身直肢，双手交叠于腹部，头向西，面向上。

壁龛中陈放陶器 6 件。其中北壁龛放陶盖鼎 2 件、三足罐 1 件；西南角的壁龛置陶盖豆 2 件、陶壶 1 件。棺内殉人头顶上方置铜舟 1 件、铜镜 1 件、铜带钩 2 件、铜梳 1 件，玛瑙瑗、陶环、砺石各 1 件。头顶部有滑石琮形束发器 1 件、滑石簪 1 件，两耳侧各有 1 件滑石柱形玦和滑石片状玦，口内含滑石碎片 7 粒，头左侧有骨管 1 件。双手手指各戴一大一小的玛瑙瑗 2 件。小腿间置铜肖形印 1 件。左臂间置水晶玛瑙串饰一组，骨簪 1 件，颈至足戴一串滑石组佩饰（图一五四）。

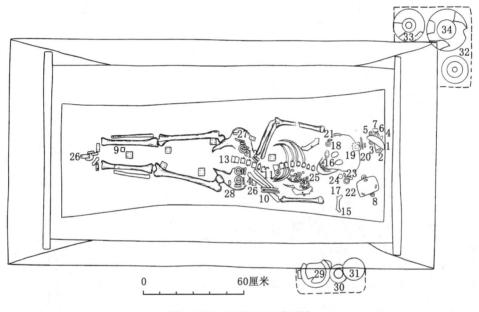

图一五四　LXM3P3 平面图

1. 铜镜　2. 铜梳　3、11～14. 玛瑙瑗　4、5. 铜带钩　6. 陶环　7. 砺石　8. 铜舟　9. 铜肖形印
10. 骨簪　15. 滑石璜　16. 口含（滑石碎片 7）　17、18. 水晶瑗　19. 滑石琮形束发器
20. 滑石簪　21、22. 滑石柱形玦　23. 骨管　24. 滑石片状玦　25. 水晶玛瑙串饰（44）
26. 滑石组佩饰（16）　27、28. 骨柱形器　29、31. 盖鼎　30. 三足罐　32、33. 盖豆　34. 壶

LXM3P5　位于南二层台。南北向。坑长 2.4、宽 1.1、深 1.5 米。南、北两端有 0.12～0.2、高 0.5 米的生土二层台。距坑底 0.85 米处的北壁和东壁各挖有一个壁龛。其中北壁龛长 0.29、深 0.24、高 0.4 米，东壁龛长 0.36、深 0.25、高 0.35 米。

葬具有一椁一棺。椁呈"Ⅱ"形，长 2.06、宽 0.9、残高 0.35 米。棺作长方形束腰状，长 1.95、宽 0.6～0.73 米，高度不明。

棺内有一殉人，骨骼保存尚好。葬式为仰身直肢，双手置于腹部，头向北，面向东。

随葬器分别置于壁龛和棺内。其中北壁壁龛放陶壶 1 件，东壁壁龛置陶盖豆 2 件。棺内殉人头部有滑石簪 1 件和可能用作束发的玛瑙瑗 1 件。头两侧各有 1 件滑石柱形玦和滑石片状玦。口内含滑石碎片 1 粒。两手手指各戴有玛瑙瑗 1 件。自颈至足戴滑石组佩饰一串，足部有铜带钩 1 件和水晶玛瑙串饰一组（图一五五）。

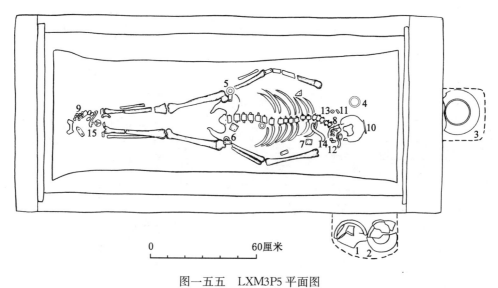

图一五五　LXM3P5 平面图

1、2. 盖豆　3. 壶　4～6. 玛瑙瑗　7. 滑石组佩饰（14）　8. 口含
9. 水晶玛瑙串饰（14）　10. 滑石簪　11、12. 滑石柱形玦　13、14. 滑石片状玦　15. 铜带钩

（六）随葬器物

该墓被盗，出土遗物不多。按质料分，有陶器、铜器、玉器、石器、水晶、玛瑙器和骨器、蚌器等。

1. 陶器

25 件，均系泥质灰陶，器形有仿铜陶礼器鼎、盖豆、壶、鬲、三足罐。椁室出土明器甗、钫、罐。

盖鼎　2 件。

A 型 I 式　1 件。标本 LXM3P3：31，子口内敛，弧腹，圜底，三矮蹄形足，长方形附耳上部外折。弧形盖，盖顶三圆孔以纳活动环纽，纽已失。口径 11、高 8.8、通高 11.2 厘米（图一五六，1；图版六二，1）。

A 型 II 式　1 件。标本 LXM3P4：7，子口内敛，鼓腹，圜底，长方形附耳，三蹄形足。弧形盖，盖顶三矩形纽。腹饰一周凸棱纹。口径 17.6、高 19.6、通高 24.2 厘米（图一五六，2；图版六二，2）。

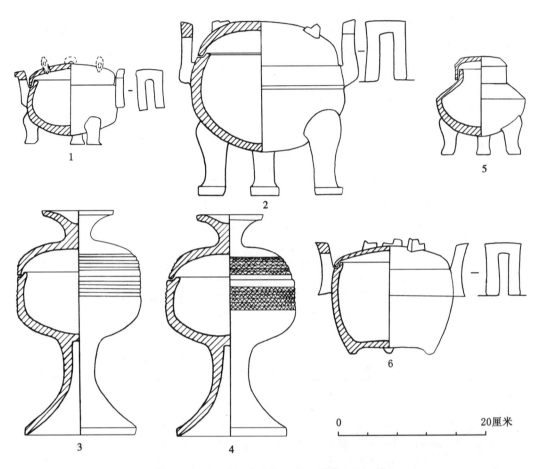

图一五六　LXM3 出土陶盖鼎、盖豆、鬲、罐

1. A 型 I 式盖鼎（LXM3P3：31）　2. A 型 II 式盖鼎（LXM3P4：7）　3. B 型 II 式盖豆（LXM3P4：9）

4. B 型 II 式盖豆（LXM3P5：1）　5. 三足罐（LXM3P3：30）　6. C 型鬲（LXM3P3：29）

　　盖豆　B 型 II 式 10 件。器呈钵形，子口，矮柄中空，喇叭状足。弧盖，盖顶中央有喇叭形捉手。标本 LXM3P4：9，器、盖各饰一组凹弦纹。盘径 16.4、腹深 15.6、高 22.4、通高 30.8 厘米（图一五六，3；图版六二，4）。标本 LXM3P5：1，器、盖各饰一组暗水波纹。盘径 16、足径 15.6、高 21.6、通高 30.4 厘米（图一五六，4）。

　　壶　6 件。

　　C 型 I 式　2 件。敞口，方唇，球腹，圜底，矮圈足。弧形盖，下有子口。颈、腹饰四组凹弦纹。标本 LXM3P4：8，口径 13.6、足径 12.6、高 30.4、通高 33.6 厘米（图一五七，1；图版六二，5）。

　　C 型 II 式　4 件。敞口，方唇，长颈，垂肩，长弧腹，最大径在腹上部，圜底，矮圈足。覆盘状盖，下有子口。颈、肩饰压划三角网纹、水波纹和四组凹弦纹。标本

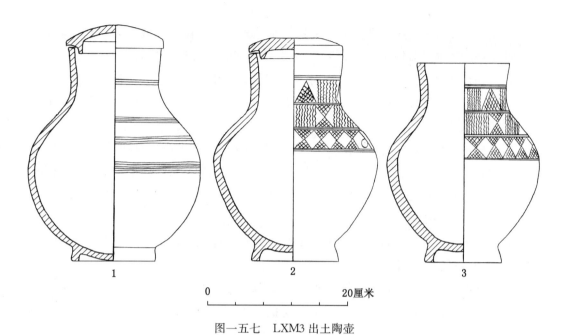

0 ─────────── 20厘米

图一五七　LXM3 出土陶壶

1.C 型 I 式（LXM3P4：8）　2.C 型 II 式（LXM3P2：3）　3.C 型 II 式（LXM3P3：34）

LXM3P2：3，口径 12.8、腹深 27.6、足径 12.8、高 29.8、通高 32 厘米（图一五七，2）。标本 LXM3P3：34，无盖。口径 14、腹深 26.6、足径 11.6、高 28.4 厘米（图一五七，3；图版六二，6）。

鬲　C 型 1 件。标本 LXM3P3：29，子口内敛，腹微弧，平裆，三乳足，长方形附耳。弧形盖，盖顶三矩形扁纽。口径 13.6、高 12.8、通高 16 厘米（图一五六，6；图版六二，3）。

三足罐　1 件。标本 LXM3P3：30，侈口，圆唇，短颈，折肩，肩、颈间有明显折转，圆底，三蹄形足。覆盘状盖。口径 6.4、腹深 8、高 11.6、通高 13.6 厘米（图一五六，5；图版六三，1）。

甗　1 件。明器。标本 LXM3G：33，甑、鬲合体。甑，敞口；鬲，弧裆，三袋足。甑口径 6、通高 8.4 厘米。

钐　1 件。明器。标本 LXM3G：32，直口，弧腹近直，长方足。口长 2、宽 2.5、足长 4.3、宽 3.7、高 10.4 厘米。

罐　1 件。明器。标本 LXM3G：34，口残，折肩，弧腹近直，平底。底径 2.8、残高 4 厘米。

瑗　2 件。圆环形，中间厚，内、外沿渐薄，横截面呈六角形。标本 LXM3P1：17，外径 4.2、内径 2.7 厘米。

2. 铜器

共出土 142 件，按用途可分为铜礼器、车马器、服饰器和一些杂器。车马器有轴头、衡末饰、踵饰、节约、盖弓帽等；服饰器有铜镜、铜带钩、铜梳等。

铜舟　1 件。标本 LXM3P3：8，器呈长椭圆形，敛口，弧腹，平底，长边口下有一对环耳。弧盖，盖顶三环纽。口长 20、宽 15、底长 15、宽 12、高 10、通高 14 厘米（图版六三，2）。

铜车軎　A 型 6 件。軎作筒形，内侧有一外折宽缘，近外口起两道凸棱，一侧有两个半环纽套长方框形鸟首状带扣，辖穿长方形，辖身扁条形，V 字形辖首，有长方穿，辖尾无穿。标本 LXM3G：14，軎长 7、内径 4.5、辖穿长 1.4、宽 0.9、辖长 10.5 厘米（图一五八，1；图版六三，3）。

铜衡末饰　2 件。直筒形，外端封闭，两侧有钉孔相对，两端饰两道回纹。标本 LXM3G：24，长 5.5、径 2.3 厘米（图一五八，8）。

铜踵饰　6 件。呈套管形，上部平齐，下部浑圆，顶端封实。并有一半环纽套一环。管中段有凹槽，用以容纳后轸。出土时犹存范土。标本 LXM3G：17，长 8.2、宽 4.4、容轸处凹槽长 4.2、环外径 6.4、内径 4.6 厘米（图一五八，2；图版六三，4）。

铜节约　7 件。

A 型　6 件。器作 L 形，断面呈半圆管形。标本 LXM3G：22－2，横长 6、竖长 6.2、底宽 1.7、高 2.1 厘米（图一五八，4）。

B 型　1 件。标本 LXM3G：22－1，器呈 T 字形，断面作半圆管形。横长 9.1、竖长 5.8、底宽 1.9、高 2.6 厘米（图一五八，5）。

铜盖弓帽　14 件。有 A 型和 B 型。

A 型　13 件。一种体细长，内圆而外作八角筒形，外端封闭，腹部有钩外向，两侧有一对钉孔。标本 LXM3G：19－1，长 5.4、内端径 1.15、外端径 0.6 厘米（图一五八，6；图版六三，5）。一种体粗短，标本 LXM3G：20－1，长 3.2、内端径 1.2、外端径 1 厘米（图一五八，3；图版六三，5 中）。

B 型　1 件。标本 LXM3G：19－2，圆筒形，内端粗，外端细，外端封闭，并伸出一尖锥形钩，两侧有钉孔相对。锥长 1.6、内端径 1.5、外端径 1、通长 5.7 厘米（图一五八，7；图版六三，6）。

铜衔　3 件。在两根铜棒的两端各有一大一小的扁圆环，各以小环一侧一平相互套接组成。标本 LXM3G：18，通长 13.3 厘米（图一五八，9）。

铜铃　2 件。器作合瓦形，两侧斜张，弧口，平顶，顶上有一半环纽，腔内系一棒槌状舌。标本 LXM3G：25－1，通高 5.6、纽高 1.3、顶长 2.7、宽 1.9、口长 3.4、宽 2.4、舌长 2.7 厘米（图一五八，10；图版六四，1）。

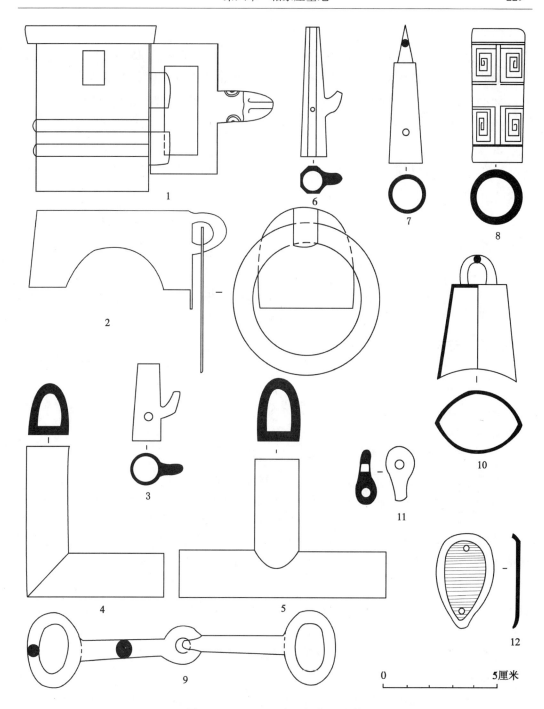

图一五八　LXM3 出土铜车、马器

1. A 型车軎（LXM3G：14）　　　2. 踵饰（LXM3G：17）　　　3. A 型盖弓帽（LXM3G：20-1）
4. A 型节约（LXM3G：22-2）　5. B 型节约（LXM3G：22-1）　6. A 型盖弓帽（LXM3G：19-1）
7. B 型盖弓帽（LXM3G：19-2）　　8. 衡末饰（LXM3G：24）　　9. 衔（LXM3G：18）
10. 铃（LXM3G：25-1）　　11. 吊扣（LXM3G：31）　　12. 贝形饰（LXM3G：26）

铜吊扣　2件。两环一大一小，一侧一平相接。标本LXM3G：31，长2.2、大环外径1.3、内径0.4，小环外径0.9、内径0.4厘米（图一五八，11）。

铜贝形饰　80件。器作贝形，平面，凹里，面饰横向凹弦纹，上下两端各有一钉孔。标本LXM3G：26，长4、宽2.6厘米（图一五八，12；图版六四，2左1）。

铜镜　1件。标本LXM3P3：1，残，素面。

铜带钩　6件。有B、C、D型。

B型　3件。琵琶形，凹背，鼓腹，腹部有两条脊棱。标本LXM3P3：5，长12.8、腹宽1.8、厚0.7厘米（图一五九，1；图版六四，3）。

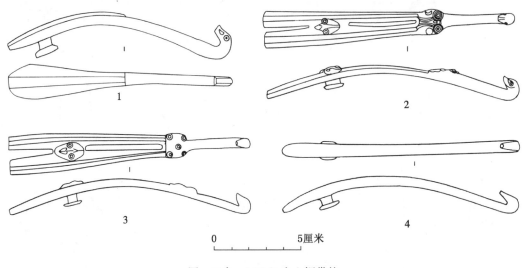

图一五九　LXM3出土铜带钩

1. B型（LXM3P3：5）　2. C型（LXM3P5：4）　3. C型（LXM3P2：6）　4. D型（LXM3P5：9-1）

C型　2件。双体形，鸟首状钩，颈以下有两个并列的钩体，中部有凸起的鸟首将钩体连为一体。背有一铆钉状纽，腹部各有两道脊棱，颈腹结合处对鸟纹，两鸟相对，喙相连，钩体犹如长尾鸟，构思巧妙。标本LXM3P5：4，长14.4、宽2、厚0.4厘米（图一五九，2；图版六四，4）。标本LXM3P2：6，颈、腹结合处饰5个同心圆纹。长14、腹宽2.1、厚0.5厘米（图一五九，3）。

D型　1件。器身作扁平长条形，横截面作长方形。标本LXM3P5：9-1，长13.4、腹宽0.9、厚0.5厘米（图一五九，4）。

铜梳　1件。标本LXM3P3：2，弧背，边齿略内收，14齿，齿断面呈梯形，柄部三个半圆形孔，呈"品"字形排列，长8.4、宽5.9、齿长3.4、背厚0.8厘米（图一六〇，1；图版六四，5）。

铜匕　1件。出自器物坑。标本LXM3K：1，扁条形柄，匕扁平作椭圆形。长18.7、匕长径5.5、短径3.6、厚0.15厘米（图一六〇，3）。

　　铜铺首　8件。兽面纹铺首，下端半环纽衔一环，脊部有一长方形钉。标本LXM3G：13，长9.6、铺首宽6、环外径6、内径4.3、钉长3.5厘米（图一六一）。

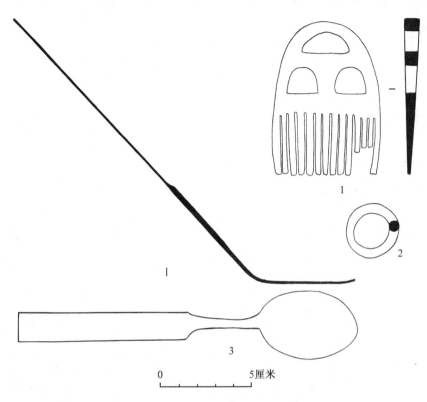

图一六〇　LXM3 出土铜环、梳、匕

1. 梳（LXM3P3：2）　　2. 环（LXM3P1：10）　　3. 匕（LXM3K：1）

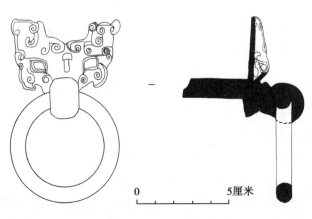

图一六一　LXM3 出土铜铺首（LXM3G：13）

铜环 3件。表面有用绢缠绕痕迹。横截面呈圆形。标本LXM3P1：10，外径2.9、内径1.9厘米（图一六〇，2）。标本LXM3P1：9，外径9.7、内径8.8厘米。

铜肖形印 1件。标本LXM3P3：9，正方形，桥形纽，有一系孔。阴刻骑纹。边长1.6、纽高0.5、通高0.9厘米（图一六二；图版六四，6）。

3. 玉器、石器

90件、四组。其中玉器4件。器形有环、瑗、佩、管；石器86件四组。有琮形束发器、簪、瑗、玦、坠、贝、砺石、钻孔石子、口含以及组佩饰等。除钻孔石子和砺石外，均系滑石制作而成。

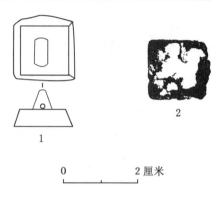

图一六二 LXM3出土铜肖形印
1. 肖形印（LXM3P3：9） 2. 印文

玉环 A型1件。标本LXM3G：6，青玉质。扁平圆环形，一面阴刻谷纹，一面素光。外径5.1、内径2.8、厚0.3厘米（图一六三，1；彩版一六，1）。

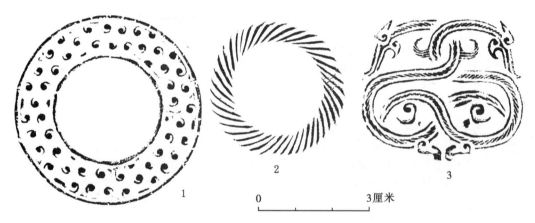

图一六三 LXM3出土玉环、瑗、交龙佩纹样拓本
1. A型环（LXM3G：6） 2. 瑗（LXM3G：4） 3. 交龙佩（LXM3G：3）

玉瑗 1件。标本LXM3G：4，青玉质。圆环形，横截面呈扁椭圆形，两面刻作绚纹。外径3.7、内径2.4、厚0.4厘米（图一六三，2；图版六五，1）。

交龙玉佩 1件。标本LXM3G：3，青玉质，豆青色，半透明。器呈圆角方形，透雕，两龙作S形交缠，龙作回首卷尾状，腹有卷毛一撮，后腹有一足。阴刻弧线纹。长4.3、宽3.8、厚0.4厘米（图一六三，3；彩版一六，2）。

玉管 1件。标本LXM3G：5，白玉质，有光泽。内圆而外作八角连弧形，两端大小不一。弧面阴刻斜方格斧形纹、卷云纹。长6.6、外径0.8～1.1、内径0.5厘米（彩版一六，3）。

滑石琮形束发器　2件。滑石质，扁平方形，中央有一圆孔。标本 LXM3P3：19，边长 3.6、孔径 1.5、厚 1 厘米（图一六四，1；图版六五，2）。

滑石簪　3件。滑石质，圆形，首端齐平，尾端磨成斜面。标本 LXM3P3：20，长 6.3、径 0.8 厘米（图一六四，2）。

滑石柱形玦　4件。滑石质，出自殉人左右耳旁。圆柱形或方柱形，侧边刻有一竖槽。标本 LXM3P1：18，圆柱形，长 1.7、径 1.1 厘米（图一六四，3）。

滑石片状玦　7件。滑石质，出自殉人左右耳旁。扁平圆形，缘边有一长方形或 V 形缺口。标本 LXM5P5：13，径 1.3、厚 0.5 厘米。

滑石坠　1件。滑石质，扁平圆形，中心有一系孔。标本 LXM3P4：12，径 1.2、孔径 0.2、厚 0.3 厘米（图版六五，3）。

墨石瑗　A 型 1件。标本 LXM3P2：5，墨石质，黑色。圆环形，内侧厚，向外渐薄，

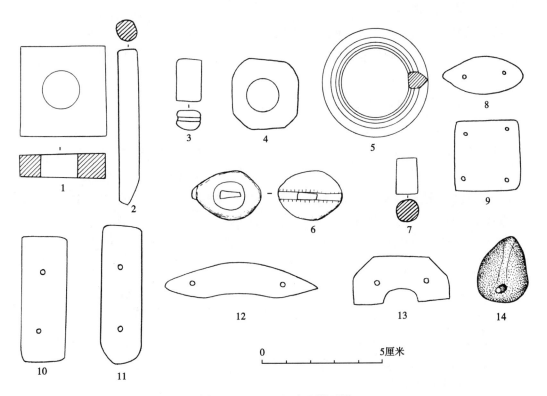

图一六四　LXM3 出土滑石器

1. 琮形束发器（LXM3P3：19）　　2. 簪（LXM3P3：20）　　3. 柱形玦（LXM3P1：18）

4. 八角形环　（LXM3 P1：11－2）　　5. A 型瑗（LXM3P2：5）　　6. 贝（LXM3PG：27）

7. 柱形器（LXM3P3：27）　　8. 椭圆形佩（LXM3P1：11－1）　　9. 方形佩（LXM3P1：11－5）

10. 长方形佩（LXM3P1：11－4）　　11. 琬圭形佩（LXM3P1：11－6）　　12. A 型璜

（LXM3P1：11－3）　　13. D 型璜（LXM3P3：26）　　14. 钻孔石子（LXM3PG：29－1）

横截面呈五棱形。外径4.5、内径2.7、厚0.7厘米（图一六四，5；图版六五，4）。

滑石贝　2件。滑石质，长椭圆形，平底，鼓面，面刻一竖状沟槽，槽两旁刻齿状缺，背面有一穿孔。标本LXM3G：27，长径2.9、短径2.1厘米（图一六四，6；图版六五，5左）。

砺石　1件。标本LXM3P3：7，沙石质，长方形。长2.5、宽1.6、厚0.8厘米。

钻孔石子　4件。河卵石，灰色。大小、形状不一，有一穿孔。大者长7.8、宽6厘米，小者不到2厘米。标本LXM3G：29－1，长1.7、宽2.1厘米（图一六四，14；图版六五，6中）。

滑石柱形器　2件。滑石质，圆柱形。标本LXM3P3：27，长1.5、径0.9厘米（图一六四，7）。

方形滑石饰　1件。滑石质，标本LXM3G：8，扁平方形，每边有一V形缺口，中心有一穿孔。边长1.5、厚0.3厘米（图版六六，1）。

滑石组佩饰　四组。分别出自P1、P3、P4、P5四个陪葬坑。组佩饰由不同形状的滑石片串联而成。佩饰制作粗糙，有的甚至极不规整，很可能是为死者随葬制作的明器。这些佩饰有：

椭圆形滑石佩　3件。扁平略呈椭圆形，两端各有一穿孔，标本LXM3P1：11－1，长径3～4、短径1.6厘米（图一六四，8）。

方形滑石佩　24件。方形，四角各一穿孔。标本LXM3P1：11－5，长2.9、宽2.8厘米（图一六四，9）。

长方形滑石佩　17件。长方形近两端各有一穿孔。标本LXM3P1：11－4，长5.2、宽1.9厘米（图一六四，10）。

琬圭形滑石佩　3件。圆首，平底，上、下端各有一穿孔。标本LXM3P1：11－6，长5.7、宽1.7厘米（图一六四，11）。

八角形滑石环　3件。八角形，中央一圆孔。标本LXM3P1：11－2，长2.9、宽2.8、孔径1.3厘米（图一六四，4；图版六六，2）。

滑石璜　8件。有A型和D型。

A型　4件。弧形，两端呈锐角，并各有一穿孔。标本LXM3P1：11－3，长6.4、宽1.3、高2厘米（图一六四，12）。

D型　4件。扁平桥形，有二穿孔。标本LXM3P3：26，长4、宽2厘米（图一六四，13；图版六六，3）。

LXM3出土的佩饰几乎都有一件椭圆形滑石佩，2件滑石璜，长方形滑石佩、方形滑石佩的数量则多寡有别，而环与琬圭形石佩有与否，无一定规律。从出土情况看，佩饰自颈以下至足部均有分布，椭圆形佩往往处于佩饰的最上端，是组佩饰的挈领，而璜则在尾端，环则在中部，长方形石佩、方形石佩分两行并联，左右对称。各组佩饰，虽然多寡有别，其串联方法也是大同小异。四组佩饰，除 P4 被盗，组合可能不完整外，其余三个陪葬坑的佩饰当无缺失。

标本 LXM3P5：7　有椭圆形滑石佩 1 件、长方形滑石佩 4 件（有 1 件代之以琬圭形石佩）、方形滑石佩 3 件、八角形滑石环 1 件、琬圭形滑石佩 2 件、滑石璜 2 件。共 13件。其穿法是以椭圆形滑石佩为挈领，下系一滑石璜，然后 2 件方形滑石佩、2 件长方形石佩分两行并联，再以 1 件滑石环和 1 件方形滑石佩约束，其下并列 2 件长方形滑石佩，又以 1 件滑石璜约束，下系 2 件琬圭形滑石佩（图一六五）。

标本 LXM3P1：11　计 15 件。椭圆形滑石佩 1 件、长方形滑石佩 4 件、方形滑石佩 7 件、琬圭形滑石佩 1 件、八角形滑石环 1 件、滑石璜 2 件。

标本 LXM3P3：26　共 16 件。椭圆形滑石佩 1 件、长方形滑石佩 4 件、方形滑石佩 8 件、八角形滑石环 1 件、滑石璜 2 件。

4. 水晶、玛瑙器

水晶 177 件，玛瑙器 41 件三组。器形有各种瑗、珠、管、璜和冲牙。

水晶瑗　A 型 4 件。圆环形，立边，外厚内薄。标本 LXM3P3：17，外径 2.3、内径 1.2、高 0.9 厘米（图一六六，1；图版六六，4）。

水晶三穿饰　4 件。扁平圆形，有 Y 字形三穿。标本 LXM3P5：9-5，径 1.9、厚 0.6 厘米（图一六六，2）。

球形水晶珠　55 件。扁球形，顶中一穿。标本 LXM3P5：9-2，径 0.9、高 0.7 厘米（图一六六，3）。

扣形水晶珠　17 件。扁圆形，上、下抹边，侧柱呈八角形。顶中一穿。标本 LXM3P5：9-14，径 1.1、高 0.9厘米（图一六六，4）。

菱形水晶珠　2 件。形似算珠，中腰有折棱一周。顶中一穿。标本 LXM3P5：9-3，径 0.9、高 0.7 厘米（图一六六，5）。

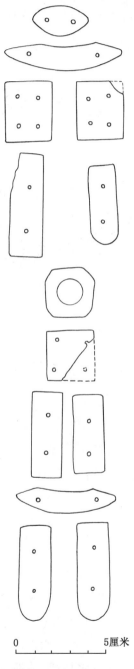

0　　　　　　　5厘米

图一六五　LXM3 出土
滑石组佩饰（LXM3P5：7）

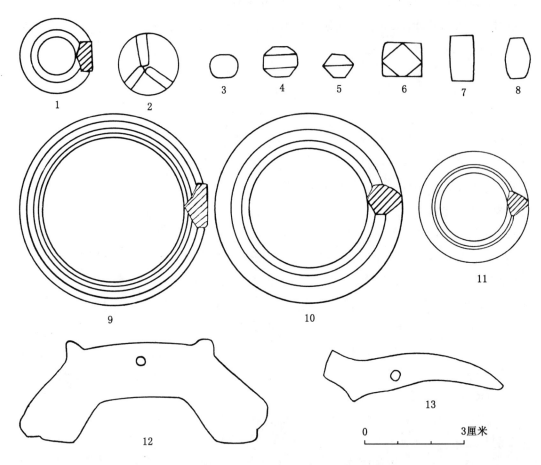

图一六六　LXM3 出土玉器、石器、水晶、玛瑙器

1. A 型水晶瑗（LXM3P3：17）　2. 水晶三穿饰（LXM3P5：9－5）　3. 球形水晶珠
（LXM3P5：9－2）　4. 扣形水晶珠（LXM3P5：9－14）　5. 菱形水晶珠（LXM3P5：9－3）
6. 多面体水晶珠（LXM3P1：4－8）　7. 圆柱形水晶管（LXM3P5：9－10）　8. 鼓形水晶管
（LXM3P5：9－5）　9. A 型玛瑙瑗（LXM3G：2）　10. B 型玛瑙瑗（LXM3P3：3）
11. C 型玛瑙瑗（LXM3P3：13）　12. 玛瑙璜（LXM3P5：9－1）　13. 玛瑙冲牙（LXM3G：15）

多面体水晶珠　2 件。正方体截去上、下四角，成 14 面珠。顶中一穿。标本
LXM3P1：4－8，长 1.2、宽 1.2、高 1 厘米（图一六六，6）。

圆柱形水晶管　4 件。圆柱形，上、下一穿。标本 LXM3P5：9－10，长 1.4、径
0.7 厘米（图一六六，7）。

鼓形水晶管　3 件。腰鼓形，上、下一穿。标本 LXM3P5：9－5，长 1.2、径 0.8
厘米（图一六六，8）。

玛瑙瑗　21 件。有 A、B、C 三型。

A 型　5 件。立边，外厚内薄，外缘直立。标本 LXM3 G：2，乳白色。外径 5.8、内径 4.2、高 0.8 厘米（图一六六，9；图版六七，1）。

B 型　8 件。标本 LXM3P3：3，中间厚，内外薄，乳白色。外径 5.7、内径 3.6、厚 1 厘米（图一六六，10；图版六七，2）。

C 型　13 件。内厚外薄。标本 LXM3P3：13，以乳白色为主，间有鸡血红、土黄等色，颜色艳丽。外径 3.4、内径 2、高 0.7 厘米（图一六六，11；图版六七，3）。

玛瑙璜　4 件。器扁平，上沿呈弧形，下沿呈八字形，上沿两端凸起一个子刺，上沿中部有一穿孔。标本 LXM3P5：9-1，长 7.7、宽 1.7 厘米（图一六六，12；图版六七，4）。

球形玛瑙珠　8 件。球形，顶中一穿。有大、小两种。标本 LXM3G：8，体大，近墨绿色。径 1.5、高 1.3 厘米（彩版一六，4）。

玛瑙冲牙　3 件。似蚕形，中部一穿，标本 LXM3G：15，长 5.5 厘米（图一六六，13）。

墓中出土的水晶、玛瑙器主要是用于佩带的串饰。M3 陪葬坑中出土了三组水晶、玛瑙串饰，这些串饰主要由水晶、玛瑙制成的各种瑗、三穿饰、珠、管、璜、冲牙以及骨管、珠串联。串饰多置于死者胸旁或足部。由于成堆放置，串珠个体又小，以及串线腐朽等原因，位置容易移动，而且串饰中夹杂的骨管或骨珠多被压碎，复原难度较大。

标本 LXM3P1：4　共 55 件，玛瑙瑗 1 件、水晶三穿饰 2 件、扣形水晶珠 2 件、扣形紫晶珠 5 件、球形水晶珠 15 件、球形紫晶珠 10 件、球形玛瑙珠 2 件、多面体水晶珠 2 件、骨管 11 件、球形骨珠 3 件、玛瑙璜 1 件、玛瑙冲牙 1 件。以玛瑙瑗为挈领，分为两串，各以三穿水晶饰为首，然后各种水晶、玛瑙珠与骨管、骨珠相间，尾端一系玛瑙璜、一系蚕形玛瑙饰。

标本 LXM3P3：25　共 44 件。其中三穿水晶饰 1 件、球形水晶珠 15 件、圆柱水晶形管 1 件、紫晶管 2 件、扣形水晶珠 9 件、菱形水晶珠 2 件、球形玛瑙珠 6 件、骨管 6 件（另有 3 件已朽）、玛瑙璜 2 件。串法以水晶三穿饰为挈领，分两串，各种珠、管相间，尾部各系一玛瑙璜（图版六七，5）。

标本 LXM3P5：9　14 件。三穿水晶饰 1 件、球形水晶珠 9 件、圆柱形水晶管 1 件、菱形水晶管 2 件、玛瑙璜 1 件。串法以水晶三穿饰为首，水晶珠、管相间，尾端系一玛瑙璜。

5. 骨器、蚌器

55 件。其中骨器 34 件，计有镳、柱形器、簪、管、菱形珠、球形珠、骨锉等。蚌器 21 件，有圆形蚌饰和贝饰。

骨镳　2 件。八角形长条状，中间弯曲，一端粗，另一端较细，中部有两个长方形穿孔。标本 LXM3G：21，长 15.4、孔长 1.1、宽 0.5 厘米（图一六七，1；图版六六，5）。

骨簪　A 型 2 件。均残。长条形，横截面呈圆形，首端有略粗于簪身的圆锥形帽。

标本 LXM3P4：5，残长 4、径 0.3 厘米。

骨管　18 件。圆管形。标本 LXM3P1：4-10，长 2、径 0.6 厘米。

球形骨珠　3 件。球形，中有穿孔。标本 LXM3P1：4-9，径 1、高 0.8 厘米。

菱形骨珠　1 件。标本 LXM3P4：6，中间厚，由内向外渐薄，似算珠，顶中一穿孔。径 1.2、高 0.9 厘米。

骨柱形器　5 件。圆柱状，一端粗，一端较细。标本 LXM3P1：7，径 0.7～0.8、高 1.4 厘米。

骨锉　3 件。长条形，断面呈长方形，一面刻有斜方格。标本 LXM3G：1，长 8、宽 0.5 厘米。

圆形蚌饰　16 件。圆形，中心有圆穿，饰朱绘云纹。标本 LXM3：1，径 6 厘米。

贝饰　5 件。标本 LXM3G：28，系齿贝，背有穿孔。长 2.8 厘米（图一六七，2；图版六六，6）。

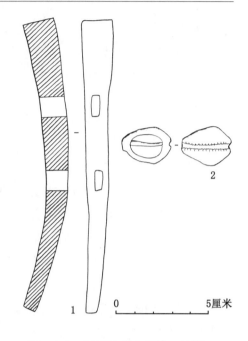

图一六七　LXM3 出土骨镳、贝饰
1. 骨镳（LXM3G：21）　2. 贝饰（LXM3G：28）

四、相家庄四号墓（LXM4）

（一）墓葬形制

1. 封土

LXM4 位于"四连冢"东首的北端，其封土南与 LXM3 封土相连，西南同 LXM2 封土相接。该墓封土东、西两面呈缓坡状，保存较好，北面因修建水渠受到破坏。封土顶部呈南北窄长形，北端略高，南部平坦，高度与 M3 陵台高度相若。如前所述，M4 西南的封土为 M2 陵台所压，南部则被 M3 地上墓室北壁夯土及其陵台覆盖土所压，由此可知，在这三座墓葬中，M4 是修建时间最早的一座墓葬。

M4 的封土结构属于"柱心式"封土类型。封土由中心的长方形或方形封土柱及其四周的护坡组成。由于封土的北部遭受严重破坏，原封土柱的南北长度已无法测知。现存封土柱南北残长为 17.3、东西宽 25、高 5.8 米。封土柱大于墓口，东、南、西三面封土柱壁与墓口之间的距离分别为 5.5、5 和 6.8 米。封土柱是采用夹棍夹绳系板建筑技术，用土自地面层层往上夯筑而成，壁面板痕清晰，系板绳孔犹存。据板痕测算筑板长约 2.5 米左右，高 0.12～0.18 米不等。系板绳孔径 1～2 厘米。封土柱筑有内外两层斜坡状护坡，夯层自下往上向里倾斜。护坡底的总宽度为 8.1 米。其中内层护坡底宽 5.5、外层护坡底宽 2.6 米。封土柱及其护坡均用黄褐色花土夯筑，夯层厚 15～20 厘米。夯窝圆形弧底，径 3～5、深 0.5～1.5 厘米。就质地而言，封土柱土质坚硬，而护坡的质地则较为松软。

　　在 M4 封土柱上有一层约 1 米左右的覆盖土，似经夯打，但是夯层和夯窝不明显，土质极疏松，与其所覆盖的 M4 封土柱夯土判然有别。从 T4 的南北剖面和 M2 坟堆发掘情况看，这层覆盖土属于 M3 坟堆封土柱的北护坡。当这层覆盖土清除后，始见 M4 封柱南壁。先于此墓发掘的单家庄二号墓（LSM2），封土结构也属于"柱心式"建筑类型，形制为方底圆顶形。封土柱以上尚存约 4.5 米高的截尖圆锥顶。而 LXM4 封土柱上只有 1 米左右属于 LXM3 坟堆护坡的覆盖土，未见封土柱顶的坟堆遗存，是形制使然，抑或是在修筑 M3 时曾把 M4 封土柱顶部的截尖圆锥顶刨去，将 M3 坟堆封土柱北壁护坡延伸并披覆在 M4 封土柱上。考虑到修筑 M2 和 M3 坟堆封土柱两壁护坡时，存在将 M1 和 M2 坟堆封土东壁护坡刨去这一事实，属于后者的可能性较大。

2. 墓室

M4 为甲字形土坑积石木椁墓，方向 190.5°（图一六八）。墓室呈长方形，口大底

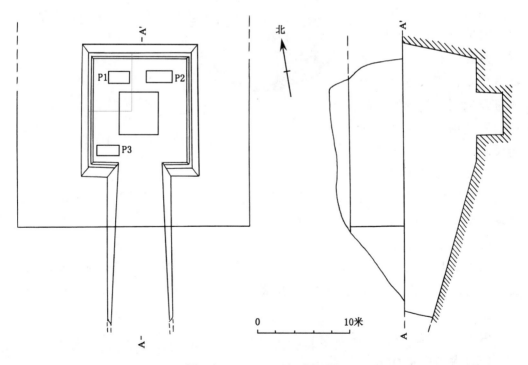

图一六八　LXM4 平、剖面图

小。墓口南宽北窄，南北长 13.8、北壁宽 12.4、南壁宽 12.6 米。墓底南北长 10.8、东西宽 10 米，墓底距墓口深 8 米。

墓道位于墓室南壁的中部。南端在挖 M3 墓室时被打破。根据墓道坡度推测被打破的墓道长度约 11 米左右。现存墓道上口长 14.4、外口宽 6.9、里口宽 7 米。墓道壁无台阶，壁面坡度较大。墓道底与二层台相连，宽 4.6 米，坡度 17°，坡长 16.7 米。

椁室位于墓室中部而略偏南，南北长 4.4、东西宽 4.3、深 2.8 米。椁室底铺一层青石块，厚约 0.5 米，四壁也以石块垒砌，石块间缝隙以河卵石充填。积石厚度，南、北壁均为 0.6 米，东壁 0.8、西壁 0.9 米，高 3.5 米。

椁室四周是宽大的生土二层台。其中东台宽 2.9、南台宽 2.8、西台宽 2.8、北台宽 3.7 米。生土二层台上有三个陪葬坑。

墓壁经修整加工，表面光洁，靠近二层台周围的墓壁上张挂一周彩绘帷帐，帷帐附在苇席上，用竹或木钉固定在墓壁。钉顶贯圆形蚌饰，有如钉帽。蚌饰径 8.3 厘米，中心有一圆孔，径 0.25 厘米，朱绘云纹（图一六九）。帷帐以麻布为之，上有红、黑两色绘制的兽面纹横式二方连续图案。回填墓室时，因填土的拽扯，帷帐多坠落在二层台上。发掘此墓时，正值雨季，尚未来得及绘图，部分保存较好的彩绘因雨水冲刷，变得模糊不清。

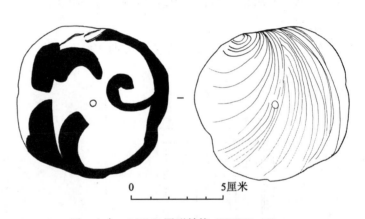

图一六九　LXM4 圆形蚌饰（LXM4∶1）

墓室及墓道填黄褐色花土。墓室与墓道的夯层相连。填土经夯打，土质较硬。夯层厚 12～20 厘米，夯窝呈圆形，弧底，径 3～5、深 0.5～1.5 厘米。

（二）葬具与葬式

木质葬具，两椁一棺，均已朽。据板灰分析，椁呈长方形，其中外椁长 3.2、宽 2.6、残高 2 米。内椁长 2.8、宽 1.7、残高 1.3 米。棺长方形，长 2.04、宽 1、残高 0.6 米。

由于墓主骨骼已朽，又经盗扰，葬式不明。

（三）随葬器物的放置

随葬器物放置在二层台上、椁室及陪葬中。

在东、西二层台上各放置一个木制车轮（未发现辕、衡、舆、轴等其他部件），前者平放，后者靠墓壁侧放。东二层台车轮的东侧有木棍数根，有的平放在二层台上，有的斜靠墓壁放置。车轮已朽，据朽灰痕迹测得轮径 117、牙高 8、厚 6 厘米，毂长 40、最大径 17 厘米，轵长 25、外径 12、小穿内径 8 厘米，贤端长 7、外径 12、大穿内径 8 厘米。车辐数现存 28 根，根据辐距最多不超过 30 根，辐长 42 厘米。

椁室西北角的二层台上陈放陶器和泥器。由于陶器烧成火候低，陶质差，墓室回填时又加夯打，以及盗扰等原因，多已破碎不堪。陶器有灰陶和彩绘陶两种，其中灰陶器有鼎、豆、筲、方足簋、盖豆、壶、盘、长方盘、匜等。彩绘陶器有豆、盖豆、莲花盖豆、壶、簋。泥器未经烧制，未能起取，器形计有壶、舟、长方盘等。

西二层台上有五组海贝，每组 4 枚，作十字形排列，状似花瓣，当是缀于编织物上的饰物（图一七〇）。

椁室内的棺周围有棺木腐朽后坠落的铜铺首 18 件、钉环 7 件；棺椁之间有铜衔 7件、镳 4 件、带扣 8 件、铃 7 件、器帽 1 件等；滑石环 16 件、柱形玦 1 件、柱帽 2 件、璜 1 件、管 9 件；玉牌 1 件以及水晶瑗 38 件、珠 321 件、玛瑙冲牙 15 件、瑗 43 件管 2件、珠 18 件；骨、带钩 4 件、柱形器 6 件、弦柱 1 件、管 92 件、蝉形器架 3 件、珠 3件、锉 17 件、管 11 件、冲牙 1 件；贝 25 件。棺内器物已荡然无存。

（四）陪葬坑和殉人

1. 陪葬坑概述

3 个陪葬坑有 2 个在北二层台上，编号自西向东为 LXM4P1 和 LXM4P2，南二层台 1 个，编号为 LXM4P3。

陪葬坑为长方形竖穴土坑。方向均为东西向。坑内填黄褐色花土，质松软。

木质葬具，一椁一棺，已朽。从朽灰分析，两端椁板伸出两侧板，椁呈"Ⅱ"形。棺多作长方形束腰状。

每个陪葬坑都埋有一个殉人。3 个陪葬坑有两个被盗，葬式不明。未被盗掘的 P3殉人的葬式为仰身直肢，头向东。

随葬器物包括生活用品陶器在内，均置于棺内（附表一二）。

2. 陪葬坑举例

LXM4P3　位于南二层台。东西向。坑东西长 2.4、南北宽 1.2、深 1.85 米。椁呈"Ⅱ"字形，长 2.15、宽 0.84 米。棺作长方形束腰状，长 2、宽 0.6～0.7 米。

棺内有一殉人，葬式仰身直肢，双手置于胸前，头朝东。

随葬器置于棺内，头部有陶盖豆 2 件，足部有陶盖豆、鼎各 1 件。殉人头顶有滑石琮形束发器 1 件，自头部以下有滑石环 13 件、滑石璜 3 件、水晶珠 3 件、玛瑙瑗 3 件，铜带钩 1 件，足部有方形和长方形滑石佩各 1 件（图一七一）。

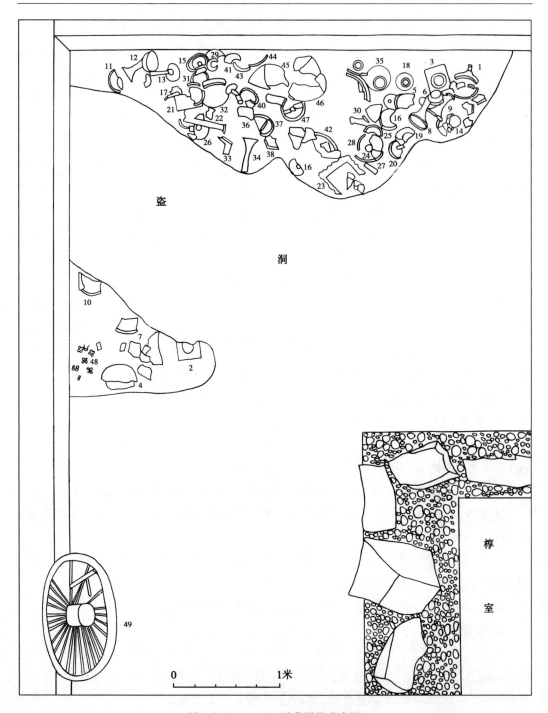

图一七〇　LXM4 随葬器物分布图

1、20、30、42、46. 陶鼎　2、3、6、10、17、36、40. 陶簋　4. 陶匜　5、29、43、44. 泥器　6、11. 泥盂
7～9、22、26～28、31、33、34、41. 陶豆　12、13、16. 陶盖豆　14. 陶盘　15、24、25. 陶筐　18、35. 泥壶
19. 泥舟　21. 陶簠　23. 陶方盘　32、45. 陶壶　37. 泥豆　38. 泥方盘　47. 泥筐　48. 贝　49. 车轮

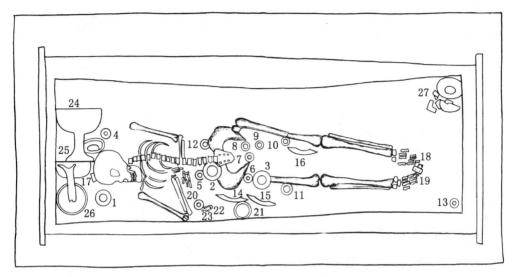

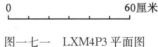

图一七一　LXM4P3 平面图

1～13. 滑石环　14～16. 滑石璜　17. 滑石琮形束发器　18、19. 滑石佩
20、21. 玛瑙瑗　22. 铜带钩　23. 水晶珠　24～26. 盖豆　27. 鼎

（五）随葬器物

出土遗物计有陶器、铜器、玉石器、水晶、玛瑙器、骨器、蚌器。

1. 陶器

共有 23 件。

鼎　B 型 1 件。标本 LXM4：1，敛口，方唇，腹壁较直，圜底，口下一对长方形附耳，三蹄形足。口径 19.2、高 14、通高 19.6 厘米（图一七二，1）。

盖鼎　A 型 I 式 2 件。子口内敛，弧腹，平底，长方形附耳外撇，三蹄形足，弧形盖。标本 LXM4：46，口径 24、高 22.8、通高 31.2 厘米（图一七二，2；图版六八，1）。

簋　B 型 II 式 2 件。墓中随葬彩陶簋 6 件、灰陶簋 1 件，复原 2 件。器、座分体，器呈钵状，折沿，方唇，平底，口下一对圆孔纳活动兽形錾，兽首较长，圆吻。方框形座，正中有管状凸起以承器。盖未能复原。标本 LXM4：6，口径 18.8、腹深 8.4、底径 8、器高 22、底座边长 22.8、高 12、通高 30.4 厘米（图一七二，3；图版六八，2）。标本 LXM4：17，兽首短，尖吻。口径 18.8、腹深 8、底径 8、座边长 22.4、高 11.2、器高 20、通高 26.4 厘米（图一七二，4；图版六八，3）。

豆　7 件。复原 4 件。

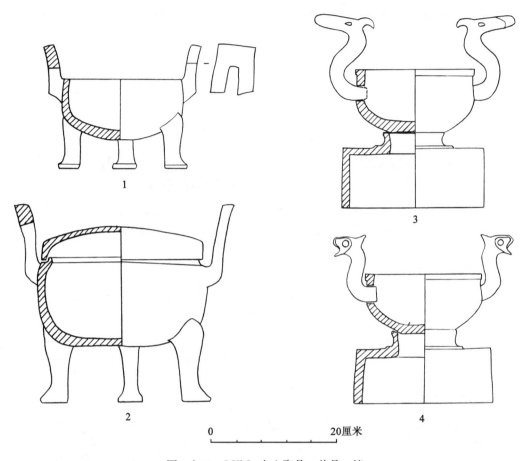

图一七二　LXM4 出土陶鼎、盖鼎、簋

1.B型鼎（LX M4：1）　2.A型I式盖鼎（LXM4：46）　3.B型II式簋（LXM4：6）　4.B型II式簋（LXM4：17）

A型　2件。敞口，圆唇，腹外壁内凹，浅盘，弧底，腹、底间呈弧形折转，矮柄中空，小喇叭状足。标本LXM4：7，盘径15.4、足径9.2、高23厘米（图一七三，1；图版六八，4）。标本LXM4：41，盘柄连体，敞口，方唇，腹外壁内凹，浅盘，底微凹，腹底间有明显折转，矮粗柄实心，柄上粗下细，喇叭形足。盘径19.6、足径16.8、高23.2厘米（图一七三，3；图版六八，5）。

B型　2件。敞口，尖唇，斜直腹，浅盘，底微弧，腹、底间有明显折转，高柄实心，喇叭状足。柄饰二组、足饰一组凹弦纹。标本LXM4：22，盘径22.6、足径17.4、高39.2厘米（图一七三，2；图版六八，6）。标本LXM4：8，圜底近平，足各饰一组凹弦纹，盘饰一周朱绘弦纹，柄足饰朱绘水波纹、云纹。盘径19.6、足径19.2、高40.8厘米（图一七三，4）。

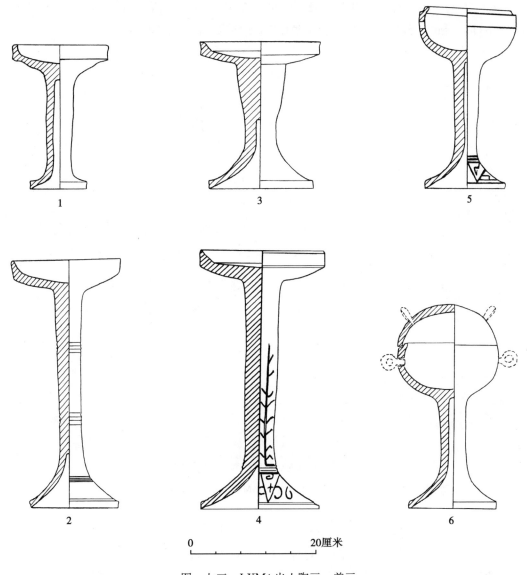

图一七三　LXM4 出土陶豆、盖豆

1. A 型豆（LXM4：7）　　2. B 型豆（LXM4：22）　　3. A 型豆（LXM4：41）　　4. B 型豆
（LXM4：8）　　5. A 型Ⅱ式盖豆（LXM4：12）　　6. A 型Ⅱ式盖豆（LXM4P3：24）

　　盖豆　A 型Ⅱ式 7 件。器呈钵形，子口内敛以承器盖，圜底，矮柄中空，喇叭状足，腹部一对圆孔以纳活动环纽。半球形盖，盖上三圆孔纳三环纽。标本 LXM4：12，盖未能复原。口饰两周朱绘弦纹，足饰朱绘弦纹、三角雷纹。盘径 13.8、足径 13、器高 28.8 厘米（图一七三，5）。标本 LXM4P3：24，盘径 15.6、足径 14.4、高 26.4、通高 32.4 厘米（图一七三，6；图版六九，1）。

　　壶　A 型 1 件。标本 LXM4：32，口残。长颈，敞口，溜肩，扁圆腹下垂，最大径在腹下部，无底，圈足。足径 20.2、残高 36.8 厘米（图一七四，1）。

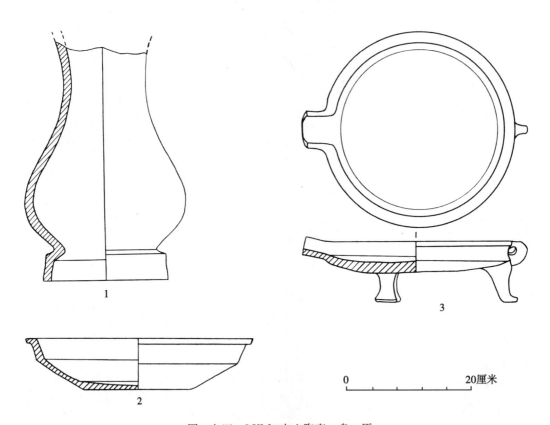

图一七四　LXM4 出土陶壶、盘、匜

1. A 型壶（LXM4：32）　　2. B 型 II 式盘（LXM4：14）　　3. B 型 I 式匜（LXM4：4）

　　盘　B 型 II 式 1 件。标本 LXM4：14，敞口，平沿外折，方唇，折腹，平底。盘径 36.8、底径 16.8、高 8 厘米（图一七四，2；图版六九，2）。

　　匜　B 型 I 式 1 件。标本 LXM4：4，敞口，平沿外折，圆唇，折腹，平底，口侧有一槽形短流，三矮蹄形足，与流相对有一环形鋬。盘径 31.2、流长 3.6、高 9.6 厘米（图一七四，3；图版六九，3）。

　　平底罐　A 型 II 式 1 件。标本 LXM4P1：1，直口，方唇，扁圆腹，平底。口径 4、底径 2.2、高 5.6 厘米（图版六九，4）。

　　2. 铜器

　　53 件。铜车马器有铜衔、铜镳、铜铃、铜泡等，杂器有铜铺首、铜钉环和铜器帽等。

　　铜衔　7件。由两节铜杆套合成，每节铜杆两端各有一大一小的环，两小环相套。标本 LXM4G：38，长 13.2、大环长径 3.2、小环径 1.5 厘米（图一七五，1）。

　　铜镳　4件。扁平长条形，面饰二道凸弦纹，有两个环形穿鼻。标本 LXM4G：68，长 16.8、宽 1.5、厚 0.2 厘米（图一七五，2）。

　　铜带扣　B 型 8件。形制相同，大小有别。簸箕形，凹底，鼓面，背有一或二道横梁。标本 LXM4G：19，凹面一道横梁。长 5、宽 3、高 0.9 厘米（图一七五，3；图版六九，5）。

　　铜铃　7件。扁筒形，弧口，扁环纽，内有环纽套一棒槌状舌。标本 LXM4G：25，通高 5.1、纽高 1.2、口长 6、宽 2.4、舌长 2.8 厘米（图一七五，4；图版六九，6）。

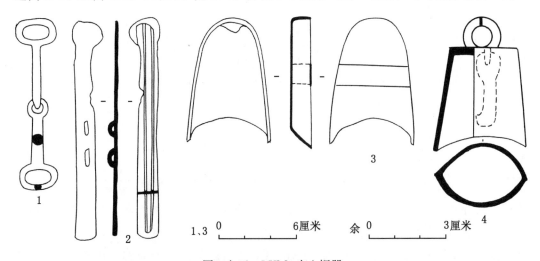

图一七五　LXM4 出土铜器
1. 衔（LXM4G：38）　　2. 镳（LXM4G：68）　　3. B 型带扣（LXM4G：19）　　4. 铃（LXM4G：25）

　　铜带钩　A 型 1件。LXM4P3：22，琵琶形，平背鼓腹。长 4.1、腹宽 0.7、厚 0.6 厘米。

　　铜铺首　18件。形制、大小相同。兽面铺首下方有凸起筒状铆，内套柱形轴的衔环纽，能旋转，铺首背面有长条形钉。衔环有使用磨损痕迹。标本 LXM4G：1，铺首宽 5.7、高 4.6、环纽外径 6.1、内径 1、环外径 5.9、内径 4.3，钉长 3.2 厘米（图一七六，1；图版七〇，1、2）。

　　铜钉环　7件。长条形钉，外端有一长方穿，顶端有一环形纽，纽套一环。标本 LXM4G：30，钉长 4.5、宽 0.7、厚 0.5、环外径 5、内径 3.7 厘米（图一七六，2）。

　　铜器帽　1件。标本 LXM4G：59，器呈截尖方锥形，内有方銎，顶端有圆孔，孔套一环。器长 4.5、底边长 1、銎边长 0.6、环外径 2、内径 1.2 厘米（图一七六，3；图版七〇，3）。

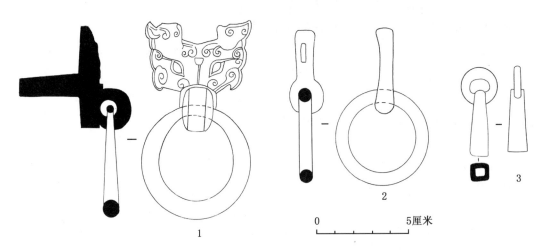

图一七六　LXM4 出土铜铺首、钉环、器帽

1. 铺首（LXM4G：1）　2. 钉环（LXM4G：30）　3. 器帽（LXM4G：59）

3. 玉器、石器

121 件。其中玉器只有玉牌 1 件，余均为滑石制作。器形有琮形束发器、环、玦、佩、璜、管和柱帽等。

玉牌饰　1 件。标本 LXM4G：67，青玉质，半透明。长方形薄片，四角略残，一角残存一穿孔。一面阴刻三角纹、卷云纹和斜方格纹。长 6.6、宽 4.9、厚 0.1 厘米（图一七七，1；彩版一六，5）。

滑石琮形束发器　1 件。标本 LXM4P3：17，扁平，外方内圆。边长 4.2、孔径 1.4、厚 1.2 厘米（图一七七，2；图版七〇，4）。

滑石柱形玦　1 件。标本 LXM4G：58，圆柱形，侧边有一竖槽。径 0.5、高 1.2 厘米（图一七七，3）。

滑石环　87 件。扁平圆环形。有刻纹和素光两种，其中素光环 38 件。刻纹又有单面和双面刻纹之分。标本 LXM4P3：1，单面阴刻勾云纹。外径 8.2、内径 4.3、厚 0.5 厘米（图版七一，1 右）。标本 LXM4P2：3，单面阳刻谷纹。外径 12、内径 5.7、厚 0.6 厘米（图一七八，4；图版七一，3）。标本 LXM4G：77，两面阴刻锥刺纹。外径 4.9、内径 1.8、厚 0.4 厘米（图一七八，3；图版七一，2 左）。标本 LXM4G：78，两面阴刻云纹。外径 4.3、内径 1.8、厚 0.3 厘米（图一七八，2）。标本 LXM4P1：3，两面阴刻勾云纹。外径 8.2、内径 4.3、厚 0.4 厘米（图版七一，4 右）。

长方形滑石佩　1 件。扁平长方形，上下端各有一系孔。标本 LXM4P3：19，长 4.5、宽 1.2、厚 0.3 厘米（图一七七，4）。

滑石璜　A 型 8 件。扁平体，器作弧形，两端呈锐角状，上缘中部一系孔。标本

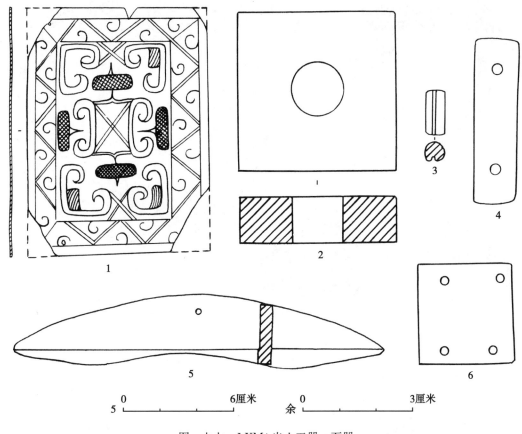

图一七七　LXM4 出土玉器、石器

1. 玉牌饰（LXM4G：67）　　2. 滑石琮形束发器（LXM4P3：17）　　3. 滑石柱形块（LXM4G：58）

4. 长方形滑石佩（LXM4P3：19）　　5. A 型滑石璜（LXM4G：79）　　6. 方形滑石佩（LXM4P3：18）

LXM4G：79，长 20、厚 0.5、高 3.4 厘米（图一七七，5；图版七一，5）。

　　方形滑石佩　1 件。扁平方形，四角各有一系孔。标本 LXM4P3：18，边长 2.7、厚 0.3 厘米（图一七七，6）。

　　滑石柱形管　9 件。圆管形。标本 LXM4P1：3，长 2、径 1 厘米。

　　滑石柱形器帽　1 件。标本 LXM4G：65-1，略残。圆柱形，底端有一圆銎。柱面阴刻凹弦纹和云纹，顶阴刻辐状纹和卷云纹。长 5.2、径 2.9、銎径 0.8、深 1.8 厘米（图一七九，1；图版七〇，5）。

　　滑石八角柱形器帽　1 件。标本 LXM4G：65-2，圆角方柱形，底端有圆銎，柱面阴刻凹弦纹与锥刺纹，顶部阴刻辐状纹和云纹。长 6.2、边长 2.3、銎径 0.8、深 1.8 厘米（图一七九，2；图版七〇，6）。

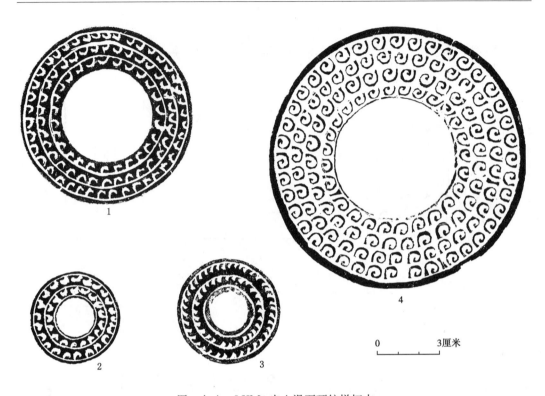

图一七八　LXM4 出土滑石环纹样拓本

1. 环（LXM4G：78）　2. 环（LXM4P1：3）　3. 环（LXM4G：77）　4. 环（LXM4P2：3）

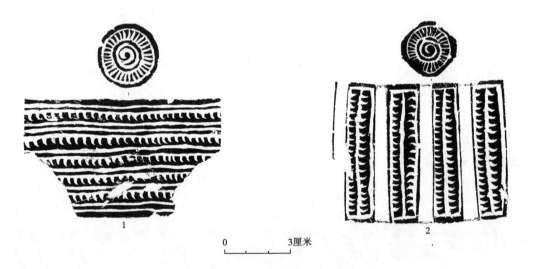

图一七九　LXM4 出土滑石器帽纹样拓本

1. 柱形器帽（LXM4G：65－1）　2. 八角柱形器帽（LXM4G：65－2）

4. 水晶、玛瑙器

452件。其中有水晶器371件，有环和珠。玛瑙器81件，有瑗、珠、管和冲牙等。

水晶瑗　38件。

A型　4件。立边，外缘直立，内缘凸起成棱一周，横截面作五角形。标本LXM4G：47，外径3、内径2、厚1.5厘米（图一八〇，1；图版七二，1左）。标本LXM4 G：46，外径3.2、内径1.7、厚1.9厘米（图一八〇，2；图版七二，1右）。

B型　34件。大小、厚薄悬殊。有水晶、茶晶和紫晶三种。中间厚，内外缘渐薄，横截面作六角形。标本LXM4G：70，茶晶质，茶色，半透明。外径5.4、内径3.3、厚0.7厘米（图一八〇，4；图版七二，2）。标本LXM4G：71-1，无色透明，外径3.4、内径1.6、厚0.6厘米（图版七二，4）。标本LXM4G：75-1，紫晶质，浅紫色，半透明。体较小，制作不很规整。这类环有30件。外径2.4～2.6厘米（图一八〇，3；图版七二，4上右）。

球形水晶珠　126件。标本LXM4G：72-4，大小有别，球形，顶中一穿。径0.8～1.5、高0.6～1.3厘米（图一八〇，5；图版七二，6）。

扣形水晶珠　92件。扁圆形，侧视呈八角形，顶中一穿。标本LXM4G：73，径2.2、高0.7～1.1厘米（图一八〇，6；图版七二，5）。

菱形水晶珠　103件。标本LXM4G：72-3，圆形，中腰有一道折棱，横截面呈六角形，顶中一穿。径1.5～1.8、高0.9～1.1厘米（图一八〇，7）。

圆柱形水晶管　10件。标本LXM4G：72-5，圆柱形，顶中一长穿。长3.7、径1.1厘米（图一八〇，8）。

鼓形水晶管　1件。标本LXM4G：72-1，圆管形，中腰略粗。长2.2、腰径0.9厘米（图一八〇，9）。

水晶冲牙　1件。标本LXM4G：72-2，形似蚕，昂首，一足，横截面呈圆角方形。长13.7厘米（图一八〇，10）。

玛瑙瑗　46件。

B型　30件。乳白色器形与B型水晶瑗同。标本LXM4P3：13，外径6.3、内径4、厚0.8厘米（图版七三，1）。标本LXM4G：71-1，外径3.4、内径2.2、厚0.65厘米（图一八〇，11）。标本LXM4G：75-3，体小质薄。20件。外径1.1～1.5、厚0.4～0.5厘米（图版七三，3右1）。

D型　16件。器形较小，扁平横截面略呈方形。标本LXM4G：75-2，外径1.8、内径0.9、厚0.5厘米（图一八〇，12；图版七三，2下左2）。

球形玛瑙珠　18件。略呈球形，顶中一穿。标本LXM4G：74，径0.5～0.8、高0.4～0.6厘米。

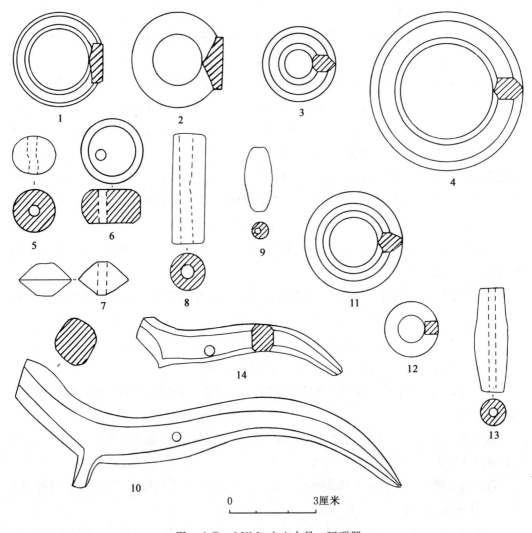

图一八〇　LXM4 出土水晶、玛瑙器

1. A 型水晶瑗（LXM4G：47）　2. A 型水晶瑗（LXM4G：46）　3. B 型紫晶瑗
（LXM4G：75－1）　4. B 型茶晶瑗（LXM4G：70）　5. 球形水晶珠（LXM4G：72－4）
6. 扣形水晶珠（LXM4G：73）　7. 菱形水晶珠（LXM4G：72－3）　8. 圆柱形水晶管（LXM4G：72－5）
9. 鼓形水晶管（LXM4G：72－1）　10. 水晶冲牙（LXM4G：72－2）　11. B 型玛瑙瑗（LXM4G：71－1）
12. D 型玛瑙瑗（LXM4 G：75－2）　13. 菱形玛瑙管（LXM4G：74）　14. 玛瑙冲牙（LXM4G：69）

菱形玛瑙管　2 件。圆管形，中腰较粗，有折棱，顶中一长穿。标本 LXM4G：74，长 3.4、中腰径 1 厘米（图一八〇，13；图版七三，4 左）。

玛瑙冲牙　15 件。大小长短有别。器作蚕形。横截面呈抹角方形，中部一穿孔。标本 LXM4G：69，长 7.3 厘米（图一八〇，14；图版七三，5）。

5. 骨器、蚌器

170 件。其中骨器 125 件，有柱形器、带钩、管、珠等。蚌器只有贝饰一种。

骨带钩　4 件。琵琶形，鸭首钩，平背，鼓腹，腹部有两条脊棱。标本 LXM4G：52，长 6.7、腹宽 1.25、厚 0.8 厘米（图一八一，1；图版七三，6）。

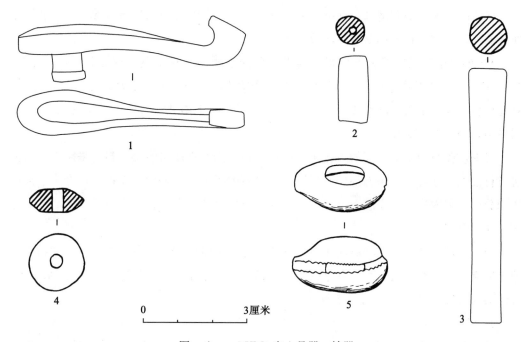

图一八一　LXM4 出土骨器、蚌器

1. 骨带钩（LXM4G：52）　2. 骨管（LXM4G：80）　3. 柱形骨器（LXM4G：60）

4. 菱形骨珠（LXM4G：63）　5. 贝饰（LXM4G：66）

骨管　92 件。圆柱形，顶中一长穿。标本 LXM4G：80，长 1.9、径 0.9 厘米（图一八一，2）。

骨柱形器　6 件。圆柱形，中腰略细。标本 LXM4G：60，长 7.3、径 0.9～1.2 厘米（图一八一，3）。

菱形骨珠　3 件。圆形，中腰有一道折棱，侧视呈六角形，顶中一穿。标本 LXM4G：63，径 1.6、高 0.7 厘米（图一八一，4）。

蝉形骨器架　3 件。器扁椭作蝉形，中空，底、顶有盖封闭，内侧有一圆孔，三矮足，标本 LXM4G：49，长 5.1、宽 3.5、高 3.6 厘米。

骨锉　17 件。扁平长条形，横截面呈长方形，一面刻斜方格纹。标本 LXM4G：82，长 8、宽 0.5 厘米。

贝饰　45 件。标本 LXM4G：66，齿贝制，背磨有穿孔。长 2.7 厘米（图一八一，5；图版七三，6 左 2）。

五、相家庄五号墓（LXM5）

（一）墓葬形制

1. 封土

LXM5 位于墓地东南部，西北距四联冢 80 米，东南去刘家庄 300 米。M5 是一座独立的墓葬，它由封土和墓室两部分组成。

M5 的封土形制属于圆锥形封土类型。勘探表明，原封土范围南北长 35、东西宽 27.5 米。由于拓展耕地及取土等原因，封土周边不断受到蚕食和破坏，范围逐渐缩小。应是缓坡状的封土边缘已变成了陡直的断壁。现有封土南北长 28.5、东西宽 21.8 米，圆平顶，径 6.1、高 10 米。

发掘前曾对封土破土面的风化土进行过清理，未发现版筑痕迹。封土采用十字四分法进行发掘。通过封土顶部的中心保留了 2 米宽的垂直十字隔梁，发掘工作在十字隔梁所划分的象限内进行（彩版一七，1）。首先发掘的是西南和东北两个象限，然后发掘东南、西北象限。

封土用黄褐色花土和黑胶花土自地面逐层往上夯筑而成。自顶往下 1.3 米的封土质地比较疏松，夯窝不很清晰。其余封土夯窝清晰，质地坚硬。夯层厚 15～35 厘米不等。圆形弧底夯窝，径 5～6、深 0.5 厘米。

2. 墓室

该墓为甲字形土坑积石木椁墓，方向 190°（图一八二）。墓室呈长方形，口大于底。墓口南北长 23.4、东西宽 22 米。墓底南北长 17.4、东西宽 15.5 米，墓底距墓口深 7.3 米。墓壁自墓口以下向里收缩成阶梯状一级台阶。墓底至台面高 3.8 米，外敞 1.6 米，台面宽 0.8～1.1 米。自台面至墓口 3.5 米，外敞 1.15 米。

在墓室东、西壁的上口向外各挖有一个类似墓道的东西向长方形缺口。缺口底部外高里低呈斜坡状（彩版一七，3）。东壁缺口距墓室北壁 9 米，东西长 4.3、南北宽 1.5、里端距墓口深 3.4、坡长 4.75 米。西壁缺口距墓室北壁 7.5 米，东西长 4.7、南北宽 2.3，内端距墓口深 3.4、坡长 4 米。缺口内填土经分层夯打，夯层与墓室的夯层相连。这种现象在莒南县春秋时期的莒墓中发现过，临淄齐墓中却是首次发现。在东、西墓壁的上口各挖一个几乎是对称的斜坡状缺口，可能是为了开挖墓室时便于往外运土，或是下葬木棺等重物时用绳索通过两边的缺口拉抬移动木棺。

斜坡状墓道开在墓室南壁的中部。墓道上口长 21.3、外口宽 10、里口宽 10 米。墓道底与墓底相连，宽 4.3 米，坡度 13.5°，坡长 25.3 米。墓道壁有一级台阶与墓室壁面的台阶相连，台阶里高外低，至墓道外口 7.2 米处消失。墓道壁台阶的台面宽窄不一。东壁台面里宽外窄，宽 0.7～1 米。西壁台面里窄外宽，宽度 0.5～1 米。墓道的北部在

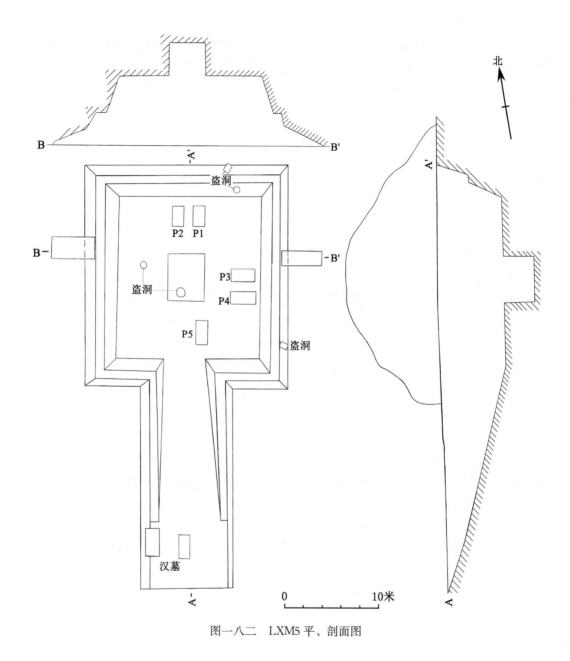

图一八二　LXM5 平、剖面图

靠近墓道壁的两边各有一排脚窝，每排三行，每行有脚窝 13 个。脚窝的行距与间距约 0.5 米左右。脚窝平面作半圆形，纵截面呈三角形，底边长 20～30、深 6～10 厘米不等（图版七四，1）。

长方形椁室位于墓室中部。南北长 4.9、东西宽 4、深 3.5 米。椁室底铺有约 0.5 米厚的一层石块，四面也以石块垒砌。砌石高 3.7、厚 0.9～1.2 米不等。椁口四周散置一些石块。石块间缝隙以河卵石充填。

椁室四面是宽大的生土二层台。东、南、北三面的台面宽度相同，均为 6 米，西台宽度为 5.4 米。

墓壁经加工修整，有的地方留有宽 0.5、长 20 厘米左右的工具痕迹，墓室壁面刷一层厚约 0.5 厘米的灰色澄浆细泥。二层台四面墓壁上张挂一周用细麻布制成的帷帐，上有红、黑两色绘就的兽面纹横式二方连续图案（图一八三；彩版一五，2）。帷帐高 0.5 米，上下缘贯以 0.2~0.3 厘米的细绳，并用竹或木钉将其固定在墓壁上。钉面贯朱绘云纹的圆形蚌饰，有如钉帽，起点缀装饰作用。墓室回填时帷帐多为填土拽落在二层台上。

生土二层台上有五个陪葬坑。

墓室填黄褐色花土，经分层夯打，夯层相连，质地坚硬。夯层的厚薄、夯窝的形状、大小与封土相同。

在距墓室北壁 3、西壁 12、上距墓口 6 米深的夯层发现了两把翣。翣以正羽用细线绳编次而成。羽毛虽已腐朽，却在夯土上留下了压印痕迹。羽杆、羽瓣、羽小枝仍清晰可辨。埋葬时，两翣相叠，柄朝北。翣有两种：一是用线绳将九根羽毛的羽杆相缚在状似细颈瓶粗短木柄的上端，呈椭圆形，通长 54 厘米，中部最宽处 22 厘米。其中木柄残长 13.5、径 4 厘米；一是用线绳将羽毛编次而成，呈扇形，缚在 T 字形木柄上。柄上圆下方。竖杆长 80、横杆长 13、径 3 厘米。残存羽毛 22 根，最长的一根达 44 厘米（彩版一七，2）。由此可见，翣是一种带柄的扇形之物，汉以前以羽毛为之，随枢车持之以行，葬则置于墓圹之中。

墓室多次被盗。墓中发现 5 个盗洞。其中有圆形盗洞 3 个，长方形盗洞 2 个。一号盗洞中有防塌方的木板和盛土的塑料编织袋，可见最后一次被盗是近年的事。

（二）葬具与葬式

有棺椁等木质葬具。由于椁室累遭盗扰，以及椁室积石的坍塌等原因，所以棺椁的数量、形制、大小不详。

墓主骨骼已朽，又遭盗扰，葬式不明。

（三）随葬器物的放置

该墓二层台上未放置任何随葬物品。椁室又惨遭盗扰，仅在扰乱土中出土了一些铜节约、游环和几件骨饰。

（四）陪葬坑和殉人

1. 陪葬坑概述

LXM5 有 5 个陪葬坑，分别在椁室东、南、北三面的生土二层台上。其中北二层台 2 个，自西往东编号为 LXM5P1、P2；东二层台 2 个，由北而南编号为 LXM5P3、P4；1 南二层台 1 个，编号为 LXM5P5。

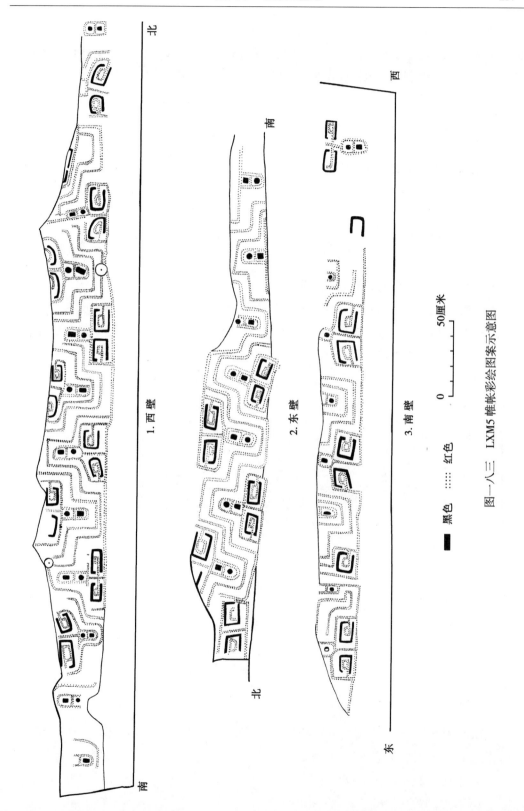

1. 西壁

2. 东壁

3. 南壁

■ 黑色　⋮⋮⋮ 红色

0　　　50厘米

图一八三　LXM5 帷帐彩绘图案示意图

　　陪葬坑为长方形竖穴土坑。位于南、北二层台的陪葬坑三个为南北向。东二层台的两个为东西向。坑壁未经修整，其中 P5 的坑壁掏有两个壁龛。由于椁室朽烂坍塌，椁顶填土下落，坑内填土质地松软。除 P1 被盗，其余四个陪葬坑保存完好。

　　每坑埋有一个殉人，都有一椁一棺木质葬具。椁呈长方形，棺作长方形束腰状。

　　殉人仰身直肢，双手置于腹部或胸部，头朝向埋葬墓主的椁室。

　　殉人的随葬品有陶器、铜器、石器和水晶玛瑙器等。除陶器置于棺椁之间或壁龛中，其余器物均随殉人放在棺内（附表一三）。

2. 陪葬坑举例

　　LXM5P2　位于北二层台。南北向。坑长 2.88、宽 1.3、深 2.1 米。一椁一棺，已朽。椁长 2.18、宽 0.8、残高 0.8 米。棺作长方形束腰状，长 1.84、宽 0.6、残高 0.3 米。

　　棺内有一殉人，仰身直肢，双手置于腹部，头向南。

　　椁两侧置陶壶、陶盖豆各 2 件。棺内殉人头部有滑石簪 1 件，自颈至腹有一串由滑石佩、环、璜组成的组佩饰，胸、腹部有铜带钩 4 件，腹右侧有一组由水晶瑗、珠和骨管组成的串饰（图一八四）。

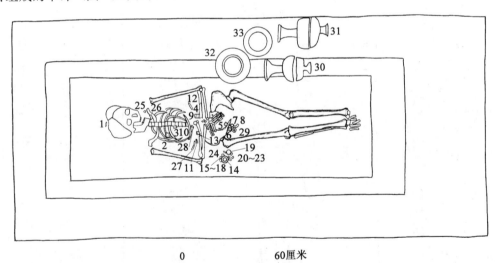

0　　　　　　　　60厘米

图一八四　LXM5P2 平面图

1. 滑石簪　2~8、13、26~29. 滑石组佩饰　9~12. 铜带钩

14~24、水晶串饰　25. 滑石瑗　30、31. 盖豆　32、33. 壶

　　LXM5P3　位于东二层台。东西向。坑长 2.7、宽 1.4、深 2.2 米。一椁一棺，已朽成白色板灰。据板灰痕迹测得椁长 2.1、宽 1.2、残高 0.8 米。棺呈长方形束腰状，长 1.75、宽 0.52~0.6 米，高度不详。

棺内一殉人，仰身直肢，双手置于腹部，头向西。

棺椁之间放置陶器。其中棺西侧有陶罐 1 件，北侧棺外放置陶壶 1 件、豆 2 件、罐 1 件，南侧有陶盖豆 2 件、鼎 1 件。棺内殉人腹部置铜镜 1 件，腿左侧有铜带钩、玛瑙瑗各 1 件，右侧置骨簪 2 件。自颈至足有一串滑石组佩饰（图一八五）。

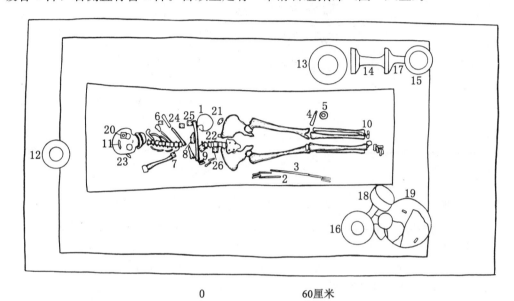

图一八五　LXM5P3 平面图

1. 铜镜　2、3. 骨簪　4. 铜带钩　5. 玛瑙瑗　6～11、22、23～26. 滑石组佩饰　12、15. 罐

13. 壶　14、17. 豆　16、18. 盖豆　19. 鼎　20. 滑石琮形束发器　21. 石肖形印

LXM5P4　位于东二层台。东西向。坑长 2.98、宽 1.4、深 2.4 米。一椁一棺，已朽。椁长 2.3、宽 1、残高 1 米。棺长 1.9、宽 0.8 米，高度不详（图一八六）。

棺内有一殉人，仰身直肢，双手置于胸部，头向西。

椁室西侧与坑壁间陈放陶鬲 1 件、陶壶 2 件、陶盖豆 2 件。棺内殉人头部有滑石簪 1 件、玛瑙瑗 1 件。头右侧置铜带钩 2 件、玛瑙冲牙 2 件、蛤蜊壳 6 对。殉人自颈至足有一组滑石组佩饰，胸部有二组水晶、玛瑙串饰。腰部左侧置铜剑 1 件，腿左侧置嵌金丝漆木盒 1 件（已朽）、铜镜 2 件、铜带钩 1 件、一组水晶串饰，腿右侧有铜削 1 件、骨簪 1 件、骨柱形器 1 件等。

LXM5P5　位于南二层台。南北向。坑长 2.58、宽 1.3、深 1.8 米。坑东壁距坑底 0.7 米处掏有 2 个长方形壁龛，两龛相距 1.25 米。其中北壁龛长 0.45、深 0.2、高 0.25 米。南壁龛长 0.55、深 0.21、高 0.3 米。由于椁室塌陷，原散置二层台上的两块石块坠入坑中。坑内有一殉人。有一椁一棺木质葬具。木椁长 2、宽 0.95 米，高度不详。棺略呈梯形，长 1.79、头端宽 0.75、足端宽 0.6 米，高度不详（图一八七）。

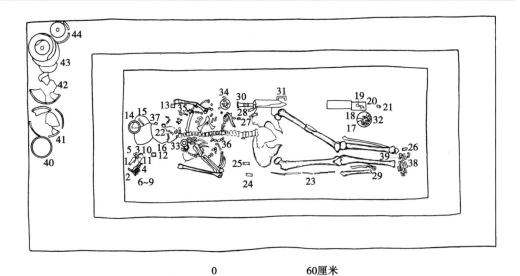

0　　　　　　　60厘米

图一八六　LXM5P4 平面图

1、2、19. 铜带钩　3、4. 水晶冲牙　5. 陶柱形器（6）　6～11. 蛤蜊壳　12、13、22、24～28、38、

39. 滑石组佩饰　14. 玛瑙瑗　15. 滑石簪　16. 口含　17、18. 铜镜　20. 漆木盒　21. 骨贝　23. 骨簪

29. 铜削　30. 铜剑　31. 石剑鞘饰　32. 水晶玛瑙串饰（17）　33、36. 水晶玛瑙串饰（105）

34、35. 水晶玛瑙串饰（138）　38. 骨柱形器　40. 鬲　41、42. 壶　43、44. 盖豆

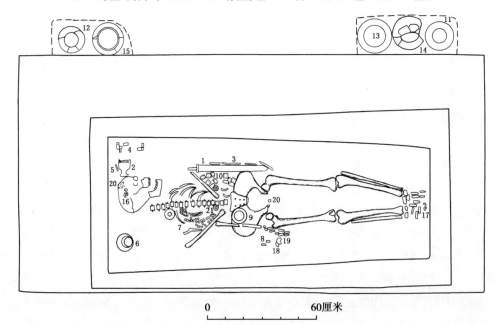

0　　　　　　　60厘米

图一八七　LXM5P5 平面图

1. 铜剑　2. 骨梳　3. 骨簪　4. 陶柱形器（6）　5. 滑石簪　6. 罐　7、8. 水晶玛瑙串饰（62）　9. 玛瑙瑗

10. 滑石组佩饰（14）　11、12. 盖豆　13、14. 壶　15. 鬲　16、17. 铜带钩　18、19. 滑石片状玦　20、21. 滑石柱形玦

殉人仰身直肢，头向北。

北壁龛中陈放陶鬲和陶盖豆各1件，南壁龛放置陶盖豆1件、陶壶2件。棺内殉人头部置陶罐1件，铜带钩1件，骨梳、滑石簪各1件，陶柱形器6件。腹部左侧置铜剑1件、骨簪、骨柱形器各1件。胸腹置水晶玛瑙串饰、滑石组佩饰各一组。足部1件铜带钩。

（五）随葬器物

椁室被盗，随葬器物主要出自陪葬坑中。有陶器、铜器、石器、水晶、玛瑙器等。

1. 陶器

32件。按用途可分为礼器和装饰品两类。器形有鼎、豆、盖豆、壶、鬲和罐六种，鬲为夹砂灰陶，余均为泥质灰陶。

盖鼎　A型Ⅱ式1件。标本LXM5P3：19，子口内敛，鼓腹，圜底，长方形附耳，三蹄形足。弧形盖，顶略平，上有三矩形纽。腹饰一道凸棱纹。口径17.6、高19.2、通高24.2厘米（图一八八，1）。

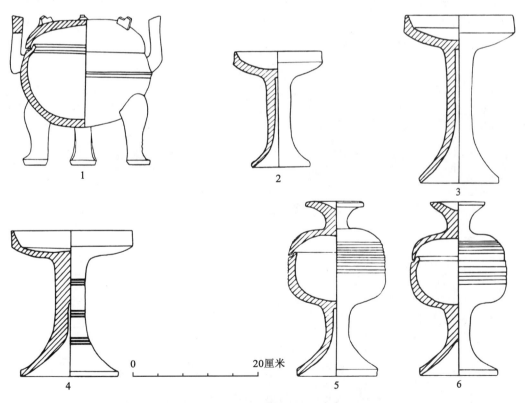

图一八八　LXM5出土陶盖鼎、豆、盖豆

1. A型Ⅱ式盖鼎（LXM5P3：19）　2. A型豆（LXM5封土：1）　3. A型豆（LXM5P1：22）

4. A型豆（LXM5P3：14）　5. B型Ⅰ式盖豆（LXM5P4：43）　6. B型Ⅰ式盖豆（LXM5P3：16）

　　豆　A型4件。敞口，尖唇，腹外壁微内凹，浅盘，圜底，腹、底间呈弧形折转，矮柄空心，喇叭状足较小。标本LXM5封土：1，盘径14.6、足径10、高18.6厘米（图一八八，2；图版七四，2）。标本LXM5P1：22，柄略高。高27.3、盘径18.6、深4、足径13.4厘米（图一八八，3）。标本LXM5P3：14，腹、底间有明显折转，矮柄实心，喇叭状足较大。柄饰三组弦纹。高23.4、盘径20.4、深3.4、足径16.4厘米（图一八八，4；图版七四，4）。

　　盖豆　B型Ⅰ式8件。器钵状，有子口以承盖，腹壁较直，圜底略平，矮柄中空，喇叭状足。弧形盖，盖顶一喇叭形捉手。器、盖均饰凹弦纹。标本LXM5P4：43，盘径14.4、足径13.2、高20、通高28厘米（图一八八，5）。标本LXM5P3：16，实心柄，器、盖饰凹弦纹。盘径14.4、深7.6、足径13.2、高19.2、通高28厘米（图一八八，6；图版七四，5）。

　　壶　D型7件。敞口，圆唇，短颈，扁圆腹，圜底，圈足较高。弧形盖，下有子口与器口套合。标本LXM5P3：13，无盖。口径12.8、足径12.2、通高18.6厘米（图一八九，1）。标本LXM5P5：14，口径14、足径12.4、高19.4、通高22.4厘米（图一八九，2；图版七五，1）。标本LXM5P2：32，平顶盖，下有子口。口径13.6、足径12.8、高18.2、通高20.2厘米（图一八九，3；图版七五，2）。

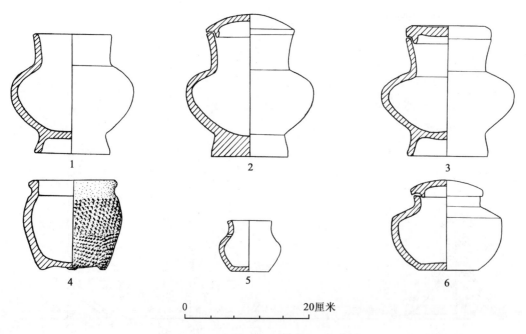

0　　　　　　　　　　　　　20厘米

图一八九　LXM5出土陶壶、鬲、平底罐

1. D型壶（LXM5P3：13）　2. D型壶（LXM5P5：14）　3. D型壶（LXM5P2：32）　4. A型
Ⅱ式鬲（LXM5P4：40）　5. A型Ⅱ式平底罐（LXM5P5：6）　6. B型平底罐（LXM5P3：12）

鬲　A型Ⅱ式2件。形制相同。敛口，圆唇，束颈，腹微鼓，平裆，三乳状足。自颈以下饰绳纹。标本LXM5P4：40，口径13.6、高13厘米（图一八九，4；图版七五，3）。

平底罐　4件。

A型Ⅱ式　2件。标本LXM5P5：6，侈口，方唇，束颈，圆肩，鼓腹，平底，颈部一对圆孔。口径7、底径6、高8厘米（图一八九，5；图版七五，4）。

B型　2件。侈口，方唇，折肩，弧腹，平底。弧形盖，下有子口与器口套合。标本LXM5P3：12，口径10.4、底径9.2、高10.2、通高13.4厘米（图一八九，6；图版七五，5）。

柱形器　6件。圆柱形。标本LXM5P5：4，长2、径1.1厘米（图版七五，6）。

2. 铜器

27件。分为兵器、车马器、服饰器和杂器。兵器有剑2件、车马器7件、有插座、节约和游环；服饰器14件，有镜和带钩。

铜剑　2件。有B型和C型。

B型　1件。标本LXM5P5：1，扁茎，顶端有半球形凹槽，无首，无箍，茎有蒯缑痕迹，无格，棱脊。剑身长30.7、宽3.4、通长35.7厘米（图一九〇，1；图版七六，1）。

C型　1件。标本LXM5P4：30，圆基，圆首，双箍，茎缠有蒯缑，有格，棱脊，格与剑首饰错金嵌松石勾连云纹。首径4.15、剑身长22.1、宽3.5、通长31.2厘米（图一九〇，2；彩版一七，4）。

铜节约　4件。

A型　2件。器作L形，断面作半圆管状。标本LXM5G：9-1，边长4.5、底宽1.8、高1.9厘米（图一九一，1）。

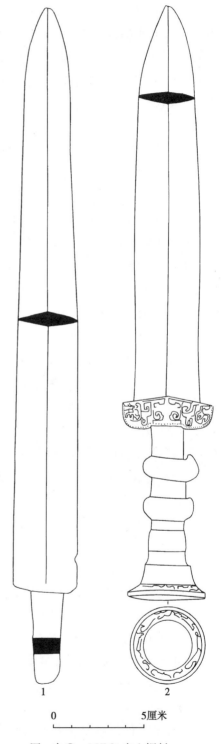

1　　　　　2

0　　　　　5厘米

图一九〇　LXM5出土铜剑
1. B型（LXM5P5：1）　2. C型（LXM5P4：30）

　　B型　2件。T字形半圆管状。分两种。一种T字形横向部分左短右长，左端有凸出半圆形榫，可以纳入前一种T字右端的卯中。标本LXM5G：8-2，横长7.5、竖宽5.8、底宽1.8、高1.9、榫长1.2、宽1.2、高1.8厘米（图一九一，2；图版七六，2右）。另一种T字形横向部分右短左长，右端有用以纳榫的卯，出土时管内有朽木。标本LXM5G：8-1，横长7.4、竖长5.4、底宽1.8、高1.9厘米（图一九一，3；图版七六，2左）。

　　铜插座　A型1件。标本LXM5G：1，器呈L形，插孔内圆而外作八角形，底端有竖向瓦形槽，用于捆扎在相同弧度的木部件上。长6.2、插孔内径1.2、槽宽1.1、深0.3厘米（图一九一，4）。

　　铜游环　2件。椁室出土。形制、大小相同。由中间小环与两旁大环相互套连而成。标本LXM5P5G：6，小环径4.5、大环径6.6厘米（图一九一，5；图版七六，3）。

　　铜镜　3件。扁平圆形，斜缘体小，质薄，鼻纽均残。标本LXM5P4：18，背饰织锦纹，直径9.5、厚0.2厘米（图一九二，1；图版七六，6）。标本LXM5P3：1，背面饰兽纹，兽回首，张口，吐舌，腰垂尾上卷。直径8.5、厚0.1厘米（图一九二，2；图版七六，5）。标本LXM5P4：17，素面，直径9.3、厚0.1厘米（图版七六，4）。

　　铜带钩　11件。有A、B、D、F、G五型。

　　A型　3件。器短小，鸭首状钩，平背，鼓腹，铆钉状纽，素面。标本LXM5P5：16，长3.4、腹宽1.1、厚0.7厘米（图一九三，1；图版七七，1）。

　　B型　4件。勺形。马首状钩，平背，鼓腹，边缘薄扁，颈细长。腹部有两道折棱，铆钉状纽。腹饰S形纹。标本LXM5P5：17，长8、腹宽1.5、厚0.4厘米（图一九三，2；图版七七，2）。标本LXM5P4：2，长8.1、腹宽1.5、厚0.8厘米（图一九三，3；图版七七，3）。

　　D型　2件。长方条形，横截面呈圆形，鸭首状钩，铆钉状纽靠近尾部，素面。出土时，有绢缠绕痕迹。标本LXM5P2：11，长5、厚0.6厘米（图一九三，4）。

　　F型　1件。LXM5P4：1，琵琶形，鸟首状钩，短颈，腹宽厚。腹、纽用金丝、片镶嵌涡云纹及S形纹。长5.9、腹宽2.5、厚1.1厘米（图一九三，5；图版七七，4、5）。

　　G型　1件。标本LXM5P1：20，钩体呈半球形，颈粗短，长钩及尾。长2.7、腹宽1.9、厚0.9厘米（图一九三，6；图版七七，6）。

　　铜削　1件。标本LXM5P4：29，锋尖已残。凸背，凹刃，断面作三角形，柄细长，柄首作椭圆环形，残长11.7、身宽1.3、柄首长6.7厘米（图一九三，7；图版七六，7）。

　　铜环　3件。形制、大小相同，出土时三环相叠。圆环形，断面呈方形。标本LXM5P1：5，外径1.8、内径1.1厘米（图一九三，8）。

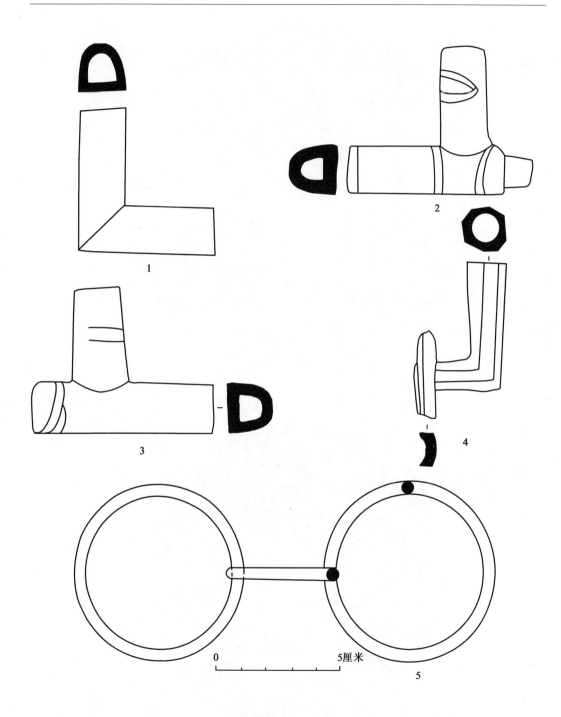

图一九一　LXM5 出土铜节约、游环、插座

1. A 型节约（LXM5G：9‑1）　2. B 型节约（LXM5G：8‑2）　3. B 型节约

（LXM5 G：8‑1）　4. A 型插座（LXM5G：1）　5. 游环（LXM5P5G：6）

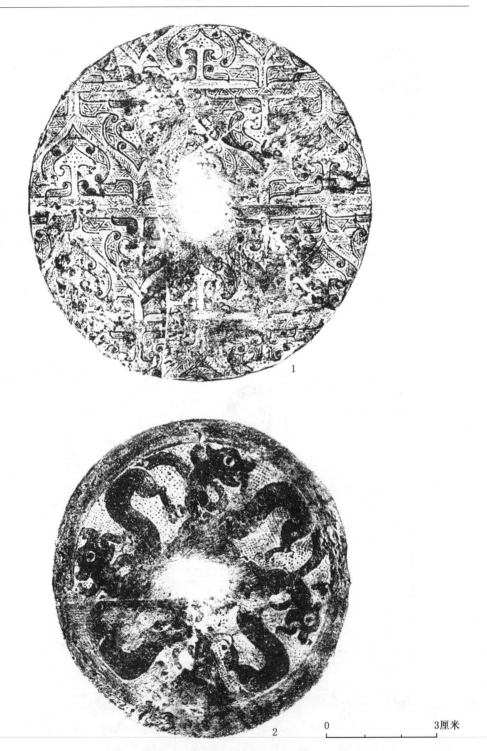

图一九二　LXM5 出土铜镜纹样拓本
1. 织锦纹（LXM5P4：18）　　2. 兽纹（LXM5P3：1）

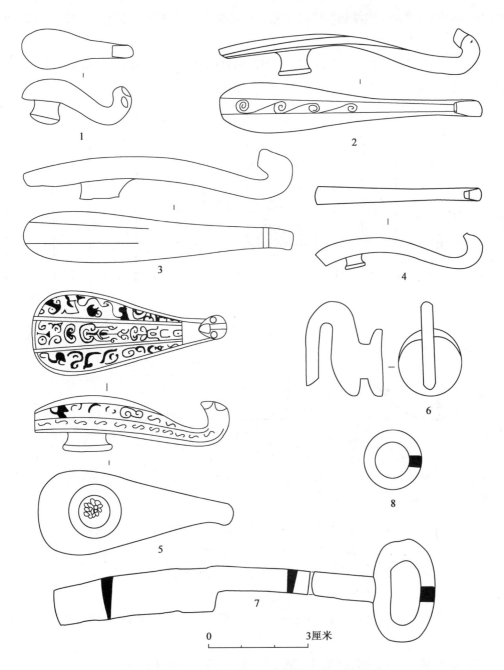

图一九三　LXM5 出土铜带钩、环、削

1. A 型带钩（LXM5P5：16）　2. B 型带钩（LXM5P5：17）　3. B 型带钩（LXM5P4：2）　4. D 型带钩（LXM5P2：11）

5. F 型带钩（LXM5P4：1）　6. G 型带钩（LXM5P1：20）　7. 削（LXM5P4：29）　8. 环（LXM5P1：5）

3. 石器

63 件。滑石质，青灰或土黄色，多装饰品。有琮形束发器、簪、片状玦、柱形玦、肖形印和组佩饰等。这些器物都经过锯截、琢磨等工序，佩饰经穿孔，未雕刻纹饰。制作较为粗糙，极不规整。

滑石琮形束发器　1 件。LXM5P3：20，出自死者头顶。器扁平略呈抹角方形，中心有一圆孔，呈琮形。长 3、宽 3、孔径 1.5、厚 0.5 厘米（图一九四，1；图版七八，1）。

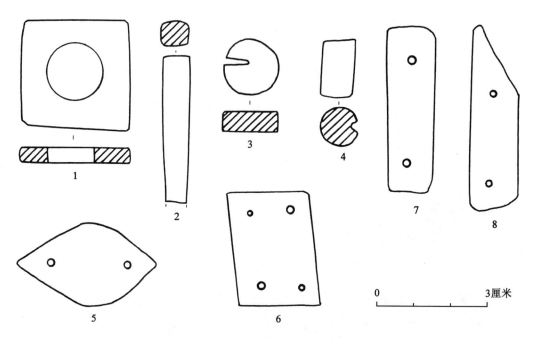

图一九四　LXM5 出土滑石器

1. 琮形束发器（LXM5P3：20）　2. 簪（LXM5P5：5）　3. 片状玦（LXM5P5：19）　4. 柱形玦（LXM5P5：20）　5. 椭圆形佩（LXM5P3：11-1）　6. 方形佩（LXM5P5：10-2）　7. 长方形佩（LXM5P2：13）　8. 璋形佩（LXM5P5：10-1）

滑石簪　2 件。长条形，首端粗，尾端细，横截面略呈方形，首端截平，尾端磨成斜面。标本 LXM5P5：5，残长 3.9 厘米（图一九四，2；图版七八，2）。

滑石片状玦　2 件。器扁平呈圆形，缘边有一长方形缺口。标本 LXM5P5：19，径 1.5、厚 0.5 厘米（图一九四，3；图版七八，3）。

滑石柱形玦　2 件。圆柱形，缘边有一条竖槽。标本 LXM5P5：20，长 1.5、径 1 厘米（图一九四，4）。

滑石柱形器　4 件。圆柱形。LXM9P1：5，长 2.5、径 1 厘米。

寿山石肖形印　1 件。标本 LXM5P3：21，纽残，略呈长方形，阴刻一对羊纹，两羊首相对，耳后耸，短尾。长 2、宽 1.5、残高 1 厘米（图一九五，1；图版七八，5）。

滑石组佩饰　4 组。由不同形状的片状滑石佩饰通过串联组合而成。据其形状，这

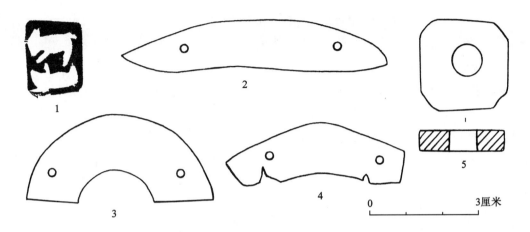

图一九五　LXM5 出土滑石器

1. 肖形印纹（LXM5P5：21）　2. A 型璜（LXM5P3：11-3）　3. B 型璜
（LXM5P2：26）　4. C 型璜（LXM5P3：11-2）　5. 八角形环（LXM5P5：21）

些佩饰有：

椭圆形滑石佩　4 件。略呈菱形，两端各有一穿孔。标本 LXM5P3：11-1，长 3.8、宽 2.3、厚 0.3 厘米（图一九四，5）。

方形滑石佩　22 件。方形，四角各有一系孔。标本 LXM5P5：10-2，长 3、宽 2.3、厚 0.3 厘米（图一九四，6）。

长方形滑石佩　14 件。长方形，上、下端各有一系孔。标本 LXM5P2：13，长 4.4、宽 1.3、厚 0.3 厘米（图一九四，7）。

璋形滑石佩　2 件。璋形，上、下端各有一系孔，标本 LXM5P5：10-1，长 4.9、宽 1.3、厚 0.4 厘米（图一九四，8）。

滑石璜　7 件。有 A、B、C 型。

A 型　2 件。略呈弧形，两端呈锐角，各有一穿孔。标本 LXM5P3：11-3，长 7.2、宽 1.2、高 1.4 厘米（图一九五，2）。

B 型　4 件。半圆环形，两端各有一穿孔。标本 LXM5P2：26，长 5.1、宽 1.5、高 2.3 厘米（图一九五，3）。

C 型　1 件。弧形，下沿有鉏牙，两端各有一穿孔。标本 LXM5P3：11-2，长 4.8、宽 1.3、高 1.6 厘米（图一九五，4）。

八角形滑石环　1 件。略呈八角形，中央有一圆孔。标本 LXM5P5：21，长 2.4、宽 2.4、孔径 0.8、厚 0.6 厘米（图一九五，5）。

滑石环　1 件。圆环形，标本 LXM5P2：29，外径 3.5、内径 2、高 0.5 厘米（图版七八，4）。

　　佩饰都有系孔，其中椭圆形璜、长方形佩均 2 孔，方形佩 4 孔。组佩饰组合大同小异。但每组佩饰必有一椭圆形、二璜（个别只有一璜），方形和长方形佩则多寡有别，而环则未必都有。

　　从出土情况看，每个陪葬坑都有一组佩饰出土。根据佩饰分布情况，大致可以复原原来的串法。组合规律一般都是椭圆形为挈领，然后方形佩、长方形佩分两行并联，左右对称，璜则系于佩饰末端。有环的组佩饰则将环上下置于方形佩与长方形佩之间，起约束作用。

　　标本 LXM5P2：2　一组 12 件。出自殉人的颈、胸部。其中有椭圆形石佩 1 件、长方形石佩 6 件、方形石佩 2 件、石环 1 件、石璜 2 件。串法是首端为椭圆形石佩，然后长方形石佩分作两行并联，以石环约束，石环后两方形石佩并列，尾端各系一石璜。

　　标本 LXM5P3　一组 11 件。置于死者的头、胸、腹部。其中有椭圆形石佩 1 件、长方形石佩 2 件、方形石佩 6 件、石璜 2 件。串法是以椭圆形石佩为首端，然后长方形石佩、方形石佩分两行并联，尾端各系一石璜。

　　标本 LXM5P4　一组 10 件。置于死者的胸、腹、足部。其中有椭圆形石佩 1 件、方形石佩 2 件、长方形石佩 5 件、石璜 2 件。串法是以椭圆形为挈领，然后将 2 件方形石佩、4 件长方形石佩依次分两行并联，再用一长方形佩连接两行端，下系两石璜。

　　标本 LXM5P5：10　一组 15 件。置于殉人腹部。其中有椭圆形石佩 1 件、方形石佩 7 件、长方形石佩 4 件、石璜 2 件。串联顺序为椭圆形石佩、方形石佩、长方形石佩、下系两石璜。其间，有一方形石佩置于方形石佩与长方形石佩之间，起约束作用。据出土情况分析，两石璜非左右并列，而是上下排列（图一九六）。

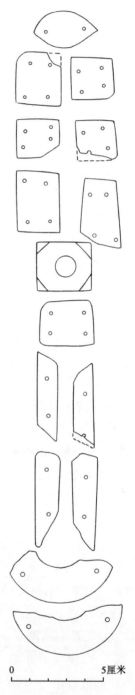

0　　　　　　　　5厘米

图一九六　LXM5 出土滑石组佩饰　（LXM5P5：10）

4. 水晶、玛瑙器

298 件。其中水晶器 256 件，玛瑙器 42 件。墓中五个陪葬坑有三个陪葬坑出土了水晶、玛瑙器。这些水晶玛瑙器绝大部分用于成组串饰，单独使用的不多。三个陪葬坑共出土五组串饰。这些串饰由用水晶或玛瑙制作不同形状的瑗、珠、管等串联而成。其中水晶器有：

水晶瑗　A 型 7 件。水晶或紫水晶制。标本 LXM5P5：7-1，外径 3.5、内径 2、高 1 厘米（图一九七，1；图版七九，1）。

圆柱形水晶管　53 件。圆柱状，上、下一长穿。标本 LXM5P5：8-1，长 3.4、径 1.1 厘米（图一九七，2；图版七九，4下右3）。

鼓形水晶管　10 件。腰鼓形，上、下一长穿。标本 LXM5P5：8-2，长 2.2、径 0.6～1 厘米（图一九七，3；图版七九，5）。

方柱形水晶管　2 件。长方柱形，上下一长穿。标本 LXM5P4：34-1，长 2、边米 0.5 厘米。

菱形水晶管　13 件。菱形，上下一长穿。标本 LXM5P4：34-2，长 2.5 厘米。

球形水晶珠　95 件。球形，顶中一穿。标本 LXM5P2：5，径 1.2、高 1.1 厘米（图一九七，4；图版七九，2下右2）。

扣形水晶珠　32 件。扁圆形，上下抹边，侧视呈八角形。标本 LXM5P4：33，径 1.6、高 1.2 厘米（图一九七，5）。

菱形水晶珠　38 件。形似算珠，中腰一周折棱，顶中一穿。标本 LXM5P5：8-4，径 1.5、高 1.1 厘米（图一九七，6；图版七九，3右）。

鼓形水晶珠　4 件。腰鼓形，顶中一穿。标本 LXM5P4：33-1，长 0.5 厘米。

水晶冲牙　2 件。似蚕，上沿一横穿。标本 LXM5P5：8-5，紫晶质，长 13.7 厘米（图一九七，7；图版八〇，1）。

玛瑙器　42 件。

玛瑙瑗　A 型 10 件。器形与水晶瑗相同。标本 LXM5P5：8-3，瑗外径 7.3、内径 5.7、高 1.4 厘米（图一九七，8；图版八〇，2）。

凸棱形玛瑙管　10 件。圆管形，中腰凸起呈棱，上、下一长穿。标本 LXM5P4：35，长 4.5、径 1.3 厘米（图一九七，9）。

球形玛瑙珠　19 件。球形，顶中一穿。

玛瑙冲牙　3 件。蚕形，一足。标本 LXM5P4：33，长 6.2 厘米（图一九七，10）。

四号陪葬坑的串饰中，还加入了骨珠。五号陪葬坑的串饰则增加了骨管。

各组串饰有的是堆放，有的则因串线腐烂出现错乱，无法进行具体复原。仅知凡有瑗的串饰一般都置于串饰的首端，而冲牙饰则系于末端，其间各种串珠、管相间，骨珠

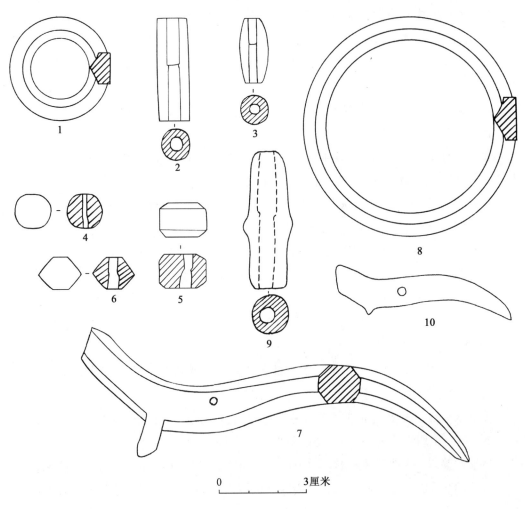

图一九七　LXM5 出土水晶、玛瑙器

1. A 型水晶瑗（LXM5P5：7－1）　2. 圆柱形水晶管（LXM5P5：8－1）　3. 鼓形水晶管
（LXM5P5：8－2）　4. 球形水晶珠（LXM5P2：5）　5. 扣形水晶珠（LXM5P4：33）
6. 菱形水晶珠（LXM5P5：8－4）　7. 水晶冲牙（LXM5P5：8－5）　8. A 型玛瑙瑗
（LXM5P5：8－3）　9. 凸棱形玛瑙管（LXM5P4：35）　10. 玛瑙冲牙（LXM5P4：33）

或水晶管起着分段间隔作用。串饰有单行，也有双行并联，从冲牙的头端多有撞击痕迹可以证实。

　　标本 LXM5P2：20　一组 12 件。串饰置于死者的腹右侧。其中有水晶瑗 1 件、球形水晶珠 4 件，扣形水晶珠 2 件，鼓形水晶管 1 件，骨管 4 件。

　　四号陪葬坑共随葬水晶玛瑙串饰四组，其中有：

　　标本 LXM5P4：32　一组 17 件。置于死者左腿旁铜镜上。有玛瑙瑗 2 件、球形水晶水晶珠 12 件、圆柱形水晶管 1 件、扣形水晶珠 2 件。

标本 LXM5P4∶33　一组 105 件。出自死者右脸部。有水晶瑗 2 件、球形水晶珠 15 件、菱形水晶珠 20 件、扣形水晶珠 14 件、鼓形水晶珠 4 件、菱形水晶管 6 件、鼓形水晶管 1 件、圆柱形水晶管 18 件、玛瑙瑗 2 件、凸棱形玛瑙管 10 件、玛瑙冲牙 2 件、骨珠 11 件。

标本 LXM5P4∶34　一组 138 件。置于死者左胸部。其中有水晶瑗 2 件、球形水晶珠 42 件、菱形水晶珠 16 件、扣形水晶珠 14 件、鼓形水晶管 8 件、方柱形水晶管 2 件、菱形水晶管 7 件、圆柱形水晶管 20 件、水晶冲牙 1 件、玛瑙瑗 3 件、玛瑙冲牙 1 件、球形骨珠 22 件。

标本 LXM5P5∶7　一组 62 件。置于死者的右胸。其中有水晶瑗 2 件、球形水晶珠 22 件、菱形水晶珠 2 件、圆柱形水晶管 14 件、水晶冲牙 1 件、玛瑙瑗 1 件、球形玛瑙珠 19 件、球形骨珠 1 件。

5. 骨器、蚌器

70 件。骨器有簪、梳、管、贝、柱形器、蝉形器架、板等种。蚌器有蚌饰和蛤蜊壳。

骨梳　A 型 1 件。标本 LXM5P5∶2，柄作平背，束腰状，除一边齿外，均残。长 8.2、宽 4.1、齿长 1.6 厘米（图一九八，1）。

骨簪　A 型 3 件。尾残。细圆长条形，帽作圆锥形。标本 LXM5P3∶2，残长 6.4、径 0.3 厘米（图一九八，2）。

球形骨珠　34 件。为水晶玛瑙串饰组件。球形，顶中一穿，饰三圈同心圆纹。标本 LXM5P5∶62，径 1.3、高 1.1 厘米（图一九八，3）。

骨管　4 件。水晶玛瑙串饰组件。圆管形。标本 LXM5P2∶20，长 1.2、径 0.7 厘米（图版八〇，3 右 1）。标本 LXM5P4∶14-3，长 0.8、径 0.7 厘米（图一九八，4）。

骨贝　1 件。标本 LXM5P4∶21，平背，鼓面，面刻一条竖沟，两侧有齿，形似齿贝，背有 2 穿孔。长 2.2 厘米（图一九八，6）。

骨柱形器　5 件。圆柱形。标本 LXM5P1∶10，长 3、径 0.8 厘米（图一九八，5；图版八〇，4 左）。

龙形骨雕　1 件。一端残。标本 LXM5P1∶4，器作弧形，截面略呈方形。雕刻有四条龙。龙作匍匐状，龇牙，口侧两蛇相互缠绕，鼓目、唇、鼻反卷，耳朝后，双角向外弯曲，颌下有须。尾反卷紧贴龙脊，身披鳞甲。做工精致。残长 6.3、宽 0.9、厚 0.7 厘米（图一九八，7；彩版一六，5）。

蝉形骨器架　2 件。器扁椭，中空，底、顶有盖封闭，三矮足，内侧有一圆孔。标本 LXM5G∶2，长 5.2、宽 3.4、高 3.6 厘米（图一九八，8；图版八〇，5 右）。

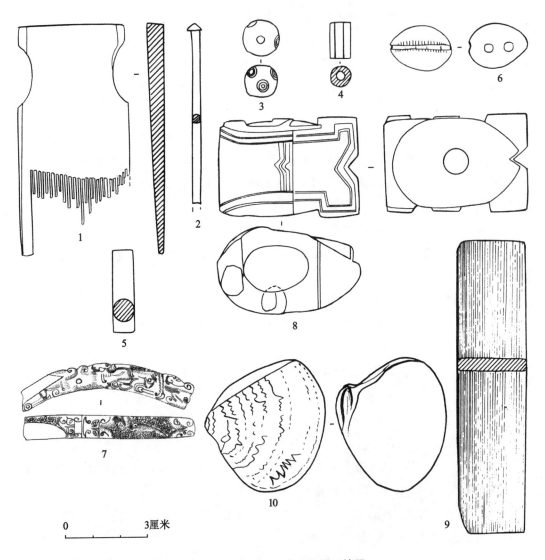

图一九八　LXM5 出土骨器、蚌器

1. A 型骨梳（LXM5P5：2）　　2. A 型骨簪（LXM5P3：2）　　3. 球形骨珠（LXM5P5：62）

4. 骨管（LXM5P4：14－3）　　5. 骨柱形器（LXM5P1：10）　　6. 骨贝（LXM5P4：21）　　7. 龙形骨雕

（LXM5P1：4）　　8. 蝉形骨器架（LXM5G：2）　　9. 骨板（LXM5G：5）　　10. 蛤蜊壳（LXM5P1：15）

骨板　1 件。标本 LXM5G：5，扁平长方形。长 10.4、宽 2.6、厚 0.4 厘米（图一九八，9）。

圆形蚌饰　7 件。圆形，中心一圆孔，饰朱绘云纹。标本 LXM5：1，径 6～8 厘米。

蛤蜊壳　11 对。合扇处有一穿孔。标本 LXM5P1：15，径 4～4.8 厘米（图一九八，10）。

六、相家庄六号墓（LXM6）

（一）墓葬形制

1. 封土

从 1975 年拍摄的航片看，LXM6 封土属方底圆顶形。封土南侧修筑一条东西向水渠，而东、西两侧各建有一个猪圈，因常年取土积肥和修渠，封土遭到十分严重的破坏。现存封土南北长 31.8、东西宽 29.1 米，椭圆顶略平，南北长 13、东西宽 9、高 7.25 米。

封土采用十字四分法自上而下进行发掘，发掘时，在南距墓道外口 14.8 米处发现一道残存的东西向版筑痕迹，上下仅存四板，其中有两版筑于墓道内。版筑痕迹残长8.5、残高 0.4 米。据此分析，该墓封土应属于柱心式建筑类型，残存部分是封土柱的南壁。封土柱的其他三个壁面及其护坡可能因取土已被破坏。

封土用黄褐色花土夯筑而成，土质坚硬。夯层厚 10～20 厘米不等。所用夯具有棍夯和金属夯两种。前者夯窝圆形弧底，径 4～5、深 1～1.5 厘米。后者夯窝圆形平底，径 6、深 0.5～1 厘米。

2. 墓室

LXM6 为甲字形土坑积石木椁墓，方向 194°（图一九九）。墓室平面呈长方形，口大于底。墓口南北长 23.2、东西宽 21.8 米。墓底南北长 21.1、东西宽 20.2 米，墓底距墓口深 5.9 米。

斜坡状南墓道，墓道上口长 21.4、外口宽 6.8、里口宽 6.8 米。墓道底与墓底相连，宽 4.6、坡度 13°、坡长 23 米。

长方形椁室位于墓室中部。椁室南北长 6、东西宽 5.1、深 3.4 米。椁室底的东部铺一层厚约 0.5 米的天然石块，西部则以河卵石铺就。椁室四壁以石块垒砌，砌石厚1.1～1.3、高 3.8 米。石块间缝隙以河卵石充填。椁口四周摆放了一些石块。椁被盗墓贼焚烧塌陷，导致上部砌石落入椁底。

椁室四面是宽大的生土二层台，台面宽度均为 7.5 米。

墓壁和墓道壁经加工修整，平滑光洁。墓室壁面刷有 0.5 厘米厚的一层灰色细澄泥，表面刷成白色。墓室壁面的底部钉有一层苇席，席上悬挂用麻布制成的高 0.5 米的帷帐。帷帐上缘贯有细绳，并用竹、木钉将其固定在墓壁上。钉顶装饰绘有朱绘云纹的圆形蚌饰共计 17 件。标本 LXM6：101，径 0.6 厘米。帷帐上有红、黑两色绘制的兽面纹横式二方连续图案（图二〇〇）。墓室回填时，帷帐多被拽落在二层台上。

墓室与墓道填黄褐色花土，经分层夯打，土质较硬。夯层厚度、夯窝的形状、大小及深浅与封土同。在距墓室北壁 5.9、东壁 7.9、墓口 4.9 米处的填土中，放置一只长方形器物箱，箱内盛放一组青铜礼器。器物箱以薄木板制作，由于填土的重压以及夯打

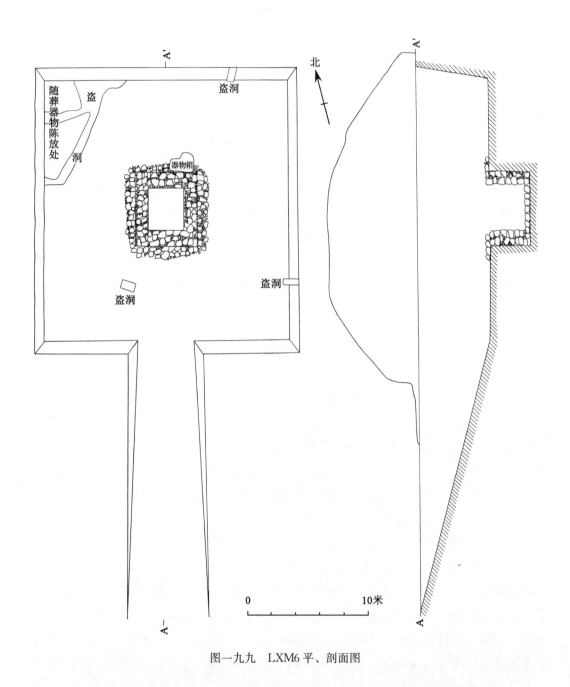

图一九九　LXM6 平、剖面图

等原因，箱体稍有变形，箱内器物亦多破碎。从板灰痕迹测得器物箱长 1.8、宽 1.1、高约 0.4 米。

墓葬被盗，发掘时在墓室的北部、东部和西部均发现了一个长方形盗洞。

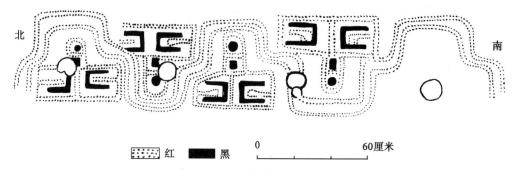

北　　　　　　　　　　　　　　　　　　　　　　　　　南

　　　红　　　　黑　　　0　　　　　　　60厘米

图二○○　LXM6 东壁帷帐彩绘图案示意图

（二）葬具与葬式

木制葬具，一椁一棺。棺、椁遭盗贼纵火焚烧而化为灰烬。据板灰分析，椁长 3.15、宽 2.45 米。棺的形制、大小不详。

由于椁室被盗，棺椁又被烧毁，清理时未发现墓主骨骸，其葬式不明。

（三）随葬器物的放置

随葬器物主要置于器物箱中、二层台上和椁室内。

填土中器物箱内盛放有 34 件青铜器，其中有鼎 1 件、鬲 2 件、方盘豆 1 件、莲花盘豆 2 件、盖豆 2 件、敦 2 件、舟 3 件、鹰首提梁壶 1 件、盘 2 件、匜 2 件、鸭尊 1 件、罐 3 件、箕 1 件、漏器 1 件、匕 1 件、刀形器 1 件、镞 8 件（图二○一；图版八一，1）。

在椁室西部的二层台上陈放了一批陶器、漆木器和竹器（图二○二）。由于遭盗扰，器物多受破坏。陶器陈放在西二层台中北部，计有鼎 10 件、盖鼎 6 件、簋 3 件、豆 9 件、盖豆 2 件、筩 4 件、敦 5 件、舟 1 件、壶 5 件、盘 1 件、长方盘 2 件、三足盘 1 件、鬲 1 件、甗 1 件、方匜 1 件、罍 2 件、卮 1 件、牺尊 1 件、叉 1 件、勺 2 件、铲等。

漆木器与陶器夹杂放置，已腐朽，只留下器物的压印痕迹，器形清晰可辨。器形有豆、盖豆、簋、壶、罍、盘、卮、匜、剑等，数量达三十余件之多。其中仅豆一种，就有 9 件。漆木器胎均木制，器表多髹黑漆，并有朱红色彩绘。纹饰多云纹、雷纹和三角纹。标本 LXM6：88，木剑，两刃平直，前端缓聚成锋，髹黑漆，绘朱红色 S 形雷纹，残长 52、宽 4.2 厘米（图二○三，1）。标本 LXM6：75，木豆足，髹黑漆，绘朱红色云纹、圆圈纹、四角星纹，复原径约 15 厘米（图二○三，2）。标本 LXM6：94，莲瓣状木饰件，莲瓣状，底部有一插髹黑漆，绘朱红纹饰，长 16、宽 6、榫长 1、宽 1.5 厘米（图二○三，3）。标本 LXM6：74，木豆盘，髹黑漆，绘朱红色云纹，复原径约 33 厘米（图二○三，4）。标本 LXM6：89，木簋座，髹黑漆，绘朱红色雷纹，边长 23、高 10 厘米（图二○三，5）。

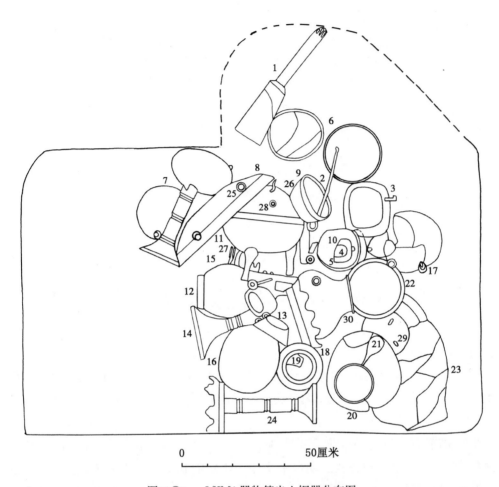

图二○一　LXM6 器物箱出土铜器分布图

1. 漏器　2. 刀形器　3、5、13. 舟　4、10. 匝　6、26. 敦　7、9. 盖豆　8、23. 盘　11. 盖鼎　12. 提梁壶　14、
24. 莲花盘豆　15、29. 方豆　16、20. 罐　17、22. 鬲　18. 罍　19. 鸭尊　21、匕　25、28. 环　27. 镲　30. 箕

　　虽然如此还是有个别比较厚重的容器未被夯砸破坏，保存较好。由于填土经夯打，土质紧密，雨水不易渗透，所以腔内未被泥沙淤塞，发掘时曾用石膏灌注标本，彩绘均黏附在标本上。比较好的有 2 件壶和 1 件罍。

　　壶　2 件，分二型。

　　A 型　1 件。标本 LXM6：81，侈口，方唇，长颈，垂腹，平底，圈足，颈部一对兽首半环耳，耳套一环，环横截面呈扁椭圆形。髹黑漆，颈、肩饰朱绘云纹重三角纹，腹饰朱绘云纹。口径 21.6、腹径 37.8、腹深 34.8、足径 22.2、高 43.5 厘米（图二○四，1；图版八一，2）。

　　B 型　1 件。标本 LXM6：93，直口，方唇，长颈，鼓腹，平底，圈足残。髹黑

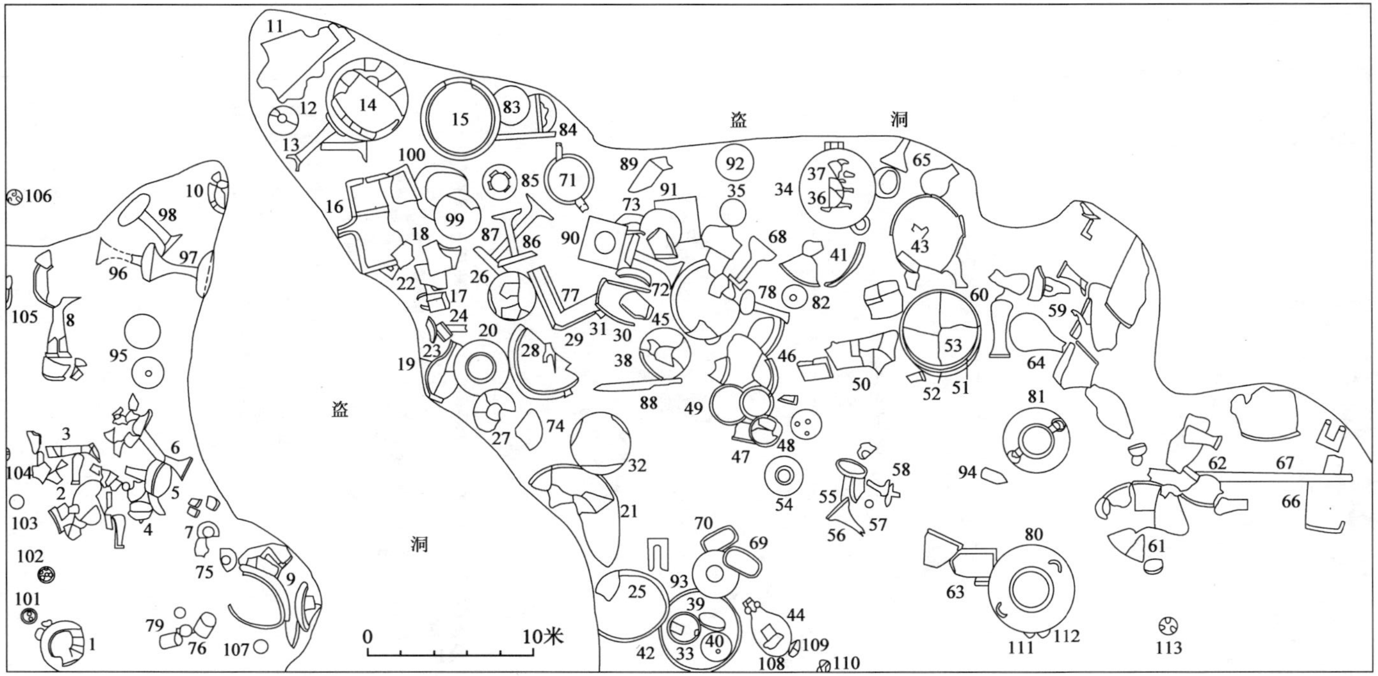

图二〇二　LXM6随葬器物分布图

1.鬲　2、30.甗　3、6、12、13、24、55~58.豆　4、33、40、47、48.敦　5、7.盖豆　8、35、46、54.笾　9、15、25、34、41、43、59.盖鼎　10、51~53.鼎盖　11、63.长方盘　14、32.罍　16.匜　17.卮　18~20、26、38.壶　21、23、27、28、36、37、45、60~62.鼎　22.方豆　29.叉　31.杯　39.舟　42.盘　44.牺尊　49、84、85.簠盖　50.簠　64、65.漆木匜　66、77.漆木器　67.木棒　68、74、78.漆木盖豆　69、70.勺　71、89~92.漆木簠　72、73、75、82、86、87、95~98.漆木豆　76、79.漆木卮　80、93.漆木罍　81、83.漆木壶　88.漆木剑　94.莲瓣状木饰　99、100.漆木盘　101~114.圆形蚌饰

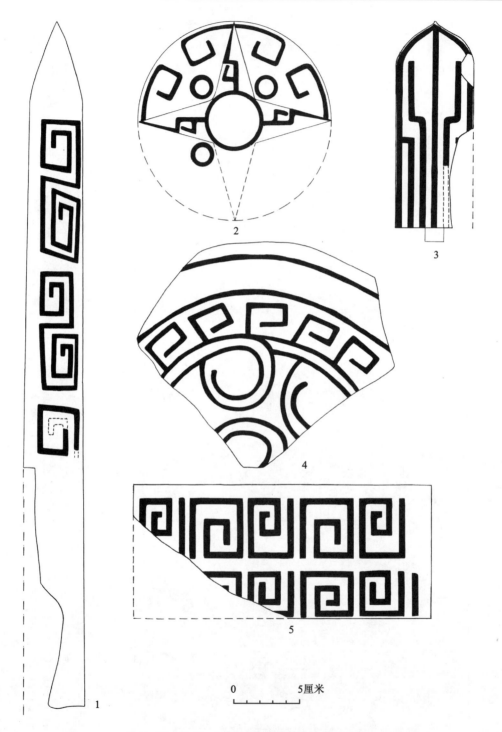

图二〇三　LXM6 漆木器彩绘纹样

1. 剑（LXM6：88）　2. 豆足（LXM6：75）　3. 莲瓣状饰件
（LXM6：94）　4. 豆盖　（LXM6：74）　5. 簋座（LXM6：89）

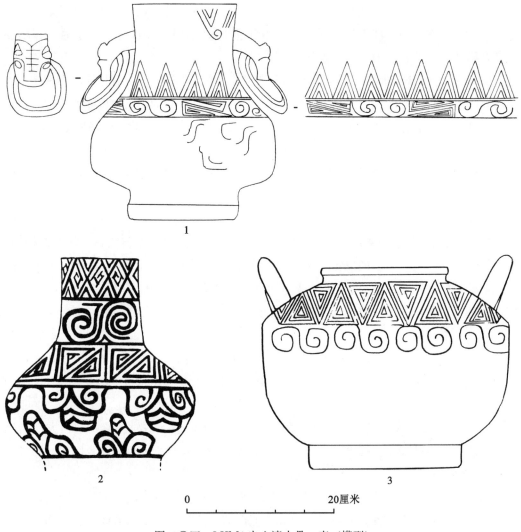

图二〇四　LXM6 出土漆木罍、壶（模型）

1. A 型壶（LXM6：81）　　2. B 型壶（LXM6：93）　　3. 罍（LXM6：80）

漆，朱绘纹饰，口下饰菱格纹，颈、腹饰云纹，肩饰三角雷纹。口径 10.4、腹径 26、腹深 26.8、残高 26.8 厘米（图二〇四，2）。

罍　1 件。标本 LXM6：80，直口，折沿，方唇，折肩，弧腹，平底，圈足。肩部一对半环耳。髹黑漆，朱绘纹饰，肩饰重三角纹，上腹饰云纹。口径 25.8、腹径 50.4、腹深 33.3、足径 31.2、高 40.2、通高 45.6 厘米（图二〇四，3；图版八一，3）。

竹器置于陶器南端，因受填土挤压变形，器形多不可辨。能辨认的器形只有篮一种，器作圆形或椭圆形，有的竹篮缀骨贝为饰，三枚一组，状若花瓣。共 24 枚。

椁室内只出土了铜矛 1 件、殳 1 件、钜 2 件、镈 1 件、镦 1 件、镞 8 件等兵器和铜插座 5 件、盖弓帽 5 件、贝形饰 17 件、环 2 件、圆形饰 1 件、铺首 2 件。滑石柱形器 1 件、片状玦 2 件、璜 1 件、长方形佩 1 件和骨管 1 件、骨贝 42 件等。出土时，器物多夹杂在石块、河卵石之中，多被毁坏。

滑石片状玦、长方形滑石佩、滑石璜和滑石柱形器之类器物，在其他墓葬中都是殉人的随葬品。六号墓椁室中出土此类器物，表明在椁室或其椁顶的填土中可能埋有殉人。在相家庄墓地的六座墓葬中，M6 是唯一没有在二层台埋葬殉人的墓葬，也许和此有关。

（四）随葬器物

有陶器、铜器、石器、骨器、蚌器、木器、竹器等。漆木器除几件灌注的石膏标本，其余均未能起取。

1. 陶器

54 件。除陶鬲为夹砂灰陶外，大部分为泥质灰陶，少数为泥质红陶。陶器多轮制，器形规整，耳、纽、足多模制或手制，个别器物如牺尊、长方盘多为手制。烧成火候低，质地松软，墓室回填经夯打以及盗扰等原因，陶器已经破碎不堪，能复原的器物不多，有鼎、簠、豆、笾、敦、舟、壶、盘、匜、鬲、甗、罍、牺尊、钵、铲、勺等。

鼎　3 件。

A 型 II 式　1 件。标本 LXM6：23，直口，折沿，方唇，圜底，口下一对耳穿，三蹄形足。腹饰一道凸棱纹。口径 56.4、高 45.2、通高 58.6 厘米（图二〇五，1；图版八二，1）。

B 型　2 件。敛口，方唇，浅腹，圜底，三蹄形足，口下一对圆穿，纳长方形活动穿耳。腹饰一道凸棱纹。标本 LXM6：27，口径 25.6、高 22、通高 30.4 厘米（图二〇五，2；图版八二，2）。

盖鼎　A 型 II 式 7 件。列鼎。形制相同，大小相次。子口内敛，深腹，圜底，三蹄形足，口下一对圆穿，纳长方形活动穿耳。弧形盖，盖沿有三个活动环纽。腹饰一周凸棱纹（附表一四）。标本 LXM6：41，口径 31.2、高 29.6、通高 38.8 厘米（图二〇五，3；图二〇六；图版八二，3）。

簠盖　1 件。标本 LXM6：84，弧形，盖顶有莲花状捉手。径 23.6、高 11.2 厘米（图二〇七，1）。

簠　A 型 1 件。标本 LXM6：50，失盖。长方形，敞口，折沿，方唇，斜直腹，平底。底部四角各有一曲尺形足，短边口下一对圆孔以纳錾。錾已失。口长 32、宽 21、高 21.2 厘米（图二〇七，2）。

豆　B 型 8 件，均可复原。敞口，尖唇，浅盘，外壁折棱明显，腹、底间有明显折转棱，平底，细高柄中空，喇叭状足。标本 LXM6：12，盘径 16.6、足径 14.3、高 35.4 厘米（图二〇七，3；图版八二，4）。

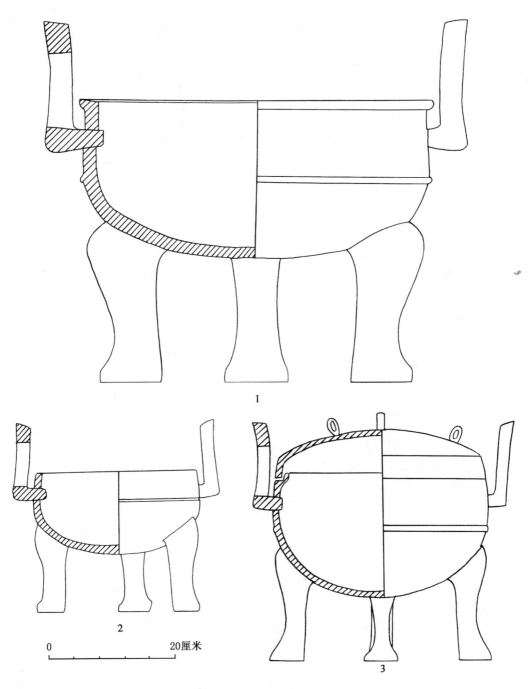

图二〇五　LXM6 出土陶鼎、盖鼎

1. A 型 Ⅱ 式鼎（LXM6：23）　　2. B 型鼎（LXM6：27）　　3. A 型 Ⅱ 式盖鼎（LXM6：41）

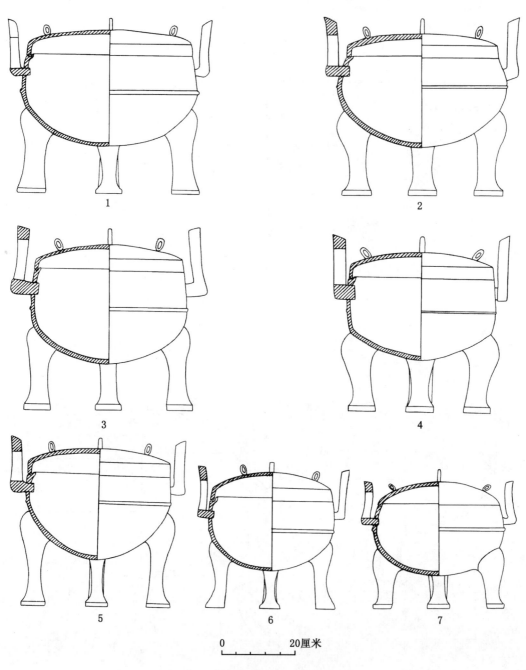

图二〇六　LXM6 出土 A 型 II 式陶盖鼎

1～7. 盖鼎（LXM6：34、59、25、15、43、41、9）

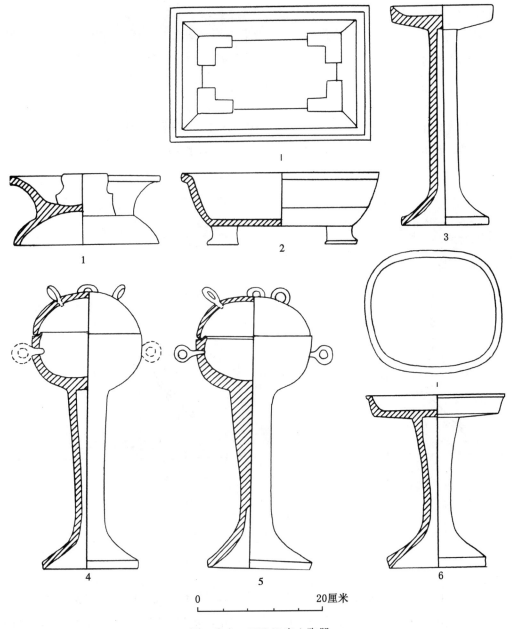

图二〇七　LXM6 出土陶器

1. 簋盖（LXM6∶84）　2. A 型簋（LXM6∶50）　3. B 型豆（LXM6∶12）　4. A 型

Ⅱ式盖豆（LXM6∶6）　5. A 型Ⅱ式盖豆（LXM6∶5）　6. B 型方豆（LXM6∶22）

　　盖豆　A 型Ⅱ式 3 件。器呈钵状，子口内敛，细高柄中空，喇叭状足，腹侧一对活动环纽。半球状盖，盖顶三活动环纽。标本 LXM6∶6，盘径 14.8、足径 15.6、高 37、

通高 44.4 厘米（图二〇七，4）。标本 LXM6：5，实心柄。盘径 15.4、足径 16.8、通
高 44 厘米（图二〇七，5；图版八二，5）。

　　方豆　B 型 1 件。标本 LXM6：22，盘呈方形，敞口，折沿，方唇，浅盘，平底，
腹、底间无明显折转，矮柄中空，上端较粗，喇叭状足。盘长 22.4、宽 19.2、足径
15.8、高 27.4 厘米（图二〇七，6；图版八二，6）。

　　笾　2 件。

　　A 型　1 件。标本 LXM6：8，盘柄连体。敞口，折沿，方唇，平底，底、腹间呈
弧形折转，盘底中心有一圆孔，柄中空，与盘底圆孔相通。喇叭状足。口径 26.8、足
径 24、高 37.5 厘米（图二〇八，1；图版八三，1）。

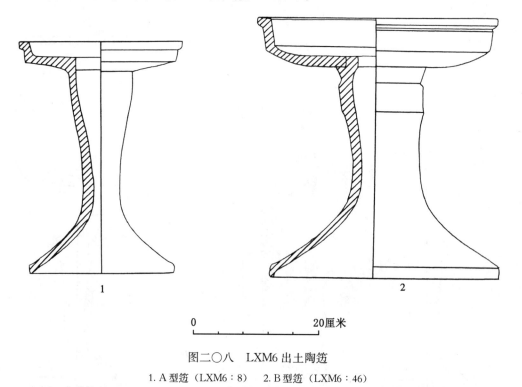

图二〇八　LXM6 出土陶笾

1. A 型笾（LXM6：8）　2. B 型笾（LXM6：46）

　　B 型　1 件。标本 LXM6：46，盘、柄分体，形体硕大，敞口，折沿，方唇，浅
盘，平底，腹、底间有明显折棱，底中心有一圆孔。短粗柄中空，上端有榫纳入底部圆
孔中。喇叭状足。桶上部有竹节状凸棱。盘径 39.2、足径 37.6、高 42 厘米（图二〇
八，2；图版八三，2）。

　　敦　7 件。分四型。

　　A 型　1 件。标本 LXM6：40，器作半球形。子口内敛，腹口下一对圆孔以纳穿耳
（已失），圈底。覆钵状盖，盖顶三活动环纽。口径 10.8、高 9.2、通高 17.6 厘米（图

二〇九，1）。

B型　1件。标本LXM6：7，器、盖相合略显扁圆形，子口内敛，底略平，腹下三圆孔以纳活动环形足。腹侧一对活动环耳。鼓盖，盖顶三活动环纽。口径10.8、腹深8.4、器身高9、通高17.7厘米（图二〇九，2；图版八三，3）。

C型　4件。器盖形制、大小相同。器形似鼎，沿外折，方唇，圜底，三蹄形足、纽。标本LXM6：47，口径15.2、高11.8、通高23.6厘米（图二〇九，3；图版八三，4）。

D型　1件。标本LXM6：4，子口内敛，弧腹，圜底，三小蹄形足，腹侧一对柱形耳，半球形盖，上有三柱形纽。器、盖均饰泡钉纹。口径14.8、高9.6、通高18厘米（图二〇九，4；图版八三，5）。

舟　2件。有A型和B型。

A型　1件。标本LXM6：22，器作圆角长方形，子口内敛，平底，长边有一对活动耳。平盖，顶有三活动环纽。长16.8、宽13.5、高11.2、通高14厘米（图二〇九，5；图版八四，1）。

B型　1件。标本LXM6：39，椭圆形，子口内敛，弧腹，平底，长边有一对乳丁状耳。弧形盖，盖顶有三乳丁状纽，器、盖均饰泡钉纹。口长16、宽13.4、底长9.6、宽7、高8.8、通高12.8厘米（图二〇九，6；图版八四，2）。

壶　A型4件。形制相同。侈口，方唇，长颈，扁圆腹下垂，最大径在近圈足的腹部

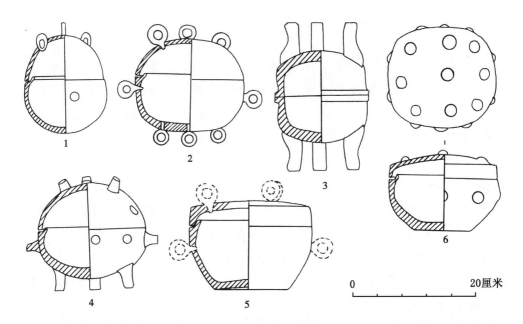

图二〇九　LXM6出土陶敦、舟

1. A型敦（LXM6：40）　2. B型敦（LXM6：7）　3. C型敦（LXM6：47）

4. D型敦（LXM6：4）　5. A型舟（LXM6：22）　6. B型舟（LXM6：39）

下，无底，圈足，颈部一对圆孔以纳活动耳，耳未复原。颈部饰一道凹弦纹。标本 LXM 6：20，口径 21.2、腹径 29.6、足径 24、高 47.6 厘米（图二一○，1；图版八四，3）。

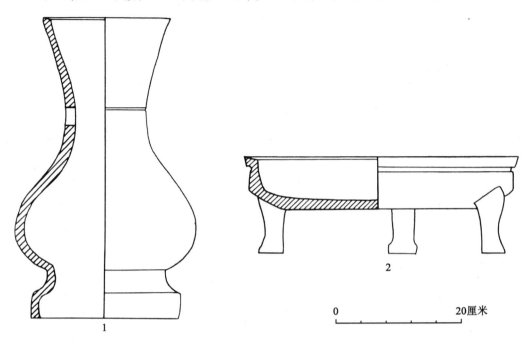

图二一○　LXM6 出土陶壶、盘

1. A 型壶（LXM6：20）　　2. C 型盘（LXM6：42）

盘　C 型 1 件。标本 LXM6：42，折沿，方唇，束颈，折腹，平底，三蹄形足，下饰一道凸弦纹。口径 44.4、腹深 6.8、高 15.2 厘米（图二一○，2；图版八四，4）。

方盘　B 型 1 件。标本 LXM6：63，长方形，直口，方唇，浅盘，平底。底部一条窄长孔。长 67、宽 30、高 8.6 厘米（图二一一，1；图版八四，5）。

匜　C 型 1 件。标本 LXM6：16，横长方形，平折沿，方唇，浅腹，平底，长边一侧有槽形短流略残。长 58.4、宽 33.2、高 8.6 厘米（图二一一，2；图版八五，1）。

卮　1 件。标本 LXM6：17，器呈筒形，直口，斜沿，圆唇，底微凹，三矮蹄形足。口径 11、高 14.8 厘米（图二一二，1；图版八五，2）。

鬲　A 型 I 式 1 件。标本 LXM6：1，夹砂灰陶。侈口，斜沿，圆唇，束颈，弧腹，平裆，三乳足。颈以下饰绳纹，沿饰一道凹弦纹。口径 18、腹宽 20、高 18 厘米（图二一二，2；图版八五，3）。

甗　1 件。甑、鼎分体。鼎标本 LXM6：2，直口，方唇，短颈，扁圆腹，三蹄形足，口径 16、腹径 31.6、高 31.6 厘米。甑标本 LXM6：30，侈口，折沿，方唇，束颈弧腹内收成平底，无气孔，颈有一对圆穿纳长方形活动附耳。口径 36.8、高 21.6、通

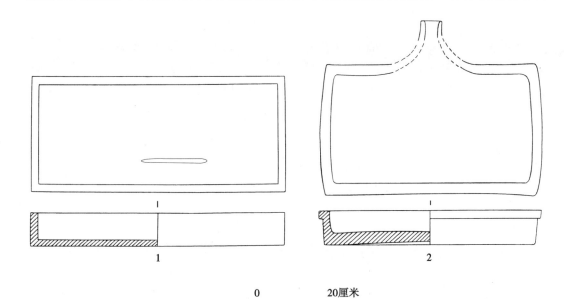

0   20厘米

图二一一 LXM6 出土陶方盘、匜

1. B 型方盘（LXM6：63） 2. C 型匜（LXM6：16）

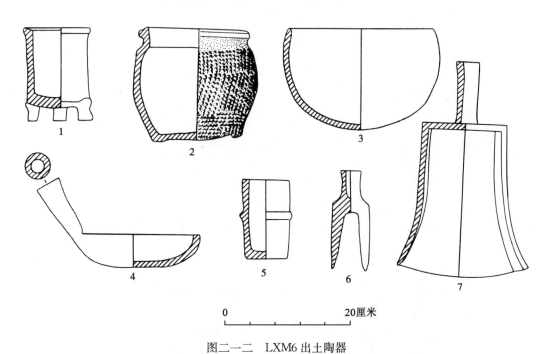

0   20厘米

图二一二 LXM6 出土陶器

1. 厄（LXM6：17） 2. A 型 I 式鬲（LXM6：1） 3. B 型钵（LXM6：11） 4. 勺
（LXM6：69） 5. B 型杯（LXM6：31） 6. 叉（LXM6：29） 7. A 型铲（LXM6：75）

高 26.4 厘米，鼎、甗通高 59 厘米（图二一三，1；图版八五，4）。

甗　A 型 2 件。直口，折沿，方唇，短颈，折肩，鼓腹，最大径在肩部。无底，圈足。标本 LXM6：32，肩部有一对绚索状半环耳。口径 23.4、腹径 40、足径 22.4、高 35.4 厘米（图二一三，2；图版八六，1）。标本 LXM6：14，无耳。口径 31.2、腹径 52、足径 27.2、高 43.6 厘米（图二一三，3；图版八六，2）。

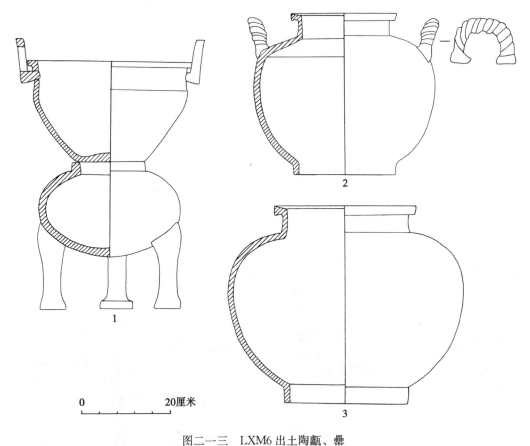

0　　　　20厘米

图二一三　LXM6 出土陶甗、甗

1. 甗（LXM6：2、30）　2. A 型甗（LXM6：32）　3. A 型甗（LXM6：14）

牺尊　1 件。标本 LXM6：44，短颈，昂首，杏眼，两大耳后撇，扁短尾上翘，头部管状流与腹腔相通，背部有一长方形注水口，四蹄足，失注水口盖。长 48、高 32 厘米（图二一四；图版八六，3）。

钵　B 型 1 件。标本 LXM6：11，敛口，尖唇，圜底。口径 24、高 16 厘米（图二一二，3）。

杯　B 型 1 件。标本 LXM6：31，直筒形，平底，中腰饰一道凸棱。口径 7.6、高 12.6 厘米（图二一二，5；图版八六，4）。

铲　A型1件。标本LXM6：75，簸箕形，管状直柄。通长34.4、宽22厘米（图二一二，7）。

叉　1件。标本LXM6：29，齿作圆锥形，管状柄。通长16、柄长4.4、径3.2、齿间距6.2厘米（图二一二，6；图版八六，5）。

勺　2件。勺呈椭圆形，底微凹，管状柄。标本LXM6：69，通长26.4、勺长径19.2、短径17、深4.2厘米（图二一二，4；图版八六，6）。

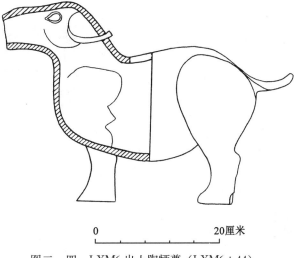

图二一四　LXM6出土陶牺尊（LXM6：44）

2. 铜器

72件，主要出自填土中的器物箱和椁室内，按用途可分礼器、车马器、兵器和杂器。

铜盖鼎　A型1件。标本LXM6X：11，子口微敛，长方形附耳，深腹，圜底，三蹄形足。平盖，盖缘有三个矩形纽，盖顶中央有一半环纽。腹饰一道凸棱纹。底、足有烟炱痕迹。口径24、高23.9、通高30.4厘米（图二一五，1；彩版一八，1）。

铜方豆　1件。标本LXM6X：15，盘、柄分铸。盘底两个乳突，柄顶端内范土被挖去，再用铅作焊料焊接而成。盘作圆角长方形，口稍敞，曲腹呈阶梯状，浅盘。高粗柄，内存范芯，喇叭状足。柄、足间封闭。柄饰三组凹弦纹。盘长21.8、宽16.5、足径16.4、高39.4厘米（图二一五，2；图版八七，1）。

铜盖豆　2件。其中一件失柄。盘、柄分铸，出土时，盘、柄已分离，盘底有乳突状榫头，柄顶端铅焊料已氧化成灰白色。半球状盘，有子口以承盖，口侧有一对称环耳，高粗柄内存范芯，喇叭状足，柄、足间封闭不相通。覆钵状盖，上有三个鸟首环纽。盖、柄各饰三组、腹饰一组凹弦纹。标本LXM6X：7，口径19.4、足径18.4、高40.4、通高51厘米（图二一五，3；图版八七，2）。

铜莲花盘豆　2件。形制、大小相同。盘柄分铸。敞口作莲花瓣形，曲腹呈二级台状，平底，高粗柄，内存范芯，喇叭状足。柄、足间封闭不相通，柄饰一道凸弦纹。标本LXM6X：24，盘径27.6、足径19.2、高41.4厘米（图二一五，4；彩版一八，2）。

铜敦　2件。形制、大小相同。全器呈球形，口沿内缩呈子口状以承盖，三环形蹄足，口侧一对称环耳。半球形盖，上有鸟首形环纽三。器饰二组、盖饰三组凹弦纹。标本LXM6X：26，口径18.9、高14.4、通高30厘米（图二一六，1；彩版一八，3）。

铜舟　3件。两小一大，形制相同。器呈圆角长方形，敛口，弧腹，平底，两长边

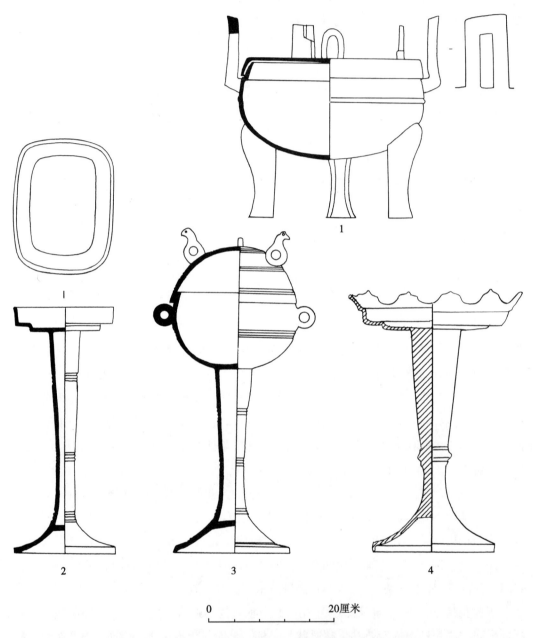

图二一五　LXM6 出土铜盖鼎、盖豆、莲花盘豆、方豆

1. A 型盖鼎（LXM6X：11）　2. 方豆（LXM6X：15）　3. 盖豆（LXM6X：7）　4. 莲花盘豆（LXM6X：24）

有一对称环耳。弧形盖，上附三环纽。标本 LXM6X：5，口长 20、宽 15.8、底长 15.5、宽 12、高 10、通高 14.4 厘米（图二一六，2；图版八七，3）。标本 LXM6X：13，失盖。口长 12、宽 10.2、底长 9.1、宽 7.6、高 6.8、通高 10.3 厘米（图二一六，

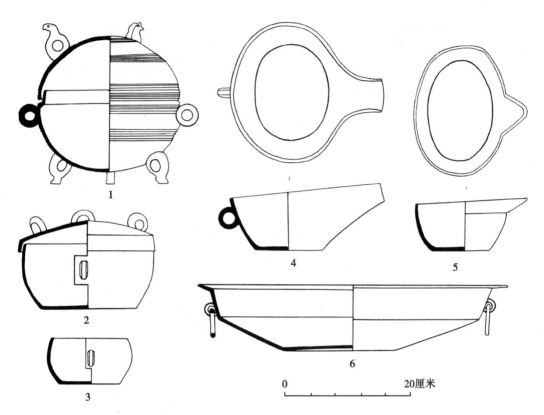

图二一六　LXM6 出土铜敦、舟、盘、匜

1. 敦（LXM6X：26）　　2. 舟（LXM6X：5）　　3. 舟（LXM6X：13）

4. A 型匜（LXM6X：10）　　5. B 型匜（LXM6X：4）　　6. B 型盘（LXM6X：8）

3；图版八七，4）。

铜提梁壶　B 型 1 件。标本 LXM6X：12，小口微侈，有喙状流，长颈，垂肩，鼓腹，圈足，颈部有两个对称铆钉状耳。弧形盖，作鹰首形，有喙与器口喙状流相合，喙能沿关启闭。盖下有子口与器口套合。盖沿一对套环纽。器耳各套一 S 形链，穿过器盖双环与提梁相接。口径 9.3、腹径 21.7、足径 13.6、高 32.5、通高 43.5 厘米（图二一七，1；彩版一八，5）。

铜盘　B 型 2 件。形制相同，大小有别。大口，平沿，折腹，平底，腹侧一对套环纽。标本 LXM6X：8，口径 48.4、底径 17.3、高 10 厘米（图二一六，6；图版八七，5）。

铜匜　2 件。分二型。

A 型　1 件。标本 LXM6X：10，瓢形，腹斜内收成平底，前有半圆形上仰敞槽形口流，后有环形鋬。宽 20.9、底长径 15.3、短径 10.4、高 8.5、通长 26.3 厘米（图二一六，4；图版八八，1）。

B 型　1 件。标本 LXM6X：4，器小巧作瓢形，器身呈横向椭圆形，腹内收成平底。长边一侧有 V 形敞口短流，无鋬。高 4.1、宽 9.9、底长径 6、短径 4.2、通长 8.7 厘米（图二一六，5；图版八八，2）。

铜罍　1 件。标本 LXM6X：18，直口，平折沿，方唇，短颈，圆肩，鼓腹，圜底近平，圈足，腹部一对称套环耳。弧形盖，盖沿下有子口与器口套合。盖顶有三个鸟首形环纽。口径 15.8、最大腹径 27.6、足径 16、高 25.4、通高 32.6 厘米（图二一七，2；图版八八，5）。

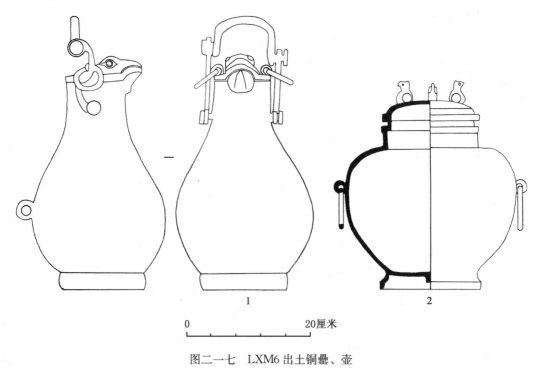

0　　　　　　　　　　　　　　20厘米

图二一七　LXM6 出土铜罍、壶

1. B 型提梁壶（LXM6X：12）　2. 罍（LXM6X：18）

铜鬲　2 件。子口微敛，弧腹，平裆作弧边三角形，每角有一个矮扁足，盖沿三个半环纽，弧状盖。腹饰一道凸棱纹。腹底有烟炱痕迹。标本 LXM6X：17，口侧一对长方形附耳。口径 18.5、高 16.1、通高 21.2 厘米（图二一八，1；彩版一八，4）。标本 LXM6X：22，腹侧有两个对称的衔环耳，腹饰一道凸棱纹，盖顶三环纽。高 15.6、口径 19、通高 20.6 厘米（图二一八，2；图版八八，3、4）。

铜罐　A 型 2 件。形制、大小相同，侈口，方唇，束颈，折肩，腹微鼓，最大径在腹中部，圜底。标本 LXM6X：16，口径 14.8、最大腹径 25.2、高 24 厘米（图二一八，4；图版八八，6）。

铜鸭尊　1 件。标本 LXM6X：19，器作鸭形，两足分立，有四趾，前三后一，前

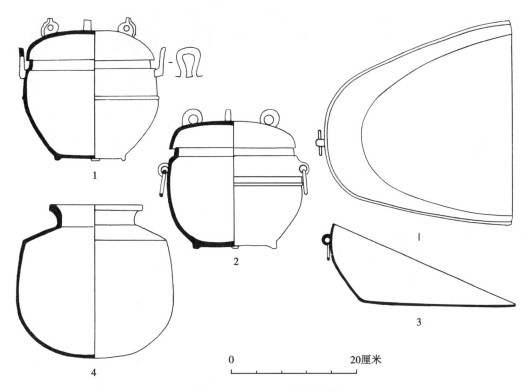

图二一八 LXM6 出土铜器

1. 鬲（LXM6X：17）　2. 鬲（LXM6X：22）　3. 箕（LXM6X：30）　4. A型罐（LXM6X：16）

趾间有蹼相连，短尾，下有环形銴；头、颈前伸，扁嘴衔鱼一条，鱼腹朝前，腹部有两排锥形管，每排六管，上下交错排列。鱼腹中空，与鸭颈、腹相通。鸭背有凸字形长方注水孔，孔有盖，凸出部分贯有横轴，两端插入注水孔圆槽中，使盖能沿轴开合。盖顶一立鸟作纽，下有关键与纽相连，纽旋转带动关键，主盖之启闭，当鸟头朝前时，盖能开启，反之则即闭锁。鸭的眼、翅、尾及盖纽嵌绿松石为饰，因锈蚀，多脱落。鱼饰鳞纹。鸭尊为洒水器具，当鸭腔注水前倾时，水即从鱼腹管中喷洒而出。鸭尊设计精巧，造型新颖别致、生动有趣。为了使鸭尊能平稳站立，设计制作者采用了重心平衡的力学原理，使鸭的着力点集中在两只脚上。长40.6、高18.8厘米（图二一九；彩版一九）。

铜箕　1件。标本LXM6X：30，敞口，平底，后壁外侧有一套环銴，在壁内侧与銴相对处铸有一假铆钉。长32、前后宽31.4、高12.6厘米（图二一八，3；图版八九，1）。

铜矛　1件。标本LXM6G：11－1，三棱形，叶窄长，三刃前聚成锋，管状骹。骹长9、径2、通长20.8厘米（图二二〇，1；图版八九，2）。

铜钜　2件。形制、大小相同。器扁平，凹背作半圆形，前为薄刃，作波状小子

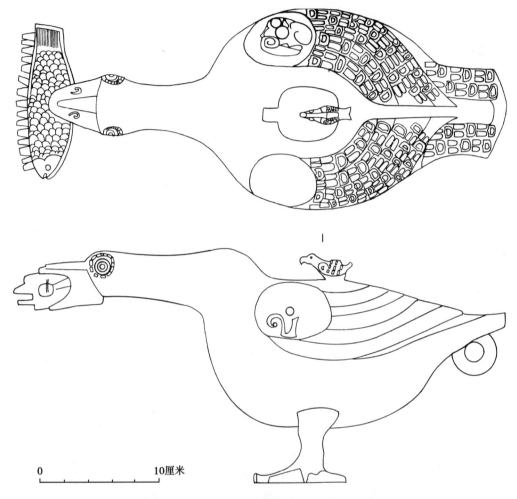

图二一九　LXM6 出土铜鸭尊（LXM6X：19）

刺，下部有一长锋上卷，形成倒钩。此器与矛组合安装成戟。标本 LXM6G：2，长 24、刃宽 3、背长 8.4 厘米（图二二○，2；图版八九，3）。

　　铜殳头　A 型 1 件。标本 LXM6G：11－2，八角尖锥状，底作圆管形，上部有一钉孔。通长 22.6、径 3.2 厘米（图二二○，3）。

　　铜杆顶帽　1 件。标本 LXM6X：13，圆筒形，顶作八棱球形，顶正中有一环形鼻。出土时銎内犹存朽木。銎径 1.5、高 5.3 厘米（图二二○，4；图版八九，4）。

　　铜镈　1 件。标本 LXM6G：17，内圆面外作八角筒形，中部一钉孔，长 6.2、径 3 厘米（图二二○，5；图版八九，5）。

　　锥形铜镞　8 件。镞身呈圆形，锋作圆锥状，圆铤已残。标本 LXM6G：22，通长 5.5、镞身长 2.1 厘米（图二二○，6；图版八九，6）。

　　铜插座　A 型 5 件。器呈 L 形，底部外端有半圆形凹槽，槽背用以缚扎在车轮上。

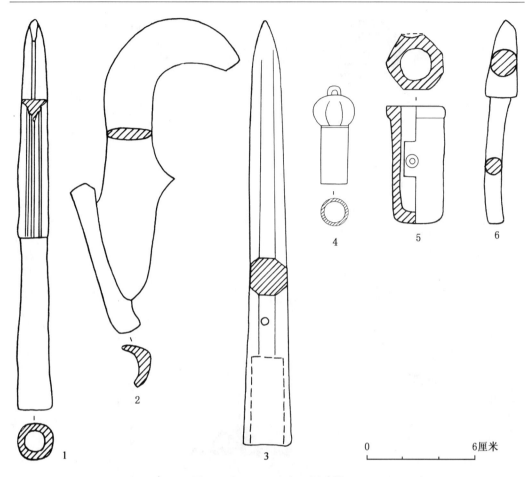

图二二〇　LXM6 出土铜兵器

1. 矛（LXM6G：11-1）　　2. 钜（LXM6G：2）　　3. 殳头（LXM6G：11-2）

4. 杆顶帽（LXM6X：13）　　5. 镈（LXM6G：17）　　6. 锥形镞（LXM6G：22）

槽背两端外侧有孑状凸起，使捆绳不易滑脱。插口内圆而外作八角形，上部有钉孔。标本 LXM6G：12，长5、插孔径1.4厘米（图二二一，1；图版九〇，1上）。

　　铜盖弓帽　A型5件。圆筒形，外端封闭，一侧有钩外向，下部有一钉孔。标本 LXM6G：4，长4.1、里端径1.1、外端径0.8厘米（图二二一，2）。

　　铜环　2件。标本 LXM6G：10，椭圆环形，横截面作圆形。长径4.6、短径2.9厘米。标本 LXM6G：24，扁平环形，内缘凸起成棱一周，横截面呈五角形。外径2.6、内径1.3、高0.4厘米（图二二一，3）。

　　圆形铜饰　1件。标本 LXM6G：21，扁平圆形，同侧有两个半环穿鼻。径3.2、厚0.2厘米（图二二一，4）。

　　贝形铜饰　17件。贝形，凹背，鼓面，背有一横梁。标本 LXM6G：36，径1、高

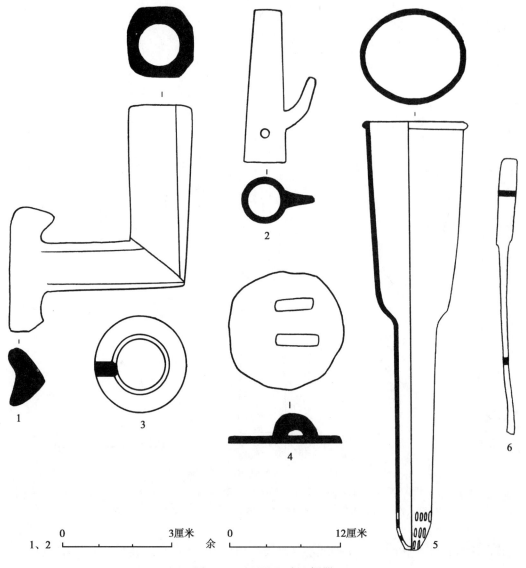

图二二一　LXM6 出土铜器

1. A 型插座（LXM6G：12）　　2. 盖弓帽（LXM6G：4）　　3. 环（LXM6G：24）

4. 圆形饰（LXM6G：21）　　5. 漏器（LXM6X：1）　　6. 刀形器（LXM6X：2）

0.6 厘米（图版九〇，4）。

　　铜漏器　1 件。标本 LXM6X：1，上部呈圆筒形，平沿外折，下部作管状，底端呈锥形，并有三周长方形漏孔。筒长 21.6、径 12.4、下部管径 4、通长 46.1 厘米（图二二一，5；图版九〇，3）。

　　铜刀形器　1 件。标本 LXM6X：2，残。扁平长条形，条形柄。残长 29.2、宽 1.7、柄长 20 厘米（图二二一，6；图版九〇，2）。

铜匕　1件。标本 LXM6：21，匕身呈扁平椭圆形，柄翘起，柄上部扁宽，下部窄，横截面呈方形。长 8.9，匕长径 2.5、短径 1.9 厘米。

铜铺首　2件。铺首作兽面形，半环纽衔一圆环，背面有一长方钉。标本 LXM6 X：8，铺首长 6.2、宽 6、环外径 6.1、内径 4.1 厘米。

3. 石器

5件。滑石质，有片状玦、长方形佩、璜、柱形器等。

滑石片状玦　2件。扁圆形，缘边有一缺口。标本 LXM6G：26，径 1.5、厚 0.2 厘米（图二二二，1）。

长方形滑石佩　1件。标本 LXM6G：27，扁平长方形，上下端各一穿孔。长 4.5、宽 1.9、厚 0.3 厘米（图二二二，2）。

滑石璜　A型1件。标本 LXM6G：33，扁平作半圆环形，两端各有一穿。长 6.6、边宽 1.3、高 1.5 厘米（图二二二，5）。

滑石柱形器　1件。标本 LXM6G：28，圆柱形。长 2.8、径 1.2 厘米（图二二二，3）。

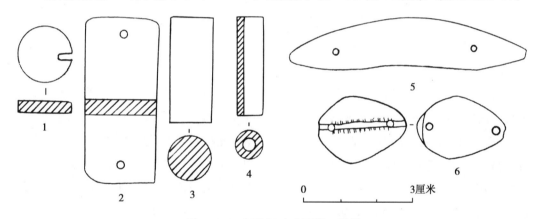

图二二二　LXM6 出土石器、骨器

1. 滑石片状玦（LXM6G：26）　2. 长方形滑石佩（LXM6G：27）　3. 滑石柱形器（LXM6G：28）

4. 骨管（LXM6G：30）　5. A 型滑石璜（LXM6G：33）　6. 骨贝（LXM6：112）

4. 骨器、蚌器

60件。骨器 43件，蚌器 17件。

骨管　1件。标本 LXM6G：30，圆管形。长 1.5、径 0.5 厘米（图二二二，4）。

骨贝　42件。缀在竹编器物上的装饰。每组三枚，呈 Y 字形排列，共 14 组。器作贝形，平底，鼓面，面刻一竖向沟槽，槽两侧三角纹或丝形纹，两端各有一穿孔。标本 LXM6：112，长 2.4 厘米（图二二二，6；图版九〇，5 右上）。

圆形蚌饰　17件。用于装饰帷帐。圆形，中心有一圆孔，珍珠层面饰朱绘云纹。标本 LXM6：98，径 6、孔径 0.3 厘米（图版九〇，6 右）。

第七章 淄河店墓地

第一节 墓地布局

淄河店墓地位于泰沂山脉北麓的山前坡地上，南依山岭，北临平原，墓地西北侧不远即为淄河，隔淄河向北远眺，临淄齐故城依稀可见。淄河店因西临淄河而得名，国家重点文物保护单位"田齐王陵"位于淄河店的村东和村南，淄河店墓地在村西南仅东隔一条沟壑与田齐王陵相邻。墓地南端狭窄，北部宽阔。最南端东西宽度不足 200 米，而北部最宽处约有 1200 余米。齐陵镇辖属的南山庄、北山庄两个自然村位于墓地的西部，南北相对。

自 1990 年以来（资料截止于 2002 年），山东省文物考古研究所对淄河店墓地先后进行了两次发掘和一次大规模的文物勘探。1990 年 4 月～11 月，为配合济（南）——青（岛）高速公路的修建，对位于淄河店墓地东北角处的第 19 号取土场进行了配合发掘，清理大中型墓葬 4 座，小型墓葬 23 座和大型殉马坑 1 座。1992 年 10 月～12 月，为配合田齐王陵的四有工作对四王冢和二王冢周围包括淄河店墓地进行了全面调查勘探，在淄河店墓地范围内共发现大、中型墓葬 34 座，其中有封土的墓葬 12 座。1993 年 10 月～12 月，为配合淄河店及临淄水泥厂取土，对位于淄河店墓地东侧取土场内的 3 座大型墓葬进行了发掘。

从墓地调查、勘探和发掘的资料看，该墓地大体分为南北两区。墓地南区地势较高，平均海拔在 100 米以上，地表上仍保存有封土的墓葬多分布于该区内。位于墓地南端的 6 座有封土的大墓，分布比较集中，而且有 3 座墓葬东西并列，是一组异穴并葬墓。从墓葬的布局看，该处有可能是一处重要的贵族家族墓地。墓地北区地势渐低，海拔在 80～100 米之间，现存有封土的墓葬不多，但根据勘探资料，该墓区内发现许多无封土的大型墓葬，其中最大的墓葬仅墓室的面积就达 1600 平方米。调查、勘探、发掘资料表明，淄河店墓地大型墓葬的分布大体具有一定的规律。在已发现的 34 座大、中型墓葬中，计有七组 14 座墓葬两两并列，或前后略有相错，都应属于东西并列的异穴并葬墓，各组墓葬之间都相互有一定的距离。其余的大中型墓均独葬一处，并与周围其他墓葬有一定的间距（图二二三）。

　　两次发掘均位于墓地北区的东北部，共发掘 7 座大中型墓葬、1 座车马坑和 23 座小型墓葬。所发掘的 7 座大中型墓葬和大型殉马坑的年代均属于战国时期。23 座小墓多是明清以后墓葬。

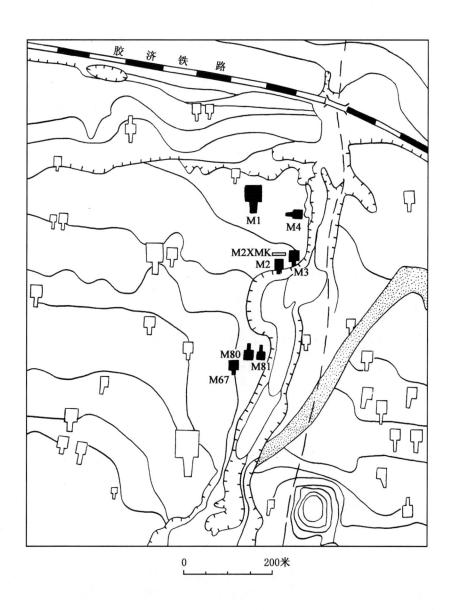

图二二三　淄河店墓地墓葬分布图

第二节　墓葬分述

本节将介绍淄河店墓地已发掘的 7 座战国墓和同时期的殉马坑的资料，23 座晚期小墓资料将另行整理。7 座战国墓的编号，仍采用原发掘时的顺序编号。因两次发掘中间进行了一次勘察，这 7 座战国墓未能统一按顺序编号。第一次发掘的 4 座墓编号为 LZM1～M4，殉马坑为 LZM2 墓主所属，编号为 LZM2XMK；第二次发掘的 3 座墓葬编号为 LZM67、LZM80、LZM81。在已发掘的这 7 座墓葬中有两组异穴并葬墓。一组为 LZM2、LZM3，从墓葬分布看 LZM3 略偏于 LZM2 后侧，但从墓葬的布局和墓葬特征看，这应是一组异穴并葬墓。LZM80、LZM81 两墓并列，方向大体一致，当为另一组异穴并葬墓，LZM80、LZM81 墓道设在墓室北侧，这在临淄战国墓中比较少见。

一、淄河店二号墓（LZM2）

LZM2 位于墓地的东北部，东与 LZM3 相临，南临断崖，后部有一条长达 45 米的大型殉马坑。发掘时墓室上部还保存有 4 米多高的封土，墓室南部和墓道遭到一定的破坏。墓葬早年多次被盗，发掘中发现三处盗洞。一号盗洞位于墓室北部，坑口为扁圆状，最大直径 1.6 米左右，从墓室上部下挖，将北部陪葬坑盗扰后又沿二层台从北侧进入椁室；二号盗洞位于墓室西南角处，坑口近圆形，直径约 1.5 米，顺东壁下挖至二层台后又沿二层台从东侧进入椁室；三号盗洞位于墓道口处，坑口直径约 1.3 米左右，沿墓道从南侧进入椁室。这三次盗掘使椁室遭到严重破坏，椁室内的随葬物品几乎被盗掘一空，被盗后又被火焚烧，除残存的钟、戈、戟等青铜器物被焚烧变形外，其余的随葬物品包括木质的葬具均被焚毁。在清理盗坑中发现有汉代的残砖块和明清时期的瓷器残片，证明墓葬在汉代和明清时期多次被盗掘。

（一）墓葬形制

1. 封土

由于人为破坏和自然侵蚀，封土原貌已失。现存封土可大体分为两部分，中间封土呈不规则的截尖圆锥形，顶径 4.2 米，底径 18.5 米，高约 4.8 米。

封土表面风化破坏比较严重，土色以灰褐色、黄褐色和红褐色相混杂。封土经层层夯打，结构紧密，质地坚硬，夯层厚度不均，大多在 0.14～0.3 米之间，个别夯层厚达 0.4 米。夯层表面有些夯具痕迹比较清楚，为圆形圜底，直径约为 5～6 厘米。圆堆四周呈缓坡状的封土为地上墓室的残存部分，夯土结构与中间的封土堆相同，只是中部近地上墓室壁处夯打的更为坚硬。因封土四周边缘均已遭破坏，外侧结构不明。

2. 墓室

二号墓属于"甲"字形土坑积石木椁墓，方向 195°（图二二四）。分地上墓室和地

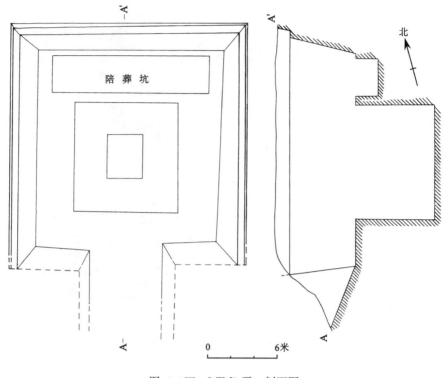

图二二四　LZM2 平、剖面图

下墓室两部分。地上墓室建于原地表以上，由板筑夯土建成。其建筑方法是在挖出的地下墓坑口四周留出宽约 0.45～0.5 米的平台，然后在四周采用夹棍夹绳系板建筑技术构筑地上墓室，以增加整个墓室的高度。地上墓室的四壁比较规整，采用筑板层层分段建成，从保留的筑板痕迹看筑板长约 2.2、宽约 0.18～0.22 米。筑板的两侧留有系板绳索腐朽后形成的小孔。LZM2 的地上墓室大部分遭到严重破坏，现残存的地上墓室以西南角处保存最高，墓壁残高 0.9 米，地上墓室口南北残长 16.5、东西残宽 16.3 米。地下墓室，口大底小近似斗形，墓室前部遭到一定破坏，墓口南北长 15.9、东西宽 15.6米，墓底南北长 13.4、东西宽 12.95 米，地下墓口至墓底深 4.5 米。墓坑经修整，壁面光洁平直，墓壁上涂有一层厚 0.3～0.6 厘米的细灰泥膏，泥膏的表面又粉刷白粉。

　　在墓室底部近二层台墓壁上还发现有细麻布痕迹，麻布已朽，紧贴在墓壁上。从腐朽布纹痕迹看，麻布为平纹纺织。从清理的遗迹看，麻布高约 0.5 米，虽然有些地方已经脱落，但可以看出除墓道口外麻布围绕墓室一周，应是悬挂于墓壁四周的帷帐。帷帐上还有用红、黑两色涂绘的图案，因大部遭到破坏，图案内容不明。在帷帐上还发现许多圆形蚌饰，系用大蚌壳加工制成，在蚌壳的内侧绘有图案，用朱砂绘成卷云纹或涡纹，蚌饰彩面朝向墓室，从保留在墓壁上的蚌壳看，其高低错落相间，主要用来装饰和点缀帷帐，也起一定的加固作用（图二二五；图版九一，1）。墓室内的填土经过夯打，

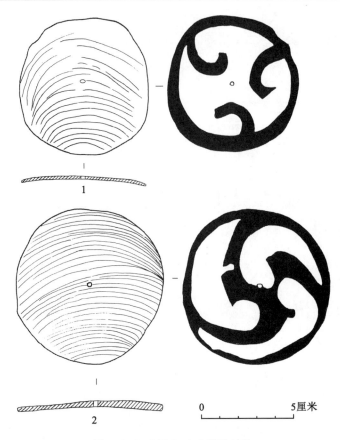

图二二五　LZM2 出土彩绘蚌饰

1. 卷云纹（LZM2BT：1）　　2. 涡旋纹（LZM2BT：2）

结构与封土相同，在靠近二层台处因有随葬的车轮、车舆和其他一些器物，夯层比较厚，个别地方厚达 0.7 米。

墓道开于墓室南侧中部，呈斜坡状，墓道南部已经被沟豁毁坏，仅保留墓道北半部，而且其上部也遭到破坏。墓道上口残长 2.2、里口内宽 6.45 米。墓道底与二层台相连，宽 4.95 米，坡度为 22°，残长 4.9 米。在相距墓室约 4 米处的墓道底部放置有 3 块未经过加工的大石块，与垒筑石椁的大石块大小相同，或有封堵进入墓室的用途。墓道内填土经过夯打，墓道内夯土与墓室的夯层相连，证实墓室与墓道内的填土为同时充填夯打，夯土结构与墓室填土相同。

椁室位于墓室中部略偏南处。其构筑方式，先在墓室底部挖出南北长 7.5、东西宽 7、深 5.5 米近似方形的竖穴土坑，然后进行修整。在修整后的椁室内又构筑石椁。石椁采用未加工的天然大石块构成，其具体的做法是先在椁室的底部铺设一层大石块，石块之间充填河卵石，其上又东西横铺一层方木，在方木的四周用双重石块垒筑石椁壁，石椁高为 5.2 米，上面再用与底部相同的方木所覆盖，方木之上又充填约 30 多厘米厚的卵石层。这种用大石块和河卵石混构垒筑的石椁主要用于防盗。发掘时因为盗掘和焚烧的破坏，椁室内的石椁大部分已经塌陷，石椁内侧有些石块表面和许多填充的河卵石被烧成石灰粉状。

二层台椁室四周为宽大的生土二层台，东二层台与南二层台宽度相同，宽 2.8 米，西二层台宽 2.5 米，北二层台宽 3.8 米。在二层台台面上普遍发现腐朽的苇席痕迹，四周有的高起到墓壁上，叠压于帷帐之上，在椁室四周的河卵石与土混杂的填土上也有发现（图版九一，2）。这种现象表明，二层台上应普遍铺有一层苇席，而随葬品则放于苇席之上。

陪葬坑位于椁室后部的生土二层台上，内有多人殉葬。

（二）葬具与葬式

因椁室被盗并遭火焚烧，木制的葬具除棺、椁底板被塌陷的石块、河卵石和填土所覆盖的部分外，其余已被焚为灰烬，残存的棺、椁底板以及未被烧尽的部分也已朽为白灰状或烧为碎小的木炭及黑灰状。从清理出的棺椁痕迹看，葬具为一椁二棺。

椁为木质结构，平面呈"Ⅱ"形。两侧板较长，板的两端伸入石椁的东西两壁中，两侧板紧靠外侧的石椁壁，椁长 4、宽 3.5、高约 2.5 米，椁板厚约 7 厘米。外棺平面呈长方形，长约 3、宽 2.4、残高 1.6 米，板厚约 5 厘米。内棺平面呈长方形，长约 2.2、宽 1.6 米，高度不明，板厚约 3 厘米。

由于椁室内多次被盗及经火焚烧，墓主的骨骼已遭到破坏，葬式不明。在清理椁室南侧的棺板灰中，发现两块残存的人体下肢骨，如属于墓主，则头应向北。

（三）随葬器物的放置

LZM2 的随葬器物分别放置在二层台、椁室内、椁室和陪葬坑上部，由于多次被盗未发现青铜礼器，随葬的陶器、乐器、铜兵器、漆木器以及车轮、车舆等器物虽遭到一定的破坏，但还可以看出其大体的放置位置（图二二六；图版九一，3）。

东二层台主要放置铜编钟、石磬、陶俑和车舆、车轮等。从清理的情况看，先放置铜编钟、石磬、陶俑等，然后再放置车舆、车轮。铜、石乐器大多成组放在一起。4 件大型镈钟放置在东二层台上的中部，呈菱形东西并排在一起，其东西各 1 件，中间的 2 件南北并列放置，南侧的 1 件已倾斜。甬钟、石磬集中放于二层台北部与陪葬坑东侧上部，因陪葬坑塌陷大多落入陪葬坑内，其放置的具体顺序不明（图版九一，4）。16 件甬钟根据特征可分为两组，每组 8 件。石磬共有三组，有两组位于陪葬坑的东、南两侧边缘的二层台上，因未落入陪葬坑内，每组石磬共 8 件，按大小顺序叠放在一起，并用细绢绳捆扎，大多已经断裂。另一组石磬则散落入陪葬坑内，残断较甚。在陪葬坑东北角底部还有一组环纽小镈钟，也为 4 件，比放置于二层台上的一组大镈钟要小得多，从位置看也是放置于二层台与陪葬坑的上部，因陪葬坑塌陷而落入陪葬坑内的。在 10 号

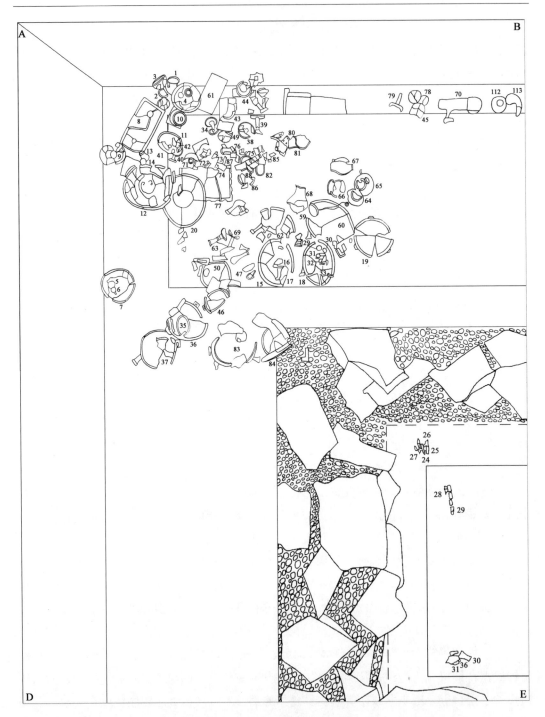

图二二六A　LZM2 随葬器物分布图（一）

椁室外：1、2. 敦　3、76、87. 盖豆　4、9、35、71. 筮　5、33、42. 小鼎　6. 小勺　7、15、18、19、50、60、62. 鼎　8、77. 禁　10、43、44、49、72、75（簋体）、86（座）. 簋　11、13. 小壶　12、20. 鉴　14. 小盉　16、17. 方豆　21、58. 鬲　22. 匜　23、27. 圈足盘　24. 小壶　25、41、81. 壶　26. 平底盘　28. 盖豆　29. 小瓿　30. 小盆　31、32. 小盘　34、38～40、59、63、69、110、111. 豆　36、37、46、83、84. 盖鼎

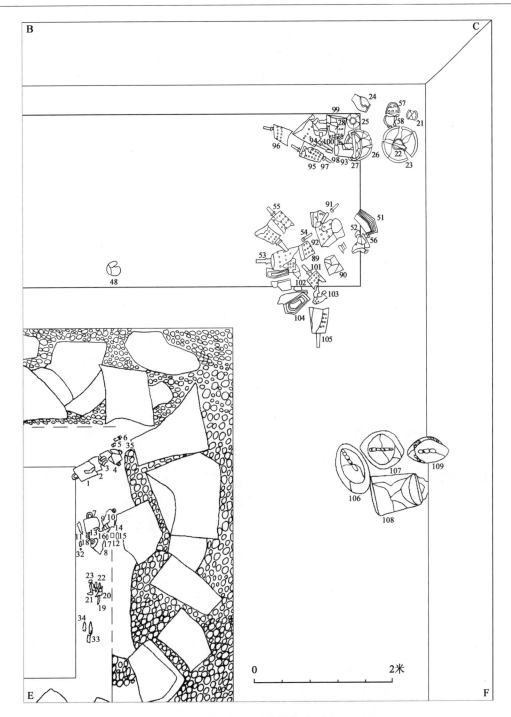

图二二六 B　LZM2 随葬器物分布图（二）

45. 人物俑　47、82、88. 舟　48. 小鼎　51、52、104. 石磬　53～56、89、91、92、94～97、99、101～103、105. 铜甬钟　57. 铲　61. 漆方盘　64、65、67、68. 壶　66. 叠　70、113. 漆盘　73、74、85. 甗　78、79. 漆豆　80. 牺尊　106～109. 铜镈钟　90、93、98、100. 小镈钟　112. 漆壶。
　　椁室内（G）：1～4、7～10、18、35. 铜纽钟　5、6. 铜镦　11、34. 铜殳　12～14、16、19、20、23、24、28. 铜戈　15、17、32、33. 铜矛　21、22、25、26. 铜戟（钩钜）　27. 铜镞　29. 铜剑　30. 残铜片饰　31. 铜带钩　36. 玉璧。

车舆下二层台的底部发现有陶俑，形体较小，因放于车舆下受到的破坏比较严重，能看出器形的有马、禽鸟，与填土中发现的铜器纽分别单独编号，在器号前增加 DT（东台）。东二层台上的车舆下还发现有漆木器的痕迹，器类有豆、盘等器形。

西二层台除了车舆、车轮外还发现数量较多的竹木器。竹木器多为长杆状，靠西墓壁竖置，因为木质的器物均已在填土中成为腐朽空洞，发掘中采用石膏灌注后再清理。从清理的情况看，这些竹木器杆多被捆扎排放在一起，有些石膏标本上留有缠绕的红色细丝线的痕迹，个别的底部还有铜镈。这些竹木杆除了个别的可能作为兵器用外，大多可能为旌旗杆。在竹木杆的中部有许多绳索的腐朽的痕迹，在灌注石膏后，在绳索中还发现有穿孔圆木器。在 18 号车底部发现 2 件铜车軎应与 18 号车有关。另外在 18 号车附近还发现 4 件铜车軎，与木竹竿底部的铜镦单独编号，在器物号前增加 XT（西台）。

南二层台在墓道两侧靠着墓壁竖置车轮，墓道东侧的 1 号车轮保存较好，西侧的 22 号车轮由于遭到盗扰的破坏仅在墓壁上留下车毂挤压的痕迹。

北二层台除了车、车轮外主要放置陶器、漆木器和俑。陶器主要放置于北二层台与椁室后的陪葬坑上部，因陪葬坑塌陷而大多落入坑内。从清理的情况看陶器的放置可能大体有一定的排序，鼎类主要放于南侧，有平沿无盖鼎和子母口盖鼎。盖鼎放于最南侧一排，除西边的 2 件未被扰动外，另 3 件遭到盗掘破坏。第二排为平沿鼎，除最西侧 1 件外均落入陪葬坑内。平沿鼎后面为兽纽环耳壶和高柄豆，兽纽环耳壶多位于东侧，高柄豆落入陪葬坑内多被平沿鼎所叠压。其余的簋、盘、鉴、敦、牺尊等器物多放于陪葬坑后部和西北角处，因陪葬坑塌陷落入陪葬坑内混杂在一起（图版九一，5）。在墓室另一侧东北角的二层台上也放有少量的陶器，器形有豆、小壶、漏铲、圈足盘等。有些陶器因陶质太差，又遭盗掘和陪葬坑塌陷的破坏已不能复原。

漆木器主要放置于北二层台的中部与陪葬坑的上部，因陪葬坑塌陷而落入陪葬坑内。漆木器均为木胎，在木胎腐朽后仅保留下器物的形状和外表的漆皮，落入许多漆木器在陪葬坑后遭到严重破坏，器形难以辨认。从二层台上清理出的器物痕迹看有豆、壶、盘、耳杯等器形。另外在北二层台中部放置了 1 件人物俑，形体较大，因靠近陪葬坑，陪葬坑塌陷后落入陪葬坑内。

椁室内因被盗未发现铜礼器，主要出土了铜乐器和铜兵器。清理出小纽钟 14 件，主要出于椁室东北角外棺与内棺之间，多被倒塌的大石块砸扁，有的又经火焚烧后变形，有些已难恢复原貌。从外部特征看，这批小纽钟大小排列有序，可能为一组小编钟，但因椁室被盗，其组合数目及随葬时的具体位置不明。

铜兵器有矛、戈、剑、戟、镞等，因盗扰及椁室塌陷的破坏，其具体数量及放置的形式不明。从清理的情况看，兵器多处于椁室东侧的内椁与外椁之间，因石椁塌陷与随葬的有些小纽钟相混杂。戈多与矛放在一起，有的戟的刺和戈单独在一起。残断的剑身位于外棺西北角的板灰中，这件兵器可能原放置于外棺与内棺之间。由于经火焚烧及大石砸压的破坏，这些兵器大多已变形无法复原。

（四）陪葬坑和殉人

1. 陪葬坑概述

位于墓室内椁室后部的生土二层台上，平面呈长方形，东西长 10.6 米，南北宽约 2.5 米，深度在 1.6 米左右，内葬 12 名殉人，由西向东分别编号为 LZM2PX1～X12（附表一五）。陪葬坑四壁略经修整，有的地方凹凸不平并还留有挖掘时的工具痕迹。工具痕迹宽约 5 厘米，最长的约 50 厘米。

陪葬坑内的木制葬具均已腐朽，造成陪葬坑塌陷，留下了白灰状的棺椁痕迹。在陪葬坑上口南侧，发现有雕刻木板的腐朽痕迹，在雕板的表面有红色、黑色和白色组成的彩绘图案，残存的边缘为卷云纹和三角几何纹图案（图版九一，6）。经过清理，棺椁的大体形状尚可辨认，其具体结构已不明。从清理的结果看，陪葬坑内共有木椁 4 具，木棺 12 具。每 3 名殉人共用一椁，每名殉人各自一棺。椁的形状基本相同，平面近似方形，长度在 2.4～2.55 米之间，宽约 2.3～2.5 米，高度大多在 0.75 米以上。从清理的板灰痕迹看，椁底板东西横铺，两侧椁板南北竖置，两端椁板东西横排，椁盖板东西并列，南北两端排列比较整齐，而椁与椁之间的间隔略有不同。西起第一椁与第二椁相距 0.2 米；第二椁与第三椁相距 0.38 米，第三椁与第四椁几乎靠在一起。

12 具棺均为长方形，每椁内放有 3 棺，大小有所不同。12 具棺的长度在 1.94～2.02 米之间，宽度大体相近，为 0.7～0.9 米左右，高约 0.5 米。棺板厚约 4 厘米。除两端棺板为东西横置外，底板、侧板和盖板均为南北向排列。

12 名殉人均为仰身直肢葬，头朝椁室。骨骼大多腐朽严重，但葬式比较清楚。从保存较好的头骨、肢骨看，面部多向上，或略侧向右偏，上肢多交叉叠放在下腹部，下肢多伸直并拢，可见埋葬时葬式基本一致。12 名殉人中有 5 人骨骼保存较好，经鉴定这 5 人全部为年轻的女性个体。

12 名殉人均有随葬品，因墓主随葬的陶礼器、铜、石乐器和漆木器放置在陪葬坑的上部，在陪葬坑塌陷时落入陪葬坑内，经过清理排除可以确认属于殉人的随葬品多为随身的佩饰，个别的还随葬几件仿铜陶礼器。随身的佩饰多放在棺内，一般用水晶环、玛瑙珠、滑石管等组成的串饰或有铜带钩、小铜环等小饰件，多放于胸前或腰部，也有的放在下肢处。个别的殉人除随身的佩饰外，还随葬 1～3 件陶器，器形为鼎、豆、壶。从清理的状况看，陶器应放在椁内棺外。

2. 陪葬坑举例

LZM2X1～X3　共用一椁，椁长 2.55、宽 2.3、残高 0.75 米。

LZM2X1　棺长 2.1、宽 0.85 米，高度不明。殉人头骨腐朽比较严重，下部保存略好，为仰身直肢葬，两手交叉于腹部，在胸及上腹部处放有 7 件铜环（图二二七，右 1）。

LZM2X2　棺长 2.1、宽 0.64 米。人骨腐朽比较严重，仰身直肢葬。在头前左侧有 1 件玛瑙瑗，颈部有铜带钩 2 件、玛瑙瑗 3 件、水晶珠和滑石璧各 1 件，腰部左侧铜带钩 2 件，左下肢的股骨外侧各有 1 件玛瑙瑗、胫骨外有滑石环 1 件（图二二七，右 2）。

LZM2X3　棺长 2.02、宽 0.52 米。人骨上部腐朽严重，仅可看出下肢伸直并拢。在腰胸的位置放有 3 件玛瑙瑗（图二二七，右 3）。

LZM2X4～X6　共用一椁，椁长 2.4、宽 2.4、残高 0.75 米。

LZM2X4　棺长 2.02、宽 0.6 米。人骨腐朽得虽然比较严重，但朽迹比较清楚，仰身直肢，面向左侧。在头部和左上肢处各有 1 件玛瑙瑗（图二二七，左 3）。

LZM2X5　棺比较短，长 1.8、宽 0.64 米。人骨已腐朽，朽迹尚清楚，仰身直肢，两手交叉于下腹部。在头的左上方有 4 件、右下侧有 3 件铜环，右上肢处有 2 件玛瑙瑗、2 件带钩和 3 件铜环（图二二七，左 2）。

LZM2X6　棺长 2.02、宽 0.64 米。人骨腐朽得比较严重，上部仅可看出头骨的朽迹，盆骨及下肢比较清楚，两下肢伸直并拢。在头前右侧有 1 件铜带钩，头左侧 1 件玛瑙瑗，在上肢右侧和左侧各有 1 件铜环和水晶珠（图二二七，左 1）。

LZM2X7～X9　共用一椁，椁长 2.48、宽 2.4、残高 0.75 米。

LZM2X7　棺长 1.85、宽 0.6 米。人骨已腐朽，朽迹比较清楚为仰身直肢葬，两手叠压于下腹部。随葬的 3 件玛瑙瑗、2 件带钩和 6 件小铜环均放于头骨左侧（图二二八，右 1）。

LZM2X8　棺长 2、宽 0.62 米。人骨已朽，仰身直肢葬，两手叠压于下腹部。随葬的 2 件玛瑙瑗在头的上部，盆骨左侧有铜带钩 2 件、铜环 1 件，在下肢中部两髌骨之间有铜环 1 件（图二二八，右 2）。

LZMPX9　棺长 1.7、宽 0.52 米。人骨虽腐朽严重，但可看出为仰身直肢葬。随葬器物有玛瑙环、玛瑙珠、铜带钩、铜环和陶豆、壶、盘等，玛瑙环、玛瑙珠、铜带钩、铜环等放在棺内，豆、壶、盘等陶器放棺椁之间。头骨上部有玉耳坠 2 件，右侧铜环 5 件，在胸及右肩部有铜带钩 2 件、玛瑙瑗 7 件和水晶瑗 1 件。随葬的陶器放在椁内棺上，棺腐朽后落入底部破碎严重，又因陶器火候较低大多不能复原。清理时可看出的器形有豆 1、壶 3、盘和敦各 1 件，其上还有彩绘的痕迹（图二二八，右 3）。

LZM2X10～X12　共用一椁，椁长 2.4、宽 2.5、残高 0.75 米。

LZM2X10　棺长 2、宽 0.74 米。人骨除上肢骨外保存较好，面向左侧，仰身直肢，下肢并拢。在头的上部有 2 件铜带钩，胸部左侧有 2 件铜环（图二二八，左 3）。

LZM2X11　棺长 1.94、宽 0.64 米。人骨保存得较好，面部略偏向左侧，仰身直肢，从保存较好的右上肢看，手应放于下腹部。颈下有 6 件铜环，左上肢外侧有 2 件带

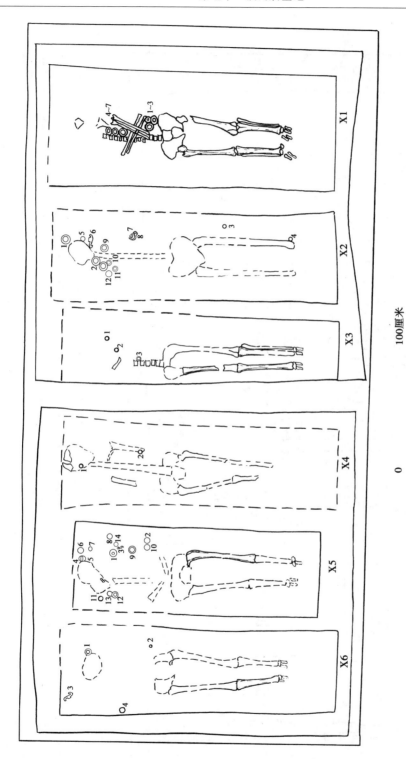

图二二七　LZM2 陪葬坑东部

LZM2X1 1~7.铜环　LZM2X2 1、2、3、9、11.玛瑙瑗 4.滑石环 5~8.铜带钩 10.滑石璧 12.水晶珠　LZM2X3 1~3.玛瑙瑗
LZM2X4 1、2.玛瑙瑗　LZM2X5 1、2.玛瑙瑗 3、14.铜带钩 4~13.铜环　LZM2X6 1.玛瑙瑗 2.水晶珠 3.铜带钩 4.铜环

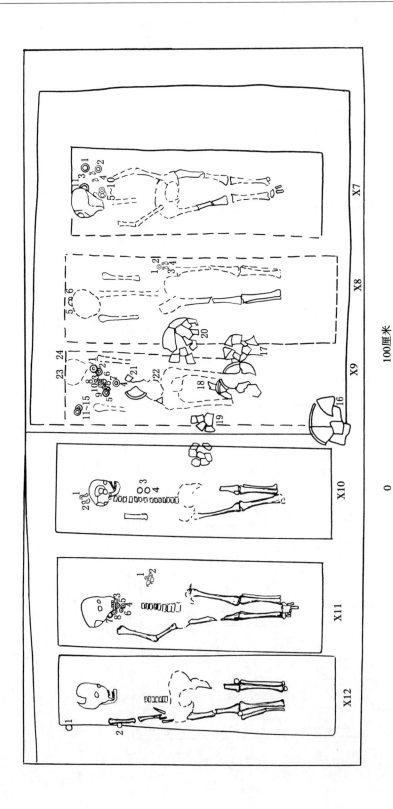

图二一八 LZM2 陪葬坑西部

0 _____ 100厘米

LZM2X7 1、2、11.玛璃瑗 3、4.铜带钩 5~10.铜环 LZM2X8 1、2.铜环 LZM2X9 1~7.玛璃瑗 8.水晶瑗 9、10.铜带钩 11~15.铜环 16.陶盘 17、19、20.陶壶 18.陶豆 21.陶敦 22.彩绘泥器 23、24.玉耳坠 LZM2X10 1、2.铜带钩 3、4.铜环 LZM2X11 1、2.铜带钩 3~8.铜环 LZM2X12 1.玛璃瑗 2.铜环

钩（图二二八，左2）。

LZM2X12　棺长2.02、宽0.52米。仰身直肢葬，面向左侧，在头部右上侧有1件玛瑙瑗，右肩下侧有1件铜环（图二二八，左1）。

（五）随葬器物

虽然被盗，但出土的随葬器物仍然数量较多，按质料分有陶器、铜器、玉器、石器、水晶、玛瑙器、骨器、蚌器和漆木器等。由于该墓出土车的资料比较丰富，有关具体的放置位置、埋葬状况、发掘清理的工作方法、车舆车轮、车马器以及轮舆结构的复原设计将单独于后介绍。

1. 陶器

82件。数量最多，以仿铜陶礼器为主，也有少量的生活用具及小明器和陶俑。陶质以泥质陶为多，火候略高，质地较硬。陶色以灰陶为主，红褐色较少。许多器物在出土时已经破裂，大多经过修整复原。陶礼器组合完整，器形有鼎、盖鼎、簋、豆、盖豆、方豆、敦、舟、壶、盘、匜、鬲、罍、牺尊、铲、勺、鉴、禁等，其主要配置为七鼎六簋。

鼎　A型Ⅰ式7件。列鼎。平沿无盖，形体相近，大小相次。直口或微敛，宽平沿，方唇，腹部微鼓，圆底近平，三蹄形足，两附耳（图版九二，1）。标本LZM2：15，个体最大，口径66、高41、通高59厘米（图二二九，1；图版九三，1）。标本LZM2：18，口径56.4、高40、通高56厘米（图二二九，2）。标本LZM2：60，口径56、高36.8、通高52厘米（图二二九，3）。标本LZM2：19，口径56、高36、通高49.6厘米（图二二九，4）。标本LZM2：50，口径52.8、高34.4、通高47.6厘米（图二二九，5）。标本LZM2：61，口径44、高34.4、通高46.8厘米（图二二九，6）。标本LZM2：7，个体最小，口径45、高30、通高41.5厘米（图二二九，7）。

盖鼎　A型Ⅰ式6件。其中5件形体较大，形体相近，大小相次为列鼎（图版九二，2）。5件列鼎均为复原，大小排列相次。子口微敛，鼓腹，下腹内收呈圆底近平，三蹄形足较高，口下一对长方形附耳，略外侈。弧形盖，上饰四个环形纽。标本LZM2：84，口径54、高42、通高58厘米（图二三〇，1；图版九三，2）。标本LZM2：83，口径52.4、高39.6、通高56厘米（图二三〇，2）。标本LZM2：46，口径52、高38.3、通高54.4厘米（图二三〇，3）。标本LZM2：37，口径52、高37.6、通高52.8厘米（图二三〇，4）。标本LZM2：36，口微敛，深腹，底残，两附耳内倾，上端又略外侈。弧形盖顶近平，中间一个、周边三个环形纽。口径48、高37、通高52厘米（图二三〇，5）。另有1件形体较小，标本LZM2：48，子母口，口微敛，浅腹内收，底近平。三蹄形足较高，两附耳外侈。口径22.5、高20、通高25.5厘米（图二三〇，6）。

簋　B型Ⅰ式6件。一套。形体相近，大小相若。方座分体式。器身呈深腹钵状，

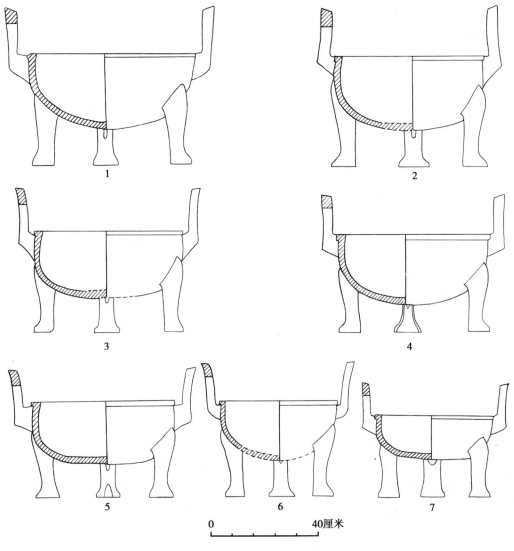

图二二九　LZM2 出土 A 型 I 式陶鼎

1～7. 鼎（LZM2：15、18、60、19、50、61、7）

下有高圈足，置于方底座上。腹两侧各留有一孔，内装两兽耳。兽耳单独制作，又插入腹两侧孔内。弧形顶盖，上有五叶莲花形捉手（图版九二，3）。底座近方形，底部略大。标本 LZM2：44，口径 24.5、高 22.6、通高 33.4 厘米，底座高 10.5、上边长24.6、下边长 25.2 厘米（图二三一，1；图版九三，3）。

　　豆　B 型 9 件。豆盘较浅，盘口内外壁折棱明显，盘底略弧近平。高柄较粗，喇叭口状圈足。标本 LZM2：38，盘径 19.5、足径 15.5、高 36.5 厘米（图二三一，2；图版九三，4）。

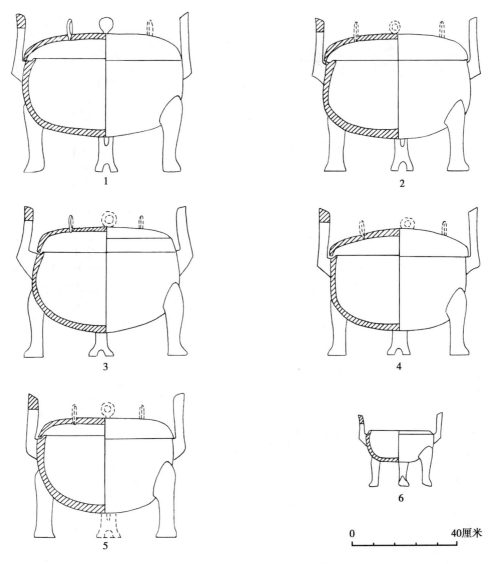

0　　　　　　　　40厘米

图二三〇　LZM2 出土 A 型 I 式陶盖鼎

1～6. 盖鼎（LZM2：84、83、46、37、36、48）

　　盖豆　A 型 I 式 3 件。直口微敛，平沿，腹略鼓，腹两侧有环纽。半球状弧形盖，顶饰三环纽。柄部较高，喇叭状圈足。标本 LZM2：76，缺盖，盘径 16、足径 13.8、高 30 厘米（图二三一，3）。

　　方豆　B 型 2 件。盘、柄分体。盘略呈圆角长方形，直口，平沿，方唇，浅盘，平底，底部留有一圆孔。柄较矮，上端插入盘底部圆孔中，下端略细，喇叭状圈足。标本 LZM2：16，盘长径 18.4、短径 13.2、足径 12.4、高 21.2 厘米（图二三一，4；图版九三，5）。

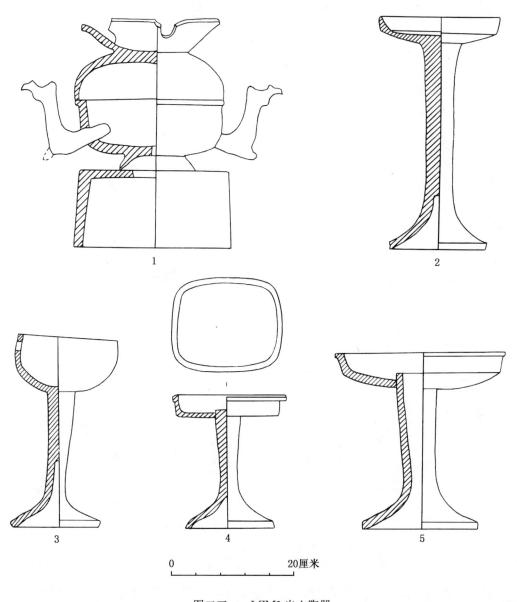

图二三一　LZM2出土陶器

1. B型Ⅰ式簋（LZM2：44）　2. B型豆（LZM2：38）

3. A型Ⅰ式盖豆（LZM2：76）　4. B型方豆（LZM2：16）　5. B型簠（LZM2：35）

簠　3件。

A型　1件。盘部未能复原，粗高柄，内空，柄下部有一周凸棱纹，大喇叭口状底座。标本LZM2：29，圈足径28、柄残高36厘米。

B型　2件。浅腹盘，敞口，平沿，圆唇，内壁呈弧形，环底近平，盘底有一圆孔，外壁折腹，粗柄，中空，上端有榫，插入盘孔中，下部为喇叭状圈足。标本 LZM2：35，盘径27.2、足径18.4、高27.8厘米（图二三一，5）。

敦　C型Ⅱ式2件。鼎形敦，器身与盖大小形制相同。直口，平沿，圆腹，三个小蹄形足（纽）。标本 LZM2：1，口径18.6、高26厘米（图二三二，1；图版九三，6）。

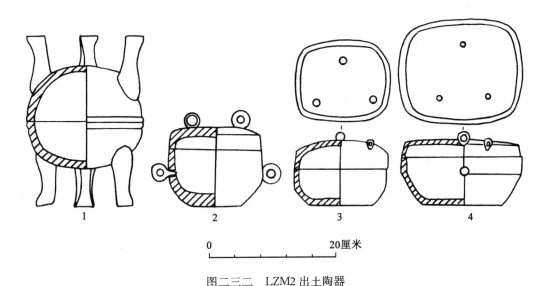

图二三二　LZM2 出土陶器

1. C型Ⅱ式敦（LZM2：1）　2～4. A型舟（LZM2：88、82、47）

舟　A型3件。圆角长方形，直口，下腹内收，平底，两侧有环纽。盖顶近平，上饰三环纽。标本 LZM2：88，口长径19.1、短径15.2、高8、通高14.5厘米（图二三二，2；图版九四，1）；标本 LZM2：82，口长径15.2、短径12、高10、通高11.2厘米（图二三二，3）；标本 LZM2：47，口长径20、短径17.2、高9.6、通高10.2厘米（图二三二，4）。

壶　8件。

A型　5件。侈口，卷沿，长颈，鼓腹下垂，高圈足，无底。器最大径在下腹部。标本 LZM2：68，口径16、底径23.2、高4.3厘米（图二三三，1；图版九四，3）。标本 LZM2：24，口径11、底径13.5、高25.2厘米（图二三三，2；图版九四，2）。

B型　3件。双环耳，彩绘。侈口，卷沿，高颈，溜肩，鼓腹，高圈足，无底。最大径在腹中部。标本 LZM2：25，器表用红色彩绘，脱落严重，仅在下腹部可看出有涡状纹饰。口径13.8、底径13.2、高32.5厘米（图二三三，3）。

盘　3件。

A型Ⅰ式　2件。复原1件，宽沿，下有圈足。标本 LZM2：23，斜折沿近平，方

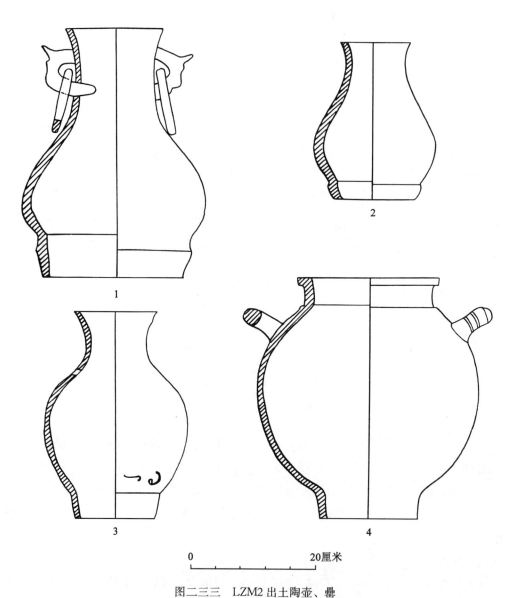

0   20厘米

图二三三　LZM2 出土陶壶、罍

1、2. A 型壶（LZM2：68、24）　　3. B 型壶（LZM2：25）　　4. A 型罍（LZM2：66）

唇，折腹，平底，矮圈足。口径 54、足径 30.4、高 7.9 厘米（图二三四，1）。

　　B 型 I 式　1 件。标本 LZM2：27，窄沿，小平底。口径 40、足径 21、高 6.2 厘米。

　　匜　A 型 I 式 1 件。器身呈横椭圆形，流较长，平底。标本 LZM2：22，口长径 21、短径 13，流长 12 厘米。

　　鬲　2 件。

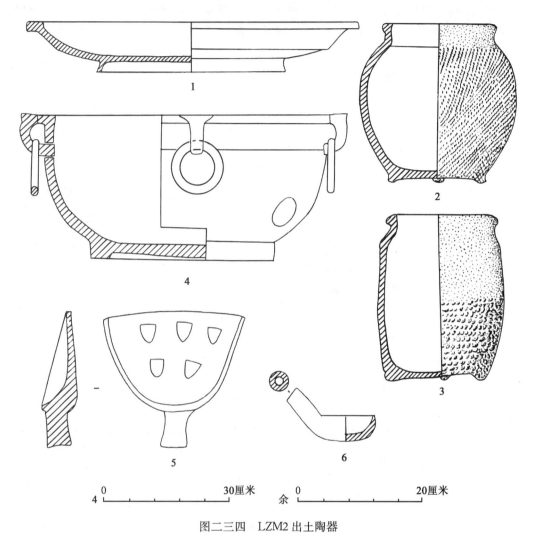

图二三四　LZM2 出土陶器

1. A 型Ⅰ式盘（LZM2：23）　2. A 型Ⅰ式鬲（LZM2：21）　3. B 型鬲（LZM2：58）

4. 鉴（LZM2：20）　5. B 型铲（LZM2：57）　6. 勺（LZM2：6）

　　A 型Ⅰ式　1 件。矮体，直口，平沿，束颈，鼓腹，平裆，三实足。标本 LZM 2：21，口径 18.6、高 24.5 厘米（图二三四，2）。

　　B 型　1 件。高体，直口微侈，斜折沿，圆唇，束颈，鼓肩，腹近直略内收，平裆，三实足。腹下部横饰粗绳纹。标本 LZM2：58，口径 18.5、高 25.6 厘米（图二三四，3；图版九四，4）。

　　罍　A 型 1 件。直口，平沿，斜方唇，高颈，鼓腹，高圈足，无底。肩部两侧有对称横置的绳索状半环纽。标本 LZM2：66，口径 23.5、高 38 厘米（图二三三，4）。

牺尊　1件。标本 LZM2：80，近似猪首牛身形，尾部已残。

鉴　2件。直口，平沿，束颈，深腹微鼓，平底。标本 LZM2：12，口径71、高33厘米。标本 LZM2：20，口径71、底径44.4、高32.5厘米，下腹部留有一圆孔（图二三四，4；图版九四，6）。

铲　B型1件。浅腹，平底，底部有5个三角形漏孔。短柄。标本 LZM2：57，口端宽22.7、高5.8、通长21.5厘米（图二三四，5；图版九四，5）。

勺　1件。椭圆形，高柄中空。标本 LZM2：6，口长径10.8、短径8.3、高3.6、通高8.1厘米（图二三四，6；图版九五，1）。

禁　2件。

A型　1件。长方形。敞口，浅腹，宽边沿，四沿均为花叶状，平底，底两侧留有圆孔。标本 LZM2：77，长91、宽55、底座长17、高10、通高10.4厘米（图二三五，1；图版九五，5）。器底有4个支座，外侧有雕塑的兽像，近似猪的形状，标本 LZM 3：73，长16.8、高7.2、通高11.4厘米（图二三五，3）。标本 LZM 3：74，长17.4、长16.6、高7.4、通高10.2厘米（图二三五，2）。

B型　1件，长方形，浅腹，平沿，平底，底部留有两个圆孔。标本 LZM2：8，长87、宽36、高8.8厘米。

明器　9件。器形小，数量较少，多为模仿礼器器形制作的实心小明器。泥质灰陶，火候较低，质地较疏松，破损较严重。能看出器形的有鼎、甗、盆、盘、壶、盉等，仅复原4件。

鼎　3件，复原1件。斜腹，底近平，三足。标本 LZM2：5，口径10.4、高5.4厘米（图二三六，1；图版九五，2）。

甗　1件。上部已残，下腹内收，低裆，三矮足。标本 LZM2：29，残高7.2厘米（图二三六，2）。

盆　1件。深腹形，平底。标本 LZM2：30，口径8.8、底径5.2、高4.1厘米（图二三六，3）。

盘　2件。复原1件。敞口，圆唇，斜壁，平底。标本 LZM2：20，口径11.2、底径8.8、高3.2～3.6厘米（图二三六，4）。

壶　2件。直口，鼓腹，平底。标本 LZM2：11，器高约5.6厘米。

俑　火候较低，大多不能复原。可分为人物俑和动物俑。

人物俑　1件。男俑，已经残破，可复原。面部五官清楚，头顶部中有一较大的孔，与中空的腹腔相通，头顶上或插有器物。右臂略残，左臂残断。上穿衣，下着长裙。标本 LZM2：45，高57厘米（图二三七）。

动物俑　10件，复原6件。能看出形态的为马和禽鸟。标本 LZM2DT：3，长

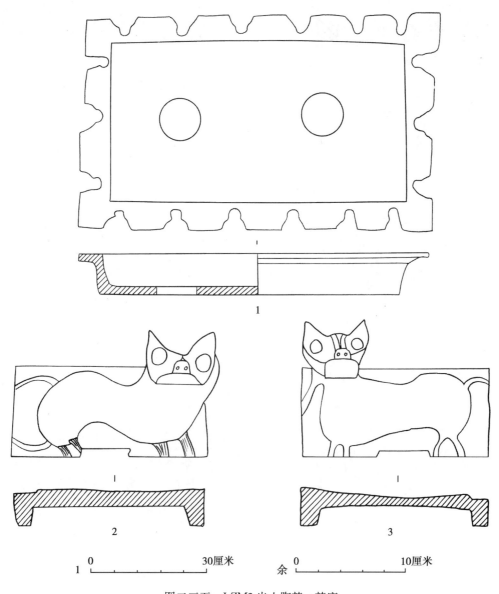

图二三五　LZM2 出土陶禁、禁座

1. A 型禁（LZM2∶77）　　2、3. 禁座（LZM2∶74、73）

3.4、高 2.4 厘米（图二三六，5）。标本 LZM2DT∶4，长 4.2、高 1.7 厘米（图二三六，6）。标本 LZM2DT∶5，长 3.6、高 2 厘米（图二三六，7）。标本 LZM2DT∶6，长 2.5、高 1.7 厘米（图二三六，8）。马俑均不能复原，可看出为站立状。标本 LZM2DT∶8，长 4.8、残高 3.4 厘米（图二三六，9）。标本 LZM2DT∶7，长 5.7、残高 2.5 厘米（图二三六，10）。

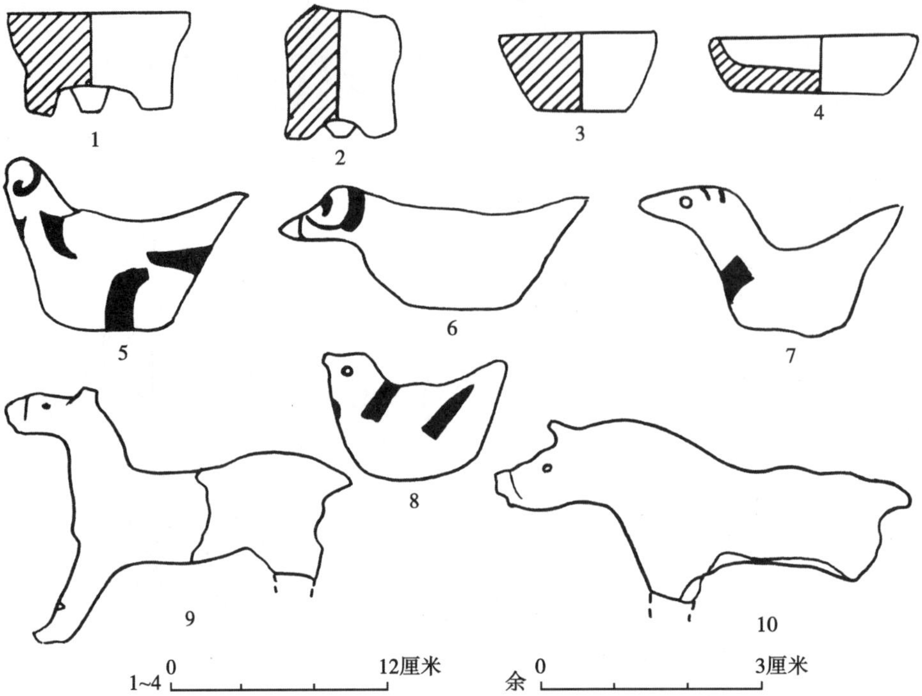

图二三六 LZM2 出土陶动物俑、明器

1. 鼎（LZM2：5） 2. 甗（LZM2：29） 3. 盆（LZM2：30） 4. 盘（LZM2：20）
5～8. 禽鸟俑（LZM2DT：3～6） 9、10. 马俑（LZM2DT：8、7）

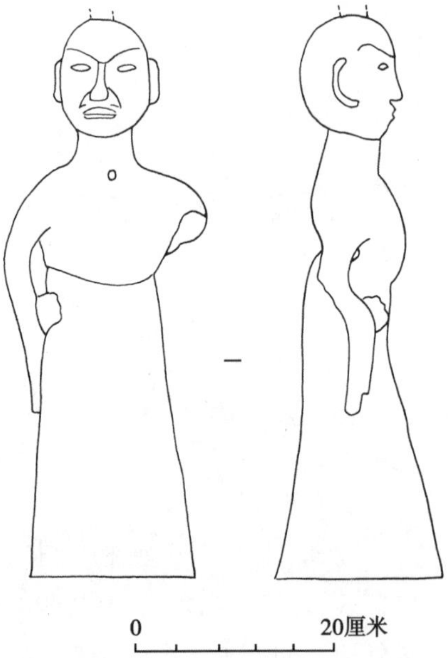

图二三七 LZM2 出土陶俑（LZM2：45）

2. 铜器

128 件。因多次被盗，未见铜礼器，出土的铜器主要有乐器、兵器和装饰类以及其他零星杂器。乐器有铜编钟 34 件，分镈钟、甬钟、纽钟三种（附表一六），钟体均较薄，非实用器。兵器均出于椁室内，主要有戈、矛、戟、殳、镦、镞等，大多因火焚烧及石块砸压变形，有些已无法复原。另外在西二层台北部发现了大量的腐朽的竹木类器杆，有些杆上缠有细线并染有红色，这类器杆主要可能为旗杆，有的也可能为兵器柄杆，个别的底部还有铜镈。

铜镈钟 8 件。分 A、B 两型。

A 型 4 件。形体较大，复式纽。形制、纹饰相同，大小相次，为一组编钟（图二三

八，1～4；图版九六，1）。钟体近椭圆形合瓦式，铣边有棱。舞体呈上窄下略宽，下口

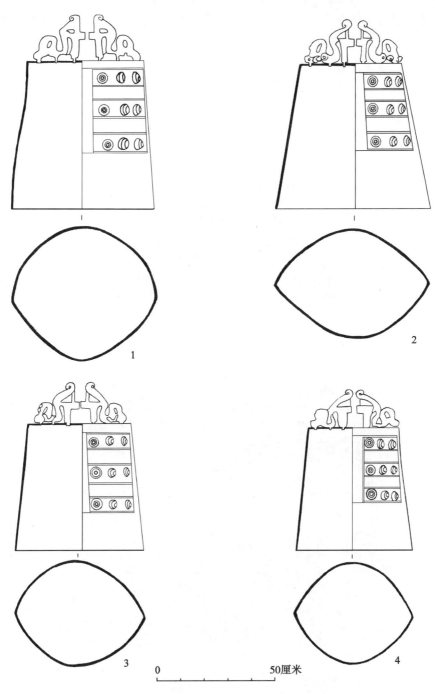

图二三八　LZM2 出土 A 型铜镈钟

1～4. 镈钟（LZM2：109、107、106、108）

齐平。顶除正中饰纽处为素带界格，两侧均饰变形蟠螭纹。复式纽呈双夔龙相对峙，头朝外、口含尾状，中间方形。钲中间为素面，两侧各有界格，内有凸起的圆枚 3 组 9 枚和篆带两条。篆带上饰变形蟠螭纹，圆枚由团身螭纹构成。正鼓上近钲处饰变形蟠螭纹。标本 LZM2：106～109，通高 69.1～80.9 厘米。标本 LZM2：109，通高 79.1 厘米（图二三九；图版九七，1）。

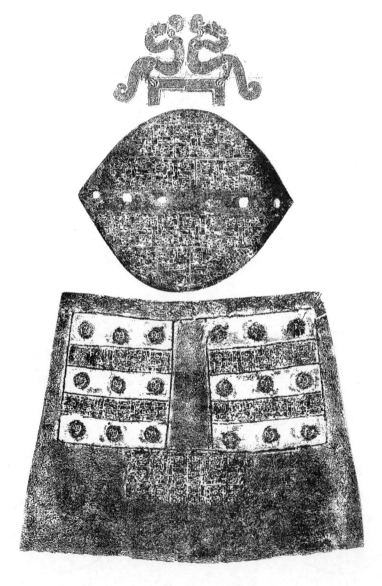

0　　　　　20厘米

图二三九　LZM2 出土 A 型铜镈钟（LZM2：109）纹样拓本

B 型　4 件。形体较小，环形纽。形制、纹饰相同，大小相次，为一组编钟（图版九六，2）。钟体为椭圆形合瓦式，铣边无棱。钟体上窄下略宽。舞顶无饰，中间饰环纽，钲部饰蟠虺纹。标本 LZM2：90、93、98、100，通高 29.1～32.4 厘米（图二四〇，1～4）。标本 LZM2：98，通高 31.5 厘米（图二四〇，2、图二四一；图版九七，2）。

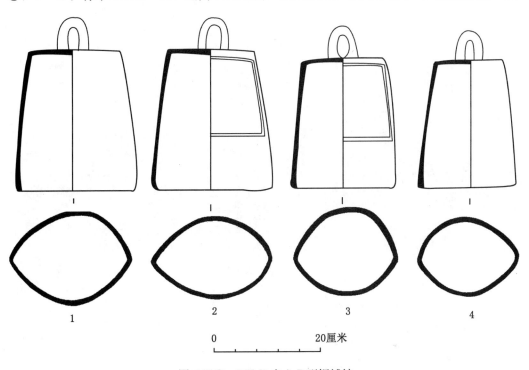

图二四〇　LZM2 出土 B 型铜镈钟

1～4. 铜镈钟（LZM2：100、98、93、90）

铜甬钟　16 件。根据甬部与钟结合处制法的不同，为两组编钟，每组 8 件。钟的形制、纹饰相同。每组 8 件均大小相次（图版九八，1）。标本 LZM2：92 甬呈圆角方柱状，上细下粗，衡平。甬下有旋，环甬呈凸起的箍带状，旋上有斡。钟体为合瓦式，舞顶正中装甬，至铣边各有一素带界格，两侧饰蟠螭纹。铣边有棱。钲中部为素面，两侧各有乳丁状枚 3 组 9 枚，篆带两条。枚腰略内收，枚身无纹。篆带均饰蟠螭纹。正鼓近钲处饰宽带变形蟠螭纹（图二四二）。甲组通高 41～74.1 厘米（图二四三）；乙组通高 44.2～74.2 厘米（图二四四）。标本 LZM2：94，通高 74.2 厘米（图版九七，3）。

铜纽钟　10 件。形体较小。钟体均扁为合瓦状，铣边有棱，舞平，上有环纽。钲部饰蟠虺纹。因椁室被盗，纽钟数量不明，所出 10 件纽钟基本大小相次，应为成组编钟，通高 13～28 厘米（图二四五；图版九八，2）。由于椁室内经火焚烧及塌陷的大石块砸压多已变形，无法复原，所测数据仅供参考。

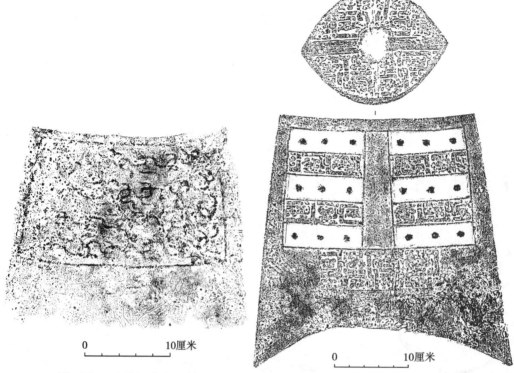

图二四一　LZM2 出土 B 型
铜镈钟（LZM2：98）纹样拓本

图二四二　LZM2 出土铜甬钟（LZM2：92）纹样拓本

　　铜戈　9 件。形制相同，援部较窄、细长，略上扬，援脊在中部，正面有棱，锋端呈弧刃三角状，尖锋。内中有一横穿，自穿外三端有刃，外端上部略长呈斜三角状。长胡，两穿，援根一穿。标本 LZM2G：13，通长 26.6、内长 11 厘米（图二四六，1）。标本 LZM2G：14，通长 24.8、内长 10.8 厘米（图二四六，2）。标本 LZM2G：12，器形同上，略有变形，在戈背面胡部有凿刻铭文，"国楚造车戈"五字。通长 29.8、内长 11.6 厘米（图二四七；图版九九，1）。

　　铜矛　4 件。形制相近，略有差异。标本 LZM2G：17，矛身断面呈扁菱形，残长 15.6 厘米（图二四八，1）。标本 LZM2G：15，矛身断面呈菱形，锋端略残。残长 12.4 厘米（图二四八，2）。标本 LZM2 G：32，略残，长约 15.2 厘米（图二四九，1）。

　　铜戟　4 件。均为戟下部附件钩钜，与矛或戈组合为戟。器形相近，前端呈弯月钩形，后部为扁圆状。两件相对合用与矛组合为戟，标本 LZM2G：21、22，略残，长约 10.6 厘米（图二四九）。分别与矛组合为戟（图版九九，2），

　　铜鐏　A 型 2 件。均略残，器形略有差异。标本 LZM2G：34，鐏身呈粗圆筒状，残长 10 厘米（图二四八，3；图版九九，3）。标本 LZM2G：11，锋端呈菱形，尖锋，

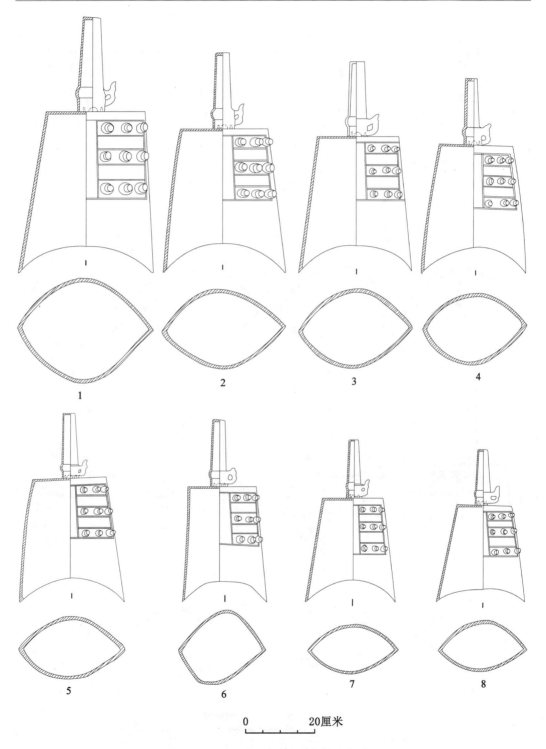

图二四三 LZM2 出土铜甬钟（甲组）

1~8. 铜甬钟（LZM2：53、101、102、54、56、105、55、89）

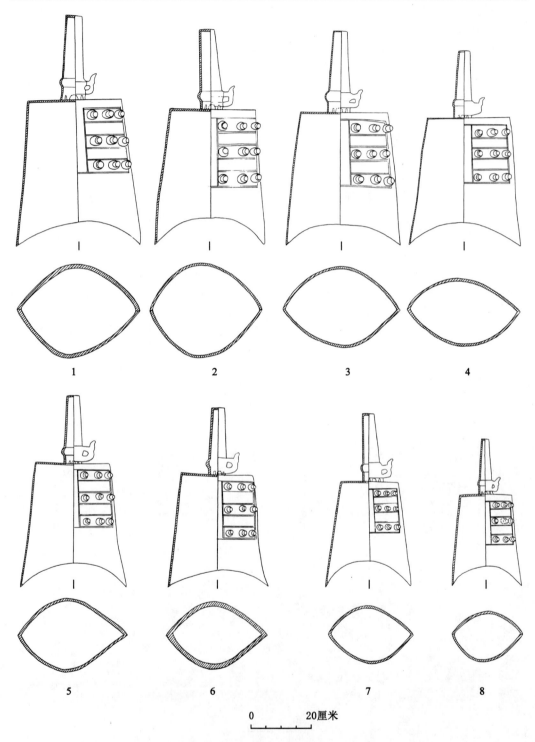

图二四四　LZM2 出土铜甬钟（乙组）

1~8. 铜甬钟（LZM2：94、99、96、97、95、92、91、103）

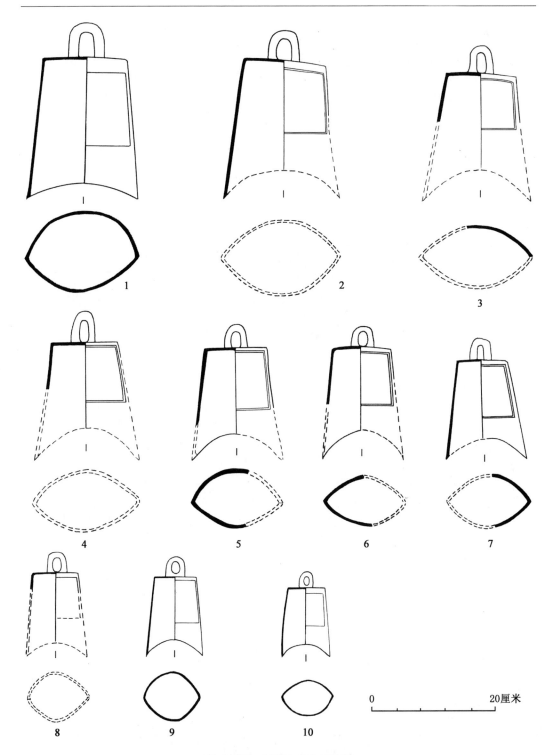

图二四五　LZM2 出土铜纽钟

1～10. 铜纽钟（LZM2G：18、2、7、4、3、1、9、10、8、35）

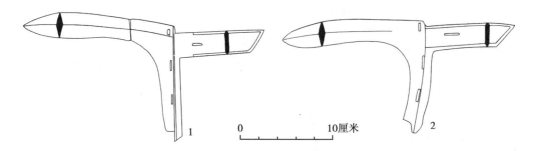

图二四六　LZM2 出土铜戈

1. 戈（LZM2G：13）　　2. 戈（LZM2G：14）

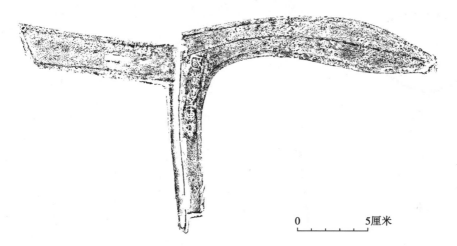

图二四七　LZM2 出土"国楚"铜戈（LZM2G：12）拓本

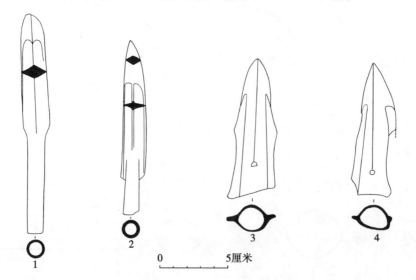

图二四八　LZM2 出土铜矛、殳

1. 矛（LZM2G：17）　2. 矛（LZM2G：15）　3. 殳（LZM2G：34）　4. 殳（LZM2G：11）

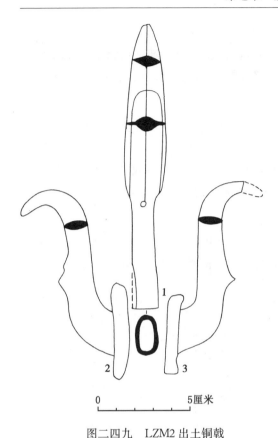

图二四九　LZM2 出土铜戟
（矛、钩钜组合）示意图

1. 矛（LZM2G：32）　2、3. 钩钜（LZM2G：22、21）

中间有圆孔钉，刃部有残。残长 9.5 厘米（图二四八，4）。殳或为戟刺，与戈组合为戟（图二五〇）。

铜镦　8 件，复原 6 件。5 件为平底，筒型，分两种。一种上部有一周凸棱，标本 LZM2XT：2，口径 3.3、底径 2.8、高 5.1 厘米。标本 LZM2XT：3，口径 2.9、底径 2.7、高 5.5 厘米（图二五一，1）。标本 LZM2XT：1，口径 2.8、底径 2.5、高 5.2 厘米（图二五一，3）。另一种上口无凸棱，标本 LZM2XT：4，口径 3.1、底径 2.6、高 4.2 厘米。标本 LZM2XT：6，底径 2.8、高 6 厘米。还有 1 件弧底，筒形。标本 LZM2XT：5，口径 3.2、最大底径 4、高 6.8 厘米（图二五一，2；图版九九，4）。

铜带钩　16 件。有两型。

A 型　5 件。钩部像鸟首。标本 LZM2X2：5，双眼圈，喙部有 2 孔，颈部有长羽毛饰。长 6.5 厘米（图二五二，1）。

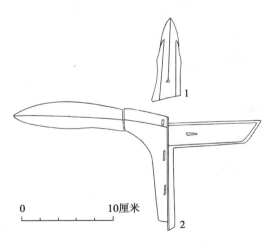

图二五〇　LZM2 出土铜戟（戈、殳组合）示意图

1. 殳（LZM2G：34）　2. 戈（LZM2G：13）

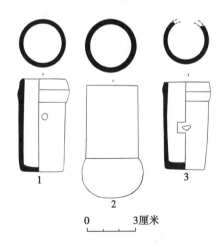

图二五一　LZM2 出土铜镦

1. LZM2XT：3　2. LZM2XT：1　3. LZM2XT：5

B型　11件。整体近似鸟形。标本LZM2X5：3，大眼圈，喙部有孔。长5.2厘米（图二五二，2）。标本LZM2X7：3，小眼圈，喙部有纹，颈部有长羽毛饰。长5.1厘米（图二五二，3）。标本LZM2X7：4，双眼圈，颈部有长羽毛饰。长5.1厘米（图二五二，4）。标本LZM2X9：9、10，长5.2厘米。

铜环　39件。均出土于陪葬坑内。标本LZM2X1：5，端面为圆形。直径3.5厘米。标本LZM2X1：7，端面略呈三角形。直径4厘米（图二五二，5）。

铜纽　4件。出土于墓葬填土中，附着于木质器物上，因器物腐朽后变形，器形不明，仅存器纽，每件器物有2纽，类似于器耳。标本LZM2DT：12，扁体，环首上有孔。长3.8厘米（图二五二，6）。

铜镴　8件。形体较小，均为管状，腰鼓形。这8件镴个体较小，分别出土于殉狗4的颈部和殉狗3的身处，用途应为犬颈部装饰的项圈。标本LZM2殉狗4：6，长1.9、腹径1.7～1.8、口径15厘米。

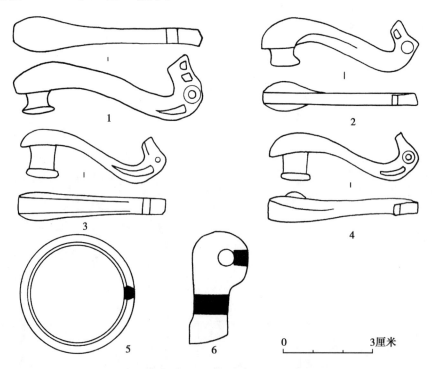

图二五二　LZM2出土铜带钩、纽、环

1. A型带钩（LZM2X2：5）　　2～4. B型铜带钩（LZM2X5：3、LZM2X7：3、LZM2X7：4）

5. 铜环（LZM2X1：7）　　6. 铜纽（LZM2DT：1）

3. 玉器、石器

28件。出土数量不多，主要有乐器和装饰品。

石磬　24件。根据出土情况可知为三组编磬，每组8件。有二组因落入陪葬坑内有残损，另一组出土时叠放捆扎在一起。石磬均为石灰石质，形制基本相同，大小厚薄各异（图版九六，3）。每组石磬均大小相次（附表一七）。磬通体磨光，大多表面光滑，个别的表面还留有磨制时的细擦痕。石磬上边呈倨句状，下边呈微弧形。倨孔单钻，有的钻孔背面有凿琢的痕迹。标本 LZM2：51-1～8（图二五三；图版九七，4）。标本LZM2：104-1～8（图二五四）。

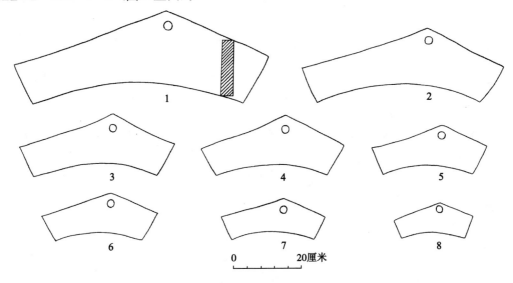

图二五三　LZM2 出土石磬

1～8. LZM2：51-8、7、6、5、4、3、2、1

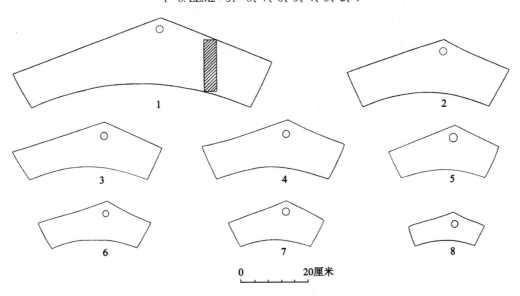

图二五四　LZM2 出土石磬

1～8. LZM2：104-8、7、6、5、4、3、2、1

玉璧　1件。青白玉，在中间大孔的周围，有9个小孔，呈不规则的排列。标本LZM2G：36，直径4.2、孔径0.9、厚0.2厘米（图二五五，1）。

玉耳坠　2件。青白玉，个体较小，表面抛光（图版一〇〇，1）。标本LZM2X9：23，直径1.9、孔径0.5、厚0.7厘米（图二五五，2）。

滑石环　1件。滑石质，表面磨光。标本LZM2X2：4，直径3.1、孔径1.5、厚0.5厘米（图二五五，3）。

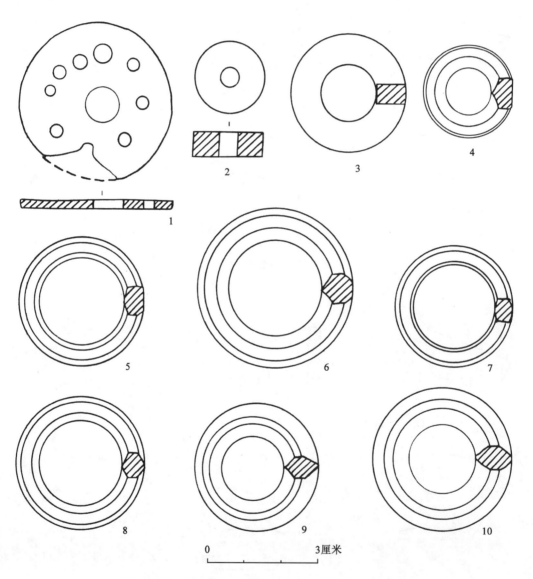

图二五五　LZM2出土玉璧、玉耳坠、滑石环、玛瑙瑗

1. 玉璧（LZM2G：36）　2. 玉耳坠（LZM2X9：23）　3. 滑石环（LZM2X2：4）　4～8. A型玛瑙瑗（LZM2X9：1、LZM2X5：1、LZM2X6：1、LZM2X4：1、LZM2X4：2）　9、10. C型玛瑙瑗（LZM2X9：2、LZM2×9：4）

4. 水晶、玛瑙器

30件。水晶器4件，玛瑙瑗26件。

水晶瑗　B型2件。环壁中间略厚，内缘外缘略薄。标本LZM2X9：8，直径4.2、孔径2.7、厚0.7厘米（图版一〇〇，2）。

水晶珠　2件。圆体，中间有孔，上下端外缘磨成斜面，断面呈八棱形。标本LZM2X2：12，直径1.5、厚0.9厘米。标本LZM2X6：2，直径1.05、厚0.9厘米。

玛瑙瑗　26件。

A型　10件。环内缘呈三角形，外缘较厚。标本LZM2X9：1，环壁较厚。直径2.5、孔径1.2、厚0.8厘米（图二五五，4）。标本LZM2X5：1，环壁较窄。直径3.5、孔径2.3、厚0.8厘米（图二五五，5）。标本LZM2X6：1，环壁较厚。直径3.3、孔径2.2、厚0.8厘米（图二五五，7；图版一〇〇，3）。标本LZM2X4：1，直径4.3、孔径2.5、厚0.6厘米（图二五五，6）。标本LZM2X4：2，直径3.6、孔径2.2、厚0.6厘米（图二五五，8）。

B型　16件。环壁中间厚，内外缘都较薄。标本LZM2X9：2，直径3.5、孔径1.7、厚0.6厘米（图二五五，9，图版一〇〇，5）。标本LZM2X9：4，直径3.8、孔径1.8、厚0.6厘米（图二五五，10，图版一〇〇，4）。

（六）车、车轮、车马器

LZM2在墓室内随葬了一批独辀马车，因年代久远木制的轮舆均已腐朽，只能根据遗留下来的痕迹进行清理复原。根据其朽迹共清理出车舆22辆，车轮46个（彩版二〇）。

1. 埋藏状况及发掘经过

这批车主要放置在椁室东西两侧二层台上，在塌陷的陪葬坑和椁室内也发现有陷落下来的车舆残痕，说明陪葬坑的上部和椁室上部的边缘也有放置的车舆。从发掘清理情况看，随葬的这批独辀车是将车轮拆下，下葬时轮、舆分开放置。车轮和车舆有的平放于二层台上，有的靠墓壁竖置，有些车轮和车舆相互叠压堆放在一起。由于盗掘和椁室、陪葬坑塌陷的破坏，这批车轮、车舆不像一般车马坑那样在发掘时有规律可循，特别是靠墓壁竖置的车舆，其上端的衡、轭与车舆的底部相距约3米多高，给发掘清理工作带来了极大的困难。

最早发现的车的遗迹是在墓室东侧靠近东壁处，在发掘墓室内的填土从墓口向下清理到约1.4米时，发现有朽木的痕迹，朽木长约1.6米，中间较粗两侧略细，并已朽为空洞状，表面有漆皮。在朽迹的两端并装有管状骨质装饰（15号车的车衡及骨质的衡首）。由于当时未能辨认出是车衡朽后的痕迹，只是作为一般木制的随葬品处理。在绘图清理时，发现处于中间较粗的空洞继续向下延伸，形成深达1米以上的空洞，估计与下面的器物有关，这一现象引起了注意。随后，在相邻北侧不远处又发现相同的朽木痕迹时（20 号车的衡）。由于木器腐朽后的空洞很难辨认出器形，决定在空洞中灌注石膏，待石膏凝固定型后再进行清理，以搞清器物形状。腐朽的空洞在灌注石膏后又恢复了原来的形状，经过仔细的剔剥，终于清理出了几乎完整的车衡形状，其细部结构也非常清晰，中间粗大的空洞处为衡和辀相连接处，其上用革带绑扎连接的痕迹非常清楚，衡的两端有圆帽状的骨质的衡末饰，在辀两侧的衡上各有两个半圆形的车轭，两车轭之间还有车軥的残痕和骨质的軥首饰，衡上还能看出清晰的革带缠绕的痕迹。同时发现石膏灌注的粗壮的车辀继续向下延伸，有可能与车舆相连。墓室内的这一重要发现并结合二号墓北侧发现的大型殉马坑，进一步确认二号墓室内可能随葬有很多辆马车。

　　在确认墓室内埋葬有马车之后，随即调整了发掘方案，对局部分层下挖改为全面控制平面，注意出土遗迹之间的分布范围及相互关系。由于二号墓处于断崖内侧的山坡上，墓室内经过夯打的填土非常干燥坚硬，墓室内随葬的车舆、车轮和竹木器腐朽后形成了许多的大大小小的空洞，多未淤塞，在清理发掘工作中灌注了大量的石膏。有些车轮、车舆相互叠压在一起，腐朽后的空洞也相互连通，有时需连续灌注石膏，其中在灌注 10 号车厢时因其与 11 号车厢及邻近的许多车轮相连通，仅灌注的石膏粉就达 80 公斤。采用灌注石膏后再进行清理的方法非常奏效，许多车舆、车轮以及辀、衡、轴等在灌注石膏后大多恢复原状，许多细部结构也非常清晰，有的车舆、车轮几乎成为完整的石膏原型标本。

　　经过 40 天的紧张工作，二号墓室内共清理出车 22 辆，车轮 46 个（附表一八、一九）。从清理的情况看，这批车辆是进入墓室后又拆下车轮埋葬的。所以，除拆去的车轮及个别部件如车害之外，其余部分仍基本保持原貌。车舆编号时仍按照整车统一编号，车轮则单独编号。埋葬时拆下车轮后，车辆并未按照一定的排列顺序埋葬，而是相互交叉放置，有的甚至相互叠压堆放在一起，致使放在东西二层台上的车轮、车舆遭到一定的破坏。虽然如此，仍可看出车舆、车轮的放置状况（图二五六）。

　　东二层台上的车轮、车舆由北而南大体上可分为四组。北起第一组位于墓室的东北角处，在陪葬坑后靠墓室北壁自东而西放置 4 个车轮，分别为 15、16、17、18 号，车轮的痕迹保存得比较好。在 17 号车轮南侧的 4 号车为南北放置，因车舆大部位于陪葬坑上部，陪葬坑塌陷后车舆大部遭到破坏，仅留下位于陪葬坑北部的车舆后部和陪葬坑东侧二层台上的辀的残部，以及衡、軥遗迹。第二组主要以车舆为主，最北侧的 13 号车在陪葬坑东侧，将车舆靠东壁竖着斜放于墓室东北角处，辀、衡已折断变形。12 号、14 号也将车舆底部靠与墓东壁上竖置，其衡、辀高悬。12 号车的衡、軥距二层台上的舆底约 3 米高。19 号、20 号车斜放于二层台上，其中 20 号车东西向放置，其车辀向上高昂，保存完好，用灌注石膏后资料最为完整。3 号车和 6 号车相互叠压在一起，6 号车平放于二层台与陪葬坑东北角上部，因陪葬坑坍塌，车舆大部被毁坏。3 号车则将

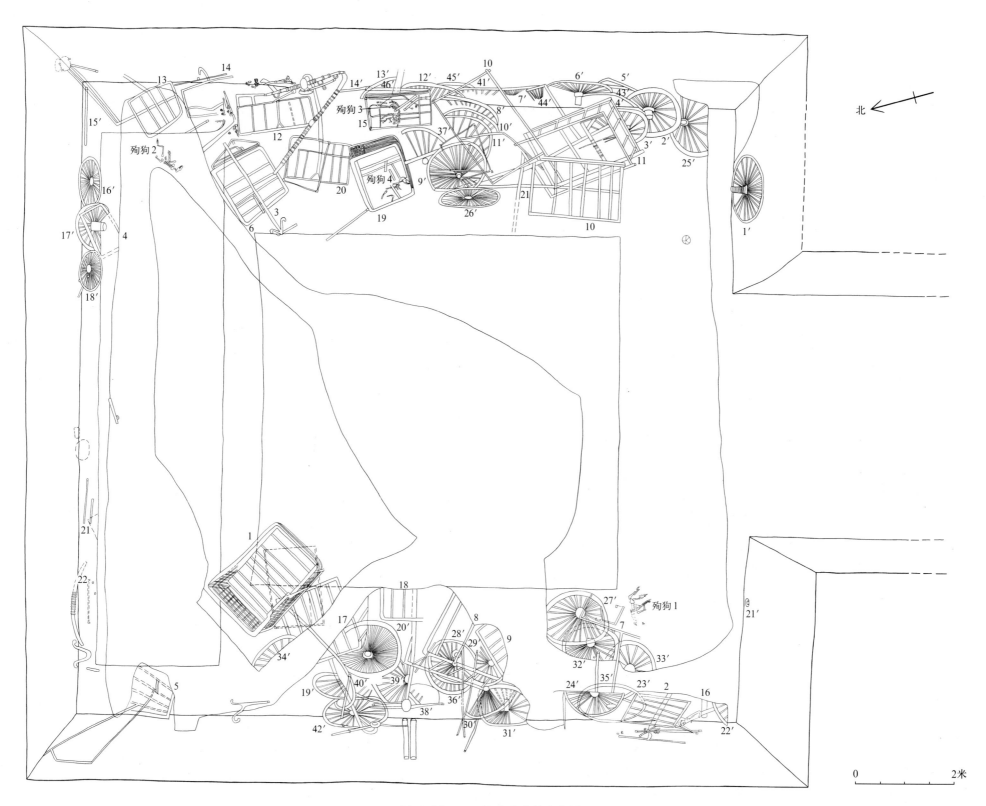

图二五六　LZM2 车和车轮分布图

1~22.车　1′~46′.车轮

车舆反扣于 6 号车及二层台之上，3 号车的辀部已被挤压得变形，辀的前部近平直，在辀前部绑扎的革带遗迹非常清楚。19 号车舆底部还发现有殉狗 1 只，狗的颈部还有铜串饰。第三组除 15 号车外主要放置车轮，15 号车也靠墓壁竖置，辀的上部已全部折断，车舆保存完好，是用石膏灌注的结构最清楚的车舆。本组共有车轮 13 个，从放置的情况看是先将 14、41、46 号车轮靠墓壁竖置，然后又依次把 13、12、45、7、8、10、11 号车轮由东向西排放，由于放置的逐渐倾斜，到西侧的 37、15、9、26 号车轮时，几乎是平放于二层台上。有些车轮被车舆或辀衡所叠压。第四组放置车 2 辆，车轮 8 个。2 辆车均为为长方形厢式大车。11 号车平放于二层台上，车身略向东侧倾斜。10 号车车厢底部和上部拆开放置，底部斜压于 11 号车车厢西侧之上，而车厢上部框架则放于底厢北侧，并叠压于第三组的车轮之上。这两辆车的车厢均为木质结构，腐朽后经灌注石膏后大致恢复原貌，其细部卯榫结构和四周的苇席以及底部铺设的细竹竿都灌注得非常清晰。车轮大多靠墓壁放置，8 个车轮仅 1 号车轮靠着墓室南壁放置，2、3、4、5、6、25、43 号车轮放于墓室东壁处，除 25 号车轮被盗扰破坏外，其余车轮遗迹大多保存完好。在随葬的车轮中以 1 号车轮保存得最好，用石膏灌注的车毂、夹辅也非常清楚。

放于墓室西侧二层台上的轮舆遭到的盗扰破坏比较严重，而且许多车舆、车轮相互叠压在一起。根据放置和保存的情况可大体分为三组，由南向北分别为五、六、七组。第五组位于墓室西南角处，受到的破坏最为严重，盗洞从墓道西侧沿南壁盗到墓室西南角，又从随葬的车轮、车舆中穿过，使许多轮、舆仅留下残迹。21 号车轮只留下压印在墓室壁上的车毂痕迹，23、24、32、33 号车轮分别遭到不同程度的破坏，只有 27、35 号车轮保存得较好，受到轻微的破坏。该组中的 3 辆车中 16 号车仅留下一角，7 号车西部被破坏，只有 2 号车保存得略好，2 号车靠墓室西壁竖着放置，盗洞从车舆外侧穿过，未遭到盗掘的直接破坏，但由于盗洞塌陷，车舆上部的车轮部分全部折断变形，只有舆底部分保存原貌，其余部位已不能复原。第六组放置的车舆、车轮最为集中，数量也比较多，盗洞从该组的南部和东北部穿过，车轮、车舆受到的破坏也比较严重。8、9、17、18 号车都遭到严重破坏，9 号车仅存一角，8 号车舆的东半部被盗洞打去，18 号车保留了车舆前部右侧的部分，舆前的辀、衡保存得较好。盗洞从 17 号车舆的中部穿过，其整体结构大体可复原。1 号车保存较好，除辀的中部被盗洞从中穿过遭到破坏可复原外，其余部分如舆、衡、轭、轴等遗迹均大体保存完好。该处放有 19、20、28、30、31、34、36、38、40、42 共 11 个车轮，除 34 号车轮被盗洞破坏的仅存一角外，大多车轮保存较好。这些车轮除少数靠墓壁放置外，其余大多平放于二层台上，有些并与车舆放在一起，相互叠压，其中在 1 号车舆附近放置的 20 号车轮其车辐多达 80 根，这在古代车轮中极为罕见。第七组位于墓室的西北角处，因受到盗掘和陪葬坑塌陷的严重破坏，仅残存 3 辆车的残迹，5 号车残留车舆一角，21、22 号车只有衡、轭残迹。

另外，在塌陷的椁室中和陪葬坑中也发现有车舆的残迹，有些可能因放置在靠近二层台的椁室上部因塌陷而遭到破坏，已无法辨清。考虑到这些因素墓室内随葬的车辆可能有 22～25 辆之多。

2. 车

二号墓室内随葬的这批车虽然藤木结构的轮舆均已腐朽，有些并遭受到不同程度的破坏，但许多轮舆腐朽后的遗迹保存较好，特别是经过灌注石膏后，许多轮舆的细部结构以及各部件之间相互的连接方式也都比较清楚。在此基础之上基本搞清楚了这批车的整体结构。在对这批车的复原工作中，对于整车遗迹保存较好的进行了复原，对埋葬时局部断裂，或因竖置或斜放引起的整体变形，或因盗掘、塌陷损坏的部分，则依据发掘的资料相互参照进行复原更正。对于因遭到破坏而复原依据不足的轮舆，不进行整体复原，而只介绍有关资料。关于这批车的具体结构，对保存较好并已进行了复原研究工作的 1、3、11、12、14、15、18、19、20 号共 9 辆车的资料进行了比较详细的介绍说明，对其他保存不好的只作简单的介绍，有关资料见表（附表一九）。由于这批车的车轮是卸下来单独放置的，因而与原车的从属关系已不明确，故将车轮的资料也单独介绍。

1 号车　位于墓室的西北部，辀、衡及车舆的大部在二层台上，车舆的左侧处于椁室西北角上部。因车舆的前部叠压于 17 号车舆的后侧从而使车舆略向西北倾斜。从清理的情况看，除车舆倾斜略有些变形，车舆的后门有些损坏外，车舆的整体遗迹大体保存完好，其细部结构也比较清楚（图二五七）。

辀通长 352 厘米，在舆前 65～120 厘米处被盗洞破坏，其余部位的遗迹保存完好。辀在前、后轸及舆下呈上平下圆状，宽 9、厚 6 厘米。在舆前距前轸 0.9 米处逐渐变为圆柱状，直径 6 厘米。辀的前端向上高昂并向后反卷，反卷的顶端即为轙。轙呈喇叭口状，似套合在辀上。轙高 10、径 12 厘米，下端衔衡。在轙与衡相连接的右侧有 1 件铜环，可能与衡固定在辀上的用途有关。辀在舆后出轸的部分为踵，踵长 4 厘米。

衡在轙下，长 152 厘米，中间较粗，为扁圆状，径 4～6 厘米。两端渐细，变为圆柱形，末端各套有 1 个骨管，为衡末饰，径 2.8～3 厘米。衡的两侧有半圆形的车轭，其中左侧的两个痕迹还比较清楚，外侧一个距衡末端约 19 厘米。衡的两侧还各有 1 车轭的痕迹，已经变形，大体呈人字形，轭首上饰有骨质轭首。在两个车轭的内侧轭肢上各有 1 个马蹄形的铜带扣，应与固定车轭的用途有关。

车舆略向右后倾斜，前部和右侧保存较好，其余部位根据遗迹可复原。舆为圆角横方形，舆广 172、进深 122 厘米。四周的车较高 48 厘米，结构相近，由较、立柱和轮格组成，舆后有宽约 50 厘米的敞口车门。

较由扁平木构成，宽 8、厚约 2 厘米，底面与轮格和轑柱相扣合，环绕车舆四周，在舆前中部内凹，使前较看起来像前置的"弓"形。内凹的部分长 75、内凹 8 厘米，

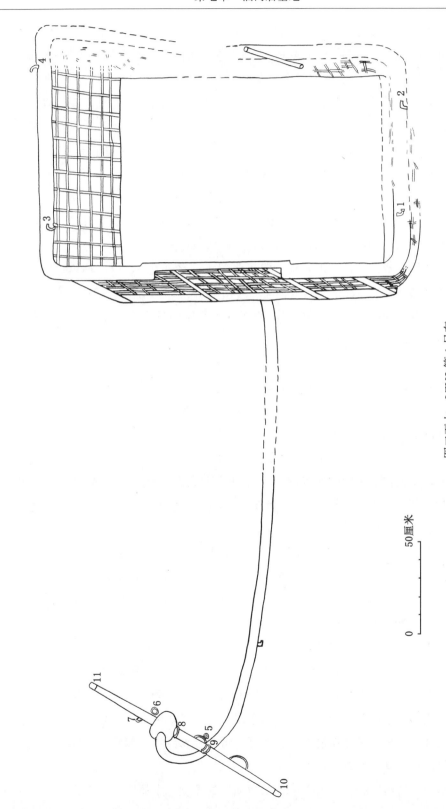

图二五七　LZM2 第 1 号车

1~4. 铜插座　5、7、9.铜带扣　6、8.铜环　10、11.骨衡末饰

50厘米

0

内凹的较由宽8厘米变为4厘米。因舆中未有横轼，前凹的部分可能为古人所说的"前轼"，作用同轼，便于人们乘车时抓扶。在车舆左右两侧的较上还发现4件铜插座，每侧2件，左侧相距5.4厘米，右侧位置略有移动相距8厘米。较的上面用白、绿两色彩绘。

在较下轮格的外侧共有立柱8根。位于车舆四角的4根可称角柱，在前较内凹的两侧有对称的2根。这6根立柱为扁原木状，径4×4.5厘米，其上下两端应出榫，分别插入下端的轸木和上端的较中。后车门的两端各有立柱1根，为圆木状，直径2厘米。这8根立柱也或称为辌柱，主要起支撑较和加固车轮的作用。

较下的轮格由直径粗1厘米的藤条横竖交叉编织成网格状，上下六排，每个轮格长约8、高6厘米左右。各轮格的左上角和右下角对称涂红色，在相对的右上角和左下角则在棕色的漆皮上用细红线绘出几何纹图案（图版一〇一，1）。

舆底由四轸构成圆角横方形，比一般车要宽大。轸木宽5、厚6厘米，轸内桃木7根，呈上平下圆状，宽4、厚3厘米。桃之间相距18～24厘米。四轸内侧有宽2.4、深0.8厘米的凹槽，内嵌用宽0.8、厚0.2厘米的革带编织的舆底。革带上下交错斜织人字纹，斜度在42～56°之间。

轴通长292厘米，呈两端细中间粗的圆柱状。中间粗径7厘米、两端细径4.8厘米。轴与左右轸之间垫有长方形伏兔，长33、宽11、厚6厘米。伏兔与轴顺放，上部较平承轸，下部略有半圆形的凹槽，正好衔轴。轴、伏兔、轸之间有用革带交叉缠绕绑扎的痕迹（图二五八、二五九）。

2号车　位于墓室西南角处，车舆侧置，轴的右端原应支于二层台上，舆底紧靠于墓室西壁上，辀衡位于车舆的北侧已残断。辀残长152厘米，在舆前57厘米残断，断面为扁圆状，宽7、厚5厘米，在前轸处最宽，宽9、厚4厘米，在舆下中部变为圆柱状，径5.5厘米，在后轸处宽6.6、厚4厘米。

车舆的下部有盗洞穿过，因盗洞塌陷，车舆上部遭到破坏，结构不明。从保存较好的车舆底部看，车舆为圆角横方形，舆广120、进深100厘米。轸木宽5.5、厚4厘米。四轸内有桃4根，相距约20厘米左右。桃木为上平下圆的扁圆状，上面宽3.6、厚2厘米。桃上有革带编织的舆底。

轴残长143厘米，两端残缺，左轸外长17厘米，右轸外长26厘米，直径5厘米。

3号车　位于椁室东北角以东的二层台上。由于其放置时舆底朝上反扣于6号车舆及二层台之上，车舆底部的轸、桃、轴、辀的结构比较清楚，而车轮及辌柱、轼却因倒置整体有些变形。个别部位的结构如左后车门、右后角柱因下部的陪葬坑塌陷造成一定的损坏，但从清理出的整体遗迹看，有些部位可相互参照进行复原。3号车在随葬的车中结构比较复杂，其上并有华丽的彩绘（图二六〇）。

由于车舆反扣舆底朝上，最上端为东西横置的车轴，发掘时先用石膏灌注后又进行

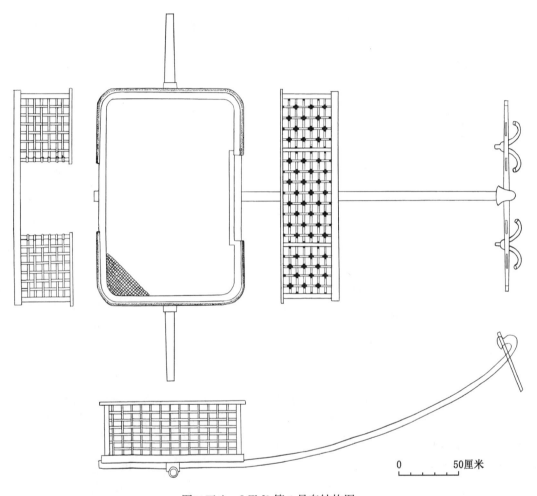

图二五八　LZM2 第 1 号车结构图

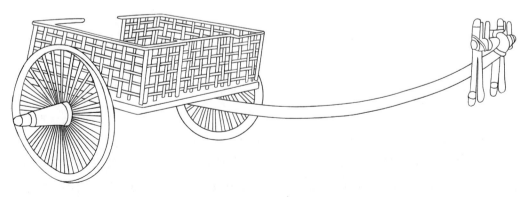

图二五九　LZM2 第 1 号车复原示意图

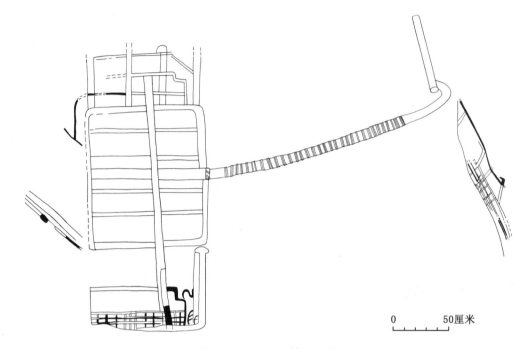

图二六〇　LZM2 第 3 号车

清理（图版一〇一，2）。从发掘的情况看在墓室填土夯打时轴的位置略有移动，轴在右
辁处与前辁相距 49 厘米，与后辁相距 61 厘米。在左辁处与前辁相距 45 厘米，与后辁
相距 65 厘米。轴中间较粗，径 8 厘米，出辁后两端渐细，最外端径 4.8 厘米。轴左端
在辁外长 55 厘米，右端略残，在辁外长约 50 厘米，复原后轴的长度在 234 厘米以上。

　　辀残长 330 厘米，顶端的轸和舆后的踵略残，其余部分遗迹保存较好。从舆前到衔
衡处大部经石膏灌注后又清理，整体结构比较清楚。辀的前端弧度较小，几乎近平，可
能因反置平放又经夯打有些变形。辀在前辁处为扁圆形，长径为 10 厘米，短径为 5 厘
米，出前辁后逐渐变为圆柱形，径为 5×5 厘米。辀与前辁相交处有用革带绑扎的痕迹，
革带系从辁木前后交叉绑扎，将两者绑为一体。从舆前 16～200 厘米处，辀上有缠绕的
革带，共有 29 组，每组 2 根并排缠绕，每根革带宽 0.8、厚 0.2 厘米，各组革带之间
相距约 2～35 厘米，用途不明，或起装饰、加固的作用（图二六一，1、2；图版一〇
二，1）。辀在舆前 230 厘米处向后反卷，反卷的轫首已残。

　　衡从中部折断，仅保留左侧的一段，残长 73 厘米。从清理的遗迹看衡为扁圆形，
中间长径为 7 厘米，短径为 3 厘米，复原后衡长约 164 厘米。轭的结构不明，軶可看出
大概形状，内侧距辀 54 厘米，軶軥向上弯曲 2 厘米、軥内宽 5 厘米。

　　舆底的四辁及底部的桄大多为石膏灌出，结构比较清楚。以舆底部计算舆广 124、

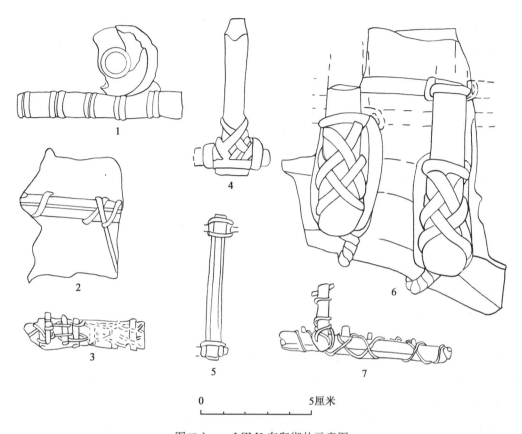

图二六一 LZM2 车舆绑扎示意图

1. 上为 12 号车角柱帽、下为 3 号车輠上的皮革带 2. 3 号车輠上的革带 3. 11 号车桄与竹竿 4. 12 号车輠、踵、后轸 5. 12 号车轵与轮条 6. 12 号车右后角柱与外侧辅柱的绑扎方式 7. 12 号车右后轸与门柱

进深 110 厘米。四轸构成的舆底为圆角长方形，内有桄木 5 根。轸木高 6、厚 4 厘米。桄木为扁圆状，长径 3.6、短径 3.4 厘米，两端插入轸木中，桄之间相距 22 厘米，外侧两桄至两轸之间相距为 19 厘米。中间的桄木与輠上下重合，輠在前后轸用革带绑扎时将桄也绑扎在一起，这一现象值得注意，因輠与轸绑扎时，皮革编制的舆底很难使革带穿过，而桄很容易使轸与輠绑扎在一起，并使前后轸更加牢固。

车舆四周由立柱、轵、轼、较、横轵、竖轵和下部的轮格构成。舆前有竖置的 4 根径粗 2～2.5 厘米的藤条和扁圆木一根。扁圆木处于舆前正中，径为 3×2.5 厘米，其下端近车轸处分为两小叉，插入车轸中，上部距车轸高 30 厘米处揉成斜折状向舆中斜折，在离车轼约 15 厘米处也分为两叉与轼相连接。这根扁圆状的木柱可能即为古文献中所称的"轵"，主要起支撑轼的作用。4 根竖置的藤条在轵的两侧对称排列，与轵、两前角柱及相互之间相距约 18 厘米左右，下侧绑扎于前轸的外侧，在与距前轸高 30 厘米处的横軨相交后，均向后斜折，至舆中与横轵相连接，并缠绕绑扎固定。

车舆的下部为横置的藤条和竖立的竹片交叉构成的轮格。轮格的横軨为 3 根径粗约 1 厘米藤条，距车轸分别高 5、10、15 厘米，环绕车舆，与前后角柱、侧柱、轵和后门柱绑扎连接固定。竖軨为高约 16 厘米的小竹片，按一定的间距将 3 根滕条穿插固定在四周的车轸上，构成上下三排网状的轮格，每格长约 6、高 3～4 厘米。

车舆的左右两侧或称左右輢，结构相同，上部为横置的两根径 2～2.5 厘米的藤条，缠绕固定于前后角柱、轵及后门柱上。上面一根在轵的位置最高处，向前斜折缚于前角柱上，向后从中间揉为低折，绑扎于后角柱上，构成为供乘车者抓扶的较。上数第二根滕条距车轸约 30 厘米，后部平行与后角柱连接，前部距前角柱 22 厘米处呈阶梯形下折，下侧与左右轸相连，前端揉成近 S 形与前角柱相连。从保存的遗迹看，由于藤条较粗，在与轵及角柱相交时，均采用细藤条或革带绑扎固定。下部的三排轮格结构与车舆前后相同。

轵由扁圆木制成，长径 4、短径 3 厘米，在舆的左右两侧为垂直状，距轸高 53 厘米处向舆中呈弧角内折。由于车舆反置，轵的上部朝下。从用石膏灌注的标本看，其具体形状包括转折处及与车轸、较的关系也可看得比较清楚（图版一〇一，3）。轵两侧下部位于轸及轮格外侧，上部位于上侧横軨和较的外侧，在与轸、较和横軨相交处采用细藤条或革带绑扎固定。轵在舆中部与舆前向后斜折的 4 根藤条和軶相连接，并用细藤条或革带缠绕绑扎固定。

舆的四角各有 1 个角柱，角柱为扁圆形，径为 6×3.6、高 51 厘米。角柱上侧还发现有角帽，角帽是扣合于角柱上的，角柱上侧为空心状。从灌注的石膏标本看，角帽呈半圆状弧顶，高 6、直径 12 厘米，内有中空的圆柱形的柄，插于角柱上侧（图版一〇二，1 上侧）。在车舆的左右两侧还有 2 个侧柱，侧柱也为扁圆形，高约 50 厘米，径为 3～4 厘米。侧柱位于轴的后部约 20 厘米处，从遗迹看应为绑扎固定于轸、较和左右轸木上。舆后有方形的车门，宽约 46 厘米（图二六二）。

4 号车　位于墓室东北角处，大体呈南北向斜置，因车舆大部处于陪葬坑上部，受到盗掘和陪葬坑坍塌双重破坏，仅残存折断的軶衡和车舆的后部。

軶在塌陷的陪葬坑东南角和东二层台上还留有遗迹，属于顶端与衡相交的一段，残长约 100 厘米左右，径 6 厘米，顶端的軥结构不明。衡的遗迹位于軶下，残长约 112 厘米，在軶东侧一半保存得较好，长约 72.5 厘米，中间间隔有 2 件带纽的铜环，末端还有圆管状的衡末饰。在軶西侧的一段衡上也发现有 2 件带纽的铜环，这 4 件带纽的铜环可能为 4 号车衡上的軛。在軶东侧的衡上还挂有一串由 18 枚铜锤组成的串饰。铜锤串饰与 3 号殉狗颈部带的锤串饰形状相同，但个体却比其大得多，虽然其北侧有 1 只殉狗，但应与殉狗无关。从锤的个体看，可能是悬挂在马颈部的装饰品。附近的 2 号殉狗

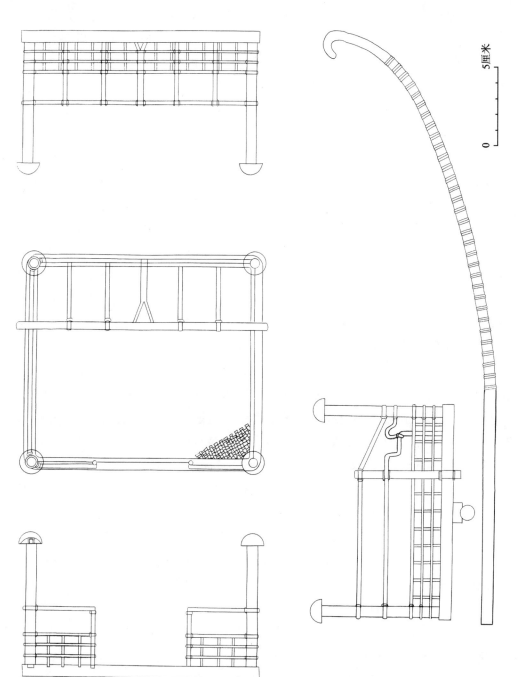

图二六二　LZM2 第 3 号车结构图

0　　　　　5厘米

也可能为 4 号车所有。4 号车舆仅存左后角的底部，为圆角方形，轸木宽 4.5 厘米，轸内残存桄木 1 根，距轸木 40 厘米，宽 4、厚 2.5 厘米。桄上有革带编织的舆底。

5 号车　侧置于墓室西北角处的二层台上，大部分被盗洞破坏，仅存车舆左后角的底部，左轸残长 86 厘米，后轸残长 75 厘米，左轸与后轸相交处近直角，后轸宽 6 厘米，左轸宽 4.5 厘米，从结构看左轸似插入后轸中。轸内桄木 4 根，宽 4、厚 2.5 厘米，位于辀的两侧，前端均已残断，最长 84 厘米，桄木相互之间及与辀相距不等，分别在 11～18 厘米之间，而左侧最外端的桄与左轸仅相距 5 厘米。辀残存舆下部分长度也为 84 厘米，直径 5 厘米。

6 号车　位于椁室东北角上部和 3 号车舆下的东二层台上，因盗掘和椁室坍塌而受到严重破坏。在 3 号车下残存车舆左前角舆底部分，前轸残长 78、右轸残长 64、轸宽 4.5 厘米。椁室内东北角处发现 6 号车舆右后轸、角柱和缠绕的藤条痕迹。该车舆的四轸为圆角方形，车轮则为藤木结构。在 3 号车的轴外端，用石膏注出残断的衡、轭，可能为 6 号车所属（图版一○二，2）。

7 号车　位于椁室西南角处的二层台上，车舆大部分遭盗掘破坏，残存辀、前轸和右轸的部分遗迹。辀在舆前残长 120 厘米，直径 5 厘米，前端不明。前轸残长 118、右轸残长 60、轸宽 4.5 厘米，两轸相交的右前角呈圆角。前轸后侧 23 厘米处在被盗扰的淤土中发现殉狗 1 只，编为 1 号殉狗，可能与 7 号车有关。

8 号车　位于西二层台中部，斜放于 9 号车及 28、38 号等车轮之上。车舆大部分被盗洞破坏，残存的西半部为直角的厢式结构。车厢长 186 厘米，残存最宽 130 厘米，通高 85 厘米，车厢西侧上下轸之间有 5 根立柱，南侧残存 1 根，立柱与上下轸相交为卯榫结构。车厢底部北侧留有 2 根桄木的遗迹，桄木为左右横置，其上铺有细竹竿的痕迹，竹竿的直径在 1～1.5 厘米之间。详细结构可参见同类车中保存较好的 11 号车。

9 号车　位于 8 号车南侧，其北部被 8 号车叠压。车舆大部遭盗扰破坏仅残留北侧的底部，东西残长 100、南北最宽 54 厘米。舆底轸框近直角方形，轸木宽 5 厘米，轸内有残断的桄木 4 根，桄宽 4 厘米，其上有革带编织的舆底朽迹。轸下桄之间还发现辀的遗迹。

10 号车　位于墓室东南角处的二层台上，车厢已分拆为两部分放置，上部的厢框放于靠近墓壁处，叠压于 10 号车及 8、10、12 号等车轮之上，车厢的底部与辀、轴仍为一体，放在靠近椁室一侧（图二六三；图版一○一，5）。

辀长 440 厘米，舆前长 230 厘米，在前轸及舆下呈扁圆形，长径 7.5、短径 4.5 厘米，距前轸 70 厘米逐渐变窄变粗，长径 6.5、短径 5.5 厘米，尾端踵已残。

衡长 150 厘米，位于辀顶端的上侧，扁圆木状，宽 6.5、厚 4 厘米，在辀的右侧衡下有腐朽的轭的痕迹，外端距衡末 36 厘米，呈半圆形，长 12、宽 6 厘米。辀的左侧衡下则有 1 件半圆形的小环纽，长 5、宽 4 厘米，外端距衡末 21 厘米。

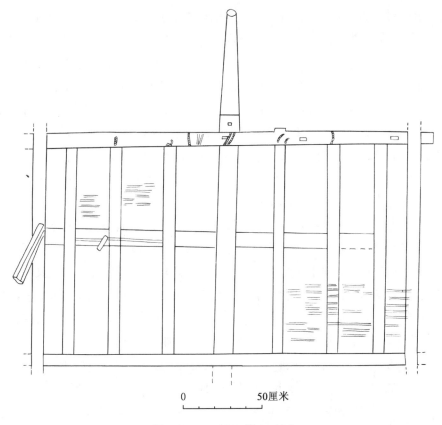

0　　　　　　　50厘米

图二六三　LZM2第10号车

　　车厢前后长210、左右宽130厘米，左右轸木通长230厘米，前端长出前轸13、后端长出后轸7厘米。轸木宽8、厚6厘米，右轸上面有用石膏灌出的5个长方形的榫口，长4、宽2厘米，榫口之间相距40～45厘米，由此可知右轸与右上框之间有5根立柱。在石膏灌注的前后轸木上也有榫口的痕迹，前轸上3个榫口，长3.2、宽1.6厘米，中间榫口位于前轸正中辀的上侧，其旁边还留有1根立柱的残迹，两侧榫口距轸木外端20厘米，后轸上的榫口位置与前轸相对应，可知车厢前后各有3根立柱。前后轸木之间有6根横置的桄木，相距20～28厘米，桄木宽7、厚6厘米，两端出榫插入轸木中，榫口长4.2、宽1.6厘米，桄与轸相交的各处还发现有绳索痕迹，用来捆扎加固桄和轸。在桄上还发现竹竿痕迹，竹竿单层排列铺设在桄木上，直径在1～1.5厘米之间。

　　放在墓壁处的车厢上部只有长方形的上框架，发掘中灌注石膏后几乎完全成为石膏标本，结构比较清楚。厢上框由方木条构成，尺寸与车厢底部相同，而结构与四轸略有不同，左右两侧的竖木条与左右轸长度相同，前后均长于车厢，前后的横木条比前后轸要长，两端各长出车厢 6 厘米，上框的四角采用半榫上下扣合的方法制成。

轴位于车厢底部正中，左轸外侧已残，厢底与右轸外侧保存完好，残长 250 厘米，车厢底部直径相同均为 9 厘米，出右轸外逐渐变细。轴在右轸外的形状用石膏灌注的非常清楚，在右轸外全长 68 厘米，直径由轸端的 9 厘米呈锥度逐渐变细，至轴的末端径粗变为 5 厘米（图版一〇一，4）。如果按照右轸外轴的长度复原，轴的总长度应为 266 厘米。在轴与轸木之间还发现伏兔的遗迹，伏兔为短方木形，长 40、宽 10、厚 6 厘米，顺轴放置，轴、伏兔和轸木有用绳索缠绕捆扎的痕迹（图版一〇二，3、4）。

11 号车　位于墓室东南角处的二层台上，由于腐朽后的空洞保存较好，在灌注石膏后整个车厢几乎恢复了原状，其细部结构包括榫卯结构都灌注得非常清楚，车的结构和尺寸也比较准确（图二六四；图版一〇三，1）。

车舆为直角长方形厢式结构，前后通长 210、左右宽 140、高 40 厘米。车厢均为木结构，由扁方木制成，车后无门（图版一〇三，2）。左右轸木长 210、宽、厚 4 厘米。前后轸木长 140 厘米。四轸采用半榫相扣合，左右两轸和前后两轸均相交叉扣合，四角呈"十"字交叉状，左右轸伸出厢体略长，为 12 厘米，前后轸伸出厢体略短，为 4 厘米。轸木和车厢的上框均凿出长方形透榫，车厢四周的立柱为方木状，两端留榫，上下插入轸木和上框中，立柱边长 3、高 28 厘米。立柱前后对称，各有 4 根，立柱之间相距 18 厘米。外侧的两根立柱未在厢角处，而距厢角 8 厘米。左右两侧的立柱也相对应，各有 6 根，立柱之间相距 26.8 厘米，外侧的两根距厢角 19 厘米（图版一〇三，3）。车轸之间有桄木 4 根，桄为横置的方木条，长 134、宽 3、厚 4 厘米，两端有榫，插入车厢两侧的轸木中。桄之上未见革或其他质地的厢底，仅铺设一层细竹竿，从用石膏灌注出的痕迹看，细竹竿单层排列，铺垫于桄木之上，竹竿较细，直径在 0.8～1.5 厘米，在与各桄相交处用细带绑扎固定（图二六一，3；图版一〇四，1）。车厢外侧还围有一层苇席，用石膏灌出的苇席痕迹贴附于车厢的轸木和立柱上，并留有细线绑扎的痕迹。苇席经长，纬窄，上下交叉，平行编织（图版一〇二，5）。

𫐄的顶端略残，衡、轭也遭破坏，但从衡、轭的遗迹及有关的铜环、铜带扣的位置可知𫐄的长度约在 440 厘米以上。𫐄径为扁圆形，在前轸处宽 10、厚 6 厘米，在舆下宽 8、厚 7 厘米，出后轸的踵长 10、径 8、厚 6 厘米。𫐄在与前后轸相交处上部为平面，用绳或革带将两者绑扎固定。𫐄在车厢的前部仍然较平直，可能因为车厢及𫐄平放于二层台上受压而变形，显得比较长，𫐄在车厢前长 275 厘米。

轴横置于车厢中部，长 270 厘米，为中间粗两端细的圆柱状，中间径为 7 厘米，车厢外长 65 厘米，并逐渐变细，两外端径 5 厘米。轴与车轸之间垫有小长方木，即伏兔，长 37、宽 10、厚 6 厘米。伏兔顺轴放置，大部在舆下，出轸 5 厘米，上平承轸，下面内凹部分衔轴，并用革带将轴、伏兔与车轸绑扎连接固定（图二六五、二六六）。

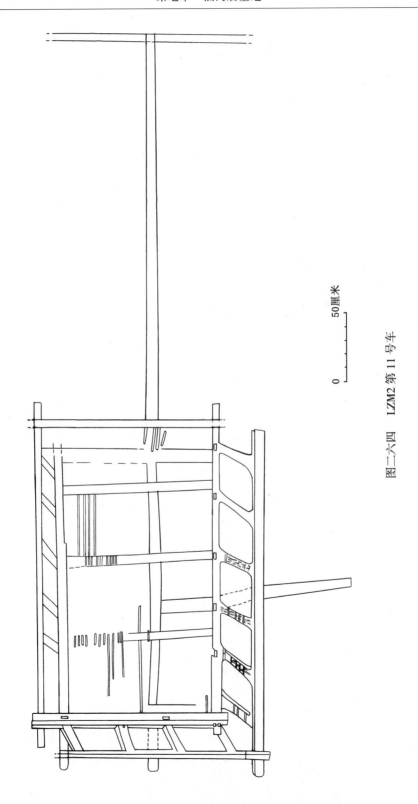

图二六四 LZM2 第 11 号车

0　　　　　50厘米

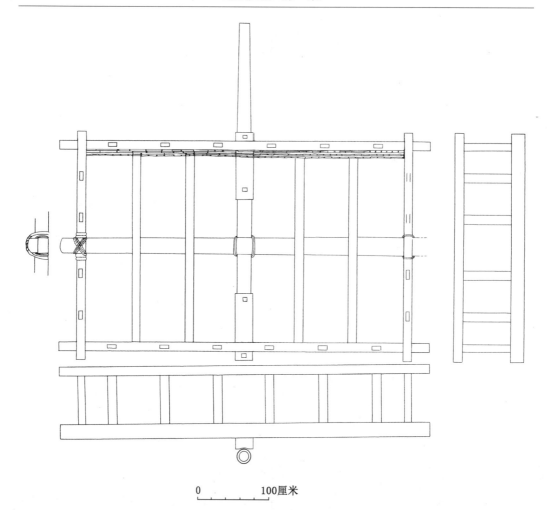

0   100厘米

图二六五　LZM2 第 11 号车结构图

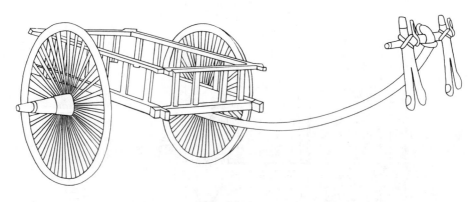

图二六六　LZM2 第 11 号车复原示意图

12 号车　位于东二层台 3 号车以东，车舆靠墓室东壁竖置，高悬的辀衡已折断，在墓上部发现的第三号辀衡遗迹即为 12 号车所属，车体遗迹大体保存完整（图二六七）。

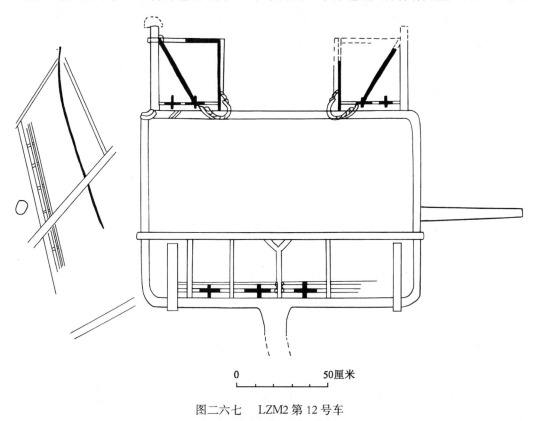

0 ———————— 50厘米

图二六七　　LZM2 第 12 号车

辀的前部折断，残长 172 厘米，舆前长 65 厘米。在与前轸相交处为扁圆状，宽 14、厚 5 厘米，出前轸后逐渐变圆，距前轸 40 厘米处成圆柱形，径 8 厘米。辀在舆下的部分为扁圆形，长径为 10、短径为 8 厘米。辀后踵长约 2 厘米，外径变为5～6 厘米。辀与轸采用革带捆扎，后轸与踵的绑扎痕迹用石膏灌注后非常清楚，革带拧成分股的绳状交叉捆扎（图二六一，4；图版一〇四，2、3）。衡已残，从清理出的痕迹看残为数段，较完整的两段分别长 62、54 厘米。较长的一段衡的腐朽痕迹末端装有骨管状的衡末饰，中间一段上还留有铜环 2 件和铜带扣 2 件，在遗迹周围还发现骨质軎首和铜带扣。

车舆为圆角横方形，舆广 146、进深 114 厘米。由于竖置，舆的前部结构比较清楚，主要由前角柱、侧柱、轭、4 根竖轵、1 根横轵和下部的双排轵网格构成。中间的轭由近似六面体的扁方木制成，宽 3.4、厚 3.2 厘米，下端插入前轸中，在距前轸 33 厘米处与横轵相交后向舆后斜折。在与轵相距约 15 厘米处分出两叉，两叉外端相距 15 厘米，叉长 18 厘米。轭与横轵相交处用革带绑扎固定（图二六一，5）。轭两侧 4 根竖轵为竖置的藤条，径 1.4 厘米，下端缚于前轸上，中间与横轵相接处采用宽 1、厚 0.3

厘米的革带或细藤条绑扎固定，并向舆后斜折，上端与轼绑扎固定。舆前两端各有 1 根角柱，扁圆状，径 4.8～6.4 厘米，上端有圆形的角帽，结构与 3 号车角帽相同，高 6、径 12 厘米，下端插入轸木中，角柱通高 60 厘米。在两前角柱内侧 15 厘米处还各有 1 根圆形立柱，直径 5、高 60 厘米，其下端位于前轸前，并用革带将其缚扎固定于前轸上，中间与横轵连接固定。舆前主要的横轵为径 1.6 厘米的藤条，距前轸高 33 厘米，两端缠绕于前角柱上并打结固定，中间与轵、侧柱和 4 根竖轵相交时用细藤条或革带绑扎固定。车舆下部有两排轵格，由横轵竖轵交叉构成，高 15 厘米。横轵为 2 根径约 1.2 厘米藤条，距车轸分别高约 5、10 厘米，与前角柱、侧柱、轵柱绑扎连接固定。竖轵为高约 16 厘米的小竹片，宽 0.8、厚 0.3 厘米，按一定的间距将 2 根横轵穿插固定在四周的车轸上，构成上下两排轵格，每格长约 11、高 3～4 厘米。

车舆左右两侧的结构相同，并与 3 号车的结构相近。两端为前后角柱，中间为轼，上部有 2 根横轵，下部为两排轵格。轵格结构与舆前由相同，有横轵、竖轵交叉构成。后角柱结构与前角柱相同，上有角帽，下端插入轸木中，通高 60 厘米。在后角柱的外侧有 2 根径约 1.5 厘米辅柱，用革带与角柱绑扎连接固定（图二六一，6），辅柱应具有加固角柱和固定下部 2 根横轵的作用。

轼位于车舆的中部偏前的位置，距前角柱约 30 厘米。断面为扁圆状，长径 4、短径 3 厘米。在舆两侧通高 59 厘米，距轸高 50 厘米处大体呈直角内折。轼在车轸及横轵的外侧，下部与轸木用革带绑扎固定，上部与较、横轵连接固定。

舆上部的 2 根横轵均由径 2 厘米的藤条构成，最上面的应为较，两端与前后角柱连接，中间与轼相连。较呈两端低中间高，前段缠绕固定于前角柱上，高 36 厘米，中间与轼相交处位置最高，缚于轼折角处，高 50 厘米，在轼后略下斜与后角柱相连，高 40 厘米。较下的横轵与轸平行高度相同，距轸高 35 厘米，前端与固定于前角柱的舆前横轵相连，后端打结固定于后角柱上，中间用革带与轼绑扎固定。车舆下部的两排轵格与舆前相连，结构相同。

由于车舆竖置舆后部被叠压，在清理起取轼及车舆前部标本后又单独清理车舆后部。车舆的后部中间有宽 66 厘米的方形缺口，应是敞口车门的位置，门两侧的结构相同，用石膏灌注后细部结构也比较清楚，左侧上部受到一定的破坏，右侧保存得较好（图版一〇五，1）。以舆后右侧说明结构。轵高 40 厘米，上端有 1 根横轵与绑扎于后角柱的较相连，其为同一根藤条，在与距右后角柱 38 厘米处呈 90°直角下折，与后车轸相连。角柱外侧有 1 根径 2 厘米的辅柱，高约 50 厘米，下端伸出后轸外，上端与横轵齐平，两者缚扎固定在一起，构成右后门柱。下部的两根横轵缠绕后角柱后又与门柱连接，并用革带缚扎固定在一起，中间用 2 根小竹片穿插固定于车轸上，并构成双排轵格。轵格的横轵从后角柱外侧环绕，位于后角柱外侧与辅柱之间，角柱与辅柱将从角柱外侧环绕的横轸夹住，并用革带或细藤条将横轸、角柱和辅柱捆扎固定在一起（图版一〇四，4）。在后轸的中部还有1根斜拉的藤条，这根藤条与车舆右侧较下的横轸实为一体，横轸在后角柱上打结固定后在舆后先向上斜拉，在距角柱4厘米处与上部的横轸相接并用革带将两者缠绕固定，然后又将其向下斜拉至后轸上（内角呈33°），距后角柱14厘米。该横轸在用绳索固定后又沿轸木与门柱相连，底部用径0.8厘米的细绳与门柱、后轸打结缚扎，起加固后车轸和门柱的作用（图二六一，7）。车门两侧轸格的2个小竖轸及左右两侧中间的横轸涂有红色，构成高5、宽12厘米的红"十"字形装饰。

车舆的底部经石膏灌出后结构也比较清楚。四轸构成的舆底框四角略呈圆角状，轸木宽5、厚4厘米，内侧的2厘米略有凹槽，槽的表面留有革带编织的痕迹。革带宽1.4、厚02厘米，大体呈45°状编织成"人"字形。轸内有桄木6根，轸两侧的4根上面较平，下部为半圆形，宽3.2、厚3厘米。外侧近轸的两根为扁方木状，宽3.6、厚2.4厘米，与轸相距15厘米，在舆前与侧柱相对应，两者及前轸用革带捆扎固定在一起，从结构上看，这两根桄与另外4根有所不同，应为后来和绑扎固定前侧柱并加固车轸而增设的。

轴在舆的底部位置略偏前，距前轸48、离后轸59厘米，形状为中间粗两端细。中间径为8厘米，从轸木外40厘米处开始两端逐渐变细，最外端的径为4厘米。轴在舆底部分还缚有革带，可能与加固有关（图版一〇二，6）。轴与轸之间垫有伏兔，伏兔长30、宽10、厚约4厘米，在舆底内侧20厘米，伸出轸外5厘米。轴与辀之间还铺有当兔，形近长方形，长20、宽9、厚3厘米。伏兔与轸及轴，当兔与轴及辀均采用革带捆扎固定。此外，在舆底下还发现有附加的斜木条2根，直径为1.4厘米，用革带与轸和桄绑扎并斜伸于轴后，在轸外约6厘米处向上弯折，上部已残，可能作为放置器物（如兵器）的支架（图二六八）。

13号车 位于墓室东北角处陪葬坑东侧二层台上，南侧与14号车相邻，车舆紧靠墓壁竖置，遭到盗扰和陪葬坑塌陷后车舆及辀衡受到严重的破坏。

辀残长240厘米，上部已残断，在舆前残长142厘米，舆后长4厘米。辀在舆下和前轸处呈扁圆状，宽6.5、厚5厘米，在舆前60厘米处开始变圆，径约5厘米。辀尾出后轸4厘米，应为踵，踵的外端呈圆柱状，直径5厘米。车舆仅存底部，前后轸长108、左右轸长94厘米，四轸构成的舆底边框为圆角横方形。轸木的上侧为平面，下部为圆角弧形，宽4、厚3.5厘米。轸内只有2根桄木，断面为上平下圆状，宽3、厚2.5、轴长188、直径5厘米。

14号车 位于12、13号车之间，靠墓室东壁竖置，发掘中全车整体未见髹漆现象，而腐朽的遗迹上明显的涂有黑色，有可能为文献记载中的墨车，该车在清理之初遗迹较为完整，因时逢雨季，高悬的辀横因雨水过大而塌陷，舆前部的遗迹也遭到一定程

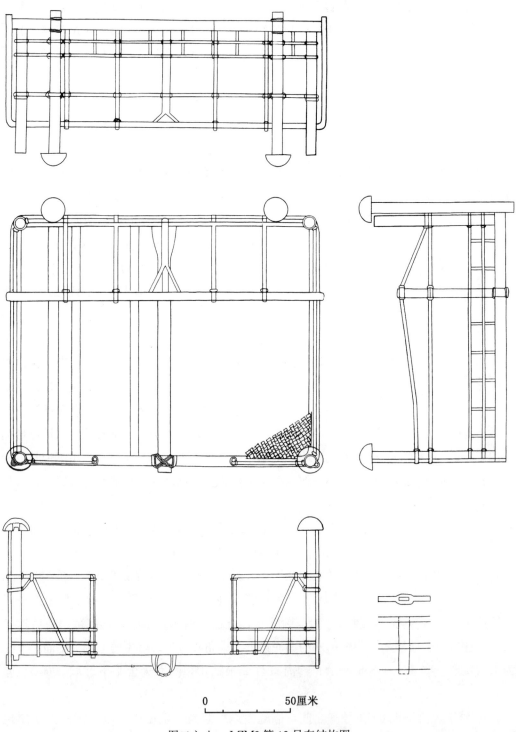

0　　　　　　50厘米

图二六八　　LZM2 第 12 号车结构图

度的破坏，其余部分保存较好，根据照片和原清理时的纪录，辀的长度和舆的大体结构尚可部分复原（图二六九）。

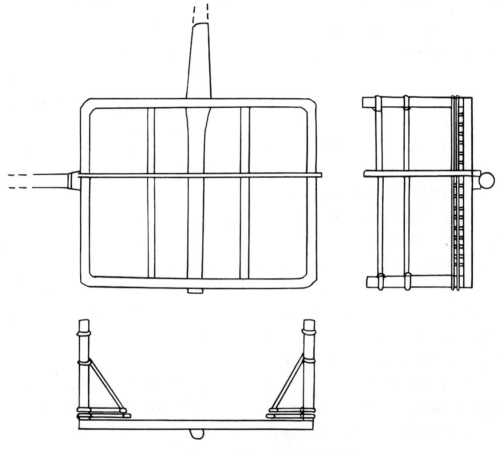

图二六九　LZM2 第 14 号车复原示意图

辀残长 276 厘米，从前部向后反卷处的顶端略残。辀在前轸处断面为扁平状，宽 9、厚约 3.5 厘米，从轸前 35 厘米处逐渐变为圆柱状，直径 5 厘米。在舆底大体为扁圆形，径为 4～6 厘米。辀在轸后长 2 厘米，为踵，呈圆柱状，径为 4 厘米。辀与前后轸用革带捆扎，革带宽 2、厚 0.8 厘米。衡位于辀反卷的顶端下侧，最初清理时遗迹尚存，后因雨水破坏结构不明。

车舆为圆角横方形，舆广 107、进深 82 厘米，是最小的车舆。车舆前侧上部遗迹已破坏，左右两侧的后半部分及车舆后部结构较清楚。车舆左右两侧最上部的较由径 1.2 厘米的藤条构成，14 号车的较与同类车的较前后呈弯曲或斜折状不同，前后为平直状，两端捆扎在舆前后角柱上，中间与轼连接加固。较下有根横軨也为藤条，径 1.2 厘米，与较相距 12 厘米呈平行状，与前后角柱及轼连接捆扎，在后角柱又与后軨相连。

车舆下端有两排轮格，高6厘米，由横轮竖轮交叉构成。横轮为2根径约1厘米藤条，距车轸分别高约3厘米和6厘米，与前角柱、轼和后角柱连接固定。竖轮为高约7厘米小竹片，宽0.5、厚0.2厘米，按一定间距将2根横轮穿插固定在车轸上，构成上下两排轮格，每格长约4、高约2厘米，轮格在前后角柱外侧环绕相连。车舆四角各有1个扁圆状角柱，径4.5～5厘米，前角柱上部略残，后角柱遗迹完整，高43.5厘米。

轼位于车舆中部偏前的位置，距前角柱36厘米，在舆中横置的部位已残，左右侧在车轸及轸外，下端长于轸木，用革带与轸木绑扎固定，革带宽1.8、厚0.4厘米。

车舆的后部中间留有倒梯形的空缺，应为敞口车门的位置，上口宽96、下口宽64厘米。车门左右两侧车轮的结构相同，捆扎于后角柱上车舆两侧较下的横轮向内向下斜折，在距后角柱16厘米固定于后轸上，底部的两排轮格在从后角柱外侧环绕并与之相连，组成两个呈直角三角形的左右后车轮。

舆下四轸构成的边框为圆角横方形，轸木宽4、厚3.5厘米，轸之间有桄2根，外距轸27厘米，桄为上平下圆状，宽3、厚2.5厘米，两端出榫入轸。四轸之间有革带编织舆底，革带宽2、厚0.2厘米，呈45°斜织。

轴残长143厘米，大体位于车舆底部中间偏前的位置，距前轸36厘米，在舆底为圆柱状，直径为6厘米，两端略残，在车舆左侧长24、右侧残长12厘米。轴与轸相交处之间垫有伏兔，长方木状，长22、宽8、厚4厘米，顺轴放置，大部在轸下，轸外仅5厘米。轴、轸、伏兔之间用革带绑扎。

15号车　位于东二层台中部靠墓壁竖置，辀的上部及衡、轭已残断，发掘时最早发现的衡、轭结构即为15号车所属，车的其他部分保存完好。该车是清理发掘中灌注石膏效果最好的一例，腐朽的空洞注入石膏后，车舆几乎完全变成完整的石膏模型，整个车舆除因竖置后个别部位略有变形外，其细部结构及其各部位之间的连接方式也大多比较清楚，据此复原的15号车的结构和尺寸都比较准确（图二七○；彩版二一）。

辀已残断，残长229厘米。舆前长约100厘米，为扁圆状，上部近平，两侧及底部近圆弧形，最宽在前轸处宽16、厚6厘米。出前轸后逐渐变窄，在轸前100厘米处宽10厘米（图版一○四，5）。在舆下也由前轸最宽处逐渐向后变窄，由扁圆形变为圆柱状，在前轸内侧宽16厘米，至轴端宽8厘米，在后轸处变为圆柱状，径为6厘米，舆后出轸为踵，踵长3、径4.5厘米。辀与前后轸之间有用皮革带捆扎的痕迹，后轸、辀及踵处革带捆扎的遗迹比较清楚，革带宽1.4～2.5、厚0.2～0.3厘米，横竖交叉捆扎（图二七一，1；图版一○六，1、2）。另外还发现在轭与轸、辀相交处有绳索捆扎的痕迹，绳径约0.5厘米。

衡的长度在160厘米左右，轭的具体结构不明，在腐朽的衡轭遗迹处发现骨质轭首、衡末饰和铜环、铜带扣等车器。

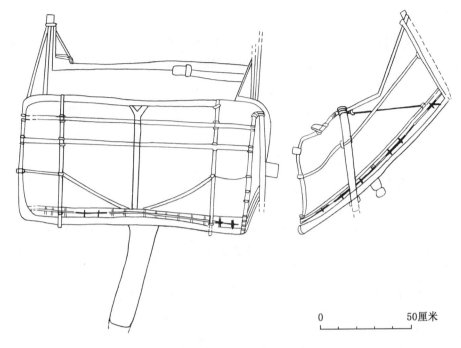

0　　　　　　　　50厘米

图二七〇　LZM2第15号车

　　车舆为圆角横方形，舆广120、进深108厘米。车舆前部的结构与其他车不同，在轭的两侧只有4根径2厘米的藤条组成的竖轮，而舆前两侧未见前角柱或侧柱。轭位于舆前中间，扁圆体状，宽3.3、厚2.8厘米，中间呈钝角斜折状，下部近直，插入前轸中部，在距前轸高36厘米处向舆后斜折，距轵16厘米处又分为两叉并分别与轵相连。轭与上下的两根横轮条相连（图版一〇六，3），中间还悬挂有腐朽的藤木质料的物件，从石膏灌注的器形看，用直径1.6厘米的藤条或木条弯曲成双钩状，可能是舆前用来悬挂弓箭的承弓器。舆前轭左右两侧的4根竖轮由径1.6厘米的藤条构成，内侧的两根与轭各相距45厘米，外侧2根位于车舆两端一般左右前角柱的位置，4根竖轮的下端均长于轸木，并用细藤条和革带与轸木绑扎在一起，在距轸高34.5厘米与一横轮相交后于36厘米处都向后斜折，内侧的2根上段与轵相连接并缠绕打结固定，外侧在左右前角柱位置的2根与轵打结捆扎固定后又继续向后延伸，成为两侧的较。

　　舆前部共有3根横轮，最下端的由径粗1.4厘米的藤条横置构成，在舆前中部呈V形，中间最低并与轭和前轸绑扎在一起，然后两边向上斜拉至轭两侧的竖轮上，在距轸高34.5厘米处打结固定后又变为平行状与外侧的2根竖轮相连接。轵前的2根横轮与其他车不同，呈扁带形，宽3.6、厚0.8厘米，从腐朽的痕迹看可能为皮革，两轮相距16厘米，最上端的1根与轵相距12厘米，两端与两侧的竖轮用细革带捆扎（图二七一，2、3；图版一〇六，4）。

　　车舆下部为两排网状的轮格，结构与 12、14 号车相同，横轮为 2 根径 1.2 厘米的藤条环绕车舆四周，与轭、竖轮、后角柱及舆后斜轮捆扎连接（图二七一，4）。横轮之间用宽 1、厚 0.4、高 7 厘米的短竹片作为竖轮，将藤条质横轮的穿插固定在轸木上，构成上下双排网状长方形轮格，每个轮格长 10、宽 3 厘米，上下相对。轮格之间还相间还绘有红色"十"字形的装饰。其做法是将作为小竖轮的竹片和中间横轮左右两侧各 5 厘米的部位涂上红彩，形成高 6、宽 10 厘米的红十字，并按一定的顺序排列，舆前正中轭下为单个红十字，两侧各空单数后又绘双十字形红彩，两侧类推。

　　轼基本上被石膏完整的灌注出，结构、尺寸比较准确。位于车舆的中部偏前的位置，距前轸 32 厘米。扁圆体状，宽 4、厚 2.5 厘米。上部在舆中平行，两侧呈弧形下折，下折部分紧靠车舆两侧。由于车舆竖置，轼以前的部分略向后移，使得轼也变形上部向后倾斜。轼在舆中高 46 厘米，两侧下折部分长 62 厘米，轼的中部与舆前的轭及竖轮连接捆扎，两侧与较、横轮、底部的轮格和轸木连接捆扎固定。

　　车舆左右两侧结构相同，最上端的横轮为较，由径 2 厘米藤条构成，前端与在前角柱位置的竖轮相连，中间与轼缠绕打结的固定后又与后角柱相连接，在轼与后角柱之间又揉成向下斜折弯曲状。较上涂红彩，并用黑色细线绘出三角回纹状几何纹图案。较下的横轮为径 2 厘米的藤条，距轸高 34.5 厘米为平行状，前端与在车舆前部呈 V 的藤条相连，后部与后角柱缠绕打结固定，中间与轼和斜轮相连。车舆下部仍为双排轮格，结构与舆前相同。另外，在轼与后角柱之间有 1 根斜轮，前端绑扎于轼的上部转折处，然

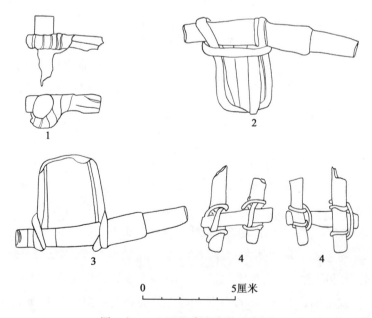

0　　　　　　　　　　5厘米

图二七一　LZM2 车舆绑扎示意图

1.15 号车踵与后轸　2、3.15 号车轼前横轮的绑扎方式　4.15 号车轮条绑扎方式

后向后向下斜拉至后角柱最下端与轸木相交处并绑扎固定，斜拉的藤条呈三角形，中间与较下的横较相交时用革带捆扎连接，使车舆的左右两侧更加牢固。与其他的车舆不同，15 号车只有后角柱而没有前角柱，后角柱为扁圆形，径 2.8～4 厘米，高 46 厘米，下端应有榫插入轸木中。

车舆的后部中间留有敞口车门，门两侧为结构相同左右对称的三角形的后轼。后轼以后角柱为支点，车舆左右两侧最上端的较在后角柱上部缠绕打结后又转至舆后向下斜拉到后轸上并打结固定，形成直角三角形的后轼。车舆底部的两排较格从后角柱外侧缠绕并打结固定与斜拉的较相连。后轼下部的较格只有 1 根竖较构成底部的两排 4 个网格，竖较及中间左右两侧 5 厘米的横较上涂有红色，使左右后轼的底部各有一个醒目的红十字。后角柱外侧还有一根辅柱，从角柱外侧夹住缠绕角柱的上下横较，并用细藤条或革带将其与角柱捆扎固定在一起。辅柱为藤木制成，径 1.4、长约 60 厘米，下端在轸木外侧，用细藤条与轸木捆扎在一起（图二七一，2；图版一〇四，6）。舆后部为敞口车门，上口与两后角柱之间同宽为 126 厘米，下口宽 94 厘米。

舆底四轸构成的边框为圆角状，轸木宽 4.5、厚 4 厘米。四轸内有桄木 4 根，均为上平下圆状，上宽 4、厚 3 厘米，两端似出榫插入轸中。桄木间距不同，外侧 2 根距轸木 12～16 厘米，距内侧 22 厘米，辀两侧的桄相距最远为 36 厘米。四轸内侧留有宽 1.4、深 0.8 厘米的凹槽，凹槽用来嵌置革底，从用石膏灌注的遗迹看，革底用革带编织而成，革带宽 1.8、厚 0.8 厘米，斜编成"人"形。

在车舆右侧还发现有侧柱和斜杆的遗迹，侧柱位于后角柱前 11 厘米处，高约 26 厘米，为扁圆状，径 1.6～2.8 厘米，底部弯于轸木和桄木下并与其绑扎固定，斜杆下部位于紧靠轸木的轴端，圆木状，径 1.8 厘米，侧柱的上部与从轴端伸过来的斜杆相交，构成斜三角状的支架，可能与悬挂器物如兵器有关。

轴位于车舆的底部中间略偏前的位置，距前轸 46 厘米，距后轸 56 厘米，中间粗两端渐细，通长 238 厘米，舆外长 56 厘米。轴在舆底径 6 厘米，出舆外两端逐渐变细，末端径 4.5 厘米。轴与左右轸之间垫有伏兔，伏兔长 31、宽 8、厚 4.6 厘米，伏兔与轸、轴之间用宽 8、厚 0.2 厘米的革带捆扎（图二七二）。

16 号车　位于墓室西南角处 2 号车与 22 号车轮之间，车舆及辀的大部已被盗洞破坏，仅残存靠墓壁的衡及辀上部，也已变形。

17 号车　位于椁室西北角西侧的二层台上，有一盗洞从车舆中部斜穿过而，使车舆的右前部和左后部遭到严重破坏，同时车舆后部被 1 号车叠压，左前角又叠压于 20 号车轮之上，有些腐朽的痕迹混杂在一起，也给发掘工作带来一定的困难。根据发掘资料车舆残缺破坏的部分可依据保存较好的左前部分、右后部分、左前角柱、轼、右后角柱、轸和桄以及舆底的结构可将该车大体复原（图二七三）。

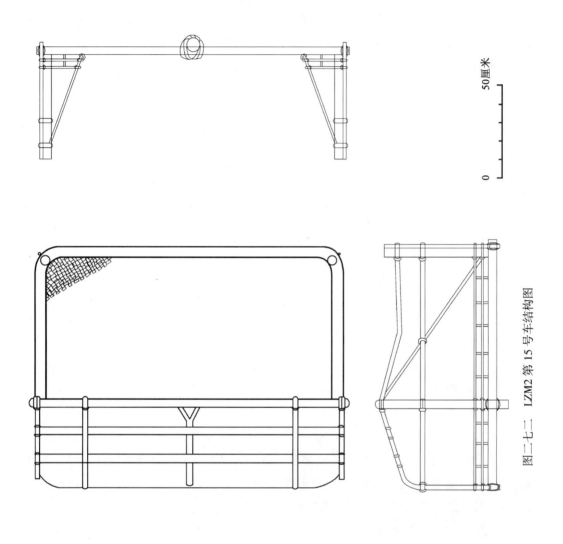

50厘米

0

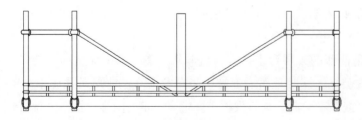

图二七二　LZM2 第 15 号车结构图

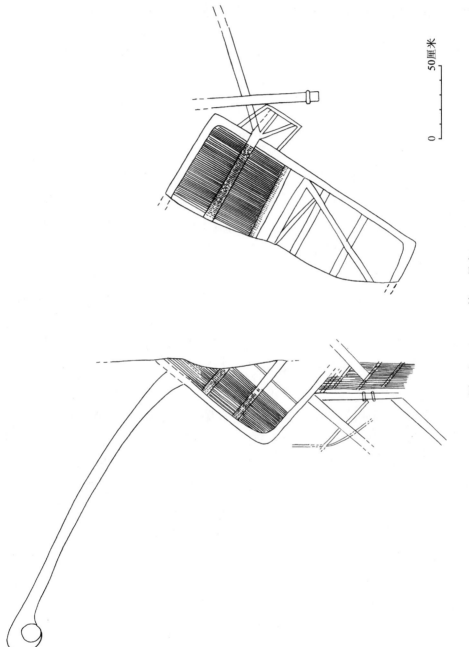

图二七三　LZM2 第 17 号车

辀在舆前部分保存的较为完整，长 210 厘米，叠压于 19、42 号车轮之上，又被 1 号车的辀所叠压，在前轸 100 厘米处开始向上昂起，但约在 120 厘米处又略下折变形近平直状。在舆下被盗洞破坏的部分可依据两侧复原，加上舆后踵的长度辀通长 337 厘米。辀在前轸处为扁圆状，宽 7、厚 5 厘米，距前轸 60 厘米处变为为圆柱状，径 6 厘米。辀在距轸 196 厘米处向后反卷，顶端的軏略残，大体呈圆帽形。辀在舆后出踵，可看出腐朽后的痕迹，长 2、径约 4.5 厘米。

衡处于辀前端反卷处的内侧軏的下部，在軏的下端折断为两截，通长约 160 厘米，两端套有骨衡末饰。在腐朽的衡的遗迹附近还发现有铜带扣和铜环。

车舆为圆角横方形，舆广 135、进深 125 厘米，与其他相近类型的车相比，车舆更接近方形。车舆前部右侧被盗坑破坏左侧腐朽的灰迹也已凌乱结构不明，清理出的车舆左侧前部遗迹比较清楚。车舆左侧最前端有 1 根角柱，高 50、径 4 厘米。轵距前角柱 40 厘米，前角柱与轵之间及轵后 40 厘米处留有用横轑竖轑交叉构成大方格网状的痕迹。横轑为横置的 5 根藤条缠绕固定于前角柱上中间与轵相连后并平行向后延伸，上起第 1 根与第 2 根在轵处相距约 5 厘米，后端已残，第 2、3、4 根各相距约 12 厘米，最下端的 1 根与轸木和其上面第 4 根藤条各相距 2.5 厘米。第 1～3 根径 2 厘米，第 4、5 根较细径 1.2 厘米。竖轑也为藤条构成，径 2 厘米，上端已残结构不明，下端与轸相连，竖轑之间相距约 20 厘米左右。交叉的横轑竖轑构成长方形的轑格，上端的格较大长 20、高 12 厘米，下侧的轑格长 20、高度只有 2.5 厘米。在轑格的内侧还发现用竹篾片编织车围，竹篾宽 0.5、厚 0.2 厘米，竖向排列，每 2 厘米内为 5 根。古代车轮内有围革的称为鞃革，竹制的尚少见。车舆的后部仅保留右后部分的遗迹，大体可复原。右后角柱斜歪至舆后，高约 55、直径 5 厘米。在距轸高 25 厘米处有 1 根横轑，为径约 2 厘米的藤条，外端缠绕在后角柱上，内侧距后角柱 25 厘米处呈直角下折至后轸上，形成方形的右后轑，下折的部分也成为门柱，在后角柱与门柱之间约还设有 1 根藤质竖轑，起加固作用。根据右后轑可将车舆后部复原，中间应为敞口的车门，门宽约 70 厘米。右后角柱的上部距车轸高 48 厘米处有 1 根粗藤条缠绕的痕迹，可能为最上部与前角柱相连的藤条的遗迹。

舆底四轸边框近圆角方形，轸木呈上平下圆状，上面宽 5 厘米，中间厚 3 厘米。四轸内有桄木 4 根，桄也为上平下圆状，宽 4 厘米，中间厚 6 厘米。桄上未见革带的舆底，而是铺有一层薄竹板，竹板宽 1、厚 0.3～0.4 厘米。从清理的朽痕看竹板横置，窄面朝上，竹板之间排列密集，似用细绳将其串连并固定在桄上，为竹制的舆底（图二七四）。

轴大部被盗洞破坏，在车舆左侧保存较好并可复原。轴大体位于车舆中部，残长 80 厘米，在左轸外长 70 厘米，复原后的长度约 275 厘米。轴在轸木外径 6 厘米，轸外

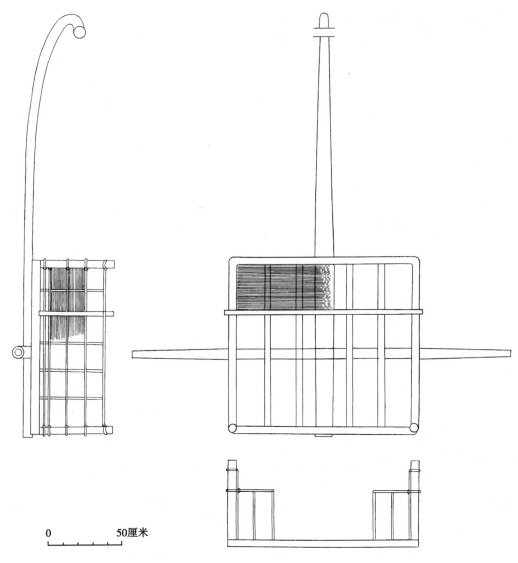

0   50厘米

图二七四　LZM2第17号车复原示意图

逐渐变细，外端径3.8厘米。轴与毂用革带绑扎。

18号车　位于西二层台中部，车舆后部和舆前左侧被盗坑破坏，仅保留约占整个车舆四分之一的舆前右侧部分遗迹，从中仅可看出车舆的大体结构状况，无法复原。该车舆前部的辀、衡、轭的遗迹保存得比较好，特别是车辀的形状保存得较为完整，衡、轭上的铜饰件的位置比较明确（图二七五）。

辀在车舆后部遭到破坏，残长242厘米，在舆前水平长174厘米。辀在前轸处断面呈不规则的扁圆状，上面近平，下部呈弧角圆形，平面宽10、中间厚7厘米。出前轸后逐渐变窄变圆，距前辀 54 厘米处变为上下相近的扁圆形，宽 8、厚 6 厘米，并由此开始明显上昂，在辀前 94 厘米处变为圆柱状，直径为 5 厘米。辀在距前辀 168 厘米处向后反卷，顶端装有圆帽状的辀首轨，轨因腐朽后的空洞有些变形，灌注石膏后未能将其的细部结构注出，形状近似倒靴形，前后长 21、左右宽 17 厘米（图版一〇五，2）。

　　衡在辀前端轨的下端，通长 147 厘米，两端装有圆帽形的铜衡末饰。衡大体呈中间粗两端渐细，中间为扁圆状，高 8、厚 4 厘米，两端逐渐变为圆柱形，末端直径变为 3 厘米并装有铜帽饰。在衡与辀相交处的左右两侧还发现 2 件铜环，左侧的位于衡的上部距辀 8 厘米，右侧的在衡下距辀 5 厘米，可能与固定衡、辀有关。

　　衡的左右两侧各有 1 件车轭的遗迹。轭的形体较大，均向衡外侧倾斜，其中又以衡右侧车轭的遗迹比较清楚。轭身为木质结构，通高 56 厘米，首部装有十字形圆帽铜轭首。轭身高 17 厘米，上部为扁平状，下部出裆，又分出两轭肢，裆部较平，两轭

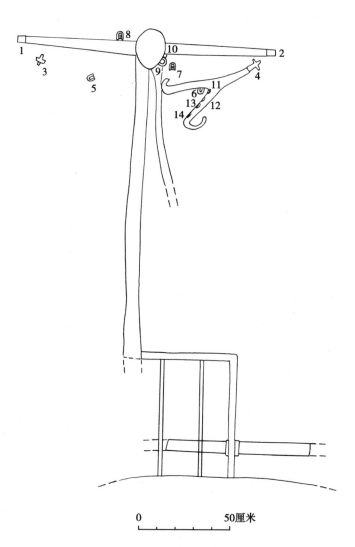

图二七五　LZM2 第 18 号车

1、2. 铜衡末饰　3、4. 铜轭首　5、6. A 型带扣
7、8. B 型带扣　9、10. 铜环　11～14. 铜贝饰

肢内侧相距 3.5 厘米。轭肢上部为扁平状，下部向外反卷成轭軥，軥形状近似外置的鱼钩状，外钩断面为圆柱形，两轭肢底部相距 18 厘米。在右轭肢上还发现有用于装饰的或起加固作用的小贝形铜片，在长 20 厘米的裆部共有 4 片，固定于轭肢上。在衡左右两侧的车轭上各有 1 件马蹄形的铜带扣，并且均位于靠近軥一侧轭肢的裆部。

18 号车衡、轭上的各部件位置大体明确，出土的铜构件相对比较多，如果再加上在车舆附近出土的 2 件车軎，则整车的铜构件组合大体完整。另外，在衡的下部和辀的右侧还发现有革带的遗迹，宽 4 厘米，残长约 60 厘米，与辀相距 5～10 厘米大体平行，革带的遗迹或与驾车之缰绳或执辔有关。

车舆右前部保存的遗迹仅存舆底部分，前軨残长 64 厘米，右軨残长 68 厘米，两軨相交近直角外端略弧，軨木宽 3.5、厚 4 厘米。軨内有桄木 2 根，残长 64 厘米，桄木宽 2.5 厘米。桄上有革带编织的舆底。根据保存的这一部分遗迹进行复原，车舆应为圆角横方形，宽度在 120 厘米左右，进深在 112 厘米左右。

轴残长 85 厘米，在舆下的部分较粗，直径为 8 厘米，在右軨外 13 厘米处向外逐渐变细，至最外端处也最细，直径为 5 厘米。轴在右軨外长 42 厘米，如果按照轴在舆外左右两侧长度对称，再加上车舆底下的部分复原，轴的长度应为 204 厘米。在右軨和轴相交处还垫有小方木，也应为伏兔，但其前后仅长 9 厘米，左右宽度也只有 7 厘米，与其他车舆下的伏兔相比显得过小。

19 号车　位于东二层台的中部，辀南舆北放置，舆北侧紧靠 20 号车，东侧与 15 号车相距 12 厘米，辀南侧叠压于 11、15 号等车轮之上，前部残断。

辀残长 332 厘米，前端略残，在车舆前部保存较好。辀在舆前为扁圆形，宽 8、厚 4 厘米，从距舆前 120 厘米处逐渐变圆，到 160 厘米处变为圆柱状，直径 6 厘米。辀在舆下为上平下圆状，宽 6、厚 4 厘米，露出后軨部分长 2 厘米。

车舆为横方形，舆广 124、进深 110 厘米，结构与 15 号车基本相同。在车舆前部未见藤制的承弓器而发现有 4 件铜耳状的插座，这些构件被捆扎在车舆的前軨上，位置大体对称，从 2 件铜器耳弯曲的程度看，可能用来放置或悬挂器物，如弓箭之类的武器，或作为承弓器或放置其他随车用具的作用。车舆后部结构与 15 号车不同，舆后留有方形的敞口车门。由四軨构成的底框四角为弧角形，軨木宽 3.6、厚 4 厘米。軨内有桄木 4 根，桄木剖面呈上平下圆状，宽 3、厚 2.8 厘米。舆底用革带编织而成，每格长 3、宽 1.5 厘米。

轴通长 220 厘米，中间直径 5 厘米，两端渐细，外端径粗 3.5 厘米。轴与軨之间垫有伏兔，长 15、宽 8 厘米，厚度不明，伏兔与轴用革带捆扎，在伏兔的里侧和軨木外侧各缠绕两周，革带宽 2 厘米。

20 号车　位于 3 号、12 号、19 号车之间（图二七六；图版一〇五，3），东西斜放于

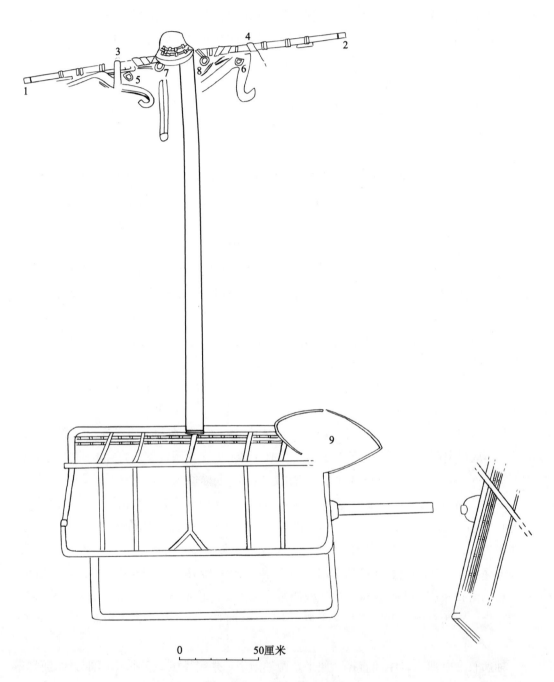

0 　　　　　　50厘米

图二七六　LZM2 第 20 号车

1、2. 骨衡末饰　3、4. 骨轭首　5、6. 铜带扣　7、8. 铜环　9. 铜镈钟

东二层台上，车舆后部朝下，辀衡在靠近墓室东壁处高悬，发掘中最早灌注石膏的辀、衡即为该车所属。由于最早发现的腐朽的空洞位于辀的顶端轪的上部，在灌注石膏后辀衡的整体结构保存完好，腐朽的辀衡在灌注石膏后基本恢复了原来形状，辀、衡的细部结构以及相互之间用革带捆扎连接的痕迹也非常清楚，为复原工作提供了可靠依据。

辀通长 317 厘米，在前轸处为扁圆状，宽 10、厚 5 厘米。从舆前 45 厘米处逐渐向上昂起，至 130 厘米处由扁圆变为圆柱状，直径 5.6 厘米。辀近顶部时高昂并向后反卷，反卷的顶部为轪。轪呈扁圆喇叭口状，上面有用宽 1.3、厚 0.5 厘米的革带将衡缚于辀上，顶部有编织的扣结。辀颈部衔衡。辀在舆底为扁圆状，出后轸为踵，踵尾呈圆柱状，长 4、径 5.2 厘米。

衡在轪下辀反卷的内侧，长 160 厘米，大体呈中间粗，两端渐细的扁圆形。中间与辀相交处为扁圆状，高 5、厚 3 厘米，两侧渐变细，至两端变为圆柱状，径 3 厘米，两端并装有圆形骨质衡末饰。衡两侧各有两半圆形的铕，用革带捆扎固定于衡上。辀与衡相交处两侧还各有 1 个铜环，应与左右两骖马驾车有关。衡两侧各有 1 轭，大体定于两铕之间。轭通高 49 厘米，轭身为扁平状，下有两轭肢。在轭裆部、轭肢内侧有腐朽的革质轭垫，在右轭裆部还有马蹄形铜带扣，轭用革带缚于衡上。

舆为圆角横方形，舆广 126、进深 120 厘米。四周车轮主要由藤质的横轮、竖轮与后角柱、轼、轭及轸木绑扎连接构成。舆前有 4 根径 2 厘米的粗藤条，下端缚于前轸上，在距轸高 29 厘米处向后斜折，与轼相连。两侧的两根与轼相结后又与后角柱相连接、固定，构成供乘车抓扶的较。舆下近轸 5、10 厘米处有二根径粗 1 厘米的藤条，分别与后角柱、轼、轭和舆前的 4 根竖藤条相连接固定，并用细竹片穿插固定于轸木上，构成双排网状轮格。在前轸与轼中间有斜折状支柱的轭，宽 4、厚 2.8 厘米，下端插入前轸，在距轸高 28 厘米处向后斜折，上端在距轼 15 厘米处分出两叉与轼相连。左右较各从后角柱向下斜拉并固定于后轸上，使舆后留缺，中间为倒梯形敞口车门，下口宽 76 厘米。轼由径为 3～4 厘米扁圆状构成，两下端与左、右轸木绑扎固定，上部与左右较及前端的轭相连。

舆的底部因被石膏几乎完整的灌出，包括伏兔、当兔、轴在内的细部结构比较清楚。四轸为扁方木，内有桄四根。四轸内有用革带编织的舆底，革带宽 2、厚 0.8 厘米，呈 45°人字纹状编织，四周嵌入轸内侧的凹槽中。

舆下横轴，距前轸 54 厘米，轴中间粗两端细，中间径 6、两端 3.2 厘米。轴与轸之间垫有木质的伏兔，为圆角长方形，长 31、宽 12 厘米。轴与辀之间还垫有当兔，长 14、宽 8 厘米。轴、辀、轸、当兔、伏兔之间均用革带捆扎固定（图二七七、二七八）。

21、22 号车　位于椁室后殉坑中部和西侧，由于殉坑塌陷和盗扰的破坏，21 号车仅残存部分车衡，22 号车在残存衡的西侧还保留 1 个完整车轭的痕迹。

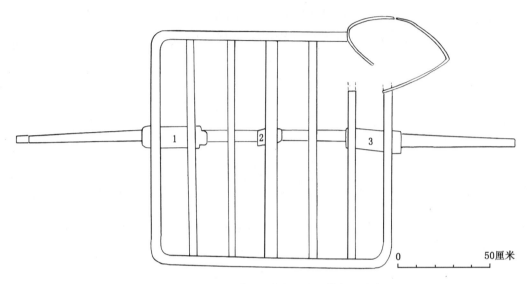

图二七七　LZM2 第 20 号车舆底及伏兔、当兔

1、3. 伏兔　2. 当兔

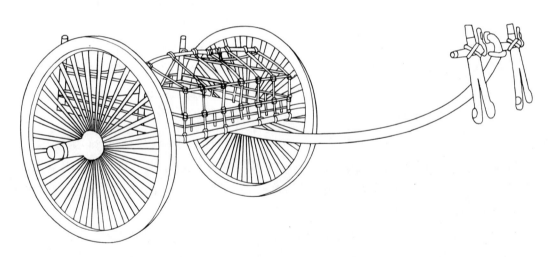

图二七八　LZM2 第 20 号车复原示意图

3. 车轮

二号墓室内共清理出编号车轮 46 个，从埋葬的情况看，在下葬时是将整车运到墓室内，然后又将车轮拆下来分别放置的。车轮卸下后除了在墓道口东西两侧的 1 号车轮和 22 号车轮外，其余车轮并未放于原车舆的两侧或按一定的顺序排放，而是比较随意的靠壁竖置或堆放在车舆的旁边，致使车轮与原车的从属关系已不明确。从发掘的资料看，靠着墓壁竖置的车轮的遗迹一般保存较好，有些在灌注石膏后大体结构和尺寸也相对比较清楚。平放或斜放在二层台上的车轮有的相互叠压，腐朽后的灰痕多混杂在一

起，细部结构不明。有些堆放在二层台上的车轮与车舆相互叠在一起，整体严重变形，相互混杂，仅可看出其大体的结构痕迹和轮径的大小及车辐的数目。被盗洞破坏或因塌陷而损坏的车轮，则根据保留的遗迹状况大体推算出轮径的大小和车辐的数目，破坏严重的则只测量统计残存的部分。这批车轮均为木质结构，构造基本相同，只是车轮的大小和车辐的数目有差别，其上均未见有其他质料的构件和装饰件。根据发掘资料对这批车轮先作综合介绍，再举例说明，详细资料见车轮统计表（附表一八）。

这批车轮的大小差别比较明显，轮径最大的为 140 厘米，最小的为 100 厘米，其中直径以 110～130 厘米的数量最多，车轮大小的不同除了与车舆的大小有关，也可能与用途有关。二号墓内清理出的车舆可分为三大类，有轻车战车、安车和用于装卸货物用的大车，根据用途不同，各类车配置的车轮也可能不同，车轮的大小或有所区别，如 10 号、11 号车为大车类，在其车厢附近清理出的车轮都比较大，轮径在 130～140 厘米之间，车辐可能多为 26～30 根之间。

轮牙的形状基本相同，牙的高度在 7～10 厘米之间，高 9 厘米的数量最多，8～8.5 厘米的次之，7 厘米的比较少见，高 10 厘米的牙仅有一例。牙的断面近似腰鼓形，中间较厚两侧为圆弧形并逐渐变窄，上下两端近平。牙内侧边厚 2.5～3.6、中间厚 4.5～8、外侧厚 2.5～4 厘米。从灌注的石膏标本看轮牙是分段制成的，在轮牙的外侧中部清理出榫楔的痕迹，证明轮牙为上下相错扣合而成。具体作法是先在两段轮牙上下交错的部位凿出榫孔，将轮牙上下榫孔对齐，然后再用木楔从牙外侧插入榫孔，将轮牙固定在一起（图二七九，1；图版一〇六，5、6）。因石膏未能完全将轮牙完整的灌注出，整个圆形的轮牙具体有几块组成不清楚，但从标本的长度看以 3 块最有可能。

车轮中车辐条的数目悬殊也较大，少者 20 根，多者达 80 根，其中又以 26～30 根车辐最为多见。车辐的形状近似船桨形，近毂一端的股为扁方形，近牙一端的骹为圆柱形，在股与骹相交处有长约 2 厘米的渐变过程，形状如同用手将圆柱捏扁状。股与骹的长度比例也随着车辐的多少而不同，一般车辐少的骹长于股，如 30 根车辐的骹长 31、股长 20 厘米。车辐多的股一般长于骹，如 48 根车辐者股长 30、骹长 20 厘米。股的宽度、厚度也随着辐的多少而变化，一般车辐越多，股越薄越宽，而车辐较少时股就越宽越厚。有的车辐上还发现缠有细线，可能用来加固车辐（图版一〇七，1）。股端入毂的部分为菌，其形状与股相近，扁方形，只是入毂的部位略窄，在毂内的长度在 1～2 厘米之间。入牙的部分为蚤，圆柱状，顶端呈则呈圆锥形，在牙内的长度在 1～2 厘米之间（图二七九，2）。

车毂形状大体呈腰鼓形，中间较粗近似圆球形，两端较细呈圆柱形，根据结构不同，又可分为两种，第一种轵端、贤端均较粗壮，表面为素面，这一类数量较多。另一种轵端、贤端均细长，从灌注石膏的标本看，在轵端表面有凹凸的饰纹，这种凹凸饰纹

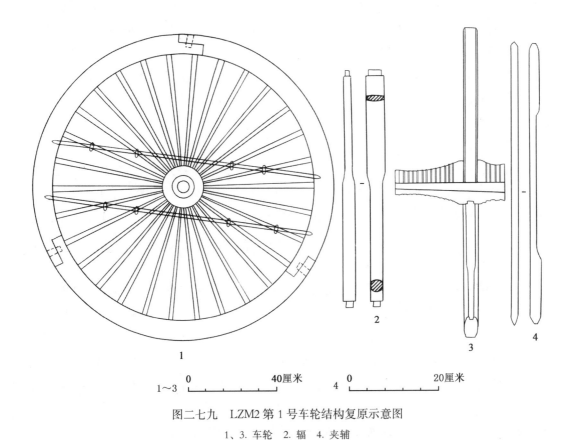

图二七九　LZM2 第 1 号车轮结构复原示意图

1、3. 车轮　2. 辐　4. 夹辅

可能为古文献中记载篆的遗迹，其下凹的部位可能为刻槽施胶缠筋处。由于石膏大多只能灌注出车毂的一端，或为贤端，或为轵端，未注入石膏的另一端细部结构就不大清楚。有的车毂靠墓壁的一段顶压在墓壁上，其外径包括穿轴的孔内径的尺寸一般都比较清楚，其长度也可大体测出。车毂的长度一般在 45～55 厘米之间，个别的长度不足 40 厘米。毂的最大径一般在 16～22 厘米之间，贤端外径最大为 16 厘米，大穿末端内端孔径为 6～8 厘米，以 8 厘米的数量最多。轵端外径一般为 10～12 厘米，个别的仅 8 厘米，小穿末端内径 4～6 厘米（图二七九，3）。用石膏灌注的轵端外侧有的还留有车畫磨损的痕迹，证明这批车曾经使用过。

在许多车轮上还发现有夹辅的痕迹，夹辐辅均为一对，左右对称并平行的位于车毂的两侧，有的车轮上用石膏灌注出的夹辅几乎保持原状，其形状为两端略尖、中间略宽的扁平状木条，中间紧贴于车辐上，两端略长于轮牙，削成三角形，紧贴轮牙的内缘，用细革带紧缚于车辐上，两端抵在轮牙上，非常坚固。过去一般认为夹辅是用来增加车辐的支撑力或为车上重要的部件，从发掘中所获取的石膏标本看，夹辅主要起保护车辐的作用，在新制作的车轮上夹辅也可以用来防止车轮变形（图二七九，4）。

分别举例介绍车轮的结构：

1号车轮　位于墓室东南壁近墓道处，靠着墓壁竖置，遗迹保存较好（图版一〇七，2）。发掘时从辋端腐朽的空洞灌注了石膏，取得了比较好的效果。尤其是辋端、轮毂的中部、车辐的股部、靠近车毂的夹辅，均被石膏灌注出原形标本（图版一〇七，3）。辋端较细长，表面有11周凹弦篆纹，外端可以看出车軎磨损的痕迹，中间并留有小穿的直径下凹的痕迹。上述用石膏灌注出的原形标本，具体的尺寸应该比较准确。轮牙、车辐的骹端、夹辅的外端虽然没有被石膏灌注，但腐朽后的痕迹比较清楚，特别是表面上还保留有漆皮，根据清理的痕迹测量的数据，应大体可信。此轮径为136厘米，牙高9、中部厚5.5、外侧厚3、内侧厚2.5厘米。毂通长50厘米，辋端长36、外径11、小穿内径5.5厘米。毂中最大径20、贤端外径15.5、大穿内径8.2厘米。车辐30根，长51.5厘米。股端长20、宽3、厚1.8、菑长2.1厘米，骹长31.5、径2.5、蚤长1.8厘米。辋端两侧有夹辅一对，相距24.5厘米，内侧各距毂2.4厘米（图二七九）。

3号车轮　平放在墓室东南角处的二层台上，与10号车轮、11号车轮、4号车轮、5号车轮共同被石膏灌注，其车轮大部灌注成石膏标本。结构与1号车轮相近，尤其重要的是夹辅灌注的比较清楚，获取石膏标本形状和结构都比较准确。复原轮径138厘米，牙高9、中部厚5、外侧厚2.3、内侧厚2.4厘米。毂贤端残，辋端长31、外径12、小穿孔径6厘米。毂最大径18.8厘米。车辐26根，长48厘米，股长28、宽2、厚0.8、菑长1厘米。骹长20、径2、蚤长1.6厘米。辋端夹辅一对，相距32、各距毂5厘米。夹辅形状相同，呈扁条状，外侧平直，内侧随车辐的高低而起伏。其紧紧地贴靠在车辐上，用皮革带分四处紧绑在与之相交的不同车辐上，其中间宽约2厘米左右，厚1.2厘米，外端呈三角形，并超出轮牙约2.5厘米，并紧贴靠在轮牙上（图二八〇，1；图版一〇八，1）。

6号车轮　在墓室东部靠着墓壁竖置，虽然经过多年已经腐朽，并因为受到挤压变形，但腐朽后的痕迹比较清楚（图二八一）。毂部大部被石膏灌注出原型标本，特别是辋端，细部结构也比较清楚。从灌注的石膏标本看，与1号车轮辋端表面凹凸的篆纹不同，6号车轮辋端为素面，表面比较光洁。辋端外侧到毂孔处直径相近，向外略细。而辋端内侧分两级呈弧形凸起，直到装载车辐处为平面。车辐近毂的股端，也被石膏注出（图版一〇八，2、3）。轮复原直径130厘米，牙高9、中部厚5、内侧厚3、外侧厚3厘米。车辐26根，辐长48、股长28、宽4.5、厚0.8厘米。骹长20、径2厘米。车毂辋端长23厘米，辋端外径13、小穿内径6.4厘米。贤端外径15、大穿内径8厘米。

7号车轮　在墓室东壁中间竖置，腐朽后的痕迹保存较好，特别是顶在墓壁上的贤端，压印在墓壁上的痕迹非常明显，中间的大穿孔径也非常准确（图版一〇八，4）。轮径

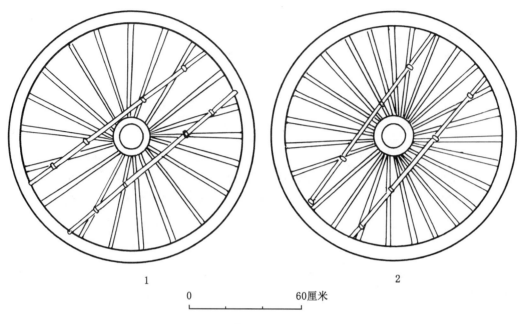

图二八〇　LZM2 第 3 号、9 号车轮复原示意图

1. LZM2 第 3 号车轮　2. LZM2 第 9 号车轮

128 厘米，牙高 8、中部厚 5、外侧厚 3、内侧厚 2.6 厘米。车毂长约 50、最大径 20 厘米，
轵端长 21.5、外径 10、小穿孔径 6 厘米，贤端长 22、外径 12 厘米。车辐 62 根，股长 20、
宽 3.5、厚 0.6、菑长 0.8 厘米，骹长 16、扁圆状径 1.2～2.5、䩬长 0.9 厘米。

9 号车轮　横放在二层台上，虽已腐朽，但遗迹保存得较好，夹辅的痕迹也比较清
楚。轮径 128 厘米，牙高 7、中部厚 4、外侧厚 2.6、内侧厚 1.8 厘米。轵端长 25、外
径 9、小穿孔径 6.8 厘米，贤端外径 10.4、大穿孔径 7.4 厘米。车辐 36 根，股长 26、
宽 1.4 厘米，骹长 22、径 1.6 厘米。轵两端夹辅一对，各距毂 3 厘米（图二八〇，2）。

13 号车轮　依靠东墓竖置，其贤端朝向墓室，保存得较好，并用石膏灌出。直径
140 厘米，牙高 10、中部厚 6、外侧厚 3.6、内侧厚 3 厘米。毂最大径 20 厘米。车辐 26
根，辐长 50、股长 27、骹长 23 厘米。车毂表面为素面，贤端长 12、径 14 厘米，夹辐
一对，各距毂 4 厘米。（图版一〇七，4）。

20 号车轮　车辐多达 80 根，是目前发现车辐最多的车轮。平放于墓室西部的二层
台上，东北角处被 17 号车叠压，遭到一定的损坏。轮径 140、牙高 9 厘米。毂长约
44.6、最大径 28 厘米，轵端长 26、外径 12、小穿孔径 4 厘米，贤端残长 16、外径 16
厘米。车辐 80 根，股长 22、宽 2.6、菑长 1.6 厘米，骹长 25、直径 2 厘米。

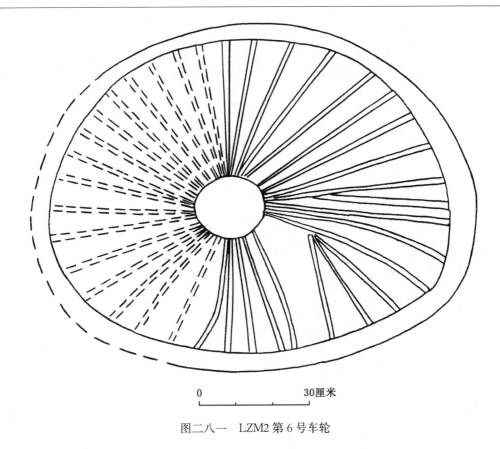

0　　　　　　　　　30厘米

图二八一　LZM2 第 6 号车轮

4. 车马器

150 件。车马器主要有车軎、衡末饰、轭首饰、车軏、銮铃、铜带扣、节约、铜环等，除车軎外，均出自衡、轭处。

铜车軎　6 件。

A 型　2 件，短筒形，内侧有宽折沿。标本 LZM2 第 18 号车：12，长 6.2、直径 5.2 厘米（图二八二，1）。标本 LZM2 第 18 号车：11，长 6.2、外径 5 厘米（图二八二，2；图版一〇九，1）。

B 型　4 件。筒形，有 2 个方形辖孔。标本 LZM2XT：12，器形长筒形，器较大，长 17、直径 8.2 厘米（图二八二，3；图版一〇九，2）。标本 LZM2：XT13、14，筒形略短，长 5.2、直径 4.8 厘米（图版一〇九，3、4）。

衡末饰　26 件。可分为铜质和骨质两种。

铜衡末饰　4 件。圆帽状，素面，其内有残存的朽木。标本 LZM2 第 18 号车：1、2，长 3.8、径 3 厘米（图二八二，4；图版一一〇，1）。标本 LZM2 第 4 号车：1，长 5.4、径 3.2 厘米（图二八二，5）

骨衡末饰　22 件，复原 8 件。圆筒形，管状，素面或在其表面绘云雷纹。标本

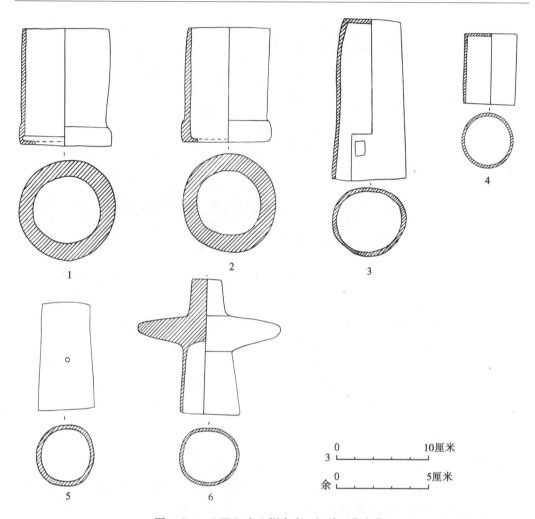

图二八二　LZM2 出土铜车軎、轭首、衡末饰

1、2. A 型车軎（LZM2 第 18 号车：12、11）　3. B 型车軎（LZM2XT：13）

4、5. 衡末饰（LZM2 第 18 号车：1，第 4 号车：1）　6. 轭首（LZM2 第 18 号车：3）

LZM2 第 20 号车：1，表面饰有云雷纹，长 3.8、径 3 厘米（图二八三，1；图版一一〇，2）。标本 LZM2 第 15 号车：2，表面饰有云雷纹，长 3.9、径 3.1 厘米（图二八三，2）。标本 LZM2 第 12 号车：1，表面饰有云雷纹，长 4、径 3（图二八三，3）。标本 LZM2 第 7 号车：1，素面，长 3.7、径 3.5 厘米（图版一一〇，3）。

轭首饰　21 件，复原 14 件。分别出土于轭的上部或车衡附近。分铜质和骨质两种。

铜轭首饰　2 件。呈"十"字帽状，素面。标本 LZM2 第 18 号车：3，高 7.3、底径 3.3 厘米。（图二八二，6；图版一一〇，4）。

骨轭首饰　19 件，复原 12 件。呈六角扁方形，有素面和表面饰云雷纹。标本 LZM2 第 20 号车：3，表面饰雷纹，宽 2.6、厚 1.8、高 2.9 厘米（图二八三，4；图版

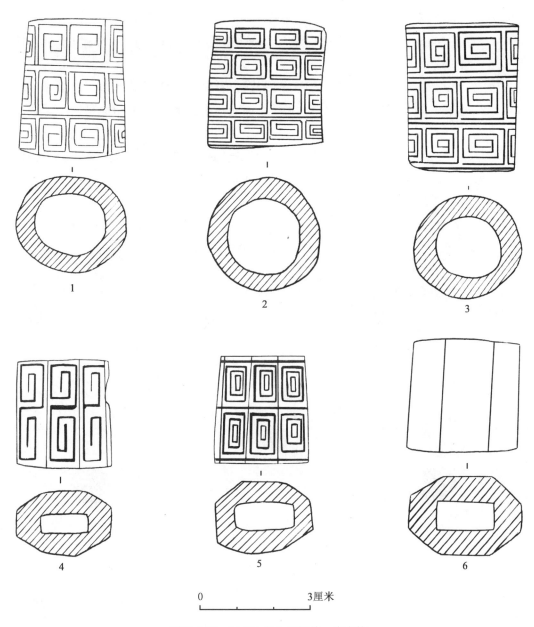

图二八三 LZM2 出土骨轵首、衡末饰

1～3. 骨衡末饰（LZM2 第 20 号车：1、第 15 号车：2、第 12 号车：1）

4～6. 骨轵首（LZM2 第 20 号车：3、第 19 号车：5、第 14 号车：3）

一一○，5）。标本 LZM2 第 19 号车：5，宽 2.7、厚 1.9、高 2.9 厘米，表面饰有云雷纹（图二八三，5；图版一一○，6）。标本 LZM2 第 14 号车：3，素面，宽 3.1、厚 2.1、高 3 厘米（图二八三，6）。

铜车轪 4 件。圆环带纽状。均出于 4 号车衡上。标本 LZM2 第 4 号车：2，直径

5.9、纽长4.1厘米（图二八四，1；图版一一一，1）。标本LZM2第4号车：3，直径6.2、纽长4.8厘米（图二八五，2）。标本LZM2第4号车：1，直径5.8、纽长4.1厘米（图二八四，3）。

铜环　19件。单环状。大多出土于车衡与辀相交处，铜环多出2件，一般位于辀的两侧。也有出3件者，如15号车。从横断面看可分三种：一种断面呈圆形，标本LZM2第1号车：6，直径5.4厘米（图二八四，4；图版一一一，5）。第二种，断面为扁圆形，标本LZM2第1号车：5，直径5.3厘米（图二八四，5）。第三种，断面内侧呈三角形，标本LZM2第20号车：6，外径5.2厘米（图二八四，6）。

铜带扣　22件。

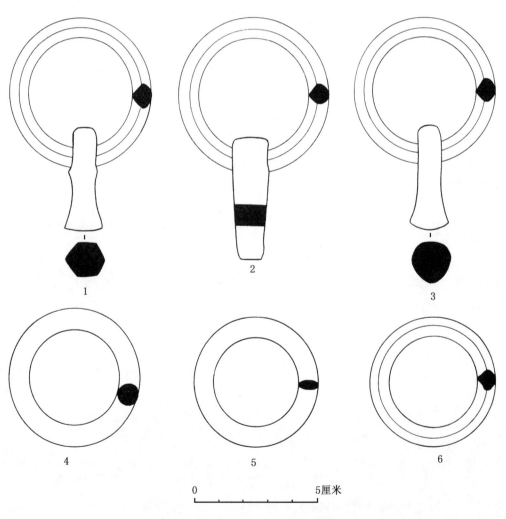

0　　　　　　　　　5厘米

图二八四　LZM2出土铜车軏、铜环

1～3.铜车軏（LZM2第4号车：2、3、1）　4～6.铜环（LZM2第1号车：6、5，20号车：6）

A 型　12 件。下平上呈弧状，形近马蹄状，断面为圆柱或扁圆形。标本 LZM2：20 号车：6，底径 3.7、高 4.5 厘米（图二八五，1）。标本 LZM2 第 18 号车：6，底径 4、高 4.4 厘米（图二八五，2；图版一一一，2）。标本 LZM2 第 4 号车：8，底径 4.7、高 5.3 厘米（图二八五，3）。

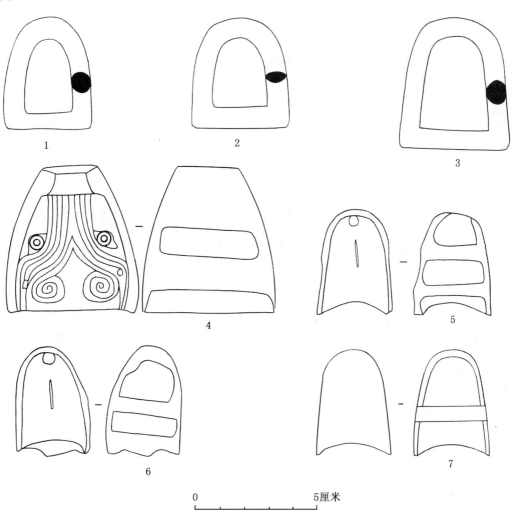

图二八五　LZM2 出土铜带扣

1～3、7. B 型铜带扣（LZM2 第 5 号车：10、9、7，LZM2 第 18 号车：8）

4～6. A 型铜带扣（LZM2 第 18 号车：6，LZM2 第 20 号车：8，LZM2 第 4 号车：8）

B 型　10 件。扁圆状，背面平，有条孔，上部略呈弧面。正面多为素面，也有的饰有纹饰。标本 LZM2 第 18 号车：8，正面饰有兽头纹。底径 5.2、高 5.8 厘米（图二八五，4；图版一一一，3、4）。标本 LZM2 第 5 号车：9，素面，背面中间有一横条，宽径 3.1、高 4.5 厘米（图二八五，5）。标本 LZM2 第 5 号车：10，素面，背面中间有二横条，宽径 3.1、高 4.1 厘米（图二八五，6）。标本 LZM2 第 5 号车：7，素面，背面中间有一横条，宽径 3.1、高 4.2 厘米（图二八五，7）。

铜节约　16 件。分四组出土，可分为 A、B 二型，每组由 A 型 3 件和 B 型一件组成（图版一一二，1）。

A 型　12 件。器呈 L 形，断面为平底、弧顶、中空，大多孔内留有朽木的痕迹。标本 LZM2 第 4 号车垫：1，拐角略呈钝角，边长 4.8～5 厘米（图二八六，1）。标本 LZM2 第 4 号车垫：2，拐角略近直角，边长 4.9～5.1 厘米（图二八六，2）。标本 LZM2 第 4 号车垫：3，拐角近似直角，边长均为 5 厘米（图二八六，3）。

B 型　4 件。器呈 T 形，断面为平底、弧顶、中空，孔内留有朽木的痕迹。标本 LZM2 第 4 号车垫：4，底边 5.6、高 6.2 厘米（图二八六，4）。标本 LZM2 第 1 号车垫：4，底边长 6.4、高 4.8 厘米（图版一一二，2）。

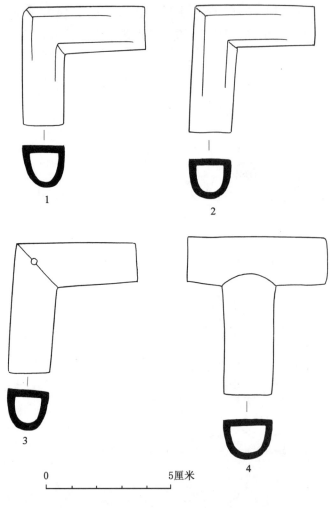

图二八六　LZM2 出土铜节约

1～3. A 型铜节约（LZM2 第 4 号车垫：1、2、3）
4. B 型铜节约（LZM2 第 4 号车垫：4）

铜插座　18 件。均出土于车舆上，其中位置明确的有两组，每组 4 件。一组出于 1 号车，4 件座位于车舆两侧的较上，左右对称，座孔朝上（图版一一二，3）。另一组出土于 19 号车的车舆前部，也为座孔朝上。

A 型　16 件。近似 L 形，上口中空，可插器物，下部拐角末端有一竖立的底座，内侧呈弧状，可与车舆圆柱状的竖轸靠紧绑扎固定。标本 LZM2 第 1 号车：1，座口外侧近似圆角方形，长 6.5、座口外径 1.8 厘米（图二八七，1；图版一一二，4）。标本

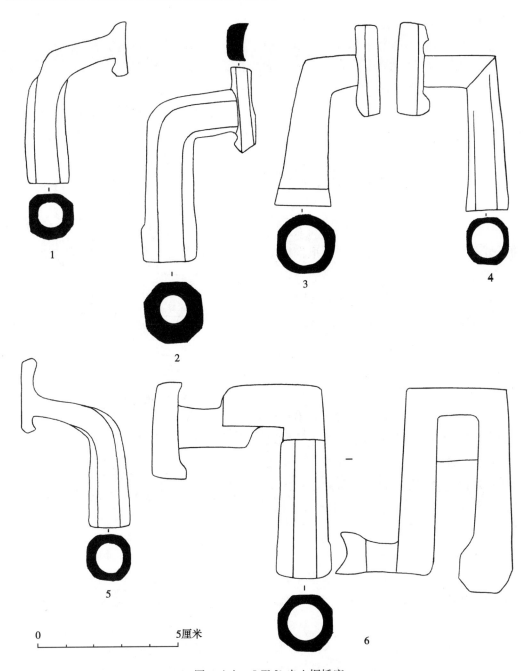

图二八七　LZM2 出土铜插座

1～5.A 型铜插座（LZM2 第 1 号车：1、LZM2 第 19 号车：3、LZM2 第 12
号车：5、LZM2 第 7 号车：1、LZM2 第 1 号车：2）　6.B 型铜插座（LZM2 第 19 号车：1）

LZM2 第 1 号车：2，座口外侧近似圆角方形，长 6.7、座口外径 1.9 厘米（图二八七，
5）。标本 LZM2 第 19 号车：3，座口部加厚，长 7.7、座口外径 2.4 厘米（图二八七，

2；图版一一二，5）；标本 LZM2 第 12 号车：5，座外口呈八棱形，长 7.8、座口外径 1.9 厘米（图二八八，3）。标本 LZM2 第 18 号车：3，座外口部加厚，长 6.6、座口外径 1.6 厘米。标本 LZM2 第 7 号车：1，座外口近圆角方形，长 7.7、座口外径 1.8 厘米（图二八七，4）。标本 LZM2 第 7 号车：5，座外口近似不规则的圆形，长 7.3、座口外径 2.3 厘米。

B 型　2 件。在座口与底座之间器身弯曲呈方耳状，整体近似变形的 S 形。标本 LZM2 第 19 号车：1，座外口部加厚，长 7.7、宽 7.1、座口外径 2.2 厘米（图二八七，6；图版一一二，6）。标本 LZM2 第 19 号车：2，座口外侧近似圆角方形，长 6.5、座口外径 1.8 厘米。

铜镈　18 件。均为管状，腰鼓形，形体较大。出土于 4 号车衡、轭处，呈串状环绕于车衡上。与出土于殉狗颈部的串镈用途相近，但个体要大得多，数量也大，可能是围于马颈处，为挂于马颈上的项圈。镈大小相近，长约 3.2、直径约 2.8 厘米（图二八八）。

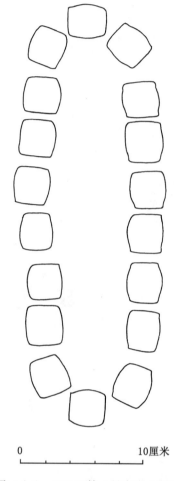

图二八八　LZM2 第 4 号车出土铜镈

（七）殉马坑

殉马坑位于二号墓北侧，与墓室相距 13 米。马坑呈长方形，与二号墓前后平行，东西两侧超出墓室的部分左右对称，应属于二号墓主的陪葬坑。编号为 LZM2XMK（图二八九）。

殉马坑开口于耕土层下，东西长 45 米，南北宽度不等，最宽处为 2.8 米，最窄处为 2.15 米。马坑上口受到一定的破坏，西半部遭到的破坏比较严重，现地表距坑底深 0.9 米，东部受到的破坏较差，深 1.8 米。殉马坑四壁结构不同，其南、北、西三面为直壁，坑壁未经修整，凹凸不平。东壁为斜坡状，坡度为 46°。马坑底部较平，但东西两端高度不同，东端的 7.4 米，要比西侧坑底低 0.5 米，坑底与斜坡状东壁相连。殉马坑斜坡状的东壁，供人或马上下方便。

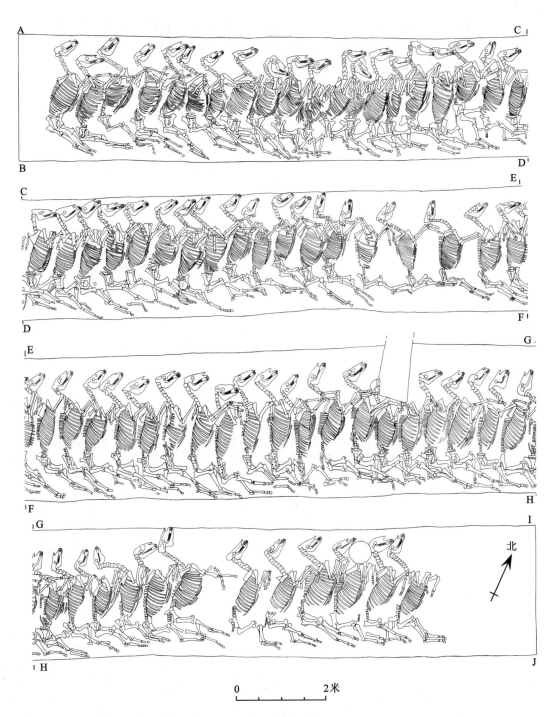

图二八九 LZM2 殉马坑平面图

殉马坑共殉马 69 匹，自西向东单行排列。殉马的葬式基本相同，马头皆朝北，面东昂首，前肢弯曲较甚，西侧马的前腿均叠压在东侧马颈部之上，后肢略微弯曲，两肢相叠压。从殉马的埋葬方式看，先摆放东侧的马，然后再摆放西侧之马。虽然殉马摆放的葬式相近，但殉马之间疏密程度略有不同。西侧殉马排列比较密集，中间个别地方和东端局部下凹处的排列比较疏松，其余的排列间隙都比较均匀整齐（彩版二二）。殉马除被一座晚期小墓破坏掉 2 匹马的头部外，其余均保存较好。在清理殉马坑时仅在马骨下发现有苇席的朽痕，大概在葬马时铺垫于坑的底部，此外未发现其他随葬品。

二、淄河店的三号墓（LZM3）

LZM3 位于 LZM2 及殉马坑东侧，墓室的南侧和东侧相距不远即为将淄河店墓地与田齐王陵区分隔的深沟断崖。墓葬开口于耕土层下，早年曾多次被盗掘，发掘中在墓室内共发现盗洞 6 个，盗坑集中分布于墓室的东半部，平面形状均呈长方形，除四号盗坑从椁室上方垂直下挖直接进入椁室外，其余盗洞先垂直下挖到二层台后，又沿二层台盗扰或进入椁室。椁室内基本被盗掘一空，位于椁室后部的陪葬坑有的也被盗扰，放于二层台上的陶器和车舆、车轮也遭到不同程度的破坏。盗洞内发现有汉代的铁器和晚期的瓷片，盗掘的年代约在汉代及明清时期。盗洞内发现的战国时期的滑石管及其他器物残片应为被盗掘时遗漏的随葬品。

（一）墓葬形制

LZM3 属于"甲"字形土坑积石木椁墓，方向 195°（图二九○）。墓室由挖出近似方形的土坑后又经过修整而成。墓室口略大于底，形状像斗形，修建得不是很规整，墓室上口东壁 15.9、西壁 15.8、南壁 16、北壁 16.1 米。现存的墓口距二层台深 4.5 米。墓壁经过修整加工，在修整的墓壁上面涂抹一层厚 1～1.7 厘米的灰泥膏，并又在膏泥的表面刷白粉，表面比较光洁平整。墓壁的下部至二层台处留有一周帷帐的痕迹，帷帐系用细麻布做成，为浅黄色，其上有用红、黑二色绘制的图案。帷帐采用小木桩固定于墓壁上，高约 0.5 米左右，上面还有用中间穿孔的圆形蚌饰加以装饰，蚌壳内侧并用红色绘成涡状纹饰。墓室内的填土呈红褐色或灰褐色，经过夯实，夯层厚度在 0.15～0.65 米之间，夯具痕迹为圆形圜底状，直径为 4～6 厘米，夯层表面夯具的痕迹比较杂乱，有的比较密集或相互叠压在一起，质地比较坚硬。

墓道位于墓室南侧中部，呈斜坡状，坡长 23.2 米，墓道坡度为 14°。墓道上口长 21.9、外口宽 6.7、里口上宽 6.1、底宽 4.6 米，墓道里口下端与二层台齐平，其内的填土与墓室相连，结构相同。

椁室位于墓室中部偏南的位置，在墓室的底部又向下深挖出长方形的土坑经过修整而成，椁室南北长 6.42、东西宽 5.3、深 3.9 米。椁室内又构筑石椁，先在椁室底部铺

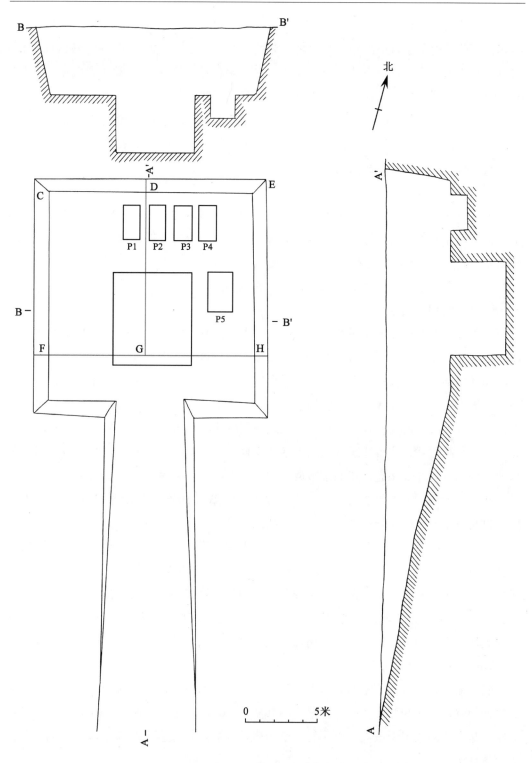

图二九〇 LZM3 平、剖面图

设一层厚约 40 厘米的大石块并用河卵石衬平，其上再用未经加工的大石块来垒砌石椁四壁，石椁采用单层石块垒砌，石块之间充填河卵石，石椁共用八层石块垒砌，高出二层台约 0.4 米左右，最上面的一层恰好高出二层台台面。由于木椁腐朽和盗掘的破坏，发掘时石椁受到严重破坏，许多石块及河卵石落入椁室中部。

椁室的四周为宽大的生土二层台，二层台宽度不同，东二层台台面宽 4.2、西二层台宽 4.5、南二层台宽 2.4、北二层台宽 5.45 米，从椁室底部距二层台台面高 3.9 米。

陪葬坑位于椁室北部和东侧的二层台上。

（二）葬具与葬式

椁室内的木制葬具均已朽为木灰，因盗扰和石椁坍塌的破坏，棺椁具体结构已不清楚，根据板灰痕迹可以大体看出葬具为一椁一棺。椁长 3.3、宽 2.4、残高 1.2 米。棺长 2.5、宽约 1.8 米，高度不详。

由于椁室内多次被盗，未见墓主骨骼，葬式不明。

（三）随葬器物的放置

由于椁室被盗未发现青铜礼器，随葬的陶器、漆器、泥俑、车轮、车舆及车马器等器物虽然遭到盗扰的破坏，但仍可以看出大体的放置位置（图二九一）。

随葬器物主要放置在椁室北部的二层台上。陶器主要放置于墓室东北角处的二层台和陪葬坑上部，由于盗扰和陪葬坑塌陷使许多陶器遭到破坏，同时因放置陶器上部的填土经过夯打，大多数陶礼器损坏严重，加之陶器的火候较低、陶质较差，许多陶器已不能复原。从陶器残片分布情况看，鼎大多放于西侧，盖鼎放于中间，东壁下多为簋、簠和敦，壶、豆、盖豆和盘多相混杂散放。

北二层台的中部主要放置车舆、车轮及车器。放置的方式与二号墓放置的方式相同，也是将轮、舆拆开分别放置的。从腐朽的遗迹看三号墓室内共随葬 4 辆车，辀南舆北放于椁室后部的二层台和陪葬坑上部，靠近椁室处可以看出车衡及辀的前半部腐朽的遗迹。位于陪葬坑上部的 1 号车、2 号车的车舆及 3 号车车舆的东半部因陪葬坑塌陷破坏严重，放于椁室西侧二层台上的 4 号车的车舆被盗坑破坏。从发掘的情况看，残存的 3 号车、4 号车腐朽的车舆遗迹上下交叠在一起，可能在放置车舆填土夯打时就使车舆受到破坏严重，清理出的车衡、车辀部分也仅可看出腐朽的大概遗迹，已不能复原。在 1 号车的车衡上发现有 4 件铜銮铃。

随葬的车轮放置在墓室的北壁下，从墓室中部沿墓壁由西向东排列，车轮靠着墓壁竖置或斜置，大多相互交错叠压，墓室内共随葬 10 个车轮，编号由西向东为 1～10 号车轮。从发掘的情况看虽然有些车轮已遭到盗掘破坏，但大多保存较好，可以看出车轮的大体结构并可以复原。

在北二层台的西北角处发现有随葬的陶俑，但因上部经过夯打，泥俑已变形，仅可看出其大体形状，种类有人物、马及鼓等乐器。

被盗椁室内仅残存个别的铜泡、玛瑙环、玛瑙管、滑石环。

（四）陪葬坑和殉人

1. 陪葬坑概述

LZM3 墓室内共有 5 座陪葬坑，分别挖在椁室的北侧和东侧的二层台上。北侧的 4 座大小相同，东西并列，自西向东编号为 LZM3P1～P4。椁室东侧的 1 座略大，编号为 LZM3P5，南北向，陪葬坑北侧与椁室北端大体平行。陪葬坑均为竖穴土坑，坑壁多不规整或略经修整。

陪葬坑内木质的葬具均已腐朽，从腐朽的痕迹看葬具均为一棺，棺的长度在 2～2.1 米，宽度在 0.61～0.96 米，保存较好的残高 0.7 米，棺的具体结构不明。大多殉人骨骼保存完好，除 4 号陪葬坑被盗葬式不明外，其余的 4 名殉人皆为仰身直肢葬。位于椁室北侧的 1～4 号殉人头向均朝墓室，位于东侧的 5 号殉人，头向朝南，殉人均面向上。

5 名殉人中除 4 号殉人被盗不明外，其余的 4 人均有随葬品，随葬品多为随身佩饰，有水晶环、水晶珠、滑石璧、骨簪等，并全部放在棺内。5 号殉人的随葬品较其他的殉人略为丰富，有残断的铜剑、水晶串饰、滑石璧、骨簪等，还随葬鼎、簋、盘等一组陶礼器，随葬的陶器放于棺顶，其余的放置于棺内（附表二○）。

2. 陪葬坑举例

LZM3P1　位于椁室东北角处，南北长 2.4、东西宽 1.2、深 1.3 米。葬具为一棺，长 2.1、宽 0.9、残高 0.6 米。殉人为仰身直肢葬，头向南，面偏向右侧，两手放于盆骨处。随葬品均放于棺内，头的前部有滑石琮形束发器、滑石簪、圆形骨饰各 1 件，胸前、腹部、左手外侧及左足部放有玛瑙瑗、水晶珠、滑石佩饰，在右手下侧有 1 根长达 0.6 米的骨簪，已断为数截（图二九二）。

LZM3P2　位于 1 号陪葬坑西侧，坑南北长 2.4、东西宽 1.2、深 1.3 米。葬具为一棺，长 2.1、宽 0.7、残高 0.6 米。殉人为仰身直肢葬，头朝南，面向右侧，左臂及手紧贴身体，右臂略外撑手又放在盆骨处。随葬品均放在棺内，头前有滑石璧和滑石佩饰各 1 件，骨簪 1 件放在左胸部，2 件石圭分别放在右手处和左足下。

LZM3P3　位于 2、3 号陪葬坑之间，坑南北长 2.4、东西宽 1～1.2、深 1.3 米。葬具为一棺，长 2、宽 0.67～0.8、残高 0.54 米。殉人为仰身直肢葬，头向南面向上，骨骼下部保存不好。随葬品均放于棺内，头的前部有滑石琮形束发器、滑石簪、滑石璜各 1 件，头前棺内左上角处有 1 组由玛瑙瑗、水晶珠、骨管等组成的串饰，在胸部、左下肢处放有滑石佩饰，右下肢外侧有 1 件断为数截的长骨簪（图二九三）。

LZM3P4　位于 3 号陪葬坑西侧，坑南北长 2.4、东西宽 1.2、深 1.3 米。葬具为一棺，长 2.1、宽 0.9 米。由于陪葬坑被盗，殉人骨骼被扰乱破坏，葬式不明，随葬品

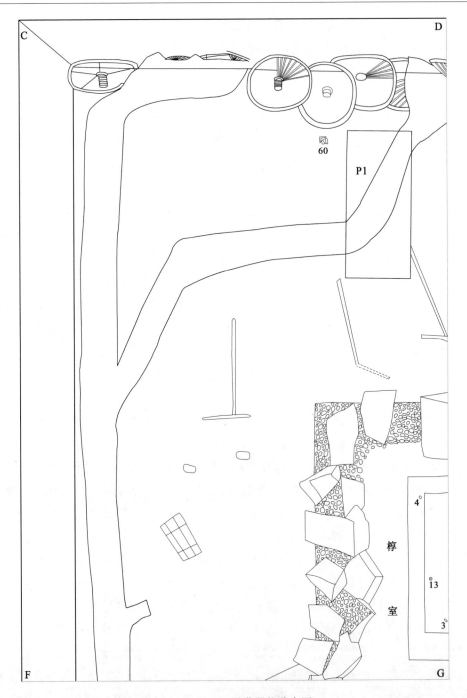

图二九一 A　LZM3 随葬器物分布图（一）

椁室外：1、10、16、17、20、21、26、29、33、43、58. 豆　2、5、15、18. 壶　3、6、36、44、49、60. 簋　4、12～14、28、55、56. 鼎　7～9. 禁　11、30、39～41、51、52. 敦　19、22、53、57、61. 盖鼎　23、25、37、48. 小盖鼎　34、35、42. 盖豆　24. 舟　27. 罍　31. 勺　32、38、45、46. 笾　47. 泥器　50. 小盘　54、59. 圈足盘　62. 牺尊。

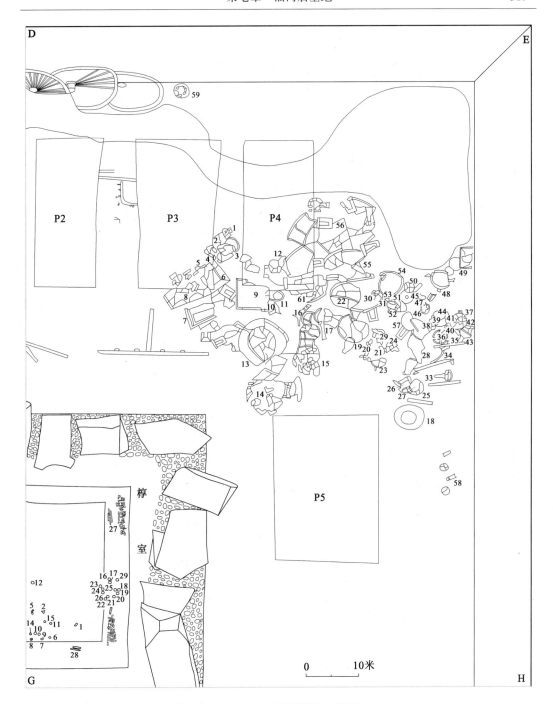

图二九一 B LZM3 随葬器物分布图（二）

椁室内（G）：1～4. 玛瑙管 5～14. 滑石环 15. 玛瑙瑗 16～26. 铜泡 27、28. 骨簪 29. 残铜片饰

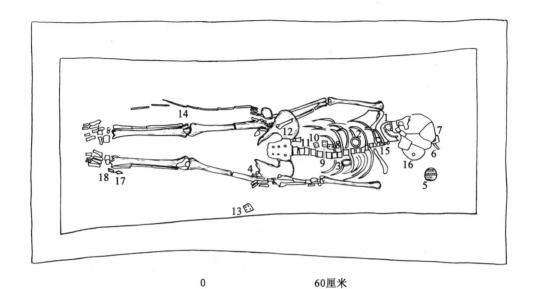

0 ————————————— 60厘米

图二九二　LZM3P1 平面图

1、15. 水晶瑗　2、3. 玛瑙瑗　4. 紫晶珠　5. 圆形骨饰

6. 滑石簪　7. 滑石琮形束发器　8～13、16～18. 滑石佩饰　14. 骨簪

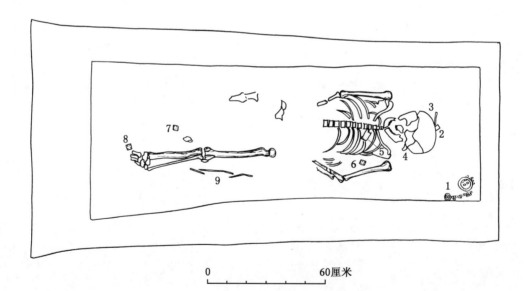

0 ————————————— 60厘米

图二九三　LZM3P3 平面图

1. 水晶串饰　2. 滑石琮形束发器　3. 滑石簪　4. 滑石璜　5. 滑石佩饰（残）　6～8. 滑石佩饰　9. 骨簪

也被盗掘一空。

LZM3P5　位于椁室东侧，南北长 2.8、东西宽 1.65、深 1.6 米。葬具为一棺，长 2.1、宽 0.96、残高 0.7 米。殉人为仰身直肢葬，头向南，面向上，左手放于下腹部，右手放于身体外侧，下肢略有些弯曲。随葬品比较丰富并均放于棺内，头部主要有水晶环和滑石琮形束发器，2 组串饰放在胸部，左侧有 1 件残断的铜剑，右上肢处放有许多滑石璜，随葬的陶器、泥器主要放在棺的下部（图二九四）。

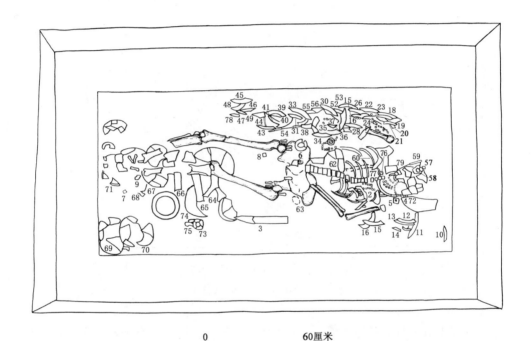

图二九四　LZM3P5 平面图

1、2. 水晶串饰　3. 铜剑　4. 滑石簪　5. 滑石琮形束发器　6. 滑石环

7～53、78. 滑石璜　55、56、72、74、76、77. 滑石佩饰　54. 骨簪　57、58. 水晶瑗

59、64～67、70、79. 陶豆　60～63. 陶盖豆　68、69. 陶敦　71、73、75. 泥器

（五）随葬器物

由于 LZM3 数次被盗，除放于二层台上的陶器外，椁室内和陪葬坑内出土的随葬器物数量不多。按质料分为陶器、铜器、玉器、石器、水晶、玛瑙器、骨器和蚌器等。

1. 陶器

61 件。大多属于仿铜陶礼器，器形有鼎、盖鼎、簋、壶、豆、盖豆、逗、敦、罍、盘、禁、舟、勺、牺尊等 10 余种。可复原的只有 20 件。

鼎　A 型 I 式 7 件，复原 1 件。形体较大，器形相近，大小有别。直口微外敞，宽平沿，方唇，直腹，下腹内收，圆底近平，三蹄形足，两附耳。标本 LZM3∶4，口径 56.8、高 44.6、通高 57.6 厘米（图二九五，1）。

　　盖鼎　B 型 9 件。均未复原。子母口有盖鼎，5 件形体较大，器形相近，大小相次，列鼎。口略敛，鼓腹，三蹄足，两附耳。鼎盖略呈弧形，顶部近平，最小的鼎足高 16 厘米。另 4 件，形体较小，子母口，有盖，口微敛，浅腹内收，底近平，三蹄足，两附耳。未能复原，鼎足高 9 厘米。

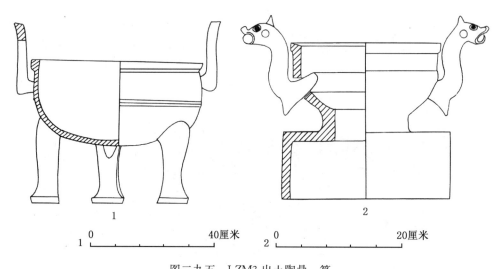

　　　　　　　　　　　图二九五　LZM3 出土陶鼎、簋
　　　　　1. A 型 I 式鼎（LZM3∶4）　　2. A 型 II 式簋（LZM3∶3）

　　簋　A 型 II 式 6 件，复原 1 件。方座连体式，形体相近，大小相若。器身呈浅腹钵状，下有高圈足，与方底座相连。腹两侧各留有一孔，内装两兽耳。兽耳单独制作，又插入腹两侧孔内。弧形顶盖，上有四叶莲花式捉手。底座为方台形，座底略大。标本 LZM3∶3，口径 24.2、底座高 10.4、上边长 24.8、下边长 27.2、高 24、通高 29.6 厘米（图二九五，2）。

　　豆　11 件，复原 8 件。

　　A 型　复原 3 件。矮柄豆，豆盘较 B 型豆略深，盘口内外壁转折明显，盘底近平。矮粗柄，柄下部中空，喇叭口状圈足。在豆柄下部和圈足上有红色彩绘的图案。标本 LZM3×5∶29，盘径 17.6、足径 16.8、高 25.2 厘米（图二九六，1）。

　　B 型　8 件，复原 5 件。高柄豆，豆盘较浅，盘口内外壁折棱明显，盘底略弧近平，高柄较粗，柄内中空，喇叭口状圈足。豆柄和圈足上饰有四组凹弦纹。标本 LZM 3∶1，盘径 23.8、足径 23.2、高 43.6 厘米（图二九六，2）。

　　盖豆　A 型 I 式 3 件。均未能复原。器形相近，深钵形豆盘，腹两侧有环纽。半球

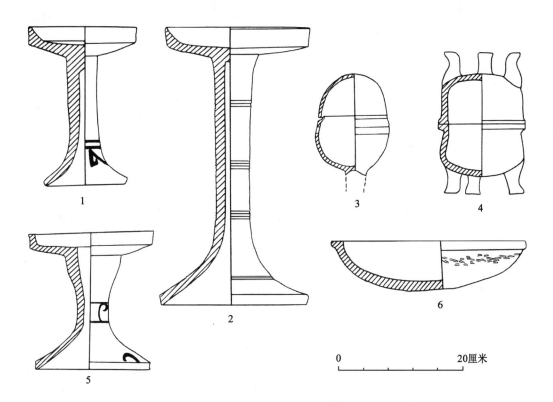

图二九六　LZM3 出土陶器

1. A 型豆（LZM3X5：59）　2. B 型豆（LZM3：1）　3. A 型Ⅰ式盖豆（LZM3：35）

4. A 型簋（LZM3：38）　5. C 型敦（LZM3：11）　6. B 型Ⅰ式盘（LZM3：50）

状形盖，顶饰三环纽。标本 LZM3：35，残存上部，口径 11.2、器残高 12 厘米（图二九六，3）。

簋　A 型 4 件，复原 2 件。盘腹较浅，内底近平，中间有圆孔与孔部相通。柄部下部呈高圈足状，中间内空，上与盘腹相通，下为大喇叭口状圈足。在柄中部和底座上还用红色绘有云纹或涡纹。标本 LZM3：38，口径 20.4、足径 18.4、高 22.4 厘米（图二九六，4）。

敦　C 型 7 件，复原 2 件。器形相近，器身与盖大小形制相同。口微敛，平沿，方唇，颈略内凹，下腹略鼓，环底。腹下有三小蹄形足。标本 LZM3：11，口径 13.8、器高 11.2、通高 22.4 厘米（图二九六，5）。

舟　A 型 1 件。浅腹，平底。标本 LZM3：47，残，底长径 12、短径 10 厘米。

壶　A 型 4 件。器形相近，大小略有差异。侈口，卷沿，高颈，鼓腹下垂，高圈足，无底，颈两侧有兽耳双环纽。器形与 LZM2 出土的 A 型壶器形相近。但因破损严重，未能复原。标本 LZM3：2，口径 25、足径 26 厘米。

盘　3 件。

A 型 I 式　2 件。敞口，宽平沿，方唇，折腹，底近平，矮圈足。标本 LZM3：54，残，直径 50、沿宽 1.7 厘米。

B 型 I 式　1 件，复原。口微敛，宽平沿，方唇，斜腹内收，小平底。腹部有不规则的绳纹。标本 LZM3：50，口径 32、底径 5.6、高 8 厘米（图二九六，6）。

罍　A 型 1 件。直口，圈足较高，无底。标本 LZM3：27，残，口径 17.5 厘米。

牺尊　1 件。标本 LZM3：62，残，近似牛形，四蹄足，足高 10.5 厘米。

禁　B 型 3 件。长方形，平沿，底部留有 4 个以上的孔。标本 LZM3：9，残长 70、高 8.8 厘米。

勺　1 件。残，椭圆形，高柄中空。

2. 铜器

由于椁室被盗，随葬的铜礼器荡然无存，仅残余铜泡和个别的残器片。在 5 号陪葬坑中随葬 1 件残断的铜剑。

铜泡　9 件。分二种。一种为圆形，弧顶状，一面有纽。标本 LZM3G：24，略有残缺，宽纽。直径 3.1、纽长 1.3、厚 0.1 厘米。另一种，顶略弧，内侧有双纽。标本 LZM3G：23，残缺，残径 3.1、纽长 1、厚 0.1 厘米。

铜剑　C 型 1 件。出于 5 号殉人棺内右侧，残断，仅存上部，尖锋，圆脊，刃锋利。标本 LZM3X5：3，残长 19.2、脊厚 0.7 厘米（图二九七，1；图版九九，5）。

3. 铁器

在被盗扰范围内还出土 1 件铁插。

铁插　1 件。方锥体，上部有方銎，方锥形刃。标本 LZM3G：01，长 11.5、上口外径 1.3～1.9、銎径 0.9～1.2 厘米。

4. 石器

102 件。均为滑石质，除椁室内残存的几件外，主要出土于陪葬坑内。器类有璧、圭、璜、环、琮形束发器、簪、佩饰等。

滑石璧　1 件。近圆形，表面磨光，中间有孔。标本 LZM3X2：5，直径 6～6.4、

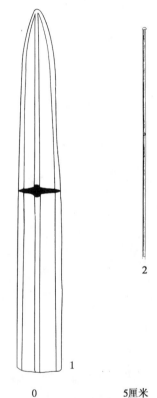

图二九七　LZM3 出土
铜剑、骨簪
1. C 型铜剑（LZM3X5：3）
2. A 型骨簪（LZM3X5：9）

孔径 1、厚 0.5 厘米（图二九八，1）。

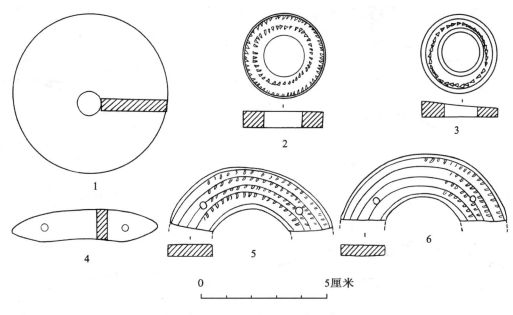

图二九八　LZM3 出土滑石璜、璧、环
1. 滑石璧（LZM3X2：5）　2、3. 滑石环（LZM3G：5、6）
4. A 型滑石璜（LZM3X5：8）　5、6. B 型滑石璜（LZM3X5：75、78）

　　滑石环　5 件。分二种。一种制作较规整，表面有刻划的纹饰。标本 LZM3G：5，表面刻划两周不规则的三角纹，直径 3.3、孔径 1.4、厚 0.6 厘米（图二九八，2）。标本 LZM3G：6，在两周凹弦纹中间有一周长角三角纹，直径 3、孔径 1.4、厚 0.25～0.45 厘米（图二九八，3）。标本 LZM3X5：73，在六周弦纹之间连接短弧线纹，直径 6.8、孔径 2.2 厘米。另一种制作较粗糙，表面无纹饰。标本 LZM3：14，直径 2.6、孔径 1.5、厚 0.7 厘米。标本 LZM3：G15，直径 2.6、孔径 1.5、厚 0.6 厘米。

　　滑石璜　47 件。

　　A 型　45 件。弧体两端尖首形，形态及大小尺寸相近。一般长 14.1、厚 0.5 厘米左右（图二九九）。标本 LZM3X5：8，长 5.8、高 1.3、厚 0.4 厘米（图二九八，4）。

　　B 型　2 件。从形态看是用石璧改制而成。半圆弧形，两端呈尖首状，并各有穿孔，正面有刻划的纹饰。标本 LZM3X5：75，长 6.5、厚 0.4、高 2.5 厘米（图二九八，5）。标本 LZM3X5：78，长 6.7、厚 0.4、高 2.6 厘米（图二九八，6）。

　　滑石圭　2 件。尖首，斜底，片状，下端略宽。标本 LZM3X2：3，宽 2.9～3.1、厚 0.2～0.4、高 11.6 厘米（图三〇〇，1；图版一一三，1）。标本 LZM3X2：4，宽 2.8～3、厚 0.3、高 11.4 厘米（图三〇〇，2）。

　　滑石佩　26 件。应为成组的佩饰，因棺椁腐朽后塌陷，原组合不明，故分别介绍。

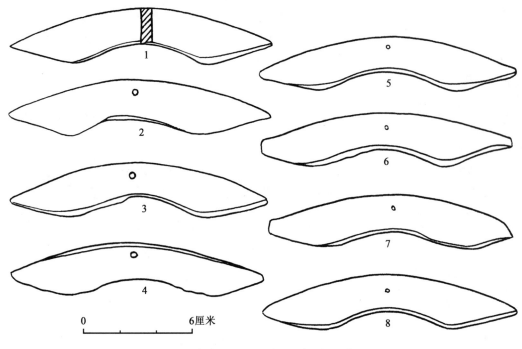

图二九九　　LZM3 出土 A 型滑石璜

1～8. A 型滑石璜

　　方形滑石佩　4 件。根据有无鉏牙分二种。一种，方形，片状，四角有孔，无鉏牙。标本 LZM3X1：13，底端略宽近矩形，边长 3.8～4.1、厚 0.6 厘米。标本 LZM3X5：76，底端略宽，边长 2.8～3.1、厚 0.3 厘米（图三〇一，1）。标本 LZM3X5：77，近方形，边长 2.4～2.6、厚 0.3 厘米。另一种，方形，片状，四角有孔，有鉏牙。标本 LZM3X1：8，下部残，上端 2 鉏牙，左右两侧各有 1 鉏牙。边长 3.4～3.6、厚 0.3 厘米（图三〇一，2）。

　　长方形滑石佩　8 件。分二种。一种，长方形，片状，中间有两个上下相对的穿孔，无鉏牙。标本 LZM3X5：74，制作规整，长 3.7、宽 2.2、厚 0.3 厘米（图三〇一，3）。标本 LZM3X1：18，底端略宽，长 2.1、宽 1.8、厚 0.4 厘米。另一种，长方形，片状，边缘上有鉏牙。标本 LZM3X2：2，四边缘上各有两个鉏牙，下端略宽。长 7.6、宽 2.5～2.8、厚 0.4～0.6 厘米（图三〇一，4；图版一一三，2）。

　　琬圭形滑石佩　3 件。根据有无鉏牙，分二种。一种，有鉏牙。弧顶，圭形，底端近平。标本 LZM3X3：5，两侧有鉏牙，但不规整，一侧为单鉏牙，一侧为双鉏牙，两个上下相对的穿孔，下端略残。长 7.8、宽 2.5～2.8、厚 0.3 厘米（图三〇一，5）。另一种无鉏牙。标本 LZM3X1：11，圭形，弧顶，底侧宽，上下各有穿孔。底宽 2、高

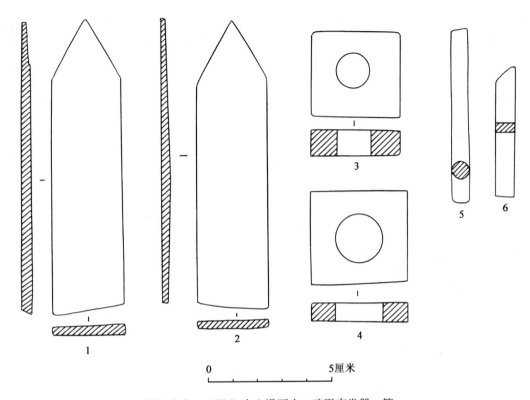

图三〇〇　　LZM3 出土滑石圭、琮形束发器、簪

1、2. 滑石圭（LZM3X2：3、4）　3、4. 滑石琮形束发器

（LZM3X3：2、LZM3X1：7）　5、6. 滑石簪（LZM3X1：6、LZM3X3：3）

5.1 厘米（图三〇一，6）。

　　菱形滑石佩　9 件。菱形弧角，两侧有穿孔。标本 LZM3X1：17，长径 4.8、短径 2.4、厚 0.3 厘米（图三〇一，7）。

　　圆珠形滑石佩　2 件。扁圆柱形，侧面有一缺口，中间有穿孔。标本 LZM3X1：16，直径 1.3、厚 0.4 厘米。

　　滑石组佩　一组，16 件。由 1 件圆形佩、3 件管和制作的不规整的穿孔石珠组成。

　　滑石琮形束发器　3 件。方形，中间为大圆孔。标本 LZM3X3：2，器体近正方形，边长 3.4～3.6、孔径 1.4、高 1.05 厘米（图三〇〇，3）。标本 LZM3X1：7，略呈扁方形，边长 3.4～4、孔径 2.1、高 0.6 厘米（图三〇〇，4）。

　　滑石簪　A 型 2 件。圆柱形，顶端略粗，平顶，下端略细并呈斜体状。标本 LZM3X1：6，长 6.9、直径 0.7 厘米（图三〇〇，5）。标本 LZM3X3：3，长 5.2、厚 0.7 厘米（图三〇〇，6）。

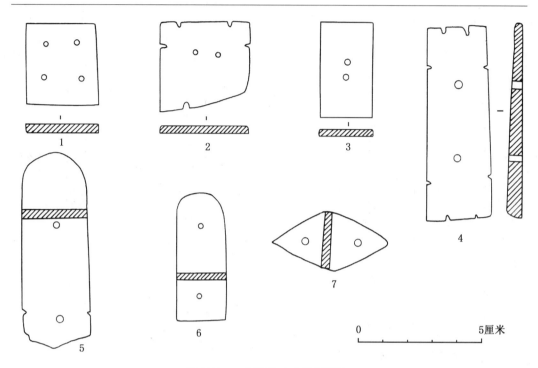

图三〇一　LZM3 出土滑石佩饰

1、2. 方形滑石佩（LZM3X5：76、LZM3X1：8）　　3、4. 长方形滑石佩（LZM3X5：74、LZM3X2：2）

5、6. 琬圭形滑石佩（LZM3X3：5、LZM3X1：11）　　7. 菱形滑石佩（LZM3X1：17）

5. 水晶、玛瑙器

77 件。大多出于陪葬坑内，个别残存在椁室内。器类有水晶瑗、水晶珠、玛瑙瑗、玛瑙珠、玛瑙管等，以及由玛瑙、水晶、骨管等组成的串饰。

水晶瑗　B 型 5 件。均出于陪葬坑内。扁圆体，中间厚，形体较小，环的内外缘都为三角状，制作一般比较精致，表面抛光。标本 LZM3X1：1，直径 3、内径 1.9、高 0.55、壁厚 0.6 厘米（图三〇二，1；图版一一三，3 左）。标本 LZM3X1：15，直径 3.7、内径 1.7、壁厚 0.9、高 0.5 厘米（图三〇二，2；图版一一三，3 右）。

球形水晶珠　3 件。扁圆体，中间穿孔。标本 LZM3X5：1，直径 0.9、高 0.6 厘米（图三〇二，3）。

玛瑙瑗　B 型 4 件。3 件扁圆体形，中间厚，内外缘边抹角，有的近似三角形。标本 LZM3X1：3，直径 5.3、内径 3.3、高 0.6、壁厚 0.9 厘米（图三〇二，4）。标本 LZM3X5：57，直径 3.5、内径 2.1、高 0.5、壁厚 0.7 厘米（图三〇二，5）。1 件出于椁室内，形似手镯，制作精致，环内外壁为直壁，表面抛光，内外缘经磨角处理。标本 LZM3G：14，外径 8.8、内径 7.3、高 1.9、壁厚 1.2 厘米（图三〇二，6；图版一一三，4）。

　　鼓形玛瑙管　4件。均出于椁室内。一种为腰鼓形，中部粗，两端逐渐变细，中间有两面对钻的孔。标本 LZM3G：1，长 3.9、中间外径 1.8、两端径 1.4 厘米（图三〇二，7）。另一种凸棱形，也为腰鼓形，只是中间有一周凸棱。标本 LZM3G：3，长 5.4、中间外径 1.7、两端径 1.3 厘米（图三〇二，8）。

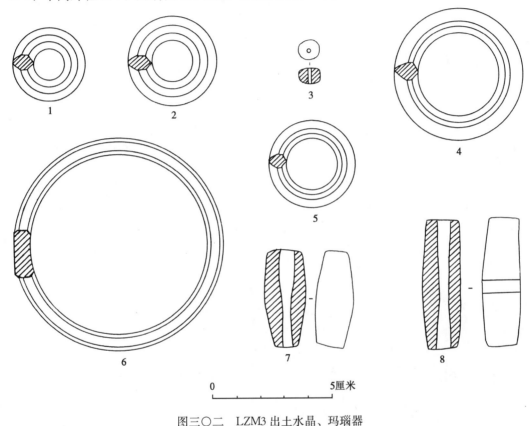

图三〇二　LZM3 出土水晶、玛瑙器

1、2.B 型水晶瑗（LZM3X1：1、15）　3. 球形水晶珠（LZM3X5：1）　4、5.B 型玛瑙瑗（LZM3X1：3、
LZM3X5：57）　6.B 型玛瑙瑗（LZM3G：14）　7、8. 鼓形玛瑙管（LZM3G：1、3）

　　玛瑙璜　2件。中间略呈弧形，两端上缘各有一凸起的子刺。标本 LZM3X5：1A，长 8.6、厚 0.5、高 3 厘米。标本 LZM3X5：1B，长 8.5、厚 0.7、高 3 厘米。

　　玛瑙、水晶串饰　2组。由玛瑙环、玛瑙珠、水晶环、水晶珠以及骨管组合串成。

　　标本 LZM3X5：1　由玛瑙环 1件、玛瑙珠 50件、玛瑙璜 2件、水晶珠 3件以及骨管 24件组成，通长约 54 厘米（图三〇三）。上端为 1件较大的玛瑙环，从串饰的中间分出两小叉，底端各 1件玛瑙璜。

　　标本 LZM3X5：2　上下端各有玛瑙环 1件，中间为玛瑙珠 15件、水晶珠 5件和骨管 8件组成，通长约 39 厘米（图三〇四）。上端 1件玛瑙环较小，下端的较大，由单串构成。

0   5厘米

图三〇三　LZM3 出土水晶玛瑙串饰（LZM3X5：1）

0   5厘米

图三〇四　LZM3 出土水晶玛瑙串饰
（LZM3X5：2）

6. 骨器

38 件。大多腐朽严重。骨管 32 件。有 5 件骨簪，每个殉人随葬 1 件。另有 1 件为圆形片状器，器形用途不明。

骨簪　A 型 5 件。形态相同，上端有弧顶的圆帽饰，下部为圆柱形，保存较好的仅有 1 件。标本 LZM3X5：9，残长 12.2、直径 0.2 厘米（图二九七，2）。

7. 车、车轮、车马器

车　共 4 辆。均损坏严重不能复原。

1 号车　由于陪葬坑塌陷和盗掘破坏，只有陪葬坑前部二层台上的衡、辀的遗迹保存较好，陪葬坑西侧还留有车舆的右前部和轴的部分遗迹。衡长 170 厘米，从保留的朽迹看呈圆柱状，直径约 6 厘米。衡上有 4 件銮铃，在辀的两侧各有 2 件，分布及间距大体对称，内侧的 2 件相距 35 厘米，各距辀 14 厘米，外侧的 2 件各距衡末约 35 厘米，与内侧相邻的銮铃相距 25 厘米。辀在衡后残长约 100 厘米，断面呈圆柱状，直径 7 厘米，在舆前复原的长度约 260 厘米。车舆仅残留右前角的部分，从保留的遗迹看车舆的拐角为圆角，在轴前右轸长约 32、宽约 4 厘米。轴残长 70、直径 5 厘米。

2 号车　仅存辀、衡。辀残长 180 厘米，前端长出衡约 16 厘米，直径约 5 厘米。从清理的遗迹看衡可能在原位置后移并折断，遗迹长 140 厘米，中间略粗，径 6 厘米，两端较细，径 4 厘米。

3 号车　位于陪葬坑南端的辀、衡与北侧车舆部分略有错位，辀的中部被盗洞打破。辀在盗洞以南残长约 160 厘米，在盗洞北侧残长约 56、直径 5 厘米。衡呈倾斜状，左侧折断，残长约 50、直径 5 厘米。与辀、衡的位置相比车舆略偏于东侧，仅有车舆前侧的舆底部分，残存前轸的右侧、右轸的前部和两根桄木的前侧，车舆的具体结构不明。前轸残长 80、右轸位置移动，偏向车舆内侧，残长 80 厘米，轸宽 4.5 厘米。两根桄木前后竖置，位于辀的两侧，各与辀相距约 20 厘米，右侧的桄与右轸最外端相距约 34 厘米，桄木宽约 4 厘米。

4 号车　仅残存辀、衡部分，辀残长约 180 厘米，靠衡端较细，径 5 厘米，下端较粗，径 8 厘米。衡残长 90 厘米，中间略粗，径 7 厘米，末端径粗 3.5 厘米。

车轮大小差别不大，直径多在 124～132 厘米之间，由于车轮是靠着墓壁竖着放置的，加上填土夯打大多受到挤压变形，有的并受到盗掘的破坏，实际尺寸可能略有出入（附表二一）。车辐的数目差别明显，最多的为 1 号、2 号轮，车辐数为 80 根，最少的为 7 号、8 号轮，车辐为 48 根，其余 6 个车轮的车辐均为 56 根（图三〇五）。从车辐的实际数目看，LZM3 车轮的车辐数量与同时期其他出土的车轮辐数相比明显偏多，即使与 LZM2 出土的车轮相比也是如此。虽然 LZM2 出土的 20 号车轮最多也为 80 根车辐，其中也不乏 56 根和 48 根的车辐，但车辐数量为 30 根和 30 以下的也占有一定的数量。

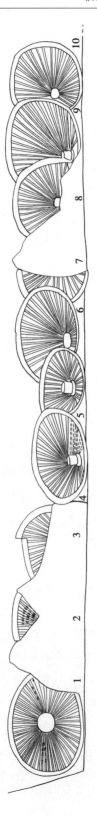

图三〇五　LZM3 车轮分布图

另一个值得注意的现象是，这批车轮可分为五组，每组由 2 个不仅车辐数量相同，而且结构也完全相同的车轮组成，每组 2 轮应是同一辆车所属，也即这 10 个车轮可配 5 辆车，但该墓内只发现了 4 辆车，另有 2 轮或可作备用。车辐的形状与 LZM2 车辐形状相同，总体像船桨形，近牙一端的骹为圆柱体，近毂一端的股为扁方体，中间相交处约 2 厘米处如同用手将圆柱捏扁的形状。车辐的长度一般在 46～48 厘米之间，骹的长度一般在 20～22 厘米之间，股的长度一般在 26 厘米左右。骹的直径在 1.8～2.4 厘米之间。而由于车辐的数量较多，股比较窄，同时也就比较宽，一般宽度在 3.5～4 厘米左右，而厚度只有 0.4～0.8 厘米。

车毂只有朝向墓室的一端大体清楚，其中 2 号、3 号、7 号和 8 号车轮遭到盗掘破坏，1 号、4 号、5 号、9 号和 10 号轮的车毂保存较好，形状和结构大体清楚。毂大体呈中间粗两端细的腰鼓形，轵端辐外长度在 23～26 厘米，贤端则均遭到破坏，保存最好的 10 号车轮毂也仅残长 10 余厘米。车毂的最大径约 15～18 厘米。

轮牙高 7～8 厘米，断面呈腰鼓形，牙中侧厚在 5～6 厘米，外侧厚 2.5～3 厘米，内侧厚 2.5 厘米。举例说明车轮的结构。

1 号车轮　保存较好，只有左下角被盗洞打去，可复原。直径 132 厘米、牙高 7.5、毂残长 30 厘米，轵端辐外长 23.5 厘米，外径 16.4、内径 8 厘米。轵端表面有六周凹弦篆纹，宽 2.8 厘米。车辐 80 根，长 48 厘米。股长 23 厘米，扁方体，宽 3.5、厚 0.4 厘米。骹长 25、直径 2 厘米。每根车辐上有 5 组 10 个装饰片，两两相对排列，主要起装饰作用（图三〇五，1）。

4 号车轮　直径 128 厘米，牙高 8 厘米，辐外轵端保存较好，长 26 厘米，其中内侧长 5 厘米，外侧长 21 厘米。最大毂径 18 厘米，轵端外径 12 厘米。有凹弦篆纹，宽 2.2 厘米。车辐 56 根，长 47 厘米，股长 26 厘米，扁方体，宽 3.5 厘米，中间略厚，0.6 厘米，两端略薄，0.3 厘米。骹长 21 厘米，直径 2.2 厘米（图三〇五，4）。

8 号车轮　直径 128 厘米，牙高 8 厘米，毂最大径 15 厘米。车辐 48 根，长 48 厘米。股长 26 厘米，宽 3.5、厚 4 厘米。骹长 22 厘米，直径 2 厘米（图三〇五，3）。

车马器　LZM3 内出土的车马器极少，仅在 1 号车车衡上发现 4 件銮铃和 4 件铜带扣，而铜带扣与 LZM2 出土的同类器相比个体偏小，而且制作粗糙，属于明器。另外在 1 号、2 号车轮上发现有装饰的骨片。

铜銮铃　4 件。形制相同。上为扁圆形的铃体，铃上镂孔一组，中间一孔，另三孔呈三角形环绕相对排列。下有扁方形的器座，中空，座上有孔（图版一一三，5）。标本 LZM3 第 1 号车：1，器高 13.3、铃径 7.1、座长 3.6、宽 1.7 厘米（图三〇六）。标本 LZM3 第 1 号车：2，器高 12.8、铃径 7.2、座长 3.6、宽 1.6 厘米。标本 LZM3 第 1 号车：3，器高 13、铃径 7.2、座长 3.6、宽 1.8 厘米。

铜带扣　B 型 4 件。形体较小，半圆体，弧形顶，背面有横梁。标本 LZM3 第 1 号车：5，高 2.3、宽 1.8 厘米（图三〇七，1）。标本 LZM3 第 1 号车：6，高 2.4、宽 1.7 厘米（图三〇七，2）。

骨饰片　1000 余片。装饰在车轮的辐条上，1 号车轮大体保存完好，根据推算应有 800 片。2 号轮被盗扰破坏，但装饰骨片方法与数量同 1 号轮。骨片形体相同，都为菱形片状，只是大小有差异。标本 LZM3 第 1 号车轮：1，长径 2.3、短径 1.8 厘米（图三〇七，3）。标本 LZM3 第 1 号车轮：2，长径 2.0、短径 0.8、厚 0.2 厘米（图三〇七，4）。标本 LZM3 第 1 号车轮：3，长径 2.7、短径 0.9、厚 0.2 厘米（图三〇七，5）。

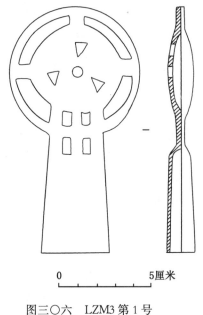

图三〇六　LZM3 第 1 号
车出土铜銮铃

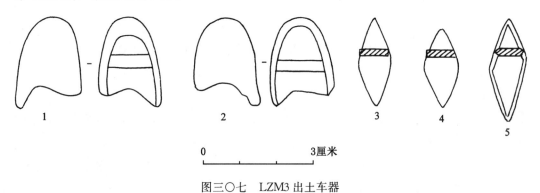

图三〇七　LZM3 出土车器

1、2. B 型铜带扣（LZM3 第 1 号车：5、6）　3～5. 骨饰片（LZM3 第 1 号车轮：1、2、3）

三、淄河店一号墓（LZM1）

LZM1 墓位于淄河店墓地北部，也是已发掘墓葬中最北端的一座，其墓室北侧约 2 米处即为断崖，断崖以北地势普遍要低 1.5 米左右。发掘时墓室上部遭到一定的破坏，耕土下即为墓口。该墓多次被盗，墓室内共发现盗洞 12 处，盗洞均为长方形，与 LZM3 墓室内的盗洞结构相同，长度在 1.2～1.6、宽度在 0.5～0.6 米左右，盗掘时代也约在明清时期。由于多次被盗，该墓椁室内几乎被盗掘一空，仅残留铜铺首、泡钉、滑石璧等个别物品，墓室西南角处的器物坑也被盗掘，坑内残存破碎的陶片，大多已不能复原。

（一）墓葬形制

LZM1 为"甲"字形土坑积石木椁墓，方向 190°（图三〇八）。墓室近似方形，墓口不太规整，南北略长，东壁长 29.2、西壁长 29.3、东西宽 28.8 米。墓室四壁自墓口至二层台设有五级台阶，由上而下第一级台阶台面宽 0.8～1.2、高 1.15 米；第二级台阶台面宽 1～1.25、高 0.8 米；第三级台阶台面宽 0.9～1.75、高 0.55 米；第四级台阶台面宽 1.2～1.65、高 0.75 米；第五级台阶台面宽 1.2～1.8、高 2.05 米。墓口距二层台深 7 米。墓壁及各级台阶台面均经过修整，比较光洁平整，表面又涂刷一层厚 0.2 厘米左右的细白粉。墓室内的填土主要由深褐色、红褐色的生土混合成红褐色花土，并经过夯

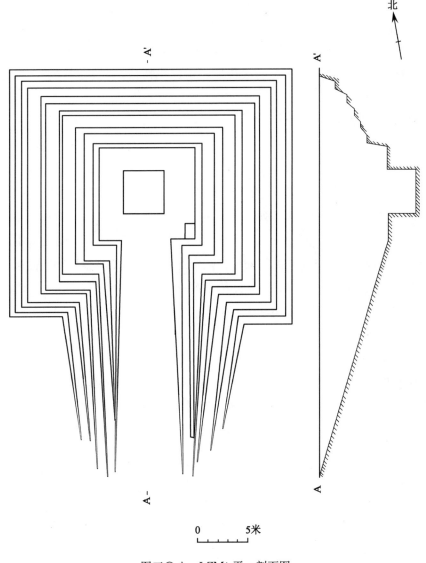

图三〇八　LZM1 平、剖面图

打，质地坚硬，夯层厚度在 0.2～0.5 米之间不等，夯窝多为圜底，直径为 5.5～7 厘米。

墓道开设于墓室南侧中部，斜坡状。墓道上口长 12.35、外口宽 14.5、里口上宽 17.9 米，墓道底与二层台相连，宽 7.35 米，坡度 14°，坡长 26.4 米。墓道两壁上也有五级台阶，与墓室各台阶相对应并相连接，各台阶最高处为墓室内台阶与墓道台阶相连处，墓道内的填土也经过夯打，结构与墓室内填土相同并相连。

椁室呈长方形，挖在墓室中部，南北长 5、东西宽 4.2、深 3 米。椁室底部铺设 6 块大石块，又填充河卵石衬平，四壁用大石块单层垒砌并用河卵石填充隙空，因椁室被盗扰及棺椁的腐朽，石块及河卵石已塌落在椁室内。

椁室四周为生土二层台，东二层台和北二层台宽 2.7 米，西二层台宽 2.4 米，南二层台宽 2.95 米，二层台高 3 米。

器物坑位于墓室东南角，在生土二层台上挖出南北长 1.7、东西宽 0.9、深 0.65 米的土坑，坑内有木质器物箱，从腐朽的板灰痕迹看，器物箱四周紧靠坑壁，其具体结构不明。

（二）葬具与葬式

椁室内木质葬具已腐朽，可看出为一棺一椁，椁的上部还留有椁盖板的朽木痕迹，其余部分均朽为白灰状，仅可看出大体形状。椁长 3.4、宽 2.3 米，高度不详。椁上部的盖板为东西横向排列，共 11 块，长 2.3 米左右，宽约 18 米厘米左右，厚 15～20 厘米。椁底板残留 7 块，也为东西排列，宽度在 13～30 厘米，厚 15～20 厘米。椁侧板被盗扰，东侧板保留有 6 块，宽 30～40、厚 6～16、椁残高 84 厘米。棺板木质较薄，已腐朽为灰烬，因被盗扰破坏又与腐朽的椁板灰相混杂，仅残留少量腐朽后的痕迹，从残存的遗迹看棺底板为南北向放置，具体结构不清。

因椁室被盗，未见骨骼，墓主葬式不明。

（三）随葬器物

一号墓的椁室和器物坑均被盗，但从残留的器物看，随葬品的放置应有所不同。在器物坑内仅发现陶片，其内可能只放置随葬的陶礼器。其余的随葬品或应放于椁室内，因椁室多次被盗，仅残存少量的铜车马器、装饰品和个别玉石器、水晶等佩饰（图三○九）。

1. 陶器

由于盗扰，陶器损坏严重。器形有鼎、豆、壶、盘等，仅复原 1 件豆盘和 1 件壶盖。

豆　A 型 1 件。柄部残，浅盘，圆唇。标本 LZM1∶1，盘径 16.8、残高 8 厘米（图三一○，1）。

壶　C 型Ⅲ式 1 件。残，仅存盖，平顶，折沿，子母口。标本 LZM1∶2，直径

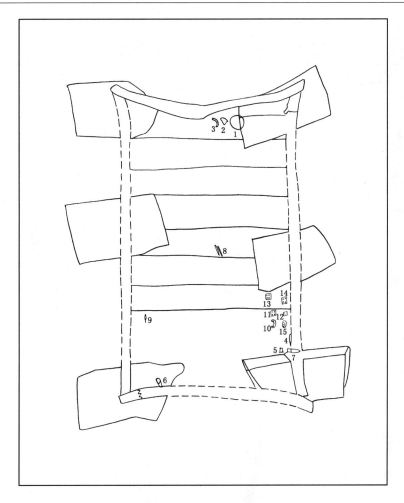

0　　　　　　　100厘米

图三〇九　LZM1 椁室平面图

1、3. 铜环　2、7. 残铜片　4. 铜泡　5. 铜车軎　6. 骨镞

8. 铁钉　9. 铜镞　10. 滑石璜　11、12. 滑石佩饰　13、14. 玉佩饰　15. 蚌壳

11.6、口径 8.2 厘米（图三一〇，2）。

2. 铜器

铜车軎　A 型 1 件。短筒形，内侧有凸起的宽折沿，有圆形的辖孔。标本 LZM1G：5，长 5.4、外端内径 2.6 厘米（图三一〇，3）。

铜环　2 件。完整 1 件，圆环状。标本 LZM1G：1，外径 6、内径 4.4 厘米（图三一〇，4）。

铜泡钉　1 件。弧顶圆形，内侧有鼻形纽。标本 LZM1G：4，略残，直径 4.5 厘米（图三一〇，5）。

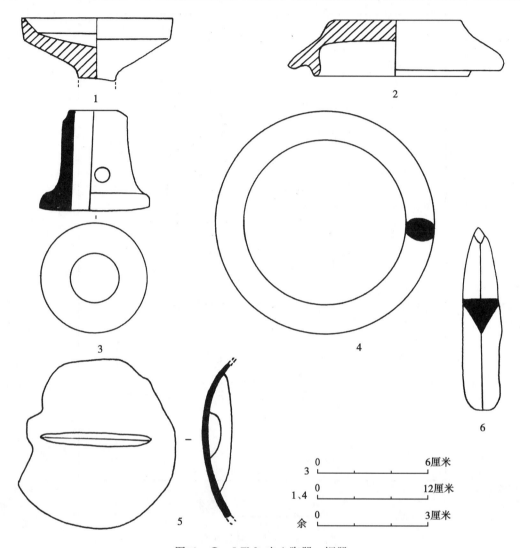

图三一〇　LZM1 出土陶器、铜器

1. A 型陶豆（LZM1：1）　2. C 型陶壶盖（LZM1：2）　3. A 型铜车軎（LZM1G：5）

4. 铜环（LZM1G：1）　5. 铜泡（LZM1G：4）　6. 铜镞（LZM1G：9）

铜镞　1 件。残，断面三角形。标本 LZM1G：9，残长 4.8 厘米（图三一〇，6）。

3. 玉器、石器

玉佩饰　2 件。长方形片状，四角各有穿孔，四边各有 2 个鉏牙，中间为两组刻划的卷云纹。标本 LZM1G：13，长 5、宽 4.3、厚 0.4 厘米（图三一一，1）。标本 LZM1G：14，残断，纹饰略有不同，残长 4、宽 4.2 厘米（图三一一，2）。

滑石璜　B 型 1 件。半圆形，中间呈弧形，两侧及一端有鉏牙，另一端略残。标本 LZM1G：10，残长 9.4、宽 2.3、厚 0.5 厘米（图三一一，3）。

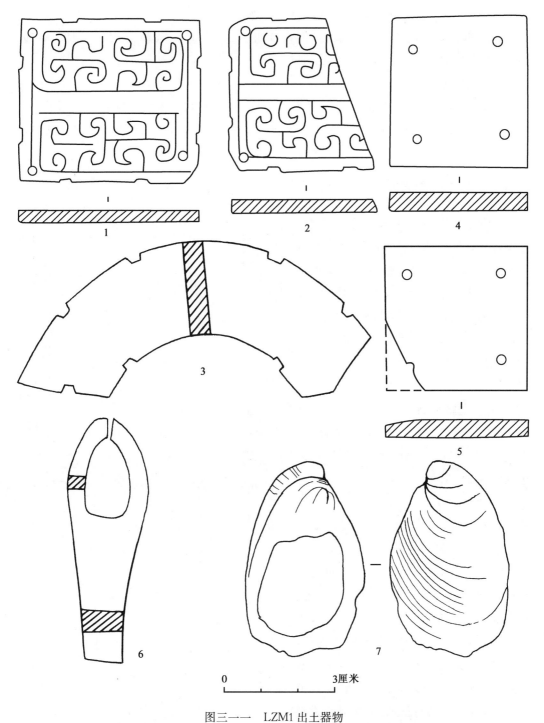

图三一一　LZM1 出土器物

1、2. 玉佩饰（LZM1G：13、14）　3. B 型滑石璜（LZM1G：10）

4、5. 方形滑石佩（LZM1G：11、12）　6. 骨镳（LZM1G：6）　7. 蚌壳（LZM1G：15）

方形滑石佩　2件。方形，片状，表面磨光，四角有穿孔。标本 LZM1G：11，有一角为双孔。长 4.1、宽 3.3、厚 0.5 厘米（图三一一，4）。标本 LZM1G：12，略残，长 4、宽 3.7、厚 0.5 厘米（图三一一，5）。

4. 骨器、蚌器

骨镞　1件。标本 LZM1G：6，残断，残长 6.5、厚 0.6 厘米（图三一一，6）。

蚌壳　1件。标本 LZM1G：15，未经加工，略残。长 5.1、宽 3.4 厘米（图三一一，7）。

四、淄河店四号墓（LZM4）

LZM4 位于淄河店墓地东北角处，规模较小，是该墓地已发掘的 7 座战国墓中最小的一座。其东侧和北侧不远即为断崖。该墓也被盗，墓室内共发现 3 处长方形盗洞，与三号墓和一号墓发现的盗洞相同，盗掘的年代也应为明清时期，该墓椁室内已被盗掘一空，墓室东北角处有一壁龛，未经盗扰。

（一）墓葬形制

LZM4 为"甲"字形土坑木椁墓，方向 280°（图三一二）。墓室呈长方形，东西长 9.3～9.44、南北宽 6.8～8.24 米，墓壁上设有二级台阶。第一级台阶距墓口 0.62 米，形状不规整，南台阶和东台阶逐渐内收于墓壁上，台面最宽处 0.5 米，台阶高 1 米；第二级台阶比较规整，台面宽 0.3～0.4、高 0.58 米。墓壁及二级台阶台面均经过修整，表面并粉刷白粉。墓室内的填土呈灰褐色，并经过夯实，夯层厚 0.14～0.4 米，质地坚硬。从夯具痕迹看，夯具多为圆形平底状，直径为 5～7 厘米，另外也发现夹杂有圆角长方形的夯具痕迹，宽 3～4、长 5～6 厘米。

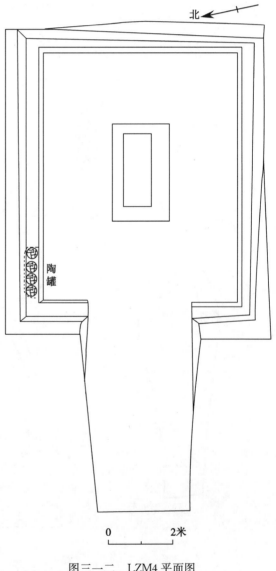

图三一二　LZM4 平面图

墓道位于墓室西侧，斜坡状。墓道上口长 5.2 米，外口宽 2.88 米，里口上宽 3.7 米，墓道底部与二层台相连，墓底宽 3.2 米，坡度约 21°，坡长 6.4 米，墓道内的填土经过夯实，夯层与墓室夯层相连，结构与墓室内填土相同。

椁室位于墓室中部，在生土二层台上挖出土坑又经过修整而成，东西长 3、南北宽 1.7、深 1.6 米。椁室四周有生土二层台，东二层台、南二层台宽 2.15 米，西二层台宽 2.3 米，北二层台宽 2.22 米。在二层台台面上发现铺有一层河卵石。

壁龛位于墓室东北角处，挖在第一层台阶下面，壁龛呈长方形，龛顶部略弧近平，东西长 1.58、高 0.54、进深 0.48 米。龛内放置 4 件陶罐。

（二）葬具与葬式

椁室内木质的葬具均已腐朽，具体结构不明，从残留的板灰痕迹可知，葬具为一棺一椁。椁长 3、宽 1.7、残高约 0.8 米。棺长 2.2、宽 0.9 米，高度不详。

因椁室被盗未见墓主骨骼，葬式不明。

（三）随葬器物

从发掘的情况看，随葬的铜器应放于椁室内，因椁室被盗掘一空，仅残留个别铜器小残片，器形不明。位于西北角处的壁龛未经盗扰，其内放置 4 件陶罐，东西排列。

陶罐 B 型 4 件。泥质灰，火候较高，质地坚硬，器形比较规整。标本 LZM4：1，侈口，圆唇，折肩，直腹，圜底。肩下部竖饰细绳纹。口径 18、高 31.8 厘米（图三一三，1）。标本 LZM4：4，侈口，圆肩，腹略鼓，圜底。肩下饰分段拍印绳纹。口径 20、高 35.2 厘米（图三一三，2）。

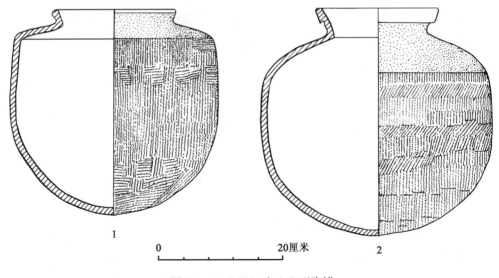

图三一三 LZM4 出土 B 型陶罐

1. LZM4：1 2. LZM4：4

五、淄河店六七号墓（LZM67）

LZM67 号墓位于墓地东部，是淄河店墓地已发掘的 7 座墓葬中最南端的墓葬。1993 年 10 月至 12 月，为配合淄河店村及临淄水泥厂取土，对 LZM67、LZM80、LZM81 三座墓葬同时进行了发掘清理。LZM67 位于墓地东部，北距 LZM80、LZM81 号墓约 60 余米。墓葬开口于耕土层下，并多次被盗，墓室内共发现盗洞 3 处，分别位于墓室的东南角、西南角和东北角。盗洞均为长方形，与三号墓室内的盗洞结构相同，长度在 1.2~1.6、宽度在 0.5~0.6 米左右。

（一）墓葬形制

LZM67 号墓为"甲"字形积石木椁墓，方向 195°。墓室略呈长方形，墓口南北长 11、东西宽 10.2 米，至二层台长 9.6、宽 9.1 米。墓口至二层台深 6.8 米。墓壁经过修整，比较平整（图三一四）。墓室内的填土为红褐色，并经过层层夯打，夯层厚 10~15 厘米，夯具为平底圆形，直径 4~7 厘米。

墓道为斜坡状，开在墓室南壁中间，上口长 14、里口宽 5.5、外口宽 5.65 米，墓道底部内侧与二层台相连，宽 5.5 米。坡度为 18°，坡长 17.4 米，墓道内的夯土与墓室夯层相连，结构相同。

椁室大体挖在墓室中部略偏西，呈长方形土坑状，南北长 3.25、东西宽 2.4 米，二层台台面距椁室底部深 2.8 米。椁室底部铺设有 6 块大石块，石块之间充填河卵石。

椁室四周有宽大的生土二层台，东二层台和北二层台最宽台面宽 3.6 米，西二层台宽 3.1 米，南二层台最窄，宽 2.75 米。壁龛位于墓室西南部，挖在墓室西壁上，壁龛底部低于二层台面约 20 厘米。壁龛正面呈长方形，长 1.6、高 0.5、进深 0.65 米，龛内放置随葬的陶器，并填充河卵石（图三一五）。

（二）葬具与葬式

由于椁室内积水加之盗扰的破坏，棺椁的具体结构及墓主的葬式不明，葬具可能为一棺一椁。

（三）随葬器物

因多次被盗，出土的随葬器物很少，仅有壁龛内的陶器和椁室内残存的铜兵器。陶器在壁龛内自南向北放置，有鬲、壶、盖豆、盘、匜、豆、鼎等器形。残存的铜兵器在椁室东部，可能原放于棺椁之间，有镞和镦。

1. 陶器

出土 12 件仿铜陶礼器，泥质灰陶，火候略高，质地较硬。器形有盖鼎、豆、壶、盖豆、盘、匜、鬲等。

盖鼎　A 型Ⅲ式 1 件。子母口，鼓腹，下腹内收，圜底近平。两腹耳近直，三柱状

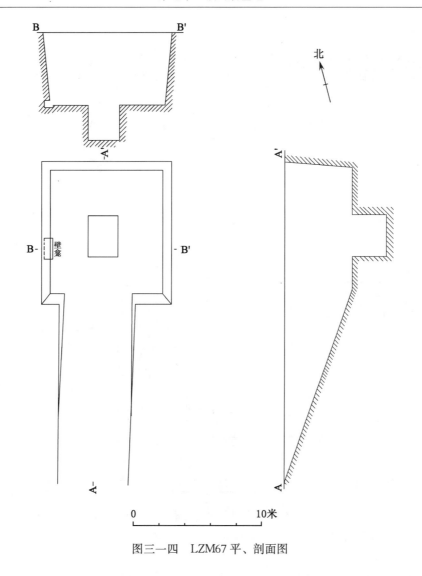

图三一四　LZM67 平、剖面图

足。腹中部有一周凸棱。有盖，盖顶部近平，残破严重，未能复原。标本 LZM67：1，口径 20.4、高 18.8、通高 24.4 厘米（图三一六，1）。

　　豆　B 型 4 件。形制大小相近，豆盘较浅，盘内斜壁底近平，盘外壁转折明显出棱。粗高柄实心，近底部内空，喇叭口状圈足。柄的中部、下部和底座上各饰一组凹弦纹，每组三条。标本 LZM67：5，盘径 22.4、足径 15.6、高 39.6 厘米（图三一六，2）。

　　盖豆　B 型 II 式 2 件。子母口，深腹微鼓，腹底近平，弧形盖，盖顶部有小喇叭口状抓手。实心粗矮柄，大喇叭口状圈足。盖的下部饰有 2 条、豆腹的上部饰有 6 条凹弦纹。标本 LZM67：6，口径 8、足径 14.4、通高 30.2 厘米（图三一六，3；图版九五，3）。

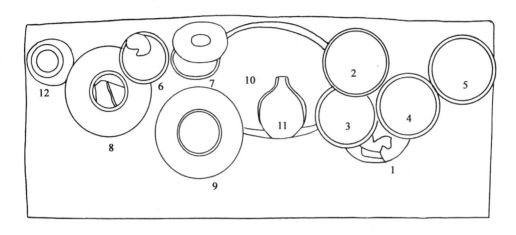

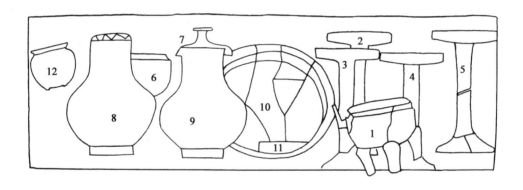

0　　　　　　　　　　　　　　　50厘米

图三一五　LZM67 壁龛出土陶器

1. 盖鼎　2～5. 豆　6、7. 盖豆　8、9. 壶　10. 盘　11. 匜　12. 鬲

　　壶　C 型 II 式 2 件。侈口，平沿，鼓腹，腹最大径在中部，下腹内收呈环底，圈足。颈部和上腹部饰有五组凹弦纹，每组 2～3 条。标本 LZM67：9，器高 36、口径 15.6、腹径 29.6、足径 14.4 厘米（图三一六，4；图版九五，4）。

　　盘　A 型 II 式 1 件。侈口，平沿，方唇，折腹，矮圈足。标本 LZM67：10，口径 44、底径 14、高 10 厘米（图三一六，5）。

　　匜　A 型 1 件。短流，大平底。标本 LZM67：11，长径 20、短径 17.6、高 6 厘米（图三一六，6）。

　　鬲　A 型 III 式 1 件。侈口，平沿，圆唇，束颈，鼓腹，低裆近平，三实足。通体竖饰粗绳纹。标本 LZM67：12，口径 12.8、高 13.2 厘米（图三一六，7）。

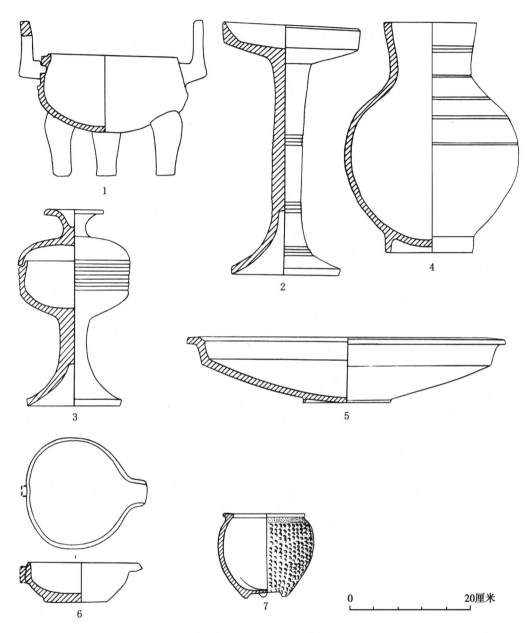

图三一六 LZM67 出土陶器

1. A 型Ⅱ式盖鼎（LZM67：1） 2. B 型豆（LZM67：5） 3. B 型Ⅱ式盖豆（LZM67：6） 4. C 型Ⅱ式壶
（LZM67：9） 5. A 型Ⅱ式盘（LZM67：10） 6. A 型Ⅱ式匜（LZM67：11） 7. A 型Ⅲ式鬲（LZM67：12）

2. 铜器

由于多次被盗，椁室内仅残存少量兵器，锈蚀严重，共 22 件，器类有镞和镦，其中镞 20 件、镦 2 件。

六、淄河店八〇号墓（LZM80）

LZM80 与 LZM81 号墓属于异穴并葬墓，位于墓地东部，北距 LZM2 约 80 米。LZM80 在 LZM81 西侧，发掘工作始于 1993 年 10 月 19 日，至 12 月 17 日结束。墓葬多次被盗，发掘中发现 4 个长方形盗洞，分别位于墓室的东南角、西南角、西北角和墓室中部，随葬品基本被盗一空，仅残存少量陶器和铜饰件。

（一）墓葬形制

LZM80 为"甲"字形土坑积石木椁墓，方向 15°（图三一七）。墓室呈长方形，南北长 12.4、东西宽 11 米，墓口至二层台深 4.9 米。墓室壁面修有一级台阶，台阶面宽 0.4～0.55 米，上距墓口 2.1 米。墓室内填土为黄褐和红褐色相杂的花土，掺有较多的料姜石，并经过夯打，夯层厚 8～12 厘米，夯具为平底圆形，直径 5～7 厘米。

墓道开设在墓室北壁中部，斜坡状，里侧与二层台相连，上口长 10.7 米，里口上宽 5.4 米，外口宽 4.25 米。墓道坡度为 18°，坡长 11.75 米。墓道里侧有一级台阶，与墓室内的台阶相连，外侧逐渐内收到墓道两侧壁上。墓道内的填土与墓室内填土相连，结构相同。

椁室位于墓室的中部，呈长方形，南北长 3.8、东西宽 2.6、深 2.9 米。椁室底部相间隔铺设 6 块大石块，又充填厚约 30 厘米的河卵石衬平，其上放置葬具。从发掘中椁室内有大量的河卵石的情况看，在放置葬具后又在木椁外

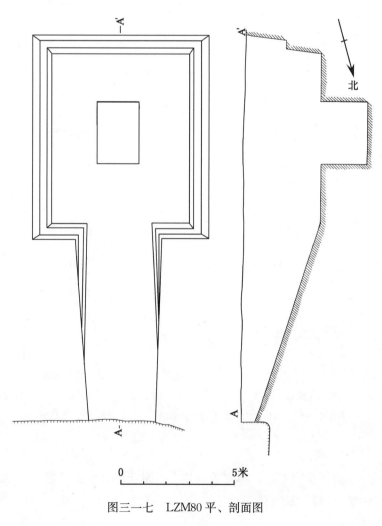

0　　　　　　　　5米

图三一七　LZM80 平、剖面图

与椁室之间充填了大量的河卵石，用于防盗。

椁室四周为生土二层台，东二层台宽 2.9 米，西二层台宽 3.05 米，南二层台最宽，台宽 3.65 米，北二层台宽 2.95 米。二层台台面上未发现遗迹现象。

（二）葬具与葬式

椁室内发现有腐朽的木质葬具的痕迹，从腐朽的遗迹看葬具为一椁一棺。椁长 2.8、宽 1.8 米，高度不明。棺长 2.34、宽 1.2 米，高度不清楚。

未发现墓主骨骼，葬式不明。

（三）随葬器物

从发掘的情况看随葬器物均放于椁室内，由于多次被盗，椁室内基本被盗一空，仅发现残破的陶器和葬具上的铜铺首（图三一八）。

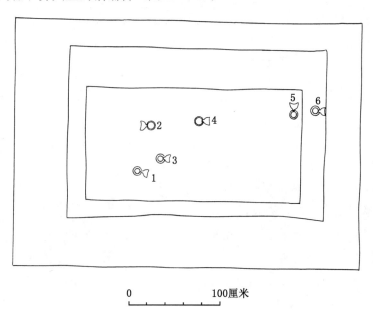

0　　　　　　　100厘米

图三一八　LZM80 椁室平面图

1～6. 铜铺首

1. 陶器

复原 9 件。均为泥质灰陶，火候略高，质地较硬。器形有盖鼎、豆、盖豆、盘等。

盖鼎　A 型Ⅲ式 1 件。子母口，鼓腹，圜底近平，腹上部饰一周凸棱。两附耳较矮，上端外侈，三柱状足。鼎盖未能复原。标本 LZM80：8，口径 20.8、高 20、通高 23.6 厘米（图三一九，1）。

豆　B 型 6 件。豆盘较浅，盘内弧壁，底近平。盘外壁转折明显，弧底。粗高柄，柄下部内空，喇叭口状圈足。标本 LZM80：9，口径 19.2、足径 13.6、高 31.6 厘米（图三一九，2）。

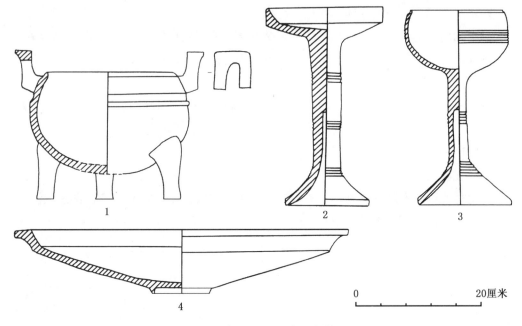

图三一九　LZM80 出土陶器

1. A 型Ⅲ式鼎（LZM80：8）　　2. B 型豆（LZM80：9）

3. B 型Ⅱ式盖豆（LZM80：12）　　4. A 型Ⅲ式盘（LZM80：10）

　　盖豆　B 型Ⅱ式 2 件。复原 1 件。豆腹为钵形深腹，子母口，圜底，细高柄，下部内空，喇叭口状圈足。豆腹及柄部有三组凹弦纹。盖残破未复原。标本 LZM80：12，口径 14.6、足径 15.2、高 30.4 厘米（图三一九，3）。

　　盘　A 型Ⅲ式 1 件。侈口，平沿，圆角方唇，上腹斜折，圜底近平，小圈足。标本 LZM80：10，口径 54.2、底径 9.2、高 10 厘米（图三一九，4）。

2. 铜器

　　铜铺首　6 件。均为棺椁上的附件。标本 LZM81：1，上宽 11.6、环径 9.8、通高 15.4 厘米（图三二〇）。

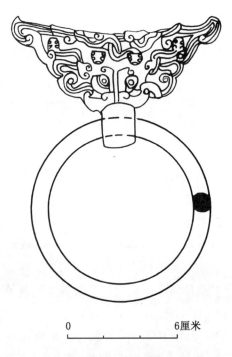

图三二〇　LZM80 出土铜铺首（LZM80：1）

七、淄河店八一号墓（LZM81）

LZM81 西临 LZM80，东侧即为与田齐王陵相隔的断崖，墓室东侧的上部遭到一定的破坏。发掘工作始于 1993 年 10 月 23 日，至 11 月 4 日结束。墓葬多次被盗，发掘中发现 3 个长方形盗洞，分别沿着二层台进入椁室，椁室内仅发现残破的陶器。

（一）墓葬形制

LZM81 为"甲"字形土坑积石木椁墓，方向 12°（图三二一）。墓室呈长方形，东壁上部被破坏，南北长 9.5、东西宽 8.6 米，墓口距二层台深 2.8 米。墓室内主要为红褐色花土，经夯打质地坚硬，夯层厚 12～22 厘米，夯具为平底圆形，直径 4～7 厘米。

墓道位于墓室北壁中部，斜坡状，上口长 5.5、宽 4 米，里侧与二层台相连处有一高 25 厘米的台阶。墓道坡度约 15°。墓道内夯土与墓室内夯土相连，结构相同。

椁室位于墓室中部，南北长 4、东西宽 2.8、深 5.7 米。发掘时椁室内填有大量河卵石，主要用于防盗。该墓椁室明显深于其他几座墓葬的椁室，在椁室的东北角处挖有

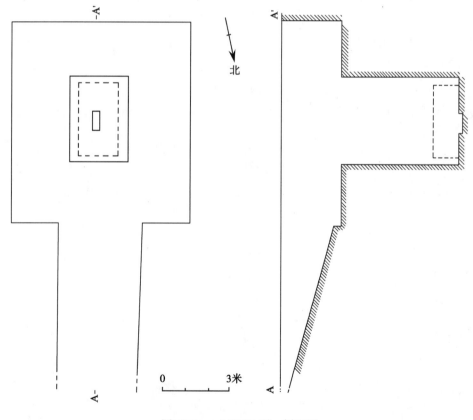

图三二一　LZM81 平、剖面图

相对的脚窝，北壁 8 个、东壁上 7 个。在椁室的底部发现设有腰坑，腰坑大体位于椁室的中部的位置，呈长方形，南北长 0.9、东西宽 0.3、深 0.2 米，坑内有腐朽严重的兽骨痕迹，坑内可能殉狗。

椁室四周为生土二层台，东二层台宽 3 米，西二层台宽 2.8 米，南二层台宽 2.6 米，北二层台宽 2.9 米，二层台台面上未发现遗迹现象。

（二）葬具与葬式

椁室内发现有腐朽的木质葬具的痕迹，从腐朽的遗迹看葬具为一椁一棺。椁长 3.4、宽 1.9、残高 1.2 米。发掘中发现的棺板遗迹腐朽严重，尺寸及结构不清楚。

因椁室多次被盗，未发现墓主骨骼，葬式不明。

（三）随葬器物

从发掘的情况看随葬器物可能都放于椁室内，在遭到多次盗掘后椁室内基本被盗掘一空，仅残存少量的陶器残片，能够复原的陶器只有几件。器形有鼎、豆、盖豆、壶、盘等约 10 余件，复原 5 件。

盖豆　B 型Ⅱ式 4 件。钵形豆腹，子母口，深腹，圜底近平。豆柄中空较矮，喇叭口状圈足。弧形盖，顶部近平，上有小喇叭口状抓手。标本 LZM81：6，口径 16、足径 12.8、高 22、通高 29.6 厘米（图三二二，1）。标本 LZM81：7，腹两侧各有一侧耳。口径 16、足径 12.8、高 26、通高 34 厘米（图三二二，2）。

壶　C 型Ⅲ式 1 件。侈口，平沿，高颈，鼓腹下收，圜底近平，矮圈足。弧形盖，顶部较高。标本 LZM81：3，口径 12.8、足径 10、高 29.2、通高 31.6 厘米（图三二二，3）。

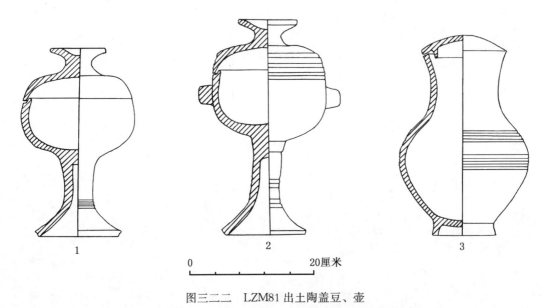

0　　　　　　　　　20厘米

图三二二　LZM81 出土陶盖豆、壶

1、2.B 型Ⅱ式盖豆（LZM81：6、LZM81：7）　3.C 型Ⅲ式壶（LZM81：3）

第八章　结语

　　上述四个墓地 19 座墓葬都是战国墓，墓主大部分是齐国贵族。虽然这些墓葬无一例外地遭到盗扰，资料残缺不全，但也反映了战国时期齐国都城所在地临淄上层贵族的埋葬习俗和文化特征等方面的基本情况，为齐国这一时期的考古学编年提供了一个标尺。在以上资料报道、分期断代和墓主身份地位分析的基础上，现对这批墓葬所反映的几个问题加以探讨，作为本报告的结语。

第一节　分期与年代

　　19 座大中型墓葬的年代均为战国时期，同时又分别属于四处不同的贵族墓地，为了便于进行分期，在第三章第二节中对这批墓葬出土的陶器、铜器、玉器、石器、水晶、玛瑙等主要器类统一进行了分型分式。由于这批墓葬椁室均被盗掘，残存铜礼器（容器）的只有 LDM5、LXM2、LXM3、LXM6、LSM1 共 5 座墓葬，其中 LXM2、LXM3、LSM1 出土的铜盒、铜舟、铜盘则出土于陪葬坑内，属于殉人的随葬品。各墓出土的玉器、石器、水晶、玛瑙器也大多属于殉葬者的随葬品，只有个别属于椁室内劫后遗存为墓主所属。19 座墓葬中均出土陶器，其中 LDM3、LXM2、LZM1 因盗掘的破坏随葬的陶礼器未能复原，而 LSM1、LXM3、LXM5 这 3 座墓葬的陶器则是殉葬者的随葬品。由于只有 LDM5、LXM6 两座墓葬残存少量属于墓主随葬的青铜礼器，所以对于这批墓葬的综合分期及其年代特征主要依据出土的陶器并参照墓葬形制的变化进行分析。

一、陶器分组

　　根据随葬陶器组合、器类演变和器物特征，这批墓葬出土的主要陶器组合可分为五组（图三二三）。

　　第 1 组　随葬的仿铜陶礼器组合和器类最为丰富，有 A 型 I 式鼎、B 型 I 式鼎，A 型 I 式盖鼎、B 型 I 式盖鼎，A 型 I 式簋、A 型 II 式簋、B 型 I 式簋、B 型 II 式簋，A 型簠、B 型簠，A 型豆、B 型豆、C 型豆，A 型 I 式盖豆、A 型 II 式盖豆、C 型盖豆，A 型方豆、B 型方豆，A 型敦、B 型敦、C 型敦、D 型敦，A 型舟、B 型舟，A 型壶、

分期 / 器物分组	A 型鼎	A 型盖鼎	B 型簠	C 型敦
第一期　一	AⅠ（LZM3：4）	AⅠ（LZM2：84）	BⅠ（LZM2：72）	CⅠ（LZM2：1）
第一期　二	AⅡ（LXM1：4）	AⅠ（LXM3P14：7）	BⅡ（LXM4：6）	CⅡ（LXM1：6）
第二期　三		AⅡ（LXM3P4：7）		
第三期　四		AⅢ（LZM67：8）		
第三期　五		AⅢ（LZM80：8）		

图三二三　典型陶器分期演变图（一）

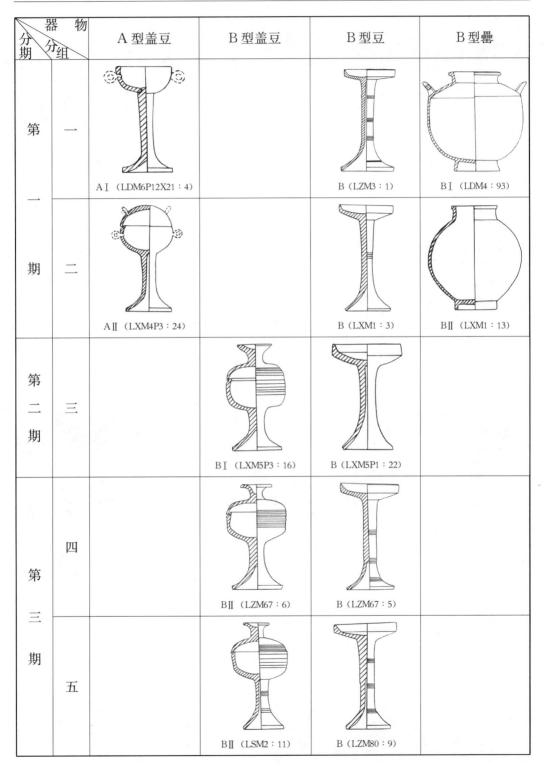

器物分组／分期分组	A 型盖豆	B 型盖豆	B 型豆	B 型罍
第一期 一组	AⅠ（LDM6P12X21：4）		B（LZM3：1）	BⅠ（LDM4：93）
第一期 二组	AⅡ（LXM4P3：24）		B（LXM1：3）	BⅡ（LXM1：13）
第二期 三组		BⅠ（LXM5P3：16）	B（LXM5P1：22）	
第三期 四组		BⅡ（LZM67：6）	B（LZM67：5）	
第三期 五组		BⅡ（LSM2：11）	B（LZM80：9）	

图三二三　典型陶器分期演变图（二）

分期＼器物分组	A型壶	C型壶	A型盘	A型鬲
第一期 一	AⅠ（LZM2：65）		AⅠ（LZM2：23）	AⅠ（LXM6：1）
第一期 二	AⅡ（LXM4：32）			
第二期 三		CⅠ（LXM3P4：8）		AⅡ（LXM5P4：40）
第三期 四		CⅡ（LZM67：8）	AⅡ（LZM67：10）	AⅢ（LZM67：12）
第三期 五		CⅢ（LSM2：2）	AⅢ（LZM80：10）	

图三二三　典型陶器分期演变图（三）

B型壶，A型Ⅰ式盘、B型Ⅰ式盘、C型盘，A型Ⅰ式匜、B型匜，A型Ⅰ式鬲、B型鬲，瓿，A型罍、B型Ⅰ式罍，A型禁、B型禁，A型铲、B型铲，勺、牺尊等器类。陶礼器中最重要的组合为鼎、簋相配，其中LZM2的组合最为完整，A型Ⅰ式鼎7件，B型Ⅰ式盖鼎5件，A型Ⅰ式簋6件。此组仿铜性比较突出，特别是盖鼎、簋、簠、舟、敦，与铜礼器的形制基本相同，而A型壶、B型壶、A型罍，非实用器的特征非常明显，均无底，属于仿铜明器。

第2组　器物组合、器类与第1组基本相同，有A型Ⅱ式鼎，A型Ⅰ式盖鼎，B型Ⅱ式簋，A型豆、B型豆，A型Ⅱ式盖豆，A型敦、B型敦、C型敦、D型敦，A型舟、B型舟，A型壶、B型壶，A型Ⅰ式盘、B型Ⅰ式盘、C型盘，A型匜、B型匜，A型Ⅰ式鬲，瓿，A型Ⅱ式罍等。与第1组相比，主要器类有一定的变化。A型Ⅱ式盖鼎的鼎盖隆起，B型Ⅱ式簋的龙形耳内收上昂，A型Ⅱ式盖豆由平口变为子母口，A型壶的腹部最大径有所上移，B型Ⅰ式罍在肩部有双提手消失，由折肩变为鼓腹。

第3组　从本组开始随葬陶礼器的组合发生了明显变化，陶器的种类明显减少。在属于第1、2组中仿铜陶礼器组合中的A型鼎、B型鼎，A型簋、B型簋、A型簠、B型簠三类相配使用的主要器类已经不见。鼎类中只有A型Ⅱ式盖鼎。豆类中的方豆、莲花盘豆，A型盖豆、C型盖豆均已消失，只有A型豆、B型豆，另外新出现B型Ⅰ式盖豆。A型壶、B型壶均由新出现C型Ⅰ式壶取代，与前两型壶相比，变为圈足并增加了盖。B型鬲不见，A型Ⅱ式鬲与A型Ⅰ式鬲相比变化不大，主要是足部由外撇开始向内收。

第4组　与上组相比陶器的组合基本相同，主要器类由盖鼎、豆、盖豆、壶、盘、匜、鬲组成，但器形发生了一定的变化。盖鼎的变化明显，（A型Ⅲ式盖鼎）与上组A型Ⅱ式盖鼎相比，腹为圜底深腹，由蹄足变为柱状足，鼎盖大多破损严重，未能复原。豆的形态变化不明显，B型豆的豆柄略变矮，但矮柄的A型豆仍然存在，与上组相比，只是豆底座略变小。B型Ⅱ式盖豆与上组相比，豆腹容量变小，柄部略高。鬲仍然发现，与上组A型Ⅱ式鬲相比，A型Ⅱ式鬲的下腹内收明显，足根内收。

第5组　陶器的基本组合延续上组，器形略有变化，其中，A型Ⅲ式盖鼎是继续变矮，鼎腹下垂明显，耳变短矮。C型Ⅲ式壶与上组相比变化比较明显，最大腹径由腹部上移，靠近肩部，下腹斜收，圈足变矮。B型Ⅱ式盖豆也略有变化，豆腹容量继续变少，柄部变细，而且底座也变小。B型豆的豆盘更浅，柄部呈上下粗细相同的柱状，柄上部显的略粗，下部略细，底座也变得略小。A型Ⅲ式圈足盘也有较明显的变化，与上组的A型Ⅱ式盘相比，折腹更加明显，圈足不仅变矮，并且明显内收变小。

二、分期与年代

根据以上陶器组合、器类演变及器物特征变化，结合墓葬之间的打破关系、墓葬结构以及其他类随葬品的特点，可以把临淄东夏庄墓地、相家庄墓地、单家庄墓地和淄河店墓地的 19 座战国墓葬分为三期。

第一期　共 10 座墓，编号为 LDM3、LDM4、LDM5、LDM6，LXM1、LXM2、LXM4、LXM6，LZM2、LZM3，分别属于临淄东夏庄、临淄相家庄和淄河店三处墓地。出土的陶器属于典型陶器分期演变中的第 1 组和第 2 组，出土其中铜礼器的 LDM5、LXM6 也在本期。

本期的陶礼器仿铜性最强。A 型 I 式盖鼎、B 型 I 式盖鼎，与 LDM5、LXM6 随葬的铜盖鼎形制非常接近，为子母口，浅腹微鼓，三蹄足位于腹底部外侧，只是铜盖鼎为平盖，陶盖鼎的盖顶微鼓近平。此类浅腹平盖的铜盖鼎，春秋战国时期在齐地比较多见。春秋晚期铜盖鼎的腹较浅，平盖，如齐侯鼎[①]、临朐杨善平盖鼎[②]，到战国时期，鼎腹变深，如临淄尧王庄出土的国子鼎[③]，战国中期之后，盖顶逐渐变为弧形盖，如临淄赵家徐姚战国墓[④]。本期的铜盖鼎与国子鼎相比形制基本相近，从鼎腹略浅以及总体特征看，LDM5、LXM6 出土的铜盖鼎应晚于公孙造子鼎，而又早于国子鼎。本期的陶盖鼎腹较浅，盖微鼓，与临淄郎家庄墓出土的陶鼎比较相近，是战国陶鼎的早期形式[⑤]。簠和簋只在本期发现。A 型簋与底部的方座为联体式，直口，平沿，龙形附耳，盖顶有莲花状捉手，具有春秋晚期的遗风。B 型簋，大多为分体式，与底部的方座为组合式，其簋耳为龙形穿耳很具特色，在簋体两侧呈双龙腾飞状，与传世的陈侯午簋比较相似[⑥]。簠在中原地区特别是荆楚地区比较流行，而在齐国贵族墓中尚不多见，在本期墓葬中只有 LDM4、LDM5、LDM6、LXM4、LXM6 中发现簠。簋与簠在礼器组合中的作用基本相同，一般与鼎相配，七鼎配四簠或五鼎配二簠，出土簠的墓葬规格一般较高。齐国的豆类不仅数量多而且种类比较丰富，本期的豆类有豆、盖豆、方豆、莲花盘豆等。A 型豆、B 型豆，主要区别在于豆柄的高矮，过去学界曾有争议，认为齐国的豆早晚演变在于豆柄的高矮，实际上这两种豆贯穿整个战国时期，而且早晚形制的变化不明显。盖豆分 A、B、C 三型，其中 A 型、C 型盖豆仅见于本期。A 型盖豆为钵形腹，半球状盖，高柄，在豆腹两侧有活动环耳，盖顶装饰三活动环纽。C 型盖豆比较少见，

①　马承源：《中国青铜器》，上海古籍出版社，2003 年。
②　齐文涛：《概述近年来山东出土的商周青铜器》，《文物》1972 年第 5 期。
③　杨子范：《山东临淄出土的铜器》，《考古通讯》1958 年第 6 期。
④　淄博市临淄区文化局：《山东淄博市临淄区赵家徐姚战国墓》，《考古》2005 年第 1 期。
⑤　山东省博物馆：《临淄郎家庄一号东周殉人墓》，《考古学报》1977 年第 1 期。
⑥　徐中舒：《陈侯四器考释》，《国立中央研究院历史语言研究所集刊》第三本，第四分册，1933 年。

特点在于近似覆盘形的盖顶部装饰莲花状捉手，除了盖主体与豆完全相同。B 型盖豆，出现的要晚于 A 型盖豆，但其一直延续到战国晚期。早期的 B 型盖豆不仅腹部较大，而且盖上的喇叭口状捉手和底部的圈足都大于晚期。方豆、莲花盘豆和笾只见于本期，具有明显的齐国的地方色彩。敦和舟也是主要的礼器组合。出土的 2 件铜敦近似球形，三环纽状足，腹两侧为环耳，盖上饰三环纽，与传世的陈侯午敦相似①。而陶敦的种类较多，分为 A、B、C、D 四型。其中 A 型敦与铜敦器形基本相同，B 型敦比较有特点，由上下两个完全相同的三足小鼎扣合组成，铜礼器中未见同类器。春秋晚期磁村墓②、景阳岗墓③出土的敦腹、盖上各有三个小蹄形足，与之近似，或由此演变而来。B 型敦与铜敦形体基本相同。D 型敦器整体近似球形，上下各有三乳柱状小足，腹两侧也为乳柱状耳，盖略小，上饰三乳柱状纽，器身装饰圆泡状小乳丁。这种周身装饰小乳丁的方式见于磁村、景阳岗春秋墓出土的敦，是春秋晚期至战国早期的典型器物。本期的 A 型兽耳双环壶与陈喜壶器形相近，陈喜壶属于春秋末年器④，从总体风格看，淄河店 2 号墓出土的 A 型陶壶具有战国早期偏早的特征。

　　以上对出土的陶器、铜器的典型器类进行了分析对比，第一期墓葬出土的器物均具有战国早期的明显特征，其年代应相当于战国早期。依据陶器的时代特征又可分为前后两段：属于前段的墓葬有 LDN3、LDM4、LDM5、LDM6、LXM6、LZM2、LZM3 共 7 座墓，出土的陶器为第 1 组陶器组合；属于后段的有 LXM1、LXM2、LXM4，计 3 座墓，出土的陶器主要属于第 2 组陶器组合。

　　第二期　计有 LXM3、LXM5，LSM1 共 3 座墓。出土的陶器属于典型陶器分期演变图中的第 3 组。

　　从本期开始随葬陶礼器发生了明显变化，仿铜性明显减弱，礼器主要组合发生变化，许多器类明显减少。在第一期陶礼器组合中的无盖鼎以及与之相配使用的主要礼器类簋与簠已消失，鼎类中只有 A 型盖鼎。豆类中的方豆、莲花盘豆和 A 型盖豆均已不见，只有 A 型、B 型豆和 B 型 II 式盖豆。A 型、B 型仿铜无底壶也已消失。不过，属于本期的 3 座墓的陶器均出土于陪葬坑内，陶器为陪葬的殉人所属，而椁室及二层台上未发现属于墓主的陶器，这种现象可能与当时贵族的随葬观念有关，也可能与发掘受到局限有关。与上期相比不仅陶器组合，在器物特征上也发生了明显变化。A 型 II 式盖鼎的腹部变深，鼎腹的底部由近平变成圜底，三蹄足与 A 型 I 式相比略显内聚，鼎盖也明显隆起成为弧形盖，盖上装饰的短矩形纽取代了环纽。盖豆变化也比较明显，B 型

　　①　徐中舒：《陈侯四器考释》，《国立中央研究院历史语言研究所集刊》第三本，第四分册，1933 年。
　　②　淄博市博物馆：《山东淄博磁村发现四座春秋墓葬》，《考古》1991 年第 6 期。
　　③　聊城地区博物馆：《山东阳谷县景阳岗村春秋墓》，《考古》1988 年第 1 期。
　　④　马承源：《陈喜壶》，《文物》1961 年第 2 期。

Ⅱ式盖豆豆腹和柄下部圈足都略变小，腹部和盖上装饰宽凹弦纹。无底仿铜壶由 C 型壶取代，口微敛，球状腹，圜底，小圈足，弧顶盖。上述 A 型Ⅱ式陶盖鼎、B 型Ⅱ式盖豆、C 型Ⅰ式壶与临淄两醇 M3197 出土的同类器很相似[1]，与临淄东古墓地 M1009 出土鼎和盖豆比较接近[2]。A 型Ⅱ式鬲与上期相近，口近直，三实足根略向内收。

本期陶器主要器类的时代特征与战国中期相近，其年代应为战国中期。其中豆、盖豆、壶、鬲与同期遗址中出土的同类生活用具基本相同，反映出战国中期陶礼器的仿铜性明显减弱，许多器类如豆、盖豆、壶、盘等具有实用功能。

第三期　计有 LSM2、LZM1、LZM4、LZM67、LZM80、LZM81 共 6 座墓葬。出土的陶器属于典型陶器分期演变图中的第 4 组和第 5 组。

本期陶器组合基本上承袭了前一期，与上期不同，陶器虽然大多属于墓主的随葬品，但器类组合却没有太大变化，主要器类组合仍为鼎（盖鼎）、豆、盖豆、壶、盘、匜、舟、瓿，鬲仍有发现。战国时期盖鼎是最具有时代特征的典型器物，其演化的轨迹也比较清楚，主要变化在足部与耳部，早期的鼎足为蹄足，鼎耳呈长方形，本期的 A 型Ⅲ式盖鼎三蹄足变为三柱状足，鼎耳也变得短小，腹部下垂，具有明显的晚期特征。C 型壶的演变也比较清楚，腹部的最大径由下腹部逐渐上移，本期第 5 组出土的 B 型Ⅲ式壶最大腹径靠近肩部，具有典型的战国晚期特征。A 型Ⅲ式鬲，敛口、鼓腹、圜底近平、乳状足根，形状如同陶釜加上了三小实足，表现出战国同类器中的最晚形态。墓葬形制上也有明显的变化，本期中的 LSM2、LZM1、LZM4 均属于在墓室四壁留有多级生土台阶的墓葬，临淄地区已发掘的战国墓中，这种墓室设有多级生土台阶的墓葬台阶越多时代越晚，有多级生土台阶的大型贵族墓在临淄地区一直延续到西汉早期。

通过以上对典型陶器和墓葬形制的分析，第三期墓葬的年代应相当于战国晚期。依据陶器的特点又可分为前后两段：前段墓葬出土的陶器为第 4 组陶器组合，计有 LZM67、LZM80、LZM81 共 3 座墓；后段墓葬出土的陶器属于第 5 组陶器组合，计有 LSM1、LZM1、LZM4 共 3 座墓。

三、墓主身份探讨

对墓主身份的探讨主要依据文献记载并结合考古发现来进行综合考察。文献记载和考古资料表明，墓葬的形制、棺椁的数量、随葬品的多寡与墓主的社会地位密切相关。

① 山东省文物考古研究所、齐城遗址博物馆：《临淄两醇墓地发掘简报》，《海岱考古》第一辑，山东大学出版社，1989 年。
② 山东省文物考古研究所、齐城遗址博物馆：《临淄东古墓地发掘简报》，《海岱考古》第一辑，山东大学出版社，1989 年。

（一）墓葬形制

从墓葬形制方面探讨墓主的身份除了墓室的大小外，还有两个重要标志：一是墓道的开设；二是封土的有无。墓道是进入墓室的通道，在商周时期墓道已经成为贵族埋葬制度的一项重要内容。墓道在古代文献中称"隧"或"羡道"，《左传·僖公二十五年》："戊午，晋侯朝王，王飨醴，命之宥。请隧，弗许……"，杜注："阙地通路曰隧，王之葬礼也"①。《周礼·春官·冢人》"以度为丘隧……"，贾公彦疏"天子有遂，诸侯已下有羡道"②。从文献记载看"隧"或"羡道"虽然都为墓道，但王与诸侯及以下贵族的墓道有所不同。考古发现也表明，殷商时期已经出现属于有四条墓道的"亚"字形墓、两条墓道的"中"字形墓和一条墓道的"甲"字形墓，有墓道的墓葬都属于贵族墓。战国时期，有无墓道仍然是区别墓主身份的重要标志，临淄地区发掘的战国时期的中小型墓葬均未发现有墓道，如临淄东古墓③、两醇墓地④、商王村墓地⑤、淄川南韩村墓地⑥。本报告19座墓葬都属于"甲"字形墓，应该都属于齐国贵族墓葬。

19座墓葬分有封土墓和无封土墓两种类型。在19座墓葬中有封土的墓葬为14座，占墓葬的70%以上。封土是墓葬的地面标志，至迟在春秋时期已经出现，《礼记·檀弓上》记载，孔子将其父母合葬于防时曾为其父母起筑封土堆，并提到他见过四种不同的封土形制，可见在春秋时期墓上堆筑封土的现象已经常见。考古发掘证明，春秋时期确实存在封土大墓，如河南固始侯固堆一号墓属于公元前5世纪中叶，而在临淄地区普遍出现封土大墓应在春秋晚期以后。以封土的大小、高矮来标识墓主身份的高低大约始于战国。《周礼·春官·冢人》记载："以爵等为丘封之度与其树数。"郑玄注："别尊卑也。……汉律曰：'列侯坟高四丈，关内侯以下至庶人各有差'"⑦。贾公彦疏："尊者丘高而树多，卑者封下而树少"，庶人则"不封不树"⑧。至于各爵等封土的尺度，《周礼》本来的规定已无法确知，连郑玄也只能以汉律加以说明。但有一点是确定无疑的，那就是封土作为社会等级的标志，至迟在战国时期已经确立，封土规模越大、越高，墓主的身份就越高、越尊贵。有封土的这14座墓葬都属于大型墓葬，墓主非贵族莫属。

（二）棺椁制度

棺椁制度对探讨墓主身份具有重要作用，在古代文献中对于棺椁制度也有相关的记

① 杜预注《春秋左传集解》，上海人民出版社，1977年。
② 《十三经注疏·周礼正义》，786页，中华书局，1979年。
③ 山东省文物考古研究所、齐城遗址博物馆：《临淄东古墓地发掘简报》，《海岱考古》第一辑，山东大学出版社，1989年。
④ 山东省文物考古研究所、齐城遗址博物馆：《临淄两醇墓地发掘简报》，《海岱考古》第一辑，山东大学出版社，1989年。
⑤ 淄博市博物馆等：《临淄商王墓地》，齐鲁书社，1997年。
⑥ 于嘉芳：《淄博市南韩村发现战国墓》，《考古》1988年第5期。
⑦ 《十三经注疏·周礼正义》，786页，中华书局，1979年。
⑧ 《十三经注疏·周礼正义》，786页，中华书局，1979年。

载。《礼记·檀弓上》"天子之棺四重"，郑注："诸公三重，诸侯再重，大夫一重，士不重"[1]。考古所见棺椁制度在春秋以前与文献记载有所不同，诸侯一级的差别比较明显，如已经发掘的北赵晋侯墓、辛村卫侯墓，棺椁大多为一椁一棺，个别仅为一椁两棺，而大夫一级的比较接近，如上村岭虢国墓地、侯马上马墓地等，大多为一椁两棺或一椁一棺。考古发现战国时期大夫一级的葬具与文献记载的棺椁制度基本相同。临淄地区发掘的战国时期的大中型墓葬在棺椁制度上有明显的特点，木质葬具大多为一椁一棺或两棺，但规模较大的墓葬都采用石椁，石椁底部先平铺一层大石块，四壁采用大石块垒筑，上下再铺设木板，石椁内放置木质的棺椁，如果石椁作为椁的话为一椁两棺或两椁一棺。有无石椁是临淄齐国贵族墓墓主身份的重要标志。

（三）随葬品的器用制度

随葬品的器用制度主要为礼器的使用，其核心是鼎、簋配伍的用鼎制度。由于鼎是判别墓主身份地位的重要标志，用鼎制度历来受到历代学者的关注。《公羊·桓公二年传》何休注："礼祭，天子九鼎，诸侯七，卿大夫五，元士三也"[2]，对此有学者作了系统的研究，以为这是西周古制，东周时随着宗法奴隶制走向衰亡之后，已变化为诸侯九鼎，卿、上大夫七鼎，下大夫五鼎，士三鼎或一鼎[3]。临淄发掘这19座战国时期的均被盗掘，但大多随葬了以鼎为主的陶礼器组合，为考察墓主的身份提供了依据。

19座战国时期的大中型墓葬分别属于四处不同的墓地，相家庄墓地与单家庄墓地相距较近仅数百米，与东夏庄墓地、淄河店墓地相距甚远。根据文献记载，周代墓葬有公墓、邦墓之分，公墓和邦墓实行的都是以血缘关系为纽带的族葬制，没有血缘关系是不能葬于一处的。依据上述对墓葬形制、棺椁制度和随葬品的器用制度的分析，对这四处战国墓地的墓主身份分别进行综合考察。

东夏庄墓地位于四处墓地的最西端，发掘的4座战国墓葬，都属于带有一条南墓道的"甲"字形土坑墓，墓室面积均在200平方米以上；墓室上部有高大的封土，其中LDM4、LDM5位于同一座封土下，属于"异穴并葬"；都有石椁，木质葬具为一椁一棺。LDM4由于被盗未发现铜礼器，陶器的基本组合为鼎、簋、簠、豆、敦、舟、壶、盘、匜等。鼎的数量最多，其中鼎多达25件、盖鼎8件，由于破损严重，鼎只复原6件，盖鼎复原7件。经复原的簋已有4件，还有7件未能复原的簋座。据此推测LDM4可能随葬两套陶礼器。此外，陶器中还有一组陶编镈和一组陶编钟。LDM5墓室规模较小，墓主应是LDM4墓主的夫人。LDM5虽然被盗，但残存部分青铜礼器，有铜盖鼎、盖豆、敦、舟、盘、提梁壶、罍都是2件，豆为4件，由于被盗铜礼器完整的组合

① 《十三经注疏·礼记正义》，1293页，中华书局，1979年。
② 《十三经注疏·春秋公羊传注疏》，2214页，中华书局，1979年。
③ 俞伟超：《周代用鼎制度研究》，《先秦两汉考古学论集》，文物出版社，1985年。

数量不明。同时 LDM5 也随葬大量的陶礼器，主要组合为五鼎四簋。据《仪礼·既夕礼》的记载，士用"明器"，"无祭器"。郑玄注："士礼略也，大夫以上兼用鬼器、人器。"① 郑玄所指的"鬼器"，当即明器，也就是仿铜陶礼器。"人器"，应为"祭器"，也就是铜礼器。由于 LDM4 与 LDM5 为异穴夫妇并葬墓，前者随葬各类陶鼎多达 30 余件，与之相配的簋也有 11 件之多，其身份当为卿大夫一级的贵族，后者为其夫人，也享有五鼎四簋的礼仪。LDM6，无论是墓葬规模还是殉人数量之多，都超过 LDM4，而且也有陶编钟随葬。特别是殉葬人数多达 40 人，在战国时期极为少见，推测墓主身份应与 LDM4 墓主相当，也是卿大夫一级的上层贵族。LDM3 规模仅略小于 LDM4、LDM6，墓室内也未发现殉人，而且二层台上也未见随葬大量陶器的现象，由于椁室被盗未发现青铜礼器，仅出土了个别的铜车軎、铜带钩。但从整个墓地布局、墓葬形制看，其墓主的身份应与 LDM4、LDM6 相近或略低，属于下大夫一级的贵族。

相家庄墓地 6 座墓葬也全部是有封土的大型"甲"字形土坑石椁墓，墓室都经装饰。除 LXM6 外都有数量不等的殉人。LXM6 随葬品兼有明器和祭器。残存一组铜器的组合为鼎、豆、盖豆、敦、舟、壶、盘、匜。该墓出土的陶礼器比较丰富，主要组合为鼎、簋、豆、簠、敦、壶、盘、匜。复原的鼎中，有形体特大的折沿无盖鼎（镬鼎），另有一种较小的无盖鼎，一种带盖的鬲鼎。其中盖鼎共复原 7 件，簋大部未能复原，但从 7 件列鼎的数量看，LXM6 墓主应是卿大夫一级的贵族。LXM1 随葬的陶器，从出土的情况可以看出其组合大致为鼎、豆、簋、敦、壶、盘、匜。因盗扰太甚，资料残缺不全，不足以说明问题。LXM1、LZM2、LZM3、LZM4 是一组异穴并葬墓，其中 LXM2 居中，LXM4 在 LXM3 之后。LXM2 墓室最深，殉人也最多。椁室中出土了大量骨制剑、镞，并出土一柄铜剑，墓主当为男性，属于卿大夫一级的贵族。而居于左右两侧的 LXM1 和 LXM3 两墓主人应是 LXM2 墓主的夫人。在 LXM3 之后的 LXM4，应与 LXM2 或 LXM3 有一定的关系，随葬的陶礼器为五鼎，墓主的身份相当于下大夫一级的贵族。LXM5 虽然未发现墓主随葬的铜礼器或陶礼器，但殉人有用鼎陪葬的现象，说明墓主也不会是一般贵族，也应属于下大夫一级。

单家庄两座墓葬都是有封土的大型"甲"字形土坑石椁墓，其东西分布，但相距的比较远，两者可能不具有血缘关系。LSM1 因椁室内被盗，未发现青铜礼器，也未出土属于墓主的陶器，但该墓内有多名殉人，殉人不仅有陶鼎陪葬，而且有的还随葬精美的玉佩，说明墓主身份较高，墓主的身份应属于大夫一级的贵族。LSM2 不仅椁室被盗，位于二层台上的器物坑也遭盗掘，坑内残破的陶礼器中有鼎 2 件，墓主的身份为下大夫或士一级的一般贵族。

---

① 《十三经注疏·仪礼注疏》，1149 页，中华书局，1979 年。

　　淄河店墓地发掘的 7 座墓葬虽然从墓室的规模看都属于"甲"字形土坑墓，不过从椁室结构、棺椁数量、随葬器物的多寡特别是随葬礼器组合的不同看，该墓地中各墓主生前的身份地位高低悬殊比较大。

　　LZM2 为"甲"字形土坑石椁墓，上部还残存封土，墓内出土了 1 件有铭铜戈，为确认墓葬主人提供了可靠的依据。戈铭为"国楚造车戈"，一行五字，铭文格式、文字特征均具齐国特有的风格。齐国兵器中"物勒工名"者少见，基本属于"物勒主名"的形式。该戈前二字"国楚"应为人名，即戈的主人，也即二号墓的墓主。齐之国氏为齐国望族，国氏之宗子又称"国子"，是周王朝所命的"守臣"，世为齐国上卿，春秋时期地位显赫，屡执齐之国政。战国时期由于田氏兴盛，并逐渐取代姜齐，国氏的地位有所下降，但据有关文献的记载和临淄城南发现的国子墓，证明战国前期国氏在齐国仍具有一定的势力，并袭有"国子"称号。

　　国楚其人未见史载，由于墓葬被盗没有发现可以表明其身份的铜礼器，但随葬的陶礼器数量众多，可以作为其身份等级的标识。二号墓内随葬有陶鼎 13 件、簋 6 件。13件陶鼎中有器形相近、大小相次的镬鼎和陪鼎各一套，分别为 A 型鼎 7 件，A 型盖鼎 5件。按照礼器相配置的原则，只有七鼎才能配六簋，7 件 A 型鼎与 6 件簋相配，构成七鼎六簋的礼数组合，5 件盖鼎可作为陪鼎。根据周代礼制，七鼎属于太牢之制，七鼎六簋的配置也只有上层统治者才能享用。该墓还出土多套编钟、编磬，有镈钟 2 套 8 件、甬钟 2 套 16 件、纽钟 10 件 1 套，编磬 3 组 24 件。《仪礼・大射》："凡悬钟磬，半为堵，全为肆，有钟有磬为全"[①]，该墓钟磬齐全，构成金石之乐。该墓还随葬 22 辆车和69 匹殉马，该墓主人享有棺椁相重、七鼎六簋、金石之乐的礼仪，随葬众多的马车、大批殉马，并拥有 12 名殉人，可见二号墓墓主国楚的地位甚高，属于在齐国具有一定权势的卿大夫之类的上层贵族。

　　LZM3 也为"甲"字形土坑石椁墓，由于墓口上部遭到破坏，有无封土不明。其与LZM2 东西相距 27.5 米，从墓葬形制、随葬器物组合及特征看 LZM3 与 LZM2 大概是一组异穴并葬墓。两墓不仅随葬的陶礼器从器类、礼器组合到器物特征与 LZM2 极为相近，而且墓室内随葬的 4 辆车及车轮的结构也基本相同。LZM2 墓中发现的 20 号车轮有 80 根车辐，这在古代车制中极为少见，LZM3 发现的 1 号、2 号车轮也有 80 根车辐，这种巧合说明了两墓之间可能存在的关系。LZM2 椁室内出土了大量戈、戟、矛、镞等兵器，二层台上随葬数量众多的车辆中包括许多用于战事的战车，墓主国楚应为男性。LZM3 椁室内虽然被盗，但残存的器物中主要为装饰品，未发现 1 件兵器，从墓葬的规格以及随葬品的特征看墓主可能为女性，或为 LZM2 墓主的夫人。LZM3 出土的陶

----

　　① 《十三经注疏・仪礼注疏》，1028 页，中华书局，1979 年。

礼器中陶鼎 14 件、簋 6 件，由于大多数的鼎未能复原具体情况不明。但据发掘时观察鼎有三类，大体为 A 型鼎 7 件，A 型盖鼎 3 件，另外形体较小的盖鼎 4 件，其中 A 型鼎与二号墓的 A 型鼎相同，虽然未能全部复原，但从鼎耳和鼎足大小高矮不同的情况看，LZM3 出土的 A 型鼎也应为形体相近、大小相次的列鼎，与出土的 6 件簋相配也为七鼎六簋之制，LZM3 与 LZM2 墓主身份相近。

LZM1、LZM4、LZM67、LZM80、LZM81 都属于"甲"字形土坑墓，墓室的上部均未发现封土，椁室内均未发现用大石块垒筑的石椁。这 5 座墓均因被盗未发现铜礼器，出土陶器的数量和种类也都有限，除 LZM4 外，其余各墓出土的仿铜陶礼器中也只有一鼎。一般说来有无墓道和椁是区别贵族墓和平民墓的主要标识，从墓葬的规模、棺椁制度、随葬品的器用制度等总体状况观察，这 5 座墓墓主的身份可能属于贵族的最下层——士阶层。

第二节 相关问题的探讨

上述四个墓地 19 座墓葬都是战国墓，墓主大部分是齐国贵族。虽然这些墓葬无一例外地遭到盗扰，资料残缺不全，但也反映了战国时期齐都城所在地临淄上层贵族的埋葬习俗和文化特征等方面的基本情况，为齐国这一时期的考古学编年提供了一个标尺。在以上资料报道、分期断代和墓主身份地位分析的基础上，现对这批墓葬所反映的几个问题加以探讨。

一、墓地布局

《周礼》将墓葬分为公墓和邦墓两类，分别由冢人和墓大夫掌管。按照郑玄的解释，公墓是王或诸侯的墓地，邦墓则是一般贵族和平民的墓地。无论是哪种类型的墓地，实行的都是血缘关系的族葬制。这种葬制的特点就是不论地位的高低，也不分财富的多寡，都按宗法关系聚族而葬，也就是郑玄所说的"同宗者，生相近，死相迫"。

西起临淄四王冢，东至青州田和冢，东西长达 7.5 公里的田齐公墓的兆域内，除了田齐国君及其后、夫人的五处墓葬外，未见有其他大、中型墓葬入葬的情况，至少是在探区范围内没有发现这种现象。而四王冢陵园壕沟内 4 排 30 座排列有序、没有打破关系的墓葬，显然是按照事先规划排定的墓位入葬的，应当是《周礼·春官》所载的"凡诸侯居左右以前，卿大夫士居后，各以其族"的埋葬制度。也就是郑玄作注所说的"子孙各就其所出王，以尊卑处其前后"的写照。

地处四王冢南北冲沟以西、牛山以东山谷中的淄河店墓地，分布着 15 座有封土的墓葬和 23 座无封土墓葬。墓地可分为南北两区。南区地处康山北坡，地势高，北区位于山谷平地，地势低。南区主要分布有封土的墓葬，无封土的墓葬则多分布在北区。这些墓葬没有叠压打破现象。虽然这些墓葬都有墓道，但规模大小悬殊。已经发掘的墓葬均属北区。其中淄河店二、三号墓是带封土的异穴并葬墓。淄河店二号墓面积近250平方米。墓虽被盗仍然出土了大量仿铜陶礼器，两组铜编镈、编钟和编磬，墓中还埋有12个殉人、20余辆车。墓北侧一条45米长的殉马坑中埋葬殉马69匹。墓中出土七鼎六簋陶礼器，说明墓主是卿大夫一级的贵族。中型墓即使保存完好的，也只出土几件陶器。墓地各墓相距较远，不存在打破关系。墓主显然是按墓大夫规划的墓位入葬的。这种大小墓葬杂处一个墓地的埋葬方式，不能说不是各从其亲的族葬制的埋葬原则。淄河店墓地与四王冢虽然近在咫尺，但与田齐公墓兆域无关。一是两者之间有自然冲沟相隔，二是从淄河店二号墓属于战国早期墓葬看，沟西一片土地在战国早期已是国氏一族的"私域地"，时间早于四王冢。

族坟墓制度虽然在齐国继续流行，但是另一种新的埋葬制度却在悄然兴起。东夏庄、单家庄、相家庄三个墓地，除了有数的几座大墓外，在墓地周围未发现其他战国时期的墓葬。这种现象说明，随着奴隶制向封建制过渡，宗法制度遭到破坏。原来死者按宗法关系聚族而葬的族坟墓制度逐渐走向崩溃，新的家族墓随之兴起。

二、墓葬形制、版筑技术和墓室装饰

（一）墓葬形制

墓葬封土是墓葬形制的主要组成部分。迄今为止，经发掘的有封土的墓葬已有23座，其中有的封土已被破坏无遗。报告发表的19座墓葬有14座是带封土的。虽然这些封土都遭到不同程度的破坏，但仍在封土形制、结构和建筑方法等方面为我们提供了重要的研究资料。

墓葬出现封土，一般认为是在春秋战国之际。在墓上加筑封土，原来是为了标识墓之处所，便于日后寻找，其高度十分有限，与后来的"以爵等为丘封之度"的封土有本质上的区别。从《晏子春秋·内篇谏下》记载齐景公欲为其宠臣梁丘据"丰厚其葬，高大其垄"一事，表明当时齐国的墓葬不仅有了封土，而且把"高大其垄"和"丰厚其葬"并举，似乎透着封土的性质开始发生变化的信息。不过，临淄至今尚未发现春秋时期墓葬存在封土的任何遗迹。然而，到了战国，高大的封土有如雨后春笋突然冒了出来。已发掘的有封土墓葬，战国墓占了总数的百分之八十，而且不乏战国早期墓葬。之所以会出现这种变化，应与当时中国历史正处于从奴隶制向封建制度过渡的社会大变革有关。各诸侯国的封建贵族在变革中纷纷夺取了本国的政权，齐国也不例外。阶级关系的变化催生了有如《周礼》所说的"以爵等为丘封之度与其树数"的、体现新的爵等关系的新的埋葬制度，原来只是为了标识葬之处所的封土变成了封建等级的标志。

《周礼·周官·冢人》所载的"以爵等为丘封之度与其树数"，以及《吕氏春秋》和《礼记·月令》记载的"审棺椁之薄厚，茔丘垄之大小、高卑、厚薄之度，贵贱之等级"，都表明在等级社会里，封土的大小、高低确实与墓主的身份地位密切相关。这在齐墓封土中得到了印证。田齐国君是齐国最高的统治者，所以田齐王陵五处墓葬的封土规模比其属下的卿大夫的封土就大得多。田齐国君包括陪葬墓的封土都在百米以上，其他墓葬封土只有数十米。经发掘数百座中小型墓就没有发现过有封土的，《礼记·王制》所说"庶人不封不树"也得到了证实。

从田齐王陵 18 座墓葬封土形制都是方基圆坟形分析，方基圆坟形的封土形制是田齐国君及其王后、夫人才能享有。除了像山形墓葬封土是异穴并葬墓特殊形制以及覆斗形封土可能与时代较晚有关之外，其他形制的封土是否与墓主的身份地位有关是一个值得注意的问题。

临淄齐墓形制有自身的特点，并有一定的规律。

第一，凡是有封土的墓葬都是大型墓，封土的大小与墓室成正比。墓葬封土既然要覆盖墓室及大部分墓道，所以墓室越大，封土也就越大，封土的大小是随着墓室的大小而定的。封土越大，高度也就越高。"爵等为丘封之度"可能是根据墓室大小制定的。

第二，从目前的资料看，虽然不能说有封土的墓葬就有殉人，但是有殉人的墓葬一般都有封土。有殉人的墓葬都是战国早、中期墓葬，战国晚期则少见用人殉葬现象。

第三，大型墓不一定都有封土。如淄河店一号墓，大夫贯一号墓，商王庄三、四号墓[1]，墓室面积皆在 200 平方米以上，地上并无封土。由于上述墓葬都是战国晚期墓，没有封土是否与时代较晚有关，或是其他什么原因，有待更多的资料方能证实。

第四，绝大部分墓葬的墓室平面作"甲"字形，墓道南向呈斜坡状。有两条墓道的"中"字形墓较少，时代也较晚，如大夫贯一号墓，商王庄三、四号墓。

第五，墓底有宽大的生土二层台，即使没有陪葬坑或在二层台没有放置随葬器物的墓也是如此，如东夏庄三号墓。

第六，与宽大的二层台相比，椁室相对较小。椁室底普遍铺有石块，四周也以石块垒砌。

第七，大型墓的墓壁设有数量不一的阶梯状台阶，没有台阶的只是少数。一般的说没有台阶或台阶少的墓葬时代较早，如东夏庄墓地四座墓只有四号墓有 1 阶，郎家庄二号墓 1 阶，相家庄六号墓，淄河店二、三号墓均无台阶。上述各墓均为战国早期墓。台阶数量较多的墓时代较晚，如淄河店一号墓 5 阶，商王庄三号墓 3 阶、四号墓 4 阶，单家庄二号墓 4 阶，大夫贯一号墓 4 阶，张家庄一号墓 5 阶，皆属战国晚期墓葬。

---

① 淄博市博物馆等：《临淄商王墓地》，齐鲁书社，1997 年。

第八，时间较晚的墓多有器物坑，随葬器物置于器物坑。如大夫贯一号墓，商王庄三、四号墓，单家庄二号墓，张家庄一号墓。有的墓葬挖有壁龛，如淄河店四、七号墓。

第九，有封土大墓的墓室壁面多经装饰并悬挂彩绘帷帐。

（二）版筑技术

"今一日而三斩板，而已封"，是孔子的学生子夏对前来观看孔子葬礼的燕人所说的一句话，说明春秋时期墓葬封土的修筑采用了版筑技术。在临淄齐墓中，不但有许多墓葬封土采用了版筑技术，而且有一些墓也是用版筑方法修筑而成的，如春秋晚期的齐故城五号墓，战国时期的郎家庄一号墓，相家庄一号墓的东、西壁，相家庄三号墓的东壁都是版筑而成。由于墓葬时代早晚有别，承托筑板的方法也有差异。

齐故城五号墓是一座姜齐国君的墓葬。墓室面积 544 平方米，墓室四壁全都是版筑而成。修筑墓室时，先在地上挖一个中间深四边浅的大坑，再在坑中用版筑的方法修建四周的墓壁。由于筑完后经削平修整，墓室壁面未留下筑板的痕迹，但东、西壁上下两排的夹棍眼无疑是支承筑板的纤木腐朽后的遗迹。说明修筑墓室东、西壁时采用的是悬臂支承筑板的技术，在内侧填土夯打。因为没有发现系板绳孔，所以不明如何扶拢筑板的。两行夹棍眼呈"品"字形交错排列，左右间距 1～1.3、上下行距 1～1.1 米。夹棍眼直径约 6 厘米。齐故城大城城墙也是采用这一方法修筑的。墓室的北壁也是版筑而成，却不见夹棍眼，但在贴近墓壁的墓底发现三个直径 0.2、深 0.4 米的柱洞。中间的柱洞与左右两旁的柱洞相距分别为 7.5 米和 5.5 米。这三根竖立的木柱就是固定筑板的榦。段玉裁《说文解字注》："榦为夹板两边木。"徐锴系传曰："筑墙两旁木也，所以制板者"。从建筑发展史看，这种用桢榦技术固定筑板的方法，比悬臂支承筑板技术原始，至于为什么要用两种不同的承托筑板方法，不可臆测。

从临淄墓葬的勘查和考古发掘表明，临淄墓葬的封土结构有平铺式、柱心式和起冢式三种，其中起冢式墓葬地下墓室的部分墓壁以及构筑地上墓室的四墙，或柱心式墓葬的封土柱普遍采用了夹棍夹绳系板建筑技术。无论是修筑封土柱或是修筑地上墓室的墙壁，可能和修建房屋一样，在起筑之前须先行画线，即用绳索在地上框定要修筑的封土柱或土墙的位置、大小和形状。关于修建房屋，《诗·大雅·绵》曾作描述："乃召司空，乃召司徒，俾立室家，其绳则直，缩板以载，作庙翼翼。"郑笺："绳者，营其广轮方制之正也，既正则以索缩其筑板，上下相承而起。"孔颖达疏："营度位处，以绳正之，其绳则方正而直矣，依此绳直之处起而筑之。"具体筑法就是，用绳套住筑板，使板立起，绳尾端系上小木桩，将木桩打入已经夯筑的下层夯土中，以紧固筑板使之不掉落，不外张，然后在筑板内侧填土夯打，使夯筑土与筑板相平，就算筑完一版，将绳索斩断，依前法继续上筑。因此壁面上筑板痕迹的上下缘留下系板绳孔。在相家庄一号墓墓室壁面仍然能看到清晰的斩板工具痕迹。战国时期的齐故城小城的修筑采用的也是夹棍夹绳系板建筑工艺。

地上墓室版筑墙外壁和封土柱的外壁的护坡，除了对封土柱或土墙起保护作用外，它在筑墓过程中起到了向逐渐增高的封土柱和土墙运送土料的作用。护坡都经夯筑，只是质量稍次。夯层有平行或斜行两种。

夹棍夹绳系板建筑技术的普遍使用，表明我国古代版筑技术已经成熟。临淄墓葬结构和建筑方法为我国建筑技术史的研究提供了丰富的重要资料。

（三）墓室装饰

墓室的装饰当起因于生人住宅的装饰。《荀子·礼论》说："事死如事生，事亡如事存"，"故圹垄，其貌像室屋也"。墓室既然是死者居室，那么仿效生时居住的室屋对墓室进行一番装饰就成为情理中的事了。如果说有什么不同，可能是由于受环境条件的制约在表现手法和内容上存在一些差异。

19座墓葬有13座进行过装饰。装饰的内容主要有三个方面：一是在墓室的壁面抹一层澄浆细泥；二是在细泥上用白土粉刷；三是在墓壁下部悬挂用麻布制成并绘有彩色图案的帷帐。涂抹细泥使墓壁平整光洁，刷白粉使墓室更加明亮，又有杀虫灭菌功效，而悬挂彩绘图案则是为了美化墓室，使之更加富丽。虽然由于回填土及夯打的作用力，不少帷帐被拽落在二层台上，或者因为所抹细泥的脱落等原因被毁坏，但保留部分仍不在少数。这些图案内容相似，都属于变形兽面纹横式二方连续彩绘图案，波浪式曲线使图案更富于节奏感和韵律感。各墓图案的用色也是大同小异。相家庄一号墓和相家庄三号墓用的是红、黑、蓝三色，眉、眼部分都用黑色勾边；单家庄二号墓用的是红、黑、白三色；相家庄二号墓和相家庄五号墓以及相家庄六号墓只用了红、黑两种颜色。

墓室装饰图案的现象，过去在洛阳金村五号墓[①]、洛阳西郊一号战国墓[②]和临淄郎家庄一号墓都曾发现过。特别是洛阳金村五号墓还发现了嵌在墓室的镶琉璃圆形铜饰。它的作用应和临淄出土的彩绘圆形蚌饰一样，用以装饰固定帷帐的竹、木钉的。可惜由于毁坏严重，图案内容不明。因此，临淄近年发现的墓壁装饰图案资料就显得更为珍贵。

到目前为止，凡有墓壁装饰图案的墓葬都是有封土的大型墓，但又不是所有有封土的大墓都有装饰图案，如单家庄一号墓。没有封土的大墓还未发现墓壁装饰图案的现象，如淄河店一号墓、临淄张家庄一号墓和大夫贯一号墓，是这些墓葬时代较晚，还是等级制度使然，有待更多的发现，才能找出其中原因。

---

① 李学勤：《东周与秦代文明》，文物出版社，1984年。
② 考古研究所洛阳发掘队：《洛阳西郊一号战国墓发掘记》，《考古》1959年第12期。

三、殉人问题

有关齐国的人殉问题一直受到学术界的关注，齐国都城临淄地区发掘的殉人墓葬，无疑为这一问题的探讨提供了重要资料。从临淄地区发掘的齐墓的资料看，西周至春秋中晚期，未发现殉人墓葬，而战国时期殉人墓葬大量出现，人殉之风比较盛行。目前，临淄地区发现的战国殉人墓葬已达 17 座，殉人数少则 1 人，多者 40 人，殉人总数已达173 人。本报告 19 座战国墓有 11 座墓发现殉人现象。

东夏庄墓地 3 座殉人墓共殉葬 61 人。分别是 LDM4 殉葬 19 人，LDM5 殉葬 2 人，LDM6 殉葬 40 人。

相家庄墓地 5 座墓内共殉葬 28 人。分别是 LXM1 殉葬 5 人，LXM2 殉葬 9 人，LXM3 殉葬 6 人，LXM4 殉葬 3 人，LXM5 殉葬 5 人。

淄河店墓地 2 座墓共殉葬 17 人。分别是 LZM2 殉葬 12 人，LZM3 殉葬 5 人。

单家庄墓地仅 LSM1 殉葬 5 人。

除了上述 11 座殉人墓葬外，发现有殉人的战国墓葬还有临淄郎家庄一号墓，赵王村战国墓 M1，刘家庄 M1、M2，国家庄 M1、M2。

郎家庄一号墓，共发现 26 个殉人，这些殉人的埋葬方式有所不同。在椁室四周二层台上挖有 17 个陪葬坑，每个坑内埋有 1 名殉人。这 17 个殉人有自己的葬具和随葬品。从未被盗掘的陪葬坑看，葬具均为一棺一椁。另外的 9 个殉人，在椁室顶部埋 6 人，5 号、15 号陪葬坑上部还各殉 1 人。埋于椁室顶部的 6 名殉人分两层埋葬，"从残骸的姿态观察，他们显然是被处死之后殉入的"[1]。

赵王村战国墓 M1 殉葬 8 人，分 3 个陪葬坑。3 个陪葬坑分别挖在椁室的前后。椁室后部的陪葬坑为长方形，坑内殉葬 4 人，每个殉人的葬具均为一棺一椁。椁室南侧的2 个陪葬坑近似方形，东西相对，坑内各埋葬 2 人，人各一棺，共用一椁[2]。

刘家庄 M1、M2，属于异穴并葬墓。M1 内殉葬 16 人，环绕椁室有 16 个陪葬坑，每坑内有殉葬 1 人，葬具均为一棺一椁。M2 内殉 1 人，陪葬坑位于东南角处的二层台上，葬具为一棺一椁。随葬品均以由水晶、玛瑙组成的随身佩饰为主[3]。

国家庄 M1、M2 共殉葬 21 人。M1 殉葬 4 人，分别葬于椁室后部和东西两侧二层台上的 4 个陪葬坑内。1～3 号殉人的葬具为一棺一椁，4 号殉人只有一棺。M2 殉葬 17人，分别葬于 5 个陪葬坑内，位于椁室南墓道口两侧的 1 号、2 号陪葬坑为方形，坑内各殉葬 2 人，葬具只有棺，未发现椁；椁室东西两侧各有 1 个陪葬坑，其内侧与椁室相

① 山东省博物馆：《临淄郎家庄一号东周殉人墓》，《考古学报》1977 年第 1 期。
② 《临淄赵王战国墓》，《中国考古学年鉴（1989）》，文物出版社，1990 年。
③ 《临淄刘家村战国墓》，《中国考古学年鉴（1995）》，文物出版社，1996 年。

连，坑内各殉1人，葬具各为一棺；位于椁室后部的5号陪葬坑，属于大型长方形陪葬坑，坑内共殉葬11人，东西排列，头向椁室，各自一棺①。

临淄地区战国殉人墓葬具有一些共同的特点。

首先，绝大多数殉人都有自己的陪葬坑。目前发现的17座战国殉人墓中，除了郎家庄一号墓的6个殉人外，其余墓葬的所有殉葬者都有土坑竖穴式的陪葬坑，尽管陪葬坑的形制有所不同，但均挖在椁室四周的二层台上。陪葬坑主要有三种形制。一种为单人单坑，一般为长方形，坑内葬1人，属于殉葬者自己的墓坑。这种形制的陪葬坑数量最多。第二种，双人陪葬坑。一般近似方形，坑内埋葬2人。第三种，多人殉葬坑，比较少见。陪葬坑内埋葬的殉人多寡不一，多者12人，如淄河店二号墓，少者如赵王村M1埋葬4人。目前仅发现郎家庄一号墓26个殉人中有6人没有陪葬坑。

其次，绝大多数殉人都有自己的葬具。从目前资料看，除了郎家庄一号墓的6个殉人外，其余167个殉人都有自己的葬具。葬具的规格略有不同。大多数殉人的葬具除了棺以外，还使用椁，以一棺一椁为主。2个殉人共同使用一椁的也比较多见，2个殉人共用一椁的现象主要发现在双人陪葬坑中，各自一棺，共用一椁。另外，还有3个殉人共用一椁，这种现象比较少见，淄河店二号墓的12个殉人，每3人共用一椁。

第三，殉人的葬式和头向基本相同。从未经盗掘的陪葬坑看，殉人的葬式基本相同，均为仰身直肢葬，上肢一般多交叉叠放于下腹部，有的也放于身躯两侧。但也有例外，郎家庄一号墓埋葬在棺室顶部的6名殉人分两层埋葬，骨骼零乱，"从残骸的姿态观察，他们显然是被处死之后殉入的"，应是被杀殉后埋葬的。除了郎家庄一号墓的8个殉人外，其余167个殉人都埋葬在陪葬坑内，由于陪葬坑都挖在椁室四周的二层台上，这些殉人的头向多朝向墓室中央的椁室。仅有个别的殉人头向与椁室相悖。

第四，绝大多数殉人都有随葬品。随葬品以随身佩饰为主，大多殉人均随葬水晶、玛瑙、滑石和骨角类等随身佩饰，但随葬品的种类、多寡有所不同。多者数十件，并有用水晶、玛瑙和玉佩串成的精美的组佩饰。少者仅有数件滑石管或滑石珠。有些殉人还随葬一组由鼎、豆、壶、盘组成的陶礼器，其中有的还随葬乐器和车马器如石磬、车軎、节约、骨镳、镳等。个别的殉人还随葬青铜剑。这种现象可能与殉人身份有关。

根据文献记载，春秋战国时期殉人的身份比较复杂，大体有三类。

第一类是一般的奴隶或家奴。如《左传·成公十年》："六月丙午，晋侯（景公）欲麦，……如厕，陷而卒。小臣有晨梦负公以登天。及日中，负晋侯出诸厕，遂以为殉"②，为晋侯殉葬的小臣可能是家奴。《左传·定公三年》："邾子……滋怒，自投于

---

① 王会田：《山东临淄清理两座大型殉人战国墓》，《中国文物报》2004年1月30日。

② 杜预注《春秋左传集解》，上海人民出版社，1977年。

床，废于炉炭，烂，遂卒。先葬以车五乘，殉五人"①，殉葬的5人可能为奴婢。

第二类是宠妾爱婢之属。《左传·宣公十五年》："初，魏武子有嬖妾，无子。武子疾，命颗曰：'必嫁是。'疾病则曰：'必以为殉。'及卒，颗嫁之，曰：'疾病则乱，吾从其治也'"②。《礼记·檀弓下》："陈乾昔寝疾，属其兄弟，而命其子尊己曰：'如我死，则必大为我棺，使吾二婢子夹我'"③。上述文献记载晋国魏武子和齐国陈乾昔临死前都要求用宠妾爱婢殉葬。

第三类是幸臣、亲信之属。《左传·文公六年》："秦伯任好（穆公）卒，以子车氏之三子奄息、仲行、鍼虎为殉，皆秦之良也。国人哀之，为之赋《黄鸟》"④。《战国策·秦策二》："秦宣太后爱魏醜夫。太后病将死，出令曰：'为我葬，必以魏子为殉'"⑤。《左传·襄公二十五年》记载齐庄公被杀后，他的亲信贾举、州绰、邴师、公孙敖、封具、铎父等11人为之从死⑥。

本报告中11座殉人墓的殉人身份显然不属于第一类，而应属于第二类和第三类，即属于墓主生前的宠妾婢女或幸臣、亲信之属。属于第二类殉人的数量最多，其葬式、葬具相同，随葬品相近，头向大多朝墓主，又同属年轻女性，她们的身份也应相同，根据文献记载，这类殉人应是墓主的宠妾婢女。

属于第三类数量不多，值得注意的是相家庄五号墓和淄河店三号墓。淄河店三号墓中的5号殉人，其人骨鉴定的结果与上述大多为年轻的女性略有不同。从人骨鉴定的结果看，其女性特征不明显，性别难以确定，不排除男性的可能。5号殉人如果排除是女性，又有作为兵器随葬的铜剑，或可说明殉葬者可能为第三类殉人，属于墓主生前的幸臣或亲信。由于三号墓墓主可能为二号墓墓主国楚的夫人，5号殉人也可能作为男性担当护卫墓主的作用，或如《战国策·秦策二》记载的秦宣太后临死要用魏醜夫为殉的性质。相家庄五号墓内共殉葬5个殉人，除了3个女性外，另2个殉人明确属于男性，而且属于男性的殉4、殉5的2名殉人均随葬青铜剑。由于该墓椁室被盗掘一空，未见墓主骨骼，墓主的性别不明，其殉葬的3个女性的身份属于第二类，而另2个男性殉人的身份应属于第三类，与推断的淄河店三号墓5号殉人的性质相同，除了作为男性担当护卫墓主的作用外，还应属于为墓主殉死的幸臣、亲信。

另外，在临淄齐故城附近发掘的郎家庄一号东周殉人墓与上述殉人墓有所不同。该墓共殉26人。在四周二层台上共有17个陪葬坑，坑内均有棺椁并各葬1人。这17个

①　杜预注《春秋左传集解》，上海人民出版社，1977年。
②　杜预注《春秋左传集解》，上海人民出版社，1977年。
③　《十三经注疏·礼记正义》，1311页，中华书局，1979年。
④　杜预注《春秋左传集解》，上海人民出版社，1977年。
⑤　刘向集录《战国策》，上海古籍出版社，1978年。
⑥　杜预注《春秋左传集解》，上海人民出版社，1977年。

殉人随葬由鼎、豆、壶、盘组成的陶礼器以及玉、水晶、玛瑙等佩饰，并均有自己的葬坑、葬具。经过鉴定的 6 人皆属年轻的女性，其身份多属于墓主的宠妻、爱婢之类。其中陪葬坑 6 出有车軎、石磬，陪葬坑 16 随葬节约、骨镳、辔饰，可能为墓主生前的司乐、御者之类亲信。上述 17 个殉人的身份属于第二和第三类。另外的 9 个殉人，在椁室顶部埋 6 人，5 号、15 号陪葬坑上部还各殉 1 人。埋于棺室顶部的 6 个殉人分两层埋葬，"从残骸的姿态观察，他们显然是被处死之后殉入的"，应是被杀殉的奴仆，其身份属于第一类殉人。

临淄地区目前发掘的属于齐国的殉人墓葬最早的属于春秋晚期，属于这一时期的殉人墓有 3 座，皆位于临淄城以东的淄河东岸，计于家墓地 2 座，后李官庄墓地 1 座，墓葬形制和殉人方式与已经发掘的 10 余座战国殉人墓不同。后李官庄 M6 为"甲"字形墓，有一条南墓道，殉 5 人，4 人环绕椁室四周，均有葬坑、葬具。陪葬坑三面挖于二层台上，内侧与椁室相通，形成所谓"亚"字形椁室，另有 1 人埋于墓道口处。墓室内还随葬辕、衡和车轮 2 个。该墓属于中型墓，由于被盗未见随葬礼器，从墓葬形制看墓主应属一般贵族。已经发掘的这 3 座殉人墓均位于淄河以东，这一地域似属后来取代姜齐的田氏贵族封地，其人殉方式与《礼记》中陈乾昔要用婢女夹棺而葬的记载很相似，墓主或为当时实秉齐政的田氏贵族。

从目前发掘的齐墓资料看，西周至春秋中期以前未见殉人现象，齐国姜氏统治者推行和维护的是周人的丧葬制度和传统习俗。到春秋晚期，姜齐衰微，以田氏为首的异姓贵族日渐强大，并实秉齐政，姜齐推行的周人葬制、葬俗遭到破坏，同时各诸侯国兴起的从死之风也必然影响到齐国。《左传·襄公二十五年》明确记载齐庄公被杀后，亲信贾举、州绰、邴师、公孙敖、封具、铎父等 11 人为之从死，但是这些为齐庄公而死的大臣、亲信是属于从死的性质，与人殉的性质有所不同，同时他们也不可能与庄公同墓穴埋葬的，作为陪臣大概只能陪葬在庄公墓的附近。考古发掘资料也证明了这一点，属于姜齐公墓的河崖头墓地，已勘探出 20 余座大、中型墓葬和数座大型殉马坑，在已经发掘的 5 座大、中型墓葬中均未见殉人现象。其中 5 号墓有环绕主室东、北、西三面的大型殉马坑，殉马总数约在 600 匹以上，其规模罕见，墓主可能为齐国国君，但墓室内也未见殉人现象。这或进一步说明，姜齐公族在春秋晚期维护的仍然是周人的丧葬制度和传统习俗。

进入战国，自春秋晚期一直实秉齐政的田氏贵族终于取代姜齐公室，并正式被册封为诸侯。因而自春秋晚期以来田氏在齐国推行的人殉制和从死之风非常兴盛。上述的考古发掘资料也充分说明，齐国的殉人墓是进入战国后大量出现的，这除了与当时的社会风气相关外，更与取代姜齐的田齐统治者推崇的人殉制和从死之风密切相关。进入战国晚期，人殉制和从死殉葬之风遭到时人的普遍反对，齐国也不例外，特别是在"乐毅伐齐"之后，国势大衰，殉葬之风发生了明显的变化。在已发掘的战国晚期墓葬中如长清岗辛战国墓、临淄大夫观战国墓、淄河店 LZM1 等大型墓葬中均未发现殉人。这表明到战国晚期人殉现象在齐国已基本绝迹。

四、齐国车制的相关问题

淄河店墓地在二号墓和三号墓的发掘中发现了一批独辀马车，其中二号墓内随葬的独辀车多达 20 余辆，该墓同临淄后李车马坑被评为 1990 年全国十大重要考古发现之一。根据发掘资料对这批战国齐车进行的复原工作，对于研究中国古代独辀车的构造和战国车制均具有重要意义。过去发现复原的独辀车多是根据腐朽的遗迹进行复原的，由于二号墓处于山前坡地上，墓内的夯土非常坚硬、干燥，藤、木质的车轮、车舆腐朽后的大小空洞保存完好，发掘采取了石膏灌注法，取得了包括轮、舆等许多重要部位的完整石膏原型标本，为复原工作提供了比较可靠的依据。淄河店墓地出土复原的独辀车，根据车舆结构不同大体可分三大类：

第一类，车舆为圆角横方形，舆中横轼，后有车门。舆上四周车轮主要由藤条与前后角柱、轼、轪及軨木绑扎连接构成，舆底由革带编织而成。

第二类，车舆也为圆角横方形，后有车门，但车舆较第一类车要大，车舆中无横轼。舆前车轮中部略向内凹，形状近似前置的"弓"形，内凹的部分应起轼的作用，或称之为前轼。车舆四周车轮也由藤、木构成，但结构有所不同，上部的较为扁平，四周齐平，较下的轮格由横竖交叉的藤条构成，支撑较的为 8 根軨柱。舆底由比较薄窄的革带编织而成。

第三类，车舆为直角长方形厢式结构，既无轼，也无车门。车厢略矮，四周相连，仅有竖撑，无横轮。车厢底部未见阴板或革底，仅在桄上铺绑一层细竹竿。

从古文献的记载看，车不仅是古代中国重要的交通工具，而且也是古代政治权利的象征，并且有较严格的等级制度。《周礼·春官·巾车》载，王有"五路"，分别为"玉、金、象、革、木"[1]，王后也有"五路"。从内容看，用上述不同质料的装饰品来装饰不同等级的车，用来进行祭祀、朝见、即戎、田猎等重要的礼仪活动，并且以装饰不同的车赐予亲疏不同的诸侯、贵族。对于各国卿以下等级贵族的乘车制度也有规定，《周礼·大宗伯·巾车》载："孤乘夏篆，卿乘夏缦，大夫乘墨车，士乘栈车，庶人乘役车"，郑玄注："夏篆，五彩画毂约也；夏缦，亦五彩画，无瑑尔；墨车，不画也；栈车，不革鞔而漆之；役车，方厢，可载任器以供役"[2]。先秦时期，车，既是身份地位的象征，因而具有严格的等级制度，作为统治阶层不可无车，而且在不同的场合有不同

---

① 《十三经注疏·周礼注疏》，822 页，中华书局，1979 年。
② 《十三经注疏·周礼注疏》，825 页，中华书局，1979 年。

的用车制度，不同的车有不同的用途。

上述三类车舆结构的不同马车其用途显然有别。

第一类车，车舆宽大，四周为网格状轮格，舆中无轵，便于安坐，前较中部内凹所形成的前轼，可供乘者抓扶。薄革带编织的舆底，乘坐时更为舒适。车舆两侧较面还装有铜器座，可用来装置伞盖，这类车应是古文献记载中的安车。《周礼·春官·巾车》："安车，彫面鷖緫，皆有容盖"，郑玄注："安车，坐乘车，凡妇人车皆坐乘"[①]。安车，是乘坐比较舒适的车，一般多为妇人所乘之车，但并不是单指妇人之乘车。《礼记·曲礼》："大夫七十而致事，若不得谢，则必赐之几杖，行役以妇人，适四方，乘安车"[②]。由此看来，安车应是指乘坐比较舒适，装饰华丽，带有伞盖，并可以坐乘的车。

三号墓随葬的1号车在车衡上有4件銮铃，或为安车类，但损坏严重，形制不明。二号墓内随葬的车中属于安车类的车仅有1号车，该车在较下的每个轮格的左上角和右下角对称涂红色，在右上角和左下角则在深棕色的漆皮上用细红线绘出几何纹图案，在车较的上面涂有绿、白两色，这些装饰手法或与"彫面鷖緫"装饰的安车相符，故此类车应为墓主人生前的主要坐乘。

第二类车，车舆主要为藤条车轮，舆身轻便灵活；舆中横轼，便于乘者扶靠；宽敞口的车门便于上下；用革带编织的舆底，既坚固又具有良好的减震性能。有些车舆的前面还附有双钩状的附件，在车舆的一侧横置架杆，如二号墓的15号车、19号车，有的车如3号车、12号车在车舆前或两侧加有侧柱，这些附件可能是用来悬挂放置弓或兵器类的。这类车中有些车舆比较轻，轮高，舆短，无盖，驾四马，乘3人，宜于骤驰，冲锋陷阵，应是古文献中称之为"五戎"的战车、轻车。《周礼·春官·巾车》："车仆，掌戎路之萃，广车之萃，阙车之萃，苹车之萃，轻车之萃"，郑玄注："此五者皆兵车，所谓五戎也"，"轻车，所用驰敌致师之车也"[③]。临淄后李春秋车马坑中的4号车，与这类车的结构相近，车舆为网状车轮，舆前有2件带柄的铜戈、铜矛，说明属于战车类。这类车由于车身轻巧灵活，平时也可用于田猎或疾驰乘用。

属于这类车的车舆结构虽然相近，但对车的装饰特别是车身外表装饰的色彩明显不同，从文献的记载看，有无彩画，副车的数量也有等差。《周礼·秋官·大行人》记载，上公贰车九乘，诸侯贰车七乘，诸子贰车五乘，郑玄注："贰，副也"。《礼记·少仪》："贰车者，诸侯七乘，上大夫五乘，下大夫三乘"[④]，与车的级别和车主的身份有关。属于卿一级的贵族，车用"五彩画"，在二号墓出土的3、12、15、19、20号车舆有朱色

① 《十三经注疏·周礼注疏》，823页，中华书局，1979年。
② 《十三经注疏·礼记正义》，1232页，中华书局，1979年。
③ 《十三经注疏·周礼注疏》，825页，中华书局，1979年。
④ 《十三经注疏·礼记正义》，1514页，中华书局，1979年。

彩绘图案，除在车舆下部轮格上涂绘红"十"字外，还在上部的横轸上绘有云纹和三角形几何纹，这些车应是二号墓墓主的贰车。二号墓墓主为国楚，属于世代为齐国上卿的国氏贵族，墓中有副车五乘以上，且有彩绘，与其身份正相吻合。

无彩绘的车一般髹漆，个别的如二号墓 14 号车甚至未见髹漆但涂有黑色，这些车当属墨车，应与墓室内的殉人有关，而非墓主的乘车。二号墓内共有 12 个殉人，保存较好的 5 具人骨个体经过鉴定均为年轻的女性，属于墓主生前的宠妾爱婢，虽然她们地位低下，但由于受到墓主的宠爱，仍可以受到较好的待遇，可以乘坐这种墨车。

第三类车，车厢较大，呈长方厢形，前后较长，左右短，无轼，无门，未见髹漆，也未着色。车厢的结构与文献记载中的役车相同，"役车，方箱，可载任器以供役"[①]，厢为木框，厢底部仅在桃木上铺竹竿，整个车厢为竹木结构，未见髹漆。这类车应是古文献记载中的栈车、役车。《周礼·春官·巾车》："庶人乘役车。"郑玄注"役车，以方箱，可载任器以供役"[②]，《说文·木部》："栈，棚也，竹木之车曰栈"[③]。考古发现与古文献记载可相互印证，这类栈车或役车，主要用途是当时用来装载货物的大车类。

根据有关记载，车在古代具有政治权力的象征，有车者多属于上层统治阶层，所谓"士乘栈车，庶人乘役车"，或指的是士或庶人可以乘坐栈车或役车，而作为一般庶人在当时是不可能拥有车的。

①　《十三经注疏·周礼注疏》，825 页，中华书局，1979 年。
②　《十三经注疏·周礼注疏》，825 页，中华书局，1979 年。
③　《说文解字段注》，成都古籍书店影印，1981 年。

附表一　临淄墓葬勘查一览表

单位：米

墓号	名称	位址	方位	距离	形制	大小（南北×东西+高）	夯窝	夯层	墓道	备注
LM1		大武镇西夏庄	南	300	圆锥形	35.4×37.2+10.75	平底	0.3~0.5	南	东汉砖室墓，已发掘①
LM2		金岭镇嵘峚村	东南	510	圆锥形			0.14~0.2	南	东汉砖室墓，已发掘
LM3		大武镇东夏庄	南	150	圆锥形	21.5×18.8+5	圆底		南	战国墓，已发掘
LM4		大武镇东夏庄	南	600	圆锥形异穴并葬	38×50+7.5	平底	0.12~0.26	两条南墓道	战国墓，两墓并列，已发掘
LM5		金岭镇嵘峚村	南	1250	圆锥形				南	东汉砖室墓，已发掘
LM6		大武镇西夏庄	西南	200	圆锥形	被破坏 16.5×15.7+6			南	战国墓，已发掘
LM7	西汉齐王墓	大武镇窝托村	南	50	覆斗形	142.9×134.4+24	平底	0.8	南、北	陪葬坑及大部分封土已发掘②
LM8	俗称灰冢子	大武镇窝托村	东南	250	圆锥形	被破坏 12×14+4	平底	0.15~0.22	南	
LM9		辛店镇王朱村	东南	100	圆锥形	16×16+6	平底	0.16~0.2	南	
LM10		辛店镇机行村	西南	720	圆锥形	7×9+5	平底	0.2	南	
LM11	传为齐冤家	辛店镇朱家庄	北	250	象山形起冢式异穴并葬	陵台 50×80+9,西坟堆径 22+4,东坟堆径 10+1	圆底	0.15	两条南墓道	西墓发现夹棍夹绳系板夯筑地上墓的地图版一一3,4
LM12		辛店镇合顺店	东	100	圆锥形	19×15+6	平底	0.14~0.2	南	
LM13		辛店镇合顺店	东	200	圆锥形	19×22+4	平底	0.2	南	
LM14	传为袁达、李牧墓	辛店镇辛店	西	250	象山形异穴并葬	陵台 50×90+7,台顶两个坟堆,西坟堆 13×12+2,东坟堆 13×13+1.5	圆底	0.15~0.2	墓道为建筑物所压	
LM15		辛店镇辛店	西南	150	圆锥形	12×10+2.3	不明	不明		土质疏松
LM16		辛店镇山王庄	东南	350	象山形起冢式异穴并葬	破坏严重,陵台 28×70+5,台顶三个坟堆不很明显	平底	0.2	三条南墓道	发现夹棍夹绳系板夯筑痕迹。图版九,1,2

续附表一

墓号	名称	位址	方位	距离	形制	大小（南北×东西+高）	夯窝	夯层	墓道	备注
LM17		辛店镇案家坡村	西北	500	象山形异穴并葬	破坏严重	圜底	0.15	两条南道	战国墓，已发掘，封土下两墓并列
LM18	传为大公衣冠冢	辛店镇单家庄	东北	200	圆锥形	19×13+7	平底	0.1～0.25	南	战国墓，已发掘
LM19		辛店镇东王庄	东	500	凸字形	陵台底60×50+10，坟堆径15+2	平底	0.2～0.3	墓南有建筑，未探明	图版三，1，2
LM20	传为终军墓	齐陵镇梁家终村	东南	200	圆锥形	18×17+4			南	
LM21		齐陵镇戴家终村	东南	850	圆锥形	30×36+5			南	
LM22		齐陵镇梁家终村	东南	1100	凸字形	18×24+4			南	
LM23		齐陵镇南山庄	南	1600	圆锥形	25×20+4	不明	质地疏松	南	
LM24		齐陵镇南山庄	南	1500	圆锥形	30×19+6	不明	质地疏松	南	
LM25		齐陵镇南山庄	南	1600	圆锥形	30×25+6	平底	0.12～0.14	南	
LM26	俗称三郎家	齐陵镇南山庄	南	1300	象山形异穴并葬	陵台98×213+2，台顶有三个覆斗形坟堆，西坟堆38×40+5，中坟30×28+7，东坟堆35×26+7	不明	0.26	三条墓道，二条朝南，一条向北	
LM27		齐陵镇南山庄	南	850	圆锥形	17×17+3	不明		南	
LM28		齐陵镇南山庄	南	600	圆锥形	15×25+3	不明		南	
LM29		齐陵镇南山庄	南	350	圆锥形	6×7+3	不明	质地疏松	南	
LM30		齐陵镇南山庄	东南	900	圆锥形	28×31+3	平底	0.16～0.2	南	
LM31		齐陵镇南山庄	东南	600	圆锥形	20×38+4	平底	0.14～0.18	南	
LM32		齐陵镇北山山庄	东	800	形制不明，起冢式墓葬	破坏严重，18.5×18.5+4.8	圜底	0.14～0.4	南	战国墓，已发掘①，本报告洞店二号墓
LM33		齐陵镇北山山庄	东南	450	圆锥形	20×33+4	圜底	0.14～0.15	南	
LM34		齐陵镇南山庄	东	300	象山形	31×46+5，西坟堆径9+2，东坟堆径7+1.5	圜底	0.15～0.2	两条南墓道	
LM35	传为管仲墓	齐陵镇北山庄	西	350	似象山形	25×35+7			墓南是路，未探明	

续附表一

墓号	名称	位址	方位	距离	形制	大小（南北×东西＋高）	夯窝	夯层	墓道	备注
LM36	四王冢	齐陵镇淄河店	南	900	象山形	陵台789×150＋15，台顶有4个方基圆坟堆	平底	0.20～0.25	四条南墓道	详见本报告《田齐王陵勘查》图六；图版一三，1，2；一四
LM37		齐陵镇淄河店	西南	800	方基圆坟形	陵台109×92＋8.5，坟堆径30＋7.5	圜底	0.18～0.2	南	四王冢陪葬墓，图版一，1，2
LM38		齐陵镇淄河店	西南	750	方基圆坟形	陵台底60×49＋6.5，坟堆12×8＋1.5	圜底	0.18～0.2	南	四王冢陪葬墓
LM39		齐陵镇淄河店	西南	750	方基圆坟形	陵台底81×86＋6.6，坟堆径22＋7.4	平底	0.2～0.25	南	四王冢陪葬墓
LM40	二王冢	齐陵镇郑家沟	西南	500	象山形	陵台底160×296＋7.5，台顶有两个方基圆坟堆	平底	0.18～0.2	两条南墓道	四王冢陪葬墓。图版七，1，2
LM41	传为晏娥冢	齐陵镇郑家沟	南	250	方基圆坟形	方基遭严重破坏，南部尚存一台阶，坟径20，高7	平底	0.2～0.22	南	二王冢陪葬墓
LM42	传为无亏墓	齐陵镇郑家沟	西	250	象山形异穴葬	陵台75×129＋3，台顶两个方基圆坟堆	平底	0.12～0.17	两条南墓道	二王冢陪葬墓
LM43	传为康王墓	齐陵镇聂仙庄	西北	400	凸字形柱心式	陵台被破坏，现存陵台31×28.5＋8.8，坟堆径18＋3.9	平底	0.2～0.22	南	柱心式封土，发现夹棍夹绳系板夯筑的封土柱东壁—图二，1；图版二，1，2
LM44		齐陵镇吕家孝陵村	北	250	象山形异穴葬	陵台48×86＋6.5，西坟堆略高于台面，不明显，东坟堆9＋1.5	圜底	0.14～0.20	因故未探明墓道	
LM45	传为黔敖墓	齐陵镇刘家营	西	250	方底圆顶形	底45×50＋9.2	圜底	0.15～0.20	南	
LM46	传为田单墓	皇城镇皇城营	南	450	方底圆顶形	底24×30＋5	圜底	0.12～0.18	南	
LM47		皇城镇石槽村	东	400	覆斗形	底45×55，顶25×20＋7	不明	不明		图版七，1，2

续附表一

墓号	名称	位址	方位	距离	形制	大小（南北×东西＋高）	夯窝	夯层	墓道	备注
LM48		皇城镇高家六端村	东南	400	象山形异穴并葬	陵台 29×39＋7,台顶有一个圆锥形坟堆,西坟堆20×20＋1,东坟堆25×25＋2.5	平底	0.18~0.24	两道	
LM49		皇城镇顾韶六端村	北	300	不明		圆底	0.16	南	
LM50	传为蒯彻墓	皇城镇五路口村	东	500	圆锥形	34×43＋6	不明	不明	南	
LM51		北羊镇许家庄	东南	350	象山形异穴并葬	破坏严重,现存封土 19×23＋7	圆底	0.16~0.18	两道	发现夹棍夹绳系板夹筑夯痕迹
LM52		北羊镇东官庄	西南	100	覆斗形	底 17×17,顶 11×14＋3	圆底	0.12~0.14	南	
LM53		大武镇矮槐树村	西	100	方底圆顶形	28×28＋4	平底	0.15~0.18	不明	
LM54		大武镇董褚村	西南	350	圆锥形	22×24＋8	平底	0.16~0.18	南	柱心式封土,发现夹棍夹绳系板夯筑夯痕迹
LM55		孙娄镇小杨庄	东	150	圆锥形	18×18＋2	不明	不明	南	
LM56		孙娄镇朱家营	西南	200	覆斗形	55×50＋8	圆底	0.16~0.18	不明	
LM57	俗称于家冢	孙娄镇高楼店	东南	400	方底圆顶形	18×18＋4	圆底	0.18~0.24	南	
LM58		齐都镇龙贯村	西南	510	不明	1965年11×7＋4,现已夷平	不明	不明	南	
LM59		孙娄镇合里庄	东南	700	覆斗形	52×74＋10	不明	0.2~0.24	不明	
LM60	传为公冶长墓	路山镇小张庄	东南	300	覆斗形	33.9×32＋6	平底	0.1~0.14	南	
LM61		路山镇南罗家庄	北	250	方底圆顶形穴并葬	28×18＋6	圆底	0.14~0.18	南	
LM62		路山镇郝家庄	西北	200	方底圆顶异穴并葬	53×37＋4	不明	不明	两道	
LM63		路山镇陈家庄	西北	250	圆锥形	16×18＋2	不明	土质疏松	南	
LM64	传为王蠋墓	路山镇东召口村	南	20	圆锥形	12×34＋6	不明	0.12~0.26	南	
LM65		路山镇东召口村	南	40	圆锥形	16×16＋4	不明	0.14~0.24	南	
LM66		路山镇中齐村	东北	300	圆锥形	9×9＋3	不明	0.16~0.22	不明	

续附表一

墓号	名称	位置	方位	距离	形制	大小（南北×东西＋高）	夯窝	夯层	墓道	备注
LM67	传为愚公墓	路山镇陈家庄	西北	村中	圆锥形	10×10＋0.7	不明	土质疏松	不明	
LM68		高阳镇北高阳村	南	600	圆锥形	22×27＋6	圆底	0.16~0.22	南	
LM69		高阳镇谢家屯	东南	300	圆锥形	14×12＋3	不明	土质疏松	南	
LM70	传为刘伶墓	高阳镇王旺庄	西	150	圆锥形	3×3＋1.3	不明	土质疏松	无	
LM71	俗称东家子	永流镇相家庄	东南	300	方底圆顶形	25.2×20.3＋10.8			南	战国墓，已发掘。本报告单家庄二号墓
LM72		永流镇徐家庄	东南	600	圆锥形	15×12＋3	不明	土质疏松	南	
LM73	俗称北湾家	永流镇刘家庄	北	300	象山起冢式异穴并葬	破坏严重，残存封土 20×30		0.15~0.2	两条南墓道	战国墓，已发掘。封土下两墓东西并列。图版一一，2
LM74		永流镇相家庄	北	450	方底圆顶形	24.8×29.15＋7.25	圆底	0.15~0.35	南	战国墓，已发掘。本报告相家庄六号墓
LM75	俗称三联家	永流镇相家庄	北	400	象山起冢式异穴并葬	西、南部被破坏，现存封土陵台 33×106＋6，台顶有三个圆锥形坟堆	平底	0.12~0.18	四条南墓道	战国墓，已发掘。本报告相家庄一、三、四号墓
LM76		永流镇相家庄	北	370	圆锥形	32.5×21.8＋10	圆底	0.1~0.2	南	战国墓，已发掘。本报告相家庄五号墓
LM77		永流镇相家庄	北	470	圆锥形	24×20.5＋8.5	圆底	0.15~0.2	南	
LM78		永流镇刘家庄	北	350	圆锥形	13×25＋4.5	平底	0.3	南	
LM79	俗称雒家子	永流镇相家庄	西南	100	圆锥形	破坏严重，残存封土 15×16＋2.5	平底			战国墓，已发掘
LM80		永流镇刘家庄	北	500	圆锥形异穴并葬	23×31＋4	平底	0.18~0.2	两条南墓道	

续附表一

墓号	名称	位址	方位	距离	形制	大小（南北×东西+高）	夯窝	夯层	墓道	备注
LM81		永流镇刘家庄	北	600	方底圆顶形	破坏严重，现存封土 21×48+6	圜底	0.15~0.2	南	
LM82		永流镇刘家庄	北	750	圆锥形	12×10+3	圜底	0.18	南	
LM83		永流镇徐家庄	东北	800	方底圆顶形	35×35+8	圜底	0.12~0.15	南	
LM84		永流镇徐家庄	北	800	方底圆顶形	45×37+11	圜底	0.14~0.18	南	图版五,1,2
LM85		永流镇徐家庄	东北	700	圆锥形	10×12+2	不明	0.18	南	
LM86	俗称勺家子	永流镇徐家庄	东北	650	象山形异穴并葬	陵台 41×66+5,台顶有两个圆锥形坟堆,东坟堆径 7×7+2,西坟堆径 5×5+0.8	圜底	0.16	两条南墓道	
LM87		永流镇徐家庄	东北	600	圆锥形	14×19+4	平底	0.16~0.18	南	
LM88	俗称马虎冢	永流镇永流村	西北	600	方底圆顶形	32.6×35.5+10	圜底	0.14~0.2	南	
LM89		永流镇徐家庄	东北	400	象山形异穴并葬	陵台 23×50+3,台顶有两个圆锥形坟堆,东坟堆 14×14+2,西坟堆 13×13+1.5	平底	0.16~0.22	两条南墓道	图版八,2
LM90		永流镇徐家庄	北	200	圆锥形	23×26+4.5	不明	土质疏松	南	图版六,1,2
LM91	传为马良冢	永流镇永流村	西北	100	象山形异穴并葬	1965 年陵台 30×78+5,台顶坟堆已破坏,西坟堆 28+2,东坟堆径 30+1.5	平底	0.16~0.22	两条南墓道	封土下两墓东西并列。图版八,1
LM92		永流镇张家庄	东	1000	圆锥形	28×24+5	不明	不明	南	土质疏松
LM93	传为仕郎墓	永流镇商王庄	西南	500	圆锥形异穴并葬	21×21+6.5		0.25~0.6	南	东汉砖室墓，已发掘①
LM94	传为伍辛冢	永流镇范家庄	东南	500	圆锥形	14×17+4			南	
LM95		永流镇赵家徐姚庄	西北	200	圆锥形	23×20+12	圜底	0.16~0.2	南	柱心式封土，发现夹棍夹绳系板夯筑封土柱
LM96	俗称凤凰冢	永流镇尧王庄	西	400	圆锥形	12×12+6	不明	0.12~0.2	南	

续附表一

墓号	名称	位址	方位	距离	形制	大小（南北×东西＋高）	夯窝	夯层	墓道	备注
LM97	俗称凤凰冢	永流镇尧王庄	西	350	方底圆顶形	20×21＋7	圜底	0.15～0.35	南	
LM98		永流镇官道村	西北	250	圆锥形异穴并葬	16×30＋3.5	不明	0.12～0.18	两条南墓道	
LM99		永流镇魏家庄	西南	300	圆锥形	26×26＋3	圜底	0.1～0.2	南	
LM100		永流镇魏家庄	西南	250	圆锥形异穴并葬	1965年封土严重破坏，残余封土位于两墓室之间，径2×2＋1，现已夷平			两条南墓道	两墓东西并列
LM101		永流镇魏家庄	西南	350	圆锥形	1965年22×21＋4.8，现已夷平			南	
LM102		永流镇赵家庄姚村	北	600	象山形异穴并葬	陵台40×80＋6，台顶两个圆锥形坟堆，西坟堆26×26＋3.5，东坟堆15×15＋2.5	圜底	0.16～0.2	两条南墓道	两墓东西并列。图版一〇，1，2
LM103		永流镇魏家庄	西南	500	圆锥形	13×15＋2	不明	0.12～0.18	南	
LM104		永流镇魏家庄	西	500	圆锥形	20×14＋4			南	
LM105		永流镇魏家庄	西	500	圆锥形	13×9＋3	不明		不明	
LM106	俗称电家子	永流镇魏家庄	东北	50	象山形起冢式异穴并葬	1965年40×73＋11.5，现残存20×16＋11	平底	0.18～0.22	两条南墓道	两墓东西并列，发现夹棍夹绳系夯板筑夯痕迹
LM107		永流镇范家庄	东北	350	圆锥形	10×8＋3	圜底	0.14～0.18	南	
LM108		永流镇范家庄	东北	550	圆锥形	10×15＋2.5	圜底	0.16～0.22	南	
LM109		永流镇永流村	东北	500	圆锥形	18×30＋2.5	不明	不明	南	
LM110		永流镇永流村	东北	450	圆锥形	18×32＋3	不明	不明	南	
LM111		永流镇永流村	东北	700	圆锥形	14×20＋4	不明	不明	南	
LM112		永流镇永流村	东北	350	圆锥形	9×18＋3	不明	不明	南	
LM113		永流镇永流村	东北	900	圆锥形	20×23＋4	不明	不明	南	土质疏松
LM114		永流镇永流村	东北	900	圆锥形	18×14＋3	圜底	0.2	南	
LM115		永流镇永流村	东北	1400	方底圆顶形	38×42＋7	圜底	0.13～0.18	南	

续附表一

墓号	名称	位址	方位	距离	形制	大小（南北×东西+高）	夯窝	夯层	墓道	备注
LM116	传为田穰苴墓	齐都镇尹家庄	南	200	方底圆顶形	破坏严重，现存封土 27×39+6	圆底	0.15~0.22	南	
LM117		齐都镇国家庄	东南	550	方底圆顶形	40×45+8	平底	0.12~0.18	南	图版四,1,2
LM118		齐都镇国家庄	东南	600	象山形起冢式异穴并葬	陵台32×65+4.5，台上有两个圆锥形坟堆，东坟堆10×10+0.5，西坟堆12×12+1.5	圆底	0.15~0.2	两条南墓道	
LM119	俗称徐家冢	齐都镇国家庄	东南	700	方底圆顶形	38×40+7	平底	0.12~0.18	南	
LM120		齐都镇南马坊村	西	500	圆锥形	7×7+2	不明	不明	南	
LM121	俗称尖家子	齐都镇南马坊村	南	500	方底圆顶形	22×22+6	平底	0.18	南	
LM122		齐都镇南马坊村	西北	200	圆锥形	18×32+6.5	平底	0.15~0.18	南	
LM123		齐都镇南马坊村	东北	350	圆锥形	27×30+6	圆底	0.18~0.24	南	
LM124		齐都镇西关村	南	400	圆锥形	封土所剩无几，高2.5	不明	不明	南	
LM125	俗称丁家冢	齐都镇西关村	南	400	圆锥形	21×24+9	圆底	0.20	南	
LM126		齐都镇南马坊村	东北	700	圆锥形柱心式	33×22+8	圆底	0.25	南	发现夹棍夹绳系板夯筑遗迹
LM127		齐都镇南马坊村	东北	800	圆锥形	19×15+2.5	圆底	0.18	南	
LM128		齐都镇南马坊村	东	700	圆锥形	32×45+4.5	圆底	0.18~0.24	南	
LM129		齐都镇南马坊村	东	850	方底圆顶形	25×24+4.5	平底	0.39~0.4	南	
LM130		齐都镇南马坊村	东南	750	圆锥形	32×33+7	不明	0.18~0.2	南	
LM131		齐都镇南马坊村	东南	700	圆锥形	23×17+3.5	不明	不明	不明	
LM132		齐都镇南马坊村	东南	650	圆锥形	19×26+3	不明	不明	南	
LM133		齐都镇南关村	西南	950	圆锥形	18×16+3	不明	0.1~0.18	南	土质疏松
LM134		齐都镇南关村	南	950	圆锥形	1965年6×7+3，现已夷平			南	
LM135		齐都镇南关村	西南	1100	圆锥形	1965年10×7+2，现已夷平			南	
LM136	俗称平家子	齐都镇南关村	南	1100	方底圆顶形	23×25+4.5	平底	0.16~0.22	南	
LM137		齐都镇南关村	西	450	圆锥形	14×16+3.5	平底	0.15~0.18	南	

续附表一

墓号	名称	位址	方位	距离	形制	大小(南北×东西＋高)	夯窝	夯层	墓道	备注
LM138		齐都镇南关村	西	300	方底圆顶形	19×20＋3	不明	不明	南	土质疏松
LM139	传为三士冢	齐都镇南关村	东南	150	象山形起冢式异穴并葬	西部被破坏,现残存陵台两个,台上三个坟堆现存两个,西坟堆已夷平,中坟堆25×13＋3,东坟堆8×8＋1.5	圜底	0.2～0.35	未发现地下墓道	发现西坟道地上版筑墓道东壁和陪葬面有墓室坑。图三,图版一二,1,2
LM140		齐都镇南关村	东南	150	方底圆顶形	23×20＋2.5	不明	0.15～0.2	南	
LM141		齐都镇龙贯村	西	1100	圆锥形	严重破坏,6×6＋1.5	不明	不明	南	
LM142	俗称枕头冢	齐都镇龙贯村	西	1050	象山形	陵台29×49＋5,台上有两个圆锥形坟堆,西坟堆8×8＋1.2,东坟堆8×8＋0.5	平底	0.18～0.32	两条南墓道	封土下两墓西并列
LM143	传为元达冢	齐都镇龙贯村	西	750	凸字形	50×48＋12	圜底	0.15～0.2	南	
LM144	传为茉莉冢	齐都镇龙贯村	西	700	方底圆形	55×60＋9	圜底	0.15～0.2	南	
LM145		齐都镇赵王庄	西南	250	圆锥形				南	战国墓,已发掘
LM146		齐都镇龙贯村	西北	200	圆锥形	20×16＋8	平底	0.32	南	
LM147		齐都镇龙贯村	西	250	圆锥形	1965年10×6＋4,现已夷平			南	
LM148			西南	100	圆锥形	1965年严重破坏,3×5＋2,现已夷平			南	
LM149		齐都镇赵王庄	西北	150	圆锥形	1965年17×14＋2.5,现已夷平			南	
LM150		齐都镇赵王庄	北	250	圆锥形	1965年35×13＋4.5,现已夷平			南	
LM151		齐都镇赵王庄	北	250	圆锥形	1965年12×12＋2.5,现已夷平			南	
LM152	传为黔散冢	齐都镇郎家庄	东南	村中	不明	15×22＋7			南	战国墓,已发掘
LM153	传为杞梁墓	齐都镇郎家庄	东北	100	圆锥形	严重破坏,1965年12×12＋3.5,现已夷平			南	

续附表一

墓号	名称	位址	方位	距离	形制	大小（南北×东西+高）	夯窝	夯层	墓道	备注
LM154	传为马武冢	齐都镇东关村	东南	350	方底圆顶形	25×35+8	圆底	0.13~0.17	南	
LM155		朱台镇花沟庄	西南	1000	方底圆顶形	17×24+2.5	圆底		不明	
LM156		梧台镇小于家庄	东北	350	圆锥形	8×5+2.5	圆底	0.12~0.18	南	
LM157		敬仲镇毛家屯	东北	1200	圆锥形	37.8×45.5+6	圆底	0.15~0.18		
LM158	俗称皇考冢	敬仲镇李家庄	西南	150	圆锥形	33×37+5	不明	0.16~0.18	南	
LM159	俗称姬王冢	敬仲镇西姬王村	北	200	圆锥形	北部被破坏,13×47+4	不明	0.12~0.24	南	
LM160	俗称黑狗冢	敬仲镇张王庄	西北	300	圆锥形	22×15+3	不明	0.12~0.16	南	
LM161	传为高傒墓，又称敬仲白兔丘	敬仲镇白兔丘村	东南	50	凸字形	陵台34×35+4.5,台上坟堆被夷平,用以盖庙	不明	0.12~0.14	南	
LM162		敬仲镇崔官庄	西南	500	方底圆顶形	49×49+6	圆底	0.13~0.18	南	
LM163	传为庄公墓	敬仲镇崔官庄	东南	700	方底圆顶形	22×22+6	圆底	0.2	南	
LM164	俗称崔家子	敬仲镇岳家庄	东南	300	凸字形	被破坏,陵台16×16+2,坟堆3×3+1.3	平底	0.18~0.24	南	
LM165	俗称康家子	敬仲镇王官庄	东南	200	凸字形	陵台20×20+4,坟堆8×8+2	圆底	0.14~0.16	南	
LM166		敬仲镇徐家圈	村中	南部	象山形起冢式异穴并葬	遭严重破坏,现存陵台17×36+8,台顶坟堆被夷平	平底	0.12~0.16	两条南墓道	发现夹棍夹绳系板夯筑痕迹，图版一—3
LM167		敬仲镇徐家圈	南	200	象山形起冢式异穴并葬	陵台28×50+8,台顶两个圆锥形坟堆被夷平	不明	0.18~0.24	两条南墓道	发现夹棍夹绳系板夯筑痕迹
LM168	俗称先生冢	齐陵镇北山庄	西南	500	圆锥形	7×7+2.5	平底	0.18~0.22	不明	
LM169		齐都镇南马坊	西北	400	象山形起冢式异穴并葬	陵台28×54+4.2,台顶西有两个圆锥形坟堆，西坟堆10×10+1.2,东坟堆仅高出台面少许	圆底	0.2~0.28	两条南墓道	
LM170		齐都镇南马坊	西北	550	凸字形	28×40+6	平底	0.18~0.20	南	

续附表一

墓号	名称	位址	方位	距离	形制	大小（南北×东西＋高）	夯窝	夯层	墓道	备注
LM171		齐都镇南马坊	西北	400	圆锥形	1965年10×13＋2.5，现已夷平				
LM172		齐都镇南马坊	东	400	不明	1965年24×16＋3.3，现已夷平				
LM173		齐都镇南马坊	东	350	圆锥形	27×26＋6.6				
LM174		齐都镇南马坊	东南	200	圆锥形	1965年27.5×22＋5.6，现已夷平				
LM175		齐都镇南马坊	东南	300	不明	1965年12×7.7＋1.4，现已夷平				
LM176		永流镇永流村	北	350	圆锥形	1965年9.7×5＋1.4，现已夷平				
LM177		永流镇永流村	东北	400	圆锥形	1965年17.5×15＋3，现已夷平				
LM178	俗称小冢子	齐都镇南关	东南	750	圆锥形	1965年12×16＋3.9，现已夷平				
LM179		齐都镇龙贯村	西	600	不明	1965年21.5×10＋2.4，现已夷平				
LM180		齐都镇赵王村	西南	300	圆锥形	20×12＋3	圜底	0.15~0.20	南	已发掘
LM181		齐都镇龙贯村	西北	500	不明	1965年11×17＋2.4，现已夷平				
LM182		齐都镇龙贯村	西北	350	不明	1965年18×18＋4.1，现已夷平				

注释：
① 山东省文物考古研究所：《山东临淄金岭镇一号东汉墓》，《考古学报》1999年第1期。
② 山东省淄博市博物馆：《西汉齐王墓随葬器物坑》，《考古学报》1985年第2期。
③ 山东省文物考古研究所：《山东淄博市临淄区淄河店二号战国墓》，《考古》2000年第10期。
④ 淄博市博物馆，齐故城博物馆：《临淄商王墓地》，齐鲁书社，1997年。
⑤ 山东省博物馆：《临淄郎家庄一号东周殉人墓》，《考古学报》1977年第1期。

附表二　四王冢陪葬墓登记表

单位：米

墓号	探区号	墓葬形制	墓室东西	墓室南北	上口长	里口宽	外口宽	方向	备注
LM36P1	T1107	封土方基圆坟形							有封土，未探明墓室，见《临淄墓葬勘查一览表》LM37
LM36P2	T1109	封土方基圆坟形						南	有封土，未探明墓室，见《临淄墓葬勘查一览表》LM38
LM36P3	T1109	封土方基圆坟形						南	有封土，未探明墓室，见《临淄墓葬勘查一览表》LM39
LM36P4	T1109	曲尺形	4.5	5.5	15	3	2	南	
LM36P5	T1108	甲字形	12	12.8	16	7	4	南	
LM36P6	T1108	甲字形	7.5	8	6.5	5	3	南	
LM36P7	T1108	甲字形	14	15	12.5	9	6	南	
LM36P8	T1106	甲字形	14	14	7	7	6	北	
LM36P9	T1107	曲尺形	11.5	15	13	8	2	南	
LM36P10	T1108	甲字形	14.5	14.5	30	8	3.5	南	
LM36P11	T1108	甲字形	20	20	22	12	6	南	
LM36P12	T1108	甲字形	18	18	29.5	12	4.5	南	
LM36P13	T1108	甲字形	15	18.5	33.5	12	6.5	南	
LM36P14	T1108	甲字形	17.5	18.5	33.5	12	6.5	南	
LM36P15	T1108	甲字形	14	17.5	21.5	9	5.5	南	
LM36P16	T1109	曲尺形	24.5	20	38	14	12	南	
LM36P17	T1109	甲字形	16.5	15	23.5	11	5	南	
LM36P18	T1207	曲尺形	9.5	11.5	7	5	4	南	
LM36P19	T1207	甲字形	14	16	17	9	4	南	
LM36P20	T1208	曲尺形	12	8	17.5	5	3	南	
LM36P21	T1208	曲尺形	8	7	17.5	6	4	南	
LM36P22	T1208	甲字形	13.2	13.2	12	6	4.5	南	
LM36P23	T1208	甲字形	12.5	13.5	14.7	7	4	南	
LM36P24	T1209	甲字形	14	15	14	9	4.5	南	
LM36P25	T1209	甲字形	12.5	15	15	6	5	南	
LM36P26	T1209	甲字形	14	19	16	7	5.3	南	
LM36P27	T1207	甲字形	15	19.5	14.8	12	4.5	南	
LM36P28	T1208	甲字形	12.5	13	11	7	6	南	
LM36P29	T1209	甲字形	11	13	13.5	6	4	南	
LM36P30	T1209	甲字形	12.5	14	14.5	9	5	南	

附表三　二王冢陪葬墓登记表　　　　　　　　　　　　　　　　单位：米

墓　号	探区号	墓葬形制	墓室 东西	墓室 南北	墓道 上口长	墓道 里口宽	墓道 外口宽	方向	备　注
LM40P1	T1312	甲字形	11	13.5	5	7	6	南	
LM40P2	T1412	甲字形	17	15.5	16.3	13	5.8	南	
LM40P3	T1412	甲字形	9	10	7	6	5	南	
LM40P4	T1512	甲字形	18	19	20	10	6	南	
LM40P5	T1613	甲字形	11	12	14	7	4	南	
LM40P6	T1714	甲字形	16	16.5	11	12	10.8	南	传有封土
LM40P7	T1514	有封土,象山形						两条南墓道	《临淄墓葬勘查一览表》LM42
LM40P8	T1315	有封土,方基圆形						南	《临淄墓葬勘查一览表》LM41
LM40P9	T1215	曲尺形						南	

附表四　淄河店墓地墓葬登记表

单位：米

墓号	探区号	墓葬形制	墓室 东西	墓室 南北	墓道 上口长	墓道 里口宽	墓道 外口宽	方向	备注
M1	T1406	甲字形	28.8	29.2	12.3	7.9	4.5	南	已发掘。本报告淄河店墓地 LZM1
M2	T1306	甲字形	15.6	15.9	残长2.2	6.45	（残）	南	已发掘。本报告淄河店墓地 LZM2
M3	T1306	甲字形	16	16	21.9	6.5	6.7	南	已发掘。本报告淄河店墓地 LZM3
M4	T1406	甲字形	7.5	6	5.3	3.7	2.8	南	已发掘。本报告淄河店墓地 LZM4
M5	T1206	甲字形	11	12.4	10.7	5.4	4.25	北	已发掘。本报告淄河店墓地 LZM80
M6	T1206	甲字形	8.6	9.5	5.5	4		北	已发掘。本报告淄河店墓地 LZM81
M7	T1206	甲字形	10.2	11	16.5	5.8	5.6	南	已发掘。本报告淄河店墓地 LZM67
M8	T1105	甲字形	36	37.5	46	16	11	南	
M9	T804	甲字形	11	10	13.5	6	4	北	
M10	T1104	甲字形	8	8.5	9.5	4	3.4	南	
M11	T1104	甲字形	19	18.5	22	8	5	南	
M12	T1104	甲字形	18	21	29	9	5	南	
M13	T1104	甲字形	20	20	25.5	9	7.7	南	
M14	T1204	曲尺形	7	7	13.5	6	4	南	
M15	T1205	甲字形	13.5	14.5	19	8	5.2	南	
M16	T1205	甲字形	20	22.5	22	13	5	南	
M17	T1305	甲字形	26.5	28	29	14.5	7.5	南	
M18	T1305	甲字形	12	13	15	6	3	南	
M19	T1406	甲字形	9	10	9	6	4	南	
M20	T1505	甲字形	20	21.5	19	10	6	南	
M21	T1505	甲字形	9.3	11	8	6	4	南	
M22	T1504	中字形	10.5	13.5	南15，北16	南6，北7	南3，北2.5	南北	
M23	T1404	甲字形	8	9.5	10	4	2.5	南	
M24	T1404	甲字形	9	10	10	4	2.5	南	
M25	T1404	甲字形	9	12.5	14.5	5	5	南	

续附表四

墓号	探区号	墓葬形制	墓室		墓道			方向	备注
			东西	南北	上口长	里口宽	外口宽		
M26	T1303	甲字形	8.3	10.5	14	6	4.8	南	
M27	T1303	甲字形	16	16	27	10	6	南	
M28	T1306	甲字形	9	10	8	5	4	南	
M29	T1307	甲字形	9	16	不清	不清	不清	南	
M30	T1408	甲字形	16	16	22	10	6	南	
M31	T1308	甲字形	12	13	15	10	3	南	
M32	T1111	曲尺形	18	20	13	10	5.5	南	
M33	T911	曲尺形	7.5	5.5	8	10	3	南	青州境内
M34	T911	甲字形	10	8	6	10	1.5	南	青州境内
M35	T911	甲字形	13.5	15.5	30	10	7	南	青州境内
M36	T811	曲尺形	9	12	18.5	10	4	南	青州境内
M37	T810	甲字形	10.5	11	4.2	10	4.2	南	青州境内
M38	T810	甲字形	15	15	8.5	10	6	南	青州境内
M39	T810	甲字形	16	17	不清	10	不清	南	青州境内
M40	T810	甲字形	11	11	不清	10	不清	南	青州境内
M41	T807	甲字形	9	10	10	10	6	南	青州境内
M42	T708	甲字形	16	15	16.5	10	7	南	青州境内
M43	T707	曲尺形	11	不清	15	10	5	南	青州境内

附表五　东夏庄四号墓陪葬坑登记表

单位：米

坑号	位置	方向	土坑	葬具	葬式	性别	年龄	随葬器物	备注
P1	北二层台	南北向	2.57×1.35—1.3	一椁一棺 椁:2.3×1.1 棺:2.1×0.88	仰身直肢，头向南	女?	成年	玛瑙瑗2,滑石瑗20	被盗
P2	北二层台	南北向	2.55×1.1—0.6	一椁一棺 椁:2.2×0.85 棺:?×0.55	仰身直肢，头向南	?	18~25	铜带钩2,铜环5,水晶瑗2,玛瑙瑗2,滑石瑗27,骨梳1,骨耳勺1,蛤蜊壳6	被盗
P3	北二层台	南北向	2.52×1.1—0.9	一椁一棺 椁:2.25×0.91 棺:?×0.6	仰身直肢，头向南	?	年轻个体	水晶瑗2,玛瑙瑗2,滑石瑗25,骨簪1,骨耳勺1,蛤蜊壳7,内盛石子7	被盗
P4	北二层台	南北向	2.5×1.12—1.15	一椁一棺 椁:2.25×0.92 棺:1.18×0.7	仰身直肢，头向南	?	成年	玛瑙瑗3,滑石瑗21	被盗
P5	北二层台	南北向	2.5×1.25—1.3	一椁一棺 椁:2.2×0.97 棺:2.1×0.62	仰身直肢，双手交叉置于腹部,头向南	女	16~20	铜带钩2,水晶玛瑙串饰一组10件(水晶瑗2,水晶珠5,玛瑙瑗1,球形水晶穿饰1,扣形水晶珠1,球形骨饰1,圆锥形骨饰1),骨簪1,蛤蜊壳6,内盛石子6	图一八
P6	北二层台	南北向	2.5×1.2—1.25	一椁一棺 椁:2.15×1 棺:1.98×0.78	仰身直肢,双手置于腹部,头向南	女	14~16	铜带钩1,铜环3,玛瑙瑗3,滑石柱形器2,骨柱形器2,骨簪1,滑石瑗18,蚌壳2,蛤蜊壳18,内盛石子18	被盗
P7	北二层台	南北向	2.57×1.23—1.25	一椁一棺 椁:2.13×0.85 棺:?×0.7	头向南	女?	14~16	铜带钩1,骨柱形器1	被盗
P8	北二层台	南北向	2.55×1.22—1.25	一椁一棺 椁:2.2×0.9 棺:2.1×0.74	仰身直肢,头向北			滑石瑗1	被盗
P9	北二层台	南北向	2.35×1.2—1.1	一椁一棺 椁:2.2×0.78 棺:1.98×0.6	仰身直肢,头向南	女	年轻个体	陶平底罐B(1),铜带钩2,水晶瑗4,玛瑙瑗2,滑石瑗34,骨簪1,骨管2,蛤蜊壳10	被盗

续附表五

坑号	位置	方向	土坑	葬具	葬式	性别	年龄	随葬器物	备注
P10	北二层台	南北向	2.4×1.1—1.15	一椁一棺 椁:2.15×0.9 棺:1.97×0.7	仰身直肢，双手交叉置于腹部，头向南			铜带钩1，水晶瑗2，水晶三穿饰1，玛瑙瑗2，滑石环15，滑石柱形器2，骨柱形器2，蛤蜊壳2对	图一九
P11	东二层台	东西向	2.15×1.1—1.25	一椁一棺 椁:1.9×0.9 棺:1.73×0.66	仰身直肢，头向西	?	13~15	滑石瑗1	被盗
P12	东二层台	东西向	2.2×1.26—1.25	不明	不明				被盗
P13	西二层台	东西向	2.52×1.31—1.32	一椁一棺 椁:2.44×1.2 棺:2.13×0.83	头向东			铜带钩2，水晶瑗2，玛瑙瑗1，滑石瑗29	被盗
P14	西二层台	东西向	2.62×1.17—1.27	一椁一棺 椁:2.38×1 棺:2.2×0.8	不明			A型铜节约2，铜器座1，玛瑙瑗3，滑石瑗14	被盗
P15	西二层台	南北向	2.5×1.35—1.25	不明	不明			铜插座1，铜盖弓帽3，铜三足器1，玛瑙瑗2	被盗
P16	西二层台	南北向	2.56×1.38—1.3	一椁一棺 椁:2.26×1.2 棺:?×0.9	不明			铜镜1，铜带钩2，A型铜节约1，水晶瑗2，球形水晶珠10，玛瑙瑗4，滑石瑗12，滑石片1，骨簪1，骨柱形器1	被盗
P17	南二层台	东西向	2.85×1.4—1.45	一椁一棺 椁:2.56×1.1 棺:2.3×0.85	头向东			铜带钩1，水晶瑗4，玛瑙瑗2，滑石瑗22，滑石鼓形管22，骨簪1，骨匕1，球形骨珠1，菱形骨角1	被盗
P18	南二层台	东西向	2.75×1.4—1.3	一椁一棺 椁:2.56×1.1 棺:2.2×0.8	头向东	女?	15~20	水晶瑗2，玛瑙瑗3，滑石瑗20，蛤蜊壳9	被盗
P19	南二层台	东西向	2.45×1.3—1.25	一椁一棺 椁:2.13×1.05 棺:1.75×0.78	仰身直肢，头向西			陶盖豆AII(2)，铜带钩29，水晶瑗2，玛瑙瑗2，滑石瑗3，骨簪1，骨柱形器2，蛤蜊壳4对，内盛石子4	图二〇

附表六　东夏庄六号墓陪葬坑登记表

单位：米

坑号	位置	方向	土坑	椁	棺	编号	葬式	性别	年龄	随葬器物	备注
P1	北二层台	南北向	2.57×2.57—1	2.52×2.43	2.06×1	X1	仰身直肢，头向南	女？	18~25	紫晶料7	
						X2	仰身直肢，头向南	女	18~25	陶瓦形器1，铜带钩1，玉璜2，玛瑙瑗1，骨簪1	图五四
P2	北二层台	南北向	2.6×2.6—1.1	2.35×2.18	2.03×0.8	X3	仰身直肢，头向南	女	20~25	陶豆B（2），陶罐AⅠ（1），陶甬4，玉璜2，铜带钩4，玛瑙瑗2，滑石环5，骨梳1，骨簪2，水晶玛瑙串饰一组96件（玛瑙瑗1，石瑗1，水晶三穿饰1，鼓形水晶珠3，鼓形玛瑙管1，扣形水晶珠13，球形水晶珠70，菱形水晶珠4，玛瑙璜2）	图五五
					2.03×0.8	X4	仰身直肢，头向南	女	18~20	铜带钩2，玉环1，玉黄1，紫晶料3，骨梳2，骨簪2	
P3	北二层台	南北向	2.55×2.1—1.1	2.25×1.95	1.7×0.77	X5	仰身直肢，头向南	女	18~25	玉黄2，玛瑙瑗1，骨簪9	图五六
					1.7×0.77	X6	仰身直肢，头向南	？	成年	铜带钩2，水晶瑗1，玛瑙瑗4，球形水晶珠5，骨梳1，骨簪1，骨柱形器1	
P4	北二层台	南北向	2.5×2.6—1	2.32×1.95	1.7×0.8	X7	仰身直肢，头向南	女	14~16	铜带钩2，玉琮形束发器1，滑石柱形块2，骨盖弓帽2，玉组佩饰一组15件（长方形佩4，方形佩7，环2，黄2）	被盗
					1.7×7	X8	仰身直肢，头向南	女	成年		
P5	北二层台	南北向	2.24×2.1—1	2.05×2	1.8×86	X9	仰身直肢，头向南	女	16~20	骨簪2	
					1.8×9	X10	仰身直肢，头向南			铜带钩2，骨盖弓帽1，水晶玛瑙串饰一组25件（水晶瑗1，球形水晶珠23，玛瑙冲牙1）	被盗
P6	北二层台	南北向	2.2×2.15—1.05	2.1×2.1	1.95×75	X11	仰身直肢，头向南	女？	18~22	玛瑙瑗1，水晶瑗1	被盗
					1.95×7	X12	仰身直肢，头向南	？	25~30	陶珠5，玉环1，球形水晶珠4，玛瑙瑗2，小石子1，骨簪5	被盗

续附表六

坑号	位置	方向	土坑	葬具（椁）	葬具（棺）	编号	殉葬人（葬式）	殉葬人（性别）	殉葬人（年龄）	随葬器物	备注
P7	北二层台	南北向	2.8×2.68—1	2.1×2.05	1.83×0.84	X13	仰身直肢，头向南	女？	18～22	球形水晶珠1，扣形紫晶珠2，圆形水晶管2	
					1.83×0.7	X14	仰身直肢，头向南	？	14～16	骨管5，水晶串饰一组9件（水晶瑗1，球形水晶珠3，扣形水晶珠2，圆形水晶管1）	图五七
P8	北二层台	南北向	2.57×1.2—1	2.15×0.95	2.02×0.77	X15	仰身直肢，头向南	女	25＋	铜带钩1，玉璜2，玛瑙珠5，玛瑙瑗5，骨管2	图五八
P9	北二层台	南北向	2.59×2.4—1.1		1.91×1	X16	仰身直肢，头向南	女？	成年	玛瑙瑗1，骨管7，水晶玛瑙串饰一组24件（扣形水晶珠18，圆形水晶管1，玛瑙瑗1，球形玛瑙珠1，玉璜2）	
				2.36×2.15	1.91×1	X17	仰身直肢，头向南	？	成年	铜带钩2，玛瑙瑗1，骨管7，水晶玛瑙串饰一组72件（球形水晶珠55，扣形玛瑙瑗11，玛瑙瑗2，球形玛瑙珠1，菱形玛瑙珠18，玉璜2），一组46件（球形水晶珠24，菱形水晶珠1，玛瑙瑗3）	图五九
P10	北二层台	南北向	2.7×2.25—1	2.5×2.14	1.85×0.9	X18	仰身直肢，头向南	？	20～30	玛瑙瑗1	图六〇
					1.85×0.9	X19	仰身直肢，头向南	女？	成年	玛瑙瑗1	
P11	北二层台	东西向	2.3×1.5—1	不清	1.85×1	X20	仰身直肢，头向东	？	15～20	滑石瑗1	被盗
P12	北二层台	东西向	2.3×1.4—1	不清	1.9×0.73	X21	仰身直肢，头向东	女？	25左右	陶豆B(3)，陶盖豆A(1)，陶壶A(1)，陶敦A(1)，铜带钩3，玉璜1，玛瑙瑗1，滑石瑗1，圆形滑石管12	被盗

续附表六

坑号	位置	方向	土坑	葬具		殉葬人				随葬器物	备注
				椁	棺	编号	葬式	性别	年龄		
P13	北二层台	南北向	2.45×2.2—1	2.3×2.1	1.85×0.9	X22	仰身直肢，头向南	女?	20~30	铜舟1，铜匜A(1)，水晶璜1，玛瑙璜6，滑石环22，滑石管5，骨梳1，骨柱形器2，骨珠10，水晶珠212，骨饰一组19件(球形水晶珠13，圆形水晶管3，玛瑙璜1，玛瑙冲牙2)	被盗
					1.85×0.9	X23	仰身直肢，头向南				
P14	北二层台	南北向	2.66×2.2—0.95	2.42×2.07	1.9×0.9	X24	仰身直肢，头向南			玛瑙璜2，水晶玛瑙串饰一组58件(球形水晶珠30，菱形水晶管21，扣形水晶珠1，菱形水晶管2，玛瑙璜1，玉璜2)	被盗
P15	北二层台	南北向	2.7×2.3—0.9	2.2×2.1	1.9×0.9	X25	仰身直肢，头向南	女	18~25	玛瑙璜3，贝饰1	
					1.85×0.8	X26	仰身直肢，头向南	?	15~20	铜带钩1，玛瑙璜3	
					1.9×0.8	X27	仰身直肢，头向南	女?	15~18	玛瑙璜1，骨管2	
P16	西二层台	东西向	2.69×2.3—0.4	2.55×2.15	1.89×0.95	X28	仰身直肢，头向东	女	25~30	铜带钩2，玉璜2，扣形水晶珠3，玛瑙璜1	图六一
					1.89×0.95	X29	仰身直肢，头向东	女	15~25	铜带钩2，紫晶料24，玛瑙璜1，水晶玛瑙串饰一组39件(水晶璜1，球形水晶珠20，扣形水晶珠4，菱形玛瑙珠6，玛瑙璜1，球形玛瑙珠1,菱形玛瑙珠2)	
P17	西二层台	东西向	2.45×2.24—0.4	2.19×2.1	1.9×0.85	X30	仰身直肢，头向东	女	15~25	陶瓦形器1，铜带钩1，铜带钩2，紫晶料34，小石子8，骨簪1，残蚌饰1，水晶玛瑙串饰一组36件(球形水晶珠7，扣形水晶珠8，菱形玛瑙珠7，菱形水晶珠7，玛瑙璜1，球形玛瑙珠4，球形玛瑙珠1,菱形玛瑙珠7，玉璜2)	图六一
					1.9×0.85	X31	仰身直肢，头向东	女?	15~18	铜带钩1，玉璜1，玛瑙璜1，骨簪7	图六二

续附表六

坑号	位置	方向	土坑	葬具椁	葬具棺	殉葬人编号	殉葬人葬式	性别	年龄	随葬器物	备注
P18	东二层台	东西向	2.65×2.6—1	2.55×1.97	1.8×1	X32	仰身直肢，头向西	?	20~30	铜带钩4，玉环1，玉璜2，水晶瑗1，球形水晶珠1，球形玛瑙珠3，球形玛瑙珠1，骨梳1，骨簪6	图六三
					1.84×0.97	X33	仰身直肢，头向西			铜带钩1，水晶瑗1，玛瑙瑗1，骨梳1，骨簪5	
					1.93×0.9	X34	仰身直肢，头向西			铜带钩3，铜环2，球形水晶珠2，扣形水晶珠1，玛瑙瑗1，球形玛瑙珠2，骨簪7	
P19	东二层台	东西向	2.78×2.4—1	2.6×2.1		X35	仰身直肢，头向西	女	20~30	陶豆B(2)，陶罐AI(1)，铜带钩2，球形水晶珠1，扣形水晶珠2，玛瑙瑗2，滑石管串饰一组，骨簪形器一组60件，扣形玛瑙珠一组15件（水晶珠1，玛瑙瑗1，球形水晶珠8，扣形水晶珠3，菱形玛瑙珠1，球形玛瑙珠1），一组62件（球形水晶珠55，扣形玛瑙珠1），菱形玛瑙珠2，玛瑙瑗1，球形玛瑙珠1，龙形玉佩2）	图六四
P20	东二层台	东西向	2.7×2.5—1.1	2.25×2.05	1.85×0.7	X36	仰身直肢，头向西	女	16~20	玛瑙瑗1，骨簪3	图六五
					1.88×0.75	X37	仰身直肢，头向西	女	20~25	玛瑙瑗2，骨簪1	
P21	东二层台	南北向	3.5×2.4—1.2	2.6×1.8	不清	X38	头向北			滑石瑗1，骨带钩1，骨柱形器1	被盗
					不清	X39	头向北			滑石瑗2，凸棱形玛瑙管9	
P22	西二层台	南北向	2.5×1.4—0.9	不清	不清	X40	不明			滑石瑗1，凸棱形玛瑙管9	被盗

附表七　东夏庄六号墓陶编钟登记表

单位:厘米

序号	出土号	形制											
		通高	甬长	舞修	舞广	鼓间	铣间	鼓厚	铣厚	铣长	钲长	枚形	枚长
1	43	64	23.6	24	20	23.5	32	1.5	1.3	40.4	18.4	柱形	2.3
2	46	62	25.6	22.4	19	23	32	1	1.2	36.4	12	柱形	2.1
3	42	60.4	23.6	24.8	19	22	30	1	0.8	36.8	17.6	柱形	2.2
4	44	56.8	24	21.6	16.5	21.5	27	1	1.4	32.8	14.8	柱形	2
5	45	56	26	18.8	15.7	20.5	28	1	1.2	30	16	柱形	1.8
6	47	48	19.6	19.2	13.5	18	21.6	1.2	1.5	28.4	12.8	柱形	1.7
7	48	43.6	17.6	16.8	13	16.3	22	0.9	2	26	15.6	柱形	1.8

附表八　单家庄一号墓陪葬坑登记表

单位：米

坑号	位置	方向	土坑	葬具	葬式	性别	年龄	随葬器物	备注
P1	西二层台	东西向	2.6×1.14—3，东、南壁有脚窝	一椁一棺 椁：2.3×1 棺：1.75×0.54—0.6	仰身直肢，头向东			铜带钩1，铜器柄1，蛤蜊壳5	图八八
P2	西二层台	东西向	2.7×1.2—3.1，东、南壁有脚窝。北壁距坑底0.7米处有一长1.7，高0.5，深0.2米的壁龛	一椁一棺 椁：2.53×1.09 棺：2.2×0.83—0.89	仰身直肢，双手置于腹部，头向东			陶豆B(2)，陶壶CII(2)，铜镜1，铜削1，铜环2，铁带钩1，玉环1，玛瑙瑗1，碎玉片1(口含)，骨簪1宗，蛤蜊壳6，贝1	图八九
P3	西二层台	东西向	2.8×1.2—3.1，东、南壁有脚窝。东壁距坑底0.8米处有一长1.3，高0.55，深0.2米的壁龛	一椁一棺 椁：2.38×1.18 棺：2.05×0.65	仰身直肢，双手置于腹部，头向东			陶盖鼎AII(1)，陶豆B(4)，陶盖豆B(2)，陶壶CII(2)，陶盒C(1)，铜匜A(1)，铜削1，铜镜1，铜带钩1，铜匕1，铜扁锥2，铜凿1，铜环首锥1，铁削6，铁带钩4，玉佩1，金盒1，玉环4，玉璜2，水晶瑗4，玛瑙瑗2，骨簪1，蟫形骨器架2，珍珠8，料珠11，蛤蜊壳5	图九〇
P4	北二层台	南北向	2.55×1.2—3.1，东壁有脚窝，南壁长0.8米距坑底0.8米，高0.41深0.2米的壁龛	一椁一棺 椁：2.54×1.18 棺：2.21×0.8	仰身直肢，头向南			陶盖鼎AII(1)，陶豆B(3)，陶壶CII(2)，铜镜1，铜环1，铁带钩1，玛瑙瑗1，骨簪1，残骨片1，蛤蜊壳、钉螺壳、蜗牛壳13	被盗 图九一
P5	北二层台	南北向	2.7×1.2—3.1，东、南壁有脚窝，南壁长0.8米处有一长0.7，高0.4，深0.25米的壁龛	一椁一棺 椁：2.15×0.8 棺：2.02×0.68	仰身直肢，头向南			陶盖豆B(1)，铜镜1，碎玉片(口含)1，骨簪1	图九二
P6	南二层台	南北向	2.7×1.3—3.1，西、北壁有脚窝	一棺 2×0.7	仰身直肢，双手置于腹部，头向北				

附表九　相家庄一号墓陪葬坑登记表

单位：米

坑号	位置	方向	土坑	葬具	葬式	性别	年龄	随葬器物	备注
P1	西二层台	东西向	2.2×1.34—1.4	一椁一棺 椁:2.09×0.88+0.8 棺:1.85×0.7	仰身直肢,头朝东	男?	14～16	陶璜4,铜带钩1,水晶串饰一组15件(璜1,扣形珠3,球形珠7,多面体珠1,菱形管3),滑石环12,骨梳1	被盗,图一二五
P2	西二层台	东西向	2.4×1.2—1.7	一椁一棺 椁:2.15×0.85+0.7 棺:1.95×0.74	不明	男?	18～22	水晶瑗2,滑石环7,骨簪1	被盗
P3	西二层台	东西向	2.6×1.45—1.8	一椁一棺 椁:?×0.93 棺:?×0.7	头朝东	不明	13+	滑石琮形束发器1,滑石簪1,滑石环3,滑石片状块1,骨柱形器2	被盗
P4	北二层台	南北向	2.4×1.4—1.4	一椁一棺 椁:2.25×0.87+0.8 棺:2.1×0.75	不明	不明			被盗
P5	北二层台	南北向	2.3×1.4—1.4	一椁一棺 椁:2.05×0.95+0.8 棺:1.95×0.78	不明	男?	年轻个体	滑石环3	被盗

附表一〇　相家庄二号墓陪葬坑登记表

单位：米

坑号	位置	方向	土坑	葬具	葬式	性别	年龄	随葬器物	备注
P1	南二层台	南北向	2.1×1.2—1.15	一椁一棺 椁：2×1.1 棺：不清	不明	不明	年轻个体		被盗
P2	南二层台	南北向	2.2×1.2—1.05	一椁一棺 椁：2.1×1 棺：不清	不明	不明		铜钉环1；椭圆形滑石佩1，长方形滑石佩2，豌圭形滑石佩1，滑石璜1	被盗
P3	南二层台	南北向	2.1×1.2—1.1	一椁一棺 椁：2.1×1 棺：1.95×0.48	不明	不明			被盗
P4	南二层台	南北向	2.15×1.1—1.06	一椁一棺 椁：2.1×1.02 棺：1.82×1.5	不明	不明		方形滑石佩1	被盗
P5	北二层台	南北向	2.3×1.1—1.15 坑底四周有熟土二层台	一椁一棺 椁：2×1 棺：1.9×0.62	不明	不明		长方形滑石佩1，滑石璜1	被盗
P6	北二层台	南北向	2.2×1.2—1.1	一椁一棺 椁：2.15×1.05 棺：1.9×0.55	不明	不明	年轻个体	长方形滑石佩3，方形滑石佩1，豌圭形滑石佩1，滑石璜1	被盗
P7	北二层台	南北向	2.3×1.15—1.1 墓底四周有宽0.2米，高0.4米的熟土二层台	一椁一棺 椁：2.05×1 棺：1.9×0.56—0.6	仰身直肢，双手置于腹部，头向南	女	25~35	滑石琮形束发器1，滑石簪1，滑石柱形器2，滑石坠1，滑石组佩一组17件（椭圆形佩1，长方形佩4，方形佩8，豌圭形佩1，环1，璜2）；骨簪1	图一三五
P8	北二层台	南北向	2.3×1.45—1.28	一椁一棺 椁：2.15×1.45 棺：?×0.63	葬式不明，头向南	男	18~22	玉佩1；水晶珠1，玛瑙瑗2；滑石琮形束发器1，滑石簪1，滑石琮形块1，滑石佩饰一组15件（椭圆形佩1，长方形佩5，方形佩8，璜1）；骨八角形柱形器2，圆柱形骨器2，骨耳勺1；贝1，蛤蜊壳8	被盗
P9	北二层台	南北向	2.22×1.17—1.2 坑底四周有宽0.1~0.14，高0.42米的熟土二层台	一椁一棺 椁：1.82×0.6 棺：1.82×0.6—0.6	仰身直肢，双手置于腹部，头向南	不明		铜匜A(1)，铜匕1，铜带钩1；玛瑙瑗2；滑石琮形束发器1，滑石簪1，滑石片状块2，滑石组佩饰一组14件（椭圆形佩1，长方形佩4，方形佩5，豌圭形佩2，璜2）；八角骨柱形器2	图一三六

附表一一　相家庄三号墓陪葬坑登记表

单位：米

坑号	位置	方向	土坑	葬具	葬式	性别	年龄	随葬器物	备注
P1	北二层台	南北向	2.4×1.17—1.35 坑底东西两侧有宽0.12、高0.45米的生土二层台。南壁距坑底0.67米处有一长0.8、高0.38、深0.25米的壁龛	一椁一棺 椁:2.16×0.95 棺:1.96×0.65—0.78	仰身直肢，双手置于腹部，头向南	男	20～25	陶盖豆BII(2)，陶壶CII(1)，陶环1；铜带钩1，铜环3；球形水晶珠2，球形玛瑙珠4，水晶玛瑙串饰一组55件（水晶三穿饰2，多面体水晶珠7，球形水晶珠25，球形玛瑙珠2，玛瑙璜1，球形玛瑙珠2，玛瑙璜黄1，玛瑙璜冲牙1，骨管11，球形珠3）；滑石箅1，滑石琮形束发器1，滑石片（口含）3，滑石状形玦2，碎滑石片1，滑石佩饰一组16件（椭圆形佩1，长方形佩4，方形佩7，瑗形佩1，八角形环1，璜2）；骨柱形器3，骨环1	图一五三
P2	北二层台	南北向	2.5×1.2—1.4 坑底东西两侧有宽0.12～0.2、高0.45米的生土二层台。南壁距坑底0.9米处有一长0.7、高0.3、深0.25米的壁龛	一椁一棺 椁:2.1×0.88 棺:2×0.7	不明	男		陶盖豆BII(2)，陶壶CII(1)；铜带钩1；玛瑙璜1；黑粉石环1	被盗
P3	东二层台	东西向	2.5×1.29—1.6 坑底南北西侧有宽0.2、高0.45米的生土二层台。北壁距坑底1.1米处有一长0.4、高0.2、深0.13米的壁龛。西南角距坑底1.2米处有一曲尺形壁龛。龛边长0.25、深0.2米	一椁一棺 椁:2.1×1 棺:1.9×0.35	仰身直肢，双手置于腹部，头朝西	男	18～22	陶盖鼎AI(2)，陶罐C(1)，陶盖豆BII(2)，陶壶CII(1)，陶环1；铜梳1，铜带钩2，铜肖形印1；水晶玛瑙璜5，水晶玛瑙串饰一组44件（水晶三穿饰1，圆形水晶珠3，扣形水晶珠9，球形水晶珠15，菱形水晶珠2，球形玛瑙珠6，骨管2，骨管6）；滑石箅1，滑石琮形束发器1，滑石片（口含）7；蛎石1，滑石玛瑙璜黄2，滑石片状玦2，滑石佩饰一组16件（椭圆形佩1，长方形佩4，方形佩8，八角形环1，璜2）；骨柱形器2，骨管1	图一五四

续附表一一

坑号	位置	方向	土坑	葬具	葬式	性别	年龄	随葬器物	备注
P4	东二层台	东西向	2.5×1.5—1.65 坑底南北两侧有宽0.15、高0.9米的生土二层台。西壁距坑底1.05米处有一长0.65、高0.3、深0.3米的壁龛。南壁距坑底0.9米处有一长0.4、高0.3、深0.25米的壁龛	一椁一棺 椁:2.33×1.2 棺:2.05×0.85	仰身直肢,双手置于腹部,头朝西	女	成年	陶盖鼎 AII(1),陶盖豆 BII(2),陶壶 CI(1);玛瑙瑗3;滑石片状珏1,滑石坠1,滑石组佩饰13件(长方形佩4,方形佩5,圭主形佩2,璜2);骨簪1,菱形骨珠1	被盗
P5	南二层台	南北向	2.4×1.1—1.5 坑底南北两端有宽0.12~0.2、高0.5米的生土二层台。北壁与东壁距坑底0.85米处各有一壁龛。北龛长0.29、高0.4、深0.24米,东龛长0.36、高0.35、深0.25米	一椁一棺 椁:2.06×0.9 棺:1.93×0.65	仰身直肢,双手置于腹部,头向北	不明	25~30	陶盖豆 BII(2),陶壶 CII(1);铜带钩1;玛瑙瑗3,水晶玛瑙串饰一组14件(水晶三穿饰1,球形水晶管9,圆柱形水晶管1,菱形水晶管2,玛瑙璜1);滑石管1,滑石柱形块2,滑石片状珏1,碎滑石块2,滑石组饰一组13件(口含1,椭圆形佩1,长方形佩5,方形佩4,八角形环1,璜2)	图一五五
P6	南二层台	南北向	2.3×1.1—1.5 坑底南北两端有宽0.1、高0.5米的生土二层台	一椁一棺 椁:2.1×1 棺:1.9×0.55	仰身直肢,后置于腹部,头向北	不明	12~14	铜带钩1,水晶玛瑙串饰一组11件(扣形水晶珠1,球形水晶珠4,鼓形水晶管3,玛瑙瑗1,玛瑙冲牙2)	

附表一二 相家庄四号墓陪葬坑登记表

单位:米

坑号	位置	方向	土坑	葬具	葬式	性别	年龄	随葬器物	备注
P1	北二层台	东西向	2.4×1.3—1.75	一椁一棺 大小不清	不明	不明		陶罐 AII(1)，陶罍 1；滑石环 33，圆形滑石管 9，方形滑石佩 1	被盗
P2	北二层台	东西向	2.4×1.25—1.7	一椁一棺 椁:2×0.85 棺:1.8×0.7	不明	不明	成年	陶罍 3；滑石环 26	被盗
P3	南二层台	东西向	2.4×1.2—1.85	一椁一棺 椁:2.15×0.84 棺:2×0.7	仰身直肢，双手置于胸前，头向东	女	16～18	陶盖鼎 AI(1)，陶盖豆 AII(3)；铜带钩 1；球形水晶珠 3；玛瑙暖 3；滑石琮形束发器 1，方形滑石佩 1，长方形滑石佩 1，滑石环 13，滑石璜 3	图一七一

附表一三　相家庄五号墓陪葬坑登记表

单位：米

坑号	位置	方向	土坑	葬具	葬式	性别	年龄	随葬器物	备注
P1	北二层台	南北向	2.8×1.3－2.25	一椁一棺 椁:2×0.9 棺:1.88×0.65	葬式不明，头向南	女	20～25	陶豆A(2)；铜带钩1，铜环3；滑石柱形器4，长方形滑石佩2，铜石黄1，骨柱形器2；蛤蜊壳5	被盗
P2	北二层台	南北向	2.88×1.3－2.1	一椁一棺 椁:2.18×0.8 棺:1.84×0.6	仰身直肢，双手置于胸前，头向南	女	14～16	陶盖豆BII(2)，陶壶D(2)；铜带钩4；水晶串饰一组11件（瑗1，球形珠4，扣形珠2，鼓形管1，骨管3）滑石簪1，滑石组佩饰12件（椭圆形佩1，长方形佩2，方形环1，璜2）	图一八四
P3	东二层台	东西向	2.7×1.4－2.2	一椁一棺 椁:2.1×1.2－0.8 棺:1.75×0.53	仰身直肢，双手置于胸前，头向西	女	18～25	陶盖鼎AII(1)，陶盖豆A(2)，陶盖豆BII(2)，陶壶D(1)，陶罐B(2)；铜镜1，铜带钩1；玛瑙瑷1；滑石琮形束发器1，滑石组佩饰一组11件（椭圆形佩1，长方形佩2，方形佩6，璜2）；石肖形印1；骨簪2	图一八五
P4	东二层台	东西向	2.98×1.4－2.4	一椁一棺 椁:2.3×1 棺:1.9×0.8	仰身直肢，双手置于胸前，头向西	男	13～14	陶鬲AI(1)，陶盖豆BII(2)，陶壶D(2)；铜剑1，铜削1，铜镜2，铜带钩3；玛瑙瑷1，玛瑙串饰一组17件（玛瑙瑷2，扣形水晶珠2，球形水晶珠12，圆形水晶管1），水晶玛瑙串饰一组138件（水晶珠14，球形水晶珠42，菱形水晶珠16，圆形水晶管20，方形水晶管2，鼓形水晶管7，水晶冲牙1，玛瑙瑷3，玛瑙冲牙1，球形骨管22），水晶玛瑙串饰一组105件（水晶瑷2，球形水晶珠15，菱形水晶珠20，鼓形水晶珠4，扣形水晶珠14，圆形水晶管18，菱形水晶管6，鼓形水晶管1，玛瑙瑷2，凸棱形玛瑙管10，玛瑙冲牙2，球形骨珠11）；滑石簪1，碎滑石片（口含）1，滑石组佩饰一组10件（椭圆形佩1，长方形佩6，方形佩2，璜1）；骨柱形器1，骨贝1；蛤蜊壳6；嵌金丝漆木盒1	图一八六

续附表一三

坑号	位置	方向	土坑	葬具	葬式	性别	年龄	随葬器物	备注
P5	南二层台	南北向	2.58×1.3－1.8，东壁距坑底 0.7 米处有两个壁龛，北龛长 0.45，高 0.25、深 0.2 米；南龛长 0.55、高 0.3、深 0.21 米	一椁一棺 椁：2×0.95 棺：1.79×0.6－0.75	仰身直肢，双手置于腹部，头向北	男	16～18	陶鬲 AI(1)，陶盖豆 BII(2)，陶壶 D(2)，陶罐 AII(1)，陶柱形器 6；铜剑 1，铜带钩 2；水晶玛瑙形水晶瑗 2，球形水晶珠 22，菱形水晶珠 2，圆形水晶管 14，水晶冲牙 1，玛瑙形水晶珠 2，圆形玛瑙珠 19，球形骨珠 1，玛瑙形玦 2，滑石片状玦 2，滑石簪 1，滑石形佩饰一组 15 件（椭圆形佩 1，长方形佩 4，方形佩 7，八角形环 1，璜 2）；骨簪 1，骨笄 1，骨柱形器 1	图一八七

附表一四 相家庄六号墓陶列鼎登记表

单位：厘米

序号	出土号	通高	器高	口径	腹径	腹深
1	34	44	37.6	44	48	24
2	59	43.6	37.6	39.2	46.4	23.2
3	25	44.4	38	39.2	43.8	24.4
4	15	42.8	36	37.6	40.8	21.2
5	43	42	35.2	36.8	40.4	21.6
6	41	37	29.6	31.2	34.8	18.8
7	9	34	28	30.4	36	18.8

附表一五　淄河店二号墓殉人登记表

单位：米

殉人	位置	方向	陪葬坑	葬	具	葬式	性别	年龄	随葬器物	备注
X1	北二层台	南北向	10.6×2.5-1.6		一棺 棺:2.1×0.85	仰身直肢,头向南			铜环7	被盗
X2	北二层台	南北向	10.6×2.5-1.6	一椁:2.55×2.3	一棺 棺:2.1×0.64	仰身直肢,头向南			铜带钩4,玛瑙瑗5,滑石环1,滑石璧1,水晶珠1	
X3	北二层台	南北向	10.6×2.5-1.6		一棺 棺:2.02×0.52	仰身直肢,头向南			玛瑙瑗3	被盗
X4	北二层台	南北向	10.6×2.5-1.6		一棺 棺:2.02×0.6	仰身直肢,头向南			玛瑙瑗2	被盗
X5	北二层台	南北向	10.6×2.5-1.6	一椁:2.4×2.4	一棺 棺:1.8×0.64	仰身直肢,双手交叉置于胸前,头向南			铜带钩2,铜环10,玛瑙瑗2	
X6	北二层台	南北向	10.6×2.5-1.6		一棺 棺:2.02×0.64	仰身直肢,头向南			铜带钩1,铜环1,玛瑙瑗1,水晶珠1	
X7	北二层台	南北向	10.6×2.5-1.6		一棺 棺:10.85×0.6	仰身直肢,头向南			铜带钩2,铜环6,玛瑙瑗3	
X8	北二层台	南北向	10.6×2.5-1.6	一椁:2.48×2.4	一棺 棺:2×0.62	仰身直肢,头向南			铜环2,铜带钩2,玛瑙瑗2	
X9	北二层台	南北向	10.6×2.5-1.6		一棺 棺:1.7×0.52	仰身直肢,头向南			玛瑙瑗7,玉耳坠2,水晶瑗2,铜带钩1,水晶瑗2,铜环5,彩绘陶盘1,彩绘陶壶3,彩绘陶敦1,彩绘泥器1	
X10	北二层台	南北向	10.6×2.5-1.6		一棺 棺:2×0.74	仰身直肢			铜带钩2,铜环2	
X11	东二层台	南北向	10.6×2.5-1.6	一椁:2.4×2.5	一棺 棺:1.94×0.64	仰身直肢,头向南			铜带钩2,铜环6	
X12	东二层台	南北向	10.6×2.5-1.6		一棺 棺:2.02×0.52	头向南			铜环1,玛瑙瑗1	被盗

附表一六　淄河店二号墓编钟登记表

单位：厘米

组合	序号	出土号	形制									枚		中长	纹饰						备注
			通高	纽高(甬长)	舞修	舞广	鼓间	铣间	鼓厚	铣长	钲长	形状	数量		正鼓部	钲间	枚	篆部	舞部	纽(甬)部	
1	1—1	M2：108	69.1	16.5	39.7	30.6	44.0	51.4	0.8	52.6	32.7	圆	36		蟠螭		团螭	蟠螭	蟠螭	夔龙	
1	1—2	M2：106	71.6	17.2	44.5	35.5	45.2	57.0	1.0	54.4	36.0	圆	36		蟠螭		团螭	蟠螭	蟠螭	夔龙	
1	1—3	M2：107	78.0	17.5	45.0	38.5	44.7	67.5	1.1	60.0	34.2	圆	36		蟠螭		团螭	蟠螭	蟠螭	夔龙	
1	1—4	M2：109	79.1	18.5	50.7	41.8	48.0	62.0	1.0	61.6	37.0	圆	36		蟠螭		团螭	蟠螭	蟠螭	夔龙	
2	2—1	M2：89	41.0	15.5	16.1	11.9	14.0	20.2	0.7	25.5	14.0	乳丁	36	20.4	蟠螭			蟠螭	蟠螭		
2	2—2	M2：55	48.0	17.8	17.0	13.2	16.5	23.3	0.7	30.2	15.8	乳丁	36	24.4	蟠螭			蟠螭	蟠螭		
2	2—3	M2：105	54.6	21.3	19.0	15.0	18.7	28.2	0.4	33.3	14.9	乳丁	36	25.1	蟠螭			蟠螭	蟠螭		
2	2—4	M2：56	62.1	21.5	23.9	19.2	24.2	34.5	0.5	40.6	20.2	乳丁	36	32.8	蟠螭			蟠螭	蟠螭		
2	2—5	M2：54	63.7	22.0	27.3	21.4	22.0	36.7	0.6	41.7	21.0	乳丁	36	33.7	蟠螭			蟠螭	蟠螭		
2	2—6	M2：102	69.7	26.0	28.5	23.7	30.8	36.0	0.6	43.7	24.0	乳丁	36	35.5	蟠螭			蟠螭	蟠螭		
2	2—7	M2：101	69.9	26.0	29.0	24.0	27.0	38.0	0.5	43.9	24.4	乳丁	36	36.5	蟠螭			蟠螭	蟠螭		
2	2—8	M2：53	74.1	27.0	31.0	25.7	30.3	41.3	0.9	47.1	24.0	乳丁	36	40.0	蟠螭			蟠螭	蟠螭		
3	3—1	M2：103	44.2	16.2	16.3	11.0	14.5	26.5	0.6	28.0	14.5	乳丁	36	23.5	蟠螭			蟠螭	蟠螭		
3	3—2	M2：91	46.8	16.5	17.8	13.0	14.5	26.6	0.5	30.3	15.0	乳丁	36	23.8	蟠螭			蟠螭	蟠螭		
3	3—3	M2：92	52.6	18.8	20.0	15.5	18.5	24.7	0.5	33.8	17.2	乳丁	36	27.6	蟠螭			蟠螭	蟠螭		
3	3—4	M2：95	54.4	18.8	21.8	17.0	18.2	31.0	0.6	35.6	17.0	乳丁	36	28.5	蟠螭			蟠螭	蟠螭		

续附表一六

组合	序号	出土号	形制												纹饰						备注
			通高	纽高(甬长)	舞修	舞广	鼓间	铣间	鼓厚	铣长	钲长	枚形状	枚数量	中长	正鼓部	钲间	枚	篆部	舞部	纽(甬)部	
3	3—5	M2:97	56.2	19.1	21.3	16.7	20.9	30.8	0.5	37.1	18.0	乳丁	36	28.4	蟠螭			蟠螭	蟠螭		
3	3—6	M2:96	61.1	21.4	23.3	18.0	23.0	33.5	0.6	39.7	18.0	乳丁	36	31.2	蟠螭			蟠螭	蟠螭		
3	3—7	M2:99	63.7	22.0	25.7	20.8	23.0	36.0	0.6	41.7	20.5	乳丁	36	33.5	蟠螭			蟠螭	蟠螭		
3	3—8	M2:94	74.2	27.4	31.0	26.0	29.6	40.0	1.1	46.8	25.5	乳丁	36	39.2	蟠螭			蟠螭	蟠螭		
4	4—1	M2:90	29.1	5.8	13.7	11.0	15.0	19.0	0.5	23.3	13.0					蟠虺					
4	4—2	M2:93	30.3	5.8	15.8	12.6	16.2	20.0	0.6	24.4	15.0					蟠虺					
4	4—3	M2:98	31.5	6.5	16.5	13.6	15.2	23.0	0.5	25.0	15.5					蟠虺					
4	4—4	M2:100	32.4	6.4	18.0	14.5	17.5	23.0	0.5	26.0	16.0					蟠虺					
5	5—1	M2G:35	13.0	2.3	6.0	4.5	5.7	8.0	0.2	10.7	5.8			9.1		蟠虺					
5	5—2	M2G:8	15.3	2.8	6.7	5.3	6.8	8.7	0.2	12.5	7.4			10.3		蟠虺					
5	5—3	M2G:10	16.8	3.3	7.3	5.9	7.0	10.0	0.2	13.5	7.4			11.8		蟠虺					
5	5—4	M2G:9	19.3	3.5	8.4	6.3	8.5	13.2	0.4	15.7	8.9			13.0		蟠虺					
5	5—5	M2G:1	21.6	3.5	9.3	7.0	9.0	12.5	0.3	18.1	9.2			13.4		蟠虺					
5	5—6	M2G:3	21.7	3.8	10.0	7.6	9.2	16.4	0.3	18.1	8.8			15.5		蟠虺					
5	5—7	M2G:4	24.0	4.7	10.5	8.0	9.5	19.0	0.3	19.3	10.7			16.0		蟠虺					
5	5—8	M2G:7	24.1	4.1	11.8	9.2	11.0	19.7	0.3	20.0	11.6			17.0		蟠虺					
5	5—9	M2G:2	26.4	5.1	13.0	9.3	10.5	19.8	0.3	21.3	11.2			17.2		蟠虺					
5	5—10	M2G:18	28.0	5.7	13.3	10.9	13.0	18.2	0.3	22.3	13.5			19.0		蟠虺					

附表一七　淄河店二号墓石磬登记表

单位：厘米

组合号	序号	出土号	通长	通高	倨勾（度）	鼓上角（度）	鼓下角（度）	股上角（度）	股下角（度）	倨孔内径	倨孔外径	鼓上边	鼓下边	鼓博	股上边	股下边	股博	底长	弧高	股厚	中厚	鼓厚	备注
1	1—1	M2∶51—1	23.0	9.6	138.0	87.5	99.0	90.0	97.0	1.6	1.9	14.5	11.8	5.3	10.3	7.3	6.5	18.5	1.7	2.3	2.3	2.4	
1	1—2	M2∶51—2	30.2	13.5	134.0	82.0	100.0	92.0	102.0	1.6	2.0	19.2	15.2	7.0	13.0	9.2	7.9	24.0	2.4	3.0	2.5	2.4	
1	1—3	M2∶51—3	32.6	13.1	140.0	81.0	107.0	86.0	111.0	1.9	2.1	20.8	15.5	8.2	14.0	9.4	8.8	24.5	2.5	2.4	2.5	2.2	
1	1—4	M2∶51—4	33.5	13.5	133.0	82.0	99.0	83.0	100.0	1.9	2.1	21.6	16.3	7.9	14.3	10.7	8.8	26.5	2.3	2.3	2.2	2.0	
1	1—5	M2∶51—5	42.2	17.2	125.0	88.0	108.0	89.0	104.0	1.9	2.2	27.0	20.0	9.3	19.0	13.2	10.0	32.7	3.0	3.0	3.2	3.2	
1	1—6	M2∶51—6	45.0	17.8	130.0	82.0	102.0	83.0	102.0	1.9	2.1	29.0	23.5	9.5	19.9	13.2	10.6	36.0	3.5	3.5	3.5	3.0	
1	1—7	M2∶51—7	59.5	20.7	134.0	79.0	97.0	84.0	108.0	2.2	2.1	38.6	33.5	10.7	25.0	10.7	12.0	49.5	5.0	3.4	2.8	3.0	
1	1—8	M2∶51—8	74.0	26.5	134.0	85.0	100.0	90.0	107.0	2.2	2.2	46.7	41.0	12.5	32.3	21.0	15.5	61.3	6.2	3.4	3.2	3.1	
2	2—1	M2∶52—1	23.0	9.5	138.0	79.0	96.0	83.0	94.0	1.7	1.9	8.4	8.8	6.2	9.7	8.0	6.9	16.8	2.0	1.9	2.4	2.1	
2	2—2	M2∶52—2	29.2	11.7	125.0	76.0	116.0	87.5	97.0	1.9	1.2	18.3	12.2	8.0	12.6	9.6	7.4	21.5	2.0	2.5	2.6	2.4	
2	2—3	M2∶52—3	30.7	13.0	134.0	73.0	92.0	93.0	107.0	1.7	2.1	19.0	15.0	8.0	13.3	10.3	8.5	24.6	2.3	3.2	3.1	2.8	
2	2—4	M2∶52—4	36.4	15.0	133.0	81.0	97.0	84.0	100.0	1.6	2.1	22.8	21.0	8.7	16.3	7.1	10.0	27.5	3.2	3.5	3.5	3.3	
2	2—5	M2∶52—5																					残
2	2—6	M2∶52—6	46.7	16.7	134.0	79.0	98.0	88.0	100.0	1.7	1.9	30.2	25.6	9.4	19.8	13.0	10.0	38.0	3.5	3.1	2.8	2.6	
2	2—7	M2∶52—7																					残
2	2—8	M2∶52—8	67.2	25.5	131.0	92.0	98.0	92.0	94.0	1.9	2.1	43.6	37.8	11.2	28.8	21.7	14.8	58.0	5.5	3.6	3.6	3.3	
3	3—1	M2∶104—1	19.5	8.8	129.0	94.0	99.0	84.0	108.0	1.6	1.8	12.8	11.6	5.6	9.7	5.4	5.8	16.6	1.6	1.9	1.9	1.7	
3	3—2	M2∶104—2	21.2	12.0	133.0	73.0	96.0	90.0	104.0	1.7	1.9	16.8	12.0	7.1	11.8	8.0	7.7	19.7	2.0	2.9	2.8	2.9	
3	3—3	M2∶104—3	31.0	12.5	126.0	79.0	97.0	88.0	97.0	1.7	1.8	20.0	14.8	7.6	13.5	9.8	7.2	24.0	2.1	1.9	2.2	1.9	
3	3—4	M2∶104—4	30.6	14.0	133.0	89.0	105.0	97.0	104.0	2.0	2.2	19.7	14.5	7.8	13.8	9.4	9.3	23.4	2.2	2.3	2.5	2.2	
3	3—5	M2∶104—5	39.2	15.8	136.0	79.0	100.0	89.0	101.0	1.9	2.0	24.5	18.8	9.1	17.2	12.8	10.2	31.2	3.2	2.4	2.5	2.3	
3	3—6	M2∶104—6	41.5	15.7	138.0	77.0	107.0	88.0	100.0	1.7	2.0	26.5	21.3	8.6	8.0	12.1	9.5	32.8	3.4	2.7	2.8	2.6	
3	3—7	M2∶104—7	46.0	18.1	130.0	82.0	96.0	81.0	101.0	1.8	2.0	28.5	22.6	10.0	20.4	14.2	11.5	36.0	3.9	3.1	3.2	2.9	
3	3—8	M2∶104—8	73.0	23.6	139.0	80.0	94.0	91.0	98.0	1.8	2.1	48.2	38.7	11.4	29.2	23.6	13.4	61.2	5.8	2.9	3.3	2.9	

附表一八　淄河店二号墓车轮登记表

单位：厘米

编号	外径	牙				毂							辐						备注
		牙高	外侧厚	中侧厚	内侧厚	毂长	最大径	积端外径	贤端外径	毂孔最大径	小穿末端内径	大穿末端内径	辐长	辐数	股长	胶长	畜长	畜长	
*1	136	9	3	5.5	2.5	50	18.5	11	15.5		5.5	8.2	51.5	30	20	31.5	2.5	1.8	良好
*2	130	9	3	5	3	31	18.8	112			6		48	26	28	20	1.2	1.6	良好
*3	138	9	2.4	5	2	48	22	12	14		10	7	49	28	26	23	2	1.8	良好
*4	136	9	3	5	2.8	贤21	20		14	14		7.2	49	28	25	24	2		残
*5	130	9	3	4.5	2.8	23			14.5		6.4	8	48	26	27	21	1.2	1.4	一般
*6	130	9	3	5	3	22	20	13	15	14	6	8	48	26	28	20	0.8	0.9	良好
7	128	8	3	5	2.6	积25	20	10	12	12			46	62	20	16	1.1	1.8	一般
*8	132	9	2	7.5	1.8	20	18				6.8		46	26	23	23			一般
*9	128	7	2.5	4	2.5	贤22	18	9	10.4	14		7.4	48	36	26	22		2	良好
10	134	9	3	4.8	3.2	18	20						46	30	24	22			良好
11	134	8	3	5.2	3.2	残33	22						48	22	22	26			残
*12	132	9	2.5	6.5	3		18	10		12	7		48	30	26	22	1.2	1.4	良好
*13	140	10	3.6	6	2.2		20	12	14				50	26	27	23	1.8	1	一般
*14	120	9	3.6	5			18	18		12.6			42	40	22	20	1.8	1.6	良好
15	100	8	4	7	3		16						42	28	22	20			残
16	100	8	4	7	3		16						42	30	22	20			残
17	110	8	3.5	8	3		16	12		12			39	30	15	17			残
18	110	8	3.5	8	3		16	12		12			39	30	15	17			残
*19	114	8				42	20	12		12			50	26	28	22	2	2	残
20	140	9					28	12	16	12	4		47	80	22	25	1.6		残
21	110								15			9.5							残
22		7																	残
23		7																	残
24	136	7					22			18			50	30					残

续附表一八

编号	外径	牙高	外侧厚	中侧厚	内侧厚	毂长	最大径	轵端外径	贤端外径	毂孔最大径	小穿末端内径	大穿末端内径	辐长	辐数	股长	骹长	笛长	笛长	备注
25							19												残
*26	110	9	5	8	4		16			12			38	36	16	22			残
27	110	7	4	6	2.5		16			9.5			40	42	21	19			残
29	130	9					18			12			47	30					残
30	136	9					18			8			50	30					残
*31	136	8	3	4.5	3.2	26	15	8.5	15.5			7	53	36	29	24	2	2	残
*35		8		5.5		40	18			12		7	53	26	29	23			残
*36	122	9	3.5	4.8	3.6		15	12		12			46	40	26	20	1.2		残
*37	126	8	2.5	4.8	2.8	残10	18			14	6		46	30	28	18	2	2.2	一般
38	120	9	3	5	3		20	12		14			38	36	20	16			残
*39	128	8	3	5	3		18			12			47	30	26	21		2	残
*40	118	8	3	4	2.8		18			12			46	30	20	22	3	1.8	残
*41	128	8	2.5	5.5	3		18	12	14	12	6.5	8	48	30	26	22	1.5	2	一般
42	120	9	3	6	2.8		16	11					43	34	24	19	2.2		残
*43	130	10	2.5	5	3		18						48	26	27	21		1.2	一般
44	128	8	2.8	4.5	2.6								46	62	20	16		1.1	残
45	108	8.5	2.5	4.5		20	18		12	12			40	32	22	18			一般
*46	130	8.5	3	5	2	20	20	8	15	16	6	8	46	30	28	18	2	1.6	一般

附表一九　淄河店二号墓车登记表

单位:厘米

编号	轴			衡						舆					轴			备注
	长	径	踵	长	径	末径	通高	首径	厚	广	进深	通高	当兔	伏兔	长	径	外径	
1	352	6~9	4	152	4~6	2.8~3				172	122	48			292	7	4.8	
2	152(残)	4~9								122	100				143(残)	5		残缺
3	330(残)	5~10		73(残)	3~7					124	110	53			234(残)	8	4.8	
4	100(残)	6		112(残)	4~6	2.8												残缺
5	84(残)	5								78(残)	86(残)							残缺严重
6										118(残)	64(残)							残缺严重
7	120(残)	5								130(残)	60(残)							
8											186							
9										54(残)	100(残)							
10	440(残)	4.5~7.5		150	4~6.5					130	210				266	9	5	
11	440(残)	6~10	10							140	210	40		10~37	270	7	5	
12	172(残)	5~14	2	116(残)	4~6	2.8				146	114	53			262	8	4	
13	240(残)	5~6.5	4				56			108(残)	94(残)				188(残)	5		
14	276(残)	3.5~9	4							107	82	48		8~22	143(残)	6		
15	229(残)	6~16	3							120	108	50.4			238	6	4.5	
16	20(残)	6		22(残)	5													残缺严重
17	337	5~10	2	160	4~6.5	2.8				135	125	55			275	8	3.8	
18	242(残)	7~10		147	4~8	3				120	112			7~9	204	8	4	
19	332(残)	4~8	2	160	3~5	3				124	110			8~15	220	5	3.5	
20	317	5~10	4				49			126	120		6~14	12~31		6	3.2	
21																		残缺严重
22																		残缺严重

附表二〇　淄河店三号墓陪葬坑登记表

单位：米

坑号	位置	方向	土坑	葬具	葬式	性别	年龄	随葬器物	备注
P1	北二层台	南北向	2.4×1.2−1.3	一棺：2.1×0.8	仰身直肢，头向南			玛瑙瑗3，紫晶珠1，圆形骨饰1，滑石管1，滑石琮形束发器1，滑石饰9，水晶瑗2，骨管1	图二九三
P2	北二层台	南北向	2.4×1.2−1.3	一棺：2×0.7	仰身直肢，头向南			骨管1，滑石饰1，滑石璧1，滑石圭2	
P3	北二层台	南北向	2.4×1−1.3	一棺：2×0.66	仰身直肢，头向南			水晶串饰1，滑石琮形束发器1，滑石管1，骨管1，滑石璜1，滑石佩饰4	图二九三
P4	北二层台	南北向	2.4×1.2−1.3						被盗
P5	北二层台	南北向	2.8×1.74−1.6	一棺：2.1×0.96	仰身直肢，头向北			彩绘陶豆7，彩绘琮形束发器3，陶盖豆3，彩绘陶敦2，泥器3，铜剑1，滑石管1，滑石琮形束发器环1，滑石黄47，滑石饰6，水晶串饰2，水晶瑗2，骨管1	图一八

附表二　淄河店三号墓车轮登记表

单位:厘米

编号	外径	牙				毂							辐						备注
		牙高	外侧厚	中侧厚	内侧厚	毂长	最大径	钑端外径	竖端外径	毂孔最大径	小芽末端内径	大芽末端内径	辐长	辐数	股长	骹长	笛长	畜长	
1	132	7.5	2.5	5	2.5	30(残)	22		16			8	48	80	23	25			一般
2	132	7.5	2.5	5	2.5									80					残
3	128	8	2.5	5	2.5									56					残
4	128	8	2.5	5	2.5	织26	18	12					47	56	26	22			一般
5	124	7.5	3	6	2.5	21.3(残)	16	10					46	56	26	20			一般
6	124	7.5	3	6	2.5		16						46	56	26	20			一般
7	128	8	3	5	2.6								48	48	26	22			残
8	128	8	3	5	2.6		15						48	48	26	22			残
9	126	7	2.5	5.5	2.5	织26	16						46	56	26	20			一般
10	126	7	2.5	5.5	2.5		16						46	56	26	20			一般

附录一

临淄战国墓出土铜器的鉴定报告[*]

周忠福

（北京科技大学冶金与材料史研究所）

自齐献公迁都始，临淄作为姜齐与田齐的国都达六百三十余年。从历史记载中可知齐国在青铜器的冶铸方面处于列国的领先地位。临淄出土了大量战国时期的铜器，但迄今尚未对齐国铜器进行冶铸技术的全面分析。为了初步探索齐国的冶铸技术，对临淄的战国墓中出土的16件铜器进行了金相学研究。

由于合金成分、器物种类及尺寸、铸造方法、冷却速度、冷热加工、使用状态及埋藏环境等多种因素都会影响到器物的显微组织，因此对出土铜器进行金相学研究可以了解其合金组成、制作方法及冶炼和加工的质量等重要信息。

作为初步探索，仅对几座战国墓中出土的不同种类的残断器物进行了取样，分别为淄河店LZM2取样9件，LZM3取样1样，相家庄LXM3、LXM4、LXM6取样4样，单家庄LSM1取样2件。取样器物有兵器、车马器、工具等。

一、器物合金成分分析

对合金成分的分析采用扫描电镜能谱分析仪无标样法进行，使用剑桥S—250MK3扫描电镜和Link AN10000能谱分析仪进行测定。本方法是根据扣除本底的X射线能谱曲线，计算各元素特征X射线（K系或L系）峰值面积与元素特征峰值面积之和的比值，经归一处理后作为该元素的百分含量。由于铜器的铸造组织中经常出现成分偏析，因此测量时利用面扫描方式并尽可能在小的放大倍数下进行，使得所测结果代表尽可能大的面积下的平均成分。选择激发电压25KV下进行测量，测量值中由于铅的干扰，锡含量的测定值要稍高于实际值，但不影响对器物进行技术分析。

检测的16件样品中3件为锡青铜，13件为铅锡青铜，含锡在12.1%～30.2%之间，含铅量在3.9%～31.5%之间。从总体上来看样品的含铅量较高，两件车马器的含铅量高达27%以上。

---

[*] 本鉴定报告是在北京科技大学冶金与材料史研究所韩汝玢教授和孙淑云教授的指导下完成的，刘建华、姚建芳同志参与制样工作，北京科技大学冶金学院仇永泉老师帮助拍摄金相照片，材料学院裘宝琴老师负责扫描电镜检测，资源工程学院李前懋教授帮助摄矿相照片，在此一并致谢。

表 1　扫描电镜 X 射线能谱分析结果

样品编号	实验室编号	器物名称	出　土　地　点	元素百分含量（%）						
				Cu	Sn	Pb	S	Cl	Fe	Al
8	4501	盖弓帽	LXM3：19	66.5	19.1	13.0	0.9	0.0	0.3	0.1
21	4502	铜镜	LXM3P3：1	61.2	29.0	8.5	0.5	—	0.0	0.1
9	4508	铜马镳	LXM4：68	52.3	12.1	31.5	0.7	1.5	—	1.2
20	4516	铜豆	LXM6	92.8	5.9	—	0.9	0.0	0.1	—
7	4507	铜削	LSM1P4：5	79.2	19.5	0.6	0.3	0.0	0.2	0.1
6	4510	铜扁锥	LSM1P3：12	68.7	30.2	0.3	0.7	—	0.0	0.0
10	4503	戈	LZM2：21	58.5	22.1	17.6	1.1	—	0.0	0.6
13	4504	矛	LZM2：23	69.6	25.5	3.9	—	0.5	0.3	—
15	4506	铜柱	LZM2	65.2	27.1	6.0	0.7	0.7	0.2	0.1
11	4509	戟	LZM2	59.7	22.1	15.0	1.9	0.5	—	0.5
14	4511	铜泡	LZM2X3	57.9	28.5	9.9	1.9	0.2	—	—
12	4512	戟	LZM2	62.9	21.1	13.6	1.1	0.3	0.3	0.6
16	4513	铜甬钟	LZM2	65.5	21.1	11.4	0.9	—	0.5	0.3
18	4514	铜节约	LZM2 第 2 号车②	65.7	23.3	8.2	1.1	0.7	0.4	0.5
17	4517	铜环	LZM2	59.0	19.2	19.6	0.9	0.5	0.1	0.4
19	4515	铜轭首	LZM3X3	56.3	14.8	27.0	0.8	0.3	0.2	0.5

注：铜柱（4506）、矛（4504）、铜泡（4511）内部金属亦轻微腐蚀，腐蚀后会使锡含量高于合金的真正锡含量。

二、显微组织检测结果

对所取样品用镶嵌机镶嵌，经磨光和抛光后，用三氯化铁酒精溶液浸蚀后，在金相显微镜下观察金相组织，并拍摄照片。本实验中选用德国制造的 Neophot 光学金相显微镜进行金相组织的观察与照相（图版一一四、一一五、一一六）。并辅以 Olympus B071 型偏光显微镜进行矿相观察（彩版二三、二四）。综合金相及矿相观察结果与样品的成分相对应得出器物的显微组织如下：

表 2　样品显微组织检测结果

样品编号	实验室编号	器物名称	出　土　地　点	取样部位	金相组织观察结果
8	4501	盖弓帽	LXM3：19	口沿部	典型的 α 相和 α＋δ 共析体铸态组织，铅以颗粒状分布，在共析体中铅以极细小的颗粒存在，有明显的树枝状偏析，未经冷热加工
21	4502	铜镜	LXM3P3：1	残断处	极细的针状 α 相和网格状 α＋δ 共析体铸态组织，δ 相含量较高，铅以不规则颗粒状分布，未经冷热加工。没有明显的铸造缺陷，显示了高超的铸造技术。仅表层有轻微腐蚀

续表 2

样品编号	实验室编号	器物名称	出　土　地　点	取样部位	金相组织观察结果
9	4508	铜马镳	LXM4：68	残断处	以 α 相为主，并有少量 $\alpha+\delta$ 共析体的铸态组织，含有大量的铅且分布不均匀，除较小不规则颗粒外，有边缘平滑的球状铅相，最大者超过 0.1mm。有少量硫化物夹杂。未经冷热加工。边缘有层状锈蚀，以氧化亚铜为主（彩版二三，1、2）
20	4516	铜豆	LXM6	残断处	铸造疏松较严重，在铸造缺陷处有由于局部应力作用下产生的滑移线。存在成分偏析，显微组织为单相 α 固溶体，有斑块状的硫化物夹杂
7	4507	铜削	LSM1P4：5	残断处	显微组织为 α 固溶体基体中分布着斑块状的 $\alpha+\delta$ 共析体。部分 δ 相已腐蚀而使锡局部相对富集。存在含硫化物的夹杂。树枝状晶为未经冷、热加工的铸态组织
6	4510	铜扁锥	LSM1P3：12	中间部位	以 δ 相为主的铸造组织，由于成分偏析，存在不同含锡量的 δ 相析出。大量含铁及硫较高的夹杂。该器物腐蚀非常轻微（XRD 相分析结果见附表 1）
10	4503	戈	LZM2：21	中间部位	显微组织为 α 相和 $\alpha+\delta$ 共析体，有铅相及少量硫化物夹杂
13	4504	矛	LZM2：23	残断处	该样品锈蚀严重，已难以利用金相显微镜观察其显微组织。利用扫描电子显微镜背散射电子像可观察到存在低锡的 α 相和高锡的 δ 相
15	4506	铜柱	LZM2	残断处	典型的铸造组织，α 相和大量的 $\alpha+\delta$ 共析体组成，有大小不等球状的铅相，金相组织显示未经热处理和冷热加工。该器物边缘腐蚀严重，内部发生 δ 相优先的相选择性腐蚀
11	4509	戟	LZM2	残断处	显微组织为 α 相和 $\alpha+\delta$ 共析体，有铅相及少量硫化物夹杂，且有自由铜生成。金相组织显示未经冷、热加工。矿相观察显示外层生成以氧化亚铜为主的锈层（彩版二三，3、4）
14	4511	铜泡	LZM2X3	残断处	显微组织为 α 相和 $\alpha+\delta$ 共析体，极细微的铅颗粒分散于其中，部分铅聚集。存在大量的球状铜的氧化物，其中较大的颗粒中含有铜的氯化物。内部金属已发生共析体优先的腐蚀。未经冷、热加工
12	4512	戟	LZM2	残断处	显微组织为 α 相和 $\alpha+\delta$ 共析体，有铅相及少量硫化物夹杂，有较多的铸造缺陷

续表 2

样品 编号	实验室 编号	器物 名称	出 土 地 点	取样 部位	金相组织观察结果
16	4513	铜甬钟	LZM2	残断 处	显微组织为 α 相和 α＋δ 共析体，树枝状晶明显，铅以大小不等的颗粒存在，金相组织显示，该样品未经热处理和冷、热加工
18	4514	铜节约	LZM2 第 2 号车②	残断 处	典型的 α 相和 α＋δ 共析体铸造组织，有铅颗粒分布均匀，有少量硫化物夹杂。样品一侧腐蚀严重，且沿枝晶深入，δ 相选择性优先腐蚀，腐蚀产物以氧化亚铜和二氧化锡为主（彩版二四，1、2）
17	4517	铜环	LZM2	一节	α 相和 α＋δ 共析体铸造组织，铅以大小不同的颗粒状分布其中，未见明显铸造缺陷，器物外层已发生 δ 相优先的相选择性腐蚀，腐蚀产物以铜和锡的氧化物为主（彩版二四，5）
19	4515	铜轭首	LZM3P3	残断 处	α 相和 α＋δ 共析体铸造组织，铅以不规则颗粒状分布，部分颗粒较大，直径可达 0.1mm。有少量硫化物夹杂。样品中有类似铅颗粒大小的氧化亚铜颗粒（彩版二四，3、4）

LZM2 中出土的器物戈（4503）、戟（4509）、戟（4512）的显微组织显示这些器物的铅相有熔化变形，共析体中 α 相聚集，似受低于再结晶温度下长时间退火所致，不同于以往分析的青铜样品，较为特殊。后与发掘者联系方知，该墓早年被盗且失火，因此金相组织显示的特征不能作为该器物经热处理的证据。

金相学的研究结果表明所分析的 16 件铜器其组织均未发现明显的铸后冷、热加工迹象的铸造组织，并伴有不同程度的枝晶偏析，由于锡含量的差异使得 α＋δ 共析体的含量不同。铜豆（4516）含锡量小于 6％为单相 α 固溶体，铜扁锥（4510）含锡高于30％，显微组织为以 δ 相为主，并由于锡的偏析，有少量 ε 相在器物的外层析出外，其他 14 件样品显微组织皆为 α 相和 α＋δ 共析体的铸造组织。

在通常的铸造条件下，如图 1 所示，铜锡合金凝固不是在一个温度下，而是在一定的温度范围内进行的。在铸件的凝固过程中，由于结晶生长速度高于铜锡原子的扩散速度，造成成分偏析。在通常情况下，合金凝固范围越大时，由于冷却速度越快，原子扩散难以偿铜锡比例的不平衡，晶内偏析越严重。

三、合金成分与铸造技术的分析

合金成分的配比对合金的机械性能起着决定性的影响。随着锡含量的增加，δ 相含量增大，δ 相为金相间化合物，硬而脆，使得器物具有较大的硬度。除铜豆（4516）、铜马镳（4508）和铜轭首（4515）外，其他 13 件器物的含锡量均高于 17％，根据 Scott[①] 的划分，以铜锡合金中 α 固溶体的最大溶解度理论值 17％作为界线，高于此值的为高锡青铜。这些器物中包括有硬度要求较高的兵器 4 件，削和扁锥各 1 件，要求合金颜色为银白色的铜镜 1 件，另有铜柱 1 件。显然当时古代齐国的匠人已很好地掌握了依据器物的使用要求来配制高锡青铜。

铅在铜锡合金中以独立的相存在，不溶于合金相。在光学金相显微镜下呈现黑色的颗粒状。铅的这种分布特征和其较低的硬度，使得铅除可以改善合金在液态下的流动性外，它的存在可以弥补由于液态和固态下合金密度的不同造成的缩松，同时对于高锡青铜而言可以起到消除部分铸造应力的作用。但是当铅含量较高时，会由于铅和铜的密度差别导致重力偏析。同时铅在合金中存在的形状、尺寸和分布的均匀性都将影响器物的机械性能，总的来讲，大量的铅将降低合金的硬度、抗拉强度和延伸率。因此铅以细小的颗粒状或细枝晶状分布最为理想。

所分析的 16 件器物中，铜豆（4516）未检测出铅，铜削（4507）和铜扁锥（4510）含铅分别为 0.6％和 0.3％，可认为是锡青铜外，其他 13 件都是铅锡青铜。铜豆（4516）由于含锡小于 6％，铸造时凝固温度范围较大，晶内偏析严重。显微组织显示有较多的铸造疏松，铸造水平较差。如果添加一定量的铅，将有利于减少铸造缺陷。

部分器物含铅量较高且铅颗粒较大是这批器物的一个重要特征。13 件铅锡青铜中有 8 件含铅超过 10％。其中 2 件车马器铜马镳（4508）和铜轭首（4515）含铅分别高达 31.5％和 27.0％，这两件器物虽出自不同的墓葬，但铅的存在形式非常相像，都是

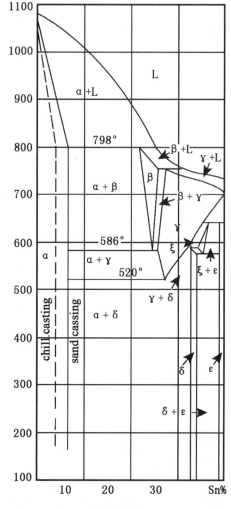

图 1. 通常铸造条件下的
铜锡二元铸造相图（部分）

---

① David A·Scott，Metallography and Microsturcture of Ancient and Historic Metals，the Getty Conservation Institute，the J·Paul Getty Museum in Association with Archetype Books，1991，pp. 25.

除细小颗粒外，有非常大的铅粒，最大者直径可达 0.1mm。大量的铅，尤其是大的铅颗粒使得合金的机械性能非常差，但作为车马饰并不要求好的机械性能。

铜环（4517）、盖弓帽（4501）和含铜甬钟（4515）也含有较高的铅，分别为 19.6％、13.0％和 11.4％，且有较大的铅颗粒，但在其对合金性能要求低的使用目的下，含铅较高也是可以的。所分析的 4 件兵器中有 3 件铅含量高，戈（4503）17.6％，戟（4509）15.0％，戟（4512）13.6％，由于这 3 件兵器同出土于淄河店 M2，该墓早年失火，铅已受热变形，难以确定其原始形态。其他地区出土的兵器中也有含铅量较高的，但只要铅以细小的颗粒存在和凝固于晶界周围，将不会对兵器的使用性能造成负面影响。从所检测的样品来看，古人应是有意添加大量的铅，在不影响器物的使用性能的基础上添加大量易得且廉价的铅，减少铜和锡的用量是一种非常经济的办法。由于分析样品数量少且缺乏同类样品，这一问题有待分析更多的样品进一步阐明。

铜泡（4511）成分分析中含铅量为 9.9％，但该器物中心部位有类似铅的大颗粒，经成分分析为铜的氧化物和氯化物，由于该器物已整体都发生腐蚀。在通常的埋藏环境下，铅是最容易腐蚀的，经常有铅颗粒腐蚀后铅流失被铜的氧化物或铜盐所填充，部分形成自由铜。因此铜泡（4511）有可能也是含铅非常高的器物，同样作为装饰品含铅高并不影响其使用。

铅对器物铸造缺陷和机械性能有较大的影响，因此控制合金中铅的尺寸、形状及分布至关重要。当合金熔化后充分搅拌再浇注，且浇注应快速冷却，才能保证铅以细小颗粒或细枝晶状分布。13 件铅锡青铜中，5 件含锡低于 10％的器物，其显微组织中铅均以细小颗粒存在，显示古人已很好地掌握了这一铸造中的重要技术。铜马镳（4508）、铜轭首（4515）、铜环（4517）、盖弓帽（4501）和铜甬钟（4515）有较大的铅颗粒，是由于其含铅量太高，已难以通过以上方法控制。

铜豆（4516）显微组织显示有滑移线，但分布于铸造疏松处，应为由于铸造残余应力而形成的滑移线，不是铸造后加工所致。

由于取样数量较少且缺乏同类器物间的比较，本结果只是对战国时期齐国的青铜器的初步且探索性的检测。对齐国的冶铸技术的研究，有待在大量且系统的样品分析与统计，及与其他地区比较研究的基础上，由考古工作者和科技工作者合作完成。

附表 1　铜扁锥（4510）X 射线衍射（XRD）相分析结果

No.	d（埃）	I/I$_{max}$	PbO 35-1482	Cu$_{39}$Sn$_{11}$ 31-485	Cu$_{41}$Sn$_{11}$ 30-510	Cu$_{327.92}$Sn$_{88.08}$ 30-511	Cu$_{81}$Sn$_{22}$ 31-486	Pb 4-686	SnO$_2$ 4-973	SnO$_2$ 33-1374
1	3.6805	10		√	√	√	√			
2	3.4713	10		√10	√	√	√			
3	3.1015	9	√100							
4	2.9116	10							√100	
5	2.8500	10						√100		√100
6	2.7944	10	√16						√90	
7	2.6018	12		√	√	√	√			
8	2.5115	11		√	√	√	√			
9	2.4740	12						√50		√70
10	2.4074	14		√	√	√	√			
11	2.1242	100	√	√100	√100	√100	√100			
12	2.0145	36		√		√	√	√74		
13	1.9178	15		√	√	√	√			
14	1.8776	15	√13							
15	1.8517	16	√13	√						
16	1.8475	15	√	√	√	√	√			
17	1.7749	15		√	√					
18	1.7384	12		√		√	√	√31		√60
19	1.6625	12	√16						√17	
20	1.5661	13	√11	√						
21	1.5025	17		√	√	√	√	√32		
22	1.4592	18	√	√	√	√	√		√16	
23	1.4471	13	√	√	√	√	√			
24	1.3277	13		√	√	√	√			
25	1.3104	18		√	√	√	√		√15	
26	1.2716	14	√	√	√	√	√		√20	
27	1.2229	20	√	√12	√10	√	√			√
28	1.2079	14	√	√		√	√			
29	1.1219	16	√	√		√	√	√		√20
30	1.1171	16	√	√	√	√	√	√		√20
31	1.1052	14	√	√	√	√	√	√	√13	√20
32	1.0654	13		√	√	√	√			
33	1.0587	15		√		√	√			

注：1）d（埃）——为面间距；

　　2）I/I$_{max}$——谱线强度的相对比；

　　3）"√"——表示 JCPDS 卡片中具有与样品对应的 X 射线衍射值，其后数字表示 JCPDS 中 I/I$_{max}$值，仅列出不小于 10 的值。

附录二

山东临淄出土战国铁器实验研究

陈建立

（北京科技大学冶金与材料史研究所）

春秋战国时期，临淄是齐国都城所在地，一直是齐国的政治、经济、文化中心，也是诸侯国中规模最大、最为繁华的城市。20世纪50年代以来，考古工作者已在齐国故城及附近地区发掘了众多遗址、墓葬，出土了大量的文物资料，包括冶金遗物如铜器、铁器等。受山东省文物考古研究所的委托，选择5件战国中、晚期墓葬出土的铁器样品进行实验分析研究。

通过铁制品的金相组织，可以判定器物的材质，了解制作工艺。取样进行金相组织观察，样品多取自残断处，取下的样品经过镶样、磨光、抛光后，用4％硝酸酒精溶液浸蚀，然后在金相显微镜下观察金相组织，并拍摄组织照片。

金相鉴定结果如下：

4505　铁锥（原号②，下同）。铁素体基体，局部有浮凸组织（图版一一七，1），氧化亚铁—硅酸盐复相夹杂物较多，晶粒及夹杂物沿加工方向变形延伸，并有折弯痕迹（图版一一七，2）。为块炼铁制品。

4518　错金铁环（LSM1P3：23）。珠光体球化（图版一一七，3），系钢的退火组织，单相夹杂沿加工方向延伸（图版一一七，4），边部有一脱碳层。此件样品系铸脱碳钢锻打后又经退火处理而成。

4519　铁带钩（LSM1P3：2-1）。质地纯净，一边为铁素体，晶粒大小不均，晶粒度大者1级，小者5～6级，大晶粒内有碳化物析出（图版一一七，5）。晶粒大小不均及碳化物析出系长期埋葬条件下室温结构变化产物。另一侧为铁素体和珠光体，含碳量0.1％左右（图版一一七，6）。铸铁脱碳制品。

4520　错金铁削（LSM1P3：2-3）。质地纯净，一侧为纯铁素体，晶粒度1～2级（图版一一八，1），另一侧为珠光体和铁素体的钢组织，为渗碳层，含碳量0.4％左右，靠近铁素体区域含碳量稍低，不同组织间有一过渡区域（图版一一八，2）。为铸铁脱碳成熟铁以后又经渗碳制成。

4521　铁镰刀形器（LSM1：16）。边部铁素体状晶组织，向内是珠光体和铁素体，芯部为过共晶白口铁组织（图版一一八，3、4）。铁素体柱状晶组织系脱碳时铁素体自外向内生长的产物。为脱碳铸铁制品。

根据金相鉴定结果可知，山东临淄出土的 5 件铁器中除 1 件为块炼铁制品外，其余 4 件均为铸铁脱碳制品，采用了铸铁退火技术，占检测样品的 75％。

所谓退火是指将钢铁制品加热到一定的温度，保持一定时间后缓慢地炉冷或者控制其冷却速度，以获得平衡状态的组织。退火可以降低钢的硬度，消除内应力，改善化学成分或组织不均，便于加工，或提高物理性能。铸铁退火是指古代将铸铁件加热到一定温度并保温一段时间，使生铁中的渗碳体分解，并且脱碳或者石墨化，从而改善生铁的脆性，获得一定韧性的技术。因而古代铸铁退火技术也称铸铁柔化技术。生铁一发明就较早地应用于生产工具的铸造。生铁的性能特点是硬并且耐磨，但生铁比较脆，韧性低。在生产实践中，劳动人民发现了这一弱点，并想法使生铁变软，从而发明了铸铁退火技术。铸铁退火技术是中国古代钢铁技术的一项重要发明。

从目前的考古资料来看，中国至迟在战国早期，可能更早已经发明了铸铁退火处理技术。河南新郑唐户南岗墓（M7）出土的春秋晚期的残铁板，经鉴定是共晶白口铁，并经轻微脱碳处理，可认为是铸铁退火技术的开始[1]。洛阳水泥厂出土的战国早期的铁铲和铁锛，经鉴定是生铁脱碳退火处理制品，铁铲为韧性铸铁，铁锛为脱碳铸铁[2]。在河南登封阳城春秋战国时期铸铁遗址出土的部分铁器是生铁制品并进行过退火处理[3]。战国中、晚期，各诸侯国普遍使用的农具、工具大都是通过退火工艺得到的。即将生铁的表面脱碳为具有韧性的全铁素体，中心保留坚硬耐磨的生铁组织；表面层的铁素体又具有自外向内生长的柱状组织，如 4521 铁镰刀形器。本次检测的 5 件铁器中有 4 件是铸铁经脱碳退火处理制造的，说明齐国当时已经掌握了这种较为先进的钢铁处理工艺，又为研究铸铁退火技术的发明与发展历程提供了实物例证。其中 4518 错金铁环存在钢的高温退火组织，并且组织十分均匀，是中国古代钢铁制品中比较少见的。但是，对于钢制品进行退火处理是否有意，还需实物例证。

从实用质量上看，4505 铁锥采用块炼铁制作而成，4520 铁削和 4521 铁戈采用脱碳铸铁制成，表面均为铁素体组织，其实用性能虽然比直接用生铁制作要高，但因为铁素体组织较软，对于切削工具及兵器的要求而言，其质量还不算高。这与制作工具及兵器时采用的淬火、渗碳等技术相比还有一定差距。

春秋战国期间，铁制工具和农具普遍应用于手工业和农业生产，使生产力得到进一步的提高。所以各国统治者对于冶铁业比较重视，设有专门的作坊和一定的管理制度，有时还发动战争以夺取冶铁之地。如公元前 301 年，齐相孟尝君田文曾联合韩魏攻楚，

① 柯俊等：《河南古代一批铁器的初步研究》，《中原文物》1993 年第 1 期。
② 李众：《中国封建社会前期钢铁冶炼技术发展的探讨》，《考古学报》1975 年第 2 期。
③ 韩汝玢等：《阳城铸铁遗址铁器的金相鉴定》，《登封王城岗与阳城》，文物出版社，1992 年。

并取得了宛、叶以北地，而他们之所以要夺取这些地方，其中很重要的原因是因为宛是著名的冶铁之地。后来，秦又因为同样原因夺取了宛、邓两个韩国著名的冶铁手工业的重要地点[①]。齐国的国都临淄是战国时期重要的冶铁地点之一，近年来在临淄故城中发现了冶铁遗址 6 处，其中最大的一处面积约有 40 余万平方米，说明当时冶铁业是十分发达的[②]。但是这些冶铁遗址还没有发掘，而这次仅检测了 5 件样品，所以要系统研究战国齐国的钢铁技术史，还需要结合考古工作的发展，进行进一步的探讨。

感谢韩汝玢教授的指导，姚建芳、刘建华参加了部分实验工作。

[①]　杨宽：《战国史》，上海人民出版社，1980 年。
[②]　群力：《临淄齐国故城勘探纪要》，《文物》1972 年第 5 期。

Linzi Qi Tombs（ Volume I）
Abstract

After Wuwang of Zhou destroyed Shang, Jiang Taigong was presented the vavasory at Yingqiu, when began the history of Qi State. The Sixth marquis Hu（ Hu Gong）of Qi moved the capital to Bogu then the Seventh marquis Xian（Xian Gong）moved from Bogu to Linzi in the middle of nine century B. C. In B. C. 386 Tianshi took over the power of Qi and also chose Linzi as the capital. From nine century B. C. to 221 B. C. Linzi had been used as the capital of Qi for more than 630 years. It was one of the biggest and most populous and flourishing capitals in Zhou Dynasty. With numerous ancient sites and tombs distributing around the outside and inside of the city site of Qi State, Linzi capital city site is of a great importance to the research of Pre－Qin archaeological research.

Since the exploration of the capital city site of Qi state in 1964, the Shandong Provincial Institute of Cultural Relics and Archaeology has conducted exploration and investigation on the Linzi tombs and mausoleum of Lard of Qi. As a result, thousands of tombs of Zhou and Han Dynasty have been excavated since then.

Volume I of Linzi Qi Tombs includes two parts. Part I includes two exploration reports of Linzi tombs and mausoleum of marquis of Tian Qi. Part II includes 19 tombs of middle or big scale in Warring State period from four cemeteries located at Dongxiazhuang, Shanjiazhuang, Xiangjiazhuang and Zihedian which provide important data for the tomb chronology and burial system of upper class aristocrats.

The sealed mound is the important part of tombs. The type, size and height of tomb mound can indicate the rank of status of the tomb occupants and the structure and building method are related to the level of technology of architecture in that time.

According to the survey, there are 182 tombs with rammed mould, 20 of which have their mounds thoroughly demolished in the modern construction only left the tomb chambers and 18 tombs have been partly destroyed. Most of these tombs distribute at Qidu, Yongliu, Jinling, Qiling villages and towns to the south of the city site of Qi

State.

The rammed mounds of Linzi tombs fall into six types according to their appearance. The first type consists of square base and round pile. The second takes the shape of character "凸". The third has a square base and round top. The fourth is like a taper. The fifth looks like a upside – down pyramid and the sixth is mountaind – shaped.

The Mountain – shaped tomb mound is composed of the rectangle base and two or more taper – shaped earth mounds on the base. This is a special tape of tomb mound for jount burial of a husband and a wife in separate graves. The number of taper – shaped earth mounds on the base is same to that of tomb chambers under the base.

With the help of the survey and observation to the rammed mound and analysis of excavation materials, the author concludes that the structure and construction of tomb mound can be divided into three types. The first type of mound is paved with rammed earth. No ramp is found in this type. The second type is composed of square or rectangle splinted earth pile over the mouth of tomb with protecting ramps on the four side. In the third type, tomb chamber and mound were built in one time. First, dig a earth pit as the chamber, then build four walls to surround the pit leaving a gap on one side of the wall for building a ramp to the chamber. Finally, stuff the pit and make a splinted earth pile and the four protecting ramps around it just like the second type.

From the excavated 20 Qi tombs with rammed mound of the Warring States period, the mounded tomb is likely to appear in Qi state between the Spring and Autumn and Warring Stated period. Further evidence is that tomb of Load of Jiang Qi at Heyatou Village at the east – north corner of the capital city site of Qi in Linzi.

In ancient China, the size and height of tomb mound are related to the status rank of the tomb occupant. The more higher and bigger the tomb mound is, the more higher of the status rank the tomb occupant would have. For example, the so – called Siwang-zhong (the tombs of four kings) and Erwangzhong (the tombs of two kings) own the biggest tomb mound among nearly 200 tombs found in Linzi. They are thought to be tombs of marquises of Qi state.

The surviving base of tomb mound of Siwangzhong is 790 meters from east to west and 188 meters from south to north. The four round earth pile on the top of the base all have a diameter around 100 meters and the north one has a height from 25. 9 to 33. 2 meters. Under the four round piles lay four separate chamers. Siwangzhong and Erwang-zhong both belong to the mountain – shaped tomb mound. Additionally, the round piles on the top of rectangle base also have square bases, which represents the special type of tomb mound of marquis of Qi. This type of mound is used for jount and separate burials of a husband and a wife, so Siwangzhong and Erwangzhong are not the tombs of four kings or two kings but the tombs of kings of Qi and their Queens and other consorts. Thus, beside Siwangzhong and Erwangzhong, there must be tombs of marquises of Tian Qi. In the exploration, three tombs by the names of Dianjiangtai tomb at Shaozhuang Town, Nanxinzhuang Tomb at Donggao Town and Tianhe Tomb at Putong Village, bearing the same size and type as Siwangzhong and Erwangzhong were found in Qingzhou City adjacent to Linzi. They are deemed to be tombs of marquises of Tian Qi.

From 386 B. C. when Tianhe became Lord of East Zhou Dynasty to 221 B. C. when Marquis Jian of Qi surrendered to Qin, eight lords of Qi had reigned in Tian Qi. Among them, Marquis Tan was murmured by marquise wu（Huan Gong）, marquise Di（Min wang）, was killed by Chu's general Zhuochi at Ju during Yue Yi's assault upon Qi state and Marquis Jian was starved to death in modern Hui County after he gave himself up to Qin state. According to *Zhouli*（*Rites of zhou*）, men of noble class who were killed by weapons were forbidden to buried in royal cemetery, so the above named three marquis were impossibly buried in the royal cemetery of Qi state. Thus the found five big tombs must be the mausoleums of marquise Tai（Tai Gong）, Marquise Huan（Huan Gong）, marquise Wei, Marquise Xuan and marquise Xiang.

The exploration of the cemetery of Siwangzhong revealed 30 tombs surrounded by a man made ditch. These tombs were orderly arranged in four rows and never disturbed each other. With own ramps, these tombs are all of middle and big and thought to be buried according to the prepared plan, reflecting the burial customs recorded in *Zhouli*.

The 19 tombs in this report include four tombs at Dongxiazhuang Cemetery, two tombs at Shanjiazhuang Cemetery, six tombs at Xiangjiazhuang Cemetery and seven tombs at Zihedian Cemetery. Except LXM1, LXM4, LXM67, LXM80 and LXM81 at Zihedian, the rest 14 tombs all have rammed tomb mound on the ground.

With earth pit, bit chamber and timber outer coffin, these tombs all take a shape of character "甲". Ten of them have a tomb area between 100 – 150 square meters, and seven tombs are over 500 square meters, and two tombs exceed 800 square meters. Only two tombs have a chamber area less than 100 square meters.

The bigger tombs usually have wide "second – level platform"（ercengtai）. The four walls and the bottom of outer coffin were both build with stones. The walls were often painted white. In 13 tombs, flax curtains with design of animal's mask are hung on the four walls of the chamber.

In 11 tombs, pit of human sacrifices were found on the second – level platform and the number of sacrifices adds up to 112. Most of the sacrifices have their own burial goods and coffins. According to the study of skeletons, the sacrifices are most young women and the heads of them all point to the outer coffin of the tomb occupant.

LDM4 – 5 at Dongxizhuang are two joint tombs with separate graves under the same rammed mound. LDM4 has a chamber area of 632 square meters. There are 19 pits for single human sacrifice found on its second – level platform. On the east and north side of second – level platform there found over 100 pottery in imitation to bronze such as *Ding*, *Ding* with a lid, *Gui*, *Fu*, *Dou*, *Fang Dou* and earthen *Bian Bo*, *Bian Zhong*, figurines of dancer and horses, painted lacquers and wooden wares. Besides pottery in imitation to bronzes, bronzes such as *Ding* with a lid, *Dou*, *Dou* with a lid, Dui, Zhou, pot with a handle, *Lei* and jar were unearthed from M5.

The chamber area of LDM6 reaches 831 square meters. There were 40 human sacrifices buried in 22 pits on the second – level platform. Similar to LDM4, earthen ritual vessels and musical instruments were also put on the second – level platform.

LSM2 at Shanjiazhuang belong to the first type of rammed mound whose chamber reaches an area of 446 square meters. On the wall of the chamber there hung flax curtains of 0. 7 meters long with designs of animal's mask. On the south side of its second – level platform there were two pits for dog sacrifices. There is a pit containing burial goods revealed at the southeast corner and *Ding* with a lid, *Dou*, *Dou* with a lid and *Zhou* etc were found there.

LXM1 – 4 at Xiangjiazhuang have there rammed mound connected with each other. LXM1 – 3 is of the sixth type of rammed mound belonging to joint and separated graves. LXM1 – 4 were not built in one time. LXM1 was constructed at first then it was disturbed by LXM2 and LXM2 was disturbed by LXM3 in succession. Located to the north of LXM2 and LXM3, LXM4 was disturbed by LXM2 – 3 as well.

As the only tombs without human victim, LXM6 at Xiangjiazhuang belongs to the third type of rammed mount, whose chamber area reaches 505 square meters. On the four walls of tomb chamber of LXM6 there hung flax curtains with red and black patterns of animal's mask. A chest of burial goods was found in the filled earth and bronze

Ding with a lid, *li*, *Fang Dou*, Duck – shaped *Zun* were unearthed there. On the west side of the second – level platform laid earthen *Ding*, *Ding* with a lid, *Gui*, *Dou*, *Lei*, animal – shaped *Zuan*, fork, spoon, spade, lacquer and wooden vessels with color designs such as *Dou*, *Dou* with a lid, *Gui*, pot, *Lei*, *Zhou*, *Yi* and sword etc.

LZM2 – 3 at Zihedian belong to joint and separate burials. The chamber area of M2 reaches 268 square meters. On the second – level platform of LZM2, there found earthen *Ding*, *Ding* with a lid, *Gui*, *Dou*, *Dui*, *Zhou*, pot, dish, *Jin*, figurines, bronze *Bian Bo*, *Bian Zhong* and stone *Bian Qing* as well as 20 canoes, chariots and horses. Thanks to the special burial environment, though rotten away, the chariots and horses' outline remained completely from which we can observation the structure of the chariots and horses in details. Even the material chariots made of such as leather, vine, wood, bamboo, malt and the red silk string coiling on the mast could be clearly distinguished. Along the north side of the tomb chamber revealed a pit for horse victims which is 45 in length and 2.1 – 2.8 in width with 69 horses victims in it .

On the base of study of combination, characteristics and quality of potteries, and bronzes, the structure of chamber as well as relationship of tombs in stratum, the 19 tombs fall into three phase. The first phase belongs to early Warring States period. There are ten tombs such as LDM3 – 6 at Dongxiazhuang, LXM1, LXM2, LXM4, LXM6 at Xiangjiazhuang and LZM2, LZM3 at Zihedian included in this phase. The second phase belongs to middle Warring States Period including 3 tombs namely LXM3 and LXM5 at Xiangjiazhuang, LSM1 at Shangjiazhuang. The third phase belongs to later Warring State period including six tombs namely LXM2 at Xiangjiazhuang, LZM1, LZM4, LZM67, LZM80 and LZM81 at Zihedian.

臨 淄 斉 墓

概 要

　周の武王が商を滅ぼし、姜太公呂尚を「斉営丘」に封じてより、ここから斉国の歴史序幕が開かれた。6世の胡公は薄姑に都を移し、7世の献公は薄姑より都を臨淄に移し統治した。時はおよそ紀元前9世紀中葉のことである。紀元前386年、田氏は斉に代わるが、都は依然として臨淄であり、春秋戦国時代を経て、紀元前221年に秦が斉を滅ぼすまでの間、臨淄は姜斉と田斉の都として630年あまりもの長きにわたり続いた。これは我が国当時の規模として最大、人口は最多にして、最も繁栄した都市のひとつであり、古代の遺跡や墓葬が臨淄斉故城内外に分布しており、先秦考古学研究において重要な位置を占めている。

　1964年より斉故城に対するボウリング探査が開始されて以降、山東省文物考古研究所は相次いで臨淄墓群と田斉王陵へのボウリング探査および踏査をおこなっており、また基礎建設工事に伴い、数千基の周代および漢代の墓葬を発掘した。『臨淄斉墓（第一集）』上編には臨淄墓葬と田斉王陵二編の探査報告、下編には東夏荘、単家荘、相家荘と臨河店4箇所の墓地19基の戦国時代の大、中型墓の発掘報告が収録されており、この一時期における斉国物質文化の編年と上位貴族の葬送制度などといった研究において、重要な資料を提供している。

　墳丘は墓の重要な組成部分であり、その形式と構造、大小、高低差は墓主の社会階級の指標となり、その建築構造と建築方法もまた当時の建築技術の発展水準を表している。探査にて明らかになったことは、臨淄には墳丘をもつ墓が計182基あり、その中の20基は建設途中で破壊され、わずかに墓室が残存するだけである。18基の墓は基礎建設工事に伴い発掘され、現在は144基が残っている。これら墓葬の大部分は斉故城南部の斉都、永流、金陵、斉陵など4箇所の町に分布している。臨淄墓葬の墳丘形式や構造は多種多様であり、外観すると方基円墳形、凸字形、方底円頂形、円錐形、覆斗形と象山形など6種類に分けることができる。象山形は墳丘下部が長方形の陵台をなし、台頂にはふたつ或いは多数の円錐形墳丘をもっている。これは、夫妻異穴合葬の一種の特殊な墳丘形式であり、墳丘下部の陵台と上部墳丘は上下向かいあい、墓室は同じ数量である。墳丘構造と建築方法もまた異なる。調査観察および考古

学的発掘資料の分析を合わせてみると、墳丘構造と建築方法は大きく以下の3種類に
分けられる。ひとつ目は平鋪式墳丘で、土圧のみで突き固められており、版築は用い
られず傾斜面がないもの。ふたつ目は柱心式墳丘で、墳丘は中央の墳丘柱と四方の傾
斜面より構成され、墳丘柱は棒と縄を用いて板を固定した構築技術を採り入れてお
り、墓口上部の版築は墓口の正方体あるいは長方体の版築柱よりも簡略化され、外側
には傾斜面を築いている。みっつ目は起塚式墳丘である。墓室は半地下式になってお
り、棒と縄で板を固定する手法を用いて修築してある。地下墓口外側の版築墓道上に
は割れ目をもつ方角枠の土壁があり、内側は地上の墓室となっており、上下は連結し
渾然一体である。埋めたあとに再びその上に柱心式墳丘を版築し、土壁の外側に傾斜
面を築く。象山形墳丘で最も先に修築された墓の多くは起塚式構造である。

　　既に発掘された20基あまりの墳丘をもつ戦国斉墓をみると、斉国において墳丘
をもつ墓の出現は春秋戦国時代と考えられる。臨淄斉国故城の東北角に位置する河崖
頭村一帯の姜斉国君墓に墳丘がないことがあるいは証明となろう。

　　上位層の墳丘は高く樹木が生茂っているが、下位層の墳丘は低く樹木も少ない。
階級社会では、墓主の身分が高ければ高いほど尊ばれ、墳丘はより大きく高くなるこ
とは疑いの余地がない。四王塚の例では、現存する陵台東西の長さは790m、南北の
幅188mである。基台頂部4基の「方基円墳」はすべて100m前後である。北面墳丘の
相対高度は最低で25．9m、最高で33．2mである。墳丘の下には4つの墓室があり、
基台頂部の円墳と相対している。四王塚と二王塚の墳丘規模の大きさは、臨淄一帯の
200基ほどの墓葬墳丘のなかでも右に出るものはなく、墓主は自然と田斉君主ではな
いことがわかる。四王塚と二王塚の墳丘はともに象山形の墳丘形式に属すが、合葬形
成の長方形陵台であることを除き、台頂の形式と構造は依然として方基円墳形であ
り、これは田斉君主の墓葬がもつ特殊な墳丘形式である。相家荘の「四聯塚」の発掘
を通して明らかになったことは、象山形は夫婦異穴合葬の墓葬墳丘形式である。した
がって、四王塚と二王塚は4人或いは2人の君主の墓葬ではなく、斉王および王の后、
夫人の墓であろう。このため、四王塚と二王塚以外に、さらに田斉君主の墓があると
考えられる。探査により、臨淄毘連の青州市にて発見された3箇所6基の墳丘形式の
墓はすべて方基円墳形であり、墳丘の規模は四王塚と二王塚と同じ上下墓葬形態では
ないが、やはり田斉君主の墓葬である。この3箇所の墓葬は邵荘鎮の点将台墓、東高
鎮の南辛荘墓と普通郷の田和塚である。

　　紀元前386年田和が諸侯となり、紀元前221年に斉王建が秦に滅ぼされるまで、
前後173年間、田斉は計8名の君主がいた。その中で田侯剡は桓公午に殺され、湣王
は楽毅にて斉時代における楚の将軍淖歯に莒にて討たれ、斉王建は秦に討たれた後、

河南省輝県にて餓死する。『周礼? 春官? 塚人』には「凡死于兵者、不入兆域」とあり、上述の3君は田斉の公墓に入ることができなかった。したがって、この5箇所の墓は太公、桓公、威王、宣王と襄王の墓と考えられる。四王塚の墓域を調査したところ、ひとつの人工的な堀および堀の内側に四列30基の順序良く配列され、切りあい関係がない層位の墓葬があり、事前に配列が決められた墓に埋葬されたことは明らかである。これらの墓葬はすべて墓道をもつ大、中型墓である。この種の現象は往々にして、『周礼? 春官? 塚人』における「凡諸侯居左右以前、卿大夫士居後、各以其族」の埋葬制度を反映している。

報告中にある19基の墓は、斉故城南にある東夏荘墓地4基、単家荘墓地2基、相家荘墓地6基、臨河店墓地7基に分けられる。臨河店1号墓、4号墓、67号墓、80号墓、81号墓といった墳丘がない墓を除いて、そのほかの14基の地表面はすべて版築された墳丘をもつ。これらの墓葬はすべて甲字形土坑木槨墓であり、墓室は一般的にやや大きく、面積が小さな100㎡の墓は2基だけで、10基は100～500㎡、7基は500㎡を超え、その中の2基は800㎡を越えていた。比較的大きな墓はすべて幅広の地山を利用した二層台をもち、槨の底には一層石が敷き詰められており、四方の壁にも石が積み上げられている。墓壁の多くが白色に塗られ、13基の墓の墓壁には獣面紋が二方向に連続している彩色図案の絵をもつ麻布製の帷が掛けられている。11基の墓葬は地山の二層台上に殉葬者を埋葬する陪葬坑が掘られ、殉葬者は総勢112人に達する。これら殉葬者の多くが棺槨をもち、ほとんどすべての殉葬者が随葬品をもつ。鑑定の結果、殉葬者の多くが若い女性であり、男性は僅かである。殉葬者の頭位はみな埋葬墓主の槨室を向いている。

東夏荘4号墓、5号墓は同一墳丘下にふたつの異穴合葬墓がある。4号墓の墓室面積は約632㎡、二層台上には19基もの単人陪葬坑がある。東、北両面の二層台上には鼎、蓋鼎、簋、簠、豆、方豆など100点以上もの仿銅陶礼器と7点一組の陶編鎛、編鐘および陶楽舞俑、馬俑、彩色漆木器などが置かれていた。5号墓は随葬陶礼器以外に、銅製の蓋鼎、豆、蓋豆、敦、舟、提梁壺、罍、罐なども随葬されていた。6号墓の墓室面積は831㎡、二層台上には22基もの陪葬坑があり、殉葬者は計40人である。二層台上には4号墓と類似した陶礼器と楽器が置かれていた。単家荘2号墓の墳丘は方底円頂形をなし、構造は柱心式墳丘類型に属する。墳丘の中心は棒と縄で板を固定した建築技術にて版築された長方形の封土柱があり、柱壁板跡と板を縛った縄の穴がはっきりと見ることができ、斜面が廻っている。墓室面積は約446㎡である。墓壁の下すべてに高さ約70㎝の麻布製の獣面紋が二方向に連なった図案をもつ絵の帷がある。南の二層台には2基の殉狗坑があり、頭位は墓道を向いている。東南角には器物坑がひとつあり、陶製の蓋鼎、豆、蓋豆、舟などが出土した。相家荘1号墓～4号墓の4つの墓の墳丘は連なっており、そのなかの1号墓から3号墓は東西一列にならび、象山形に属す異穴合葬墓である。1号墓は起塚式墓葬であり、真っ先に修築され、2号墓は1号墓を破壊し、また3号墓の破壊をうけ重なっている。4号墓は3号墓の北に位置し、3号墓の破壊をうけ2号墓と重なっている。4号墓の墳丘は方底円頂の柱心式墳丘に属する。相家荘6号墓の墳丘は方底円頂形をなし、墓室面積505㎡で、相家荘墓地唯一の殉葬者がいない墓葬であり、四方の墓壁は紅と黒二色の獣面紋の彩色帷があり、埋土の器物箱の中には蓋鼎、鬲、方豆、鴨尊などの青銅器が納められ、西の二層台上には陶製の鼎、蓋鼎、簋、豆罍、犠尊、叉、勺、鑪などの土器と彩色漆木器の豆、蓋豆、簋、壺、罍、舟、匜、剣などが置かれていた。淄河店2号墓と3号墓は象山形異穴合葬墓であり、その中の2号墓は起塚式墓で、2号墓の墓室面積は268㎡である。二層台上には陶製の鼎、蓋鼎、簋、豆、敦、舟、壺、盤、禁、俑および銅製の編鎛、編鐘と石製の編磬が置かれている以外には、独舟馬車が20輌あまり置かれているだけであった。特殊な地理環境により、馬車が腐朽した後に形成される空洞の大部分は保存状態がよく、土砂に埋もれることもなく、石膏を流し込んだ輪、輿の標本は本来の様相をとどめており、細部にわたる構造もきわめて明瞭で、連結部の材質、たとえば皮条、藤、木、竹、席および旗竿に絡まった赤い糸の線まですべてはっきりと説明することができる。墓室の北側には、長さ45、幅2.1～2.8mの殉馬坑があり、69匹の馬が埋葬されている。

　　土器、銅器の組み合わせ、器物の特徴と質、墓室構造および切りあい関係などから、19基の墓は3期に分けることができる。第一期は戦国時代早期であり、東夏荘3号墓～6号墓、相家荘1号墓、2号墓、4号墓、6号墓、淄河店2号墓、3号墓の10基。第二期は戦国時代中期であり、相家荘3号墓、5号墓と単家荘1号墓の3期。第三期は戦国時代晩期に属し、単家荘2号墓、淄河店1号墓、4号墓、67号墓、80号墓、81号墓の6基である。

后 记

　　本报告的前言、第一、二、四、五、六章和第八章第二节的第一、二小节由罗勋章执笔，第七章与第八章第二节的三、四小节由魏成敏执笔，第三章、第八章第一节由魏成敏、罗勋章共同完成。初稿完成后，由罗勋章统编定稿。田野照片由魏成敏、罗勋章拍摄，器物照片由冀介良拍摄，田野绘图由韩树鸣、王会田绘制，器物绘图由王站琴完成，拓墨由李胜利负责，铜器修复工作由郝兆祥、崔水源、李振彪承担。

　　中国社会科学院考古研究所韩康信先生鉴定了人骨标本。北京科技大学冶金与材料史研究所周忠福、陈建立先生对出土的部分铜器、铁器进行了鉴定研究。中央民族大学黄义军女士翻译了英文提要，日本京都大学研究生院菊地大树先生翻译了日文提要。

　　黄景略、张学海两位先生对本报告的编写给予了指导，黄景略先生还为报告撰写了序。

　　从资料的整理到报告的编写，李传荣、佟佩华、郑同修三位所长给予了殷切关怀和大力支持，并得到邵云、王桂萍、李繁玲、许姗、李顺华、吴双成、许淑珍、崔圣宽、罗鹭凌、司湘等同志的热情帮助。

　　历次的发掘工作一直得到国家文物局、山东省文化厅、山东省文物局、淄博市文化局、淄博市文物局、临淄区政府、临淄区文化局、齐鲁石油化学工业总公司、山东省交通厅济青公路工程总指挥部的支持和关注，在此一并致以诚挚的谢忱。文物出版社蔡敏、秦或两位同志在报告的编辑、出版过程中付出了辛勤的劳动。

　　因水平所限，报告中难免存在不少缺点错误，诚望广大读者不吝批评指正。

编 者

2006 年 10 月

1. 四王冢及其陪葬墓（北—南）

2. 二王冢（南—北）

四王冢和二王冢

1. 陶牺尊（LDM4：58）

2. A型铜盖鼎（LDM5：86）

3. B型铜盖鼎（LDM5：84）

LDM4、M5 出土器物

1．铜盖豆（LDM5：93）

3．A型铜提梁壶（LDM5：107）

2．铜敦（LDM5：94）

4．铜罍（LDM5：98）

LDM5 出土铜器

1. A 型玉环（正、背）（LDM6P4X7：11-1）　　　　　2. A 型玉环（LDM6P18X32：6）

3. 龙形玉佩（LDM6P16X29：4-2）

4. B 型玉璜（LDM6P2X4：9）

LDM6 出土玉环、佩、璜

2. LDM6P2X3：5

1. LDM6P14X24：3

LDM6 出土水晶玛瑙串饰

1. 金盒（LSM1P3：25）

2. A 型玉环（LSM1P3：21-2）

3. B 型玉环（LSM1P3：45）

4. 玉瑗（LSM1P3：24）

5. A 型玉璜（LSM1P3：19）

6. C 型玉璜（LSM1P3：22-1）

LSM1 出土金盒、玉环、瑗、璜

1、龙形玉佩（LSM1P3：22-2）

2. 觿形玉佩（LSM1P3：28-1）

3. 鸟形玉佩（正面）（LSM1P3：22-3）

4. 鸟形玉佩（背面）（LSM1P3：22-3）

5. 人形玉佩（正面）（LSM1P3：28-2）

6. 人形玉佩（背面）（LSM1P3：28-2）

7. 长方形玉佩（LSM1P3：22-4）

8. 圆形玉佩（LSM1P3：28-3）

LSM1 出土玉佩

1. C 型玛瑙瑗（LSM1P2：3）

2. C 型玛瑙瑗（LSM1P3：31-2）

3. C 型玛瑙瑗（LSM1P4：4）

4. C 型玛瑙瑗（LSM1P3：31-1）

LSM1 出土玛瑙瑗

1. 封土柱东壁与封土柱北壁护坡（东—西）

2. 封土柱东壁及其护坡（东南—西北）

3. 夯土面刨挖痕迹

4. 立板、筑板与系板绳孔遗迹

LSM2 封土遗迹

1. LSM2 帷帐彩绘
图案和蚌饰

2. A 型玉环（LSM2G：36）

3. 玉镤（LSM2G：3）

4. 玉璧（LXM2G：72）

5. 墨石柱形器帽（LXM2G：89-1）

LSM2、LXM2 遗迹和遗物

1. 四联冢陵台与 LXM1、M2、M3 封土柱鸟瞰

2. LXM2 陵台南壁与墓道的关系
（西南—东北）

3. LXM4 封土柱西壁及其护坡和 LXM2
陵台北壁的叠压关系（北—南）

1. LXM1墓室东壁
（西—东）

2. LXM2陵台东壁
及其护坡与LXM3
的关系（北—南）

3. LXM1东墙外壁及其护坡与LXM2
墓室和陵台夯土的关系

相家庄四联冢遗迹

1. LXM1

2. LXM2

LXM1、M2帷帐彩绘图案

1. C 型玉环 (LXM2G：63)

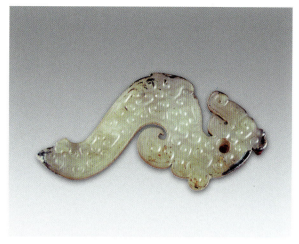

4. 龙形玉佩 (LXM2G：62)

2. 长方形玉佩 (LXM2G：65)

5. 龙形玉佩 (LXM2G：60)

3. 长方形玉佩 (LXM2G：66)

6. 夔形玉佩 (LXM2G：64)

LXM2 出土玉环、佩

1. LXM3

2. LXM5

LXM3、M5帷帐彩绘图案

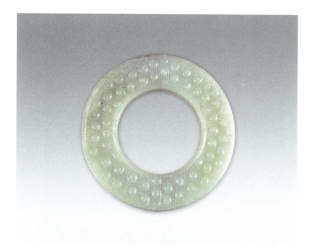

1. A 型玉环（LXM3G：6）

2. 交龙玉佩（LXM3G：3）

3. 玉管（LXM3G：5）

4. 球形玛瑙珠（LXM3G：8）

5. 玉牌饰（LXM4G：67）

相家庄墓地出土遗物

1. 封土发掘工作照

2. 墓室填土中翣的痕迹

3. 东西墓壁上的缺口

4. C型铜剑（LXM5P4：30）

5. 龙形骨雕（LXM5P1：4）

LXM5遗迹和出土遗物

1. A型铜盖鼎 (LXM6X：11)

2. 铜莲花盘豆 (LXM6：24)

3. 铜敦 (LXM6：26)

4. 铜鬲 (LXM6X：17)

5. B型铜提梁壶 (LXM6X：12)

LXM6 出土铜器

1. 铜鸭尊（LXM6X：19）

2. 铜鸭尊（俯视）（LXM6X：19）

铜鸭尊（LXM6X：19）

LZM2 车出土情况

LZM2 第 15 号车出土情况

LZM2 殉马坑

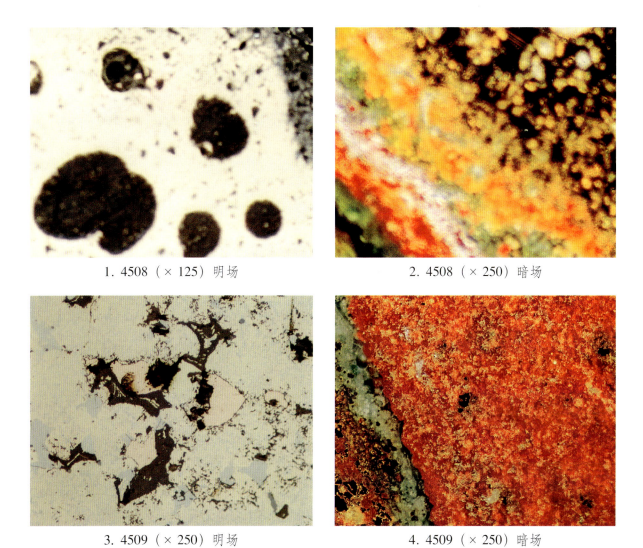

1. 4508（×125）明场

2. 4508（×250）暗场

3. 4509（×250）明场

4. 4509（×250）暗场

铜器矿相

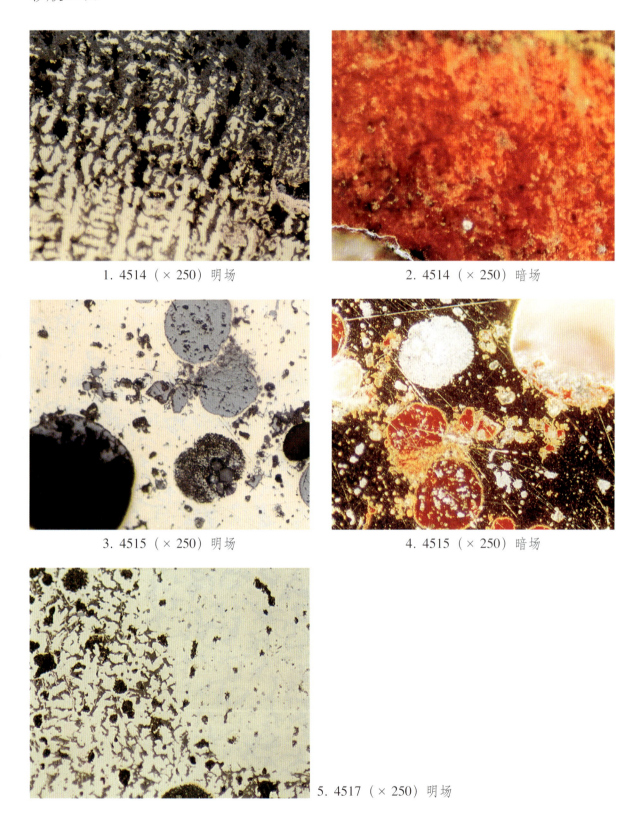

1. 4514（×250）明场

2. 4514（×250）暗场

3. 4515（×250）明场

4. 4515（×250）暗场

5. 4517（×250）明场

铜器矿相

1. LM37航拍照片（方基圆坟形封土）

2. LM37封土（东南—西北）

LM37封土

1. LM43航拍照片
（凸字形封土）

2. LM43封土（南—北）

LM43封土

1. LM19 航拍照片
   （凸字形封土）

2. LM19 封土（南—北）

LM19 封土

1. LM117 航拍照片
（方底圆顶形封土）

2. LM117 封土（东南—西北）

LM117 封土

1. LM84 航拍照片
（方底圆顶形封土）

2. LM84 封土（东南—西北）

LM84 封土

1. LM90 航拍照片
（圆锥形封土）

2. LM90 封土（东—西）

LM90 封土

1. LM47 航拍照片
（覆斗形封土）

2. LM47 封土（西—东）

LM47 封土

1. LM91 航拍照片
（象山形封土）

2. LM89 象山形封土（北—南）

LM89 与 LM91 封土

1. LM16 航拍照片
（象山形封土）

2. LM16 封土（南—北）

LM16 封土

1. LM102 航拍照片
   （象山形封土）

2. LM102 封土（南—北）

LM102 封土

1. LM43 柱心式封土柱东壁

2. LM73 起冢式地上墓室东墙和墓内填土

3. LM166 起冢式地上墓室西墙和墓内填土

4. LM11 起冢式地上墓室南墙外壁和墓道填土

封土结构

1. LM139航拍照片
   （象山形封土）

2. LM139地上墓道东壁
   及墓道内填土

LM139遗迹

1. 四王冢及陪葬墓航拍照片
   （1975 年）

2. 四王冢陵台上方基圆坟（LM36：1，东南—西北）

四王冢及陪葬墓

四王冢及陪葬墓（西北—东南）

1. 二王冢航拍照片
（1975 年）

2. 二王冢（南—北）

二王冢

1. 南辛庄墓航拍照片（1975 年）

2. 南辛庄一、二号墓（南—北）

3. 南辛庄二号墓（西—东）

青州南辛庄墓

1. 点将台墓航拍照片
（1975 年）

2. 点将台墓（北—南）

青州点将台墓

1. 田和冢航拍照片
   （1975 年）

2. 田和冢（南—北）

青州田和冢

1. A 型 II 式鼎（LDM4：20）

2. B 型鼎（LDM4：71）

3. B 型盖鼎（LDM4：104）

4. C 型 I 式盖鼎（LDM4：39）

5. A 型 I 式簋（LDM4：113）

6. B 型簋（LDM4：59）

LDM4 出土陶鼎、盖鼎、簋、簠

1. B 型豆 (LDM4：44)

2. A 型 II 式盖豆 (LDM4：72)

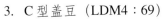

4. B 型舟 (LDM4：115)

3. C 型盖豆 (LDM4：69)

LDM4 出土陶豆、盖豆、舟

1. A 型方豆（LDM4：99）

2. 莲花盘豆（LDM4：41）

3. B 型敦（LDM4：87）

4. C 型敦（LDM4：92）

LDM4 出土陶方豆、莲花盘豆、敦

1. B 型壶（LDM4：83）

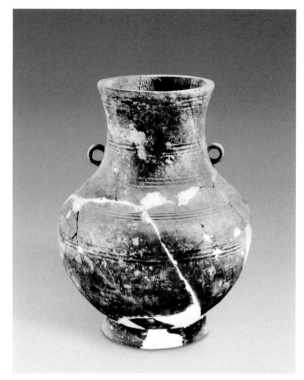

2. 提梁壶（LDM4：128）

3. B 型 II 式盘（LDM4：114）

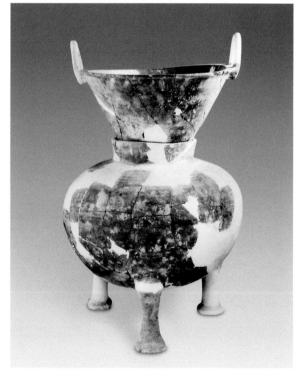

4. 甗（LDM4：82、85）

LDM4 出土陶壶、提梁壶、盘、甗

1. B 型平底罐 (LDM4：1)

2. B 型 I 式罍 (LDM4：93)

4. B 型钵 (LDM4：11)

3. B 型 I 式罍 (LDM4：94)

LDM4 出土陶平底罐、罍、钵

1. A 型铜敦头（LDM4：228）

2. B 型铜敦头（LDM4：227-2）

3. 铜杆顶帽（LDM4：218）

4. 圆筒形铜镦（LDM4：217-4）

5. 铜三足器座（LDM4P15：4）

6. 铜铺首（LDM4：229）

LDM4 出土铜器

1. A 型铜车軎 (LDM4：221)

2. A 型铜节约 (LDM4：217-3)

3. B 型铜节约 (LDM4：217-2)

4. C 型铜插座 (LDM4：222)

5. D 型铜插座 (LDM4P15：1)

6. 铜车蓬管架 (LDM4：219)

7. A 型铜盖弓帽 (LDM4P15：2)

8. 铜钉环 (LDM4：211)

LDM4 出土铜车器

1. A 型铜带钩（LDM4P19：8）

2. A 型铜带钩（LDM4P7：1）

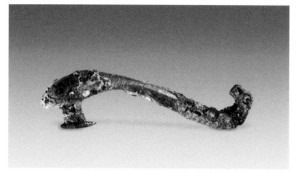

3. A 型铜带钩（LDM4P5：1）

4. B 型铜带钩（LDM4P17：3）

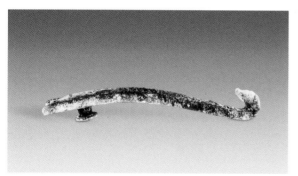

5. E 型铜带钩（LDM4P6：2）

6. 滑石鼓形管（左二为 LDM4P17：1-1）

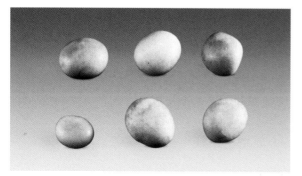

7. 石子（上中为 LDM4P5：9）

8. A 型水晶瑗（LDM4P2：2）

LDM4 出土遗物

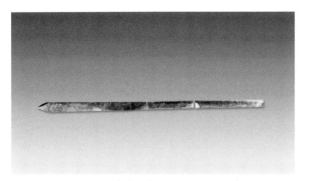

1. B 型骨簪（LDM4P2：8-1）

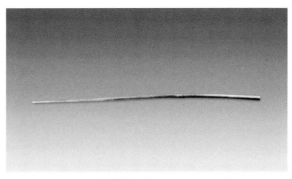

2. B 型骨簪（LDM4P17：4）

3. C 型骨簪（LDM4P3：4-1）

4. A 型骨梳（LDM4P2：4）

5. 骨耳勺（LDM4P2：8-2）

6. 骨匕（LDM4P17：5）

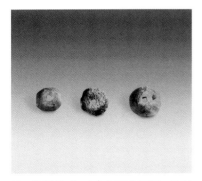

7. 菱形骨珠（右 LDM4P17：7-1）

8. 骨柱形器（下 LDM4P16：9）

9. 圆形蚌饰（左 LDM4：284）

LDM4 出土骨器、蚌器

1. A 型笾（LDM5：26）

2. D 型敦（LDM5：44）

3. B 型舟（LDM5：47）

4. B 型 I 式罍（LDM5：12）

5. 簋形器、盘、扁壶、罐（明器）
（LDM5：76、72、74、75）

6. 俑（LDM5P1：3）

LDM5 出土陶器

1. 铜豆（LDM5：89）

2. 铜舟（LDM5：105）

3. A型铜提梁壶（LDM5：114）

4. A型铜盘（LDM5：88）

5. B型铜罐（LDM5：113）

6. B型铜罐（LDM5：104）

LDM5 出土铜器

1. A型铜节约（LDM5：101）

2. B型铜节约（LDM5：82）

3. A型带钩（LDM5G：3）

4. 滑石环（LDM5P1：30）

5. 骨管（LDM5G：1、2）

6. 蚌镰（LDM5P1：35）

7. 贝饰（LDM5P1：21）

LDM5 出土遗物

1. A型豆（LDM6：5）

2. B型豆（LDM6P19X35：20）

3. A型Ⅰ式盖豆（失盖）（LDM6P12X21：4）

4. A型敦（LDM6P12X21：6）

5. A型Ⅰ式平底罐（LDM6P2X3：13）

6. A型Ⅱ式平底罐（LDM6：13）

LDM6出土陶豆、盖豆、敦、平底罐

1. B 型壶（LDM6P12X21：3）

2. B 型 I 式盘（LDM6：4）

3. A 型 I 式匜（LDM6：16）

4. B 型 II 式匜（LDM6：6）

5. 瓦形器（正面）（LDM6P1X2：1）

6. 瓦形器（背面）（LDM6P1X2：1）

LDM6 出土陶壶、盘、匜、瓦形器

1. 陶俑（正面）（LDM6P2X3：17）

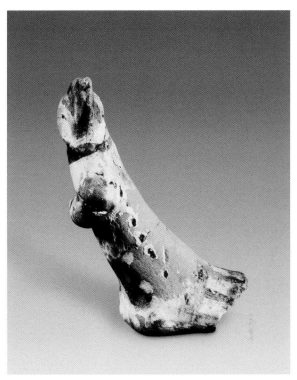

2. 陶俑（侧面）（LDM6P2X3：17）

3. 陶俑（侧面）（LDM6P2X3：12）

4. 铜舟（LDM6P13X22：1）

LDM6 出土陶俑、铜舟

1. A 型铜节约（LDM6G：6）

2. B 型铜节约（LDM6G：11）

3. D 型铜插座
（LDM6G：8）

4. A 型铜带钩
（LDM6P12X21：54）

5. A 型铜带钩
（LDM6P1X2：3）

6. A 型铜带钩
（LDM6P4X7：16）

7. A 型铜带钩
（LDM6P2X3：2）

8. 铁削
（LDM6G：6）

LDM6 出土铜器、铁器

1. 玉琮形束发器（LDM6P4X7：1）

2. 方形玉佩（LDM6P4X7：4-10）

3. 滑石环（LDM6P21X38：1）

4. A型墨石瑗（LDM6P11X20：1）

5. 滑石柱形块
（LDM6P4X7：2）

6. A型滑石璜
（LDM6P13X22：16）

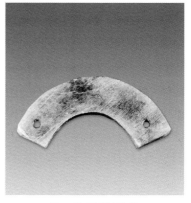

7. B型滑石璜
（LDM6P4X7：13）

LDM6出土玉器、石器

1. 水晶料 （LDM6P17X1：1）

2. A 型玛瑙瑗 （LDM6P9X17：1）

3. B 型玛瑙瑗 （LDM6P16X28：1）

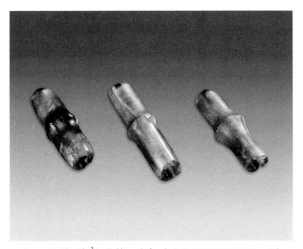

4. 凸棱形玛瑙管 （右为 LDM6P21X39：2）

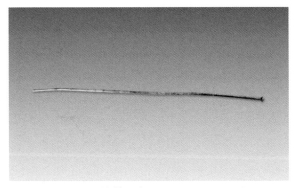

5. A 型骨簪 （LDM6P6X12：16）

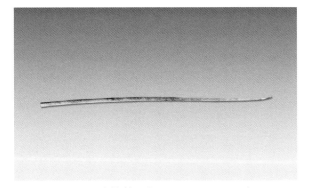

6. B 型骨簪 （LDM6P7X14：2）

LDM6 出土遗物

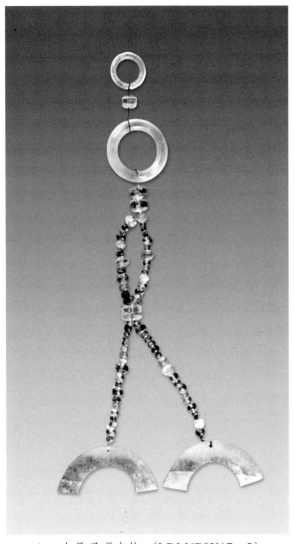

1. 水晶玛瑙串饰 (LDM6P9X17∶2)

2. 水晶玛瑙串饰 (LDM6P9X17∶3)

LDM6 出土水晶玛瑙串饰

1. A 型 II 式盖鼎（LSM1P3：32）

2. A 型 II 式盖鼎（LSM1P4：13）

3. B 型豆（LSM1P2：14）

4. B 型豆（LSM1P3：35）

5. B 型 I 式盖豆（LSM1P4：15）

6. C 型 II 式壶（LSM1P3：33）

LSM1 出土陶盖鼎、盖豆、豆、壶

1. C型铜盘（LSM1P3：16）

2. A型铜匜（LSM1P3：17）

3. 铜盒（LSM1P3：18）

4. 铜匕（LSM1P3：41）

5. 铜镜（LSM1P2：2）

6. 铜环（LSM1P3：8）

LSM1 出土铜器

1. 三棱形铜镞（LSM1G：8）

2. 包金铜节约（LSM1G：14）

3. 铜轴头附件（LSM1G：6）

4. 铜饕餮头（LSM1G：25）

5. 铜泡（LSM1G：10）

6. 铜三足钉（LSM1G：21-1）

7. 铜五足钉（LSM1G：21-2）

8. 铜狗项圈（LSM1G：3）

LSM1 出土铜器

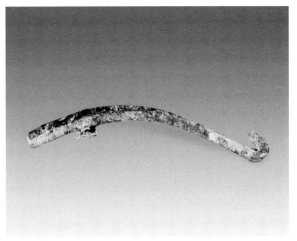

1. A 型铜带钩（LSM1P1∶1）

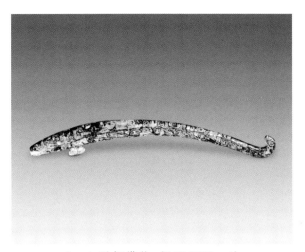

2. A 型铜带钩（LSM1P3∶4）

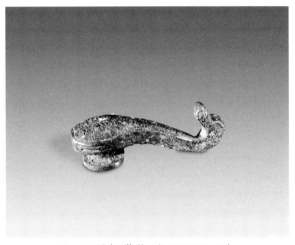

3. A 型铜带钩（LSM1G∶2）

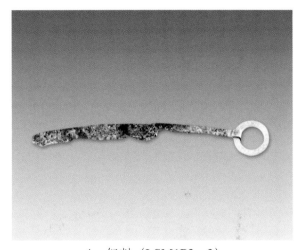

4. 铜削（LSM1P3∶3）

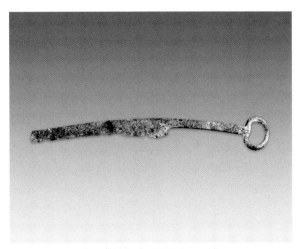

5. 铜削（LSM1P4∶5）

6. 铜器帽（LSM1G∶11-2）

LSM1 出土铜带钩、削、器帽

1. 铜扁锥（LSM1P3：12）

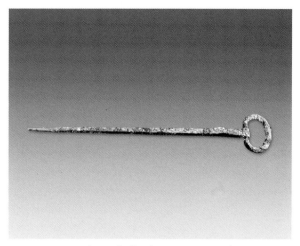

2. 铜环首锥（LSM1P3：11）

3. 铜凿（LSM1P3：42）

4. 铜器柄（LSM1P1：2）

5. 铜器柄（侧面）（LSM1P1：2）

6. 铜管（LSM1G：11-1）

LSM1 出土铜锥、凿、器柄、管

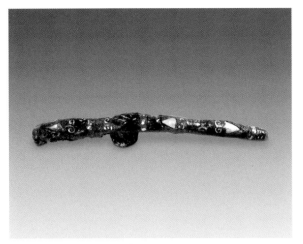

1. A 型铁带钩（LSM1P2：1）

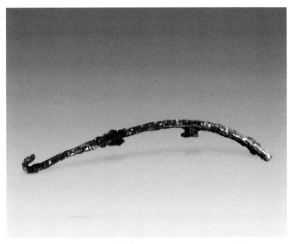

2. A 型铁带钩（LSM1P3：20-3）

3. B 型铁带钩（LSM1P3：20-1）

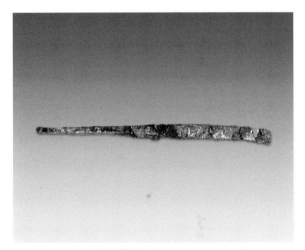

4. B 型铁带钩（LSM1P3：20-2）

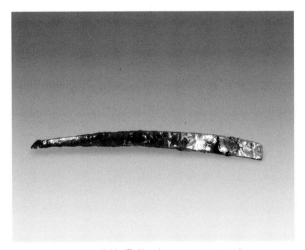

5. B 型铁带钩（LSM1P3：15）

6. B 型铁带钩（LSM1P4：9）

LSM1 出土铁带钩

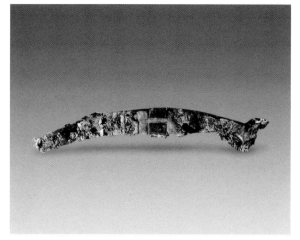

1. 带鞘铁削 (LSM1P3：10)

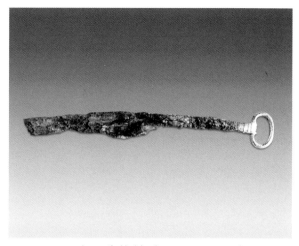

2. 金环首铁削 (LSM1P3：2-2)

3. 铜环首铁削 (LSM1P3：2-4)

4. 玉环首铁削 (LSM1P3：2-1)

5. 铁环 (LSM1P3：23)

LSM1 出土铁削、环

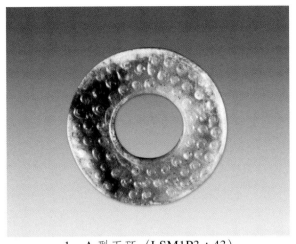

1. A 型玉环（LSM1P3：43）

2. 玉瑗（LSM1P2：9）

3. 滑石环（LSM1P4：2）

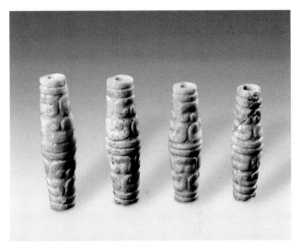

4. 鼓形滑石管（左 1 为 LSM1G：1-1）

5. 珍珠（LSM1P3：29）

6. 橘瓣形料珠
（LSM1P3：27-1）

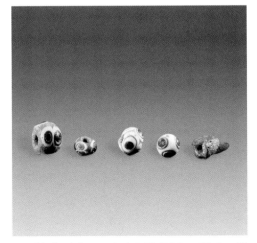

7. 料珠（左 3、4 为 LSM1P3：27-4、5）

LSM1 出土玉器、石器、料器、珍珠

1. C型Ⅱ式盖鼎（LSM2：3）

2. A型豆（LSM2：8）

3. B型Ⅱ式盖豆（LSM2：11）

4. A型舟（LSM2：20）

5. C型Ⅱ式壶（LSM2：13）

6. C型Ⅲ式壶（LSM2：2）

LSM2出土陶器

1. A 型 III 式盘（LSM2：18）

2. A 型 II 式匜（LSM2：19）

3. 甗之鼎部（LSM2：5）

4. A 型圜底罐（LSM2：21）

5. 勺（LSM2：22）

LSM2 出土陶器

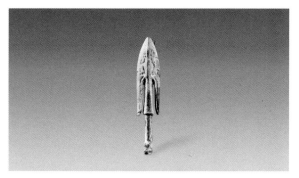

1. 双翼形铜镞 (LSM2G：16)

2. 圆锥形铜镞 (LSM2G：6)

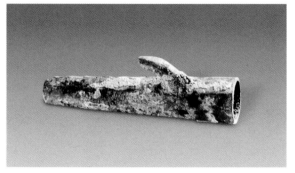

3. A 型铜盖弓帽 (LSM2G：5)

4. 四足铜钉 (LSM2G：33)

5. 扣形水晶珠 (LSM2G：12)

6. 竹节形骨板 (LSM2G：24)

7. 八角柱形骨器柄 (左 LSM2G：28)

8. 贝项圈 (LSM2：18)

LSM2 出土遗物

1. 相家庄墓地航拍照片（1975年）

2. 相家庄墓地全景（东南—西北）

3. 四联冢（南—北）

4. 四联冢（东—西）

相家庄墓地与四联冢发掘前情况

1. LXM1 封土柱（东北—西南）

2. LXM2 封土柱（东南—西北）

3. LXM3 封土柱（东北—西南）

相家庄四联冢

1. A 型 II 式鼎（LXM1：14）

2. B 型豆（LXM1：5）

3. A 型笾（LXM1：2）

4. B 型 II 式盘（LXM1：6）

5. C 型盘（LXM1：16）

LXM1 出土盖陶鼎、豆、笾、盘

1. 陶璜（LXM1P1：7）

2. 铜环（LXM1G：9）

3. B 型铜带扣（LXM1G：24）

4. 铜铃（LXM1G：6）

5. A 型铜节约（LXM1G：10-1）

6. B 型铜节约（LXM1G：10-2）

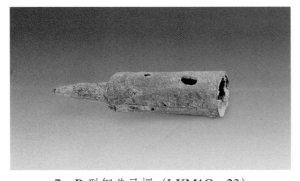

7. B 型铜盖弓帽（LXM1G：23）

8. A 型铜带钩（LXM1P1：3）

LXM1 出土遗物

1. 滑石琮形束发器（LXM1P3：1）

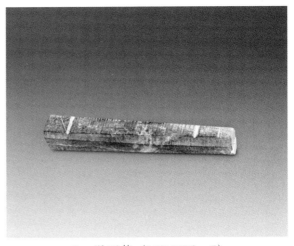

2. 滑石簪（LXM1P3：5）

3. 滑石环（LXM1P2：2）

4. 滑石环（LXM1G：26）

5. 滑石环（LXM1G：11）

6. 滑石片状块（LXM1P3：6）

LXM1 出土石器

1. 滑石柱形器帽（LXM1G：5）

2. A型水晶瑗（LXM1P2：16）

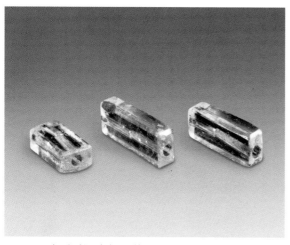

3. 长方柱形水晶管（左为 LXM1G：1）

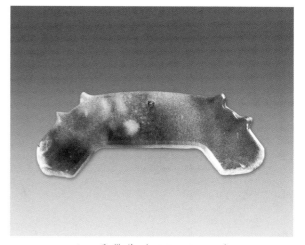

4. 玛瑙璜（LXM1G：22）

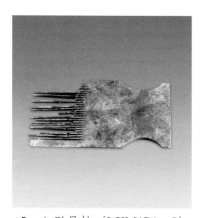

5. A型骨梳（LXM1P1：5）

6. 骨柱形器（LXM1P3：7）

7. 蚶贝饰（中为 LXM1G：27）

LXM1 出土遗物

1. 木俑模型

2. 木俑模型

3. A 型铜剑（LXM2G：51）

4. A 型铜插座（LXM2P8：38）

5. 铜泡（LXM2G：5）

6. 铜铺首（LXM2G：92-1）

LXM2 出土遗物

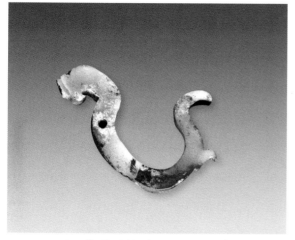

1. 夔形玉佩（LXM2G：61）

2. 滑石琮形束发器、簪（LXM2P8：1、2）

3. 滑石柱形玦（左为LXM2P8：9）　4. 滑石片状玦（右为LXM2P9：7）　5. 滑石坠（LXM2P7：8）

6. 滑石柱形器（左为LXM2P7：6）

7. 石刀（LXM2G：17）

LXM2 出土玉器、石器

1. 滑石组佩饰（LXM2P9:14）

2. 滑石组佩饰（LXM2P7:16）

LXM2 出土滑石组佩饰

1. 料珠 （LXM2：65）

2. A型水晶瑗 （LXM2G：70-1）

3. A型玛瑙瑗 （LXM2P6：7）

4. B型玛瑙瑗 （LXM2G：71-1）

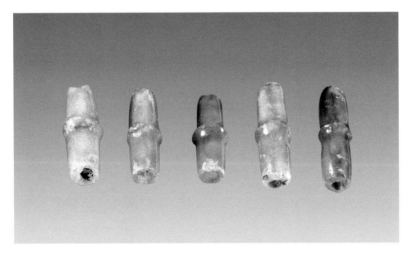

5. 凸棱形玛瑙管 （右2
为 LXM2G：1）

LXM2 出土遗物

1. 骨剑（LXM2G：76-1）

2. 双翼形骨镞（右1为LXM2G：82-3）

3. 菱形骨镞（右1为LXM2G：82-2）

4. 柱形骨镞（左2为LXM2G：82-4）

5. 三棱形骨镞（右1为LXM2G：82-1）

6. 骨簎（LXM2G：56）

LXM2 出土骨剑、镞、簎

1. 骨盖弓帽（右为 LXM2G：80-1）

2. C 型骨簪（LXM2P7：9）

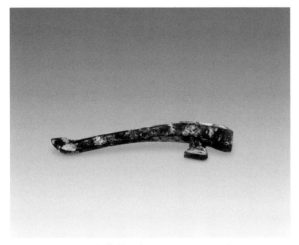

3. 骨带钩（LXM2G：79-1）

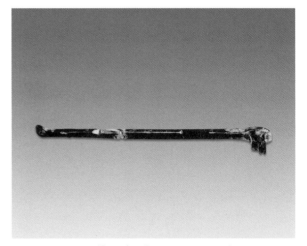

4. 骨耳勺（LXM2P8：37）

5. 八角柱形骨器
（右为 LXM2P8：35）

6. 骨柱形器（左为 LXM2P8：12）

7. 牙觿（LXM2G：4-1）

LXM2 出土骨器、牙器

1. 骨管（LXM2G：88）

2. 骨管（LXM2G：96）

3. 骨帽饰（左为 LXM2G：93）

4. 骨吊扣（LXM2G：83）

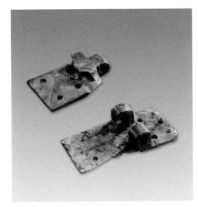

5. 骨合页（LXM2G：71-1）

6. 蝉形骨器架（上为 LXM2G：27）

7. 珍珠（中为 LXM2G：94）

LXM2 出土骨器、珍珠

1. A型I式盖鼎（LXM3P3：31）

2. A型II式盖鼎（LXM3P4：7）

3. C型鬲（LXM3P3：29）

4. B型II式盖豆（LXM3P4：9）

5. C型I式壶（LXM3P4：8）

6. C型II式壶（LXM3P3：34）

LXM3 出土陶盖鼎、鬲、盖豆、壶

1. 陶三足罐（LXM3P3：30）

2. 铜舟（LXM3P3：8）

3. 铜车害（LXM3G：14）

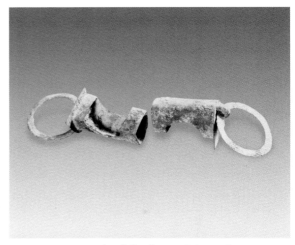

4. 铜踵饰（LXM3G：17）

5. A型铜盖弓帽（中为LXM3G：20-1）

6. B型铜盖弓帽（LXM3G：19-2）

LXM3出土陶器、铜器

1. 铜铃（LXM3G：25-1）

2. 铜贝形饰（左 1 为 LXM3G：26）

B 型铜带钩（LXM3P3：5）

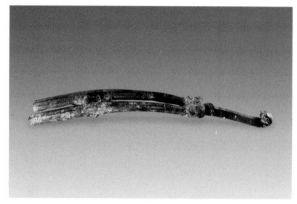

4. C 型铜带钩（LXM3P5：4）

5. 铜梳（LXM3P3：2）

铜肖形印（LXM3P3：9）

LXM3 出土铜器

1. 玉瑗（LXM3G：4）

2. 滑石琮形束发器（LXM3P3：19）

3. C型滑石坠（右为 LXM3P4：12）

4. A型墨石瑗（LXM3P2：5）

5. 滑石贝（左为 LXM3G：27）

6. 钻孔石子（中为 LXM3G：29-1）

LXM3 出土玉器、石器

1. 方形滑石饰 (LXM3G：8)

2. 八角形滑石环 (LXM3P1：11-2)

3. D 型滑石璜 (LXM3P3：26)

4. A 型水晶瑗 (LXM3P3：17)

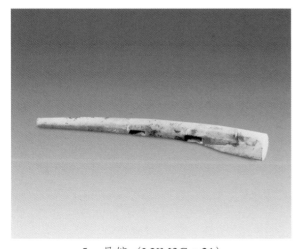

5. 骨镳 (LXM3G：21)

6. 贝饰 (LXM3G：28)

LXM3 出土遗物

1. A 型玛瑙瑗 (LXM3G：2)

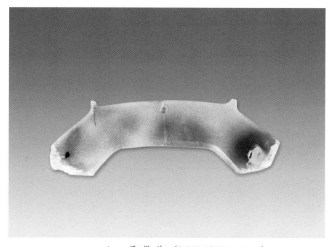

4. 玛瑙璜 (LXM3P5：9-1)

2. B 型玛瑙瑗 (LXM3P3：3)

3. C 型玛瑙瑗 (LXM3P3：13)

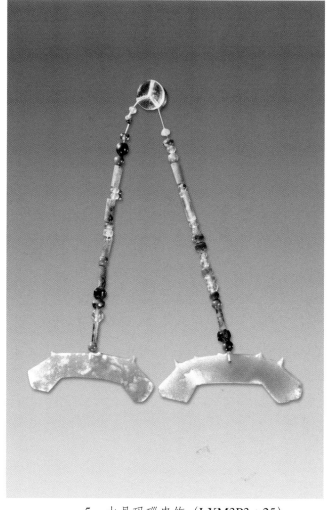

5. 水晶玛瑙串饰 (LXM3P3：25)

LXM3 出土水晶、玛瑙器

1. A 型 I 式盖鼎（LXM4：46）

2. B 型 II 式簋（LXM4：6）

3. B 型 II 式簋（LXM4：17）

4. A 型豆（LXM4：7）

5. A 型豆（LXM4：41）

6. B 型豆（LXM4：22）

LXM4 出土陶盖鼎、簋、豆

1. A 型 II 式陶盖豆（LXM4P3：24）

2. B 型 II 式陶盘（LXM4：14）

3. B 型 I 式陶匜（LXM4：4）

4. A 型 II 式陶平底罐（LXM4P1：1）

5. 铜带扣（LXM4G：19）

6. 铜铃（LXM4G：25）

LXM4 出土陶器、铜器

1. 铜铺首（正面）（LXM4G：1）

2. 铜铺首（背面）（LXM4G：1）

3. 铜器帽（LXM4G：59）

4. 滑石琮形束发器（LXM4P3：17）

5. 滑石柱形器帽（LXM4G：65-1）

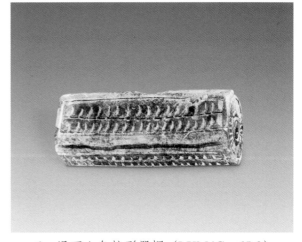

6. 滑石八角柱形器帽（LXM4G：65-2）

LXM4 出土遗物

1. 滑石环（右为 LXM4P2：3）

2. 滑石环（左为 LXM4G：77）

3. 滑石环（LXM4P2：3）

4. 滑石环（右为 LXM4P1：3）

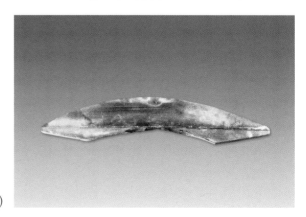

5. 滑石璜（LXM4G：79）

LXM4 出土滑石环、璜

1. A型水晶瑗（LXM4G∶47、46）

2. B型茶晶瑗（LXM4G∶70）

3. B型水晶瑗（LXM4G∶71-1）

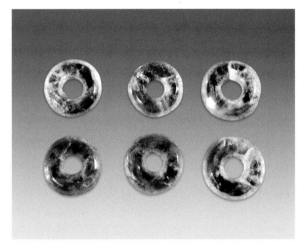

4. B型紫晶瑗（上右为LXM4G∶75-1）

5. 扣形水晶珠（LXM4G∶73）

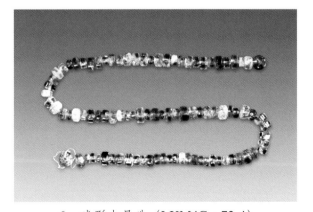

6. 球形水晶珠（LXM4G∶72-4）

LXM4 出土水晶瑗、珠

1. B 型玛瑙瑗（LXM4P3：13）

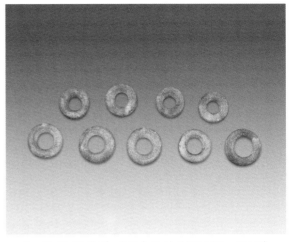

2. D 型玛瑙瑗（下左 2 为 LXM4G：75-2）

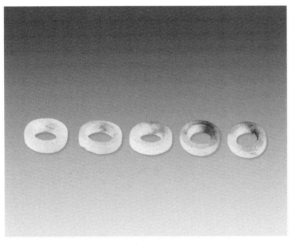

3. B 型玛瑙瑗（右 1 为 LXM4G：75-3）

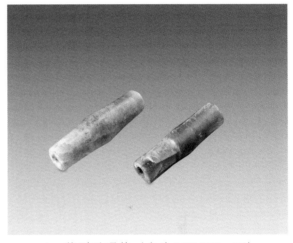

4. 菱形玛瑙管（左为 LXM4G：74）

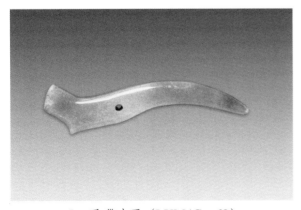

5. 玛瑙冲牙（LXM4G：69）

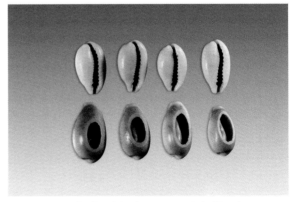

6. 贝饰（上为正面，下为背面）
（左 2 为 LXM4G：66）

LXM4 出土遗物

1. LXM5 墓道脚窝

2. A 型豆（LXM5 封土：1）

3. B 型 I 式盖豆（LXM5P3：16）

LXM5 遗迹与出土陶器

1. D 型壶（LXM5P5：14）

2. D 型壶（LXM5P2：32）

3. A 型 II 式鬲（LXM5P4：40）

4. A 型 II 式平底罐（LXM5P5：6）

5. B 型平底罐（LXM5P3：12）

LXM5 出土陶器

1. B 型铜剑（LXM5P5：1）

2. B 型铜节约（LXM5G：8-1、2）

3. 铜游环（LXM5P5G：6）

4. 素纹铜镜（LXM5P4：17）

5. 兽纹铜镜（LXM5P3：1）

6. 织锦纹铜镜（LXM5P4：18）

LXM5 出土铜器

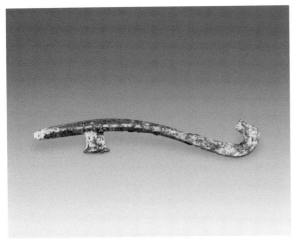

1. A 型铜带钩（LXM5P5：16）

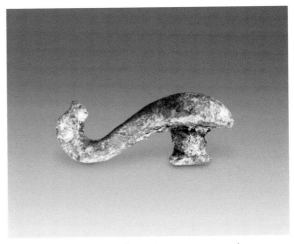

2. B 型铜带钩（LXM5P5：17）

3. B 型铜带钩（LXM5P4：2）

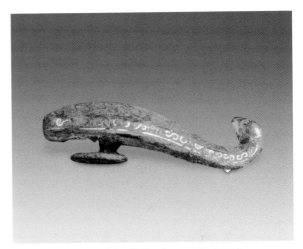

4. F 型铜带钩（LXM5P4：1）

5. F 型铜带钩（俯视）（LXM5P4：1）

6. G 型铜带钩（LXM5P1：20）

LXM5 出土铜带钩

1. 滑石琮形束发器（LXM5P3：20）

2. 滑石簪（LXM5P5：5）

3. 滑石片状块（LXM5P5：19）

4. 滑石环（LXM5P2：29）

5. 寿山石肖形印（LXM5P3：21）

LXM5 出土石器

1. A 型水晶瑗（LXM5P5：7-1）

2. 球形水晶珠（下右 2 为 LXM5P2：5）

3. 菱形水晶珠（右为 LXM5P5：8-4）

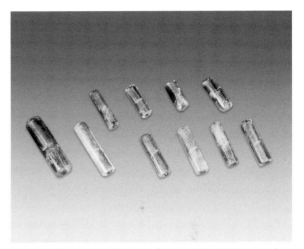

4. 圆柱形水晶管（下右 3 为 LXM5P5：8-1）

5. 鼓形水晶管（LXM5P5：8-2）

LXM5 出土水晶瑗、珠、管

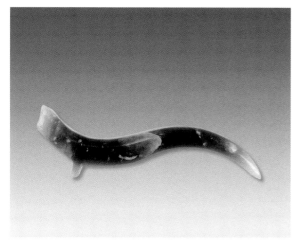

1. 水晶冲牙（LXM5P5：8-5）

2. A 型玛瑙瑗（LXM5P5：8-3）

3. 骨管（右 1 为 LXM5P2：20）

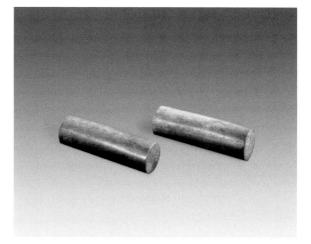

4. 骨柱形器（左为 LXM5P1：10）

5. 蝉形骨器架
（LXM5G：2）

LXM5 出土遗物

1. LXM6 器物箱
   出土铜器情况

2. 漆木壶（模型）（LXM6：81）

3. 漆木罍（模型）（LXM6：80）

LXM6 出土遗物

1. A 型 II 式鼎（LXM6∶23）

2. B 型鼎（LXM6∶27）

3. A 型 II 式盖鼎（LXM6∶41）

4. B 型豆（LXM6∶12）

5. A 型 II 式盖豆（LXM6∶5）

6. B 型方豆（LXM6∶22）

LXM6 出土陶器

1. A 型筮（LXM6：8）

3. B 型敦（LXM6：7）

4. C 型敦（LXM6：47）

2. B 型筮（LXM6：46）

5. D 型敦（LXM6：4）

LXM6 出土陶器

1. A 型舟 (LXM6：22)

2. B 型舟 (LXM6：39)

4. C 型盘 (LXM6：42)

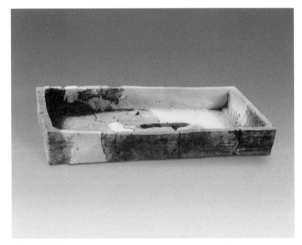

3. A 型壶 (LXM6：20)

5. B 型方盘 (LXM6：63)

LXM6 出土陶、舟、壶、盘

1. C 型匜(LXM6：16)

2. 厄（LXM6：17）

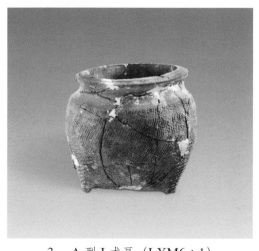

3. A 型 I 式鬲（LXM6：1）

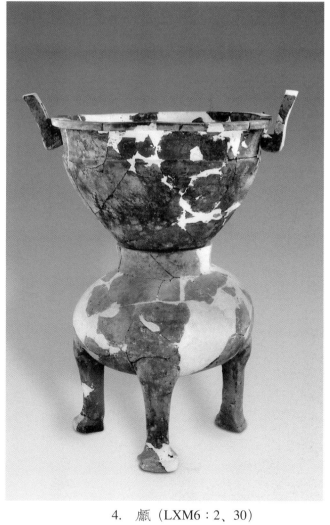

4. 甗（LXM6：2、30）

LXM6 出土陶器

1. A 型罍（LXM6：32）

2. A 型罍（LXM6：14）

3. 牺尊（LXM6：44）

4. B 型杯（LXM6：31）

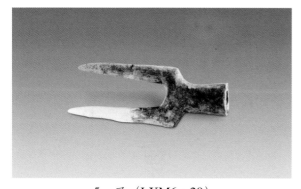

5. 叉（LXM6：29）

6. 勺（LXM6：69）

LXM6 出土陶器

1. 铜方豆（LXM6X：15）

2. 铜盖豆（LXM6X：7）

3. 铜舟（LXM6X：5）

4. 铜舟（LXM6X：13）

5. B型铜盘
（LXM6X：8）

LXM6 出土铜方豆、盖豆、舟、盘

1. A 型铜匜（LXM6X：10）

2. B 型铜匜（LXM6X：4）

3. 铜鬲（LXM6X：22）

4. 铜鬲底部（LXM6X：22）

5. 铜罍（LXM6X：18）

6. A 型铜罐（LXM6X：16）

LXM6 出土铜匜、鬲、罍、罐

1. 铜箕（LXM6X：30）

2. 铜矛（LXM6G：11-1）

3. 铜钜（LXM6G：2）

4. 铜杆顶帽（LXM6X：13）

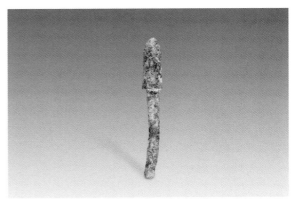

5. 铜镈（LXM6G：17）

6. 锥形铜镞（LXM6G：22）

LXM6 出土铜器

1. A型铜插座（上为LXM6G：12）

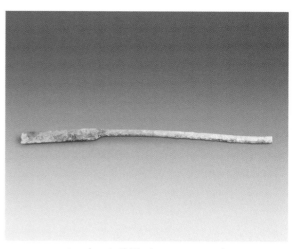

2. 铜刀形器（LXM6X：2）

3. 铜漏器（LXM6X：1）

4. 贝形铜饰（LXM6G：36）

5. 骨贝（右上为LXM6：112）

6. 圆形蚌饰（右为LXM6：98）

LXM6出土遗物

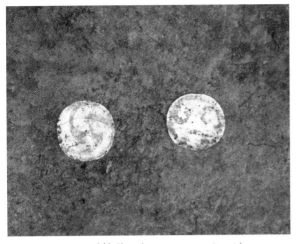

1. 圆形蚌饰 （LZM2BT：2、1）

2. 帷帐苇席遗迹

3. 器物出土情况

4. 乐器出土情况

5. 陶牺尊出土情况

6. 殉坑椁雕版痕迹

LZM2 彩绘蚌饰、帷帐遗迹

1. A 型 I 式鼎（LZM2：7、61、50、19、60、18、15）

2. A 型 I 式盖鼎（LZM2：36、37、46、83、84）

3. B 型 I 式簋（LZM2：10、43、44、49、72、75（体）、86（座））

LZM2 出土陶鼎、簋

1. A型Ⅰ式鼎（LZM2：18）

2. A型Ⅰ式盖鼎（LZM2：84）

3. B型Ⅰ式簋（LZM2：44）

4. B型豆（LZM2：38）

5. B型方豆（LZM2：16）

6. C型敦（LZM2：1）

LZM2 出土陶器

1. A 型舟（LZM2：88）

4. B 型鬲（LZM2：58）

2. A 型壶（LZM2：24）

5. B 型铲（LZM2：57）

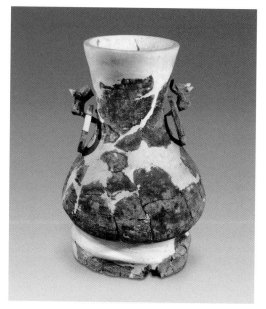

3. A 型 I 式壶（LZM2：68）

6. 鉴（LZM2：20）

LZM2 出土陶器

1. 勺（LZM2：6）

2. 陶鼎（明器）（LZM2：5）

3. B型Ⅱ式盖豆（LZM67：6）

4. C型Ⅱ式壶（LZM67：9）

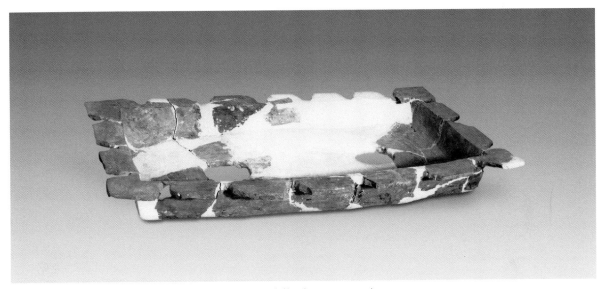

5. A型禁（LZM2：77）

淄河店墓地出土陶器

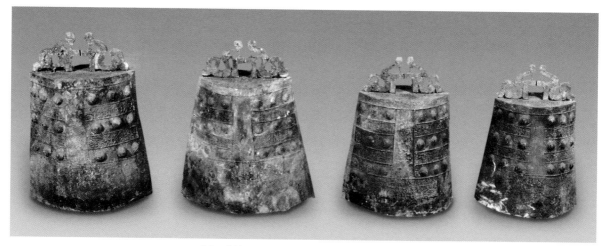

1. A 型铜镈钟 （LZM2：109、107、106、108）

2. B 型铜镈钟 （LZM2：100、98、93、90）

3. 石编磬 （LZM2：51）

LZM2 出土铜编镈、石编磬

1. A 型铜镈钟（LZM2：109）

3. 铜甬钟（LZM2：94）

2. B 型铜镈钟（LZM2：98）

4. 石磬（LZ M2：51-8）

LZM2 出土铜镈钟、甬钟、石磬

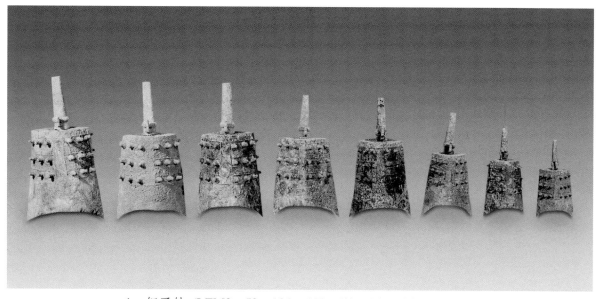

1. 铜甬钟（LZM2：53、101、102、54、56、105、55、89）

2. 铜钮钟（LZM2G：18、2、7、4、3、1、9、10、8、35）

LZM2 出土铜编钟

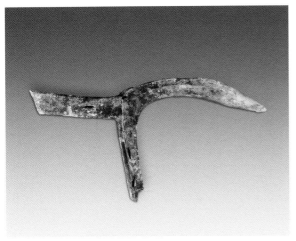

1. "国楚"铜戈（LZM2G：12）

2. 铜戟（LZM2G：15、21、22）

3. A 型铜殳（LZM2G：34）

4. 铜镦（LZM2XT：5）

5. C 型铜剑（LZM3X5：3）

LZM2、M3 出土铜兵器

1. 玉耳坠 (LZM2X9∶6)

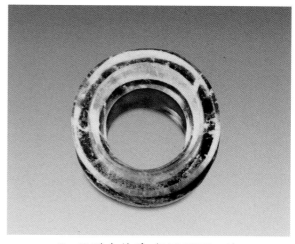

2. B 型水晶瑗 (LZM2X9∶8)

3. A 型玛瑙瑗 (LZM2X6∶1)

4. B 型玛瑙瑗 (LZM2X9∶4)

5. B 型玛瑙瑗 (LZM2X9∶2)

LZM2 出土玉耳坠 、水晶、玛瑙瑗

1. 1号车轮格痕迹

2. 3号车出土情况（左）

3. 3号车出土情况（右）

4. 10号车车箱与轴（右）

5. 10号车车箱底部

LZM2 车出土情况

1. 3号车车辀革带角柱帽痕迹

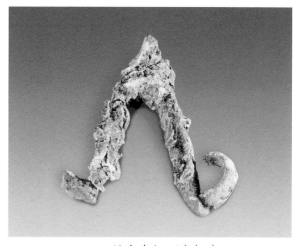

2. 6号车车轭石膏标本

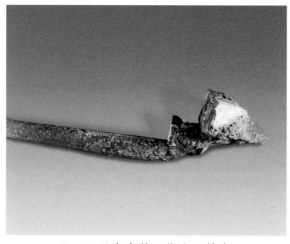

3. 10号车车轴、伏兔、轸木

4. 10号车车轸与伏兔及细部卯榫

5. 11号车苇席痕迹

6. 12号车车轴上革带痕迹

LZM2 车出土标本

1. 11号车车箱与附近车轮

2. 11号车（后部）

3. 11号车（右侧）

LZM2 第 1 号车出土情况

1. 11号车底枨与竹竿痕迹

2. 12号车辀、軨、踵绑扎结构（背）

3. 12号车辀、軨、踵绑扎结构（上）

4. 12号车右后角柱与辅柱绑扎结构（后）

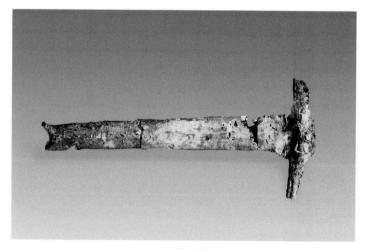

5. 15号车前軨与辀

6. 15号车右后角柱与绑扎结构（后）

LZM2 车出土标本

1. 12号车后车门

2. 18号车衡、辀

3. 20号车衡、辀及舆底部

LZM2 车出土情况

1. 15 号车辀、軩、踵绑扎结构（正面）

2. 15 号车辀、軩、踵绑扎结构（侧面）

3. 15 号车軌与横軥的连接方式

4. 15 号车横軥打结方式

5. 2 号轮牙衔接处的卯榫痕迹

6. 41 号轮牙衔接处的卯榫痕迹

LZM2 出土车和车轮标本

1. 12号轮车辐上缠绕的线痕

2. 1号车轮遗迹

3. 1号车轮贤端痕迹

4. 13号车轮毂

LZM2 出土车轮标本

1. 3号车轮及夹辅

2. 6号车轮轮毂（正）

4. 7号车轮贤端压印痕迹

3. 6号车轮轮毂（侧）

LZM2 车轮贤端压印痕及标本

1. A 型铜车軎（LZM2 第 18 号车：11）

2. B 型铜车軎（LZM2XT：12）

3. B 型铜车軎（LZM2XT：13）

4. B 型铜车軎（LZM2XT：14）

LZM2 出土铜车軎

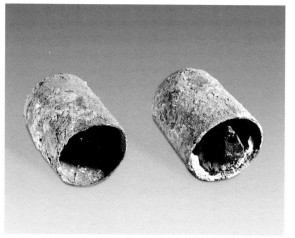

1. 铜衡末饰（LZM2 第 18 号车：1、2）

2. 骨衡末饰（LZM2 第 20 号车：1）

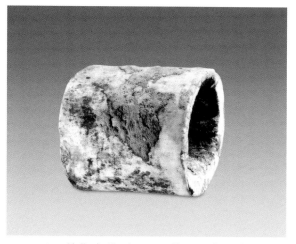

3. 骨衡末饰（LZM2 第 7 号车：1）

4. 铜軏首（LZM2 第 18 号车：3）

5. 骨軏首（LZM2 第 20 号车：3）

6. 骨軏首（LZM2 第 19 号车：5）

LZM2 出土车器

1. 铜车軎（LZM2 第 4 号车：2）

2. A 型铜带扣（LZM2 第 18 号车：6）

3. B 型铜带扣（LZM2 第 18 号车：8）

5. 铜环（LZM2 第 1 号车：6）

4. B 型铜带扣
（LZM2 第 18 号车：8）

LZM2 出土车器

1. 铜节约（LZM2 第 1 号车垫：1～4）

2. B 型铜节约（LZM2 第 1 号车垫：4）

3. 铜插座（LZM2 第 1 号车：1～4）

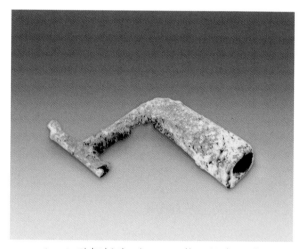

4. A 型铜插座（LZM2 第 1 号车：1）

5. A 型铜插座（LZM2 第 19 号车：3）

6. B 型铜插座（LZM2 第 19 号车：1）

LZM2 出土铜节约、插座

1. 滑石圭（LZM3X2：3）

2. 长方形滑石佩（LZM3X2：2）

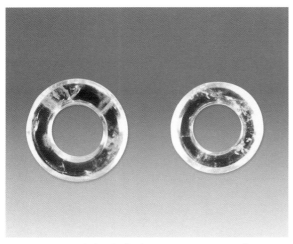

3. B型水晶瑗（LZM3X1：1、15）

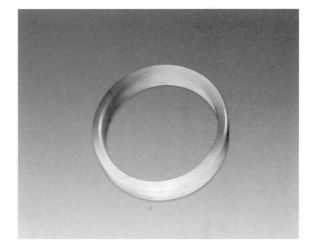

4. B型玛瑙瑗（LZM3G：14）

5. 铜銮铃（LZM3 第 1 号车：1~4）

LZM3 出土器物

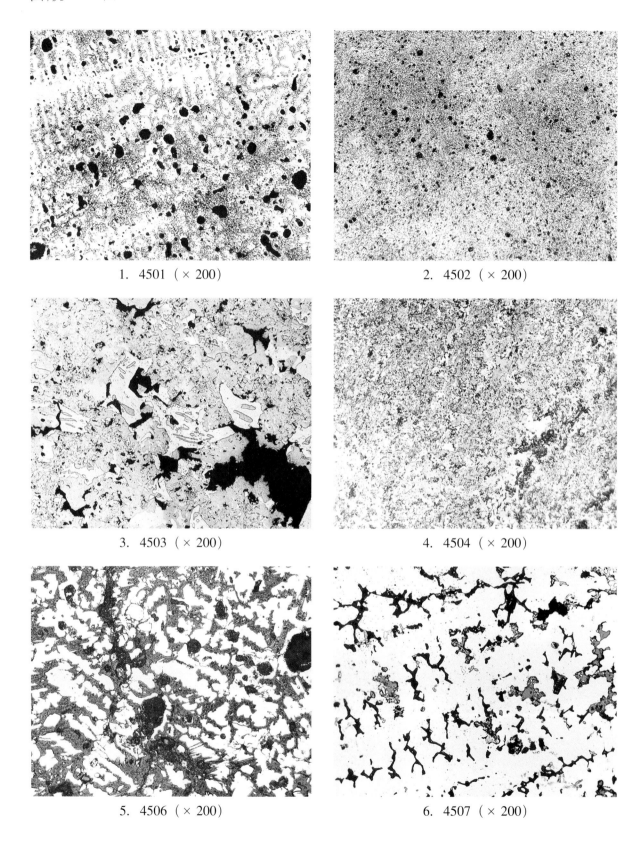

1. 4501（×200）

2. 4502（×200）

3. 4503（×200）

4. 4504（×200）

5. 4506（×200）

6. 4507（×200）

铜器金相

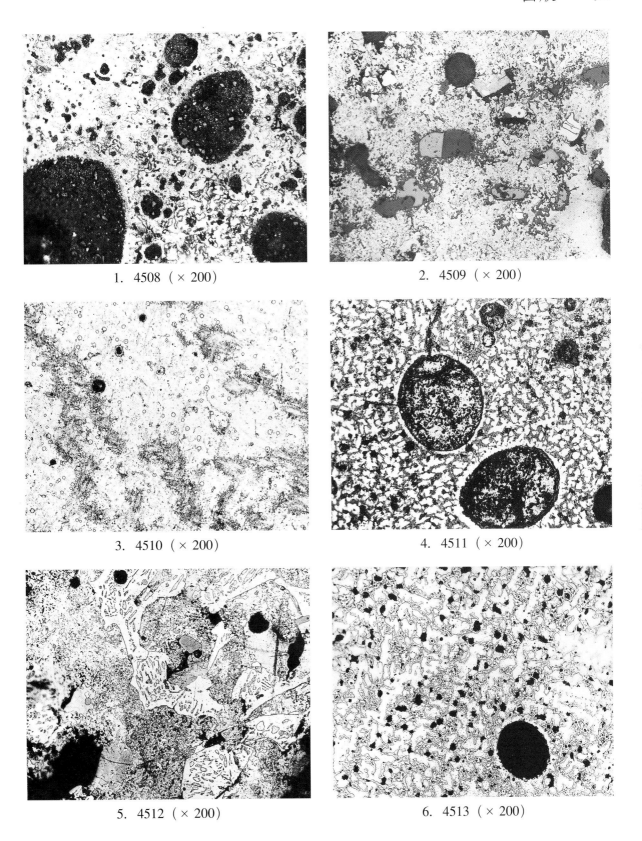

1. 4508（×200）

2. 4509（×200）

3. 4510（×200）

4. 4511（×200）

5. 4512（×200）

6. 4513（×200）

铜器金相

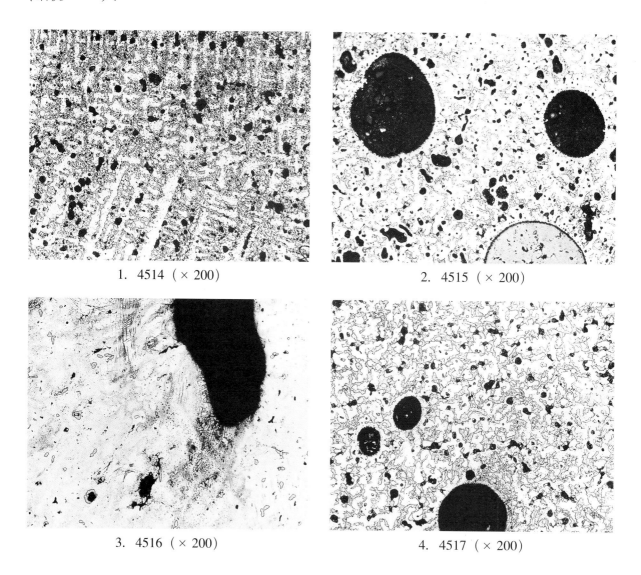

1. 4514（×200）

2. 4515（×200）

3. 4516（×200）

4. 4517（×200）

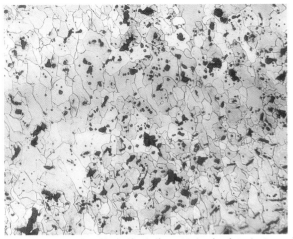

1. 4505 铁锥 铁素体基体，局部有浮凸组织
（×100）

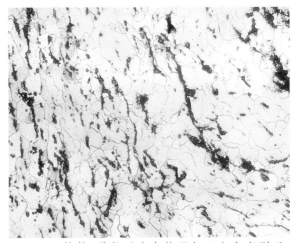

2. 4505 铁锥 晶粒及夹杂物沿加工方向变形延
伸，并有折弯痕迹（×100）

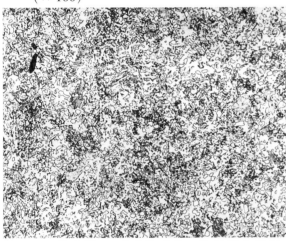

3. 4518 错金铁环 珠光体球化，钢的退火组织
（×400）

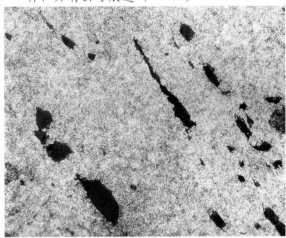

4. 4518 错金铁环 单相夹杂沿加工方向延伸
（×100）

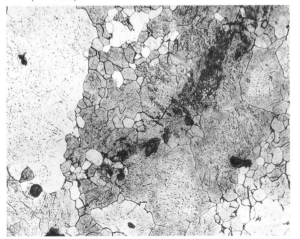

5. 4519 铁带钩 铁素体及晶粒内碳化物析出物
（×100）

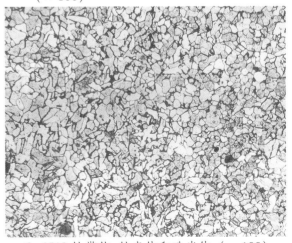

6. 4519 铁带钩 铁素体和珠光体（×100）

铁器金相

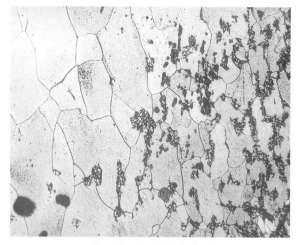

1. 4520 错金铁削　纯铁素体（×100）

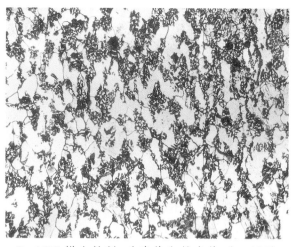

2. 4520 错金铁削　珠光体和铁素体（×100）

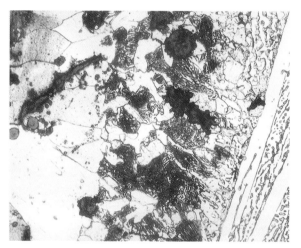

3. 4521 铁镰刀形器　边部铁素体柱状晶组织，向内是珠光体和铁素体，芯部为过共晶白口铁组织（×150）

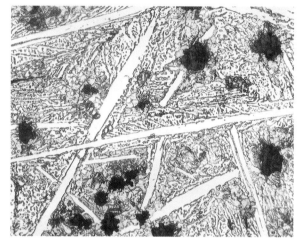

4. 4521 铁镰刀形器　芯部过共晶白口铁组织（×100）